基于 AUTOSAR
自适应平台的软件开发与应用

朱元 陆科 陈树星 刘时珍 潘凤文 编著

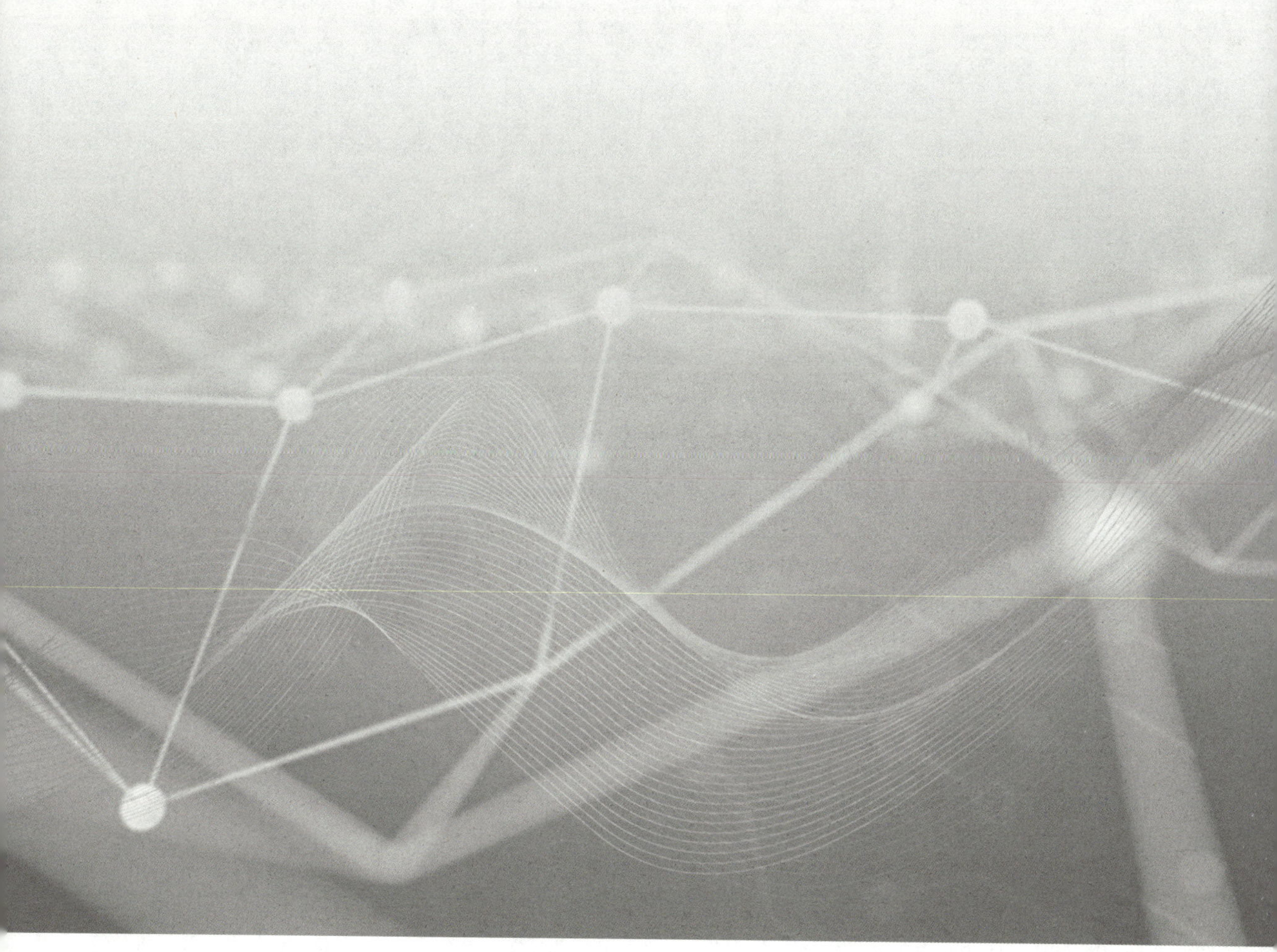

同济大学 出版社
TONGJI UNIVERSITY PRESS
·上海·

图书在版编目(CIP)数据

基于AUTOSAR自适应平台的软件开发与应用 / 朱元等编著. -- 上海：同济大学出版社，2025.3. -- ISBN 978-7-5765-1504-6

Ⅰ.U463.6

中国国家版本馆CIP数据核字第2025U3Q010号

基于AUTOSAR自适应平台的软件开发与应用

朱　元　陆　科　陈树星　刘时珍　潘凤文　编著

责任编辑　朱　勇
助理编辑　石　钰
责任校对　徐逢乔
封面设计　陈益平

出版发行	同济大学出版社　www.tongjipress.com.cn
	(地址：上海市四平路1239号　邮编：200092　电话：021-65985622)
经　　销	全国各地新华书店
印　　刷	上海叶大印务发展有限公司
开　　本	787mm×1092mm　1/16
印　　张	26
字　　数	584 000
版　　次	2025年3月第1版
印　　次	2025年3月第1次印刷
书　　号	ISBN 978-7-5765-1504-6
定　　价	98.00元

本书若有印装质量问题，请向本社发行部调换　　版权所有　侵权必究

序 Foreword

汽车行业正在朝着软件定义汽车的方向迈进,坚信并追随一个共同的愿景——未来车辆的功能将主要由软件而不是机械组件定义。这一目标对汽车的软硬件开发提出了更高的要求。例如,具有强大计算能力的微处理器被广泛应用到自动驾驶、智能座舱等领域。为了更好地支撑此类控制器的软件开发,AUTOSAR 组织于 2017 年发布了 AUTOSAR Adaptive 平台。该平台为基于 POSIX 操作系统开发的 ECU 提供车载中间件,支持典型的汽车应用场景和通信协议,并为应用程序开发人员提供一个稳定的编程接口——自适应程序运行时(AUTOSAR Runtime for Adaptive Applications)。

AUTOSAR Adaptive 平台为汽车电子/电气架构带来了更强大、更灵活的特性。基于 AUTOSAR Adaptive 平台开发的中央计算单元(High Performance Computers,HPC),能够在整个车辆生命周期内更新应用程序,并在量产之后增加新的软件功能,是实现软件定义汽车的重要推动因素之一。近年来,AUTOSAR Adaptive 平台已被广泛应用于各大整车厂的 HPC 开发中,并持续进行着维护和迭代。

Vector 公司从 2015 年开始基于 AUTOSAR Adaptive 平台的软件开发,并于 2018 年正式发布了 MICROSAR Adaptive 产品。MICROSAR Adaptive 为基于 POSIX 操作系统开发的微处理器提供符合 AUTOAR Adaptive 平台且最高可达 ASIL D 等级的软件解决方案。随着 MICROSAR Adaptive 在众多整车厂项目上实现量产,国内也有越来越多的工程师和学生希望学习与掌握 AUTOSAR Adaptive 平台相关的知识和实际使用经验。我相信本书所提供的信息和实践经验,对于每一个想要学习 AUTOSAR Adaptive 平台的人来说都是非常有价值和指导意义的。因此,我非常感谢同济大学-维克多汽车技术联合实验室、一汽解放汽车有限公司五位技术专家结合实际项目经验,完成了本书的编写。

通过阅读本书,您可以获得 AUTOSAR Adaptive 平台的基础知识,并学会如何使用 MICROSAR Adaptive 及相关工具链编辑 ARXML 数据库,创建 AUTOSAR Adaptive 应用程序,实现并测试 SOME/IP、DoIP 等功能。

我衷心希望您能通过阅读本书获取有用的信息,快速掌握 AUTOSAR Adaptive 平台的知识和开发技能,从而助力汽车电子行业的发展,促进软件定义汽车的快速落地。

张光忠

嵌入式软件与系统产品线总监

Vector(大中华区)

前言 Preface

为应对日益复杂的汽车电子软件开发、更新和维护问题，AUTOSAR（AUTomotive Open System Architecture，汽车开放系统架构）联盟应运而生。在 AUTOSAR 分层模型中，软件模块及软件模块之间的接口定义更加标准化，使得整车厂、供应商、科研机构之间可以方便地实现软件联合开发，为汽车工业的软件系统框架建立了一套开放的标准。然而，随着高级驾驶辅助系统、自动驾驶等车辆功能的出现，汽车软件面临着更高的计算密集度、安全性、完整性和保密性的挑战。这些软件需要更强的硬件计算平台，往往运行在类 Linux 操作系统之上。传统的运行于微处理器之上的 CP（AUTOSAR Classic Platform，AUTOSAR 经典平台）已经无法满足当前的需求。为此，AUTOSAR 联盟开发了另一个软件平台，即 AP（AUTOSAR Adaptive Platform，AUTOSAR 自适应平台）。

本书是一部关于 AP 的入门级工具书，旨在帮助读者了解和掌握这一新兴的汽车软件架构平台。基于对 Vector 公司的 MICROSAR Adaptive 解决方案的使用经验，本书介绍了从软件规范到实践的全过程，包括如何使用 Vector 公司的各种工具来设计、开发、测试基于 AP 的软件系统。

本书共分 9 章，内容涵盖了 AP 的基础知识、SOME/IP 协议、SOA 建模、ARXML 配置、应用层软件编程、通信测试、标定测量、DoIP 协议等方面。第 1 章为读者提供了一个对 AP 的概览，让读者对这一平台有一个基本的认识。第 2 章介绍了 Vector 公司的相关工具以及 MICROSAR Adaptive 相关模块，并且讲述如何安装相关工具及运行环境。第 3 章讲解了 SOME/IP 协议的基本概念、结构、特点和功能。第 4 章介绍了如何使用 PREEvision 来定义服务接口、服务实例、服务发现等，以及如何生成 SOME/IP 通信协议文件。第 5 章讲解了如何使用 DaVinci Developer Adaptive 工具配置 ARXML，应用层代码编写和软件集成。第 6 章介绍了如何使用 CANoe 来创建网络节点、发送和接收 SOME/IP 消息、分析通信数据，从而实现 SOME/IP

通信的功能测试。第 7 章介绍了两种标定测量的实现方法：一种是基于 XCPlite 协议栈的标定测量，另一种是基于 SOME/IP 协议的标定测量；另外，还介绍了如何使用 CANape 工具来进行标定测量，以及如何配置和使用标定测量相关的工具和模块。第 8 章介绍了 DoIP 的基本概念、流程和功能，并且介绍了如何使用 CANdelaStudio 工具来创建和管理诊断描述文件，使用 DaVinci Developer Adaptive 配置诊断模型，以及使用 CANoe 模拟上位机进行诊断协议的测试验证。第 9 章展望了 SOME/IP 协议的进一步探索和学习的方向，介绍了另一种支持 SOA 的 DDS（Data Distribution Service，数据分发服务）通信协议，以及 DDS 与 SOME/IP 协议的异同。

本书由同济大学-维克多汽车技术联合实验室与一汽解放汽车有限公司结合 AP 合作项目中的软件开发案例共同编写，Vector 公司对全书进行了规划与审阅。其中，第 1~3 章由朱元编写，第 4、5 章由陆科编写，第 6、7 章由陈树星编写，第 8、9 章由刘时珍编写。全书由朱元组织统稿，潘凤文及 Vector 公司高路博士审阅。感谢本实验室苏子钧、赵乾翔、周辉煌、徐世寒、钟旭、李凯、罗鹏志、邓添男、李晨等同学为相关资料的整理及编排辛勤工作。

本书编写过程中得到了 Vector 公司的大力支持，编者在此特别对 Vector 公司高路博士、张光忠先生、肖君子女士表示衷心的感谢。同时真诚地感谢一汽解放汽车有限公司王恩东、毕承鼎、张彪、陈龙、史宜灵等工程师在 AP 应用过程中给予宝贵建议和启发。

本书适合有一定汽车软件开发经验的读者阅读，也可以作为相关课程的教材或参考书。希望本书能够帮助读者快速掌握 AP 的知识和开发技能，为汽车软件开发领域的创新和进步作出贡献。

本书在编写过程中力求内容正确，书中所有的内容都经过 Vector 公司专家审阅，也经过作者测试，并在科研项目中得到实际的应用和测试。但由于我们的水平有限，编写时间紧张，缺点和不妥之处在所难免，敬请读者指正。

编著者

2024 年 4 月于同济大学

目录 Contents

序

前言

第1章 规范 ·········· 1
1.1 AUTOSAR Adaptive 简介 ·········· 2
1.1.1 发展需求 ·········· 2
1.1.2 自适应平台的优势和特点 ·········· 3
1.2 AUTOSAR Adaptive 架构 ·········· 4
1.2.1 逻辑架构 ·········· 4
1.2.2 物理架构 ·········· 6
1.3 AUTOSAR Adaptive 方法论 ·········· 7
1.3.1 系统设计 ·········· 8
1.3.2 软件开发 ·········· 9
1.3.3 集成部署 ·········· 9
1.4 AUTOSAR Adaptive 应用运行接口 ·········· 10
1.4.1 ara::com—通信管理接口 ·········· 10
1.4.2 ara::diag—诊断管理接口 ·········· 11
1.4.3 ara::em—执行管理接口 ·········· 12
1.4.4 ara::sm—状态管理接口 ·········· 13
1.4.5 ara::log—日志与追踪管理接口 ·········· 14

第2章 Vector 工具链及 AP 环境的介绍 ·········· 15
2.1 Vector 公司简介 ·········· 16
2.2 Vector 工具链 ·········· 16
2.2.1 以太网解决方案 ·········· 16
2.2.2 AUTOSAR 解决方案 ·········· 21
2.2.3 总线开发与测试 ·········· 27

2.2.4　台架及 HIL 测试 ……………………………………………… 37
　　2.2.5　数据记录仪 …………………………………………………… 39
　　2.2.6　ECU 标定 ……………………………………………………… 40
　　2.2.7　测量技术与数据管理 …………………………………………… 43
　　2.2.8　ADAS 解决方案 ………………………………………………… 51
　　2.2.9　ECU 诊断与刷写 ………………………………………………… 54
　　2.2.10　代码测试 ……………………………………………………… 60
　　2.2.11　软件组件和软件系统 SIL 测试 ………………………………… 63
　　2.2.12　车端网络安全一站式解决方案 ………………………………… 69
　　2.2.13　培训服务 ……………………………………………………… 75
2.3　Windows 下相关配置工具的安装 ……………………………………… 77
　　2.3.1　软件环境的安装 ………………………………………………… 77
　　2.3.2　Vector 驱动的安装 ……………………………………………… 79
2.4　Linux 下相关环境的安装 ……………………………………………… 81
　　2.4.1　虚拟机配置 ……………………………………………………… 81
　　2.4.2　Ubuntu 环境配置 ………………………………………………… 81

第 3 章　SOME/IP 协议 …………………………………………………… 85

3.1　SOME/IP 报文格式 ……………………………………………………… 86
　　3.1.1　SOME/IP 报文头部格式 ………………………………………… 86
　　3.1.2　SOME/IP 报文有效负载 ………………………………………… 87
3.2　SOME/IP 数据序列化 …………………………………………………… 87
3.3　SOME/IP 通信模式 ……………………………………………………… 88
　　3.3.1　Request/Response 通信模式 …………………………………… 88
　　3.3.2　Fire & Forget 通信模式 ………………………………………… 89
　　3.3.3　Event 通信模式 ………………………………………………… 89
　　3.3.4　Field 通信模式 …………………………………………………… 89
3.4　SOME/IP-SD 报文格式 ………………………………………………… 89
　　3.4.1　SOME/IP 头部 …………………………………………………… 90
　　3.4.2　SOME/IP-SD 头部 ……………………………………………… 90
3.5　SOME/IP-SD 通信行为 ………………………………………………… 91
　　3.5.1　启动行为 ………………………………………………………… 91
　　3.5.2　关机行为 ………………………………………………………… 92

第4章 基于 PREEvision 进行 SOA 建模与 SOME/IP 配置 …… 93

4.1 SOA 架构设计 …… 94
4.1.1 软件初始化指南 …… 94
4.1.2 新建产品线 …… 95
4.1.3 创建并定义服务 …… 97

4.2 设计软件架构 …… 103
4.3 设计硬件架构 …… 106
4.4 建立软硬件映射 …… 110
4.5 信号路由 …… 112
4.6 ARXML 文件导入/导出 …… 114

第5章 基于 ARXML 实现 SOME/IP 通信 …… 117

5.1 基于 DaVinci Developer Adaptive 工具配置 ARXML 文件 …… 118
5.1.1 ARXML 配置概述 …… 118
5.1.2 Service 配置 …… 119
5.1.3 Machine 配置 …… 127
5.1.4 Application 配置 …… 129
5.1.5 Service、Application、Machine 的 Mapping 关系 …… 132

5.2 应用层代码 …… 135
5.2.1 通信模块原理分析 …… 135
5.2.2 编码开发 …… 138

5.3 编译构建 …… 149
5.3.1 TACO 文件编写 …… 149
5.3.2 文件分层 …… 150
5.3.3 编译指令 …… 154

5.4 结果展示 …… 156
5.4.1 通信配置 …… 156
5.4.2 通信结果 …… 159

第6章 基于 CANoe 的 SOME/IP 通信测试 …… 161

6.1 基于 ARXML 实现 SOME/IP 通信测试 …… 162
6.1.1 创建 CANoe 工程 …… 162
6.1.2 测试脚本编写与绑定 …… 169
6.1.3 测试流程 …… 181

		6.1.4 测试结果	185
	6.2	基于 vCDL 实现 SOME/IP 通信测试	220
		6.2.1 基于 vCDL 语言进行数据库文件的编写	221
		6.2.2 创建 CANoe 工程	225
		6.2.3 测试脚本编写与绑定	227
		6.2.4 测试流程	229
		6.2.5 测试结果	229

第 7 章 AUTOSAR Adaptive 的标定测量 ... 231

7.1	基于 XCP 的标定测量	232
	7.1.1 Linux 下编译 XCPlite 工程	232
	7.1.2 Windows 下编译 XCPlite 工程	232
	7.1.3 CANape 工程配置	235
	7.1.4 标定量分析	242
	7.1.5 XCP 代码集成到 AP 应用中	244
	7.1.6 XCP 协议栈代码概述	247
	7.1.7 XCP 中 main 函数调用 API 示例	250
	7.1.8 详解 A2L.c 和 A2L.cpp	252
	7.1.9 详解 xcpAppl.c	254
	7.1.10 详解 xcpServer.c	257
	7.1.11 详解 xcp.cpp	258
	7.1.12 详解 xcpLite.c	261
7.2	基于 SOME/IP 的标定测量	267
	7.2.1 Linux 下配置 ARXML	267
	7.2.2 CANape 工程配置	275
	7.2.3 编写 CMake 文件	280
	7.2.4 BuildHelper 工具	284
	7.2.5 交叉编译 toolchain 文件配置	288
	7.2.6 项目编码开发	294
7.3	基于 XCP 和 SOME/IP 标定测量的对比	297

第 8 章 AUTOSAR Adaptive 的 DoIP 诊断 ... 301

8.1	CANdelaStudio 诊断数据库的配置	302
	8.1.1 0x10 会话控制(DiagnosticSessionControl)	306

8.1.2　0x3E 待机握手(TesterPresent) …………………… 309

8.1.3　0x27 安全访问(SecurityAccess) …………………… 311

8.1.4　0x22 通过 ID 读数据(ReadDataByIdentifier) ………… 315

8.1.5　0x2E 通过 ID 写数据(WriteDataByIdentifier) ………… 317

8.1.6　0x11 ECU 复位(ECUReset) ………………………… 319

8.1.7　0x31 例行程序控制(RoutineControl) ………………… 320

8.1.8　0x34 请求下载(RequestDownload) …………………… 321

8.1.9　0x36 数据传输(TransferData) ………………………… 323

8.1.10　0x37 请求退出传输(RequestTransferExit) ………… 325

8.1.11　0x19 读取故障码信息(ReadDTCInformation) ……… 326

8.1.12　0x14 清除诊断信息(ClearDiagnosticInformation) … 332

8.1.13　保存以及导出 …………………………………………… 333

8.2　DaVinci Developer Adaptive 诊断 ARXML 的配置 ………… 335

8.2.1　Diagnostic 文件夹 ……………………………………… 335

8.2.2　Diagnostic Daemon 的配置 …………………………… 339

8.2.3　Diagnostic Application 的配置 ………………………… 344

8.3　AUTOSAR Adaptive 诊断模块源码 …………………………… 351

8.3.1　初始化信号处理 ………………………………………… 351

8.3.2　Dcm 服务接口 …………………………………………… 352

8.3.3　Dcm 服务接口类的实例化 ……………………………… 359

8.3.4　Dem 接口 ………………………………………………… 361

8.3.5　Dem 接口实现 …………………………………………… 362

8.3.6　TACO 工具的编译构建 ………………………………… 366

8.4　CANoe 模拟上位机 Tester 测试 ……………………………… 371

8.4.1　0x10 会话控制(DiagnosticSessionControl) ………… 375

8.4.2　0x3E 待机握手(TesterPresent) ……………………… 377

8.4.3　0x27 安全访问(SecurityAccess) …………………… 378

8.4.4　0x22 通过 ID 读数据(ReadDataByIdentifier) ………… 379

8.4.5　0x2E 通过 ID 写数据(WriteDataByIdentifier) ………… 380

8.4.6　0x11 ECU 复位(ECUReset) ………………………… 381

8.4.7　0x31 例行程序控制(RoutineControl) ………………… 382

8.4.8　0x34 请求下载(RequestDownload) …………………… 385

8.4.9　0x36 数据传输(TransferData) ………………………… 385

8.4.10　0x37 请求退出传输(RequestTransferExit) ………… 387

8.4.11　0x19 读取故障码信息(ReadDTCInformation) ……… 388

8.4.12　0x14 清除诊断信息(ClearDiagnosticInformation) … 394

第 9 章　展望 …………………………………………………………… 397

9.1　SOME/IP 通信中间件的服务冗余设计 ……………………………… 398

9.2　DDS 通信中间件 …………………………………………………… 399

　　9.2.1　DCPS 模型 …………………………………………………… 399

　　9.2.2　DDS 和 SOME/IP 的区别 …………………………………… 400

第 1 章
规范

1.1 AUTOSAR Adaptive 简介
1.2 AUTOSAR Adaptive 架构
1.3 AUTOSAR Adaptive 方法论
1.4 AUTOSAR Adaptive 应用运行接口

1.1 AUTOSAR Adaptive 简介

1.1.1 发展需求

AUTOSAR 是汽车和软件行业领先公司的全球合作联盟,为智能移动开发和建立标准化的软件框架以及开放的 E/E 系统架构。考虑到目前和未来市场中不同的汽车 E/E 架构,AUTOSAR 联盟为汽车软件架构建立了开放的行业标准。

在 CP 中,ECU(Electronic Control Unit,电子控制单元)被用来替代或增强机电系统。这些资源有限、深度嵌入的 ECU 通常通过根据输入信号(如来自传感器的信号)和来自连接到车辆网络的其他 ECU 的信息创建电子输出信号来执行基本控制功能。大部分控制软件都是为目标车辆专门设计和实施的,在车辆使用期间不会发生重大变化。CP 标准满足了这些深度嵌入的系统的需求。

最近和未来的车辆功能,如高度自动驾驶,引入了复杂的计算密集型软件,这些软件需要执行环境感知和行为规划等功能,并与外部后端和基础设施系统进行交互,还必须满足严格的安全性、完整性和保密性要求。在车辆的生命周期中,由于外部系统的不断开发、功能的改进或增加,或者安全问题的出现,因此车辆中的软件需要定期更新。CP 无法满足此类系统的要求。因此,AUTOSAR 提出了第二个软件平台,即 AP。它提供高性能计算和通信机制,以及灵活的软件配置,如支持 OTA(Over The Air,空中下载)。专门为 CP 定义的功能(如访问电信号和汽车专用总线系统)可集成到 AP 中,但不在标准化的重点范围内。这背后有两大类技术驱动因素:一类是以太网,另一类是处理器。车载网络不断增长的带宽需求导致了以太网的引入,以太网提供了具有更高带宽的交换网络,与传统的车载通信技术相比,使长消息传输、点对点通信等更加有效。CP 虽然支持以太网,但主要是为传统通信技术设计的,它已经为此进行了优化,很难充分利用并从基于以太网的通信能力中获益。同样,近年来,随着汽车变得越来越智能,对处理器的性能要求也有了巨大的增长。尽管多核处理器已经与 CP 一起使用,但是对处理能力的需求已不仅是多核。具有数十到数百核的多核处理器、GPGPU(General Purpose computing on Graphics Processing Units,通用图形处理器)、FPGA(Field Programmable Gate Array,现场可编程门阵列)和专用加速器正在出现,这些提供了比传统 MCU(Microcontroller Unit,微控制单元)高几个数量级的性能。核数量的增加暴露了 CP 的不足,CP 尽管可以支持多核,但它最初是为单核 MCU 设计的。此外,随着计算能力的增强,即使在数据中心,电源效率也已经成为一个问题,实际上对于这些智能 ECU 来说,这一点更为重要。从半导体和处理器技术的角度来看,受波拉克规则的约束,物理上不可能无休止地增加处理器频率,而扩展性能的唯一方法是使用多个内核并行执行。此外,众所周知,每瓦的最佳性能是通过混合不同的计算资源实现的,如多核、协处理器、GPU、FPGA 和加速器。这被称为异构计算,正在 HPC(High Performance Computing,高性能计算)中使用,到目前为止,它肯定超过了 CP 的范围。

同样值得一提的是，处理器和更快的通信都具有综合效应。随着更多的处理元素被组合在单核处理器中，这些处理元素之间的通信比传统的 ECU 间通信快几个数量级，效率也越来越高。这是通过新型的处理器互联技术实现，如 NoC（Network on Chip，芯片内网络）。这种更高的处理能力和更快的芯片内通信的综合效应也促使了对一个新平台的需求，该平台可以根据不断增长的系统需求进行扩展。

1.1.2 自适应平台的优势和特点

AP 的特征是由上述因素形成的。这种情况不可避免地需要更高的计算能力，而技术趋势为满足这些需求提供了一个基线。然而，在安全相关领域的 HPC，虽然功率和成本效率也很重要，但它本身就带来了各种新的技术挑战。为了解决这些问题，AP 采用了各种传统上没有被 ECU 充分利用的成熟技术，同时允许在 AP 实现中最大限度地自由地利用创新技术。AP 所拥有的特点如下。

1. 使用 C++

自上而下开始，AP 应用程序可以用 C++ 进行编程。C++ 是目前软件行业和学术中性能关键的复杂应用中开发新算法和应用软件的首选语言。如果使用得当，这将带来对新算法的快速适应，并提高应用程序开发效率。

2. SOA 的理念

为了支持复杂的应用程序，同时在处理分布和计算资源分配方面允许最大的灵活性和可伸缩性，AP 遵循 SOA。SOA 基于这样的概念，即系统由一组服务组成，其中一个服务可以依次使用另一个服务，以及根据其需要使用一个或多个服务的应用程序。SOA 通常表现出系统 系统特性，而 AP 也有。例如，服务可以驻留在应用程序也在运行的本地 ECU 上，也可以位于同时运行其他 AP 实例的远程 ECU 上。在这两种情况下，应用程序代码是相同的——通信基础设施将解决提供透明通信的差异。另一种看待这种体系结构的方式是分布式计算，即通过某种形式的消息传递进行通信。总的来说，所有这些都代表了相同的概念。这种消息传递、基于通信的体系结构也可以受益于快速和高带宽通信的兴起，如以太网。

3. 并行处理

分布式计算本身就是并行的。当不同的应用程序使用不同的服务集时，SOA 具有这个特性。提供并行处理能力的多核处理器和异构计算的先进性为利用计算能力来匹配固有的并行性提供了技术机会。因此，随着多核异构计算技术的进步，AP 具有扩展其功能和性能的架构能力。实际上，硬件和平台接口规范只是等式的一部分，而操作系统/管理程序技术和开发工具（如自动并行化工具）的进步也是至关重要的，这将由 AP 供应商和行业/学术生态系统来实现。

4. 利用现有标准

重新发明轮子没有意义，特别是当涉及规范而不是实施时。如第 1 点所述，AP 采取了重复使用和调整现有开放标准的策略，以促进 AP 本身的快速发展，并从现有标准的生态系统中受益。因此,开发 AP 规范的一个关键点是不要随意地引入现有标准已经提供的新替换功能。这意味着如果仅仅因为现有标准提供了所需的功能而随意引入新接口,将导致接口表面上的理解困难。

5. 安全和保密

AP 的目标系统通常需要一定程度的安全性,可能是最高级别。对新概念和技术的引入不应破坏这些要求,尽管实现这些要求并非易事。为了应对这一挑战,AP 结合了架构、功能和程序性方法。该架构基于 SOA 的分布式计算,其本质上使每个组件更加独立和不受意外干扰,以帮助实现安全和保密功能,促进安全地使用复杂语言,如 C++。

6. 动态规划

AP 支持应用程序的增量部署,其中资源和通信被动态管理,以减少软件开发和集成的工作量,从而实现较短的迭代周期。增量部署还支持探索性软件开发阶段。对于产品交付,AP 允许系统集成商限制动态行为,以减少不必要的或不良影响的风险,从而保证安全质量。

7. 灵活性

虽然没有直接反映在平台功能中,但 AP 的目标是适应不同的产品开发过程,特别是基于敏捷的过程。对于基于敏捷的开发,至关重要的是系统的底层架构是可增量扩展的,并有可能在部署后更新系统。

1.2 AUTOSAR Adaptive 架构

1.2.1 逻辑架构

本小节介绍自适应平台的逻辑体系,描述了平台软件是如何组成的,如体系结构中存在哪些模块、它们的接口以及用户应用程序如何与平台交互。

1. ARA

图 1.1 所示为 AP 架构逻辑视图。AA(Adaptive Application,自适应应用程序)运行在 ARA(AUTOSAR Runtime for Adaptive Applications,自适应程序运行时)之上。ARA 由 FC(Functional Clusters,功能集群)提供的应用程序接口组成,它们属于 AP 基础(Adaptive Platform Foundation)或 AP 服务(Adaptive Platform Services)。AP 基础提供 AP 的基本功能,AP 服务提供 AP 的标准服务。任何 AA 也可以向其他 AA 提供服务。

功能集群的接口,无论是自适应平台基础的还是自适应平台服务的,从 AA 的角度来看是无关的——它们只是提供指定的 C++ 接口或 AP 将来可能支持的任何其他绑定的语言接口。

注意:在 ARA 接口下面,包括在 AA 上下文中调用的 ARA 库,可能使用 ARA 以外的其他接口来实现 AP 的规范,这取决于 AP 实现的设计。

图 1.1 所示内容包含了当前版本不存在的功能集群,目的是便于更好地了解整体结构。

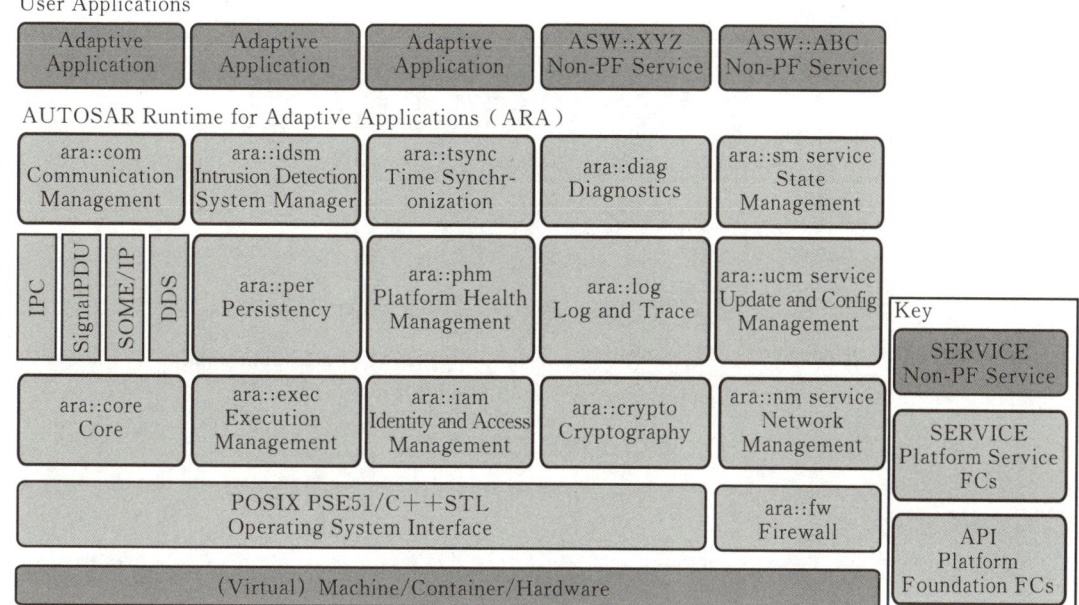

图 1.1　AP 架构逻辑视图

2. 语言绑定、C++标准库和 POSIX API 描述

这些 API 的语言绑定是基于 C++ 的,而 C++ 标准库也可以作为 ARA 的一部分使用。对于 OS API,只有 PSE51 接口,一个 POSIX(Portable Operating System Interface)标准的单进程配置文件可以作为 ARA 的一部分使用。选择 PSE51 的目的是为现有的 POSIX 应用程序提供可移植性,并实现应用程序之间无干扰。

注意:C++ 标准库包含许多基于 POSIX 的接口,包括多线程 API。建议不要将 C++ 标准库线程接口与本机 PSE51 线程接口混合,以降低复杂度。但 C++ 标准库并没有涵盖所有的 PSE51 功能,如设置线程调度策略。在这种情况下,可能需要同时使用这两个接口。

3. 应用启动和关闭

应用程序的生命周期由 EM(Execution Management,执行管理)进行管理。应用程序的加载/启动可以通过使用 EM 的功能来进行管理,它需要在系统集成时或运行时进行适当的配置来启动应用程序。事实上,从 EM 的角度来看,所有的功能集群都是应用程序,除了 EM 本身之外,它们都以相同的方式启动。图 1.2 所示为 AP 程序运行方式。

注意:应用程序何时启动或终止的决定不是由 EM 做出的。有一种特殊的功能集群,称为 SM(State Management,状态管理),它的作用是作为一种控制器,它基于系统的设计来指挥 EM,判别不同的状态,从而控制整个系统的行为。由于这里的系统指的是 AP 及其应用程序运行的 Machine,因此内部行为的实现是特定于项目的。SM 还可以与其他功能集群进行交互,以协调整个 Machine 的行为。SM 应该只使用标准的 ARA 接口来维护不同 AP 栈之间的可移植性。

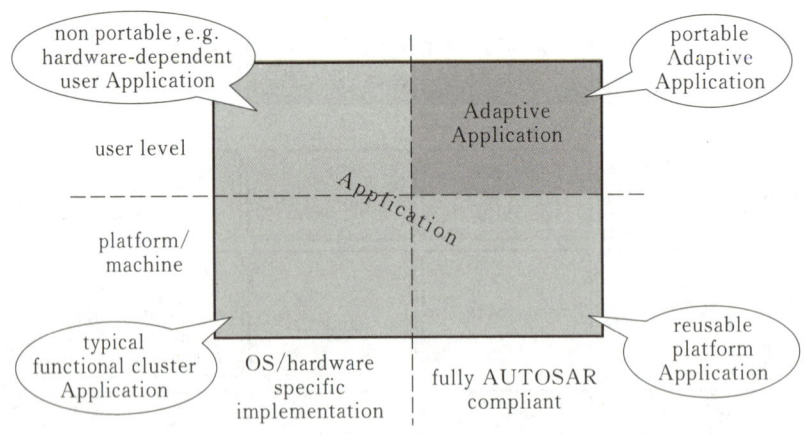

图 1.2　AP 程序运行方式

4. 应用程序交互

关于 AA 之间的交互作用，PSE51 不包括 IPC(Inter-Process Communication，进程间通信)，因此 AA 之间没有直接的交互接口。CM(Communication Management，通信管理)是唯一的显式接口，CM 还为 Machine 内和 Machine 间提供面向服务的通信，这对应用程序来说是可见的。CM 处理服务请求/响应的路由，而不管服务和客户端应用程序的拓扑部署。

注意：其他的 ARA 接口可能会在内部触发 AA 之间的交互，但是，这不是一个显式的通信接口，而只是由各自的 ARA 接口提供功能产生的间接影响。

5. 非标准接口

AA 和功能集群可以使用任何非标准接口，前提是它们不与标准 AP 功能冲突，并且符合项目的安全/保密要求。除非它们仅仅只是应用程序的本地运行时库，否则应注意这种接口使用的最低程度，因为这将影响到其他采用 AP 实现的软件可移植性。

1.2.2　物理架构

1. 操作系统、进程和线程

AP 操作系统需要提供多进程的 POSIX 操作系统功能。每个 AA 都被实现为一个独立的进程，具有各自的逻辑内存空间和名称空间。

注意：单个 AA 可能包含多个进程，它可以部署到单个 AP 实例上或分布在多个 AP 实例上。从模块组织的角度来看，每个进程都是由操作系统从一个可执行文件中实例化的，也可以从一个可执行文件中实例化多个进程。此外，AA 还可以构成多个可执行文件。

功能集群通常也以进程的形式实现。一个功能集群也可以通过单个进程或多个(子)进程来实现。自适应平台服务和非平台服务也以进程的形式实现，所有这些进程都可以是单线程或多线程。但是，它们可以使用的 OS API 根据进程属于哪个逻辑层而有所不同。如果它们是运行在 ARA 之上的 AA，那么它们应该只使用 PSE51。如果一个进程是功能集群之一，那么它可以随意使用任何可用的操作系统接口。总之，从操作系统的角度来看，AP 和 AA 只是一组进程,每个进程包含一个或多个线程——这些进程之间没有区别,这取决于 AP 的实现来提供任何类型的分区。这些进程通过 IPC 或任何其他可用的操作系统功能进行交互。

注意:AA 进程不能直接使用 IPC,只能通过 ARA 进行通信。

2. 基于库或基于服务的功能集群实现

如图 1.1 所示,功能集群可以是自适应平台基础模块或自适应平台服务。如前所述,它们通常是进程。为了使它们与 AA 交互,需要使用 IPC。有两种替代的设计来实现这一点:一种是"基于库"的设计,即由功能集群提供并链接到 AA 的接口库直接调用 IPC;另一种是"基于服务"的设计,即进程使用通信管理功能,并将服务端代理库链接到 AA。代理库调用通信管理接口,该接口协调 AA 进程和服务端进程之间的 IPC。AA 是只通过通信管理功能直接执行 IPC,还是通过代理库与服务端混合执行 IPC,这取决于具体的实现。功能集群选择设计的一般指导原则是,如果它只在 AP 实例中本地使用,那么"基于库"的设计更合适,因为它更简单,也可以更高效。如果以分布式的方式从其他 AP 实例中使用它,则建议使用"基于服务"的设计。

注意:AP 允许功能集群不以进程的形式实现,而是以库的形式实现,在 AA 进程的上下文中运行,只要它实现功能集群定义的 RS 和 SWS。在这种情况下,AA 和功能集群之间的交互将是常规的过程调用,而不是如前面所述的基于 IPC 的交互。

3. 功能集群之间的交互

一般来说,功能集群可以以特定于 AP 实现的方式进行交互,因为它们不绑定到 ARA 接口,如 PSE51,这限制了 IPC 的使用。它确实可以使用其他功能集群的 ARA 接口,即公共接口。功能集群之间的一个典型交互模型是使用功能集群的受保护接口,提供实现功能集群的特殊功能所需的特权访问。此外,AP18 03 操作系统中,还引入了一个新的功能间集群接口的概念,它描述了功能集群提供给其他功能集群的接口。

注意:它不是 ARA 的一部分,也不构成对 AP 实现的正式规范要求。提供这些功能是为了通过澄清功能集群之间的交互来促进 AP 规范的开发,它们还可以为 AP 规范的用户提供更好的 AP 架构视图。

4. Machine 和硬件

AP 将其上运行的硬件视为一个 Machine。该基本原理是为了实现一个一致的平台视图,而不用考虑可能使用的任何虚拟化技术。Machine 可能是真正的物理 Machine、完全虚拟化的 Machine、准虚拟化的操作系统、操作系统级虚拟化的容器或任何其他虚拟化环境。在硬件上,可以有一个或多个 Machine,并且在一个机器上只运行一个 AP 实例。通常认为,这种"硬件"包括一个芯片,承载一个或多个 Machine。然而,如果具体实现允许,也有可能由多个芯片形成一个 Machine。

1.3 AUTOSAR Adaptive 方法论

本节分别从系统设计、软件开发和集成部署三方面对 AP 的方法论进行详细阐述。

AP方法论描述了AP开发步骤的通用方法。方法论中提供了构建AP的主要步骤以及每个步骤之间的联系,但不包括每个步骤的具体顺序,实际的开发工作是可以迭代的。将一个复杂系统的开发工作分解成若干简单的开发活动是一种高效的开发方法。图1.3所示为AP的开发步骤,主要分为系统设计、应用开发和集成部署三个开发阶段。对于每个开发阶段,都会输出相应的产出,这些产出包括ARXML、配置清单(JSON格式)、源代码、目标代码和可执行文件,其中配置清单、可执行文件和目标代码一起被打包安装到AP中。

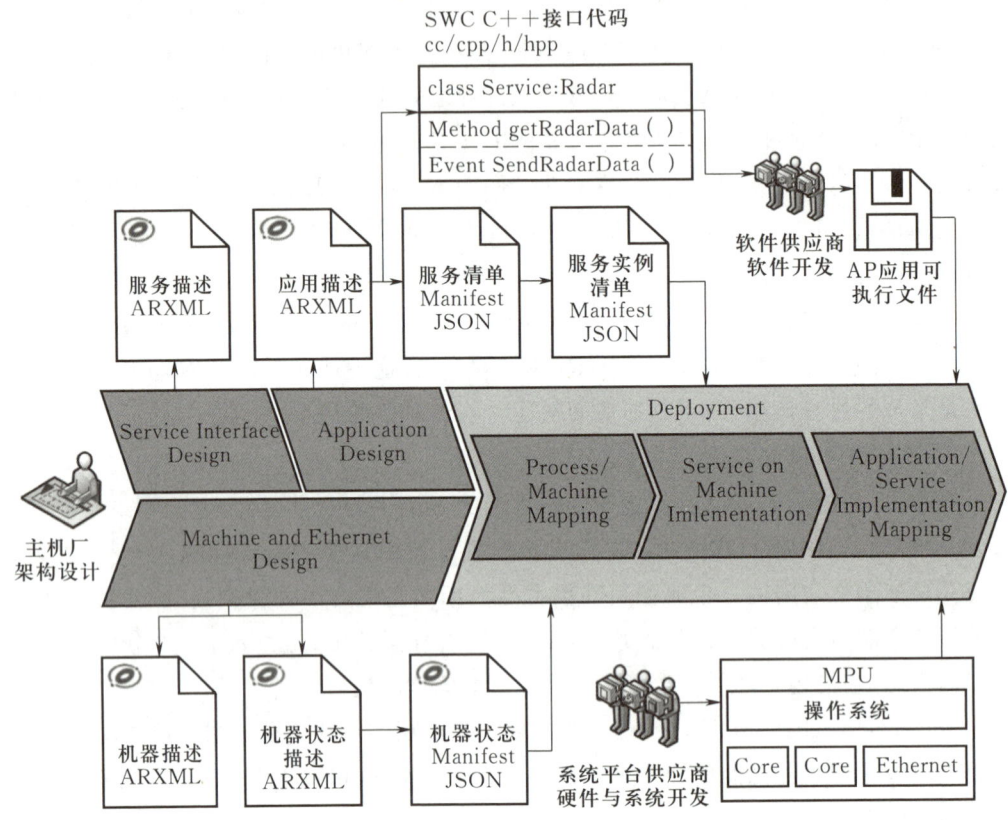

图1.3　AP的开发步骤

1.3.1　系统设计

系统设计主要分为功能架构设计和应用软件架构设计,如图1.4所示。

功能架构设计是根据车辆电子电气系统特定项目的特性和需求,设计对应的功能架构。功能架构是由一个个的功能模块及其对外接口构成的,每一个功能模块都是对真实项目中某个功能的抽象。功能架构中包含了实现某个项目所需要的所有功能及它们之间的关系,可以被看成是真实项目的抽象描述。

应用架构是以功能架构为基础设计的架构,包括了系统中的所有应用程序及其通信关系。根据功能架构中每个功能模块的需求和特性,将其拆分或合并成若干SWC(Software Component,软件组件)。SWC是AP应用的基本单元。

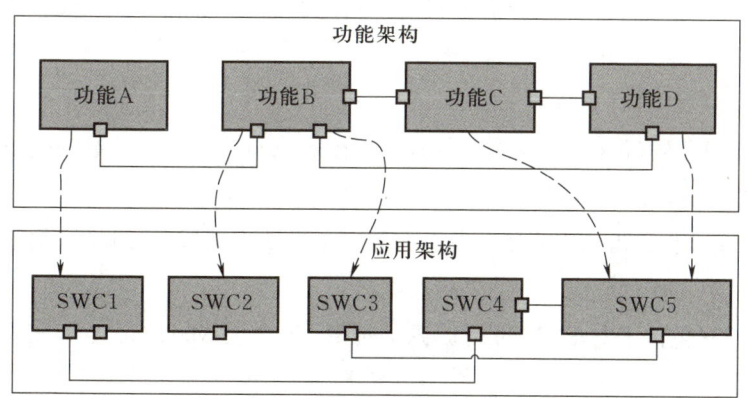

图 1.4 AUTOSAR AP 系统设计

在 AP 中，应用被部署到 Machine 中。Machine 是一种虚拟化的 ECU，一个可以部署软件的实体。一个真实的 ECU 中包含一个或者多个 Machine，每个 Machine 中包含了若干应用。

AP 应用采用面向服务的通信方式，因此所有 SWC 的通信接口都是服务接口。服务接口的设计包括了对服务本身和服务中 Method、Event、Field 的设计。服务接口是独立于应用和服务实例而设计的。

AP 的系统设计需要用 ARXML 文件描述。ARXML 文件作为 AP 的系统描述，包括了通用软件架构中服务接口、Machine 配置等属性的描述，以及集成部署的描述。

1.3.2 软件开发

应用开发首先需要对应用进行建模。当应用需要对外提供或者调用服务时，需要为软件组件设计端口，并在端口上设置需要提供或者调用的服务接口。

应用开发最重要的工作是应用层代码的设计。对于应用相关的所有服务接口，会通过 AP 开发工具链自动生成服务接口的 C++ 文件。这些 C++ 文件是上文所述的服务 Proxy 与 Skeleton 的接口，应用层代码通过调用这些接口，便能实现对服务的发现、提供和调用等一系列行为。

应用层代码除了要实现对服务的操作之外，还包括了业务相关的代码，这一部分需要对业务进行分析和建模，设计合适的逻辑和算法实现业务所需要的功能。

应用开发过程中生成的代码能够直接以源码的形式提供给集成部署这一环节。如果集成工程师将编译工具链交付给软件开发工程师，这些源码能够直接被编译成目标文件交付到集成部署环节。

1.3.3 集成部署

AP 的集成部署是指根据硬件资源、通信网络和操作系统等情况，将设计好的 AP 应用运行到特定的 Machine 上。集成部署过程主要包括程序集成、Machine 配置、程序运行配置、服务实例配置和打包程序包。

程序集成是通过编译工具将所有的代码/目标文件编译生成可执行文件的过程,这些代码/目标文件包括:

(1) 应用层代码/目标文件。
(2) 服务接口代码(包括C++头文件、Proxy/Skeleton实现代码和数据类型序列化代码)。
(3) AP基础代码。

其中,服务接口代码由AP供应商提供的开发工具链根据服务接口、数据类型的ARXML文件自动生成,AP基础代码由AP供应商提供。

Machine配置包括了对ECU可用资源的配置,包含该Machine能够使用的内存、处理器等。

程序运行配置需要对AP应用的实体化属性进行配置,将可执行文件绑定到操作系统的进程中,并设计了每一个进程的启动配置,即进程应该在Machine的哪一个状态启动,应该在哪一个状态关闭。

服务实例配置,包括服务接口与通信协议(如SOME/IP、DDS等)的绑定、服务实例到Machine的映射以及服务实例的时间配置(如initialDelayMinValue和TTL等)。

打包程序包这一步需要将所有的程序文件和配置文件打包。程序文件包括了程序的可执行文件、可执行文件运行所依赖的动态库文件以及AP运行所依赖系统模块(如通信模块守护进程)的可执行文件。配置文件即上述所有步骤中配置的ARXML文件或者根据ARXML文件生成的其他格式配置文件,如JSON。

1.4　AUTOSAR Adaptive 应用运行接口

1.4.1　ara::com——通信管理接口

通信管理模块实现了AP应用间面向服务的通信,支持进程内通信和进程间通信。底层采用Proxy/Skeleton设计模式,向应用层提供标准的ARAComAPI,支持SOME/IP、DDS和自定义IPC三种面向服务的通信协议。

Proxy/Skeleton(也称Stub/Skeleton)结构是应用与面向服务中间件的常用技术手段。这种设计模式的基本思想是根据通用的服务定义,分别生成服务Proxy和服务Skeleton代码(图1.5)。

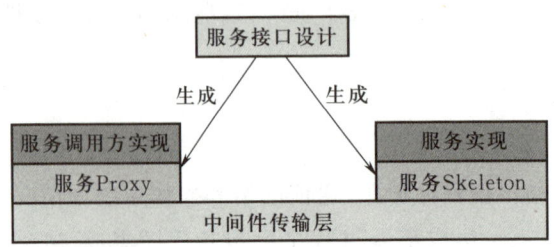

图 1.5　Proxy/Skeleton 设计模式

服务 Proxy：对于希望使用服务的服务调用方来说，服务 Proxy 相当于服务在代码级别的外观（Facade）。具体实现时，服务 Proxy 是一个类的实例（对象），提供了操作该服务的所有接口，包括了事件的订阅、方法的调用等。

服务调用方通过与服务 Proxy 进行交互发起服务调用，服务 Proxy 负责将这些服务调用发送至远程的服务提供方，并将结果返回服务调用方。

服务 Skeleton：服务提供端通过服务 Skeleton 完成服务的具体实现，通过服务 Skeleton 将服务实现与通信模块传输层相连接，以此实现服务调用方对服务实现的访问。服务 Skeleton 是根据服务定义生成的抽象类，服务实现通过继承该抽象类并对抽象方法进行重载，服务 Skeleton 提供了 OfferService 等控制服务的方法。

服务提供端应用代码通过实现 Skeleton 抽象类的抽象方法或者调用 Skeleton 抽象类提供的方法与通信模块实现交互。

1.4.2 ara::diag——诊断管理接口

DM（Diagnostic Management，诊断管理）实现基于 ISO 14229-1（UDS）和 ISO 13400-2（DoIP）的 ISO 14229-5（UDSonIP），如图 1.6 所示。诊断管理代表 Foundation 层上 Adaptive Platform 的功能集群。注意：在 R1903 版本中，诊断管理位于 Service 层上。该配置基于经典平台的 AUTOSAR 诊断提取模板（DEXT）。DEXT 已经开始进入市场，被多家 OEM 和供应商使用并提供支持。支持的传输层是 DoIP。DoIP 是一种车辆发现协议，旨在与诊断基础架构（诊断 Client，生产/车间测试仪）进行车外通信。车载或远程诊断通常使用其他传输协议，因此提供了使用自定义传输层扩展平台的 API。

诊断通信子集群可实现诊断服务器（如 Classic Platform 的 Dcm）。当前，受支持的服务有限，但是在以后的版本中将扩展对其他 UDS 服务的支持。

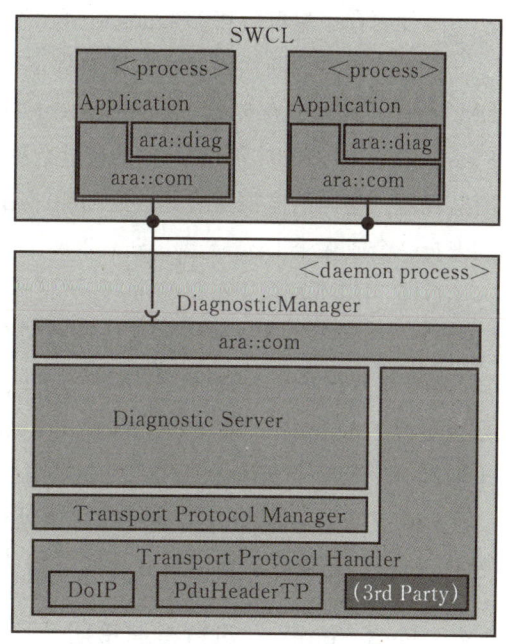

图 1.6 诊断管理

除 ISO 14229-1 的伪并行 Client 处理外，诊断管理（DM）进行了扩展，以支持在不同诊断 Client 的默认会话中进行完全并行处理。这可以满足现代车辆体系结构的需求，包括用于数据收集、从后端访问以及最终一些经典的车间和生产用例的多个诊断 Client（测试器）。如果在默认会话中实现了 SOTA（无线软件）序列，则可以进行并行 Client 处理。

1. 自适应应用中的诊断（AA）

DM 将诊断请求（如例行控制或 DID 服务）作为诊断 Server 调度到相应 AA 的映射提

供端口。为了实现这一点，AA 需要提供专门的 DiagnosticPortInterface。

2. 类型化接口与通用接口

DiagnosticPortInterfaces 有不同的抽象级别，具体如下。

（1）RoutineControl 消息可作为：①类型化的接口。API 签名包括所有请求和响应消息参数及其原始类型，DM 负责序列化，此 API 针对特定的 RoutineControl 消息。②通用接口。API 签名仅包含用于请求和响应消息的字节向量，该应用程序负责请求和响应消息的序列化，同一 API 可用于多个 RoutineControl 消息。

（2）DataIdentifier 消息可作为：①API 签名。包括所有请求（用于写入）和响应消息（用于读取）参数及其原始类型，DM 负责序列化。②通用接口。API 签名仅包含用于请求和响应消息的字节向量，该应用程序负责请求和响应消息的序列化。③单个数据元素。每个请求和响应消息参数都有其自己的接口，这是最高的抽象级别，即请求和响应消息结构的任何更改都不会影响 API。此外，同一诊断消息的参数可能处于不同的过程中。

如上所述，由于 DM 需要伪并行处理，因此它支持诊断对话以反映诊断客户端和诊断服务器之间的独特对话。诊断服务器由根据 UDS 请求的目标地址标识，并在运行时在 AP 中动态分配。

事件内存子集群负责 DiagnosticTroubleCode（DTC）管理（如 Classic Platform 的 Dem）。

激活的故障诊断代码表示车辆中肯定已发现的问题（对于生产或车间而言通常很重要）。DM 管理 DTC 及其存储的 SnapshotRecords（在 DTC 发生时的一组已配置的环境数据）和/或 ExtendedDataRecords（属于 DTC 的统计数据，如重复发生的次数）的存储。该检测逻辑称为诊断监视器。这样的监视器将其最近的测试结果报告给 DM 中的 DiagnosticEvent。UDS DTC 状态来自一个或多个 DiagnosticEvent。

DTC 可以分配给 PrimaryMemory（可通过 0x19 02/04/06 访问）或可配置的 UserMemories（可通过 0x19 17/18/19 访问），支持计数器和时基反跳。此外，DM 还提供有关内部转换的通知（通知有关方有关 DTC 状态字节的更改，需要监视 DiagnosticEvents 的重新初始化以及是否更改了 Snapshot-或 ExtendedDataRecord 的信息）。如果 DTC 在配置的操作周期数内未激活，则 DTC 可能会从 DTC 内存中消失。

DM 支持对存储和启用条件的通用处理。启用条件可用于在特殊条件下控制 DTC 的更新，如在欠压条件下禁用所有与网络相关的 DTC。

1.4.3　ara::em——执行管理接口

执行管理模块是 AP 上的一个功能集群，所有的应用（包括用户级应用和系统级应用）以及平台本身，均由执行管理模块统一管理。

AP 应用以进程的形式在操作系统中运行，进程是应用可执行文件的动态运行实例。AP 在操作系统启动后，执行管理模块作为操作系统的初始进程被启动（图 1.7），并根据 Machine 配置清单和 Execution 配置清单的信息

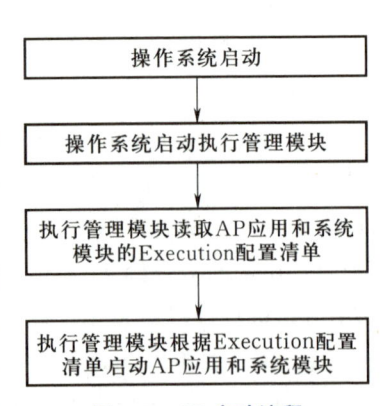

图 1.7　AP 启动流程

以及应用的依赖关系,确定在何时、以何种顺序启动和停止进程。但执行管理模块不负责进程运行时的调度策略,其在启动进程时会配置进程的调度策略,并调用操作系统提供的接口启动该进程,由操作系统负责之后的进程调度工作。

AP 规范规定,AP 应用必须在 Machine 上运行。Machine 是 AP 的特有概念,其拥有一组计算资源,包括 CPU、内存和外部设备,这些计算资源可以是真实的硬件,也可以是由虚拟机虚拟出的硬件。

1.4.4 ara::sm——状态管理接口

执行管理模块包含了 EM 模块和 SM 模块,SM 模块负责管理 Machine 的生命周期,EM 模块负责管理应用的生命周期。SM 模块对外提供修改 Machine State 的服务,当 AP 启动后,由状态管理应用通过 SM 模块管理 AP 的 Machine State(图 1.8)。

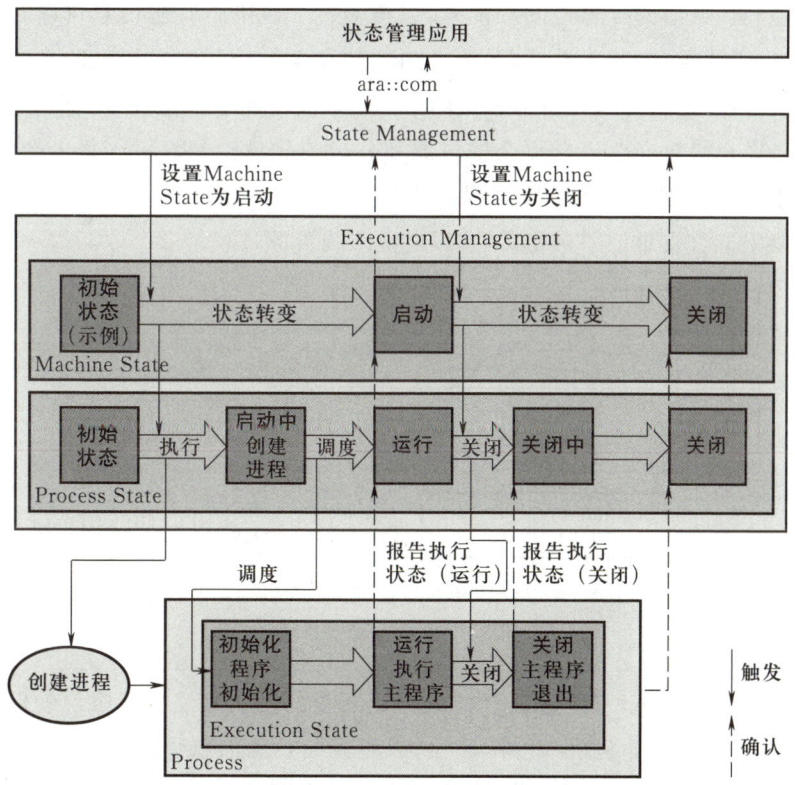

图 1.8 执行管理模块控制 Machine 和应用的生命周期

Machine State 用来描述 Machine 的生命周期,每个 Machine 具有启动、关闭、重启三个状态和其他自定义的状态,对于每一个状态,都有对应的执行进程,这些状态的配置位于 Machine 配置清单。SM 模块负责设置 EM 模块的 Machine State,当 EM 模块收到 SM 模块的设置请求时,会将 Machine State 设置为请求状态,并关闭在新状态下不需要执行的进程,启动需要执行的进程。

Process State 用来描述进程在执行管理模块中的生命周期,包括启动、运行和终止等状态,状态的配置位于应用的 Execution 配置清单。EM 模块根据当前的 Machine State 和应用的 Execution 配置清单控制进程的状态。当进程的状态发生改变后,进程应通过 EM 模块提供的接口向 EM 模块汇报自身的状态。

Execution States 用来描述进程自身的生命周期,包括初始化、运行和终止三个状态。当进程完成在操作系统中的初始化过程后,主函数刚开始运行时,会向 EM 模块汇报运行的状态。当收到终止信号(如 SIGTERM)时,先向 EM 模块汇报终止的状态,然后释放资源,完成进程的终止动作。

1.4.5　ara::log——日志与追踪管理接口

日志与追踪功能集群负责管理和检测 AUTOSAR 自适应平台的日志功能(图 1.9)。平台可以在开发期间以及在生产中和生产后使用日志记录与追踪功能。这两个用例不同,日志与追踪组件允许灵活的日志检测和配置,以覆盖整个范围。日志信息可以转发到多个接收器,具体取决于配置,如通信总线、系统上的文件和串行控制台。提供的日志记录信息标有严重性级别,日志与追踪组件可以被检测为只记录高于某个严重性级别的信息,这使得能够在日志记录客户端对问题进行复杂的过滤和直接的故障检测。对于每个严重性级别,都提供了一个单独的方法供自适应应用程序或功能集群使用。AUTOSAR 自适应平台和日志与追踪功能集群负责维护平台稳定性,以避免系统资源过载。

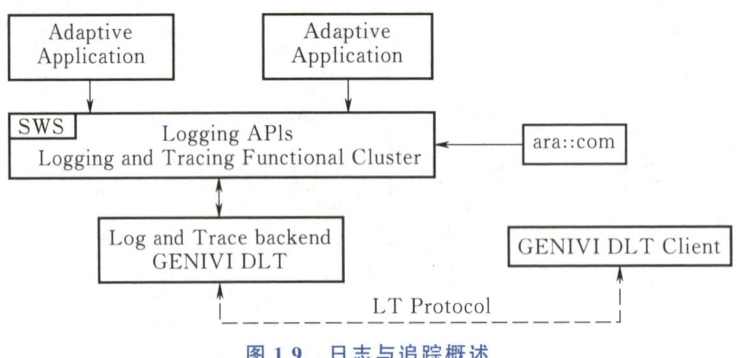

图 1.9　日志与追踪概述

日志与追踪依赖于 AUTOSAR 联盟内部标准化的 LT 协议。该协议确保将日志信息打包成标准的交付和表示格式。此外,LT 协议可以向日志消息添加附加信息,如 ECU ID。日志客户端可以使用该信息关联、排序或过滤接收到的日志帧。

此外,还提供了实用方法,如将十进制值数字系统转换为十六进制数字系统或二进制数字系统。为了使应用程序能够向日志与追踪提供符合 LT 协议标准化序列化格式的数据,这些是必需的。

命名空间 ara::log 中提供了日志与追踪接口,用于应用程序将日志转发到上述日志接收器之一。

日志与追踪接口依赖于作为日志框架一部分的后端实现。日志框架可以使用其他功能集群来实现某些功能,如时间同步或通信管理。

第 2 章
Vector 工具链及 AP 环境的介绍

2.1 Vector 公司简介
2.2 Vector 工具链
2.3 Windows 下相关配置工具的安装
2.4 Linux 下相关环境的安装

2.1　Vector 公司简介

Vector Informatik GmbH 成立于 1988 年,总部位于德国汽车工业中心斯图加特。2009 年 6 月 Vector 正式进入中国市场,并在上海建立代表处。2011 年,Vector 在中国成立全资子公司——维克多汽车技术(上海)有限公司(简称 Vector 中国),直面中国客户,进一步开拓国内市场业务。为了更好地服务客户,Vector 中国随后成立北京分公司(2017 年)、深圳分公司(2022 年)和南京分公司(2022 年)。

Vector 公司现已通过以下权威认证:
(1) 全球化的集成程序和标准。
(2) 基于实践的流程和定期检测。
(3) 整体通过获得 ISO 9001:2008 认证。

Vector 公司效力于以下应用领域:

(1) 电子电气系统设计与管理。为复杂的电子电气系统设计提供集成的协同开发环境,支持从电子电气架构设计、评估、管理到产品系列开发的全过程。

(2) 总线开发与测试。强大的总线开发工具覆盖从仿真、测试到验证的全部开发流程,可以同时支持多种总线和高层协议。

(3) 数据记录仪。提供坚固可靠的数据记录仪,记录 CAN/LIN/FlexRay/Ethernet 以及各种 I/O 数据,用于台架测试或实车路试。

(4) ECU 测试。在所有开发阶段对 ECU 进行测试,检查原型产品的功能或执行回归测试和一致性测试。

(5) 汽车/ECU 诊断。用于描述、实现和测试 ECU 的诊断功能和诊断服务。在 ECU 开发阶段所创建的诊断数据库文件可以在 ECU 全生命周期中使用。

(6) ECU 标定与测量。在线读取/修改/测量 ECU 内部数据和参数,从而实现 ECU 算法的修改和优化;同时提供小巧坚固的硬件用于数据采集。

(7) ECU 软件。嵌入式软件,包括 AUTOSAR Classic/Adaptive 基础软件和 Flash Bootloader,支持众多芯片和编译器。

(8) 代码测试。通过自动构建和执行 C/C++测试套件和测试用例,验证被测代码的合规性和按需开发,进而确保涉及关键业务的嵌入式系统的安全性和可靠性。

2.2　Vector 工具链

2.2.1　以太网解决方案

1. PREEvision——以太网设计工具/基于模型的汽车电子电气设计与过程管理集成式开发平台

PREEvision 遵循以太网面向服务的设计方法,以 UML Diagram、Service Interface

(Role)及 Service API 等建模元素为用户提供面向服务的建模环境。PREEvision 包括软件架构层、网络拓扑层、通信层及映射和信号路由功能,支持用户进行符合 AUTOSAR 标准的以太网系统设计,以及 ARXML 格式的以太网系统设计输出。

PREEvision 优势如下:

(1) 工具源模型是在全球知名的整车厂和供应商的积极参与下共同制定和完善的,并经过实际项目的检验。

(2) 直观的用户界面支持原理图、表格编辑器等功能,便于对各种不同设计层次进行建模。

(3) 映射能够将各层设计相互关联,确保数据的可追溯性。

(4) "锁定并提交"机制可实现团队内无冲突的并行工作。

(5) 通过 RIF/ReqIF/AUTOSAR/FIBEX/DBC/LDF/KBL 等标准接口将已有数据快速整合到共用模型中。

(6) 自动验证和一致性检查可降低早期开发阶段的风险,保证设计质量。

(7) 模型元素的复用机制有助于提高开发效率,范围涵盖整个产品线。

(8) 可灵活配置报告模板,并根据实时模型自动更新报告。

(9) 自定义评估算法可帮助用户选择性能最佳的系统架构方案。

(10) 与 CANoe/DaVinci Developer/CANdelaStudio 一同构建 AUTOSAR 工具链。

PREEvision 对电子电气系统设计场景的支持见表 2.1,PREEvision 对过程管理的支持见表 2.2。

表 2.1 PREEvision 对电子电气系统设计场景的支持

电子电气架构设计与评估	PREEvision 可用于整车概念设计阶段的电子电气架构设计和评估,实现快速设计并对相关技术层的架构进行评估。电子电气架构的衡量指标(成本、重量、总线负载、安装位置、电源分配、可扩展性等)均可通过用户自定义的评估算法加以实现,评估结果为架构设计提供参考,并在后续开发过程中为架构的持续细化提供重要信息
产品线管理	PREEvision 基于库管理、重用机制、150%的平台模型规划及约束条件设置,支持电子电气平台化设计
集成式需求管理与逻辑架构设计	PREEvision 可用于电子电气系统及其组件的需求设计。PREEvision 可以使用文本、图像或表格来创建和管理用户功能与通用需求,集成的 Open Office 可以定义不同用户的私有需求属性。需求可以彼此链接并和任意模型元素链接,从需求阶段到系统开发阶段再到测试阶段,从而进行连续的追溯。集成的报告生成器能够自动为功能或组件开发生成文档,如系统规范书或软件/硬件组件的设计说明书。模型层的图形和模型元素的属性均可以自动集成到生成的文档中
AUTOSAR:系统软件架构设计	PREEvision 支持 AUTOSAR 系统软件架构设计,可以在软件架构库中制定应用软件组件和部件的规范,为软件架构的定义和端口连接提供图形支持,同时支持符合 AUTOSAR 4.0~4.4 版本的 ARXML 文件导入与导出
AUTOSAR:通信设计	PREEvision 支持 CAN/CAN FD/LIN/FlexRay/Ethernet 通信设计,软件设计与通信设计映射之后可自动实现信号路由(自带最短路径的路由算法),用户也可通过约束条件指定路由路径

（续表）

AUTOSAR：以太网和 SOA 设计	PREEvision 支持 AP/CP 的以太网系统设计。与 CAN/LIN 基于信号的设计过程不同，以太网遵循 SOA，PREEvision 自带 SOA Explorer，支持 Switch/Transformer/Service Discovery 建模及配置。 支持 AP 20-11 版本，支持 HPC 建模，Port Adapter 用于连接 AP 和 CP 软件模块
AUTOSAR：应用软件设计与诊断设计	新增诊断层，用于定义： ① 诊断数据标识符（DID）； ② 诊断 I/O 控制（I/O control）； ③ 诊断例程控制（Routine）； ④ 诊断事件（Event）； ⑤ 诊断故障码（DTC）。 诊断模型和 AUTOSAR 软件架构层模块进行链接，并与 CANdelaStudio 进行交互，对诊断规范进行细化
线束设计与评估	PREEvision 提供早期线束的设计和方案评估，集成最短线束路由算法，通过脚本自动计算线束长度、重量、成本等，作为后续量产开发的基础。 线束层包含引脚定义、回路连接、连接器、焊点、接插件以及线束的保护材料，同时集成线束设计接口，支持 KBL 格式的线束设计文件导入和导出。 拓扑层用 2.5 维的格式显示车辆中所有定义的安装空间和相对安装位置

表 2.2 PREEvision 对过程管理的支持

功能安全设计与管理	PREEvision 在电子电气架构设计中遵循国际标准 ISO 26262，满足相应的功能安全设计目标和分析，支持基于模型的电子电气架构与功能安全的融合开发。 PREEvision 支持条目定义、危害和风险分析、系统安全性设计（FMEA 和 FTA）、系统和组件设计、安全性分析及安全报告输出
集成的测试数据管理	PREEvision 集成测试管理功能，用于管理测试需求，并追踪需求与测试实现，同时可以对不同的测试阶段分别管理被测对象、测试平台等测试资源信息
团队协作开发与管理	PREEvision 支持团队协作甚至是跨地域模式，所有成员可访问同一数据模型，在"锁定并提交"机制下无冲突地创建并修改模型，包括模型的版本管理、生命周期管理、角色与权限管理、变更管理与记录、集成 Subversion（SVN），并可根据用户要求定制相应管理界面

PREEvision 支持不同架构层次的图形化建模，通过变型管理来构建不同的产品，所有开发模型元素可以跨产品线重用。通过导入、导出支持多种行业标准格式（RIF/ReqIF/ARXML/FIBEX/DBC/LDF/KBL），从而实现与其他开发工具的数据交换和整合（图 2.1）。

2. CANoe.Ethernet——以太网设计、仿真、测试工具

CANoe.Ethernet 可以实现以太网通信的监测、以太网节点仿真、以太网数据链路层及其上层协议测试。

1）监测

可以实现原始以太网报文的抓取，获取链路状态和报文时间戳以及上层封装协议（网络层/传输层）解析，支持各类车载以太网应用层协议（DoIP、SOME/IP、TSN、AVB、XCP、

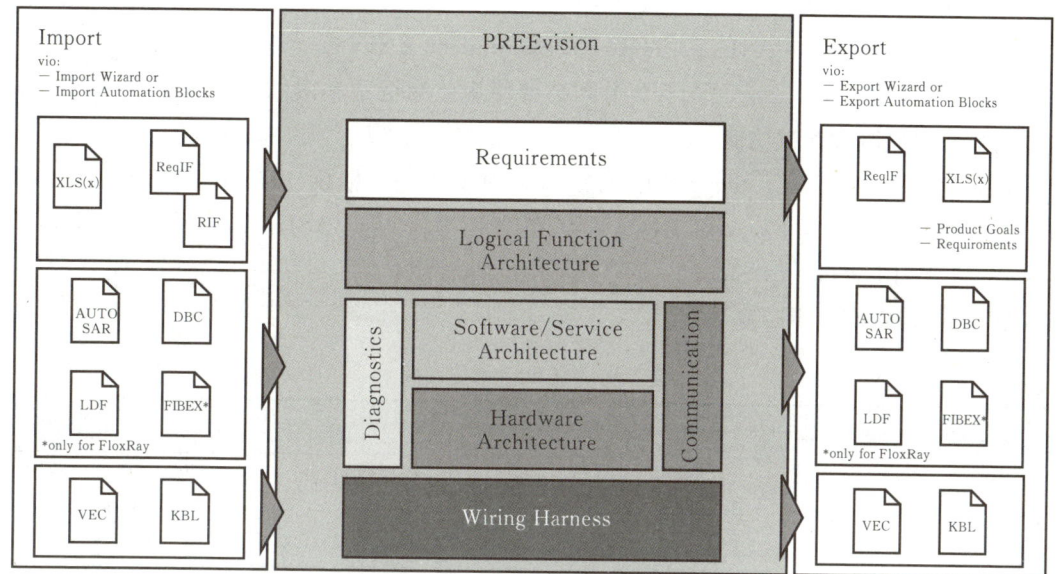

图 2.1　PREEvision 数据交换和整合

AUTOSAR PDU、ISO 15118)和数据库(ARXML/FIBEX)加载解析,同时可对以太网报文进行过滤和记录。

2) 仿真

可以同时实现单个/多个应用(TCP/UDP_Server/Client、DoIP_Tester/ECU、SOME/IP_Server/Client、AVB_Talker/Listener)的节点仿真,每个仿真节点 MAC/IP/Port 等信息均可单独定义。基于 SOA 通信的节点仿真可以借助 Communication Setup 窗口创建通信对象和仿真模型。

3) 测试

可以结合 vTESTstudio 及以太网接口卡实现自动化/半自动化测试。从 12.0 版本开始,集成 TC8 测试用例库。

3. VN5000/VT6306B 系列——以太网接口卡

(1) VN5611/VN5612 接口卡可基本实现以太网分析、仿真、测试和验证。VN5611 有 2 路100BASE-T1/1000BASE-T1,VN5612 有 2 路 100BASE-TX/1000BASE-T,具有小巧轻便、成本较低的特点。

(2) VN5620/VN5430 接口卡支持 100BASE-T1/1000BASE-T1/100BASE-TX/1000BASE-T,通道数量更多,功能也更为全面。通过 Network-Based 模式可以灵活方便地设置以太网端口,选择不同的连接类型(LINK/SWITCH),实现相应的测量分析、测试或仿真配置。

(3) VN5650/VN5240 是针对车载应用环境设计的高性能、高鲁棒性的以太网接口卡,标配有 12 路 100BASE T1/1000BASE-T1、2 路 100BASE-TX/1000BASE-T 以及 2 路 1G/2.5G/5G/10G BASE-T。另外,VN5650/VN5240 可根据用户需求选配其他收发器 PHY

Module，如 VNmodule60 1AE10M LAN8670（支持 10BASE-T1S）、VNmodule60 4AE1G RTL9010AA（支持 1000BASE-T1 TC10）、VNmodule60 2AE10G 88Q3244（支持 2.5G/5G/10G BASE-T1）等。VN5240 可与 VP 系列结合使用监测记录车内以太网数据，VN5650 额外支持以太网仿真和测试功能。

（4）VT6306B 是 VT System 中的以太网通信板卡，标配 2 路 100BASE-TX/1000BASE-T，通过选配不同 Piggy 可支持 6 路 100BASE-T1/1000BASE-T1，同时还可进行故障注入，支持 TC10 Wake-up/Sleep。

VT6306B 硬件支持见表 2.3。

表 2.3 VT6306B 硬件支持

	Device Feature Overview	VN5611	VN5612	VN5620	VN5430	VN5240	VN5650
Port Interconnection	Layer 2 Switch	√	√	√	√	—	√
	TAP	√	√	√	√	√	√
	Media Conversion	—	—	2	1	4	4
	Link Transparency	√	√	√	√	√	√
	OPEN Alliance TC10（Wake/Sleep）	√	—	—	—	√	√
	Physical Bypass Relays	—	—	—	—	√	√
Measure	MirroringPort	—	—	—	√	√	√
	Uplink Frame Filter	—	—	16 rules	16 rules	16 rules	16 rules
	Error Frame rePorting	√	√	√	√	√	√
Simulation	VLAN tagging/un-tagging/routing	—	—	√	√	—	√
	Virtual Switch-Ports for Vector-Tools or XL-API based tools	16	16	32	32	—	64
Test	Onboard Packet Generator	—	—	√	√	—	√
	Error Frame generation	√	√	√	√	—	√
	OPEN Alliance TC10（Wake/Sleep）	√	—	—	—	—	√
Application Area	Measurement/Analysis	√	√	√	√	√	√
	Simulation	√	√	√	√	—	√
	Test	√	√	√	√	—	√

4. MICROSAR.ETH——以太网协议栈

MICROSAR.ETH 是基于 CP 标准实现的以太网协议栈，用户可以将其适配于以太网通信、以太网诊断、以太网测量标定、Smart Charging、AVB 等应用场景。该协议栈为用户提供以太网控制器、以太网收发器以及以太网交换机等驱动,并且可以支持 SOME/IP、UDP NM、DoIP、TLS、IPsec、XCP on ETH 等协议实现。此外,MICROSAR.ETH 中包含的 veETM 模块可作为被测 ECU 中的"Upper Tester",用以支持 TC8 TCP/IP 一致性测试。MICROSAR.ETH 相关模块如图 2.2 所示。

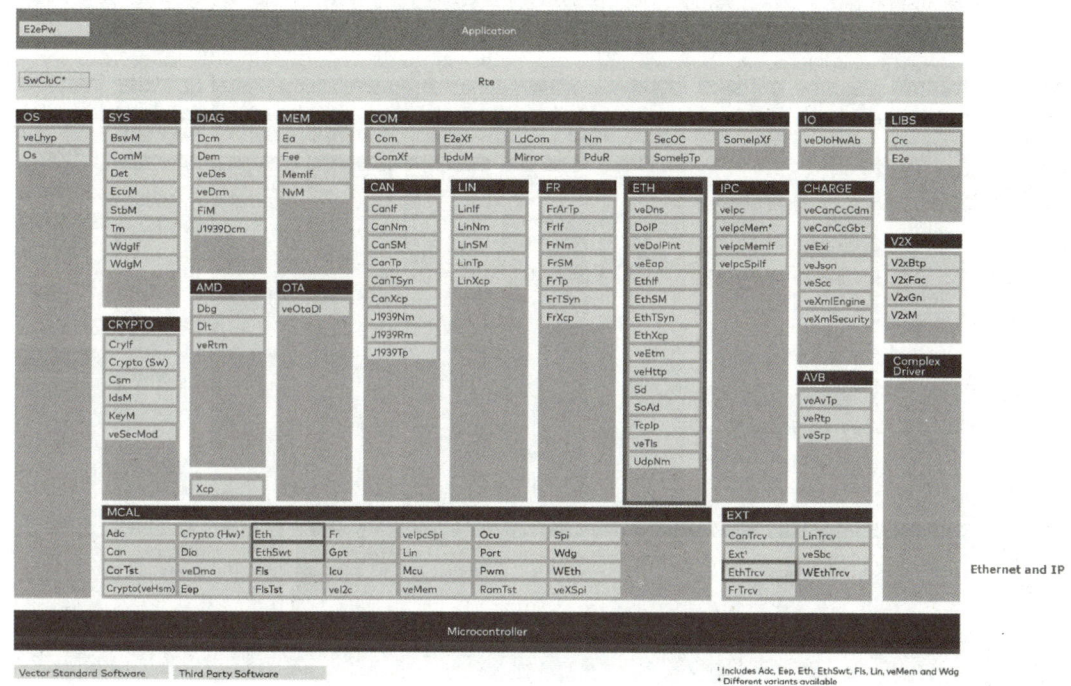

图 2.2 MICROSAR.ETH 相关模块

5. MICROSAR.veSwitch——以太网交换机协议栈

MICROSAR.veSwitch 是用于汽车智能以太网交换机设备的独立固件解决方案。veSwitch 可以在以太网交换机的 CPU 上独立运行,拥有独立的 OS 和 Boot,同时还支持访问 Switch 寄存器,对与 Switch 相连的 PHY 配置以及时间同步等功能。另外,veSwitch 使用远程过程调用(RPC)与主机侧(AUTOSAR 协议栈)进行常规通信,veSwitch 也遵循 AUTOSAR 工作流程,同样使用 DaVinci Configurator Classic 工具进行配置。veSwitch 还有附件的组件 Firewall 和 Update,分别实现防火墙以及更新软件、安全启动等功能。

2.2.2 AUTOSAR 解决方案

1. MICROSAR Classic——CP 基础软件

MICROSAR Classic(MSRC)是符合 CP 标准的一系列产品级软件模块,分为 MICROSAR.RTE 以及 MIRCROSAR Basic Software Module(BSW)两部分。其中,BSW 包含 MEM、OS、COM、IO、SYS、Security 以及 DIAG 等,除以太网(Eth)协议栈至 ASIL B 外,其余全栈提供支持功能安全 ASIL D 的解决方案。MSRC 提供标准化软件模块接口,因此开发人员可以忽略硬件平台不同所带来的差异,甚至可以在缺少硬件平台的情况下先行开发应用层软件功能,利用vVIRTUALtarget 配合 CANoe 共同搭建软硬件环境,从而进行控制器的仿真和调试。

MSRC 需要通过使用 DaVinci 系列工具进行配置,其软件模块如图 2.3 所示。

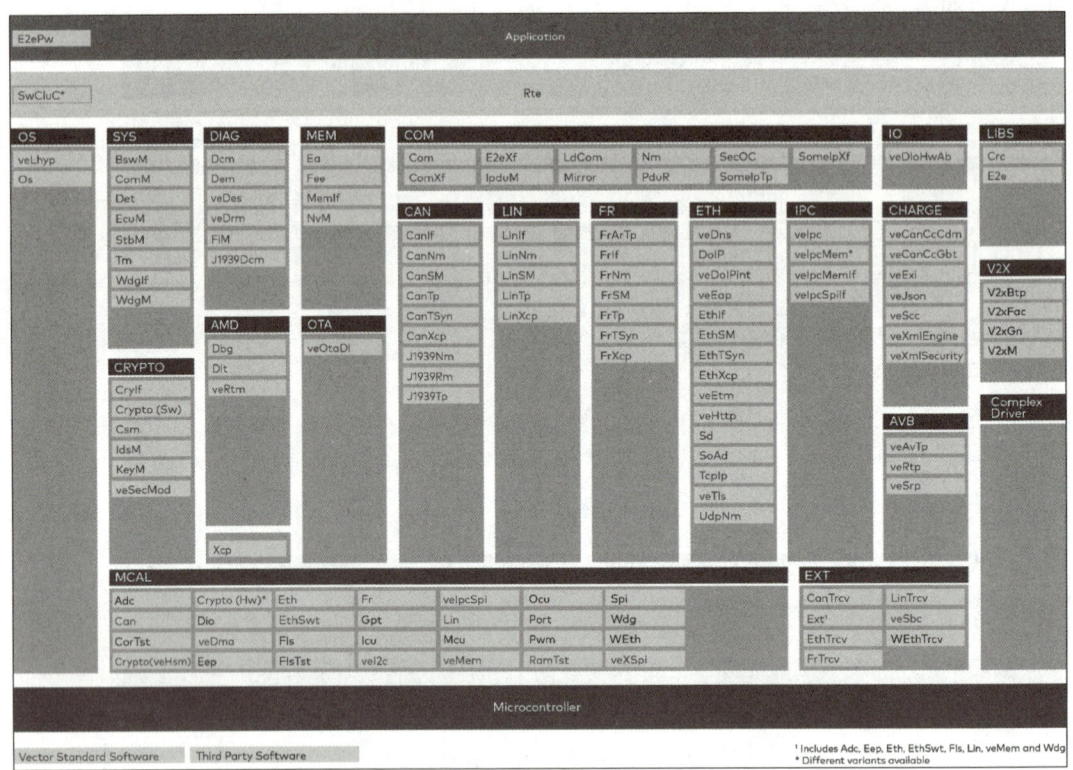

图 2.3　MICROSAR Classic 软件模块

2. DaVinci Developer Classic——CP 软件组件设计工具

DaVinci Developer Classic 可以用于设计 ECU 的功能软件架构和 RTE(Runtime Environment),并生成描述文件。用户可以利用 DaVinci Developer Classic 的图形用户界面开发应用程序(SWC)以及定义应用程序接口,并可以方便地与其他工具进行交互,如 MATLAB/Simulink 和 DaVinci Configurator Classic。

(1) 导入 ECU 信息提取文件(Extract of ECU Description File),以及导入、导出 ECU 配置描述文件(ECU Configuration File)。

(2) 图形化定义框架结构(Composition)和软件组件(SWC)。

(3) 定义端口(Port)和其数据/服务类型,并手动或自动连接软件组件(SWC)。

(4) 创建可被事件激活及具有端口访问权限的可运行实体(Runnable)。

(5) 定义可运行实体的专属区域(Exclusive Area)、内存实例(Per-Instance Memory)以及内部交互变量(Inter-Runnable Variable)。

(6) 定义标定量。

(7) 手动或根据名称自动定义端口数据与总线信号的映射关系(Data Mapping)。

(8) 支持端到端的数据传输保护(E2E)和 SOME/IP。

(9) 定义服务需求,自动生成可运行实体与基础软件模块之间的服务映射关系(Service Mapping)。

(10) 针对 SWC 配置进行全面一致性校验。

(11) 与 MATLAB/Simulink 无缝集成。

3. DaVinci Configurator Classic——CP 基础软件配置、验证、生成工具

DaVinci Configurator Classic 可以用于配置 ECU 的基础软件(BSW)和 RTE,并生成代码,同时支持 ECU 软件的持续集成(Continuous Integration)。DaVinci Configurator Classic 能在配置各基础软件模块的过程中,保证配置参数的一致性。如果出现配置数据错误或缺失,DaVinci Configurator Classic 不仅能精准定位发现并提示警告信息,还可以给出相应解决方法。

(1) 使用图形化的配置界面简化各参数间复杂的内部关系。

(2) 在配置过程中自动调整相关参数。

(3) 支持在同一系统中并行配置不同版本的基础软件。

(4) 针对基础软件配置进行全面一致性校验,并通过提示的建议自动解决错误和警告。

(5) 以正确的模块代码生成顺序调用模块代码生成器(Generator)。

(6) 通过命令行调用集成所需的第三方模块(Third-Party MCAL)以及第三方生成器。

(7) 支持开发符合 AUTOSAR 标准的基础软件模块,如 MCAL、CDD、OS 等。

(8) 为持续集成(CI)提供通道,用于自动集成应用软件包。

DaVinci Configurator Classic 界面如图 2.4 所示。

4. MICROSAR Adaptive——AP 解决方案

MICROSAR Adaptive(MSRA)是符合 AP 标准的软件解决方案,为自适应应用程序的运行提供中间件,并提供集成在 Eclipse 中的高效开发工具 DaVinci Developer Adaptive。MSRA 主要应用于高性能 ECU,如自动驾驶系统、信息娱乐系统、中央域控、车载软件中心等。针对这些系统的功能安全需求,Vector 可为用户提供功能安全等级最高达 ASIL D 的完整解决方案。

1) 产品优势

(1) 丰富的量产经验。

(2) 持续提供软件更新。

(3) 支持各种符合 POSIX 标准的操作系统。

(4) 针对安全相关应用的开发,支持功能安全等级至 ASIL D。

(5) 附带 Demo 有助于项目快速启动。

(6) 与 MICROSAR Classic ECU 的无缝衔接。

(7) 支持 OTA 软件更新。

(8) 支持顺利集成到 DevOps 环境中。

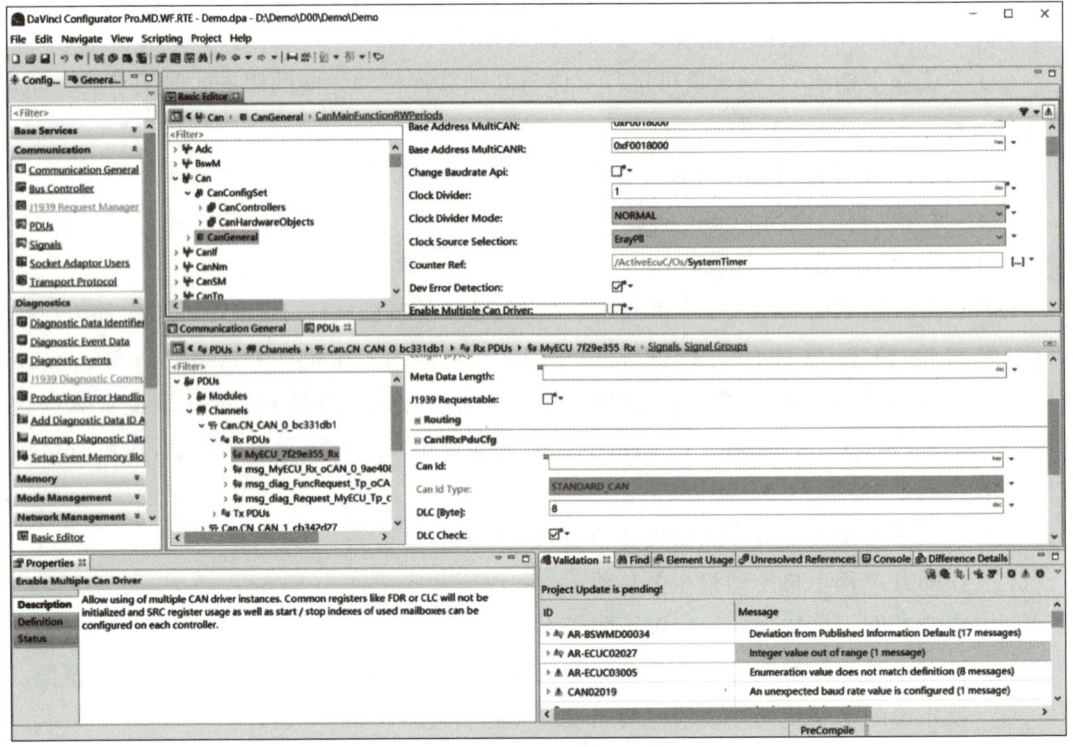

图 2.4　DaVinci Configurator Classic 界面

（9）支持平台健康管理（PHM），在出现错误时做出针对性反应。

（10）保证所有应用程序之间的通信完整性，无论是在相同还是不同的 ECU 中。

（11）通过 Zero Copy 实现高性能通信。

（12）支持敏捷开发，支持完整的上下游工具链路。

2）应用领域

（1）适用于 ADAS、多媒体等运行 POSIX OS 的高性能 ECU。

（2）与安全相关的复杂系统，如 ADAS/自动驾驶 ECU。

（3）AP 应用程序开发。

（4）车载应用商店（App-Store）。

MICROSAR Adaptive 软件模块如图 2.5 所示。

5. DaVinci Developer Adaptive——MICROSAR Adaptive 集成式开发工具

DaVinci Developer Adaptive 是集成在 Eclipse 中的高效开发环境，支持在 Linux 和 Windows 环境中运行，是配置 AUTOSAR Adaptive 项目和开发自适应应用程序的最佳工具。该工具对 MICROSAR Adaptive 使用过程中所涉及的各个环节均可提供支持。例如，支持基于应用描述文件（Application Description）生成 ara::com 接口，兼容完整的上下游工具与第三方 MBD 工具，提供对 ARA 代码的检查以及关联配置文件等功能。DaVinci Developer Adaptive 同时支持基于 GUI 和命令行的开发模式，一键式操作即可完成代码与

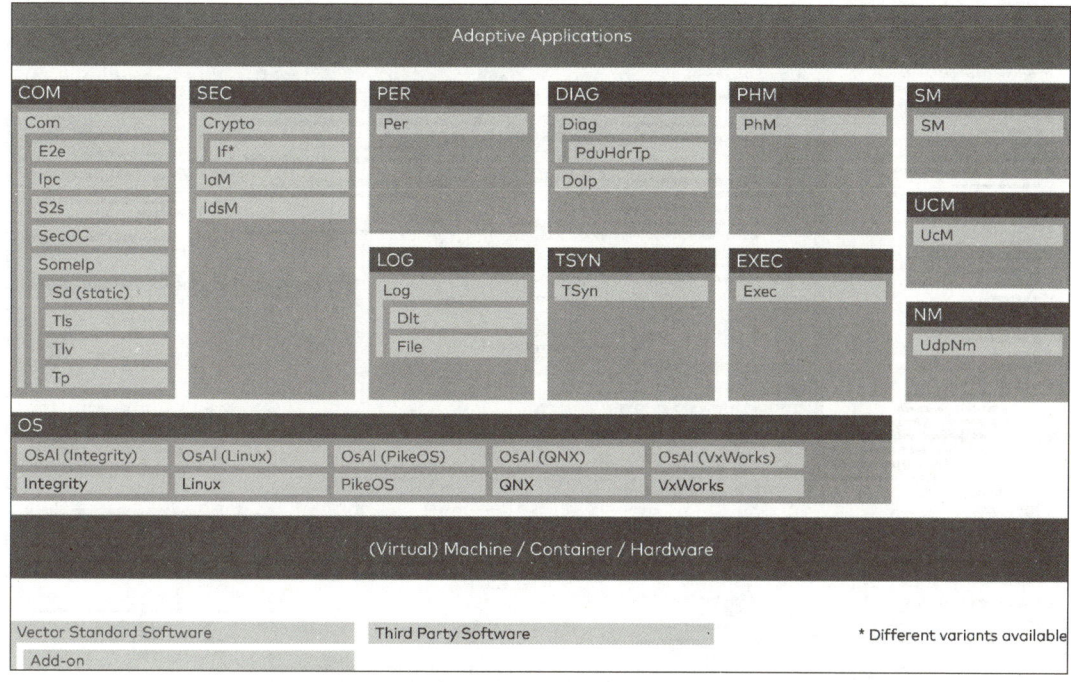

图 2.5　MICROSAR Adaptive 软件模块

Manifest 文件的生成,并同时提供 DML(DaVinci Modeling Language)与表格两种方式编辑 ARXML 文件。

(1) 支持 AP 项目资源管理。

(2) 协助创建各种任务,如 SOME/IP 部署等。

(3) 简洁的 DML 语法,有助于 AUTOSAR 模型的定义。

(4) 自动关联和引用模块元素。

(5) 带有对象树的通用模型编辑器(基于包或类型)。

(6) 支持模型验证结果的直接反馈。

(7) 支持树元素详细信息以 DML 形式呈现,便于快速理解。

(8) 提供带有分步指南的 CheetSheet 方便使用者快速上手,创建 AUTOSAR Adaptive 应用。

(9) 采用项目框架整合各项目编辑器。

DaVinci Developer Adaptive 工具界面如图 2.6 所示。

6. TATS——嵌入式实时多核系统的设计、仿真、验证工具

TATS(Timing Architects Tool Suite)是一款软件工具套件,用于分析、优化和验证带有时序约束的嵌入式系统,包括多个软件工具,如 TA Simulator、TA Designer 和 TA Inspector(图 2.7)。这些工具可用于建模和模拟时序行为,为目标系统生成时序描述文件以及在不同操作条件下对系统性能进行分析。

基于 AUTOSAR 自适应平台的软件开发与应用

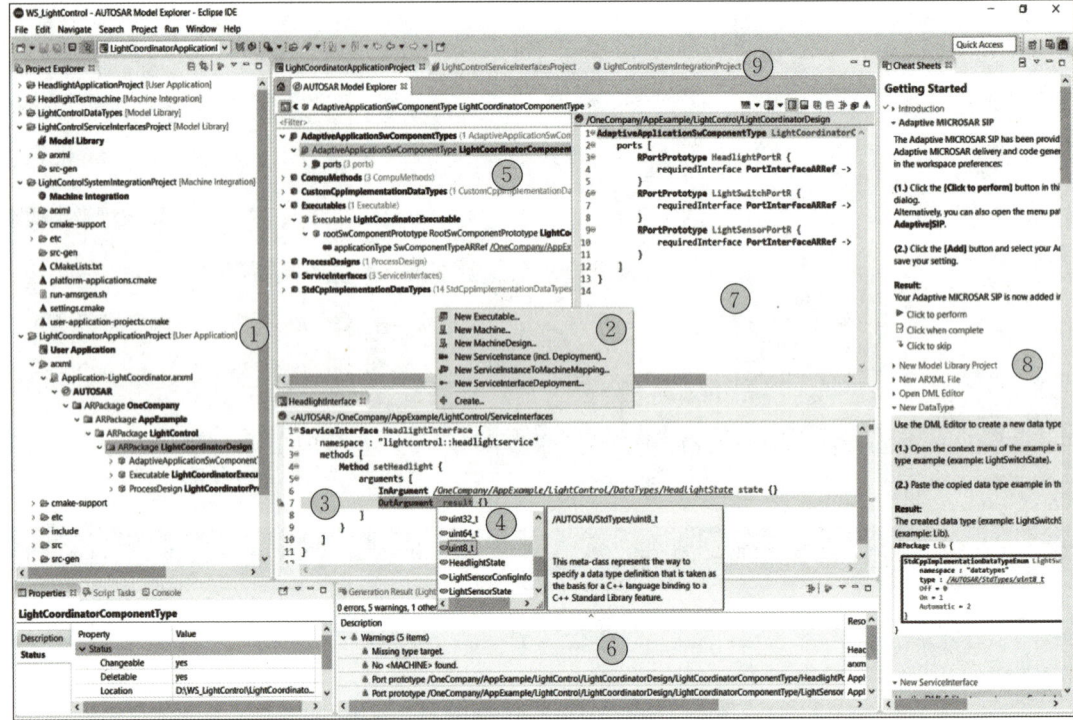

图 2.6　DaVinci Developer Adaptive 工具界面

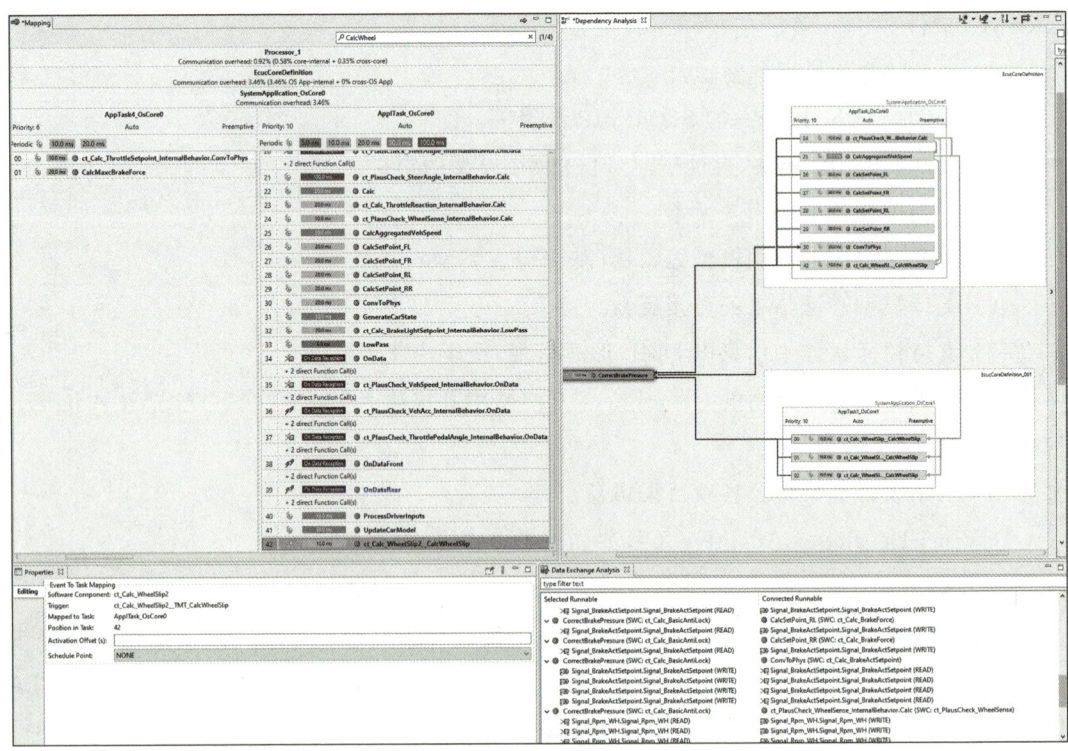

图 2.7　TATS 界面

TATS被广泛应用于汽车和航空航天等行业。在这些行业中,具有时序约束的嵌入式系统的可靠性和安全性至关重要。该工具套件可以帮助工程师高效地设计和验证这些系统,从而缩短开发时间和成本,并确保高质量的结果。

TATS的主要特点和优点包括:

(1) 完整的测试和分析工具,可帮助识别和诊断与时序行为相关的错误。

(2) 模拟和分析工具,可用于优化系统性能,并发现改进的空间。

(3) 全面支持自动化脚本调度与CI/CD。

TATS可以帮助解决带有时序约束的嵌入式系统开发相关的许多挑战,缩短开发时间和成本,同时确保所得到的系统是可靠、安全和高性能的。

TA.Design:可视化系统内Task以及Runnable交互关系,进行TIMEX细化拆分,无须打开DaVinci即可调整SWC和OS继续进行仿真,优化开发流程。

TA.Inspection:结合常见调试器/VX1000的trace数据,分析系统时序与性能问题(图2.8)。

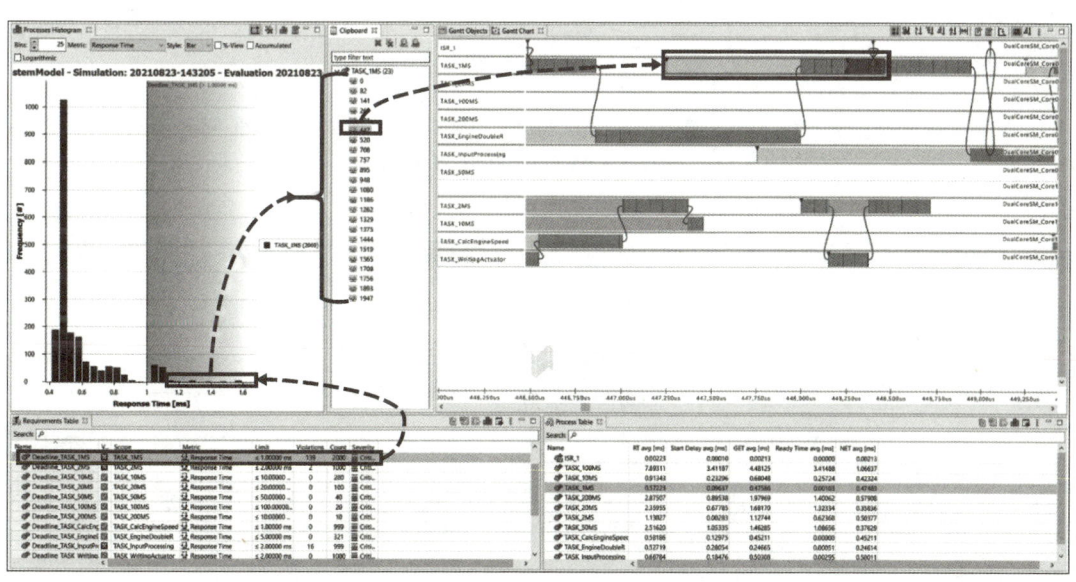

图2.8 TA.Inspection界面

TA.Simulation:根据建立的时序模型进行Task的时序行为和CPU负载的仿真,提前暴露系统时序、性能风险(图2.9)。

TA:支持QNX\Linux系统下多线程应用的时序分析,优化Process负载(图2.10)。

2.2.3 总线开发与测试

1. CANoe——专业的系统级总线/ECU/软件系统开发和测试工具

CANoe是分布式网络/总线系统、ECU和软件系统开发、测试和分析的专业工具,支持从开发需求仿真分析到系统测试验证全过程,包括仿真、测试、诊断及分析等功能(图2.11)。

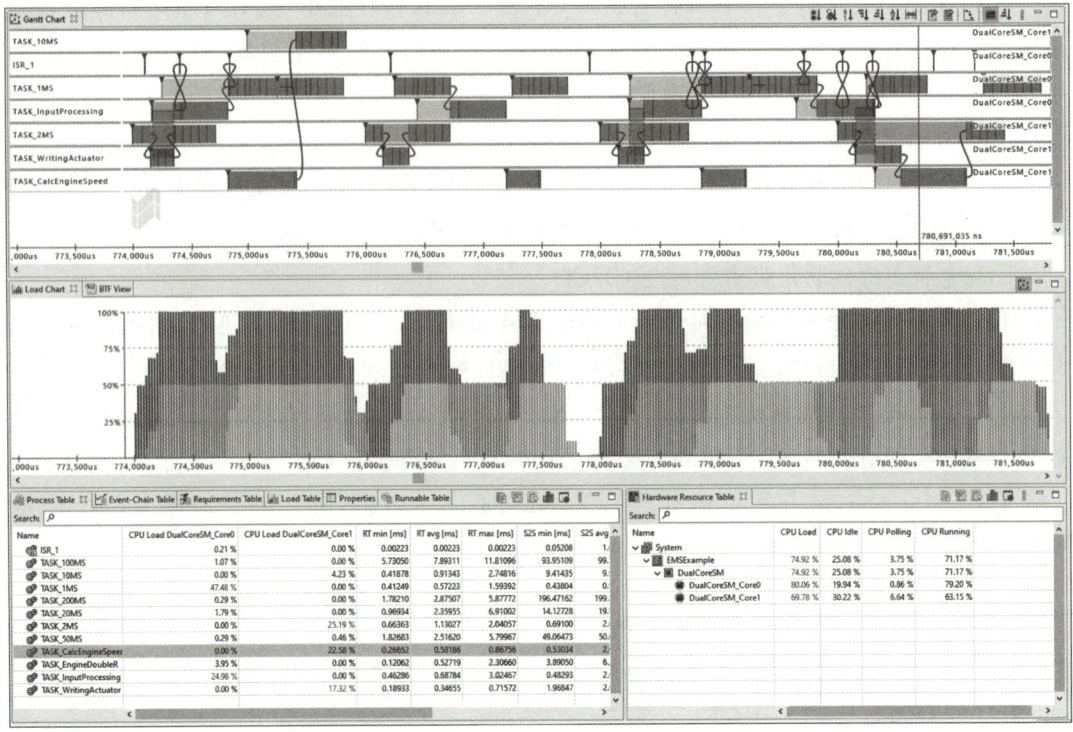

图 2.9　TA.Simulation 界面

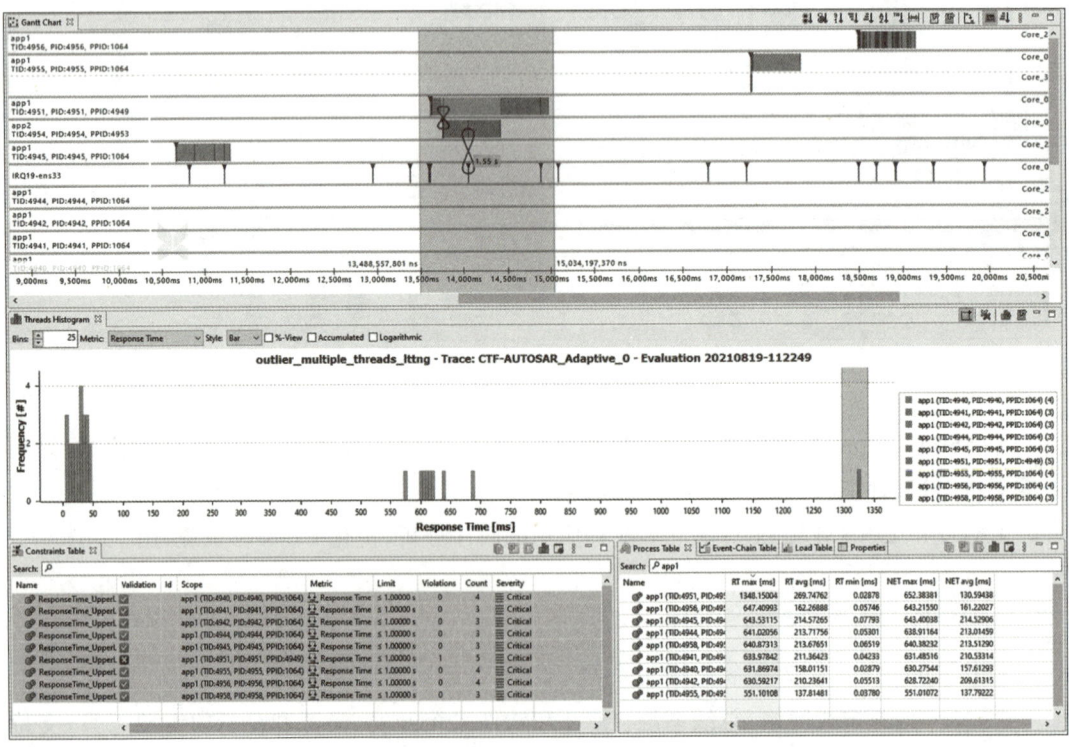

图 2.10　TA 时序分析界面

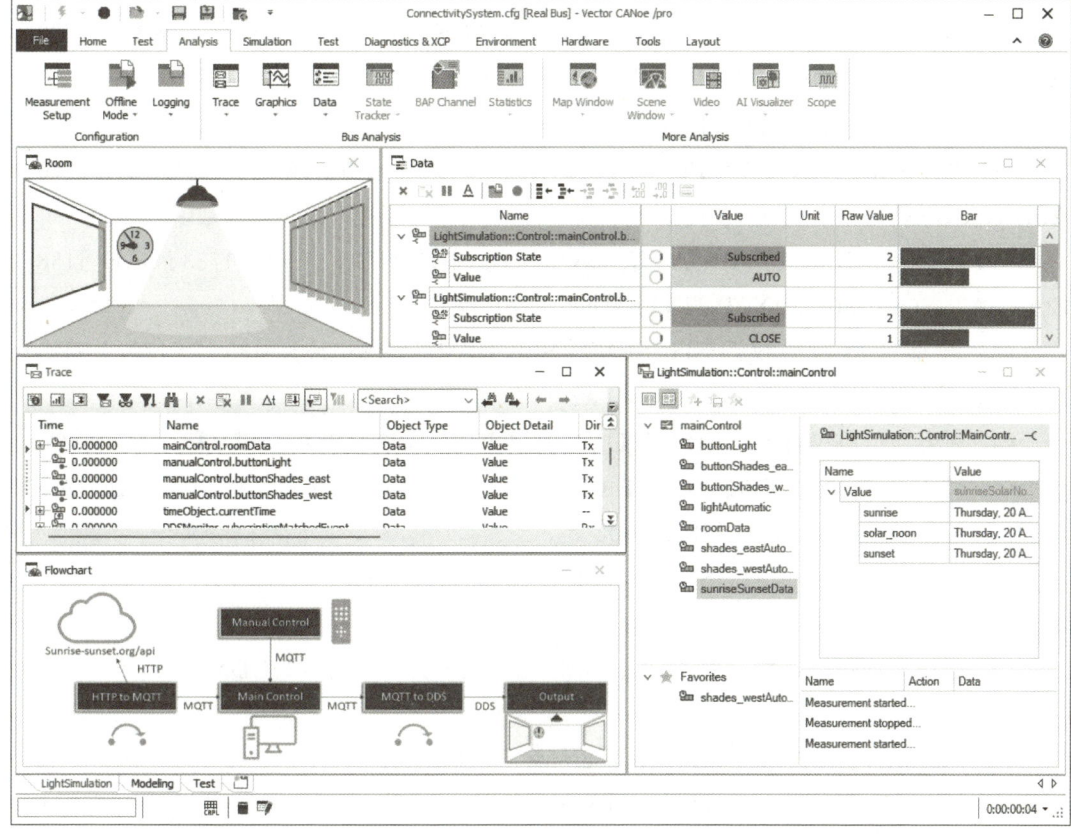

图 2.11 CANoe 工具界面

因此,CANoe 已被全球众多整车厂和供应商的系统设计师、开发工程师和测试工程师广泛使用,可满足在产品开发和验证等不同开发阶段的应用需求。

1) 可满足的应用需求

(1) HIL(Hardware-in-the-Loop):CANoe 中集成 I/O 板卡 VT System,结合可下载运行在实时处理器(多核,可配置为常规 RT 模式和增强 RT 模式)的被控对象模型 DYNA4,满足系统闭环和开环验证需求。

(2) SIL(Software-in-the-Loop):通过 SIL Adapter 支持 C/C++ 和 Python 软件系统验证,配合 vVIRTUALtarget 可实现 AUTOSAR 软件系统虚拟化,并加载在 CANoe 中调试与测试。

(3) MIL(Model-in-the-Loop):CANoe 自带免费 MATLAB/Simulink 模型插件,控制算法模型与 CANoe 无缝集成验证。

(4) NIL(Network-in-the-Loop):实现被测样件所需的"残余"总线仿真以及总线自动化测试,CANoe 中集成总线一致性测试指令集,以太网 TC8 测试脚本和 LIN2.x/ISO 17987 从节点测试脚本。

(5) DV(Design Verification)/PV(Production Validation)环境耐久试验:CANoe 自带

丰富的程控接口(RS232/485、GPIB、TCP/IP 等),集成外设满足环境耐久自动化测试。

(6) EOL(End-Of-Line):CANoe 配置工程支持下载到 VN8900 中独立运行,VN8900 通过以太网集成到 EOL 主控环境中,配合 vFlash 可实现下线检测环节软件更新需求。

2) 支持的总线网络、协议和数据库文件

(1) 总线网络:CAN/CAN FD/CAN XL、LIN、FlexRay、Ethernet、WLAN、SAE J1708、AFDX、ARINC 429 等。

(2) 高层协议:TCP/IP、AVB、CANopen、SAE J1939、ISO 11783、SAE J1587、EtherCAT、SOME/IP、MQTT、HTTP、DDS、DoIP 等。

(3) 智能传感器协议:PSI5、SENT、SPI、UART(RS232、RS485、RS422、LVDS)、I2C 等。

(4) 充电通信协议:DIN 70121、ISO 15118、GB/T 27930、CHAdeMO 等。

(5) V2X 协议:GB/T 31024.3、T/CSAE 53、T/CSAE 157、YD/T-3709、SAE J2735、IEEE 1609、ETSI ITS 102、ETSI EN 302 等。

(6) 诊断协议:ISO 9141、ISO 14229、ISO 14230、ISO 15031-6(OBD-II)、SAE J1939-73 等。

(7) 通信/诊断/标定数据库:DBC、ARXML、FIBEX、LDF、CDD、ODX、A2L 等。

(8) 可选插件。

(9) 总线插件:LIN、FlexRay、Ethernet、MOST、Car2X。

(10) 高层应用协议插件:Smart Charging、J1939、J1587、CANopen、ISO 11783、For EtherCAT®。

(11) 测量与诊断插件:AMD/XCP、DiVa、Scope、SENSOR。

(12) 航空插件:A429、AFDX®。

3) 主要功能

(1) 支持 CP/AP 通信仿真和测试验证。

(2) 支持面向服务(Service Oriented)和面向信号(Signal Oriented)的通信,以及多种数据对象元素(Signal、PDU、RPC 和 Service)的仿真、分析和测试。

(3) 信息安全模块(Security Manager)支持 SecOC、TLS/DTLS、MACSec 和 IPsec,可定制实现私有安全通信机制。

(4) 支持 ISO 21434 中定义的模糊测试,结合 vTESTstudio 模糊测试(Fuzz Test)用例配置生成引擎,实现 I/O 和总线报文的模糊测试。

(5) 自带多种通信数据库编辑器,如 CANdb++ 支持 DBC 数据库编辑,Communication Model Editor 支持 SOA 数据模型编辑。SOA 数据库也可使用 CANoe 中的 vCDL 编程实现。

(6) 支持整车厂私有协议定制,可通过整车厂插件和通信数据库自动生成总线仿真工程(包括网络管理、通信、E2E 和面板等)。

(7) 结合 VT System 可实现首帧报文时间、静态电流、欠压和过压等测试。

(8) 结合 CAN/CAN FD 总线干扰仪器 VH6501 实现总线故障注入。

(9) 第三方仿真和测试环境的软硬件集成接口技术,见表 2.4。

表 2.4　CANoe 支持的三方接口

COM 组件	支持 Python、C♯等编程语言,便于 CANoe 集成 Jenkins 持续开发测试环境
MATLAB/Simulink	CANoe 自带免费插件,与 MATLAB/Simulink 无缝集成
FDX	基于 UDP 的快速数据交换协议,可实现跨操作系统平台的数据交互;同时支持 Multi-CANoe 同步并行系统架构,满足网关或多节点的 DV/PV 试验
FMI	支持仿真软件行业标准接口协议,可实现联合仿真或模型数据交互
ASAM XIL	支持 2.0.1、2.1.0 和 2.2.0 标准,可作为 Client 集成第三方测试台架

(10) 监控显示报文实时分布序列、总线报文统计、负载率和错误帧统计显示;以太网报文支持按协议层级显示。

(11) 支持报文分布显示和实时曲线显示,以及报文记录、回放和评估。

(12) 支持连续曲线方式和逻辑状态方式显示信号,支持在报文和信号分析过程中添加标注、过滤和分组。

(13) 所有数据窗口时间和事件同步显示,便于不同应用工程师同步分析定位问题。

(14) 内嵌测试报告分析工具 Test RePort Viewer,支持分类过滤、问题定位、备注和导出 PDF 报告等功能。

2. CANalyzer——全面的网络分析工具

CANalyzer 是 CANoe 的功能子集,支持 CAN/CAN FD/CAN XL、LIN、Ethernet、FlexRay、V2X 等总线以及高层协议。CANalyzer 可以方便地观察监测多路总线通信,从而通过网络分析发现和解决故障(图 2.12)。

(1) 监控总线数据传输,显示特定报文的数据内容。

(2) 预定义报文的交互式发送。

(3) 报文统计、总线负载及干扰统计。

(4) 报文记录、回放及评估。

(5) 诊断通信分析和诊断测试功能。

3. vTESTstudio——测试规范和测试用例设计工具

vTESTstudio 是高效的测试设计工具,可覆盖 HIL、SIL、MIL 等多环节的测试工作。工程师无编程经验也可轻松创建和配置测试序列和测试用例,支持 ISO 26262、ISO 21434 和 A-SPICE 流程中的诸多环节的测试要求(图 2.13)。

(1) 多种测试设计编辑器满足各类复杂应用:状态机、序列图、表格法和源码(CAPL/C♯/Python)编程。

(2) 灵活的测试参数编辑器:离散参数和连续曲线参数,其中离散参数也支持分类树编辑。

(3) 统一化的变型管理:结构化的变型定义,测试用例变型属性参数化。

基于 AUTOSAR 自适应平台的软件开发与应用

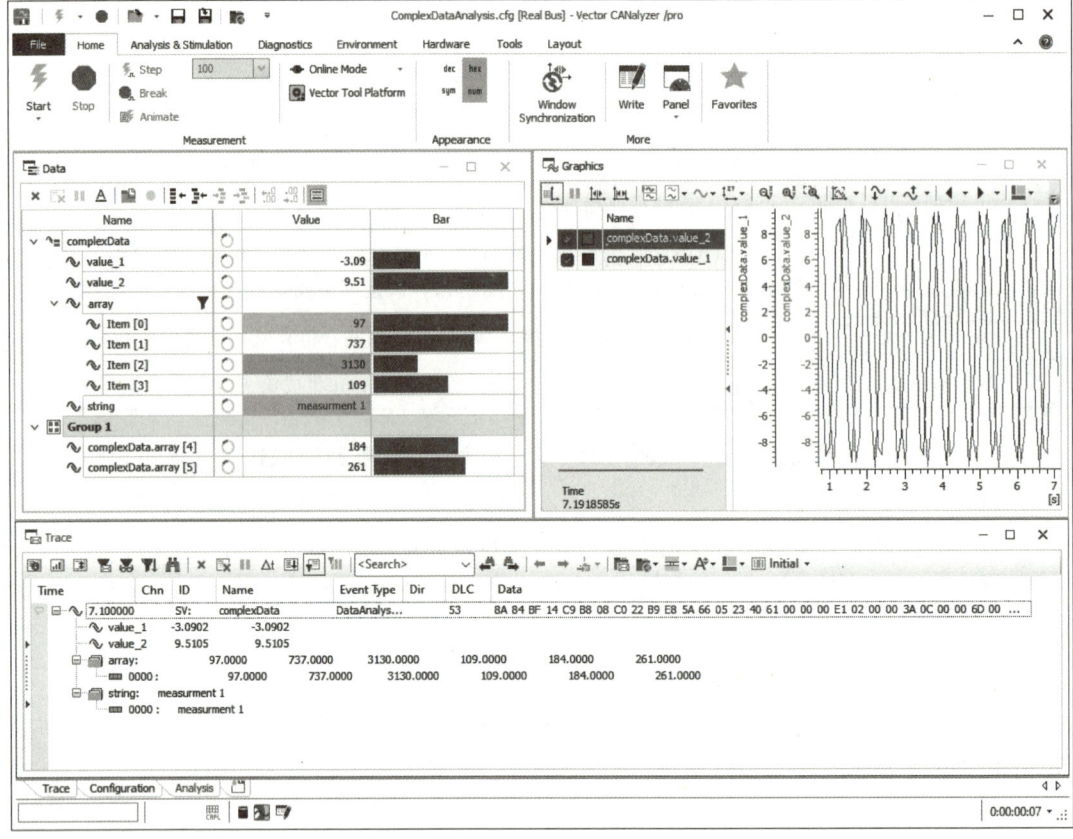

图 2.12　CANalyzer 工具界面

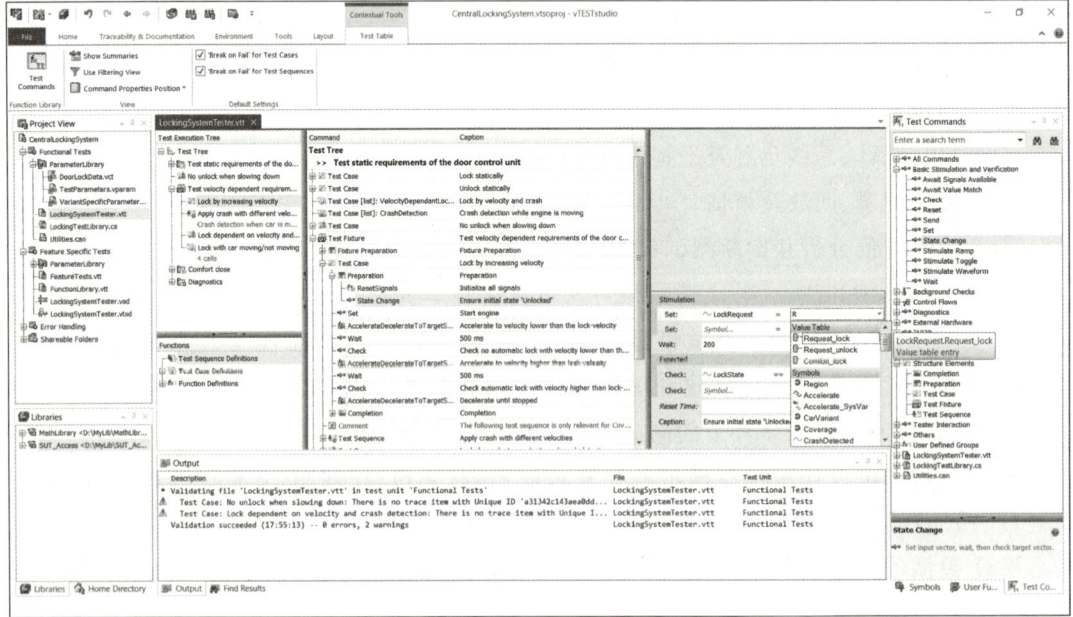

图 2.13　vTESTstudio 工具界面

（4）易维护的测试工程框架：支持多级 Keyword 关键字法封装调用，支持数据驱动脚本架构。

（5）直接访问 XIL 测试环境变量：测试序列可复用在 HIL、SIL、MIL 等测试环节。

（6）内嵌序列、穷举和正交等高覆盖的测试方法，支持测试规范和覆盖度等应用文档生成。

（7）内嵌 ISO 21434 规范的模糊测试引擎，支持 CAN/CAN FD/SAE J1939/Ethernet 和 I/O 模糊测试用例配置。

（8）CI 无缝集成：支持 vTESTstudio 测试单元在没有 GUI 情况下触发自动构建；支持根据用户自定义条件有选择地自动触发执行。

（9）支持行业主流需求管理和测试管理工具集成：IBM Rational DOORS 8.1 及以上版本、IBM Rational NG/RQM、Siemens Polarion ALM、PTC integrity、Gurock TestRail、Jama Connect、Intland codeBeamer ALM 等。

（10）vTESTstudio 创建的测试脚本可在免费软件 Test Unit Runner 中执行，并生成报告。TestUnit Runner 能够通过开放的接口集成各种类型的 SIL/HIL 解决方案，"赋能" vTESTstudio 创建脚本与第三方测试平台耦合。

4. CANoe/CANalyzer Option Scope——便携式车载总线示波器

CANoe/CANalyzer Option Scope 是集成于 CANoe/CANalyzer 的便携式示波器解决方案，通过总线接口卡的同步接口，触发 USB 示波器进行信号采集（图 2.14、图 2.15）。

图 2.14　车载总线示波器

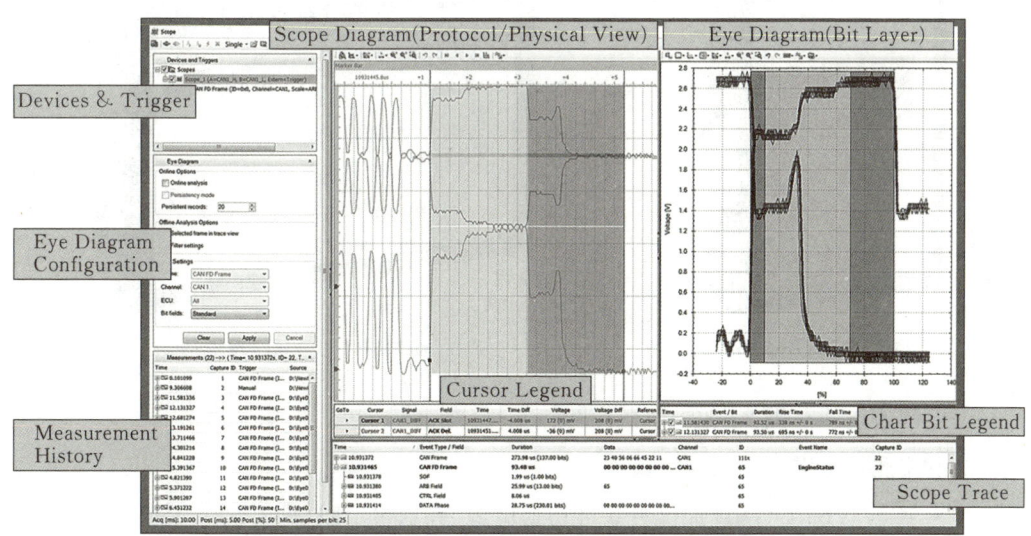

图 2.15　CANoe/CANalyzer Option Scope 界面

（1）支持 CAN/CAN FD、LIN 和 FlexRay 总线的条件触发和分析。

（2）配合 VT2710 板卡可实现对 PSI5 和 SENT 信号的分析。

（3）基于时间或电压的触发和测量功能。

（4）CAN/CAN FD、LIN 和 FlexRay 总线协议错误检测。

（5）满足整车厂通信一致性测试规范所需的自动化或手动测试。

（6）在物理层和数据链路层同步分析总线通信质量。

（7）提供眼图功能，便于对信号质量进行客观评价。

5. VH6501——CAN/CAN FD 总线干扰仪

VH6501 可对 CAN/CAN FD 总线施加特定的干扰，包括总线的物理特性以及逻辑电平，所有控制均由 CAPL 编程完成，便于自动化测试（图 2.16）。

（1）可作为 CAN/CAN FD 网络接口卡使用。

（2）可干扰 CAN/CAN FD 报文的指定位。

（3）支持多种触发模式。

（4）可自由定义显性或隐性电平的干扰序列。

（5）时钟频率 160 MHz，最小步长 6.25 ns，序列最大分段数目 4 096。

（6）支持各种模拟干扰。

6. VH1160——CAN/LIN 一致性测试硬件

VH1160 可作为 CAN/LIN 自动化测试中 ECU 的供电电源，可自动进行过压/欠压测试以及 ECU 休眠/唤醒状态检测（图 2.17）。

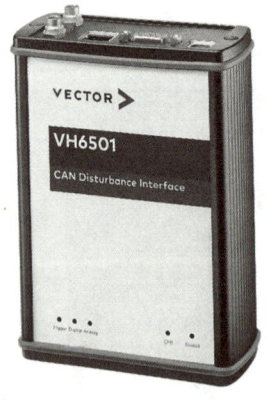

图 2.16　VH6501

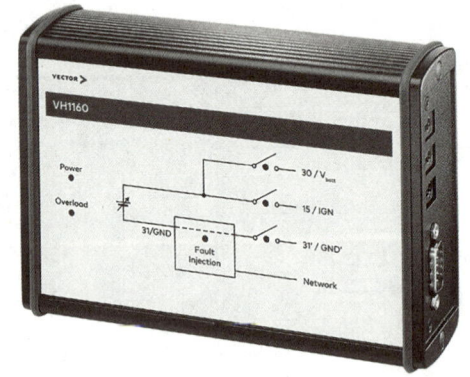

图 2.17　VH1160

（1）可调节电压范围 2～28 V。

（2）电流测量范围 0～2.5 A。

（3）为 IGN/Vbatt/GND 提供独立可切换电源，并通过 LED 即时显示状态。

（4）支持 ECU 和 LIN 线的地偏移设置。

（5）支持 CAN/LIN 短路开路设置。

7. VH4110 IoT Enabler——智能 USB 路由器

VH4110 支持 LAN/WLAN、BLE、ZigBee 等，使无线智能设备和传感器能够无须经由互联网直接连接到 CANoe/CANoe4SW 主机。VH4110 具有开放的系统和协议可扩展性，可以对任何物联网智能设备进行测试（图 2.18）。

（1）无须安装驱动，即插即用。

（2）支持 CANoe/CANoe4SW 15.0 及以上版本。

（3）可连接无线通信设备的 USB 接口。

（4）开放的固件接口支持新协议和自有协议扩展。

（5）支持硬件原型的功能测试。

8. VN8900——高性能 CAN/CAN FD/LIN/FlexRay 总线接口卡

VN8900 内置高性能实时处理器，能够并行访问所有总线通道及 I/O 接口，适用于实时应用，可同时支持 8 路 CAN/CAN FD/LIN 总线，最多可支持 2 路 FlexRay 总线（图 2.19）。

图 2.18　VH4110

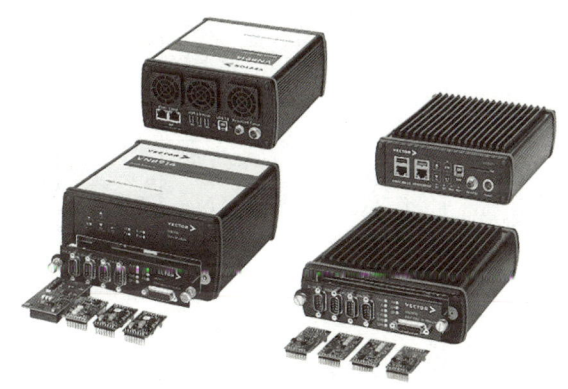

图 2.19　VN8900

以 VN8914 为例：

（1）与上位机通过 USB 连接，或可通过 Ethernet 实现高速数据交互。

（2）内置英特尔 Corei7 处理器，可脱离 PC 独立运行。

（3）集成 16GB CFast 存储卡。

（4）具备 2 路以太网及 3 路 USB3.0 接口，可与其他设备（如 GL1000、VN16xx 等）进行连接。

（5）支持数字和模拟 I/O 以及 PWM 信号。

9. VN1600——灵活经济的多通道总线接口卡

VN1600 系列是 CAN/LIN 总线接口卡，多种型号可用于不同场景（表 2.5）。VN1610/VN1611 有 2 路通道，具有良好的轻便性；VN1630A/VN1640A 有 4 路通道，更具灵活性并支持 I/O 接口。VN1670 有多达 15 路通道的总线接口，支持 CAN/CAN FD/CAN XL/LIN

通信，可通过 USB 或 Ethernet 与上位机连接，为具有大量总线通道的整车或网关的分析、测试和诊断提供专业支持。

(1) 基于 FPGA 实现，确保所有 CAN/CAN FD/LIN/K-Line 通道可以满足 100% 总线负载。

(2) 所有通道均单独电气隔离。

(3) 支持板级 CAPL 程序运行(VN1630A/VN1640A/VN1630 log/VN1670)。

(4) 可监测错误帧和远程帧。

(5) VN1630 log 支持总线数据记录。

表 2.5　硬件接口卡总览

型号	支持的总线	PC 接口	收发器	通道数量
VN1610	CAN/CAN FD	USB	固化 NXP TJA1051	2
VN1611			固化 NXP TJA1051 固化 Infineon TLE7269	
VN1630A	CAN/CAN FD/LIN/K-Line		固化 2 路 NXP TJA1051 其他 2 路可选配 CANpiggy LINpiggy	4
VN1640A			CANpiggy 或 LINpiggy	
VN1670	CAN/CAN FD/CAN XL/LIN/K-Line	USB Ethernet	固化 5 路 NXP TJA1057GT 固化 5 路 Infineon TLE7259 其他 5 路可选配 CANpiggy、LINpiggy	15
VN5611	Ethernet	USB	2x Broadcom BCM89883	2 * 100BASE-T1/ 1000BASE-T1
VN5612	Ethernet	USB	2x Broadcom BCM54210	2 * 100BASE-TX/ 1000BASE-T
VN5620	Ethernet/CAN/CAN FD	USB Ethernet	4 * Marvell 88Q2112-A2 2 * BCM54210 2 * NXP TJA1057	4 * 100BASE-T1/ 1000BASE-T1 2 * 1000BASE-T 2 * CAN/CAN FD
VN5430	Ethernet	Ethernet	6 * Marvell 88Q2112-A2 2 * BCM54210	6 * 100BASE-T1/ 1000BASE-T1 2 * 1000BASE-T
VN5240	Ethernet	Ethernet	12 * BCM89883/Marvell 88Q2112-A2 2 * BCM54210 2 * BCM84891	12 * 100BASE-T1/ 1000BASE-T1 2 * 1000BASE-T 2 * 1/2.5/5/10GBASE-T

(续表)

型号	支持的总线	PC 接口	收发器	通道数量
VN5650	Ethernet/CAN/CAN FD	USB Ethernet	12 * BCM89883/Marvell 88Q2112-A2 2 * BCM54210 2 * BCM84891 2 * NXP TJA1057	12 * 100BASE-T1/1000BASE-T1 2 * 1000BASE-T 2 * 1G/2.5G/5G/10GBASE-T 2 * CAN/CAN FD
VN7610	CAN/CAN FD/FlexRay	USB	固化 NXP TJA1051、NXP TJA1082	1 * FlexRay、1 * CAN/CAN FD
VN7640	CAN/CAN FD/LIN/K-Line/FlexRay/Ethernet	USB	CANpiggy LINpiggy FRpiggyC	4
VN8900	CAN/CAN FD/LIN/K-Line/FlexRay	USB Ethernet	固化 4 路 NXP TJA1051，其他通道可选配： CANpiggy LINpiggy FRpiggy（FRpiggyC）	8
VN1530	CAN/CAN FD/LIN/K-Line SENT	PCIe	固化 4 路 NXP TJA1057G，其他通道可选配： CANpiggy LINpiggy SENSORpiggy	6
VN1531	CAN/CAN FD/LIN/K-Line/SENT	PCIe	固化 4 路 TLE7269 其他通道可选配： CANpiggy LINpiggy SENSORpiggy	6
VN7572	CAN/CAN FD/LIN/K-L ine/FlexRay	PCIe	固化 4 路 NXP TJA1051，其他通道可选配： CANpiggy LINpiggy FRpiggyC	8

2.2.4 台架及 HIL 测试

1. VT System——与 CANoe 无缝集成的台架及 HIL 测试系统

ECU 不仅有总线通信接口，同时也有许多 I/O 接口，用于连接传感器和执行器。完整的 ECU 测试系统应该同时包含 I/O 信号、总线接口和电源。VT System 可以全面满足用户的 ECU 测试需求：

(1) 基于 CANoe 平台的高性能、模块化 I/O 板卡满足各类测试需求。

(2) vTESTstudio 用于设计测试模型,DYNA4 可提供闭环仿真环境。

(3) 支持 ECU、子系统和整车各阶段的功能测试、网络通信测试和诊断测试。

(4) 操作简单,集成方便,易于维护:

① 板卡内部集成信号调理和故障注入功能,提高系统集成维护性和便捷性;

② 板卡自带 BOB 功能,可满足仿真与真实传感器或执行器的切换以及信号测量;

③ 同步处理 I/O 信号、总线通信、诊断和 ECU 内部变量;

④ CANoe 中集成板卡配置的用户界面,易用性强,便于工程师快速上手;

⑤ 支持 CANoe.DiVa 配置 I/O 板卡生成诊断策略测试脚本。

2. DYNA4——虚拟车辆仿真环境

DYNA4 为乘用车和商用车提供各种复杂的仿真模型,包括车辆动力学模型、发动机模型、动力系统模型、电机模型、ADAS 传感器和交通环境模型等(图 2.20)。用户通过 DYNA4 可以安全高效地进行功能开发和测试验证,如可用于开发早期的 MIL 和 SIL 仿真环境,或者 ECU 硬件在环系统(HIL)。DYNA4 还提供丰富的道路、基础设施及交通环境模型,为驾驶辅助和智能驾驶提供重要的虚拟仿真环境平台。

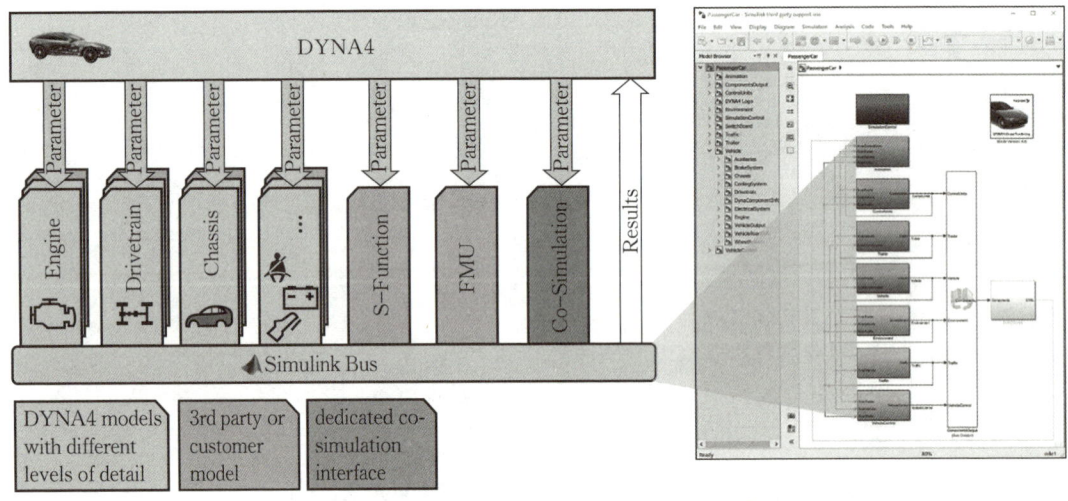

图 2.20 DYNA4 仿真模型

DYNA4 基于 MATLAB/Simulink 进行建模,可灵活高效地融合用户自定义的功能,同时也为用户提供丰富的模型数据库以供选择。DYNA4 具有开放灵活的 API 接口,易于操作的模型和仿真场景,丰富多样的动画显示及后处理功能。其特点是底层架构相对开放,方便集成嵌入客户控制器算法。底盘域也有完整解决方案,可实现整车纵向、横向以及垂向控制的整车级仿真 SIL/HIL,包含制动、转向、主动悬架等。

DNYA4 功能组件在车辆动力学方面的应用如下。

1) 底盘

复杂的车辆动力学模型,每轴约 30 个自由度;丰富的悬架 K&C 分析,支持实测值

K&C 表格外特性输入,也可硬点多体输入,且可加入其他输入(发动机悬置、驾驶舱、拖车、额外力加载以及侧向风等)。

2) 轮胎

TM-Easy、Pacejka、Ftire、MFTire 接口,TM-Easy 优化低速接触应力,包含多胎压输入。

3) 转向

万向节模型,包含摩擦、惯量、阻尼以及 EPS 助力等,并支持第三方模型。

4) 传动

包含机械传动模型数据库及双电压电气系统,如 12 V、48 V、400 V。灵活多样的传动方式,从传统传动到纯电动以及混合动力的多种传动系统模型。

5) 制动

包含基本制动系统、制动液压系统 TT、制动液压系统 X 以及电子液压制动系统,并包含液压单元库。

6) 控制系统

电子稳定控制 ABS、ESC,变速器 TCU、DCT,整车控制单元 VCU、HCU,发动机 ECU 等。

7) 发动机

包含传统的简易表格模型,以及进气、排气、燃油、燃烧、冷却等半物理模型;也有基于热力学方程的复杂物理模型。

8) 电机模型

包含通用的外特性电机模型以及直流、交流电机。其中,直流包含他励、并励、串励、永磁等,交流包含 PMSM、BLDC、IM 等,另外交流电机可支持 FPGA 本体模型,运行在 VT5838 板卡上。

2.2.5 数据记录仪

该系列产品支持 CAN/CAN FD、LIN、FlexRay 以及车载以太网总线的数据记录,同时还支持 I/O 和摄像头数据的记录以及通过诊断或者 CCP/XCP 记录 ECU 内部参数。

(1) 专业数据记录工具,可应对各类车辆测试场景(三高、故障排查、主观性能评价等),无须测试人员值守。

(2) 极短的上电启动记录时间,具有自动休眠功能,并且支持基于总线/硬线/绝对时钟的休眠唤醒。

(3) 灵活多样的触发/过滤条件设置。

(4) 支持基于 CAN 总线的诊断数据记录,可在指定时间自动发送诊断请求报文。

(5) 支持基于 CCP/XCP 标定协议的 ECU 内部信号记录,可自动发送 DAQ/Polling 指令。

(6) 原始记录数据可导出并转化为各类常用数据分析格式,并在离线数据分析工具中进行数据回放分析。

(7) 简单易用的图形化配置工具,同时具有可编程功能,从而实现更为灵活多样的功能(如触发、过滤条件、网关功能、LED、蜂鸣器、在线数据分类统计等)。

(8) 支持 IP65 等级(GL1010/GL2010),可选配各类功能扩展硬件模块。

(9) 支持远程数据传输,通过 Log Server 实现。

2.2.6 ECU 标定

1. CANape——全面的 ECU 测量、标定及离线数据分析工具

CANape 主要用于 ECU 参数优化(标定),在 ECU 运行期间同时标定参数值和采集测量信号。CANape 与 ECU 之间的物理接口可以是使用 XCP 的总线(CAN/CAN FD/FlexRay/Ethernet 等),或者通过 VX1000 直接访问 ECU 的调试接口。此外,CANape 集成强大的离线数据分析功能,通过数据挖掘,能够自动地批量分析和评估测量数据,并自动生成分析报告;其集成的 vCDMstudio 工具提供图形化的视图,方便用户对标定参数文件(如 PAR、DCM、CDFX 等)和 HEX 文件进行对比、修改、合并等操作。CANape 提供 Team Services 功能使得工程配置的团队分享与管理变得非常便捷。

对于 64 位架构的支持,极大地提升了 CANape 的性能,不仅可以通过 XCP on Ethernet、SOME/IP、DLT(DebugLogTrace)对 AP ECU 进行测量标定,还可以为 ADAS 传感器单独开发模块解析以太网数据,以及为 ADAS 记录提供独立的 CANape log 软件。

CANape 界面如图 2.21 所示,可选插件如图 2.22 所示。

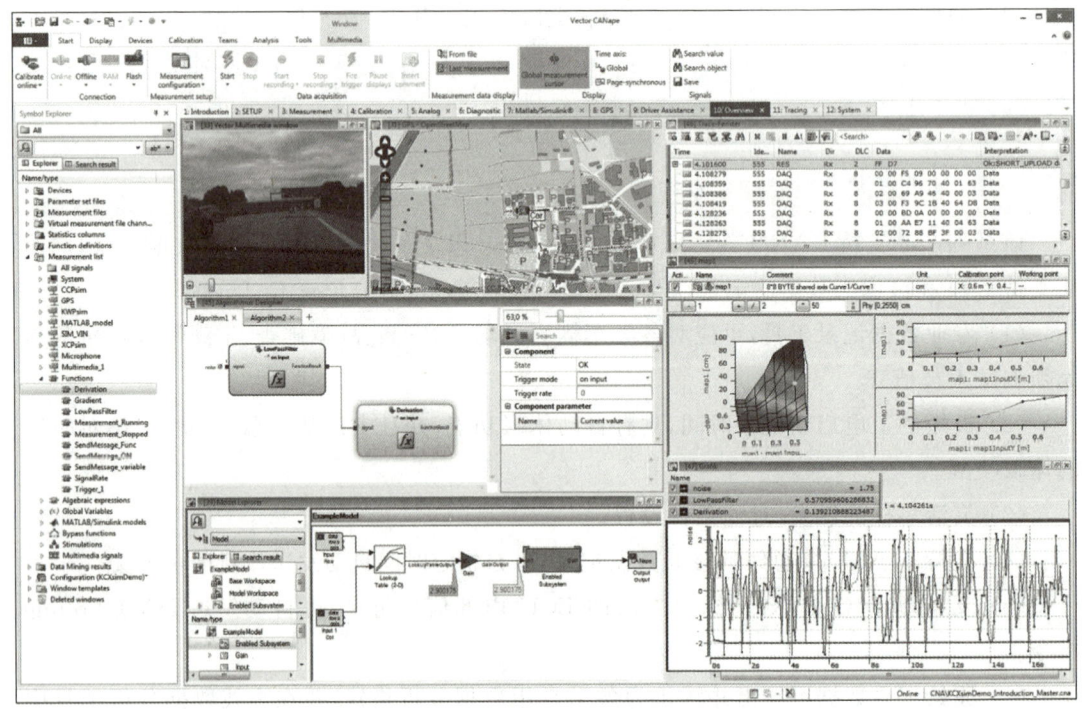

图 2.21 CANape 界面

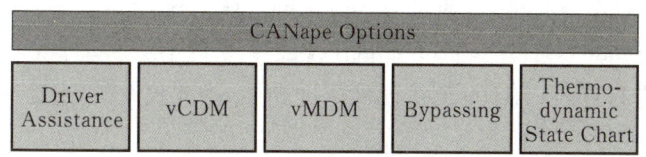

图 2.22 可选插件

2. ASAP2 Tool-Set——A2L 文件工具

ASAP2 Tool-Set 包含 Creator、Merger、Updater、Comparer、Checker、Modifier 和 ARXML Converter 等多个工具。其中：

(1) ASAP2 Creator：用于从 ECU 代码的特殊注释中创建 A2L 描述文件。

(2) ASAP2 Merger：用于将多个 A2L 文件合并为一个文件。

(3) ASAP2 Updater：用于通过 Linker Map 文件更新 A2L 文件中的地址和数据类型。

(4) ASAP2 Comparer：用于对比两个 A2L 文件并生成比较结果的文档。

(5) ASAP2 Checker：用于对 A2L 的内容格式标准合法性进行检查。

(6) ASAP2 Modifier：用于对 A2L 文件进行有针对性的、用户定义的修改，包括对象属性的过滤、匿名化、优化和修改，以及从 DBU、Excel 和 JSON 等外部格式导入。

(7) ARXML Converter：用于将 AUTOSAR ARXML 文件转换为 A2L 文件。

此外，ASAP2 Tool-Set 集成图形化的 A2L 编辑修改工具 ASAP2 Studio，该工具同样集成在 CANape 中（图 2.23）。

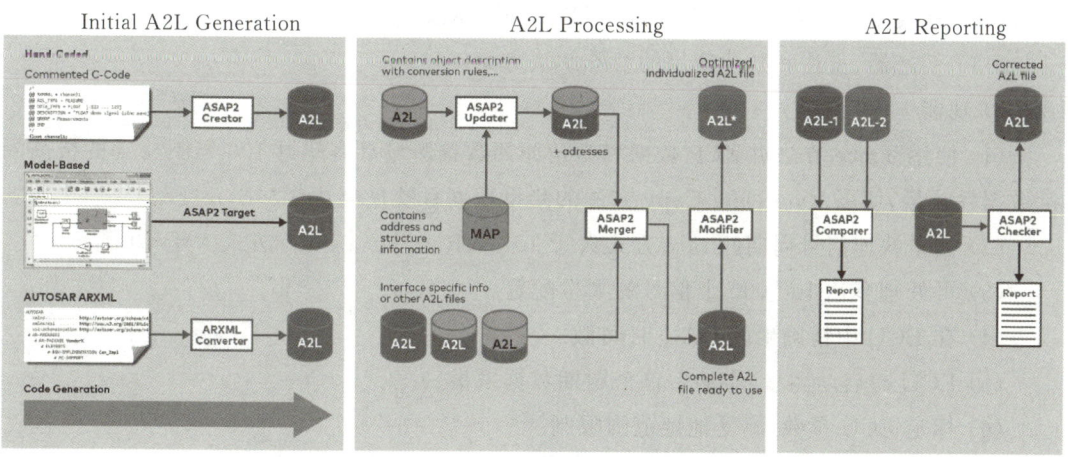

图 2.23 A2L 文件生成流程

3. VX1000——ECU 高速标定与测量

VX1000 系统是一种性能出色的可扩展解决方案，适用于 ECU 测量和标定任务，既可用于车辆的驾驶室和发动机舱中，也可用于测试台和实验室中。特别是在开发 ADAS ECU 时，可以结合 XCP 数据（如对象/跟踪列表）控制高分辨率雷达传感器捕获的原始数据。该系统构成了 ECU 与 CANape 等测量和标定工具之间的接口。为了在对 ECU 运行时影响最小的情况下实现高数据吞吐量,可通过芯片特定的 Trace 和 Debug 端口访问数据。

VX1000 Base Module 通过 XCP on Ethernet 连接到 PC,这是一种独立于 OEM 的 ASAM 标准,广泛用于汽车行业。VX1000 测量硬件通过 POD(插入式设备)连接到 ECU(图 2.24)。

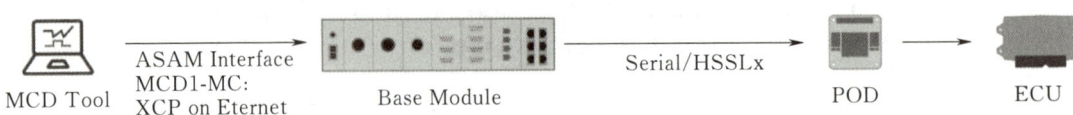

图 2.24　ECU 标定数据传输

1) 优势

(1) 支持以最高传输速率对 ECU 内部数据进行高性能测量和调整访问。

(2) 体积非常小的 POD,用于连接到 ECU 调试接口。

(3) POD 和基础模块之间设计了电气隔离。

(4) 各种通用和客户特定的柔性适配器可连接到各种 ECU 连接器和引脚排列。

(5) 轻松快速地集成到 ECU 软件中。

(6) 支持 Trace(不占用 ECU 负载)的测量方法。

(7) 使用 ASAM 协议规定的 XCP on Ethernet 的方式连接众多第三方开发工具,通过 XCP 进行软件调试,也可替代调试器使用。

(8) 支持 TA 工具套件。

(9) 发动机控制单元的特殊功能,如标定唤醒或标定 RAM 电源。

(10) 连接车辆网络,如 CAN/CAN FD 和 FlexRay。

(11) 变速器、雷达和其他应用的特殊解决方案。

2) 功能

(1) 使用 Trace 方法对 XCP 数据和雷达原始数据测量具有超过 100 MByte/s 的极高测量数据吞吐量,使用 Ram Data Copy 方法的测量数据吞吐量高达 3 MByte/s。

(2) 测量快速信号周期(Trace 方式大于 10 μs,Ram Data Copy 方式大于 40 μs)。

(3) 可处理多达 100 000 个信号的测量配置。

(4) 在 ECU 中精确生成 DAQ 时间戳。

(5) ECU 冷启动测量(启动后首个周期数据采集)。

(6) 标定 ECU 参数,不受地址范围限制。

(7) 标定存储器页面切换。

(8) 标定 Flash 中的参数时自动叠加。

(9) 算法仿真或旁路功能具有极低的时延。

(10) 与 PC 的 100/1 000 Mbit/s 以太网连接。

(11) 具有宽输入电压范围的电气隔离电源。

(12) 通过 VX1000 基础模块提供 POD 电源。

(13) 可选:支持 ECU 的 Flash 刷写("Brain-Dead")。

（14）可选：支持 1 路 FlexRay 通道和 5 路 CAN/CAN FD 通道，通过 XL 驱动程序库接口用于 CANape/CANalyzer/CANoe 和自定义应用。

（15）用于轻松配置和软件更新的 PC 工具。

4. vCDM——专业的标定数据管理平台

vCDM 是基于数据库的标定团队协作平台，能够高效地合并标定工作成果，检测并解决数据集成过程中的不一致（图 2.25）。在 vCDM 中可以检索所有标定数据的变更，集成的 vCDMstudio 能够图形化显示和修改标定参数，同时提供强大的报告功能以及丰富的程序接口，便于集成其他数据管理平台。vCDM 能够与主流标定工具无缝集成，可以直接通过标定工具激活 vCDM 的功能，同时支持用户通过浏览器上传和下载数据。vCDM 的优势如下：

（1）团队效率：避免、检测和解决数据冲突。

（2）所有更改的可追溯性。

（3）vCDM 的灵活性：支持所有应用领域和 ECU 架构、动力总成和底盘、AUTOSAR CP 和 AP、Tir1 和 OEM、功能开发和仿真。

（4）方便的 vCDMstudio 编辑器是 vCDM 的一部分，也可以在没有数据库的情况下用于基于文件的任务。

（5）特定于领域的视图以易于理解的形式可视化标定数据的特定方面（如用于 OBD 的功能抑制编辑器）。

（6）现代化可上云的系统架构和对全球分布式团队的支持。

（7）所有操作都针对更多的变体进行优化。

（8）vCDM 支持的数据格式。

（9）目标数据格式：Intel-HEX、Motorola S-record。

（10）参数格式：DAMOS DCM、CSV/CVX、MSR PaCo、ASAM CDF 2.0、CANape PAR、MATLAB m-file。

（11）ECU 描述文件：ASAM A2L、CANape DB。

（12）报告格式：Excel、PowerPoint、Word、PDF、HTML。

2.2.7 测量技术与数据管理

测量技术广泛应用于汽车、工程机械等行业的产品开发流程中。Vector 公司和 CSM 公司合作为用户提供完整的测量解决方案，覆盖数据采集、数据显示及记录、数据挖掘、报告生成以及大数据管理等方面。该方案基于 CAN、EtherCAT® 以及 XCP on Ethernet 协议，可以满足快速、灵活、高精度的测量和记录需求，为用户分析和解决复杂问题提供强有力的支撑。测量解决方案的应用场景如下：

（1）功能部件：动力总成、底盘系统、转向系统、空调热管理系统、电子/电气系统等。

（2）新能源领域：整车能量流评估、动力电池温度场、储能设施、OBC、控制器/电机/逆变器中的温度/电压/电流测量等。

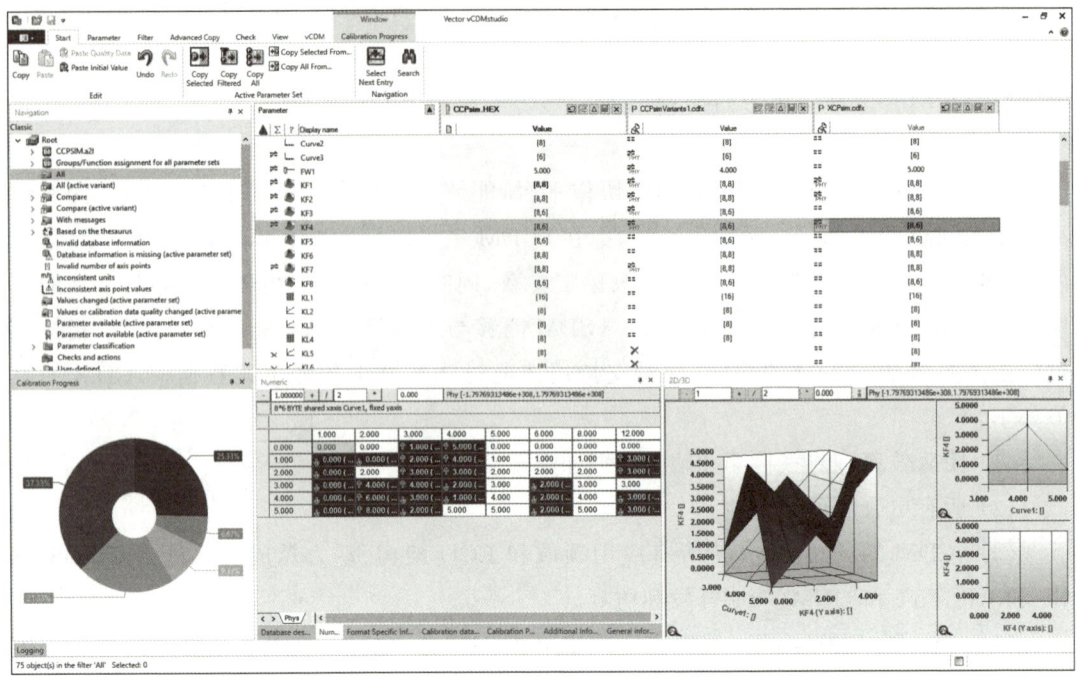

图 2.25　vCDM 界面

（3）高速测量：高采样频率、多通道、远距离分布式测量等。

CSM 测量模块是精准、坚固、模块化的移动数据采集设备（图 2.26），按应用场景可分为 CAN MiniModules、ECAT MiniModules 以及 High Voltage Measurement Modules，这些模块具有以下共同特性：

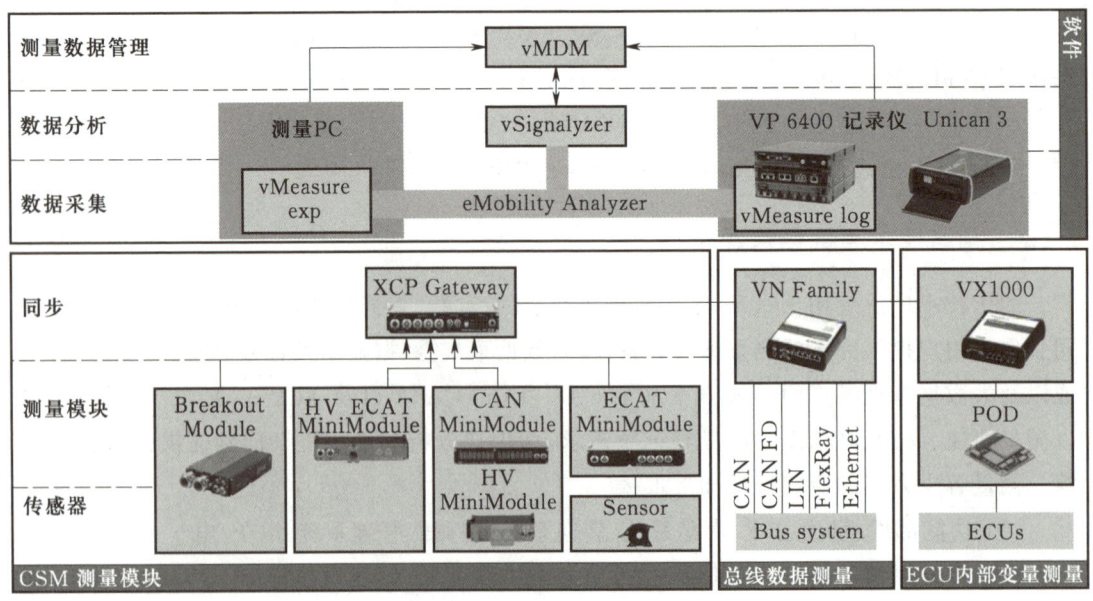

图 2.26　CSM 测量模块

- 模块结构紧凑、可靠、精准、能耗低、便于安装；
- 防护安全级别 IP65/IP67；
- 温度范围 −40～125 ℃；
- 供电范围 5.5～60 V；
- 带传感器供电，可单通道独立配置。

1. CAN MiniModules——基于 CAN 的测量模块

基于 CAN 总线通信的测量模块可以测量以下物理量：

(1) 温度(热电偶 K/J/T 型和 PT100/PT1000)。

(2) 电压信号、电流信号。

(3) 加速度信号，包括 IEPE/ICP 型传感器。

(4) 应变信号，支持全桥、半桥和四分之一桥的应用。

(5) 距离、行程信号。

(6) 频率、周期、PWM、转速以及脉冲信号等。

CAN MiniModules 硬件如图 2.27 所示。

图 2.27　CAN MiniModules 硬件

2. ECAT MiniModules——基于 EtherCAT® 的测量模块

当测量需求超出 CAN 总线的通信能力时，需要使用 XCP-Gateway 模块(基于 EtherCAT® 协议)实现高速测量，可以极大地拓展通道数量，最高采样频率可以到 1 MHz。

(1) 可以实现高采样频率、多通道的应变测量，支持全桥、半桥和四分之一桥的应用。

(2) 支持 IEPE 类型传感器，采样频率最高可达 100 kHz 的模拟量测量。

(3) 通过 XCP-Gateway 可以实现 CAN MiniModuels 和 ECAT MiniModules 的同步测量。

ECAT MiniModules 硬件如图 2.28 所示。

3. High Voltage Measurement Modules——高压测量模块

在新能源汽车及部件开发过程中，除了快速、灵活、高精度的测量需求之外，还需要更高的电气隔离属性(高达 1 000 V)以及整个测量方案的安全考量(符合 DIN EN 61010 标准)。

(1) 高压环境中低压模拟量采集，测量电池包中单体的电压、湿度、压力等。

(2) 高压环境中温度采集，适用于 K 型热电偶以及 PT100/PT1000 传感器。

(3) 高压环境中高电压/高电流采集，测量电机三相交流电压/电流、电池包电压/电流等。

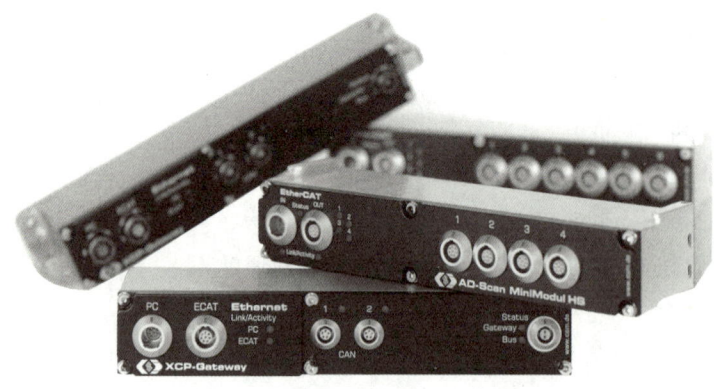

图 2.28　ECAT MiniModules 硬件

（4）CSM 高压测量模块和 SAB BRÖCKSKES 高压线缆共同保证测量安全。High Voltage Measurement Modules 硬件如图 2.29 所示。

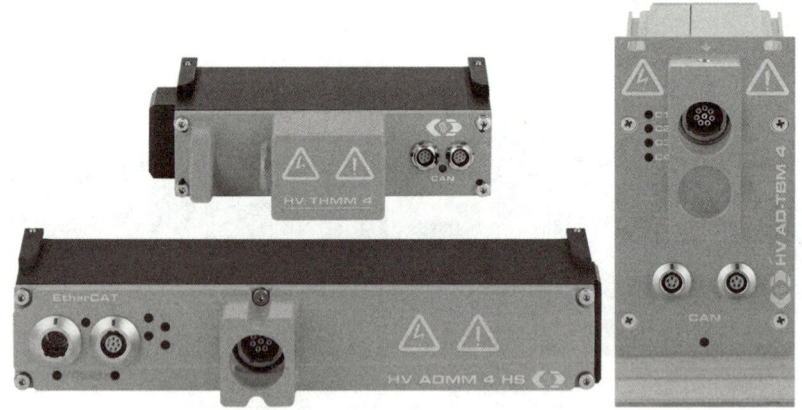

图 2.29　High Voltage Measurement Modules 硬件

4. High Voltage Breakout Modules——高压 BM 模块

高压环境中储能单元与用电单元的效率传导、功率分析以及电平衡分析等应用场景，都对电压和电流信号采集的实时性提出更高的要求。此外，出于对测量系统安全性的考虑，在测点的选取和布置的便捷性上也在寻求更优化的方案。基于上述需求，CSM 专门设计可以承载高压线缆的安全测量方案。

（1）电压高达 ±1 000 V（测量范围高达 ±2 000 V），电流高达 ±1 000 A（额定值）/±2 000 A（峰值）。

（2）采样频率最高可达 1 MHz，100% 同步。

（3）支持 EtherCAT® 和 CAN 总线通信。

（4）灵活多变，可定制的线缆接口。

High Voltage Breakout Modules 硬件如图 2.30 所示。

图 2.30　High Voltage Breakout Modules 硬件

5. High Voltage DTemp——高压数字化温度测量系统

高压数字化温度测量系统特别适用于新能源整车实车测试和电磁干扰较强的试验环境，可以灵活拓展应用于电芯级、模组级、电池 Pack 级温度场测试。

（1）毫米级尺寸的数字化温度传感器可以实现定制化的温度点布置需求，测量精度为 $0.1\sim0.2$ ℃（适用于不同工作温度范围）。

（2）最多可测量 512 个温度点，可完成三维温度场分析。

（3）对电池包工程改动小，仅需要一根高压线缆传输数据。

（4）高压中央测量单元满足高压隔离要求，具备 CAN 传输通道。

High Voltage DTemp 硬件如图 2.31 所示。

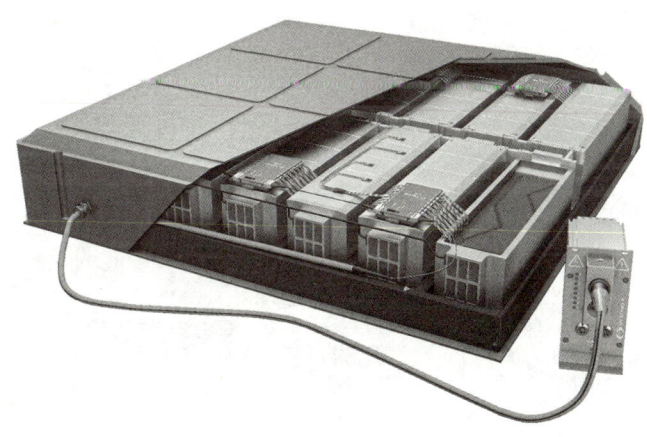

图 2.31　High Voltage DTemp 硬件

6. Exhaust Measurement——排气测量

测量方案包括汽油机、柴油机、CNG/LPG 发动机排气的测量，如 Lambda、O_2、NO_x 和 NH_3。这些排气测量模块由美国 ECM 公司生产，由 CSM 分销。

（1）LambdaCANc，即 Lambda 和 O_2 测量模块，兼容 Bosch 和 NTK 宽域 Lambda 传感器。

（2）DashCANc，可与 LambdaCANc 连接，实时显示排气测量值。

7. vMeasure——数据采集软件

vMeasure 可以方便地记录物理信号、ECU 内部信号以及车辆总线信号,还可以记录 GPS 信号和视频数据,以便对测量数据进行分析;同时还支持测量 OBD 信号,用于检测控制单元的状态,在实验室、台架、路试以及耐久试验中都有着优异的表现。

(1) 同步采集物理量、ECU 内部数据、视频数据、GPS 以及总线数据,可测量 OBD 诊断数据。

(2) 友好的图形、数字、文字显示窗口以及用户自定义面板。

(3) 适用于新能源汽车应用的"eMobilityAnalyzer"函数库,该函数库功能包括逆变器效率计算、Clark 变换、电机功率计算、谐波分析、高低通滤波、OBC 充电效率评估、高压直流输入/输出效率评估、高压直流电特性分析、轴端机械功率计算等。

(4) 提供 Option Thermodynamic State Charts,方便用户用于测试与评估空调系统性能,利用 TILMedia 工质数据库快速生成压焓图、压力-温度关系图、温熵图等。

(5) 能够对不同硬件测量设备以及总线信号同步测量,完成对整个系统的全面分析。

(6) 通过 DAIO 接口为集成第三方测量硬件提供开放的平台。

(7) 可以同时配置多个记录文件,实现各个通道的独立记录,提高测量效率;可以只记录需要的信号,通过拖拽即可快速添加 DBC 文件,从而新增测量配置。

(8) 可以基于 vMeasure log 和高性能记录硬件(如 VN89xx、VP 系列),新建、配置和传递记录过程,满足灵活、复杂的记录需求。

(9) 使用脚本进行高效的自动化操作。

vMeasure 界面如图 2.32 所示。

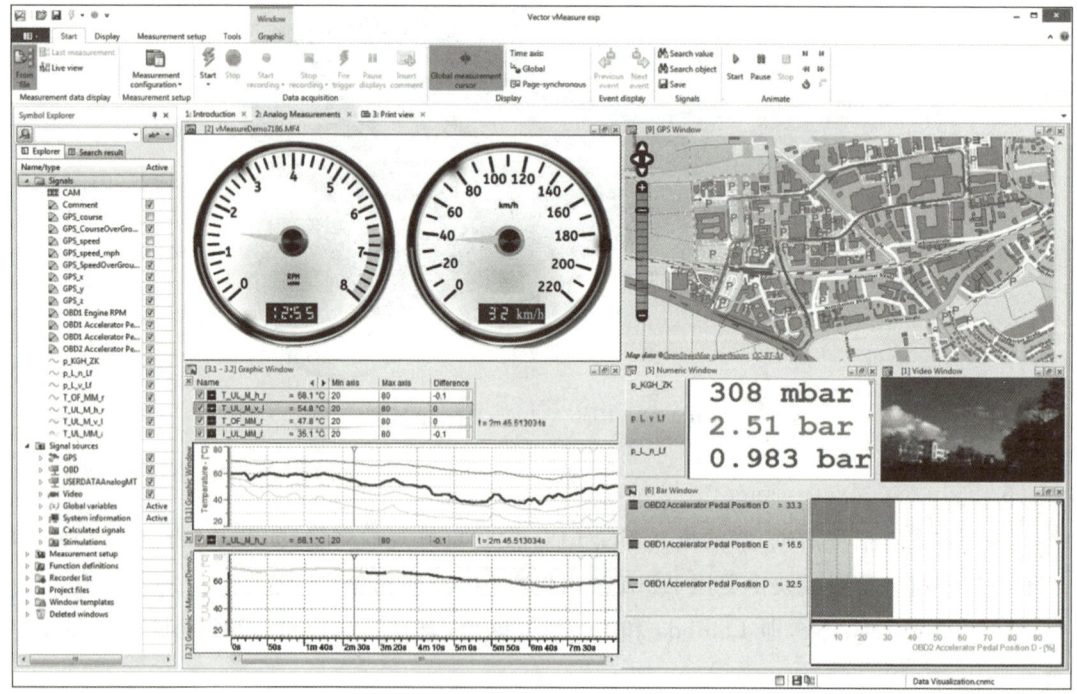

图 2.32　vMeasure 界面

8. vSignalyzer——离线数据显示、自动化分析与报告工具

作为数据分析软件，vSignalyzer 能高效地分析各类数据记录文件，可以用于查看数据、手动或自动地分析数据，并将分析结果生成报告。在物理量测量、网络开发分析、ECU 标定时记录下的各种格式数据，都可以加载到 vSignalyzer 中。

（1）测量数据可按照用户的配置显示，高效操作大容量数据记录文件。

（2）可直接调用大量数学函数库，根据用户设定的数据挖掘函数对数据进行批量地自动化分析，"eMobilityAnalyzer" 函数库为高压应用中的交流和直流信号提供丰富的离线计算功能。

（3）提供 Option Thermodynamic State Charts，方便用户用于测试与评估空调系统性能，利用 TILMedia 工质数据库快速生成压焓图、压力-温度关系图、温熵图等。

（4）分析结果直接生成分析报告或文档。

（5）"MDF Event"及"Signal Comparison"可以高效分析局部测量数据，从而帮助用户关注特定信号值。

（6）可导入或导出 MATLAB 和 Excel 格式的数据记录文件，可加载 GPS 数据格式（GPX），便于数据分析。

（7）可在 MF4 文件中增加 PAR、A2L、配置文件等作为附件，便于数据共享。

（8）可基于 vMeasure 的测量工程创建数据分析工程。

vSignalyzer 界面如图 2.33 所示。

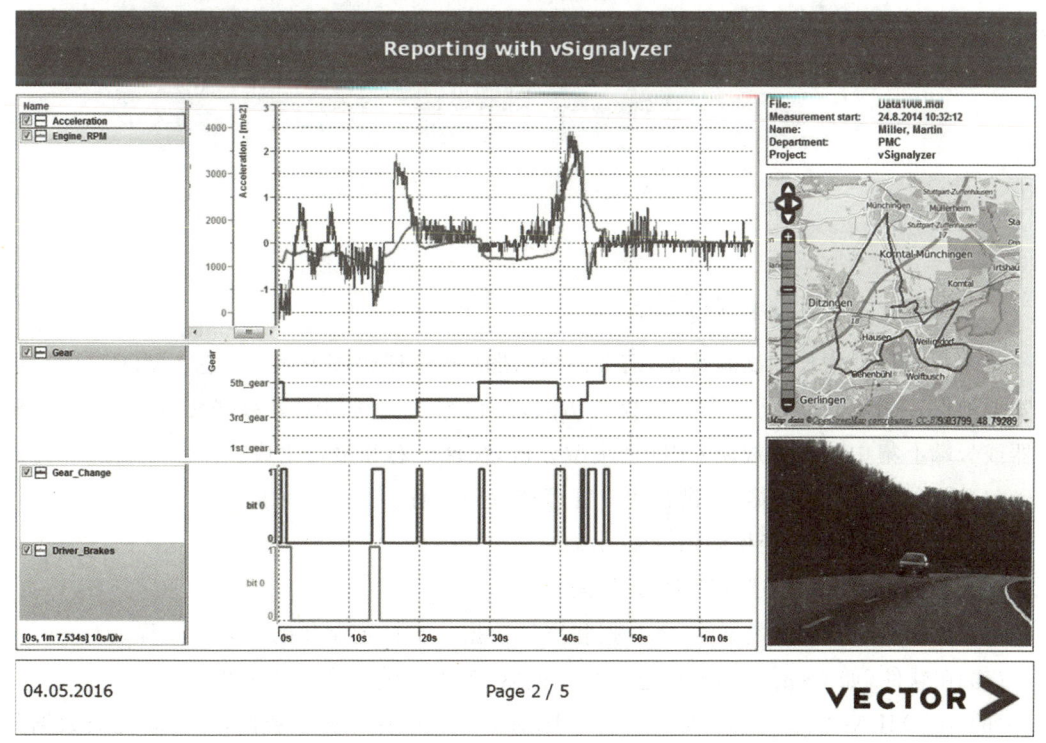

图 2.33 vSignalyzer 界面

9. vMeasure log——灵活、便捷的记录仪方案

vMeasure log 结合高性能记录硬件(如 VN89xx、VP 系列)提供简单易用的高性能测量数据记录方案,可以同步记录多种高采样频率的信号源(如 CSM ECAT 测量模块),满足测量过程中的复杂触发记录需求。

(1) 沿用 vMeasure 的用户界面及丰富的函数功能,共用配置工程文件,通过配置文件的传递可以在独立的记录仪模式与交互式记录模式之间灵活切换。

(2) 根据不同测量任务对于实时性的要求,可以灵活匹配不同性能的记录硬件。

(3) 针对不同测量任务,可以独立配置测量列表和个性化的触发条件,从而优化测量结果并节省储存空间。

(4) 支持多种总线系统,如 CAN/CAN FD、FlexRay、LIN 和 Ethernet,同时支持 CCP、XCP 协议以及 VX1000 硬件。

(5) 基于 iOS 或 Android 定制移动端界面,方便用户监控整个测量过程。

vMeasure log 交互如图 2.34 所示。

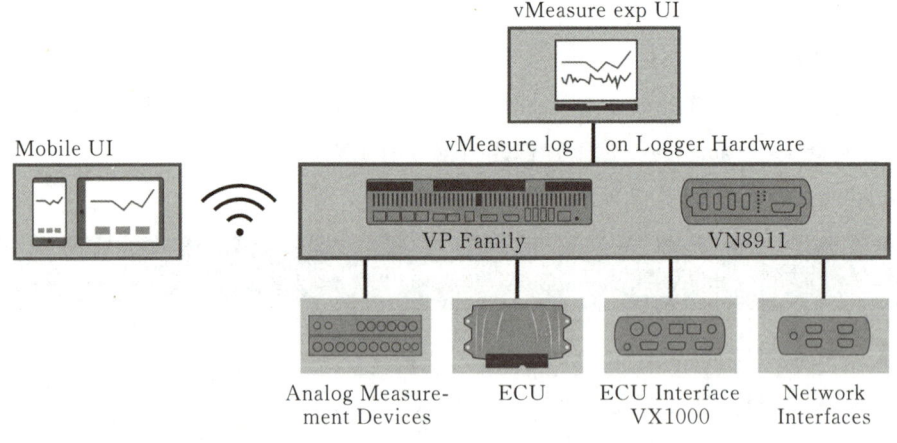

图 2.34　vMeasure log 交互

10. vMDM——测量数据管理系统

汽车行业日益增长的试验数据,需要高效、便捷的管理解决方案。通过 vMDM,用户可以安全地保存测量数据,防止未经授权的访问,简化团队之间的测量数据交换;还可以在服务器或云端上集中执行大规模 CPU 密集型分析,统计汇总和报告生成。

(1) 安全存储测量数据,并进行用户管理和权限设置。

(2) 建立查询机制,轻松调用搜索请求。

(3) 基于需求建立描述性数据(元数据)。

(4) 结合不同场景的数据流(元数据和测量数据),支持定制化的预处理流程。

(5) 在软件(如 vSignalyzer)中进行数据搜索、数据传输或交互式分析。

(6) 在 vMDM Enterprise Server 或 vMDM Cloud 中存储测量数据,并自动完成数据分析(挖掘)和报告生成。

2.2.8 ADAS 解决方案

1. VP6000/VP7000 系列——高性能智能数据记录仪

VP6000/VP7000 系列是针对汽车应用环境设计的高性能、高鲁棒性的硬件平台,用于总线数据、传统以太网数据、视频流数据、雷达原始数据、XCP on Ethernet 数据的并行同步记录。极高的写入带宽(单机 500 MB/s 或 1 GB/s 或 2 GB/s)以及可替换的大容量硬盘,丰富的产品变形提供多设备的级联,使得 VP 系列非常适合 ADAS 和高级自动驾驶相关应用。对于当前车载以太网的普及应用,VP 与 VN5240 无缝组合,能够完美支持车载以太网数据记录的应用。VP6000/VP7000 系列硬件如图 2.35 所示。

图 2.35 VP6000/VP7000 系列硬件

2. CANape Option Driver Assistance——驾驶员辅助系统验证

CANape Option Driver Assistance 是 CANape 的扩展功能,将 ADAS 传感器采集到的目标信息显示到同步采集的视频图像上,更好地支持 ADAS 系统的验证以及图像处理算法的测试与优化。基于 ECU 计算的目标数据,以几何图形或者位图叠加到图像的指定位置,通过比较 ECU 识别的对象以及真实环境中的对象,快速验证 ECU 的目标识别算法。对于图像识别算法的验证,可以将其以动态链接库的方式加载到 CANape 中,进行在线或离线验证。与此同时,GPS 窗口可以显示关联的位置数据,以辅助验证;此外,ECU 识别的目标信息也可显示到 GPS 窗口中。场景窗口提供各种视图,用户根据需要可以旋转和缩放视图。

在 ADAS 系统开发与验证中,越来越多地用到激光雷达。CANape 支持激光雷达的云图记录和显示,包括 Velodyne、Ibeo、Quanergy、Hesai 和 RoboSense 等多种激光雷达。对于非常规的以太网数据源设备,Vector 可以提供定制开发服务。

3. VX1161——集成式多 ECU 高性能标定测量硬件

VX1161 是专为高性能测量与标定而开发的一系列硬件设备,具有灵活的可扩展特性,配合标定测量工具 CANape,可满足车载及实验室等应用场景下的 ECU 标定测量需求。VX1161 是模块化、可配置的并行测量标定模组,适用于 ADAS 系统的开发应用。VX1161 配合相应的 ECU 接口(如 POD),可以实现多个高分辨率雷达的原始数据和 XCP 数据的采集,ADAS 融合 ECU 的 XCP 数据采集以及摄像头的原始图像采集。

VX1161 由框架式支架、底板、供电板卡、数据上传板卡和 6 个可替换的板卡插槽构成,可适配总线接口卡、VX14xx/VX15xx POD 接口卡以及视频接口卡。其技术优势如下:

(1) 支持多个 ECU 内部数据并行高速采集。

(2) ECU 线束连接简单,成本低。

(3) 基于 2 路万兆上传网口,满足 ADAS 持续增长的数据上传速率需求。

(4) 测量板卡之间支持 IEEE 1588 PTP 时间同步和 Vector 硬件同步。

(5) 根据用户需求预先配置板卡,并可根据需求变更进行更替。

(6) 支持摄像头原始数据采集。

(7) 支持雷达原始数据采集。

4. DYNA4——ADAS 仿真环境

DYNA4 提供丰富的交通环境模型和传感器模型,为用户提供重要的虚拟仿真环境平台。

1) 交通环境模型

(1) 环境道路。不同的天气环境:白昼、黑夜、雨天、雪天、雾天等。丰富的道路:无限大的试验测试场、敏捷的 3D 多车道道路、标准且丰富的 OpenDRIVE 道路,可自动生成环境的植被并提供大量的建筑、树木等环境装饰库。

(2) 交通。在道路环境里可添加动态的物体(如汽车、自行车、摩托车、行人、动物等),可触发纵向或横向驾驶任务(如车道切换等确定有序性行为的变化);同时支持 SUMO 第三方开源交通软件,进行随机无序性的交通行为仿真。提供开放性的交通接口,用户可外接指令输入来控制交通物体,且软件可提供 OSI 标准的输出,以及支持 OpenSCENARIO 1.x 标准的大部分功能。

2) 传感器模型

根据使用情况提供以下不同形式的传感器模型:①基于 Simulink 真值目标列表。快速理想的传感器和简捷物理的传感器模型,均仅使用 CPU 计算,集成在 Simulink 中。②基于 GPU 图像处理的原始数据。基于物理的高级传感器模型,使用 GPU 技术计算,包含摄像头、超声波、激光雷达等;输出图像、PCD 等的数据流,可保存在本地,也可通过 DDS 协议发送给 ROS2,通过 Rivz 实时显示,用户可以进一步处理传感器的原始数据。

3) 应用领域

(1) 基于真值目标列表的 ADAS 算法开发,如 ACC、AEB 等,并可结合多体高精车辆动力学模型实现闭环的 SIL/HIL 仿真测试。

(2) 在传感器原始数据与真值基础上,为目标列表算法验证提供平台。

5. CANoe——ADAS 分析、仿真和测试功能

基于 ASAM OSI 规范的 ADAS Object 提供全新的 Scene 窗口,实现 Object 可视化分析;通过 CANoe 的 SIL Adapter 实现 ADAS 算法的测试;通过 CANoe 自带的场景编辑 Scenario Editor 实现开环功能测试,也可结合 DYNA4 等 3D 仿真软件实现闭环功能测试。

1) 数据分析

(1) 报文 Trace 窗口扩展针对 ADAS 数据分析功能,如可在 Trace 窗口中显示及解析传感器及感知目标相关参数(图 2.36)。

第 2 章　Vector 工具链及 AP 环境的介绍

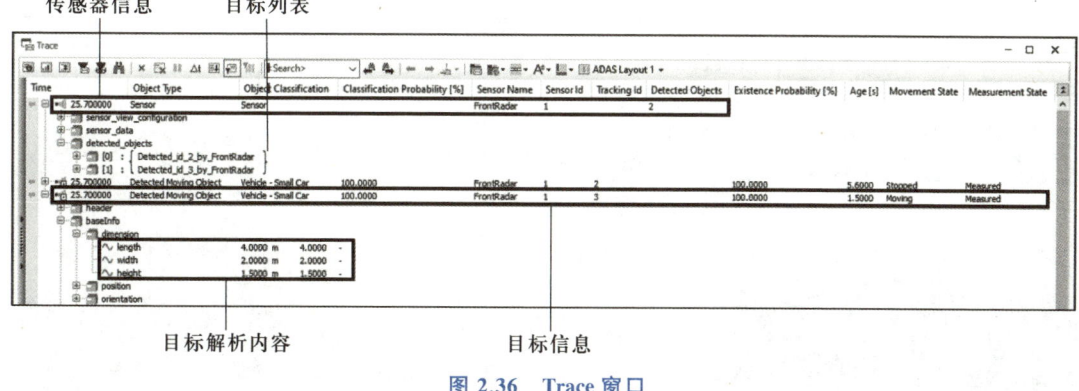

图 2.36　Trace 窗口

（2）新增 ADAS 专用的 Scene 可视化窗口，实现传感器、感知目标及真值数据显示，支持显示目标类别、数量、距离和大小等信息（图 2.37）。

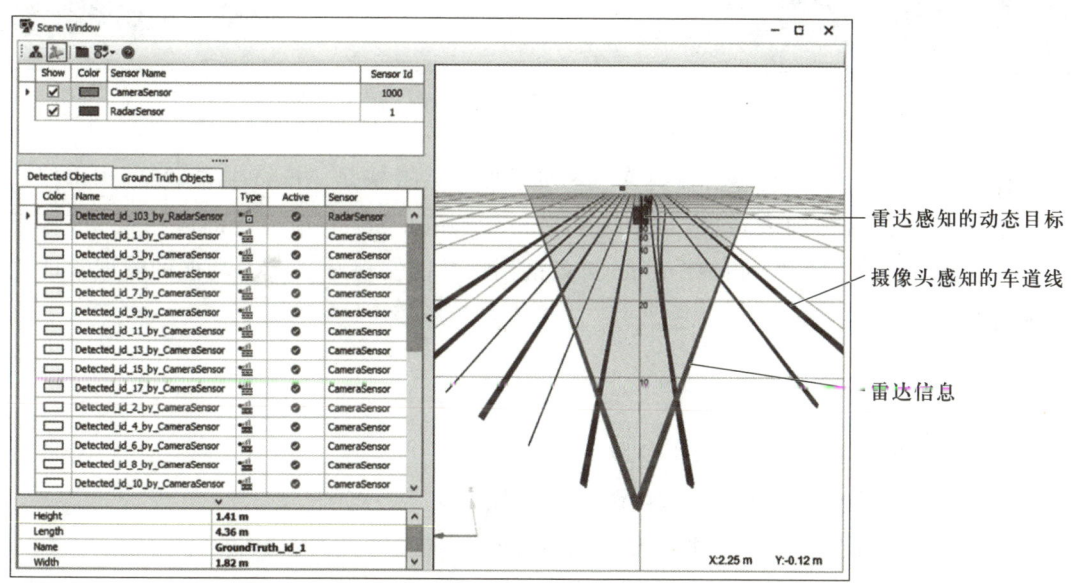

图 2.37　Scene 可视化窗口

（3）提供接口将总线数据中包含的信息转化为 ADAS 对象显示，可对离线数据与其他分析窗口同步进行分析。

2）仿真与测试

仿真场景无缝集成 3D 模型工具 DYNA4 和自带 2D 场景编辑器 Scenario Editor（图 2.38），满足车辆动力学在内的闭环 HIL 系统和开环功能 HIL 系统，也支持第三方仿真环境通过 MATLAB 或 C-API 实现 ASAM OSI 数据流交互。

CANoe 可根据被测应用的接口生成 SIL Adapter，并提供对纯软件级别的被测系统的访问，可实现 CANoe 和开发环境之间的数据交换，以便直接在开发环境中测试 ADAS 算法。

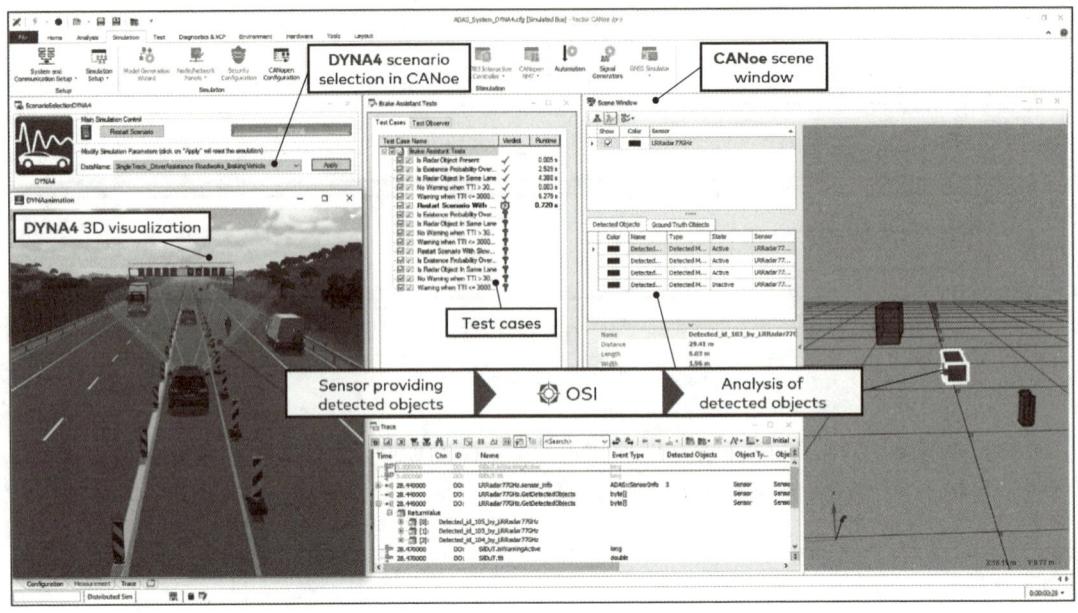

图 2.38　2D 场景编辑器 Scenario Editor

提供测试 API 函数、传感器控制 API 和场景控制 API 满足 ADAS 功能验证,支持传统总线报文和 OSI 目标列表转换,可结合 Communication Setup 窗口中的应用模型(基于 Python、CAPL 或 C♯)和 vTESTstudio 开发的测试功能实现对 ADAS 功能的测试验证并生成自动化报告。

2.2.9　ECU 诊断与刷写

Vector 诊断工具链可用于以下领域:
(1) 规范:定义诊断需求规范和协议描述。
(2) ECU 软件:在 ECU 中建立和实现诊断通信功能。
(3) 诊断集成验证:测试 ECU 中诊断协议的实现和集成情况。
(4) 诊断测试:诊断测试仪的参数化。

1. CANdelaStudio——诊断需求定义工具

CANdelaStudio 用于定义 ECU 的诊断需求,生成诊断数据库(CDD/ODX),优化整个诊断开发过程。CANdelaStudio 支持文档模板(CDDT),可以满足不同整车厂对同一个标准工具的各种特殊要求。在内容上,一个文档模板对应于一种诊断规范,包含 ECU 允许的所有基本服务和在每个 ECU 中必须实现的强制功能的正式描述。

在整车厂提供的模板基础上,供应商可加入特定的诊断需求,从而形成针对特定 ECU 的诊断功能描述文档。利用"版本"的概念,无须太多更改即可描述不同 ECU 之间的差异性。

CANdelaStudio 支持导入和导出各种数据格式(ODX、CSV、RTF、A2L、DEXT、CDI)。

(1) 编辑诊断服务和诊断响应的格式。

(2) 编辑参数格式,如整型、浮点、特殊换算。

(3) 编辑诊断和传输层通信参数,如 STmin、P2。

(4) 支持多种总线通信接口,如 CAN/CAN FD、DoIP、K-Line、FlexRay。

(5) 设定服务之间的依赖关系,支持状态机(Session、SecurityAccess、Authentication)显示。

(6) 编辑故障码 DTC,编辑快照数据和扩展数据。

(7) 编辑 AUTOSAR DEM(Diagnostic Event Manager)模块的 Event 信息以及 FIM(Function Inhibion Manager)模块的内容。

(8) 进行版本管理和文本规范生成。

(9) 导出 SOVD API 相关数据。

CANdelaStudio 界面如图 2.39 所示。

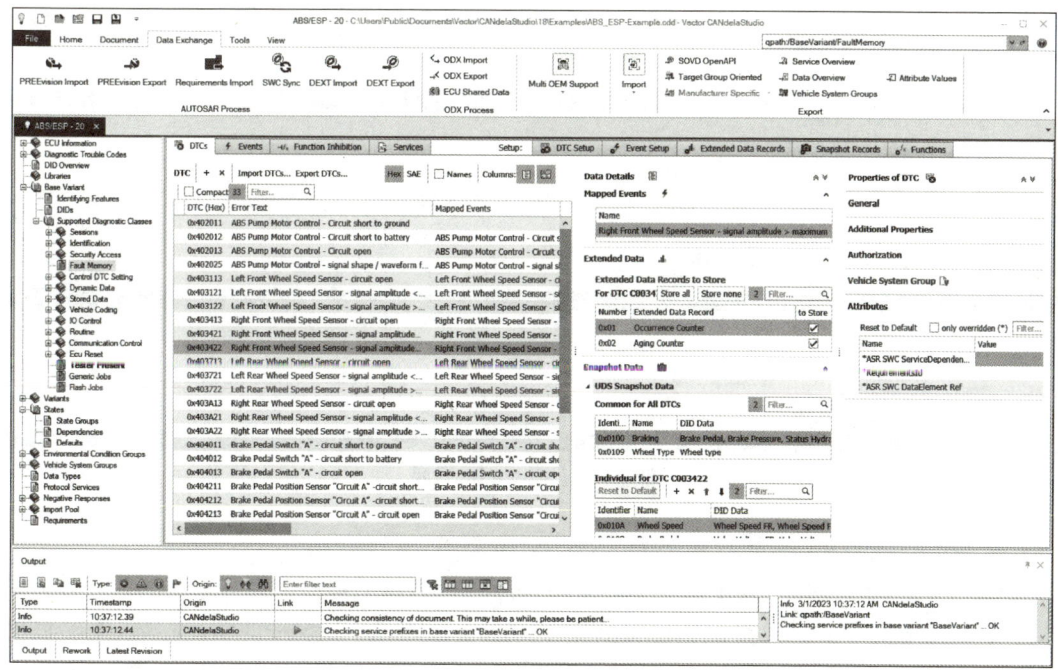

图 2.39　CANdelaStudio 界面

2. ODXStudio——编辑、浏览和管理诊断数据的 ODX 工具

随着 ODX 规范从行业标准提升为国际标准(ISO 22901-1),越来越多的应用需要相应工具进行基于 ODX 的开发。利用 ODXStudio,用户可以基于 ODX 文件格式处理诊断数据,包括 ODX-D、ODX-C、ODX-V、ODX-F、ODX-E 和 ODX-FD。

(1) 友好的人机界面,帮助用户节省时间。

(2) 快速载入、编辑和保存 ODX 数据。

(3) 支持 CSV/ARXML 格式的数据导入,支持 CSV 格式的数据导出。

(4) 支持 ODX 2.0.1 和 2.2.0,充分支持 ODX 所有类型。

(5) 可根据整车厂 ODX Authoring Guidelines(AGL)定义 ODX 文件。

(6) 可导入 CANdelaStudio 创建的 CDD 文件。

(7) 支持 ASAM/ISO 标准校验规则校验,并生成报告提示报错路径和原因。

(8) 生成 HTML 格式报告。

ODXStudio 界面如图 2.40 所示。

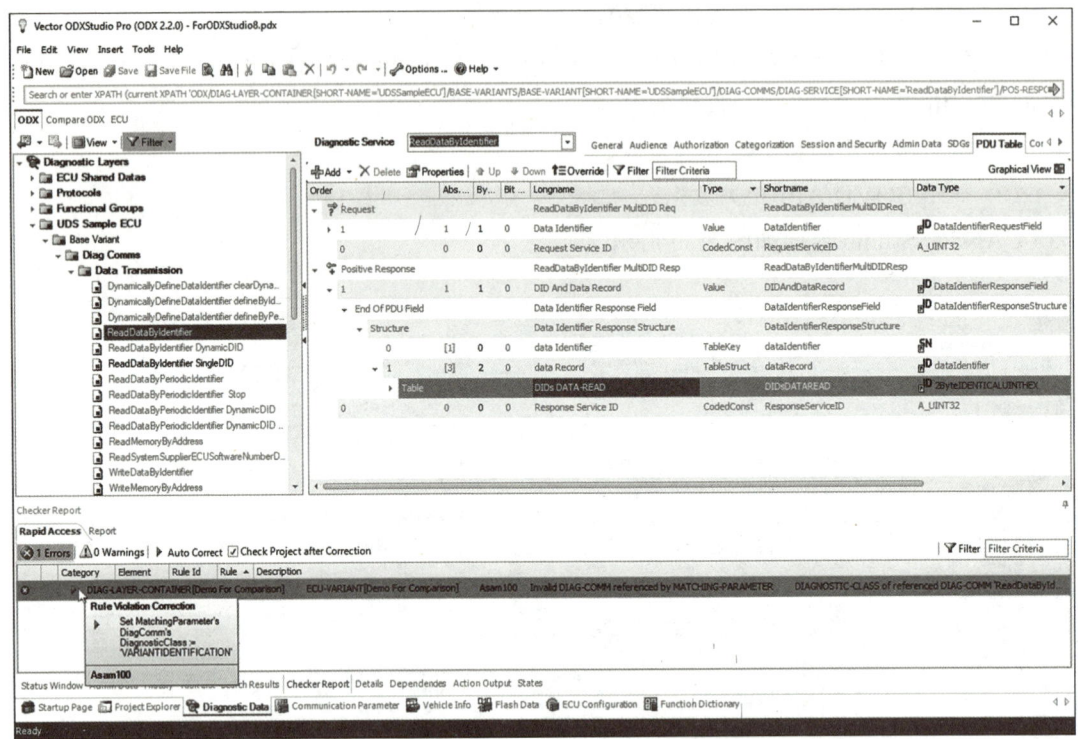

图 2.40　ODXStudio 界面

3. CANoe.DiVa——诊断集成验证工具

对于供应商来说,测试贯穿整个开发过程,需要完成大量的回归测试和发布测试。对于整车厂来说,需要大量的集成测试和发布测试。CANoe.DiVa 是 CANoe 的功能扩展,能够根据 ECU 的诊断数据库(CDD/ODX)自动生成测试用例,并直接导入 CANoe 中执行自动化测试。

(1) 自动解析诊断数据库(CDD/ODX)(图 2.41)。

(2) 轻松完成测试范围的配置。

(3) 自动生成全面的诊断测试用例。

(4) 方便快捷地分析测试报告。

(5) 结合 VT System 实现诊断应用(DTC、I/O 控制等)的自动化测试。

(6) 结合 vFlash 实现刷写功能的自动化测试。

(7) 轻松实现诊断需求在测试用例、测试报告中的跟踪和追溯。

(8) 可根据用户自定义的测试需求进行扩展,如 DoIP 和诊断安全等。

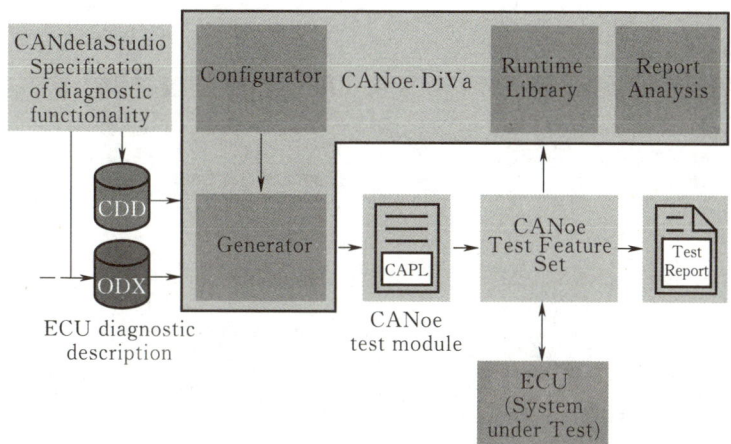

图 2.41 诊断数据库解析

4. Indigo——简单易用的参数化诊断仪

Indigo 可以快速便捷地对车辆和 ECU 进行诊断。无论是在 ECU 开发阶段,还是车辆测试阶段,工程师都可以使用 Indigo 轻松完成诊断测试工作,无须专业的诊断知识。

(1) 支持 CDD/ODX 文件,便捷地实现参数化。

(2) 图形化显示 ECU 故障信息。

(3) 符号化显示诊断故障代码(DTC),包括状态标识、环境参数和故障条件。

(4) 利用诊断控制台可以直接访问诊断服务。

(5) 显示发送和接收的诊断数据。

(6) 支持 KWP、UDS、GMW3110、DoIP 和 OBD(OBDⅡ、WWHOBD、OBDonUDS)。

(7) 支持 Script(C♯)的录制和二次编辑实现复杂的测试序列的定义。

Indigo 界面如图 2.42 所示。

Indigo Option Remote 支持远程诊断功能,能够在任何时候对任何地方的车辆进行诊断,并具有环境配置简单、实时的诊断交互、高速数据传输、极短的交换时间等优点。

5. FBL——用于 ECU 程序刷写的 Flash Bootloader

Vector 为使用不同总线(如 CAN/CAN FD、LIN、FlexRay 和 Ethernet)的 ECU 提供快速、高效、安全的刷写解决方案。在与全球大多数整车厂都保持密切合作关系的基础上,Vector 已经实现并验证了支持大多数芯片和编译器的 Flash Bootloader。

Flash Bootloader 包括 Bootloader 和 Flash Driver,均以源代码形式提供给用户(图 2.43)。

(1) Security(Crypto):用于保护下载数据不被恶意更改,根据整车厂定义的加密方式提供计算模块。

(2) Secure Boot:基于软件或硬件加密进行信用链检查,避免运行被篡改后的代码。

(3) Decryption:数据解密,将上位机加密过的数据,解密后存储。

(4) Fast Flash Programming:用于减少更新时间的诸多方法。

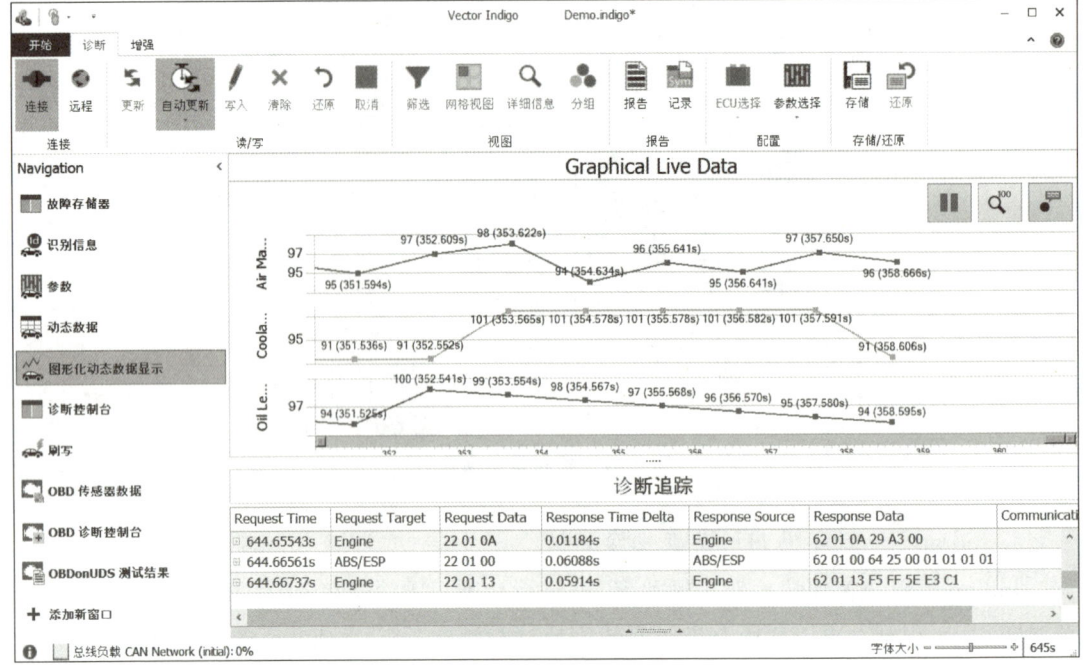

图 2.42　Indigo 界面

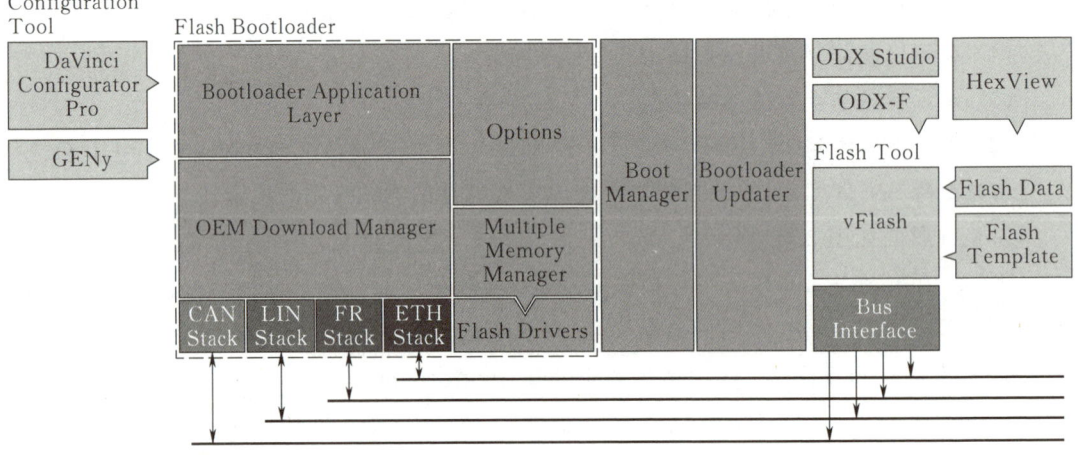

图 2.43　FBL 支持方案

（5）Data Decompression：数据解压缩，配合上位机的数据压缩算法，完成数据的解压缩操作。

（6）Pipelined Programming：并行式的刷写，在进行 Flash 更新时接收下一个 Block 数据。

（7）Pipelined Verification：并行式的校验，在进行 Flash 数据校验时接收下一个 Block 数据。

（8）Delta Download：差分刷写，只对变更过的数据进行更新。

（9）Bootloader Updater、Bootloader 自更新。

（10）Multiple Memory SupPort：多内存芯片刷写方案。

（11）MultiProcessor System SupPort：多芯片的主从式刷写方案。

（12）Gateway：FBL 的网关路由，在 Bootloader 中对功能寻址的报文进行转发。

（13）SupPort for POSIX OS：支持将 Bootloader 作为进程集成到 POSIX 系统中。

（14）Additional XCP Programming within Bootloader：基于 XCP 协议的刷写方案。

（15）Software Activation Manager：采用 Application 或 Bootloader 实现 OTA 的情况下，FBL 能够选择片区激活程序以及实现回滚等机制。

（16）Identity Manager：实现 FBL 的变型管理。

6．vFlash——简单快捷的刷写工具

vFlash 作为一个简单易用的刷写工具，不需要使用者具有专业的知识。

（1）精简的用户操作界面。

（2）通过模板实现对于不同 Flash 刷写规范的支持。

（3）可通过不同总线进行刷写。

（4）在提高刷写速度的同时，可以刷写更大的数据。

（5）提供刷写分析报告以优化刷写效率。

vFlash 界面如图 2.44 所示。

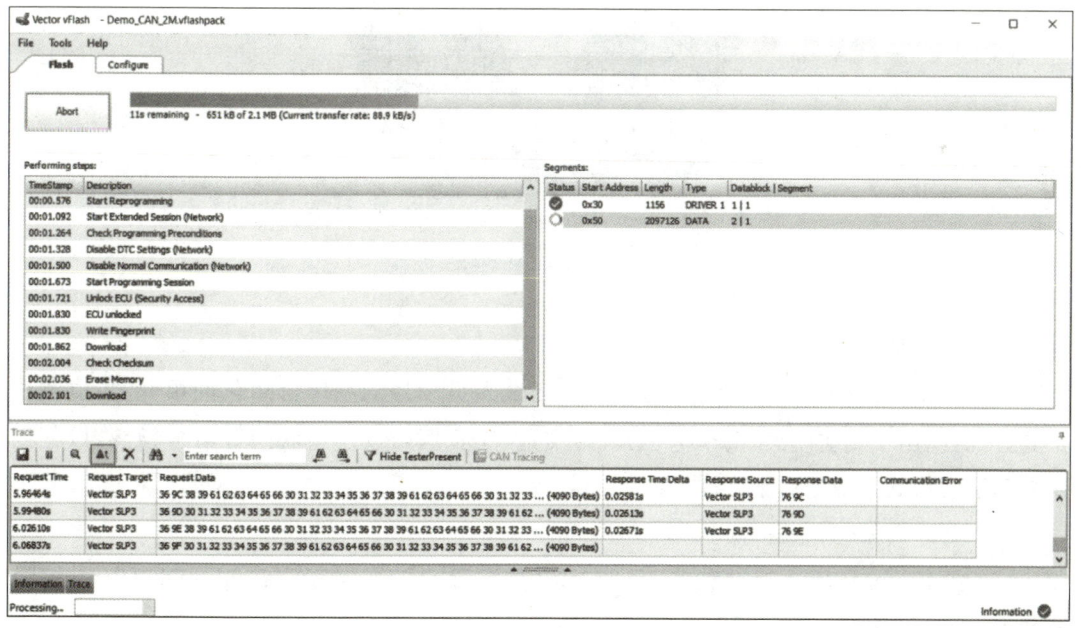

图 2.44　vFlash 界面

vFlash Option Remote 支持远程刷写功能，能够在任何时候对任何地方的车辆进行刷写，并具有复用已有的 vFlash 工程、快速有效地实现车辆远距离更新以及刷写包传输代替报文传输等优点。

2.2.10 代码测试

针对嵌入式代码测试,Vector 提供专注于单元/集成测试的 VectorCAST/C++、针对系统白盒测试的 VectorCAST/QA 和静态分析工具 PCLP(PC-lint Plus)。

VectorCAST 是经过 TÜV 南德认证的综合集成型代码测试解决方案(图 2.45),通过自动构建和执行 C/C++ 测试套件和测试用例,验证被测代码的合规性和按需开发,进而确保涉及关键业务的嵌入式系统的安全性和可靠性;同时还具有显著提高执行效率、缩短测试时间、完善工具链集成、优化持续集成测试等特性功能,实现对研发组织和测试流程的降本增效。

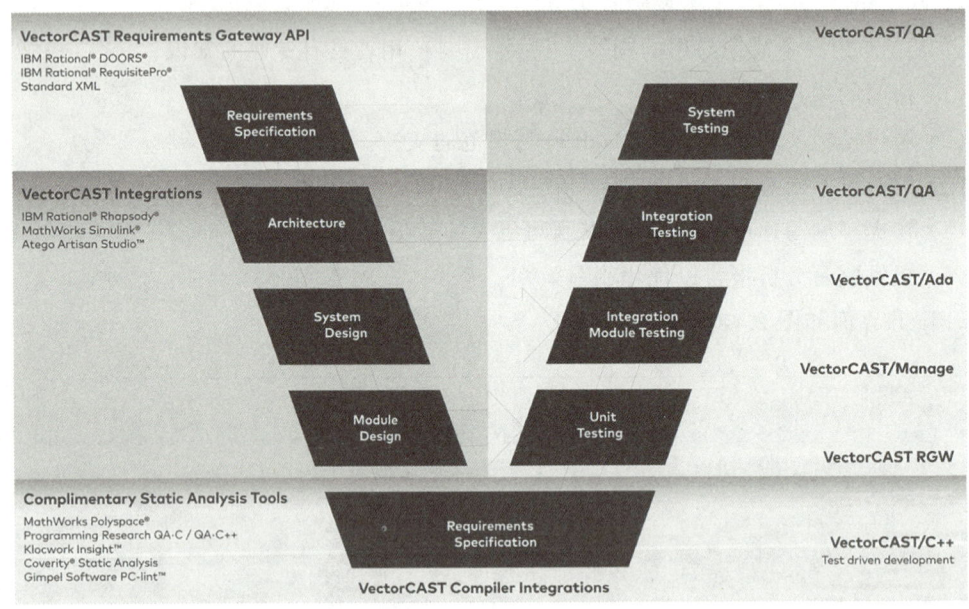

图 2.45 VectorCAST 解决方案

1. VectorCAST/C++——单元/集成测试

VectorCAST/C++ 是专为嵌入式开发/测试人员设计的高度自动化的单元/集成测试工具,广泛应用于航空航天、汽车电子、轨道交通、工控医疗以及物联网等诸多领域,以帮助用户验证嵌入式系统的安全可靠性。

(1)支持 C++11、C++14 和 C++17。

(2)在 Linux 环境下运行稳定,且支持项目配置的扩展(如 Android NDK Clang 编译链等)。

(3)支持主流的编译器、模拟器和处理器体系结构,并提供定制化配置服务。

(4)可自动构建测试驱动程序和桩函数,支持多种测试执行环境(基于模拟器或嵌入式目标板)。

(5)支持众多代码覆盖类型(语句、分支和 MC/DC)。

(6) 支持自动创建(如基本路径、边界值、等价类/域、MC/DC 等)测试用例。

(7) 支持故障注入以及对局部变量进行打印和做断言判断。

(8) 支持测试用例回放,逐步对代码行进行分析调试。

(9) 自动化回归测试,提供基于 Jenkins 2.0 的官方插件实现从持续集成到持续交付。

(10) 与众多需求管理工具(PTC、DOORs、Polarion 等)集成。

(11) 超轻量化的源配置文件管理,实现快速完整的项目级工程迁移和便捷高效的分布式团队协。

(12) 定制化的多种格式报告,支持网页看板实时显示在测项目的各项数据和指标。

(13) 支持 ISO 26262/DO 178/IEC 61508/IEC 62304/EN 50126 等诸多行业规范的代码测试认证。

VectorCAST/C++集成流程如图 2.46 所示。

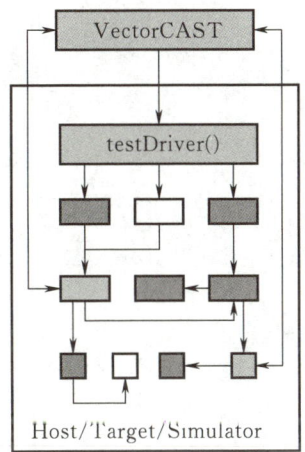

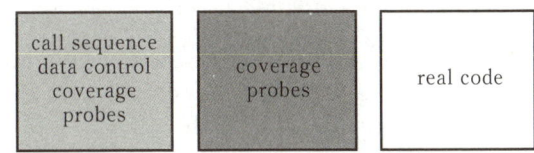

图 2.46　VectorCAST/C++集成流程

2. PCLP——全面的 C/C++代码静态分析工具

PCLP 像编译器一样首先解析被测源码文件,执行语义分析并构建抽象语法树来表示程序;然后,采用数据流分析、赋值跟踪、读写判断、强类型检查、函数语义验证等技术,提供对单个文件和整体项目的全面稳健性分析;最后,使用清晰简洁且易于理解和操作的诊断报告其发现。诊断消息的格式内容是完全可定制的,并且包含快速定位缺陷所需的精准位置和上下文信息(图 2.47)。

(1) 强化遵守行业编码标准(如 MISRA/AUTOSAR/CERT C),并支持自定义的规则检测。

(2) 支持超过 100 个内置代码度量指标,包括圈复杂度、Halstead 指标、NPATH 和 HIS 指标等。

(3) 完全支持当代 C++11/C++14/C++17 标准,各主流编译器如 Tasking、Clang、VS2015/2017/2019 等。

(4) 提供上千种诊断规则,以识别出被测 C/C++代码的缺陷、漏洞和错误。

(5) 适配 Windows 7/8/10、Linux 和 macOS 操作系统,并支持与用户 IDE、程序构建或 CI 系统的集成。

(6) 多线程操作允许分析大型项目,以充分利用硬件,实现跨多内核的高效扩展。

(7) 本地执行而无须联网,以提供真正安全和私密的解决方案。

(8) 已通过 exida® 的认证服务,符合 ISO 26262:2018(ASIL D)和 IEC 61508:2010(SIL 4)。

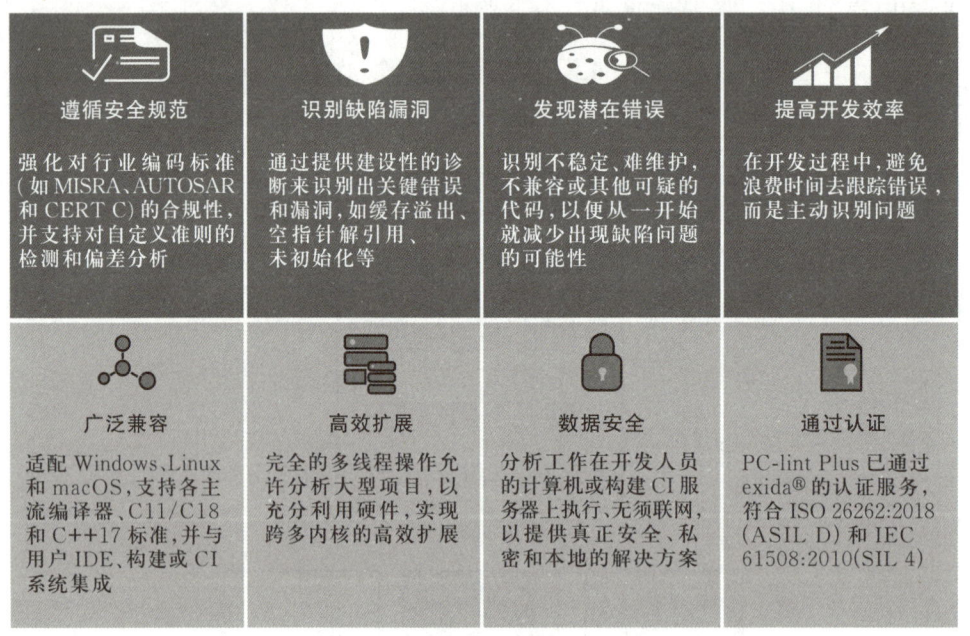

图 2.47 安全认证

3. VectorCAST/QA——系统测试

VectorCAST/QA 通过集成用户软件编译/构建环境和已有的测试基础架构,获取软件在系统测试中的关键指标,如代码复杂度、代码变更频率、测试用例状态和代码覆盖度等。在不改变已有工作流程、测试工具以及既定的系统测试任务的前提下,VectorCAST/QA 作为一个数据储存库,以顾问的角色回答诸如"对这部分代码的变更我需要重新运行哪些系统测试用例"等问题。

(1) 与 Jenkins 等 CI 服务器轻松集成,实现分布式测试。

(2) 沿用已有测试框架与测试用例,无须学习新工具或流程。

(3) 自动捕获和维护代码覆盖率数据,快速识别未经测试的代码。

(4) 自动获取测试用例与代码之间的关联性。

（5）自动计算出代码变更后所需的最小测试集。

（6）评估每个测试用例的价值，识别冗余的测试用例。

4．Squore 看板——分析软件质量和趋势，优化项目管理和决策

Squore 看板具备强大的软件分析和数据挖掘引擎，通过灵活的第三方工具关联接口和多元化的看板视图，帮助项目团队在软件的整个开发生命周期中实现对质量状态的实时有效监测。

（1）支持测试 C、C++、C♯、Ada、Java、Python 等语言；CSV、Excel、Json、ReqIf、XML、REST API 等数据导入；VectorCAST、Cobertura、Ncover、RTRT、Klocwork、Check-Style、JaCoCo、QAC、pc-lint、FindBugs、Polyspace、Jira、Mantis 等工具集成。

（2）兼容导入多层级的第三方数据（如需求、设计、源码、测试、任务单等），实现趋势分析和版本比较。

（3）用户通过工具配置，在看板中实时显示相关数据和指标（如 KPI、覆盖度、技术负债、合规性评估、静态代码分析、测试完整度等）。

（4）通过预置不同权限，满足各类项目干系人（如程序员、项目经理、决策者和外部客户等）对项目状态的监控和项目执行的参与。

（5）基于相应的行业适用规范和自定义标准，配置 Squore 连接到持续集成系统获取实时数据，对被测的软件项目进行实时评分以优化项目决策。

2.2.11　软件组件和软件系统 SIL 测试

1．CANoe4SW——C、C++ 和 Python 软件组件、系统开发和测试 SIL 工具

CANoe4SW 用于开发、测试和分析软件组件、软件子系统和整个软件系统，支持与部署在个人 PC、虚拟机或云端的虚拟化执行环境中的软件系统交互，虚拟执行环境可基于 Windows 或 Linux（Ubuntu、CentOS、SUSE 等）操作系统部署，可在早期独立于硬件对软件系统进行验证，支持 CI/CT 或 DevOps 环境的无缝集成，支持云端运行的物联网 IoT 设备及后台软件的访问与测试（图 2.48）。

（1）可对 C、C++ 或 Python 开发的软件系统，进行手动测试或自动化测试。

（2）软件系统接口适配可通过定义 vCDL，结合工具自带的 sil-adapter-builder 自动生成 SIL Adapter 用于与被测软件进行数据交互。

（3）自动化测试可使用 vTESTstudio 开发，支持 CAPL、C♯、Python 等编程方式，或通过拖拽表格、状态图和序列图的方式实现自动化测试。

（4）自带 Visual Studio 和 Visual Studio Code 插件，通过配置可直接使用 VS 或 VSC 对软件系统实时调试与变量监控。

（5）支持 MQTT、WLAN、LAN、ZigBee、BLE 等互联协议。

（6）支持 MATLAB/Simulink 模型集成并支持访问其子系统。

（7）支持 FMI/FMU、XIL API、C-API、.NET DLL 等接口集成第三方工具。

CANoe4SW 界面如图 2.49 所示。

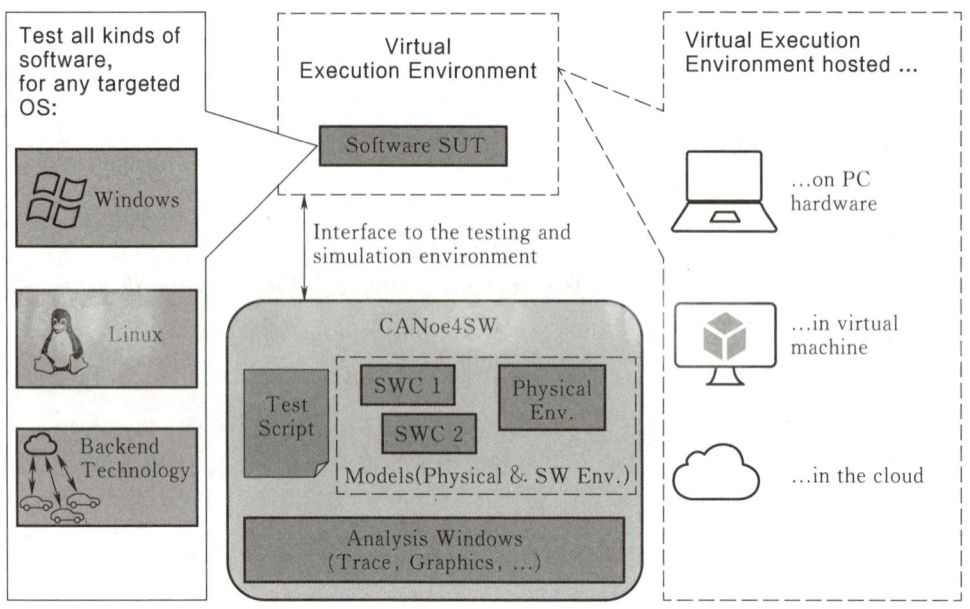

图 2.48　CANoe4SW 开发集成

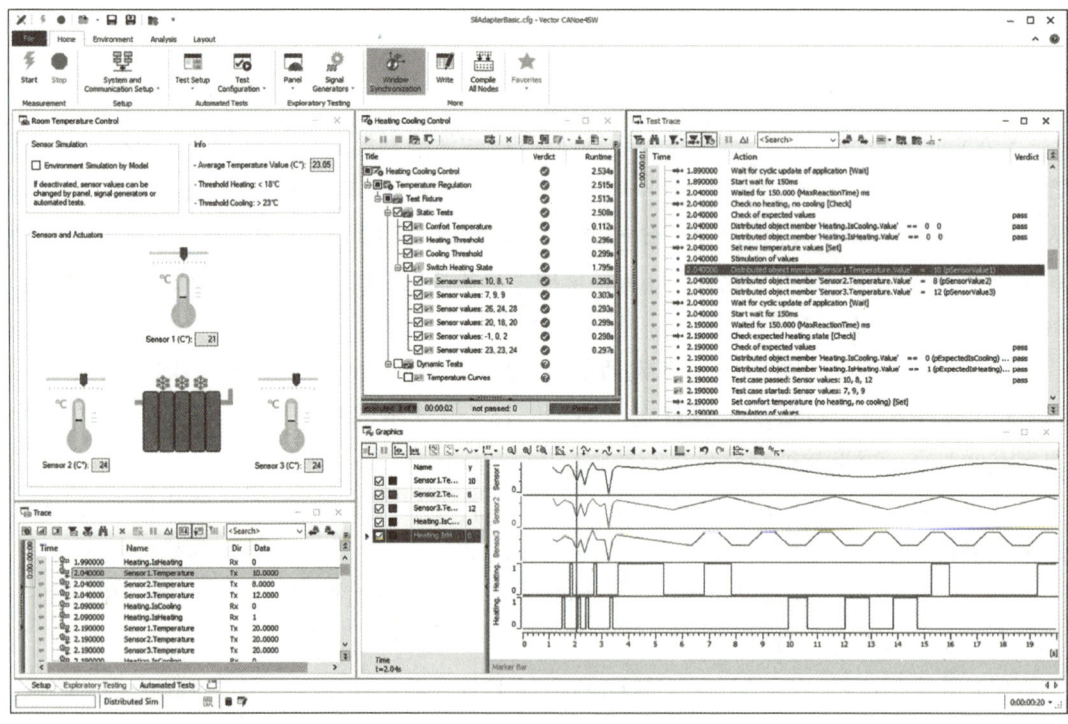

图 2.49　CANoe4SW 界面

2. vVIRTUALtarget——CP/AP 软件系统虚拟集成 SIL 工具

虚拟化工具 vVIRTUALtarget 为 AUTOSAR 平台的软件系统持续集成验证提供支持,通过集成 CANoe 对软件系统功能进行高效、并行的测试验证(图 2.50)。

(1)支持虚拟化 CP 和 AP ECU 软件组件和软件系统。

(2)可通过 Visual Studio、MinGW-w64 或 Clang 编译生成支持 Windows 或 Linux 运行的黑盒软件系统。

(3)使用 Visual Studio 作为调试器,使得调试和复现定位异常功能更便捷。

(4)验证阶段通过 vTESTstudio 开发的自动化测试脚本可复用在 XiL 不同测试阶段。

(5)脱离硬件更早地实现软件系统的集成与验证工作,方便跨地区、团队协同开发测试。

(6)虚拟软件系统支持集成到 CANoe 内运行,也支持通过 SIL Kit 配置在 CANoe 外部。

(7)配置生成的虚拟软件系统,可配合标定或诊断工具实现虚拟标定及虚拟诊断。

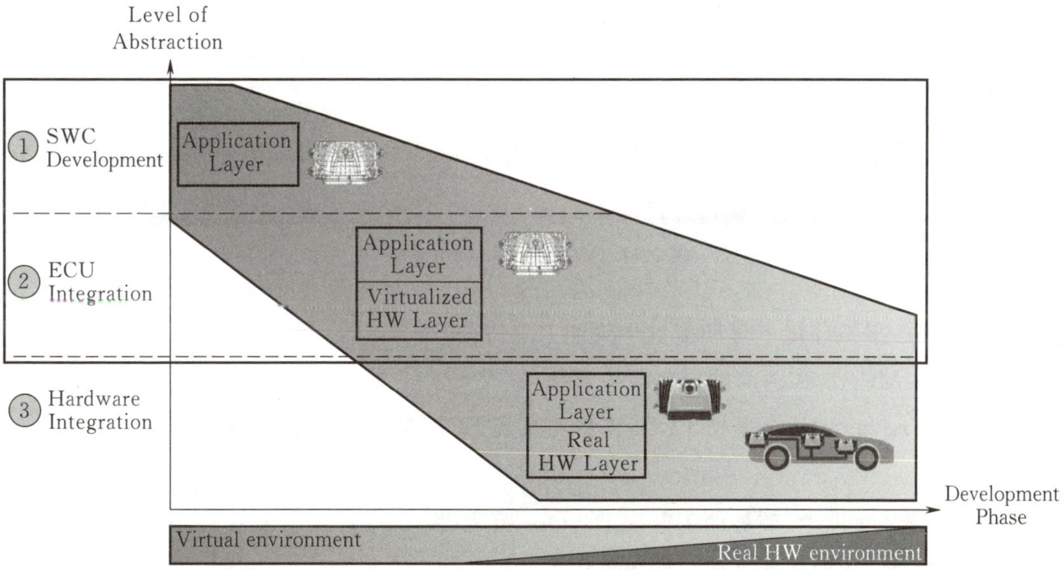

图 2.50 vVIRTUALtarget 虚拟集成

vVIRTUALtarget 界面如图 2.51 所示。

针对 CP SWC 和 ECU 可支持:

(1)软件组件系统测试。

(2)提供 BSW Emulation 功能,支持 NVM 仿真、用户自定义变量等功能。

(3)开发过程中的持续测试,支持通过 VttMake 实现自动化配置。

(4)通过 RTE 实现软件组件调试与验证,支持访问 open RTE Port。

(5)ECU 软件系统测试。

(6)复用 MICROSAR 协议栈中的虚拟配置工程。

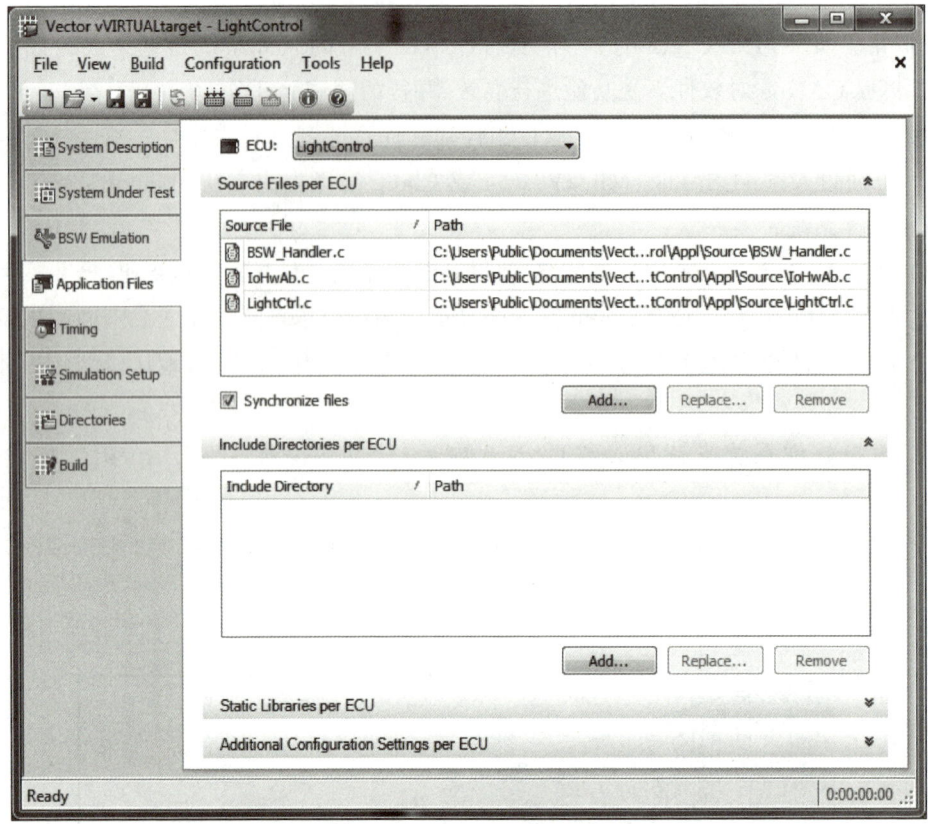

图 2.51　vVIRTUALtarget 界面

（7）在 PC 虚拟环境下早期配置与验证 ECU 配置。

（8）通过 MCAL 和内部端口实现仿真接口。

（9）在 CANoe 中运行虚拟 ECU，支持与真实 ECU 耦合的系统级验证。

3. CANoe4SW Server Edition——DevOps 测试 SIL 平台

结合敏捷开发理念，顺势而为开展 DevOps 流程（图 2.52），在服务器或云集群环境下持续测试软件系统，达到质效平衡。服务器版本 CANoe4SW SE（CANoe4SW Server Edition）通过脚本控制复用 CANoe 或 CANoe4SW 测试工程满足自动化仿真、诊断和测试，或在没有 CANoe 情况下通过 YAML 配置实现 DevOps 流程中的自动化测试，支持团队协同测试与服务器并发测试。

（1）支持 Linux 或 Windows 服务器环境运行 CANoe 工程，支持 Docker 容器化运行。

（2）支持 Server 环境为 Windows Server 2019、Windows 10、Windows 11、Ubuntu Linux 和 AlmaLinux。

（3）支持在 Windows 系统或 Linux 系统中同时启动运行多个 CANoe4SW SE 实例。

（4）支持丰富的命令行指令和 REST API 去配置、运行和监控系统运行状态。

（5）DevOps 工作流下可支持 YAML 配置服务器或云端运行的工程。

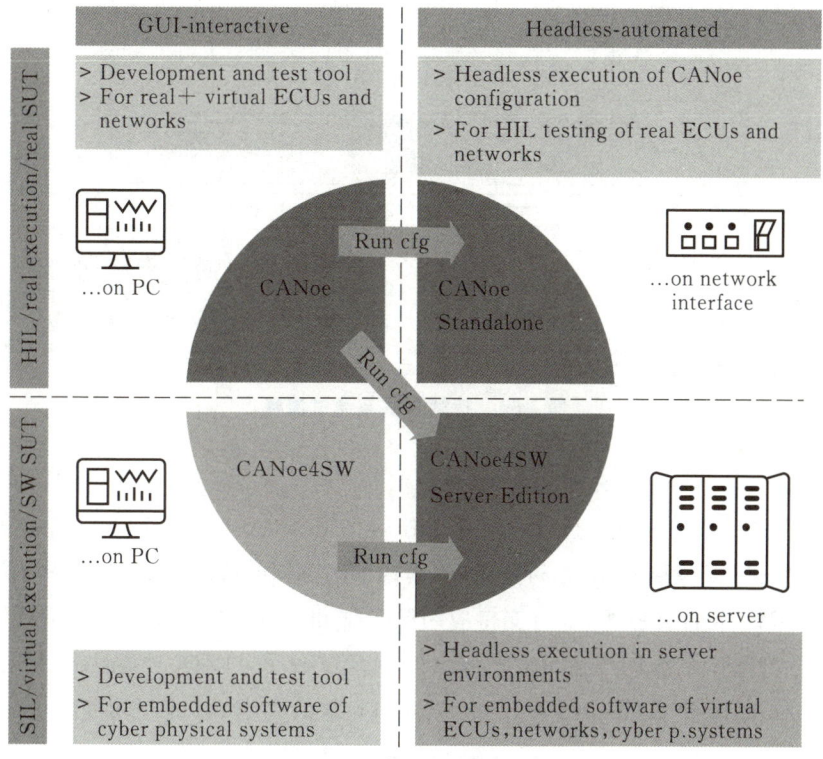

图 2.52 DevOps 流程

（6）支持使用通过 CANoe/CANoe4SW 直接导出的配置工程。

（7）支持 CAN FD/CAN、Ethernet 和 LIN 网络仿真和数据记录，支持 MATLAB/Simulink、FMI/FMU 和 FDX，相关功能在 Linux 环境中也支持。

（8）支持运行 vTESTstudio 编写的自动化测试脚本。

4. 持续集成与持续测试

为了在快速迭代的同时保证软件系统的质量，在代码集成到主干之前，必须经过自动化测试。vVIRTUALtarget、vTESTstudio、CANoe、CANoe4SW、CANoe4SW SE 支持纯命令行的编译和执行，配合 Jenkins 等自动化构建环境被动执行自动化测试。软件的新版本可以频繁地交付给质量团队或者用户，无论代码怎么更新，软件系统都可以随时随地交付（图 2.53）。

（1）自动编译适用于 CANoe4SW SE 的 CANoe 或 CANoe4SW 配置文件。

（2）自动触发编译 vTESTstudio 编写测试用例，并自动加载到 CANoe4SW SE 中运行，CANoe.DiVa 服务器版本也支持运行。

（3）自动编译生成虚拟 ECU，vVIRTUALtarget 服务器版本支持在服务器中自动触发生成虚拟 ECU。

（4）使用 VttMake 加载 XML 格式的可编程项目配置。

（5）仓库中的源代码可直接用于自动生成虚拟软件系统。

（6）自动化编译测试环境可部署在 Windows 系统或 Linux 系统中。

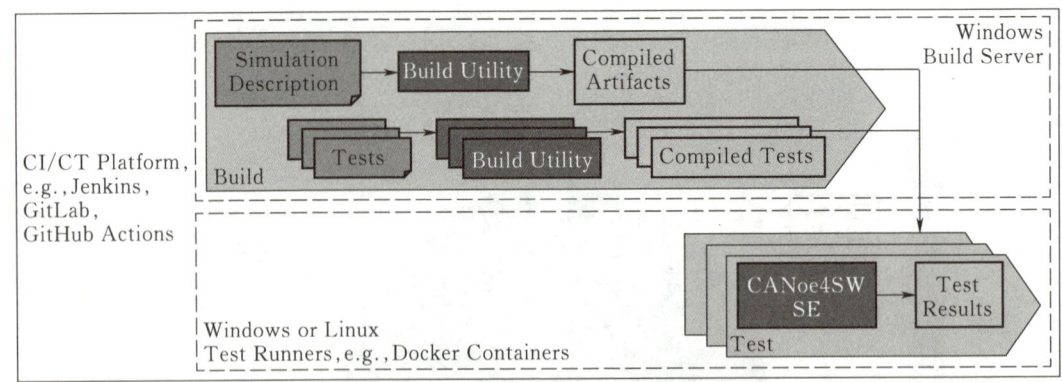

图 2.53 持续集成与测试流程

5. SIL Kit——开源的"分布式软总线与 I/O"库

遵守 MIT 开源许可的软件库(https://github.com/vectorgrp/sil-kit),赋能汽车及嵌入式软件系统 SIL 仿真与测试(图 2.54)。任何集成 SIL Kit 的应用,如测试工具、仿真与模拟器、被控对象模型、软件算法等,都可支持应用层数据和总线数据的交互通信。开源的 C++ 库可确保与各种操作系统的兼容性,如 Windows、Linux 及 UNIX 等。Vector 的 SIL 工具 CANoe、CANoe4SW 和 CANoe4SW Server Edition 默认集成 SIL Kit 功能。

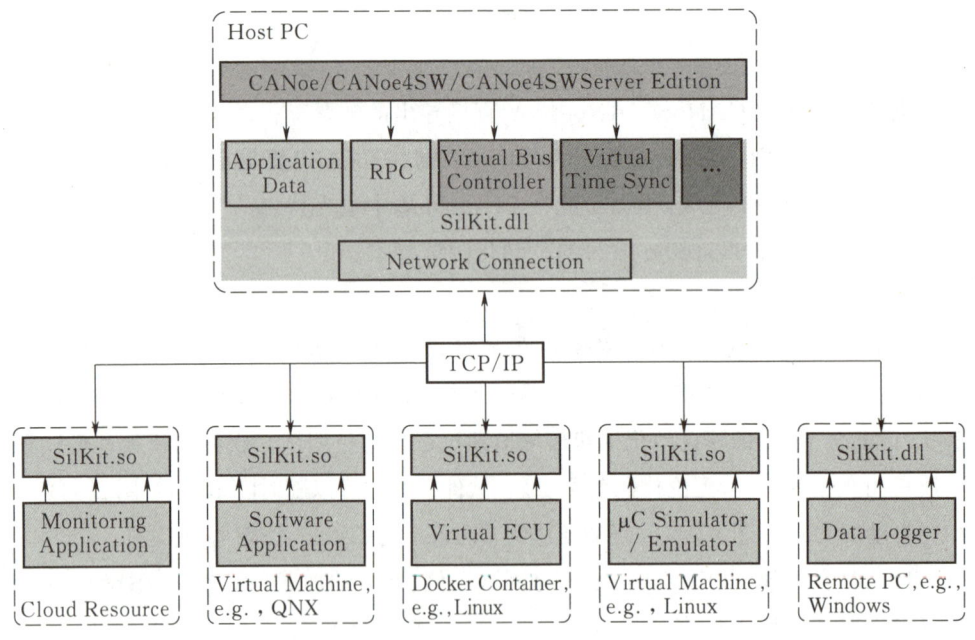

图 2.54 SIL Kit 开源库

(1) 支持虚拟的 CAN/CAN FD、LIN、Ethernet、FlexRay 总线通信。

(2) 支持应用层数据发布订阅的交互方式,也支持 RPC(Remote Procedure Call)。

(3) 基于事件同步机制满足虚拟系统的时间同步,提供系统初始化、启停与关闭控制功能。

（4）提供运行监控与日志记录功能，包括错误处理和调试的系统状态，以及 SIL Kit 应用程序间的连接，保证应用活跃"看门狗机制"状态。

2.2.12 车端网络安全一站式解决方案

为防止未经授权的访问和数据被恶意篡改，网络安全需要确保 ECU 软件和车辆通信的完整性、真实性和保密性。Vector 提供以下解决方案协助企业快速高效落地车端网络安全（图 2.55）：

（1）咨询服务：安全分析（TARA/Concept/Requirement）、安全测试（渗透测试/模糊测试/漏洞扫描等）、安全流程（ISO 21434 CSMS 体系）、安全合规（R155/R156）、评估与审计（Assessment/Audit）及工具支持和培训。

（2）嵌入式软件：AUTOSAR 基础软件、Flash Bootloader、硬件安全模块（HSM）协议栈。

（3）软/硬件工具：用于模糊测试和受安全保护的 ECU 测试。

（4）诊断安全：诊断数据安全传输和解决方案。

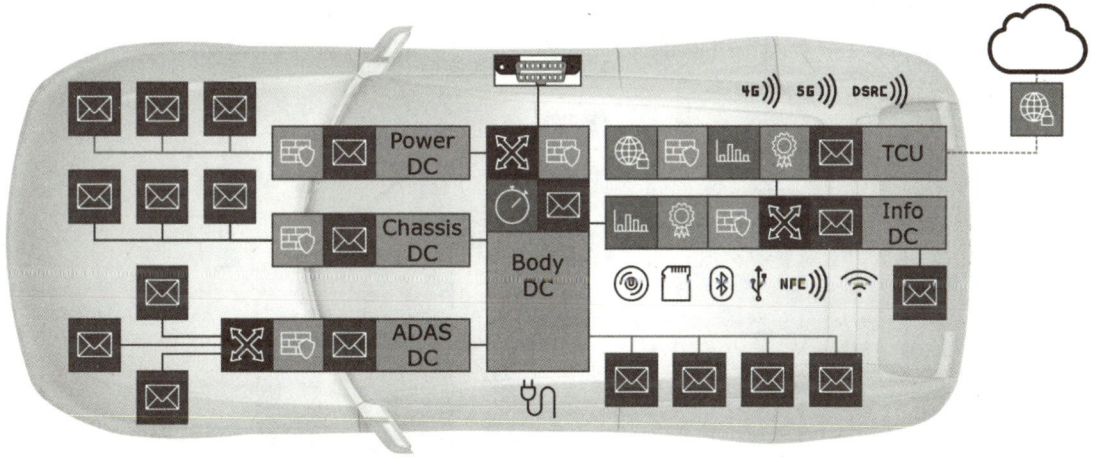

图 2.55 解决方案总览

1. 咨询服务

VCS（Vector Consulting Services，咨询服务）在安全工程、安全咨询和安全测试等方面支持快速部署汽车网络安全（图 2.56）。

1）安全工程

凭借在众多整车厂和供应商项目中积累的丰富经验，VCS 支持有效地实施新发布的 ISO 21434 标准，及其与 ASPICE、ISO 26262 和 UNECE CSMS（R155）/SUMS（R156）的融合。作为网络安全"入门服务"，Vector Security Check 基于 TARA 分析和流程评估，为既有的网络安全策略进行"把脉"，并提供差距分析和改进建议。此外，还提供针对网络安全、防御性编码等方面的培训。

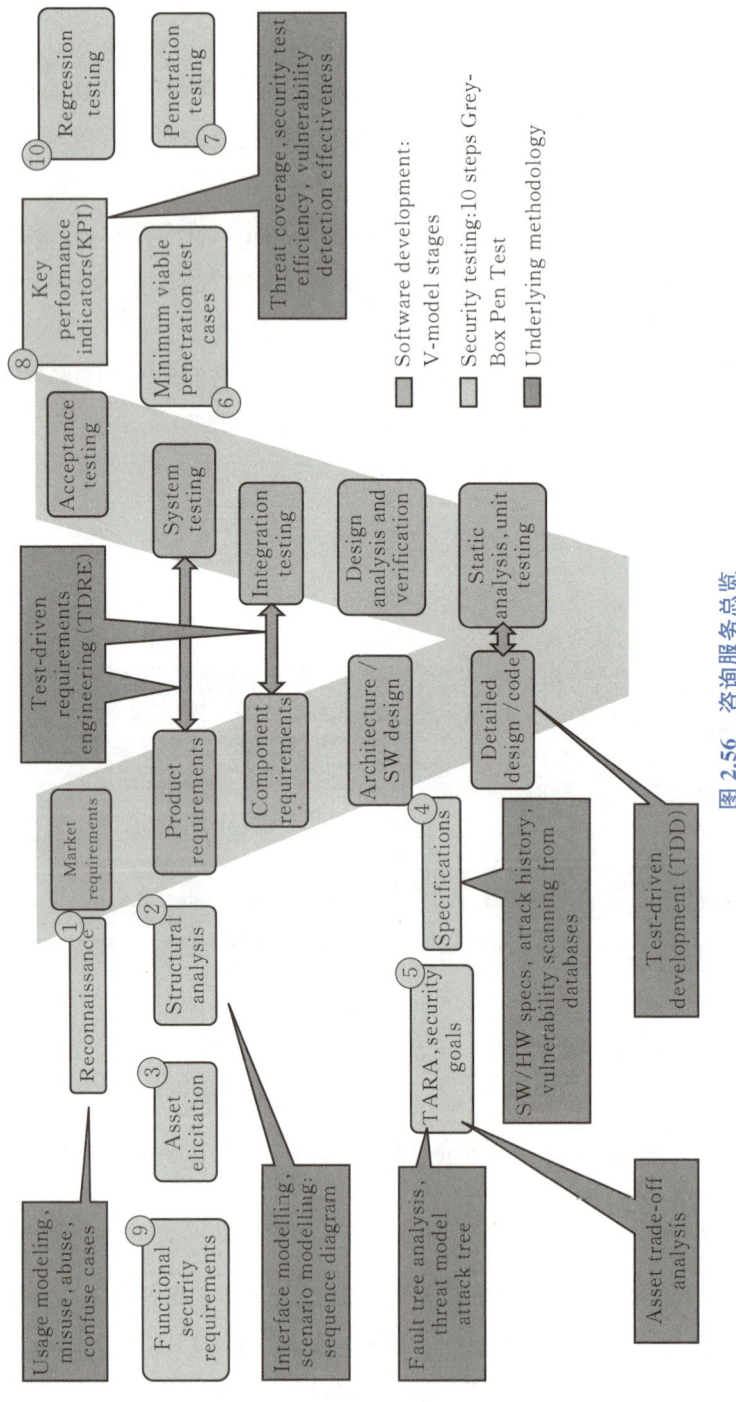

图 2.56 咨询服务总览

2）安全咨询

VCS 分析现有的或创建新的安全概念，并根据威胁情况和国际标准（如 ISO 21434）为 ECU 或整车制定安全要求，从而帮助用户获得基于方法论和工具的定制化全生命周期解决方案。同时，还支持用户创建或完善 ISO 21434 网络安全体系，开展基于 ISO/SAE 21434 的网络安全评估（Security Assessment）或安全审计（Security Audit），以此来确保用户的网络安全流程建设和落地实施符合标准规范。此外，还可以协助用户完成基于 UNECE CSMS（R155）和 SUMS（R156）的合规与认证。

3）安全测试

VCS 提供针对渗透测试和模糊测试的工程服务，以及基于 CANoe 和 vTESTstudio 的模糊测试辅导。为 ECU 和整车提供独立的基于 TARA 的增强型灰盒渗透测试十步法则，在效率和覆盖率方面比传统渗透测试更具优势。该测试基于三峰模型的系统方法论而设计，且适用于增量回归测试。

2. AUTOSAR 基础软件

Vector 为 ECU 开发提供符合 AUTOSAR 规范的基础软件（MICROSAR）来实现用户的安全需求。MICROSAR 包括安全模块，当然也可以根据用户的项目要求进行定制（图 2.57）。

(1) 与 AUTOSAR 兼容的加密协议栈（CSM、CRYIF、Crypto SW/HW）。

(2) 安全车载通信（SecOC）。

(3) 入侵检测系统（IdsM）。

(4) 安全传输层协议（veTLS）。

(5) 密钥管理，用于密钥材料和证书的管理和分发（KeyM）。

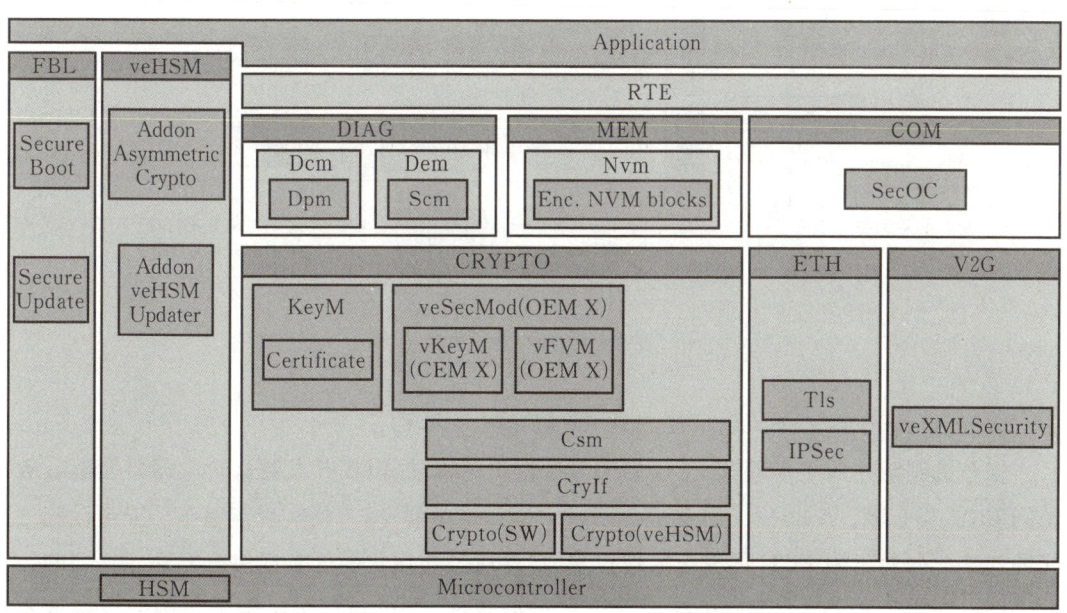

图 2.57　MICROSAR 总览

3. 硬件安全模块解决方案(HSM)

Vector 提供多种芯片的硬件安全模块解决方案(veHSM),用于在 AUTOSAR ECU 中整合安全服务,提供以下特点和功能:

(1) 基本加密功能,如哈希、随机数生成器、MAC/签名生成和验证。

(2) 安全密钥存储功能,用于对称和非对称加密算法,并支持安全启动。

(3) 通过 HSM 对部分算法进行加速,从而加快算法处理和验证速度。

(4) 与 FBL 配合支持 HSM 的固件升级(HSM Updater)。

(5) 模块化和可配置的软件,可以灵活适配用户的具体用例。

HSM 解决方案可以通过各种附加功能和用户定制的方式来适配用户的不同要求。

4. Flash Bootloader(FBL)

FBL 包含安全模块以及可配置的验证算法(如 AES-128 CMAC、哈希、签名等),可以根据用户的具体项目进行定制,如安全启动管理或安全下载管理。

FBL 支持多种安全启动模式(图 2.58):

(1) 安全启动(Secure Boot)/顺序模式。启动工作按顺序执行,在完成安全启动工作之前不启动应用程序。

(2) 认证启动(Authenticated Boot)/并行模式。启动工作可以与应用程序的启动并行执行,以缩短启动时间。

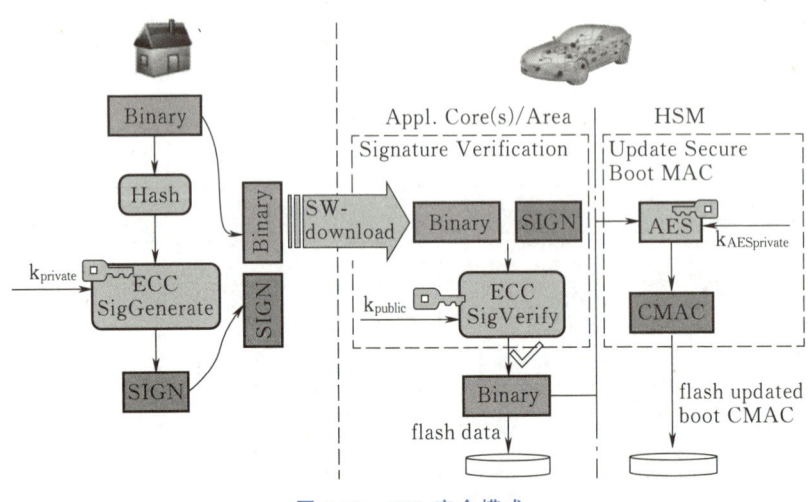

图 2.58　FBL 安全模式

5. ECU 和网络安全防护功能测试:安全管理与配置

安全机制阻止对于车辆和 ECU 的未经授权访问请求,但在开发测试阶段需要能够有效访问 ECU 或车辆。Vector 工具集成 Security Manager 插件,方便实现与整车厂安全设施之间的连接。针对不同 ECU 的安全通信技术,均可通过通用化配置实现快速配置(图 2.59)。

(1) 通过在 Security Manager 中管理安全加载项,进行与整车厂安全设施的连接或本地密钥和新鲜值的配置。

(2) 在安全开发测试的不同阶段，Security Manager 执行安全相关操作并为 Vector 工具提供反馈。

(3) Security 测试支持 SecOC、UDS 0x29 授权诊断、TLS/DTLS、IPSec、X.509 证书及 MACsec 等各类安全机制。

(4) 支持整车厂定制扩展。

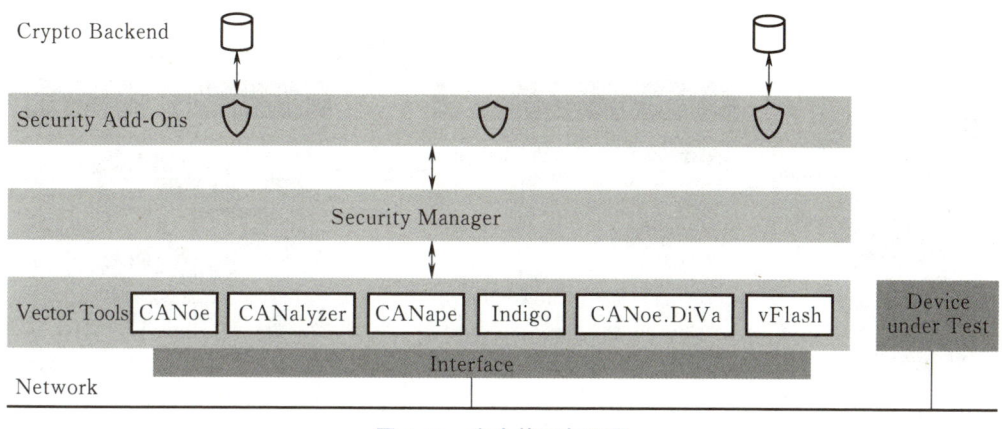

图 2.59　安全管理与配置

6. 符合 ISO 21434 的模糊测试方案

ISO 21434 在安全验证中明确要求对 ECU 进行模糊测试和渗透测试，渗透测试往往也可采用模糊测试技术实现一部分测试。vTESTstudio 和 CANoe 为 ECU 提供高效的专业模糊测试方案，满足模糊测试所需的模糊用例生成、测试数据监控和模糊测试环境（图 2.60）。

(1) 支持 CAN/CAN FD、SOME/IP、J1939 报文和信号两个层面的模糊测试。

(2) 支持 ECU 引脚 I/O 的模糊测试配置，支持 ECU 标定变量 A2L 的模糊测试配置。

(3) 基于通信数据库的"灰盒"模糊配置技术，相对"暴力"破解更加确保安全。

(4) 支持用户通过 C♯ 和 Python 集成第三方模糊用例引擎，实现复合型的模糊测试。

(5) 模糊测试监控可支持诸如监控报文周期异常、异常 DTC、任务对资源异常占用和控制器电流消耗异常等。

(6) 测试逻辑可以通过用户代码随意扩展，在模糊执行环境 CANoe 执行模糊测试后可自动生成测试报告。

7. 车联网 C-V2X 与基于 MQTT 互联系统的安全仿真与测试

车联网 C-V2X 在 OBU 和 RSU 之间采用基于安全证书的通信，CANoe Option Car2x 为 C-V2X 控制器的开发、仿真和测试提供有效支撑（图 2.61）。与此同时，车辆作为 IoT 的终端设备，在 E/E 架构发展过程中，车载功能被部署在云端，涉及互联中间件 MQTT 的安全通信，也需要开发和测试工具能够支持相关证书配置。在车联网系统安全方面，CANoe 可提供：

(1) 支持中国、美国和欧洲 V2X 加密认证通信机制，满足仿真和测试需求。
(2) 支持创建、导入和管理证书，系统运行中实时认证状态分析，V2X 报文加密和解密。
(3) 支持 MQTT 系统安全通信需要的 PEM 和 PFX 证书加载配置。

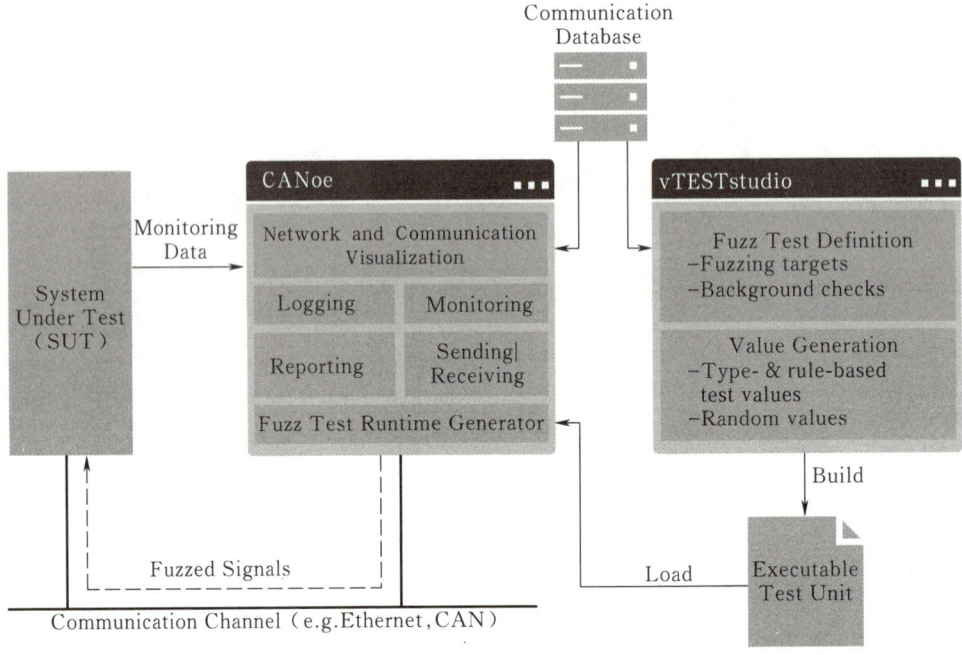

图 2.60　ISO 21434 模糊测试方案

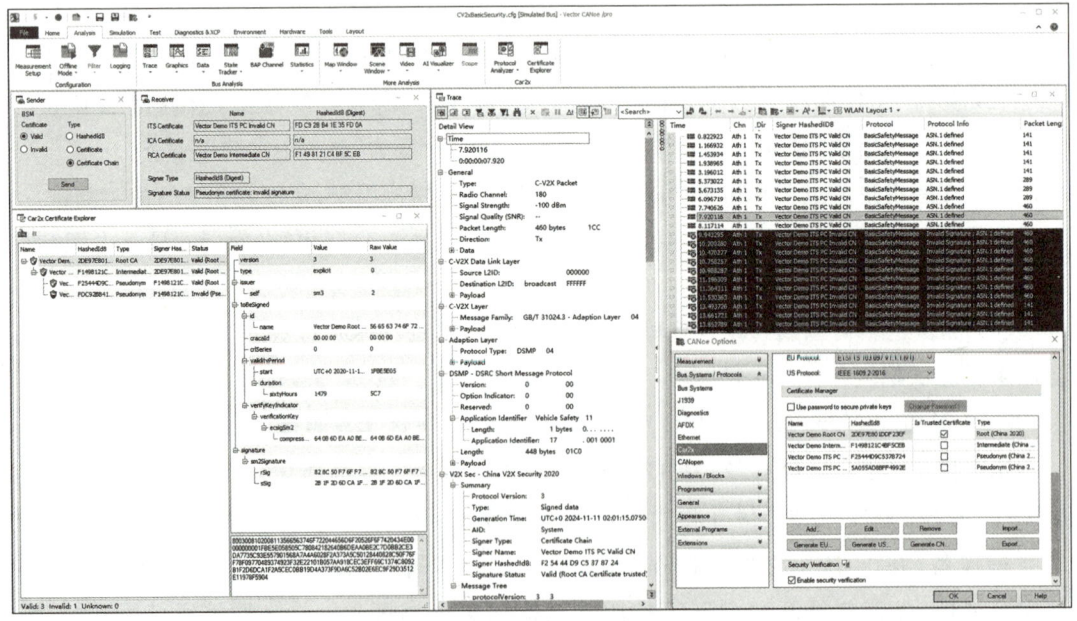

图 2.61　安全仿真与测试

8. 诊断安全

针对汽车网络诊断安全,ISO 14229-1:2020 中新增 0x29 认证服务,用于诊断仪(或双向)的身份认证;ISO 13400-2:2019 中新增 DoIP TLS 内容,实现诊断仪和 ECU 间数据的安全传输(图 2.62)。

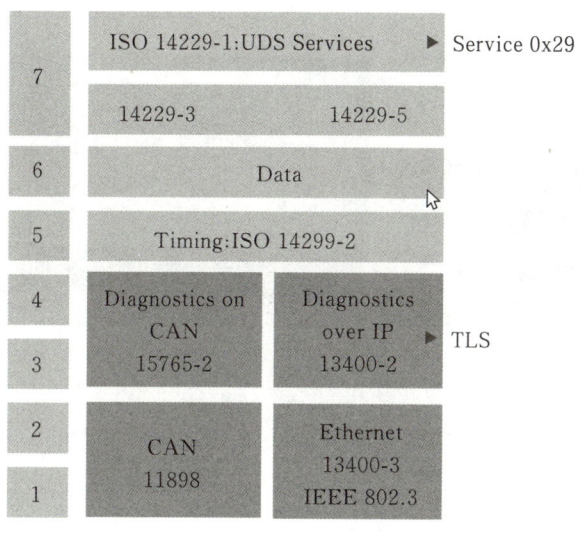

图 2.62 新增诊断安全内容

(1) CANdelaStudio 和 ODXStudio 可分别用于诊断数据库 CDDT/CDD 和 ODX 中 0x29 服务格式的编辑,可用于认证状态(State)的定义。

(2) CANoe.DiVa 可支持对于已实现 0x29 服务和 DoIP TLS 功能的 ECU 进行诊断测试(在 Security Manager 和 CANoe 中进行安全配置),可基于 CANoe.DiVa 定制 0x29 服务和 DoIP TLS 的诊断相关的扩展测试用例。

(3) vFlash 可在模板中定制 0x29 服务和 DoIP TLS 的功能,实现对 ECU 的安全刷写(如需实现刷写,需同时在 Security Manager 中进行安全配置)。

(4) Indigo 可支持对于已实现 0x29 服务和 DoIP TLS 功能的 ECU 或整车进行诊断测试(需同时在 Security Manager 中进行安全配置)。

2.2.13 培训服务

1. Vector 维克多学习中心——一站式培训解决方案

Vector 中国提供诸多学习资源,学习中心集成了全部资源的访问入口(图 2.63)。

1) 学习平台

在线 E-Learning 课程学习、会员 OET(公开课)报名;仅需在学习中心注册学习平台账号,即可成为学习平台会员,可免费享受 Vector 中国提供的所有会员培训服务。

2) 培训

提供所有培训和学习资源的检索功能,并提供 OET、E-Learning 课程、免费视频教程的相关信息及一键访问通道。

3）视频

软/硬件工具（总线测试、测量标定、诊断等）、电子电气架构工具、嵌入式代码、AUTOSAR 及总线协议技术相关教程视频。

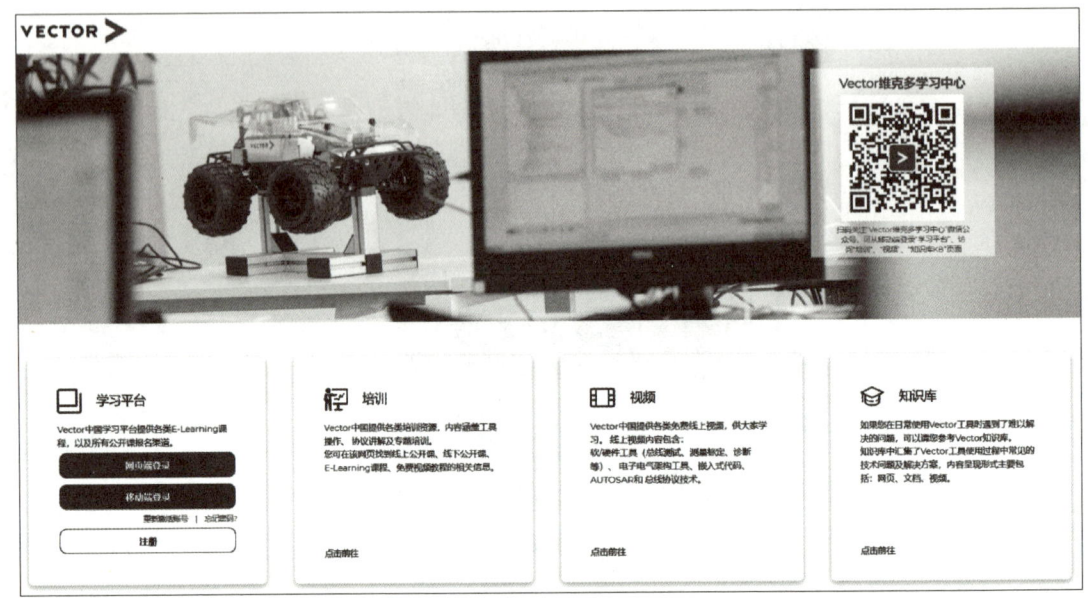

图 2.63　Vector 维克多学习中心网页

2. CIT——用户定制培训

CIT 课程根据用户的要求单独规划和实施。用户的需求和实际情况决定培训将在线上或线下开展。如用户需求线下的 CIT 课程，Vector 中国讲师将会前往用户所在的城市办公室进行培训。

3. OET——公开课

OET 课程由 Vector 中国统一提前安排开课时间以及地点。该类课程支持来自不同公司的用户自行报名课程，并共同参与培训课程。有两种方式可以访问课程：

（1）会员 OET：需要订阅 Vector 学习平台的年度会员，会员期内可报名参加所有 Vector 中国提供的会员课程。

（2）收费 OET：需要付费购买单个课程进行学习，用户可通过每门课程在培训官网的描述信息获取课程大纲和价格。

课程形式分为线下培训与线上培训。① 线下培训：通常在 Vector 中国办公室进行，用户将和讲师面对面互动。所有的培训场地都配备了计算机、培训软件和硬件，用于培训期间的实际练习。② 线上培训：通过 Webex 会议在线进行。讲师将传达学习内容、提供帮助并解答疑问。Vector 中国培训官网（https://academy.vector.com/cn/zh/）提供课程详情、OET 日历和报名入口。

2.3 Windows 下相关配置工具的安装

为了便于使用交互界面，Vector 的工具链可安装在 Windows 上。AP 软件的开发可分为通信、标定和诊断。对于通信，需要使用 PREEvision 进行架构设计，DaVinci 搭建 ARXML，并将 ARXML 导入 CANoe 充当 ECU 节点进行通信模拟；对于标定，除了需要用到上述软件，还需要使用 CANape 充当上位机；对于诊断，还需要 CANdelaStudio 对 CDD 文件进行服务配置。

2.3.1 软件环境的安装

为了能在 Windows 下使用 DaVinci，需要安装对应的 JAVA 环境。在官网下载 java11，示例用 jdk-11.0.16.1_windows-x64_bin，安装时记下 JAVA 的安装路径，后续要用到。

在"系统信息"下，选择"高级系统设置"；选择"环境变量"后，双击"Path"；选择"新建"，并复制 JAVA 的安装路径；在终端输入 javac-version。具体如图 2.64～图 2.67 所示。

完成上述操作之后，便可开始安装 DaVinci。在 Vector 官网的下载中心网站便可下载 DaVinci 的压缩包。示例使用 DvDeveloperAdaptive-win32.win32.x86_64-2.7.30.a0d90f6，将其解压后，双击 DvDevAdaptive 快捷方式，便可打开 DaVinci（图 2.68）。

Preevision、CANoe、CANape 的压缩包均可在 Vector 官网的下载中心进行下载，安装时注意选择语言、安装路径以及额外的附加软件。目前最新版的 CANoe17 已支持 Cyclone DDS 的测试。

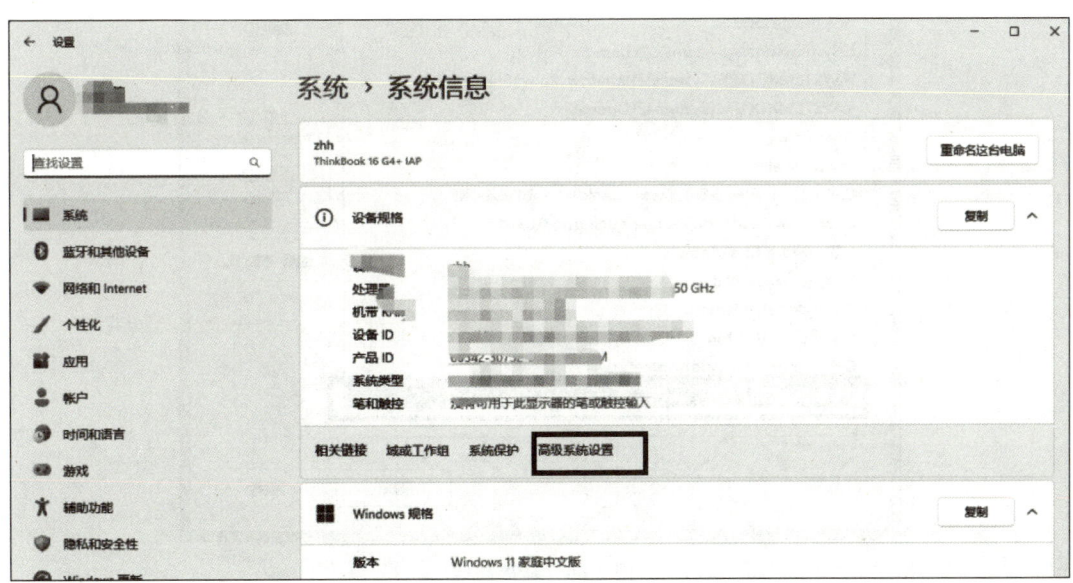

图 2.64　设置 JAVA 环境

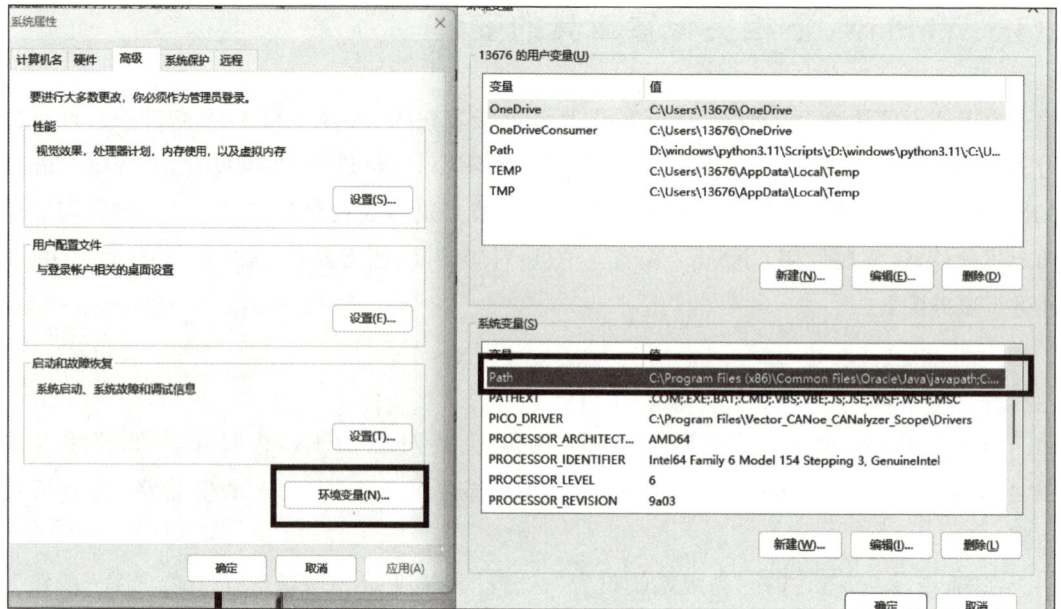

图 2.65 设置环境变量

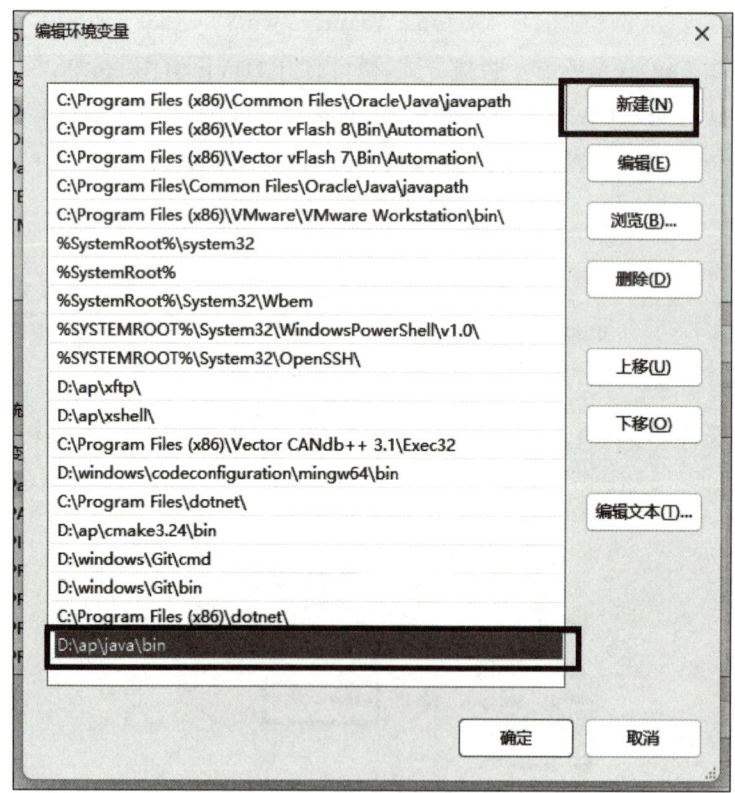

图 2.66 新建路径

```
Windows PowerShell
版权所有 (C) Microsoft Corporation。保留所有权利。

安装最新的 PowerShell，了解新功能和改进！https://aka.ms/PSWindows

PS C:\Users\13676> javac -version
javac 11.0.16.1
PS C:\Users\13676>
```

图 2.67 查看 JAVA 版本

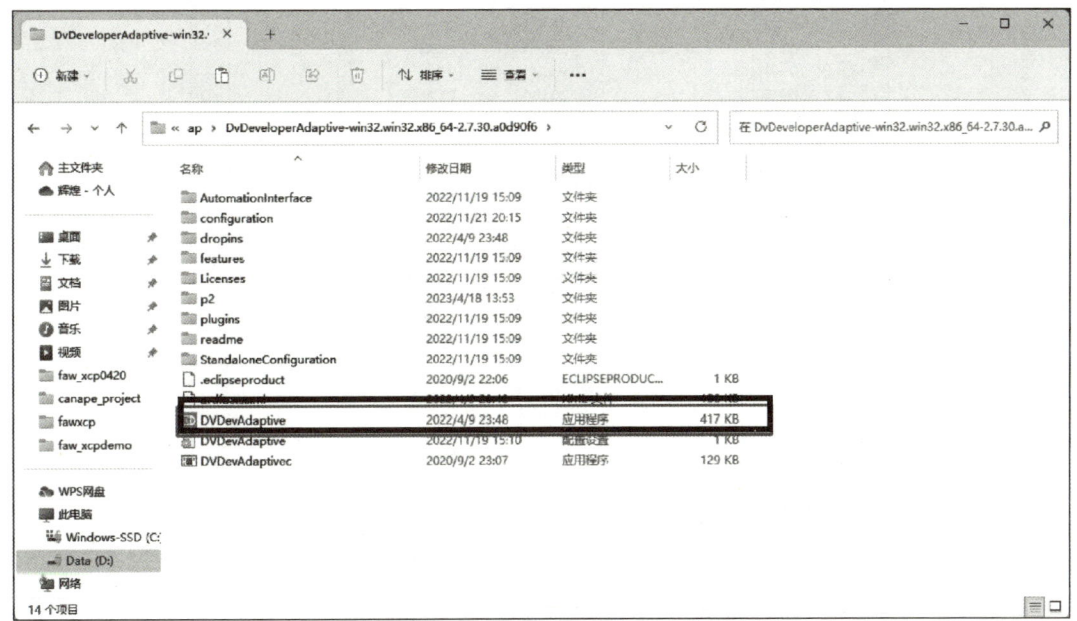

图 2.68 DaVinci 可执行程序

在安装 CANdelaStudio 时，如果已经提前安装过 CANoe，那么系统则会附带安装 demo 版的 CANdelaStudio。如若要使用 Full 版本的 CANdelaStudio，则需要将 demo 版的 CANdelaStudio 卸载后再重新安装。

2.3.2 Vector 驱动的安装

Vector 的硬件产品可辅助软件开发以及相关的测试工作，在硬件产品之前，需要安装 Vector 驱动（Vector_Driver_Setup），该驱动能够让 PC 端识别到对应的硬件系列，如图 2.69 所示。VN5×××系列的产品可用于 AP 的通信、标定、诊断，如图 2.70 所示。

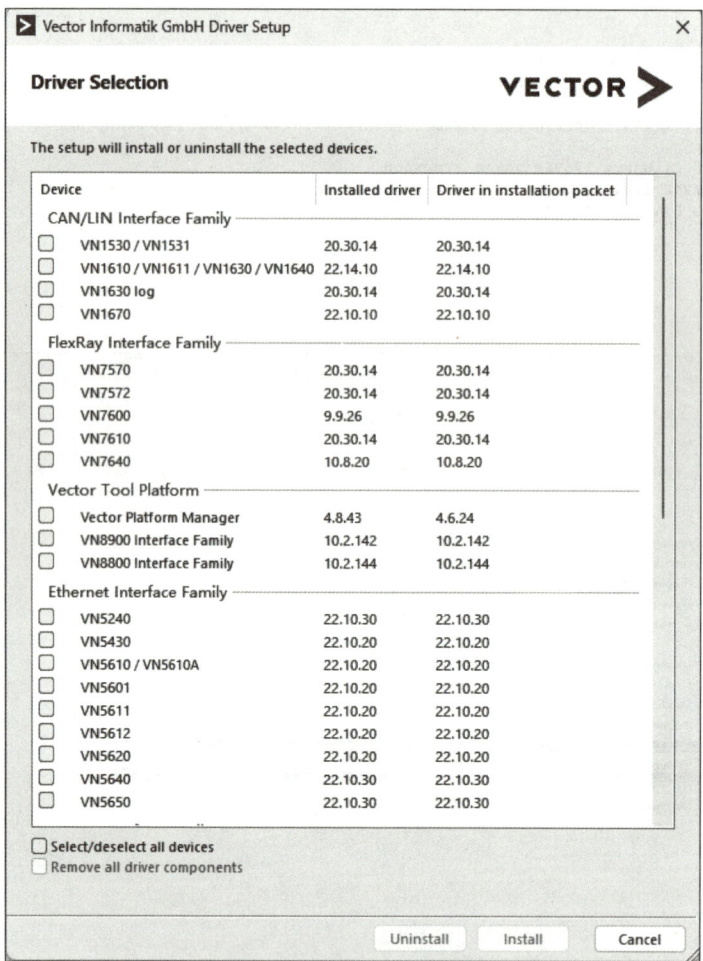

图 2.69　Vector 硬件驱动

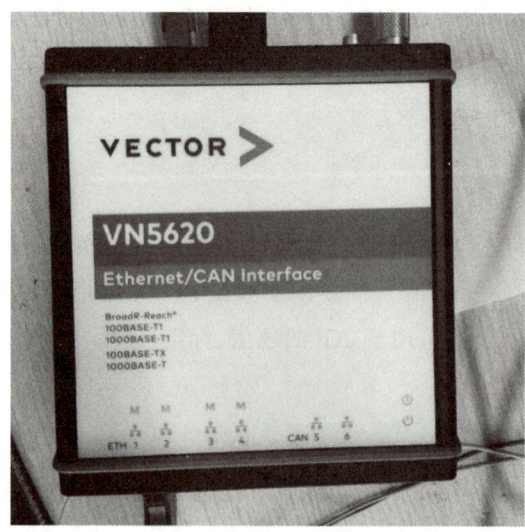

图 2.70　Vector 硬件 VN5620

2.4 Linux 下相关环境的安装

Linux 环境下安装的则是用户购买的 Vector 解决方案：MICROSAR Adaptive。在安装之前，需要配置 Linux 环境，如图 2.71 所示。

Context	Component	Recommendation
General	CPU	Quad-Core (highly dependent on configuration)
	Memory (RAM)	16GB (highly dependent on configuration)
	Operating System	Ubuntu (64 Bit)
	Additional Software	> CMake version 3.19 or higher (required if TACO is used) > Python 3.x
	Optional	> OpenSSL (required for decryption) > Docker CE for Ubuntu version 18.06.01 or higher (e.g. 19.03.01) > Yocto build system version 2.6.4 (required if Yocto is used)
Vector Code Analyzer	CPU	Quad-Core or more
	Memory (RAM)	16 GB or more
	Operating System	Ubuntu (64 Bit) 18.04 or newer
	Additional Software	> clang-9 > libomp5
SIP Modification Checker	Operating System	Ubuntu (64-bit) 18.04 or newer Note: SIP Modification Checker is currently not fully functional on Linux systems.
	Additional Software	Mono Runtime

图 2.71 Linux 环境配置

2.4.1 虚拟机配置

为了便于 PC 本机测试 AP 通信，可以在 PC 上安装虚拟机，并根据图 2.71 所示信息，下载 Ubuntu18.04 的镜像文件，相关镜像文件可以至清华大学开源软件镜像站下载。

虚拟机安装之后，为了后续软件能快速下载，需要替换 Ubuntu 软件源。打开 Software& Updates 窗口（图 2.72），在 Ubuntu Software 界面中单击 Download from，选择 other...。找到 China 选项，根据自己的喜好选择软件源，图示选择 mirrors.aliyun.com。Choose Server 之后，Close 界面时，选择 Reload 选项（图 2.73）。

2.4.2 Ubuntu 环境配置

1. Ubuntu 软件更新

Ubuntu 自带的部分软件版本较旧，需要更新，在 Ubuntu 桌面打开终端。

图 2.72　设置镜像源 1

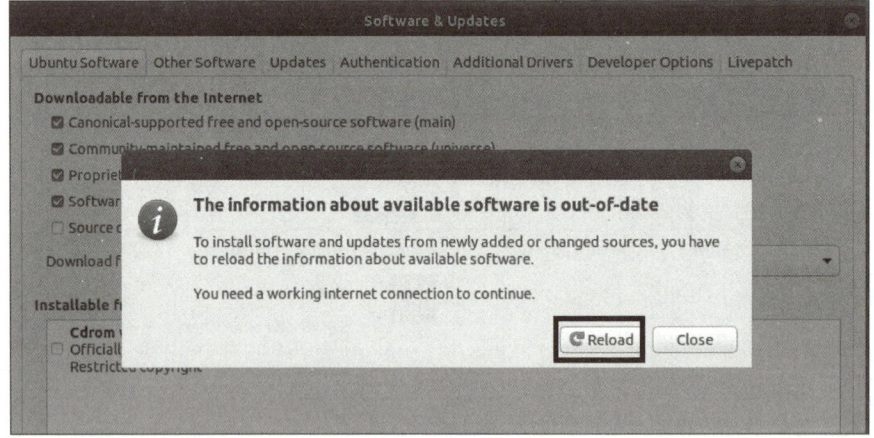

图 2.73　设置镜像源 2

执行：

```
sudo apt-get update
sudo apt-get upgrade
```

更新成功后，需要安装管理 AP 项目的工具，对应版本参考图 2.71。

2. 下载安装 ssh

在进行 AP 代码编写前，会涉及使用 ssh 进行远程登录的行为，故需提前安装好 ssh。

执行：

```
sudo apt-get install openssh-Server
```

3. 下载安装编译器

目前 AP 规范所使用的语言是 C++，故需安装 gcc 和 g++。

执行：

```
sudo apt-get install gcc
sudo apt-get install g++
```

4. 下载安装 CMake

在开发中，需要使用 CMake 对 AP 项目进行管理，对应于每一个子文件夹都有一个 CMakeLists.txt 文件，该文件中包含的内容是 AP 代码编译的脚本。

基于 CMake，Vector 自研了 TACO 工具，TACO 工具能够标准化和简化标准工具的集成，用于为每个产品进行构建、测试和鉴定，故而需安装 CMake 工具，以便 TACO 工具能调用 CMake 脚本。Vector 官方要求 CMake 版本在 3.19 及以上，示例使用版本 3.25。

执行：

```
sudo apt-get install make
sudo apt-get install openssl
```

在 CMake 官方下载安装对应系统所需版本的文件并创建软链接。

执行：

```
wget https://cmake.org/files/v3.25/cmake-3.25.0-linux-x86_64.tar.gz
tar zxvf cmake-3.25.0-linux-x86_64.tar.gz
sudo mv cmake-3.25.0-linux-x86_64    /opt/cmake-3.25.0
sudo ln -s  /opt/cmake-3.25.0/bin/ *    /usr/bin/
```

最后查看 CMake 安装版本。

执行：

```
cmake -version
```

5. 下载安装 JDK-11

Linux 下使用的也是 JDK-11，本书示例使用 jdk-11.0.16.1_linux-x64_bin。下载 jdk-11.0.16.1_linux-x64_bin.tar.gz，并将 jdk 解压到/opt/jvm/文件夹中。

执行：

```
sudo mkdir /opt/jvm
sudo tar zxvf jdk-11.0.16.1_linux-x64_bin.tar.gz -C /opt/jvm/
```

安装完成后，配置 JDK 的环境变量。

打开/etc/profile 文件(sudo vim/etc/profile)，在文件末尾添加以下语句：

```
exPort JAVA_HOME = /opt/jvm/jdk-11.0.16.1
exPort JRE_HOME = ${JAVA_HOME}/jre
exPort CLASSPATH = .:${JAVA_HOME}/lib:${JRE_HOME}/lib
exPort PATH = ${JAVA_HOME}/bin:$PATH
```

保存后退出,使其立即生效:source/etc/profile。

查看是否安装成功:java-version。

出现 JAVA 版本,说明 jdk 安装成功。

6. 下载安装 Python

MICROSAR Adaptive 中的部分 example 需要使用 Python3 脚本启动,故需提前安装。

执行:

```
sudo apt install Software-properties-common
```

看到提示后,键入 Y 确认继续。

```
sudo add-apt-repository ppa:deadsnakes/ppa
sudo apt install python3.8
python3.8-version
```

第 3 章
SOME/IP 协议

3.1　SOME/IP 报文格式
3.2　SOME/IP 数据序列化
3.3　SOME/IP 通信模式
3.4　SOME/IP-SD 报文格式
3.5　SOME/IP-SD 通信行为

随着汽车迈向智能化和网联化,汽车中需要实现的功能越来越多,导致汽车应用软件的开发难度和需求日趋复杂和多样化,极大地增加了开发成本和移植成本。面向服务架构已被证明是一种用于构建分布式系统高效且灵活的软件体系架构,基于面向服务架构的相关技术也逐渐被引入汽车行业用于开发嵌入式设备。SOME/IP(Scalable Service-Oriented MiddlewarE over IP)便是针对汽车领域所设计的面向服务通信的协议标准。

SOME/IP 作为车载以太网的通信协议,位于标准 ISO/OSI 网络模型的 5~7 层,使用 TCP 或 UDP 作为传输协议(图 3.1)。

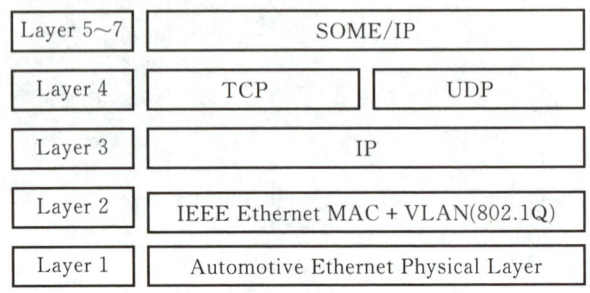

图 3.1　SOME/IP 网络层级

3.1　SOME/IP 报文格式

SOME/IP 报文分为头部(Header)和有效负载(Payload)两个部分,如图 3.2 所示。

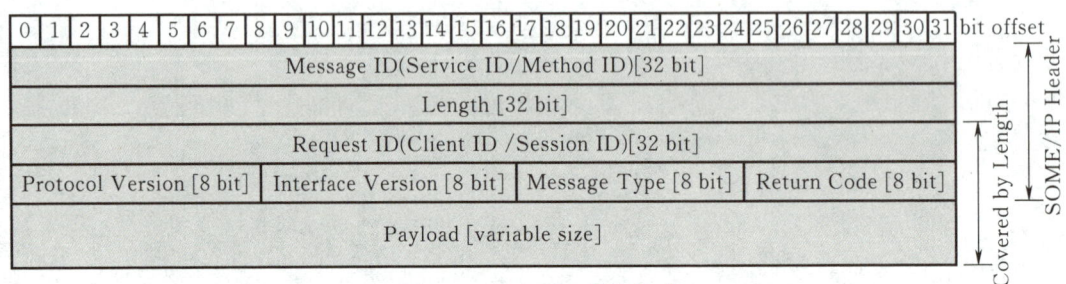

图 3.2　SOME/IP 报文格式

3.1.1　SOME/IP 报文头部格式

1. Message ID(报文标识)

长度 32 位,包括 Service ID(服务标识)和 Method ID(方法标识)或 Event ID(事件标识)两个部分。Service ID 是每个服务的唯一标识,长度为 16 位。若使用请求/应答式通信,服务消费者通过 Method ID 调用服务提供者提供的方法。若使用发布/订阅式通信,服务消费者通过 Event ID 订阅服务提供者发布的事件。

2. Length(长度场)

Length 应该包含从请求标识符开始一直到 SOME/IP 报文结束之间的长度,如图 3.2 所示。

3. Request ID(请求标识)

长度 32 位,包括 Client ID(客户端标识)和 Session ID(会话标识)。Client ID 用于区分同一个 ECU 中多个客户端;Session ID 用于使发布者和订阅者区分针对相同方法、事件的 Getter /Setter 的多次并行调用。

4. Protocol Version(协议版本)

长度 8 位,协议版本指出了 SOME/IP 的头部格式。对于 SOME/IP 头部的所有不兼容改动都应该增加协议版本。对于仅仅影响 Payload 格式改变,不应该更改协议版本。

5. Interface Version(接口版本)

长度 8 位,接口版本应该包含服务接口的主要版本。

6. Message Type(报文类型)

长度 8 位,用于区分不同类型的报文。主要可以分为 5 种(表 3.1),前 4 种类型主要用于实现请求/响应式通信方式,第 5 种用于发布/订阅式通信方式,也是 SOME/IP-SD 报文的消息类型。

表 3.1　SOME/IP 报文类型

类型	描述
REQUEST	请求报文,Payload 中包含调用方法所需的参数信息
RESPONSE	响应报文,Payload 中包含调用方法结果的信息
REQUEST_NO_RETURN	响应报文,Payload 中不包含结果信息,表示服务消费者无须调用结果
ERROR	错误报文,表示方法调用过程中产生错误
NOTIFICATION	通知报文,Payload 中包含通知内容

7. Return Code(返回码)

长度 8 位,用于表明一个请求是否被成功处理。

3.1.2　SOME/IP 报文有效负载

长度可变,SOME/IP 中 Payload 的大小取决于使用的传输层协议。使用 UDP 时,Payload 应介于 0 和 1 400 字节之间。限制为 1 400 字节以允许将来对协议栈进行更改(如更改为 IPv6 或添加安全手段)。由于 TCP 支持 Payload 分段,因此可以支持更大的尺寸。

3.2　SOME/IP 数据序列化

数据序列化基于接口规范中定义的参数列表。接口规范指明了 PDU 中所有数据类型的确切位置,并且通过在数据后面填充元素保证数据从特定的地址开始以实现内存对齐,通过数据对齐的方式可以使得数据处理更高效,如图 3.3 所示。

Example：Structure with 5 Members
-Member1：UINT16
-Member2：One dimensional variable-size array with uint8 elements
-Member3：UINT32
-Member4：UINT64
-Member5：One dimensional variable-size array with uint8 elements

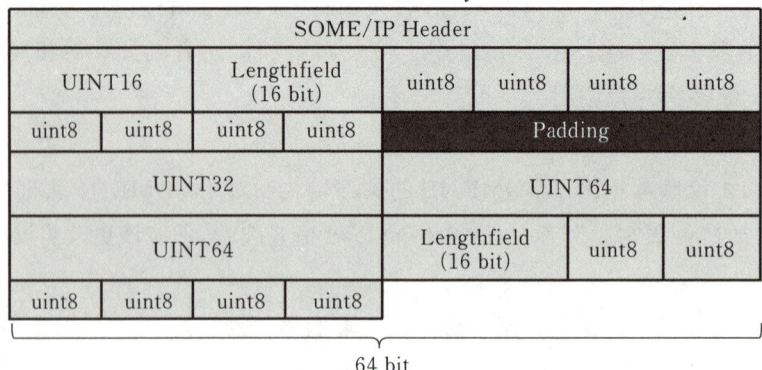

图 3.3　SOME/IP 填充举例

SOME/IP 支持基本数据类型（布尔、整型、浮点型）、结构体、字符串、数组、联合体。下面以结构体为例说明 SOME/IP 数据序列化，如图 3.4 所示。

结构体序列化应该和内存布局相似，在每个结构体前面都可以有选择地插入一个描述结构体长度的字段。如果接收的长度比数据类型定义的长度长，则仅仅数据类型指定的长度会被反序列化，多余的长度会被跳过；如果接收的长度比数据类型定义的长度短并且无法提供本地缺失的数据，则反序列化将终止，数据被认为是无效的。

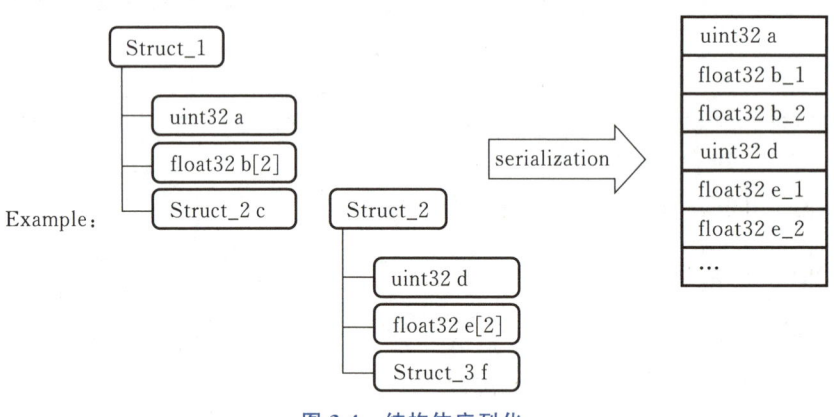

图 3.4　结构体序列化

3.3　SOME/IP 通信模式

3.3.1　Request/Response 通信模式

该模式是由 Client（客户端）即服务请求方发起对 Server（服务端）即服务提供方的远程方

法调用,Server 根据 Client 请求的 Message ID,执行对应的方法后,将执行结果返回给 Client。

Client 需要在 SOME/IP 请求报文中指明 Message ID,并将调用方法所需要的参数序列化后填充到 SOME/IP 报文的有效负载中。同样的,Server 将结果序列化后填充到 SOME/IP 响应报文的有效负载中发送至 Client。

3.3.2　Fire & Forget 通信模式

该模式下,由 Client 发起对 Server 的远程方法调用,Server 根据 Message ID 执行对应的方法后,并不会向 Client 返回任何结果。

3.3.3　Event 通信模式

该模式是一种通用的 Publisher/Subscriber(发布/订阅)模式。这种模式下由 Server 发布服务,Client 订阅服务。在某些情况下如数据发生变化或者特定事件发生,Server 会向 Client 发送事件。

SOME/IP 仅仅描述了传输发布/订阅这种方式的数据,具体发布/订阅的机制在 SOME/IP-SD 中描述。

3.3.4　Field 通信模式

Field 是以下一个或者多个的组合:①Notifier:发送 Notification Event(通知事件),通知事件与事件的唯一区别是订阅 Notification Event 后,Server 会立马发送一次数据;②Server:在数据发生改变的时候向 Client 发送数据;③Getter(获取):Client 显示向 Server 请求数据的值;④Setter(设置):Client 可以调用此方法改变 Server 一方的数据。

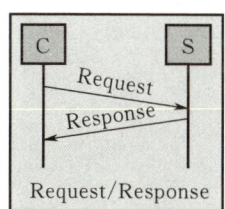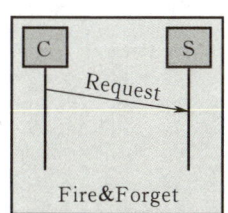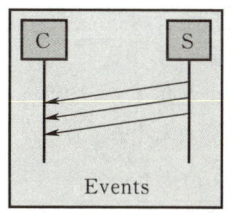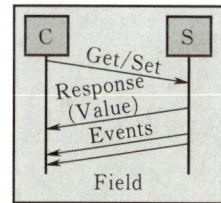

图 3.5　SOME/IP 交流模式

3.4　SOME/IP-SD 报文格式

SOME/IP-SD(SOME/IP-Service Discovery)用于定位服务实例、同步服务实例状态、实现服务的发布/订阅即 Events 交流模式。SOME/IP-SD 仅支持基于 IP 的通信。SOME/IP-SD 协议依赖于 SOME/IP 协议,SOME/IP 协议支持传输层协议使用 UDP 或者 TCP,但是 SOME/IP-SD 限制传输层协议只能使用 UDP。

SOME/IP-SD 报文格式由 SOME/IP 头部和 SOME/IP-SD 头部构成,如图 3.6 所示。

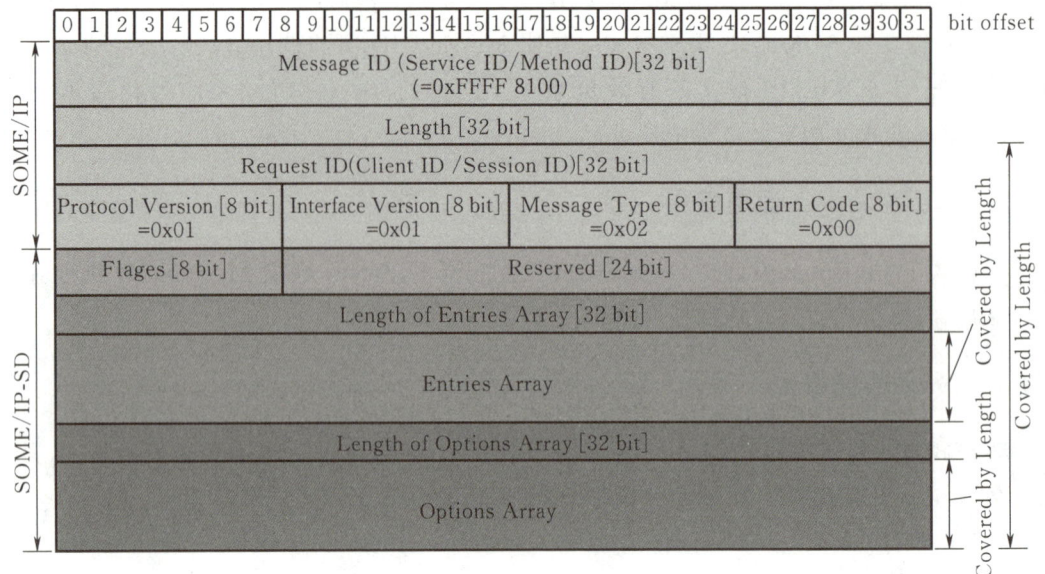

图 3.6 SOME/IP-SD 报文格式

3.4.1 SOME/IP 头部

（1）Message ID(Service ID/Method ID)[32 位]：0xFFFF8100。

（2）Length [32 位]：描述了从长度场后面开始到 SOME/IP-SD 头部结束的长度。

（3）Request ID(Client ID/Session ID)[32 位]：客户端标识符应该设置为 0x0000，因为仅仅存在一个 SOME/IP-SD 实例；会话标识符应该是激活状态（也就是不能设置为 0）并且应该根据 SOME/IP 的需求来设置。对于每一对交流链接，应该设置独立的会话标识符。

（4）Protocol Version[8 位]：0x01。

（5）Interface Version[8 位]：0x01。

（6）Message Type[8 位]：0x02。

（7）Return Code[8 位]：0x00。

3.4.2 SOME/IP-SD 头部

Flags[8 位]：最高位表示 Reboot Flag（重启标志），在重启之后重启标志位应该设置为 1；第二高位为 Unicast Flag（单播标志位），对于所有的 SOME/IP-SD 信息来说单播标志位应该设置为 1，表示的意思是使用单播方式接收信息是允许的；第三高位为显式初始数据控制标志，显式初始数据控制应该总是设置为 1，标识的含义是 ECU 支持这个特性。其他未定义的位应该设置为 0。

（1）Reserved(保留场)[24 位]。

（2）Length of Entries Array(入口数组的长度)[32 位]。

(3) Entries Array(入口数组)[长度取决于数组长度]。

包含多个 Entry,分为服务 Entry 和事件组 Entry。服务 Entry 用于同步 Client 和 Server 之间的行为,包括发现服务、提供服务、停止服务;事件组 Entry 用于描述事件组的发布/订阅行为,包括订阅、停止订阅、订阅确认、订阅拒绝。

(4) Length of Options Array(选项数组的长度)[32 位]。

(5) Options Array(选项数组)[长度取决于数组的长度]。

选项用于传递额外的信息给 Entry,包括该服务实例的 IP 地址、传输层协议、端口号。选项包含配置选项、负载均衡选项、IPv4/IPv6 端点选项、IPv4/IPv6 多播选项。

3.5 SOME/IP-SD 通信行为

3.5.1 启动行为

SOME/IP-SD 规范中,Client(服务调用方)和 Server(服务提供方)的启动过程包含三个阶段:Initial Wait Phase(初始等待阶段)、Repetition Phase(重复阶段)和 Main Phase(主阶段),如图 3.7 和图 3.8 所示。

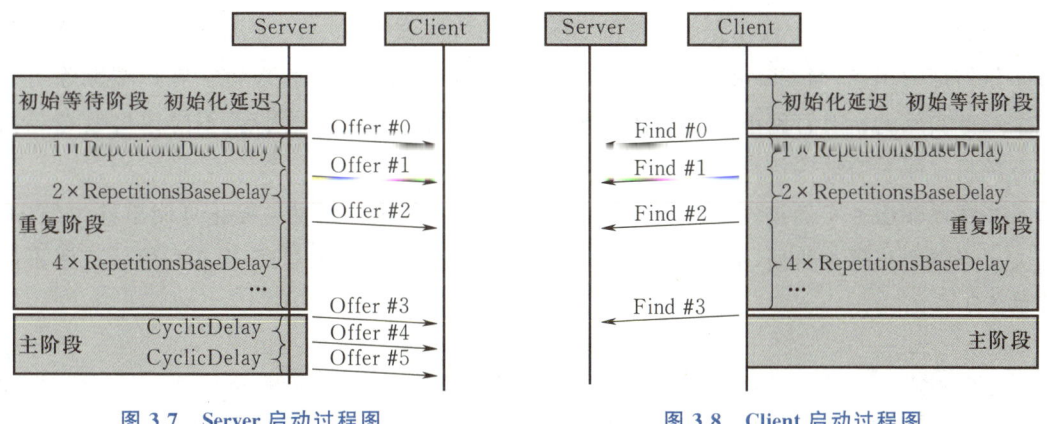

图 3.7 Server 启动过程图　　　　　图 3.8 Client 启动过程图

1. 初始等待阶段

Client 请求服务实例:当上层应用发出查找服务实例的请求时,Client 进入初始等待阶段,并等待 INITIAL_DELAY 指定的区间内的一个随机时间才能发送第一个 SOME/IP-SD 报文。在初始等待阶段,若未收到 Offer Service 报文,则进入重复阶段;若收到 Offer Service 报文,Client 直接进入主阶段。

Server 提供服务实例:当 Server 的服务变为可用状态后,Server 进入初始等待阶段,并等待 INITIAL_DELAY 指定的区间内的一个随机时间才能发送第一个 SOME/IP-SD 报文。在初始等待阶段不会对 Client 发送的 Find 报文做出回应,也不能进入主阶段。

2. 重复阶段

重复阶段,Client 和 Server 将快速地发送 Offer 和 Find 报文。在该阶段,Client 和 Server 均会等待 REPETITIONS_BASE_DELAY 时间后,发送 SD 报文,之后在这个阶段每次发送 SD 报文后延迟时间增加为上一次的 2 倍。重复阶段发送 SD 消息的总次数由 REPETITION_MAX 指定。

对于 Client,如果在该阶段收到 Offer Service 报文则停止发送 Find 报文,进入主阶段。

对于 Server,如果在该阶段 Server 收到该服务的 Find 报文,会等待 REQUEST_RESPONSE_DELAY 时间后,向 Client 发送单播的 Offer 报文,并且该行为不会影响重复阶段的主要行为。

3. 主要阶段

重复阶段之后进入主要阶段。对于 Server,应该以 CYCLIC_OFFER_DELAY 指定的时间为周期循环发送提供服务的 SD 报文。对于 Client,不应该在主要阶段发送寻找服务的 SD 报文。

在启动过程中,只要 Client 收到 Server 发送的 Offer 报文便会触发订阅事件组报文的发送。

3.5.2 关机行为

当 Server 端的服务实例停止后,应该发送一个停止服务的 SD 报文。当 Server 端一个服务实例或者 Client 端一个服务实例离线后,Service Discovery 应该进入离线阶段,重连后重新进入初始等待阶段并且此时的服务仍然有效。

当 Server 发送一个停止提供服务的 SD 报文时,应该在 Server 端删除所有对于这个服务实例的订阅消息;当 Client 接收一个停止提供服务的 SD 报文时,应该在客户端删除对于这个服务实例的所有订阅消息。在客户端接收到停止服务的报文之后,不应该再发送寻找服务的报文而是应该等待提供服务的报文。

当客户端服务实例被停止后,应该为所有的已订阅的事件组发送停止订阅事件组的 SD 报文。当整个机器关机后,应该为所有的服务发送停止提供服务的 SD 报文和停止订阅事件组的 SD 报文。

第 4 章
基于 PREEvision
进行 SOA 建模与
SOME/IP 配置

4.1 SOA 架构设计
4.2 设计软件架构
4.3 设计硬件架构
4.4 建立软硬件映射
4.5 信号路由
4.6 ARXML 文件导入/导出

PREEvision 的功能非常强大，在软件模型树中可以看到其包含图 4.1 所示层级关系。这些功能使 PREEvision 成为一种强大的工具，可用于解决现代汽车电子系统中的复杂性和挑战。

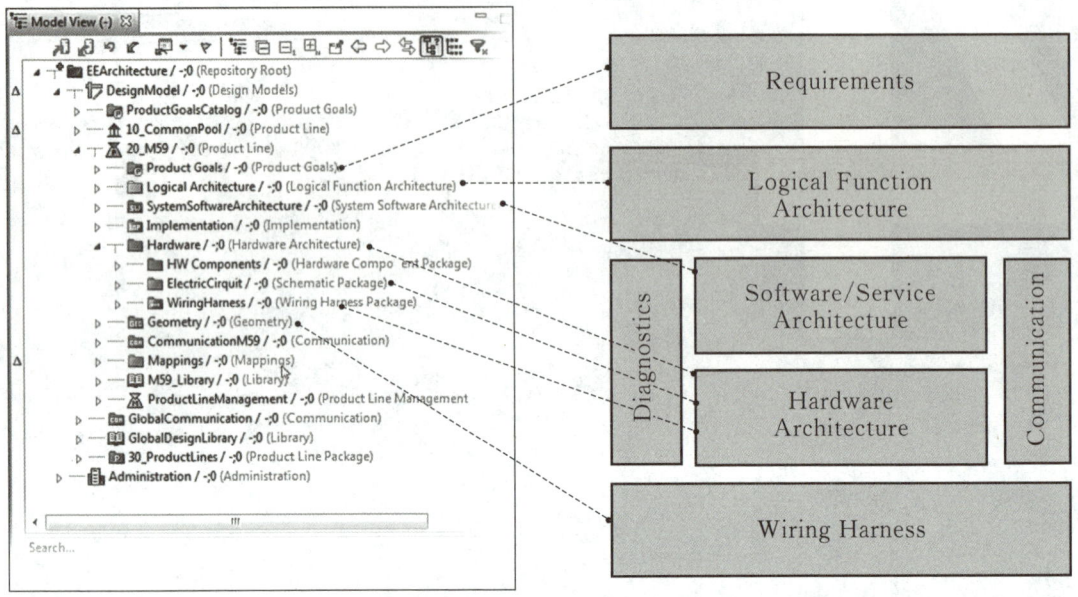

图 4.1　PREEvision 模型树中的层级关系

本章采用 PREEvision 进行 SOA 建模与 SOME/IP 配置，主要涉及以下内容：
（1）服务定义。
（2）软件层及相关信号与数据定义。
（3）通信网络及数据交互架构设计。
（4）通信协议配置。

4.1　SOA 架构设计

4.1.1　软件初始化指南

PREEvision 软件包可通过 Vector 官网下载，安装完成后进入安装目录，找到 PREEvision.ini 文件，按照图 4.2 所示，将其中的-Xmx 信息修改为计算机运存的 80% 以上。

打开 PREEvision 后需要添加 License 信息，根据持有 License 的形式选择加载方式。License 可通过向 Vector 官方购买或申请试用版本。添加 License 后提示 License 过期，并且日志文件中显示无法找到加密狗时，可能是 PREEvision 自己无法查找到 License。此时，可以在 Vector 软件库中下载 Vector License Client 搜索到所持有 License，之后即可正常使用 PREEvision。

第 4 章 基于 PREEvision 进行 SOA 建模与 SOME/IP 配置

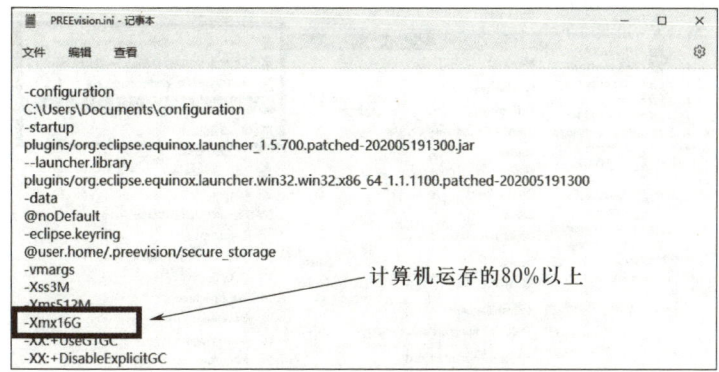

图 4.2 修改-Xmx 信息

4.1.2 新建产品线

开始模型搭建可以直接新建 PREEvision 模型，也可以基于 Vector 提供的模板文件开始新的工程，根据图 4.3 所示流程添加 Add-ins 模型。当开启大型模型以及执行 Add-ins 时，建议退出其他应用进程，避免软件闪退。

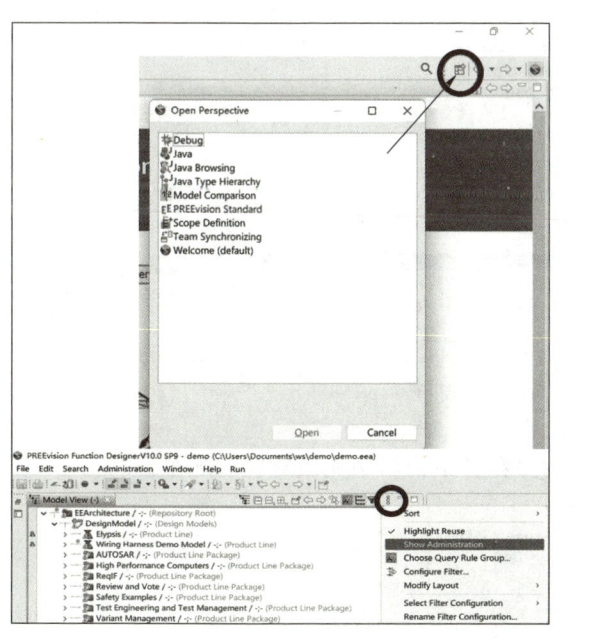 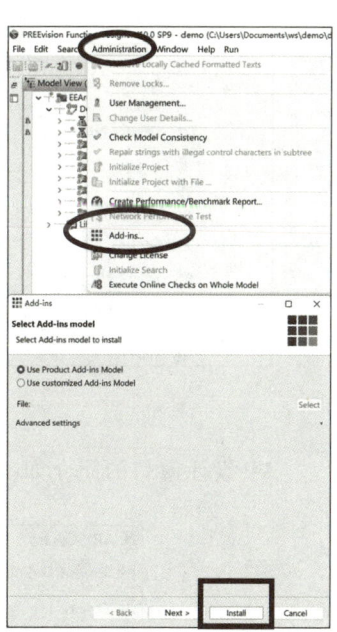

图 4.3 添加 Add-ins 模型

完成模型初始化后在左侧模型树中选择图 4.4 所示 AP 产品线，PREEvision 为用户提供了多种设计流程模板，根据用户实际需求可以选择其他流程模板进行设计，这里选择 AP 设计作为示例。

按图 4.5 指示，在新建的 product line 中右击打开 AP 设计窗口。

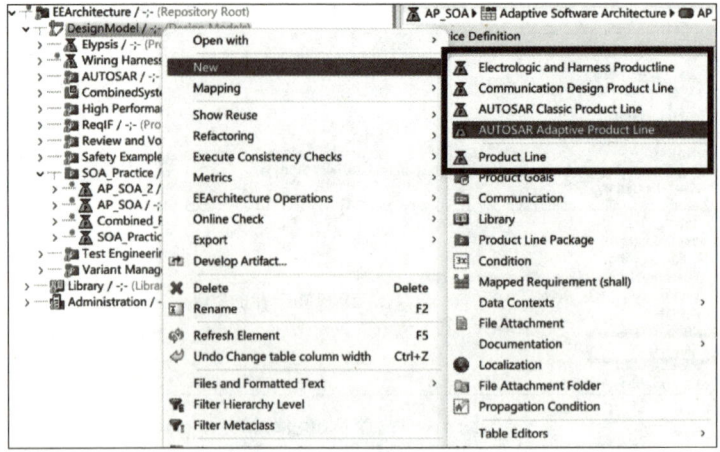

图 4.4　选择产品线

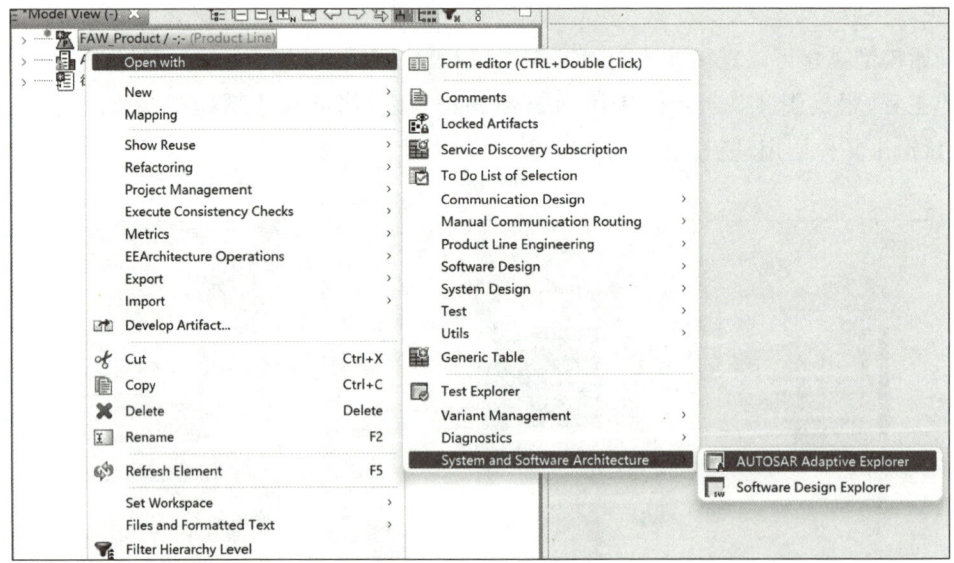

图 4.5　打开 AP 设计窗口

AP 设计窗口的简介如图 4.6 所示,用户需要在各个窗口中完成对应的配置。

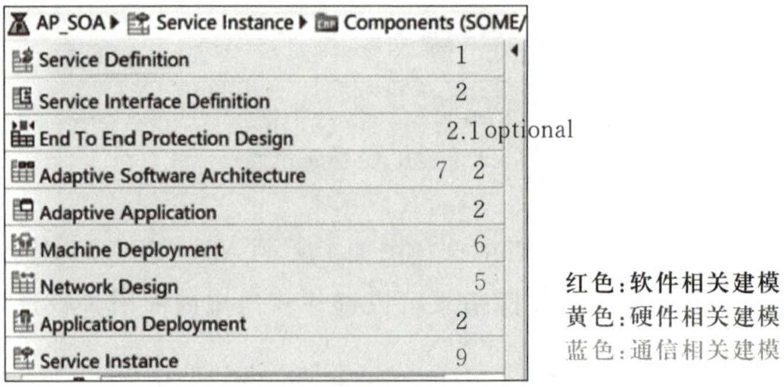

图 4.6　AP 设计窗口的简介

4.1.3 创建并定义服务

在打开的窗口中单击左侧第一栏 Service Definition,进入服务创建窗口。如图 4.7 所示,单击 ✚ 新增服务。

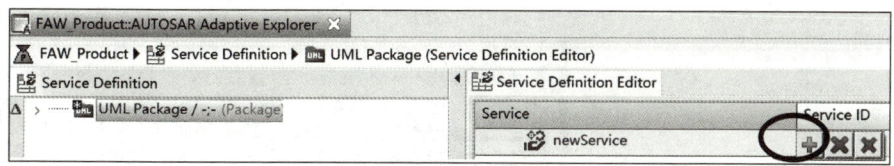

图 4.7 新建服务

根据图 4.8 指示定义服务,并在显示红色角标的参数的 Property View 窗口修改提示需要修改的参数。注意:服务 ID 中不能填写十六进制,因此需要转换为十进制。

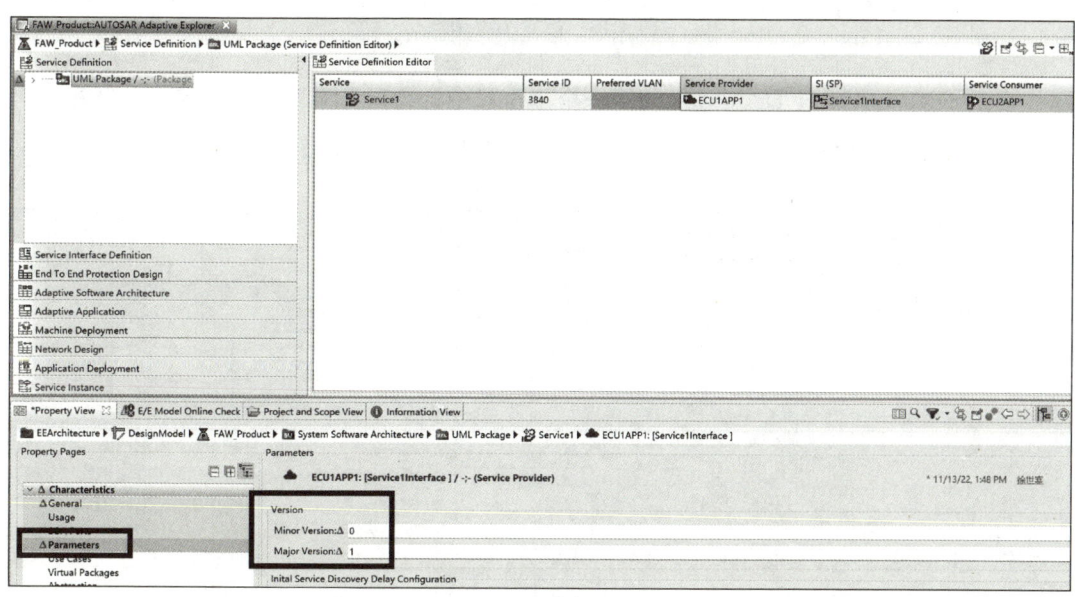

图 4.8 定义服务

如图 4.9 所示,在模型树上新建 Namespace,演示例中仅新建了一个 Namespace,可根据用户需求自行添加其他信息。

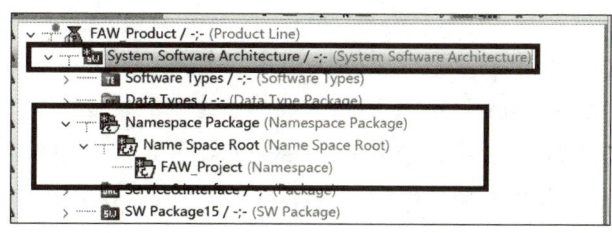

图 4.9 新建 Namespace

如图 4.10 所示,将每个 Interface 设置为服务(选设,不影响服务实现),并选择刚刚新建的 Namespace,此处应注意 Interface 的层级关系。

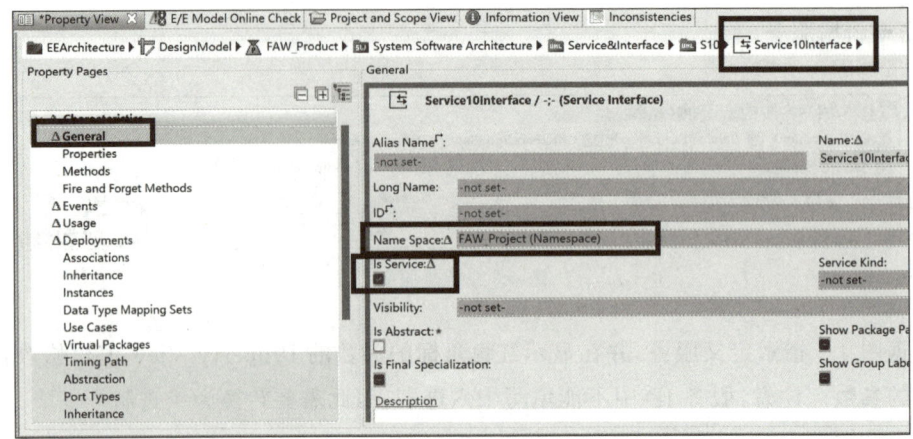

图 4.10 配置 Interface

在 Service Interface Definition 的第一个小窗口中进行服务实现方式的定义。创建时同样是在表格中单击 ✚,新增一行后修改显示名称,如图 4.11 所示。

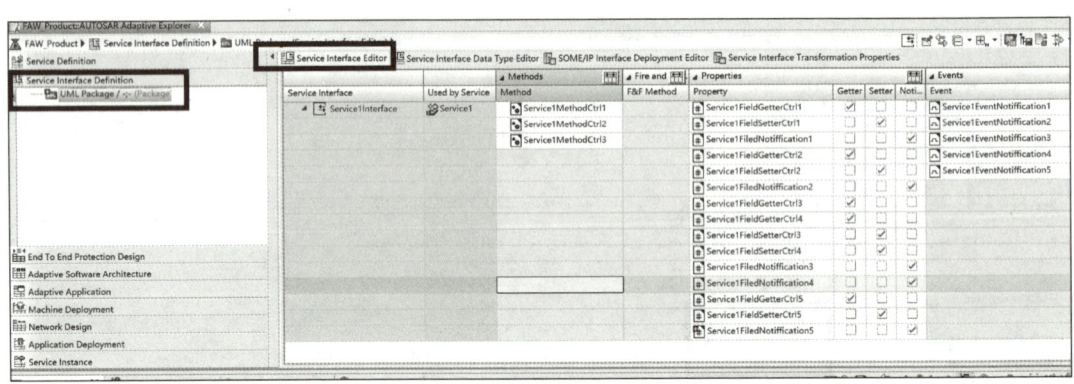

图 4.11 定义服务实现方式

上一步操作可以定义服务的实现方式为 Event、RR-Method、FF-Method,其通信逻辑如图 4.12 所示。Event 类型为 Consumer 仅接收 Server 发送的信号,不对 Server 发送请求等信息。RR-Method 为 Consumer 向 Server 发送请求指令后,Server 才会回复相关请求。FF-Method 本质可以理解为一类特殊的 Event,同样不需要 Consumer 向 Server 发送请求。

根据图 4.13 在模型树中创建存放数据类型的文件夹,并右击创建新的数据类型。注意:此处添加的数据类型为 Implement Data Types。这一步只是将 Implement Data Types 更换为目标数据类型的名称,后续在 DaVinci Developer Adaptive 中做数据类型的具体配置(有助于架构师关注软件架构及服务内容)。当然,也可以选择在 PREEvision 中完成数据类型的完全创建。

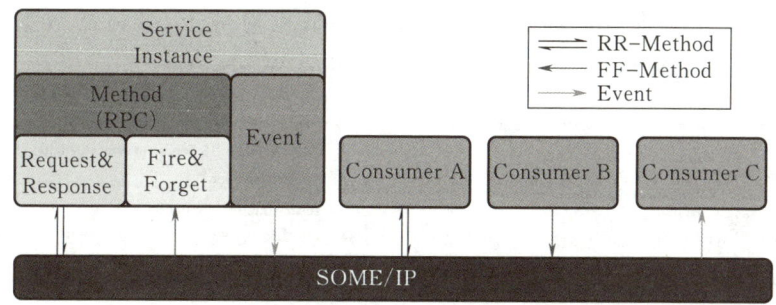

图 4.12 SOME/IP 通信逻辑示意

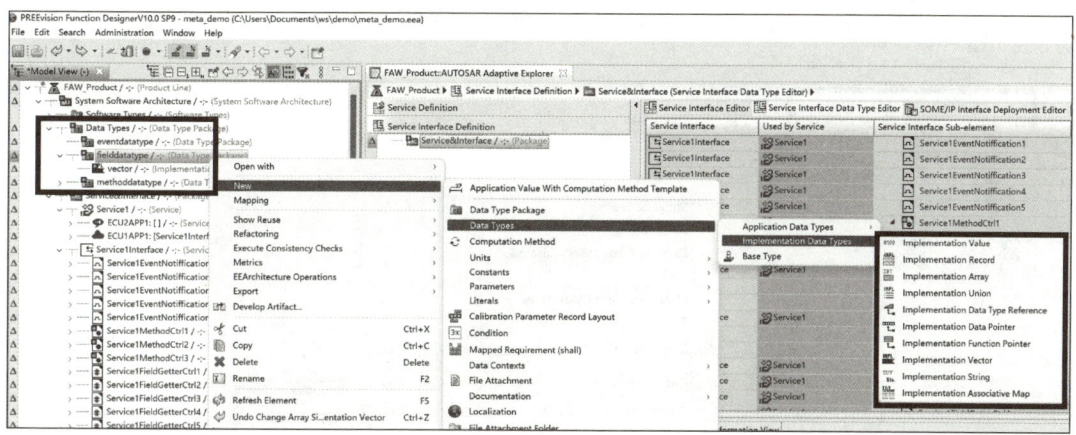

图 4.13 新建数据类型

创建完成后,将窗口切换到第二栏。根据图 4.14 单击右侧数据类型选取表格,可以看到软件左下角有可供选择的数据类型,在左下角将对应的数据类型拖到对应的表格上(或者在左边的模型树上拖拽数据类型)。

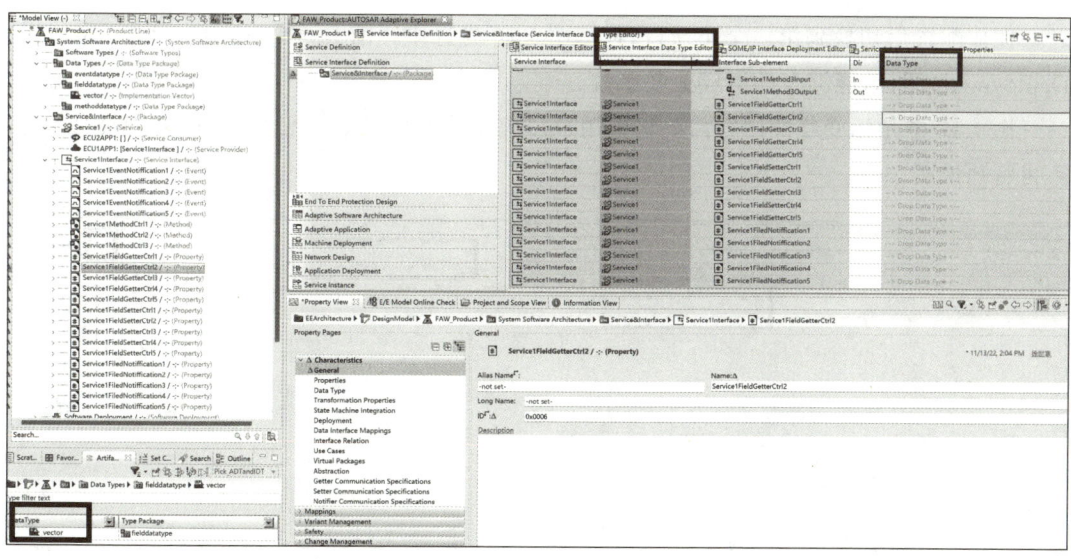

图 4.14 为服务映射数据类型

注意:上一步只是将目标数据类型的名称和数据对应上,具体的数据类型建议在 Davinci 中配置。接下来,根据图 4.15 设置部署软件的 Workspace。

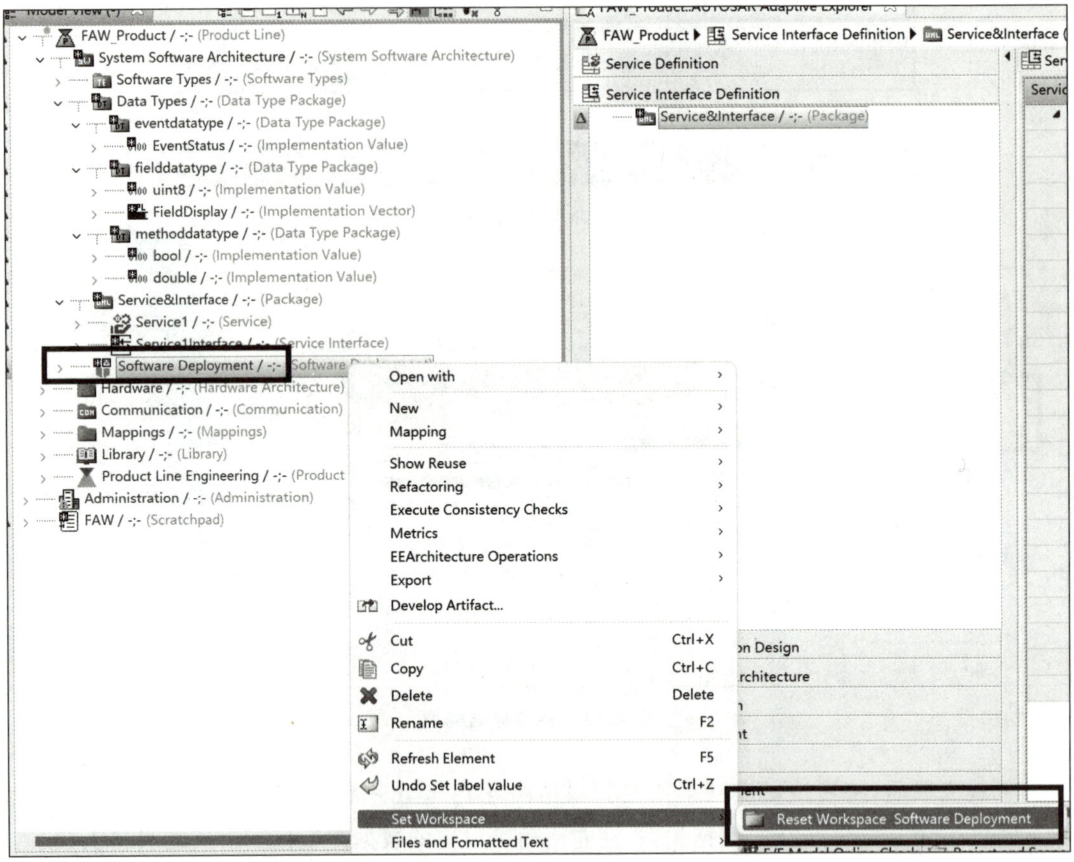

图 4.15　设置 Workspace

完成配置后切换到第三个小窗口,根据图 4.16 先选中当前 Interface,然后单击表格上方 Deployment 图标,能够自动生成关联参数。

图 4.17 中角标变红的内容需要根据用户需求修改部分参数,因此后文中处理类似错误不再特地说明。

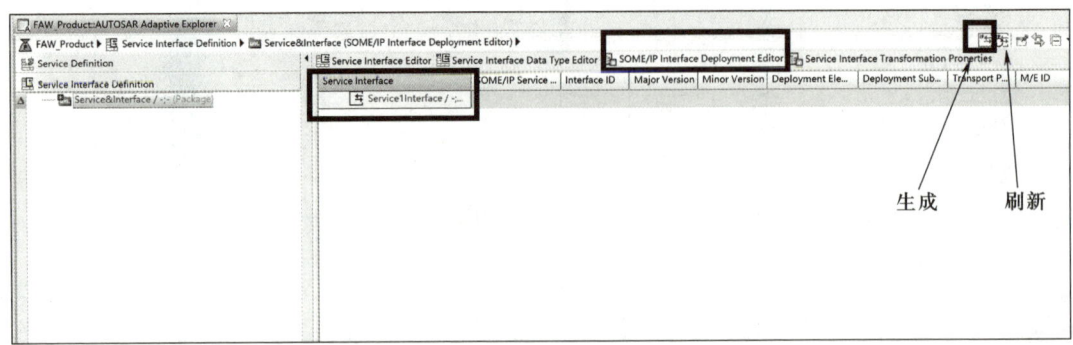

图 4.16　生成关联关系

第 4 章 基于 PREEvision 进行 SOA 建模与 SOME/IP 配置

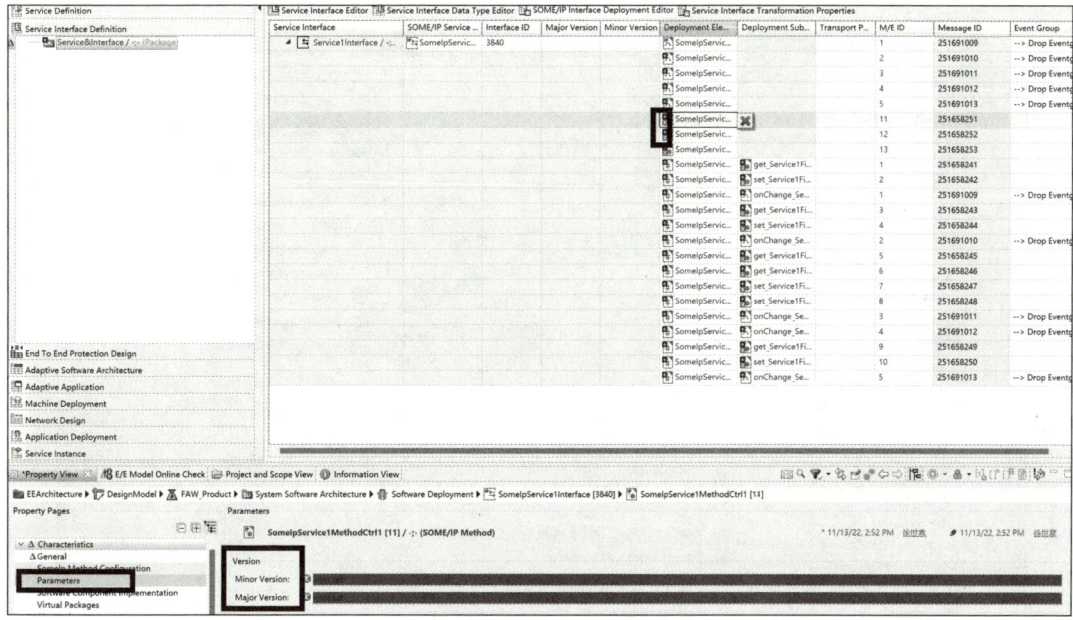

图 4.17 报错说明

此时 SOME/IP ID 的内容为自动生成,可根据用户需求进行修改。TransPort Protocol 栏目下可选择 UDP 或 TCP 协议,并且需要为每一个 Event 配置相应的 Event Group。完成此窗口中相关配置后,根据图 4.18～图 4.20 在模型树上依次创建相关项目。

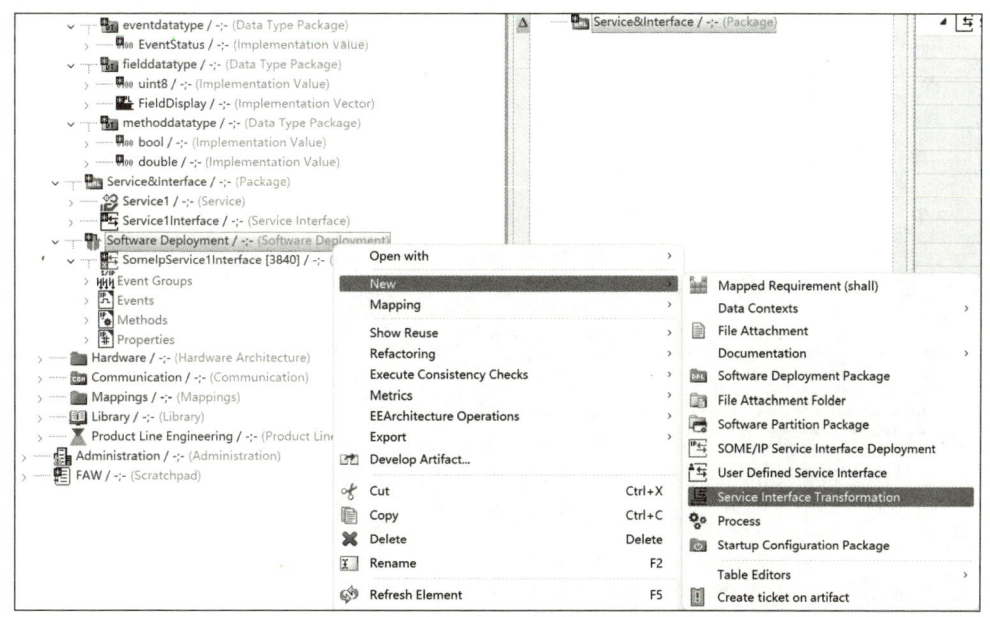

图 4.18 新建 Service Interface Transformation

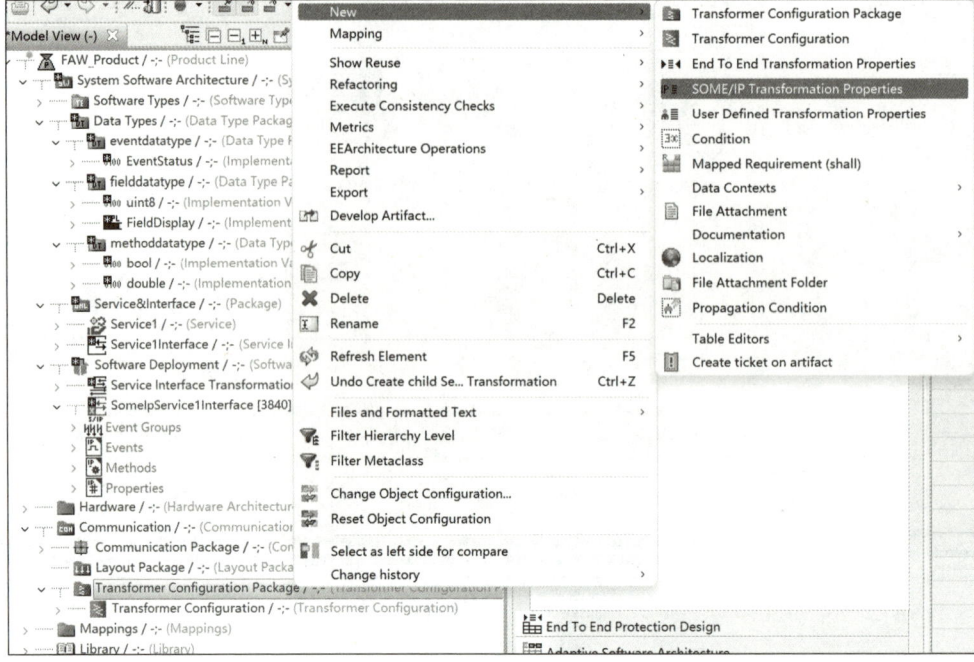

图 4.19 新建 SOME/IP Transformation Properties

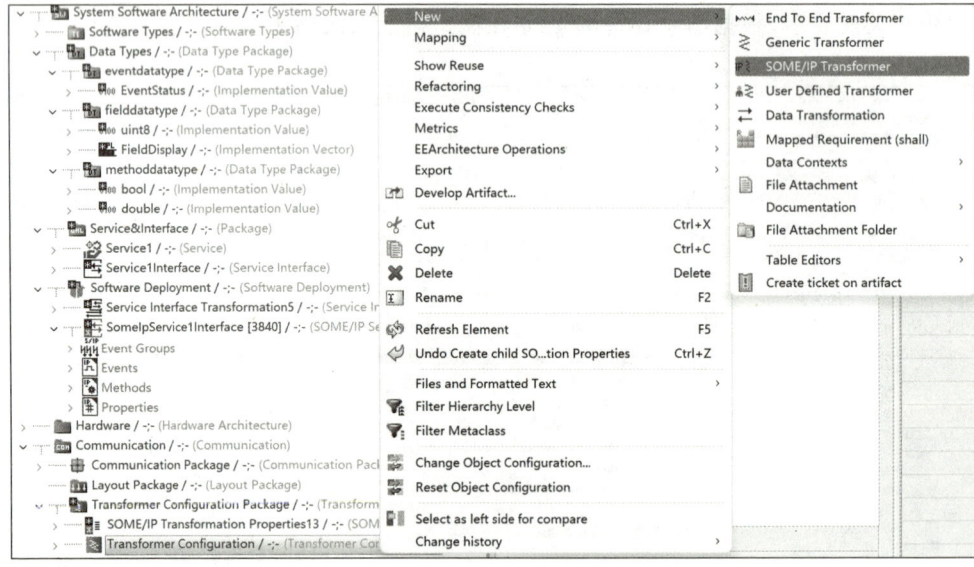

图 4.20 新建 SOME/IP Transformer

然后,根据图 4.21 及图 4.22 对新建项目进行配置。

完成配置后,在 Service Interface Transformation Properties 栏目中分配已经创建的 SOME/IP Transformation Properties。此处,根据用户需求创建 SOME/IP Transformation Properties 的个数和具体配置与名称。

第 4 章 基于 PREEvision 进行 SOA 建模与 SOME/IP 配置

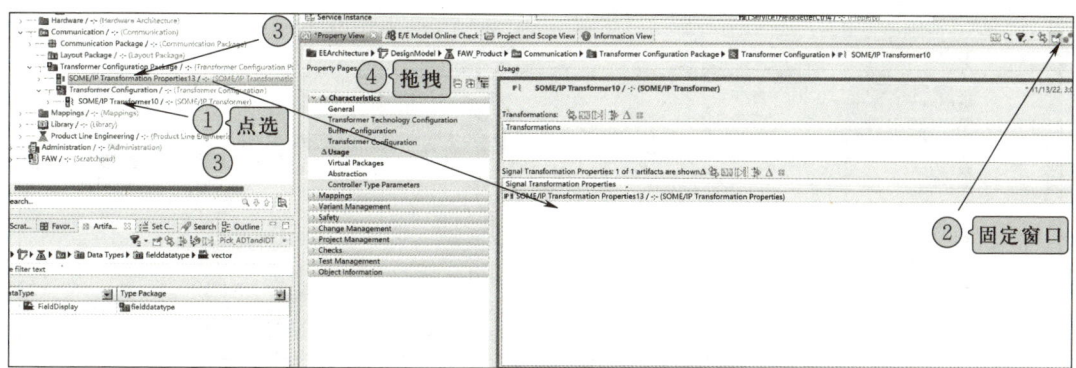

图 4.21 新建项目关系映射

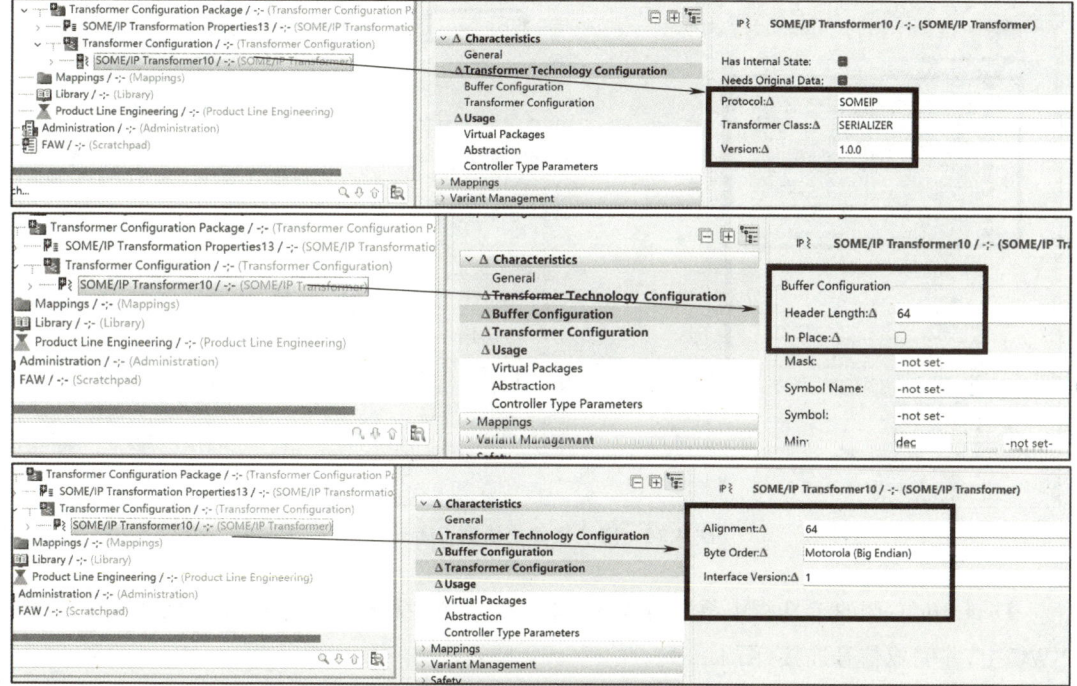

图 4.22 SOME/IP Transformer 参数配置

4.2 设计软件架构

设计软件架构前需要在模型树上建立 Software Types 文件夹，然后根据图 4.23 所示新建 Composition Type 以及 Adaptive Application SW Component Type。如果用户所建模的软件部署在 CP 平台上，则需要新建 Application SW Component Type。

在模型树上右击新建的 Composition Type，选择 Open Diagram 将模型树上新建的 SWC 模块拖拽到 Diagram 并排列整齐，结果如图 4.24 所示。

基于 AUTOSAR 自适应平台的软件开发与应用

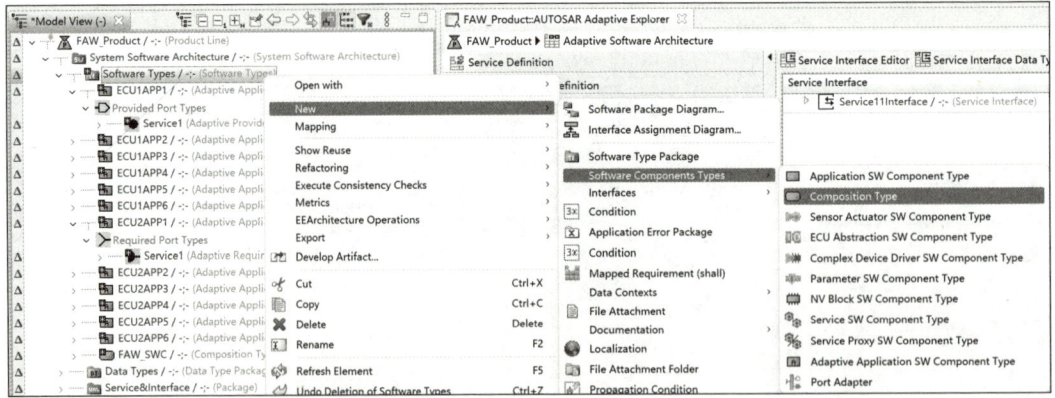

图 4.23 新建 Composition Type

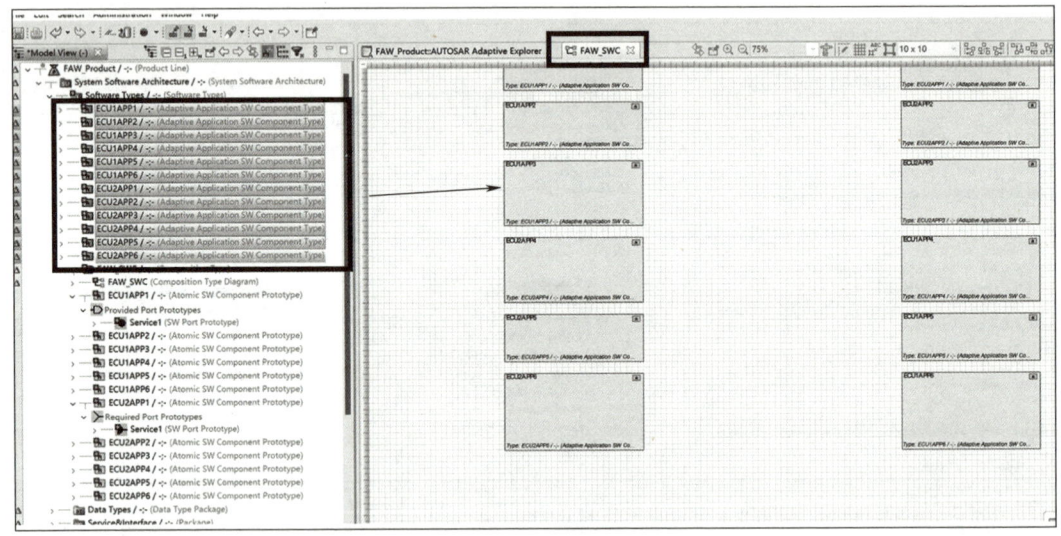

图 4.24 拖拽软件模块到 Diagram

Diagram 右侧的工具栏中提供了软件组件接口等多种选择,用户可直接拖拽 Port 到 SWC 上,并完成信号连接(图 4.25)。

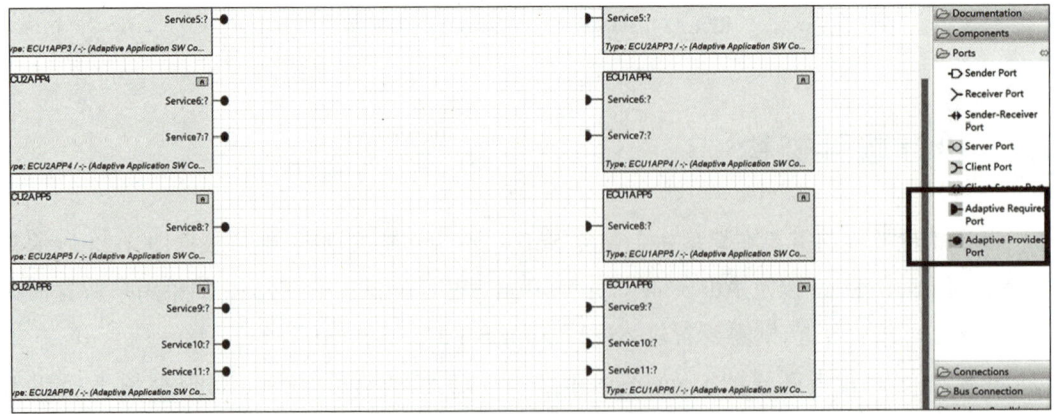

图 4.25 创建 Port 口类型

在完成 Port 口的连接之后,将模型树上已经创建的 Service Interface 拖拽到对应的信号线上(图 4.26),此时完成 Port 口的定义。

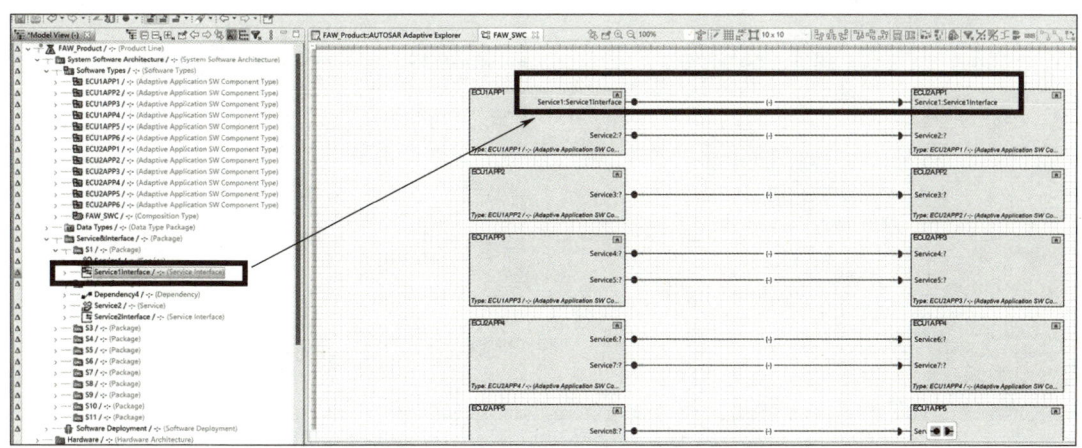

图 4.26　为 Port 分配 Service Interface

完成映射后,根据图 4.27 所示在上级文件夹中新建 Root Composition。注意:在弹窗中为 Root Composition 选择对应的 Composition Type。

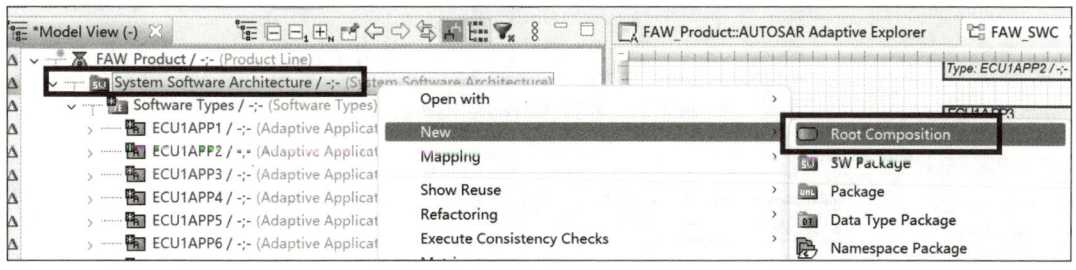

图 4.27　新建 Root Composition

回到 AP 设计窗口可以发现,Adaptive Software Architecture 窗口的内容已经设计完成,如图 4.28 所示。

在 Adaptive Application 窗口下单击如图 4.29 所示提示,并新建 Software Package。

单击新建的 Software Package,在打开的窗口中添加新的 Application,根据图 4.30 中的标记填充对应表格内容。需要指出:Application 是 SWC 的集合,Application 可以包含多个 SWC,也可以和 SWC 一一对应。

选中新建的 Application,并在属性窗口中 Adaptive Application Kind 一栏填写 Application Level。至此,完成软件架构的建立。

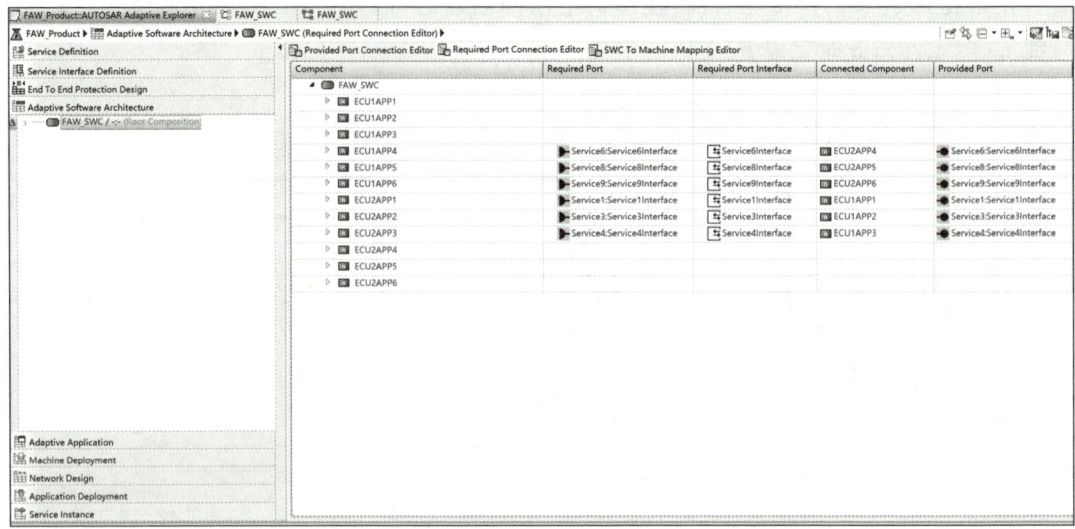

图 4.28　Adaptive Software Architecture 窗口内容展示

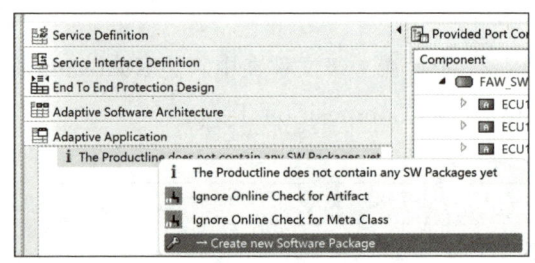

图 4.29　新建 Software Package

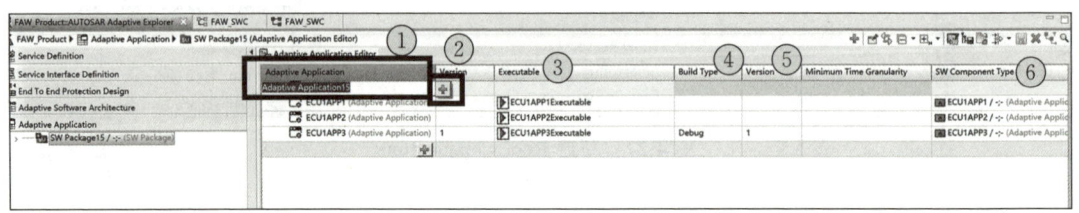

图 4.30　新建 Application 并填充信息

4.3　设计硬件架构

硬件架构包含各 ECU 间的拓扑关系,以及基于 AP 方法论抽象得来的配置参数。本节设计硬件拓扑,并配置相关参数。

首先,根据图 4.31 所示在模型树上新建 Network Diagram。打开新建的 Network Diagram,在弹出的窗口右侧有绘制硬件通信拓扑的工具,按需求将对应模块拖拽到 Diagram 中,添加网络端口(图 4.32)。此处示例为 AP 服务建立,因此选取硬件类型为 Computer。

第 4 章 基于 PREEvision 进行 SOA 建模与 SOME/IP 配置

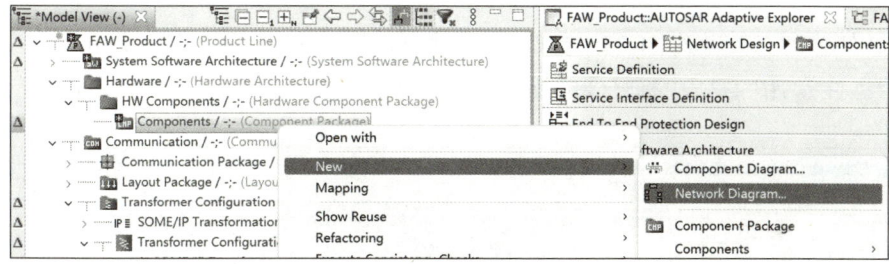

图 4.31 新建 Network Diagram

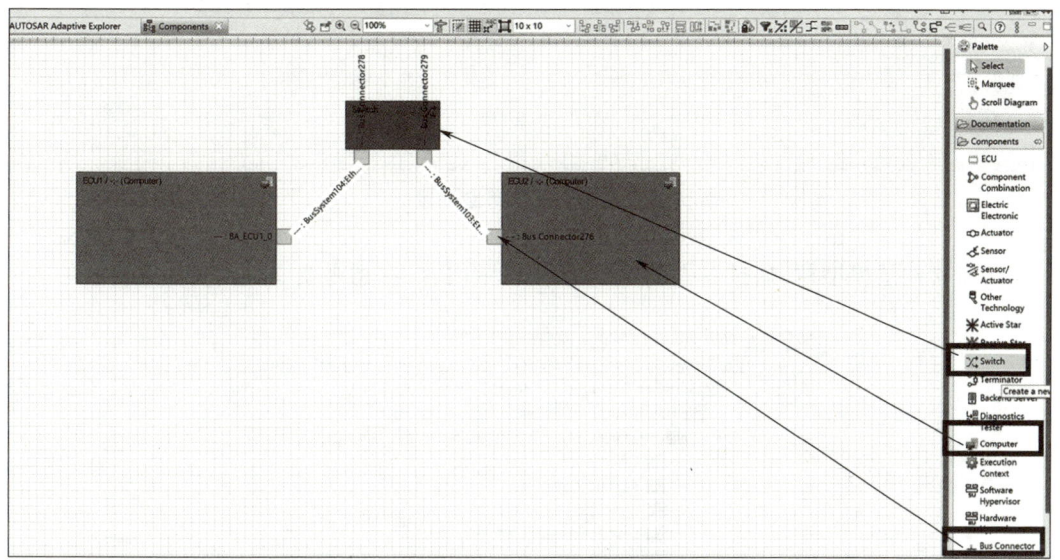

图 4.32 绘制硬件通信关系

其次，回到模型树，找到添加的 Computer 类型，并根据图 4.33 所示为其添加 MPU 和 Process Unit，并且需要在 MPU 下新建 Core，Core 的数量根据实际需求定义。新建 Core 后，将 Core 拖拽到 Process Unit 中，完成映射。

图 4.33 添加 MPU 和 Process Unit

最后，切换到 Network Design 窗口，并在此窗口下依次执行图 4.34 所示操作完成通信网络映射。注意：图 4.34 中标号③需要选中 CL 列下元素执行。

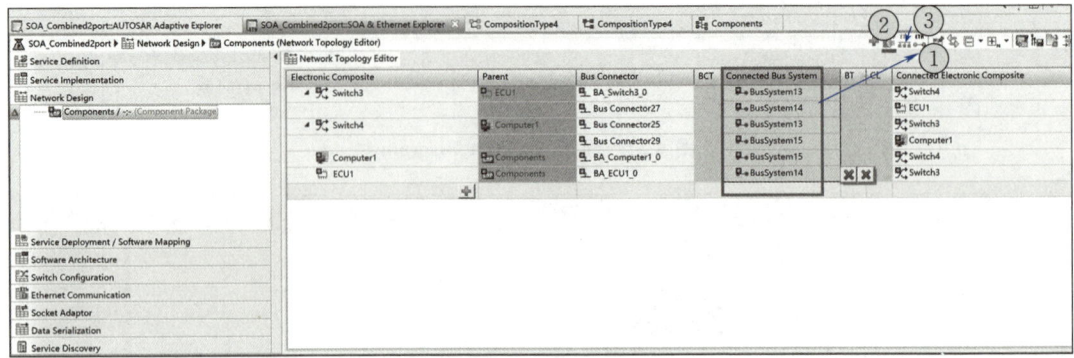

图 4.34 通信网络配置

回到软件层模型树，通过右击创建图 4.35 所示内容，注意观察文件的类型名称。

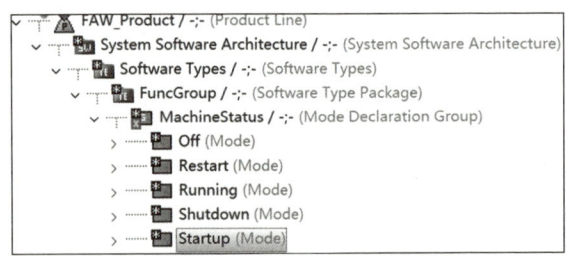

图 4.35 新建 Mode Declaration Group

Mode Declaration Group 中配置了 Machine 的状态，状态的类型及数量由实际需求定义。同样，图 4.36 中在 MachineStatus 设置窗口中所设置的 Mode，其初始状态也由用户自行定义。

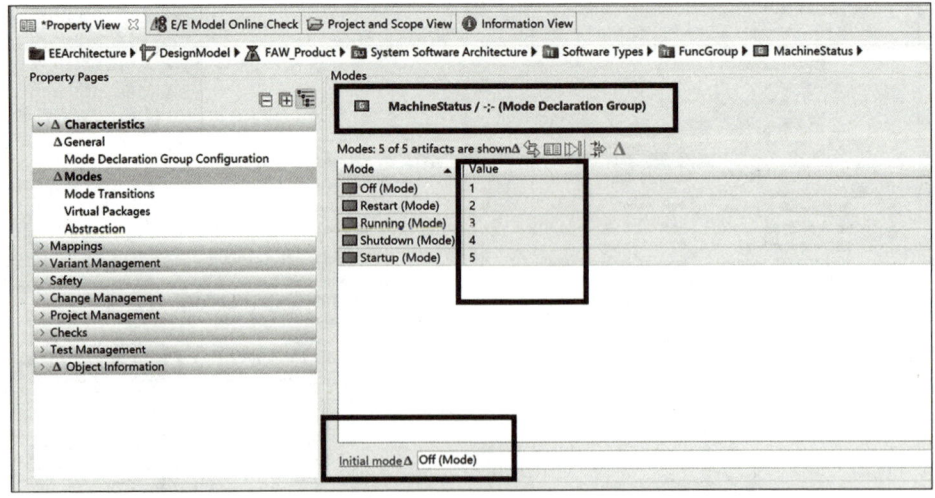

图 4.36 初始状态选取

回到 AP 设计窗口，进入第六栏，按图 4.37 所示新建 Machine Deployment，并根据图 4.38 在后续窗口中选中已经建立的 Mode Declaration Group。Machine Deployment 可能需要不同的初始状态或不同的 Mode Declaration Group，可由用户自由修改并映射到此处。

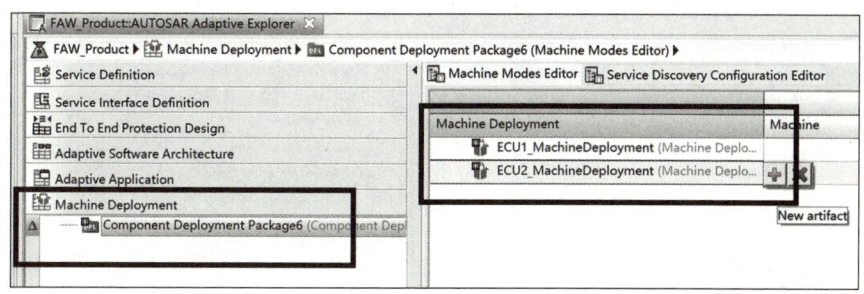

图 4.37　新建 Machine Deployment

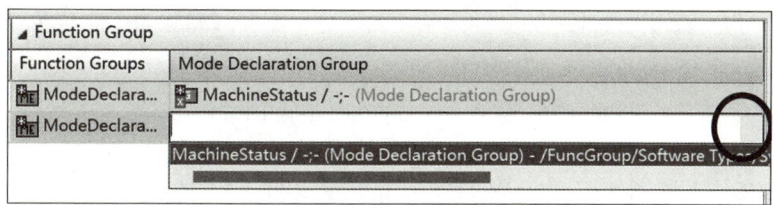

图 4.38　配置 Mode Declaration Group

完成配置后，需要将硬件信息映射到 Machine 栏目下，按图 4.39 所示直接从模型树上拖拽相应 Process Unit 即可。

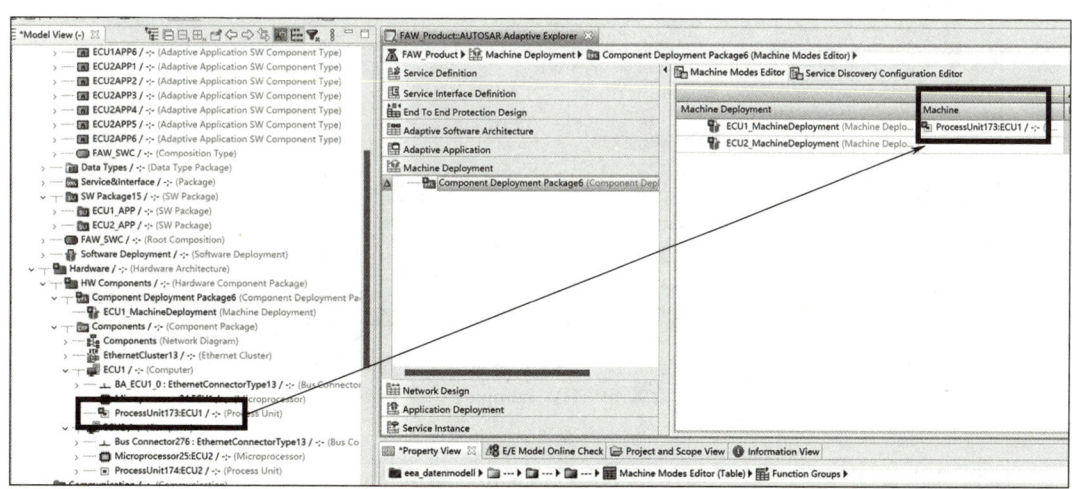

图 4.39　映射 Machine

4.4 建立软硬件映射

本节介绍如何将 4.2 节中设计的软件架构和 4.3 节中设计的硬件架构建立映射关系。回到模型树,新建图 4.40 所示 Software Deployment Package。

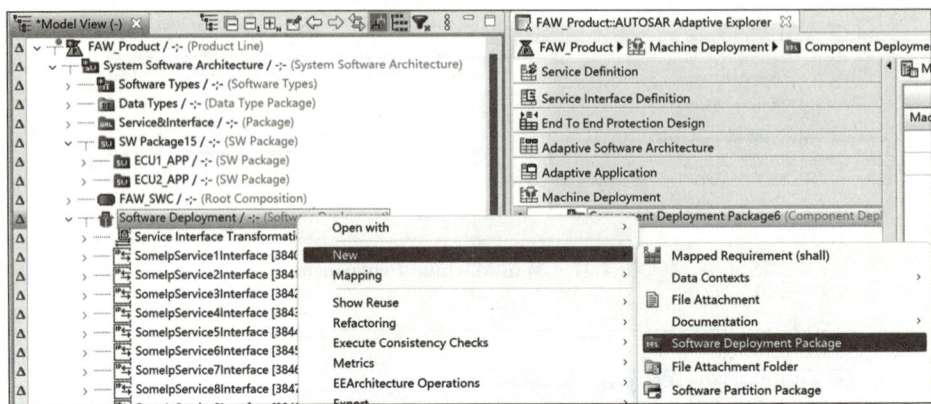

图 4.40 新建 Software Deployment Package

将创建的文件夹和图 4.41 中 SW-HW mapping 文件夹设为 Workspace。

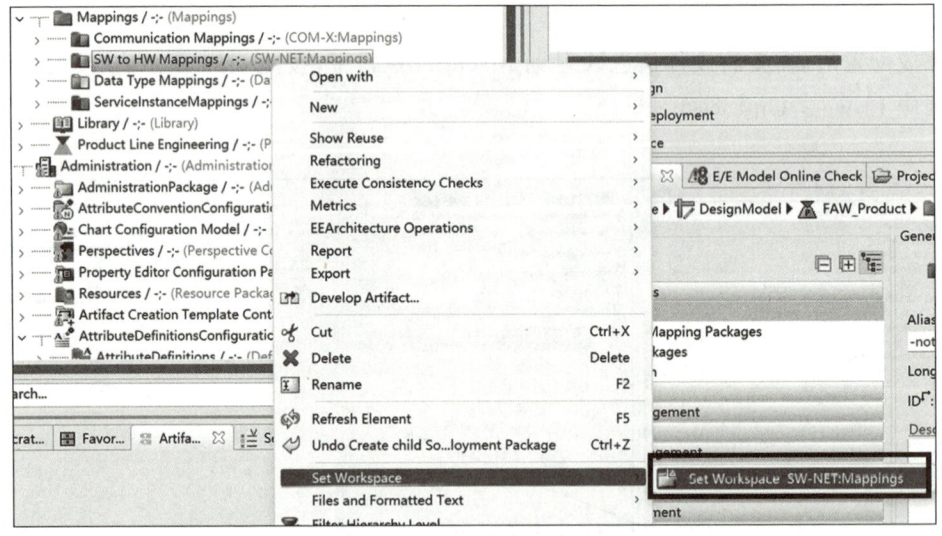

图 4.41 设置 SW-HW mapping 为 Workspace

回到 AP 设计窗口,进入 Adaptive Software Architecture 中的 SWC To Machine Mapping Editor 窗口,将 SWC 映射到对应的硬件单元(图 4.42)。

如果创建了多核 MPU,并且需要将软件组件部署在不同的核中,则需要在 Shall Run On 栏目下选择响应 Core,Shall Not Run On 栏目下规定了不许软件组件运行的核。此处根

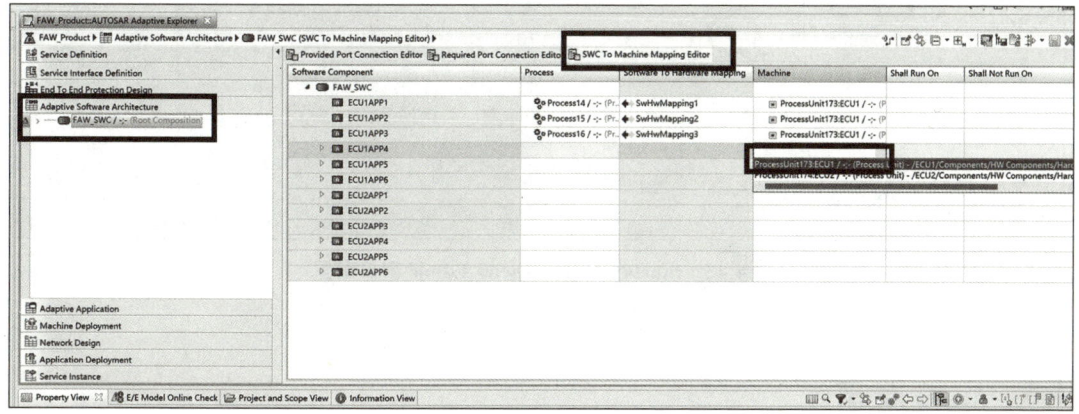

图 4.42　设置软件到 ProcessUnit 的映射

据需求配置,图 4.43 中演示了将软件组件部署在 Core1 上的情况。注意:Core1 仅是名称相同,其隶属于不同的 Computer。

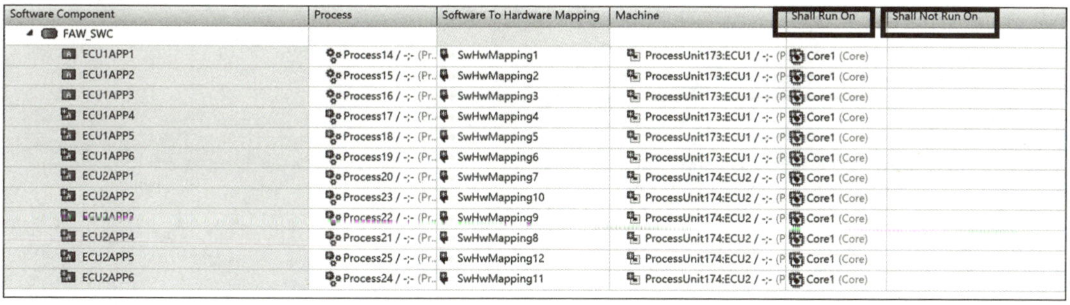

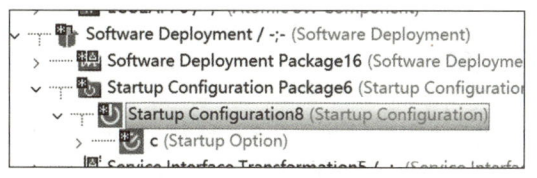

图 4.43　设置软件运行核

在模型树中将 Software Deployment 设置为 Workspace,并新建如图 4.44 所示文件夹。

图 4.44　新建 Startup Configuration

在 AP 设计窗口 Startup Dependencies Editor 下新建 Startup,设置 Process 状态以及其他参数,其中优先级栏按进程的优先级进行设置,如图 4.45 所示。

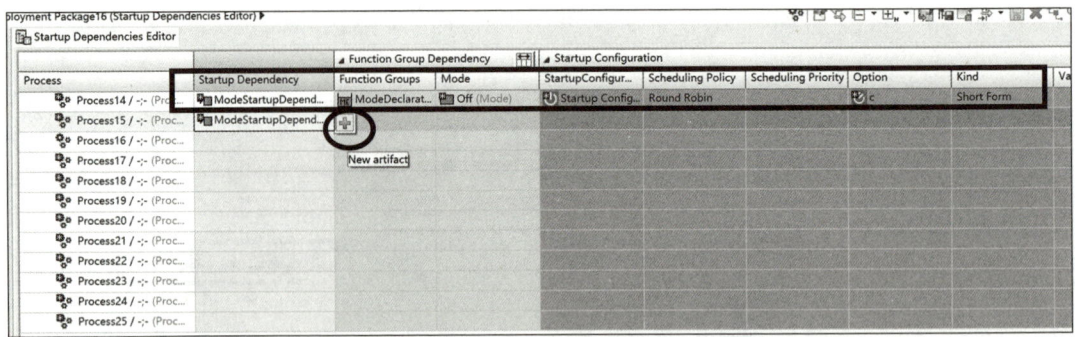

图 4.45　Startup Dependencies Editor 窗口配置

4.5　信号路由

此时已经完成软硬件映射，本节主要介绍配置信号路由方法以及注意事项。

在模型树上找到 Root Composition，右击展开，选择 Run Signal Router 选项。注意：图 4.46 所示弹窗中各部分的工作空间路径是否存在于当前产品线。

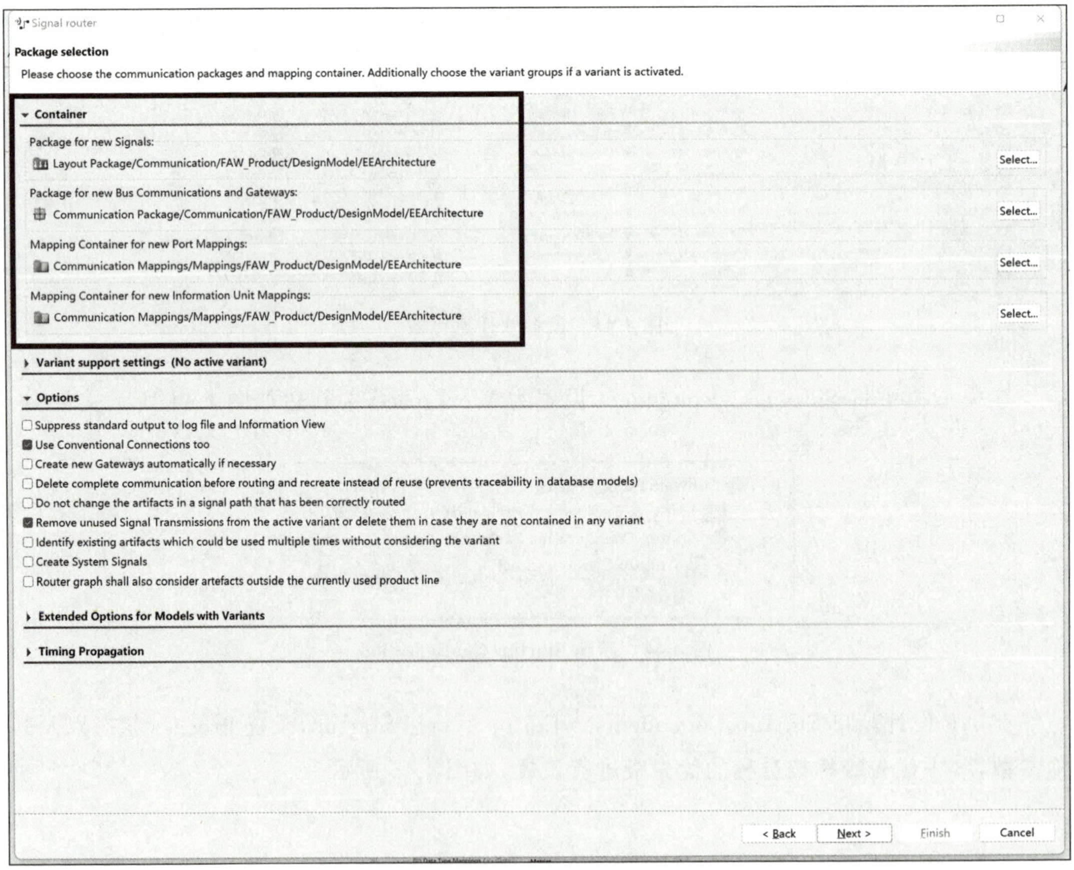

图 4.46　配置信号路由

第 4 章 基于 PREEvision 进行 SOA 建模与 SOME/IP 配置

Options 中的选项为信号路由时的相关配置,根据用户需求选取。单击 Next 后完成信号路由。在模型树上选中信号路由结果,并打开硬件拓扑窗口,此时可以看到图 4.47 中硬件拓扑颜色发生变化。

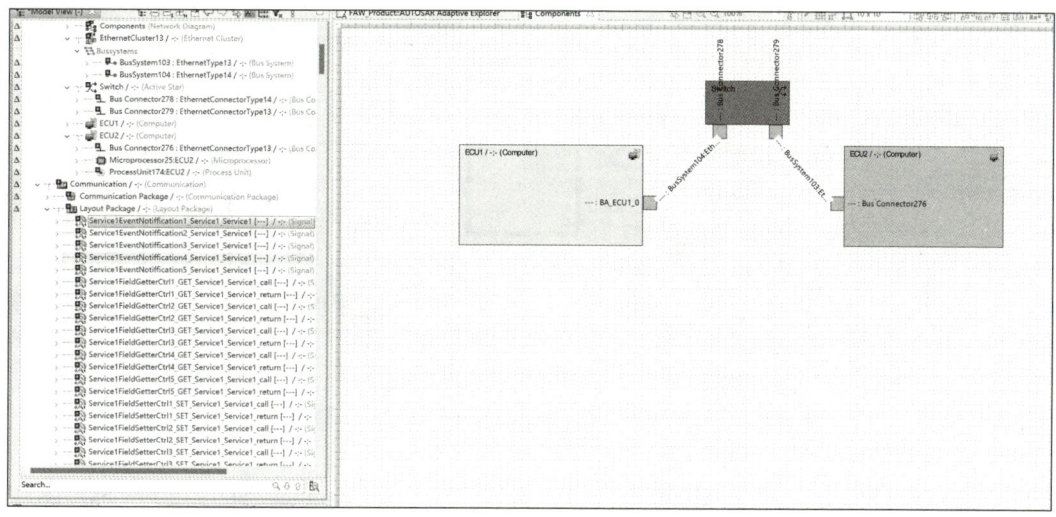

图 4.47 硬件拓扑中高亮显示路由路径

[服务实例]

首先,进入 AP 设计窗口下 Service Instance 窗口,并在模型树上设置 ServiceInstanceMappings 为 Workspace。之后,如图 4.48 所示找到信号路由产生的 NetworkConfiguration,将其设置为 Workspace。

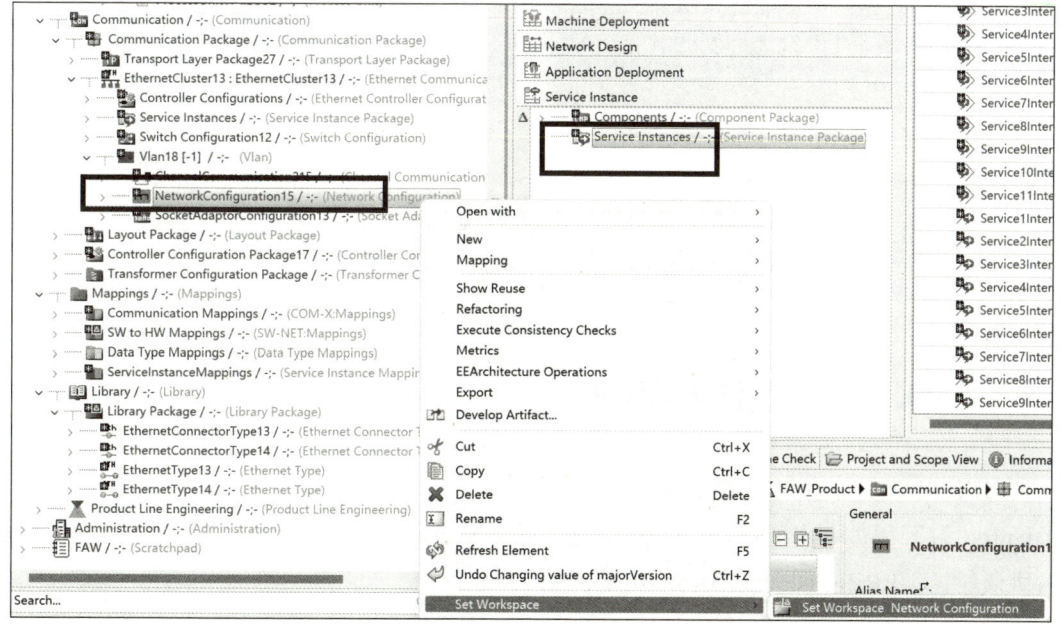

图 4.48 设置 Workspace

如图 4.49 所示，在 SOME/IP Service Instance TP/IP Editor 窗口下填写每栏中的配置。

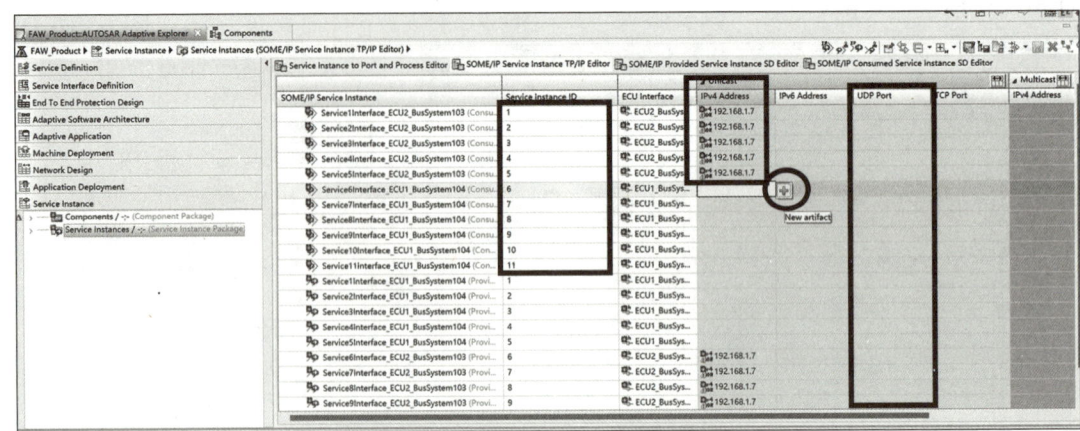

图 4.49　SOME/IP Service Instance TP/IP Editor 参数配置

如图 4.50 所示，切换到 SOME/IP Provided Service Instance SD Editor、SOME/IP Consumed Service Instance SD Editor 小窗口填写通信相关参数，两个窗口中的参数只需要填写一遍，因为发送方和接收方的参数相互对应。

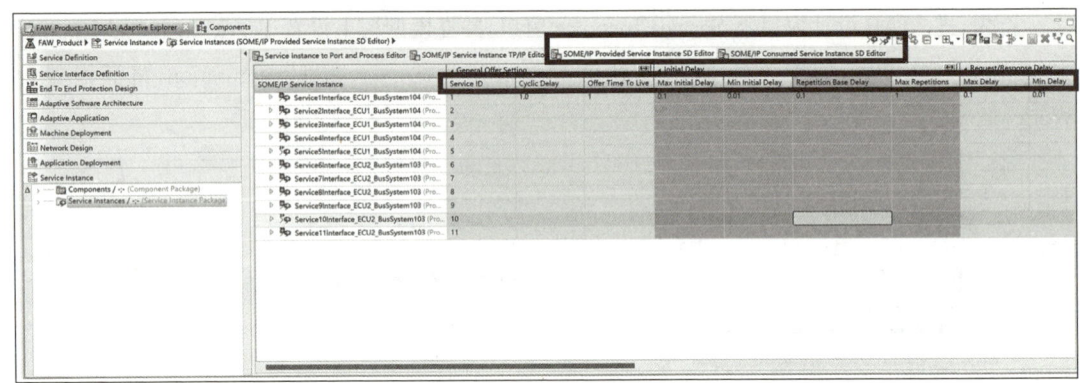

图 4.50　SOME/IP Service Instance SD Editor 参数配置

4.6　ARXML 文件导入/导出

PREEvision 支持以下文件导出为 .ARXML，导出文件可以由 DaVinci Developer Adaptive 打开做进一步配置，也可以直接导入 CANoe 做通信仿真，因为其中已经完成了通信协议配置。PREEvision 导入与导出如图 4.51 所示。

（1）Service Interface Description。

（2）Execution Manifest。

(3) Machine Manifest。

(4) Service Instance Manifest。

(5) Application Description。

以图 4.52 中导出软件组件为例,在模型树上右击选中 RootComposition,选择 Export AUTOSAR,然后在输出窗口中选择 AUTOSAR 版本即可。

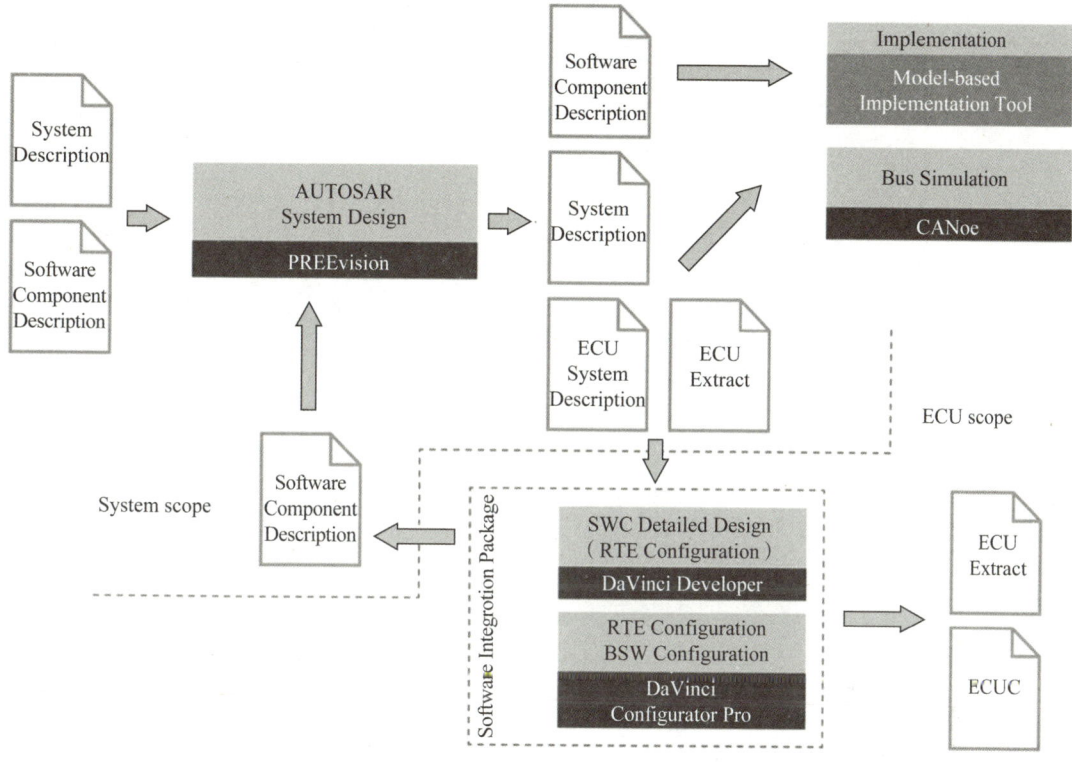

图 4.51　PREEvision 导入与导出

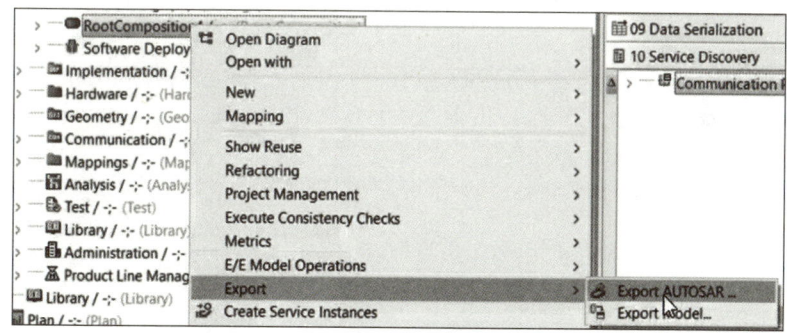

图 4.52　导出软件组件为 ARXML

第 5 章
基于 ARXML 实现 SOME/IP 通信

5.1 基于 DaVinci Developer Adaptive 工具配置 ARXML 文件
5.2 应用层代码
5.3 编译构建
5.4 结果展示

本章基于一个演示例程,其中包含 11 个服务,主要针对服务 1 做详细说明。介绍基于 DaVinci Developer Adaptive 工具配置 ARXML 文件,对应用层代码进行解释,描述编译构建过程,并展示通信结果。

5.1 基于 DaVinci Developer Adaptive 工具配置 ARXML 文件

本节介绍如何使用 DaVinci Developer Adaptive 工具去配置 ARXML 文件,文中所使用代码包版本支持 AUTOSAR20-11 标准。

5.1.1 ARXML 配置概述

本小节对 AUTOSAR Adaptive 配置框架和 ARXML 配置流程进行说明。

1. AUTOSAR Adaptive 配置框架

AP 的配置部分主要包括 Service、Application 以及 Machine 三个部分。作为 SOA 框架,AP 以服务为出发点,实现整个平台的所有功能的抽象化(图 5.1)。

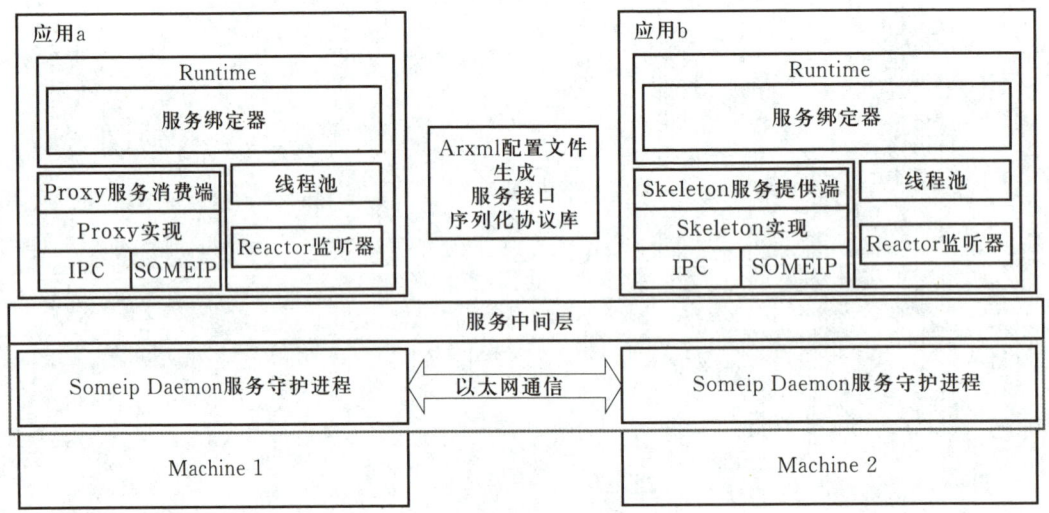

图 5.1 平台功能的抽象化

Service 是 Application 通信的接口,Machine 是 Application 的运行载体,Machine 上的网络或通信方式是 Service 的载体。因此,以上三部分的各自配置和相互联系构成了整个 SOA 框架(图 5.2)。同时,服务、应用、机器部署三个部分也相对独立,分别由应用开发者、平台开发者以及集成供应者完成。因此,为了方便管理,以上三个部分的配置信息分属三个 ARXML 文件,在 DaVinci Developer Adaptive 工具中也分为几种工程类型——Library、Application、Machine、Deployment。

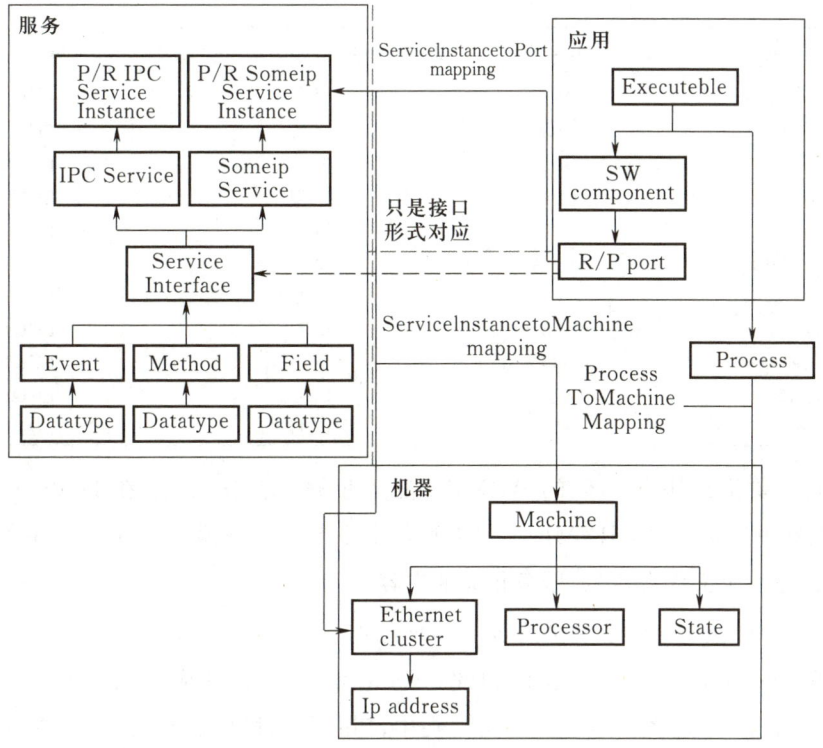

图 5.2 ARXML 中各个元素的关系

2. ARXML 配置流程

按照上文中的框架描述，AP 平台下的 ARXML 各个部分之间的配置相对独立，但仍然有一定的依赖性和顺序性。

（1）Datatype Configure：配置基础数据类型、实现数据类型、应用数据类型。
（2）Service Interface Design：定义服务接口以及服务包含的行为方式。
（3）Application Design：定义应用端口、定义应用集合、定义可执行文件。
（4）Machine Design：定义机器的状态、处理器资源、网络接口。
（5）Service Mapping：建立服务到传输地址、应用接口到服务的关系。
（6）Execute Mapping：建立 Process 到 Machine 的状态执行关系。

5.1.2 Service 配置

本小节对服务接口的配置、服务部署、自定义数据类型和服务实例化进行说明。

在配置 ARXML 前，首先要明确需要多少个服务、服务包含哪些元素，其次需要确认服务部署在哪些 ECU 上，以及需要确定传输数据类型、传输协议选择、端口号等。本演示例程以配置 11 个服务为例，具体部署关系见表 5.1。每个服务具体要求不在此展示，因为服务本身就是自定义需求的，包括 Service ID、Method ID 等，下文只对服务的 Server 端和 Client 端做展示。

表 5.1 服务部署

Service Name	InstanceID	Server ECU	Client ECU
Service1	0x01	ECU1	ECU2
Service2	0x02	ECU1	ECU2
Service3	0x03	ECU1	ECU2
Service4	0x04	ECU1	ECU2
Service5	0x05	ECU1	ECU2
Service6	0x06	ECU2	ECU1
Service7	0x07	ECU2	ECU1
Service8	0x08	ECU2	ECU1
Service9	0x09	ECU2	ECU1
Service10	0x10	ECU2	ECU1
Service11	0x11	ECU2	ECU1

本小节主要讲述服务部分的 ARXML 配置步骤。首先，需要在 DaVinci Developer Adaptive 工具中建立新的 ARXML 工程类型。本小节主要从服务 1 来进行举例。为了方便区分，可以建一个文件夹，存放服务相关的内容。

1. Service Interface 服务接口设置

选择 ServiceInterface 元素进行创建，Name 根据表格对应，如图 5.3 中对应的是 Service1。Package 是选择创建在哪个文件夹中，File 是选择创建到哪个 ARXML 文件中。在创建完 ServiceInterface 后，创建服务里的 Event、Method、Field 等元素以及 Namespace，如图 5.4 所示。

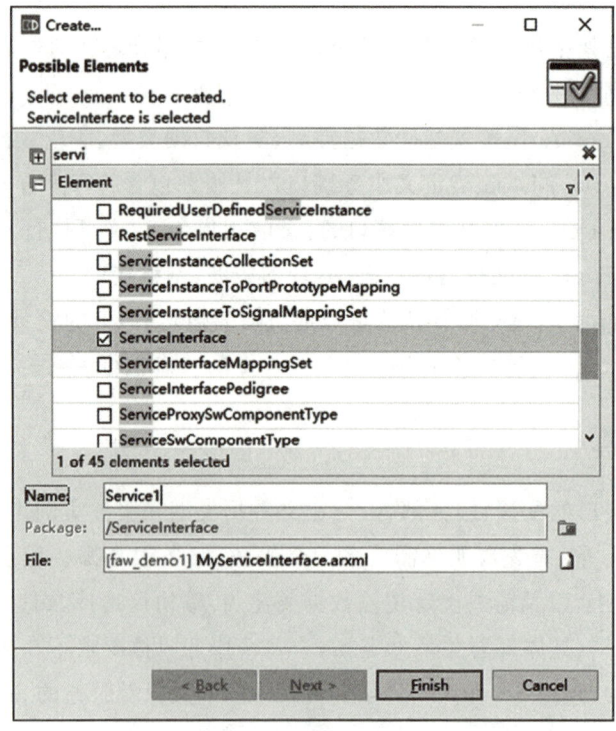

图 5.3 创建服务接口

第 5 章 基于 ARXML 实现 SOME/IP 通信

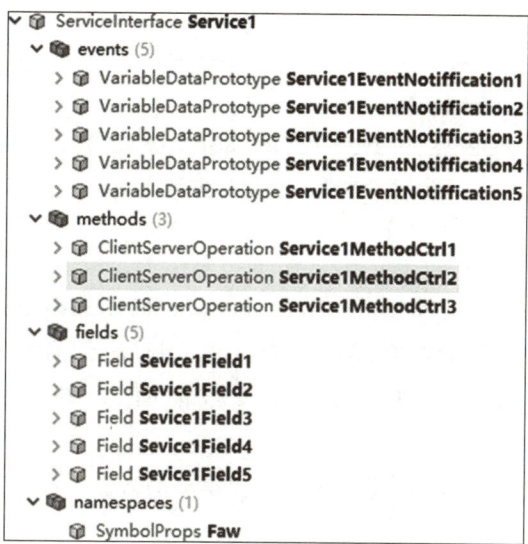

图 5.4　服务 1 中的元素

具体的 Event 配置中，需要选择 Event 传输的数据类型以及给 Event 起名（图 5.5）。

图 5.5　服务 1 中 Event1 的具体配置

在 Method 的配置中，需要配置输入输出的变量，并定义传输的数据类型（图 5.6）。

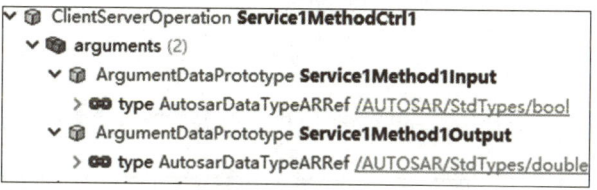

图 5.6　服务 1 中 Method 的具体配置

在 Field 配置中，需要手动选择 Getter、Setter、Notifier（图 5.7），并为整个 Field 选择数据的传输类型（图 5.8）。

图 5.7　Field 开启子功能

121

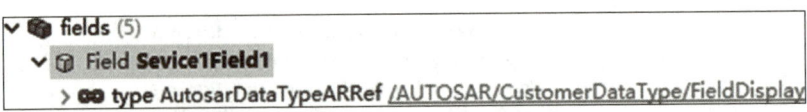

图 5.8　服务 1 中 Field 的具体配置

2. Datatype 数据类型

Service 是数据传输方式的抽象，因此，服务需要传输相关的数据类型 Datatype。本示例中，涉及的数据类型有结构体、数组和容器。在 Library 工程中，可以直接创建对应的 Datatype，并设置相关参数为 STRUCT、ARRAY 或者 VECTOR。注意：在 ARRAY 下需要设置数组的长度 Arraysize。

根据自定义需求，创建 Vector 类型和 Struct 类型的数据类型（图 5.9）。

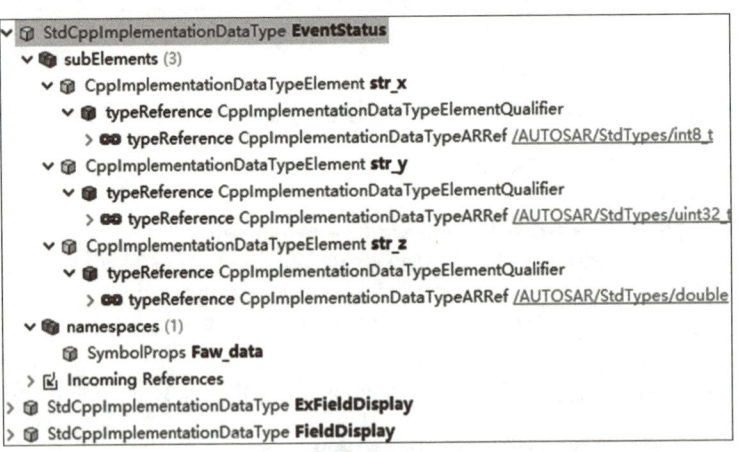

图 5.9　自定义数据类型中的子元素

需要注意的是，在创建时，Category 和 TypeEmitter 一定要手动添加（图 5.10）。

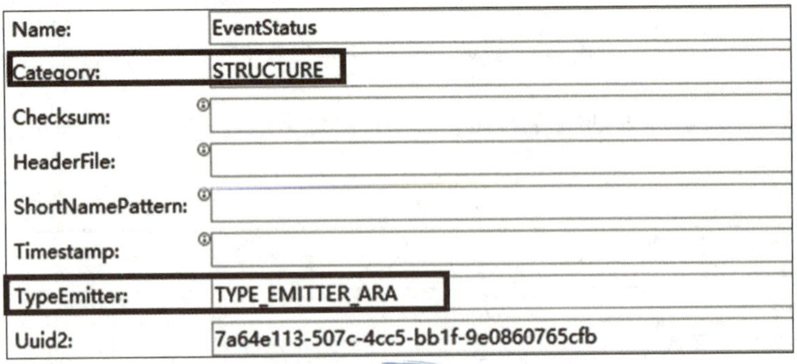

图 5.10　自定义数据类型中的须手动配置的部分

在创建 Vector 数据类型时，需要先创建一个结构体，里面存入给定的数据，然后再创建一个 Vector 数据类型用来存入之前的结构体（图 5.11）。

第 5 章 基于 ARXML 实现 SOME/IP 通信

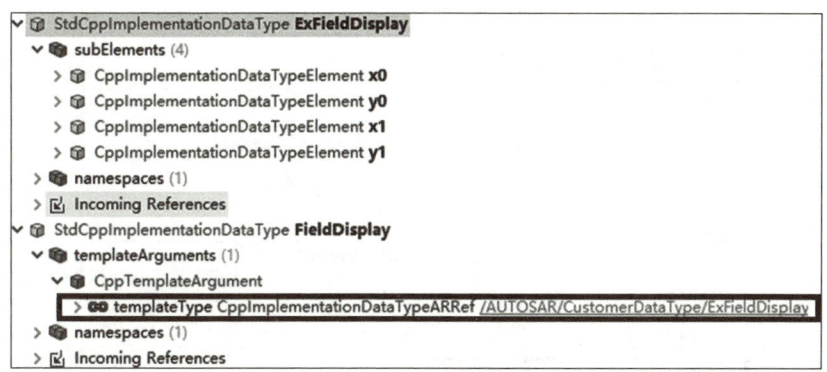

图 5.11 配置 Vector 数据类型

为了能够更简便地在 C++代码中管理不同应用和服务的数据类型,对于每个数据类型必须设置相关的名字空间 Namespace。在此,可以设置名字空间为 Faw_data。

3. Service Deployment 部署

Service 的具体实现包括两层——传输协议部署和传输点实例化。在 Service Interface 配置完成后,可以右击选择"Create Service Interface Deployment"直接添加(图 5.12)。

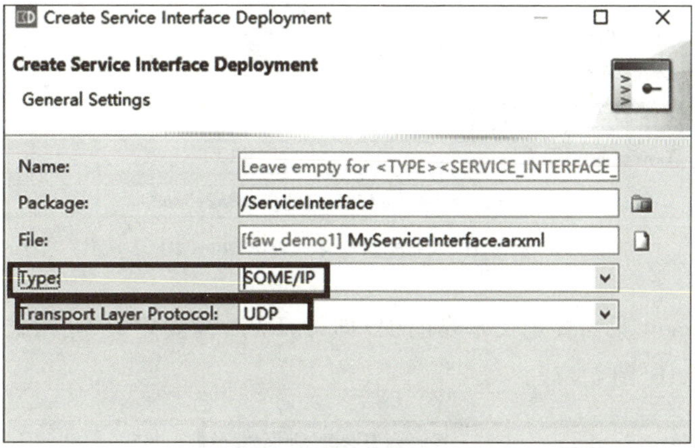

图 5.12 选择通信协议

第一层为传输协议的部署 Deployment,将服务部署到 SOME/IP、IPC 或 DDS 传输,并配置对应协议的相关信息。例如,本示例中使用的是 SOME/IP 通信,在具体的部署中就需要指明 Service ID、Event ID 等。在传输层方面,使用 SOME/IP 下的 UDP 方式部署服务。

配置服务接口 ID 如图 5.13 所示,配置服务中 Event ID 如图 5.14 所示,配置服务中 EventGroup ID 如图 5.15 所示。

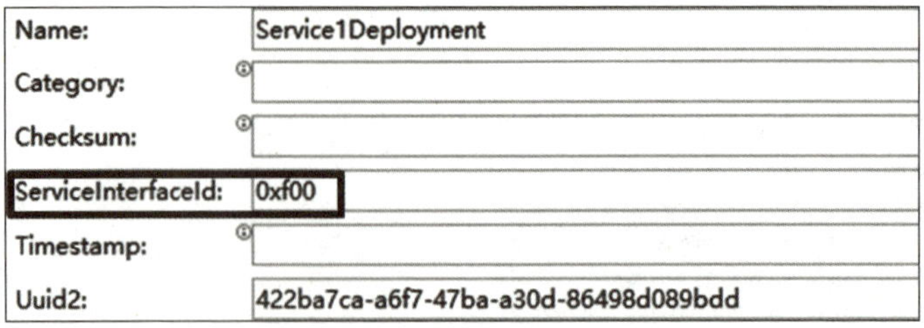

图 5.13　配置服务接口 ID

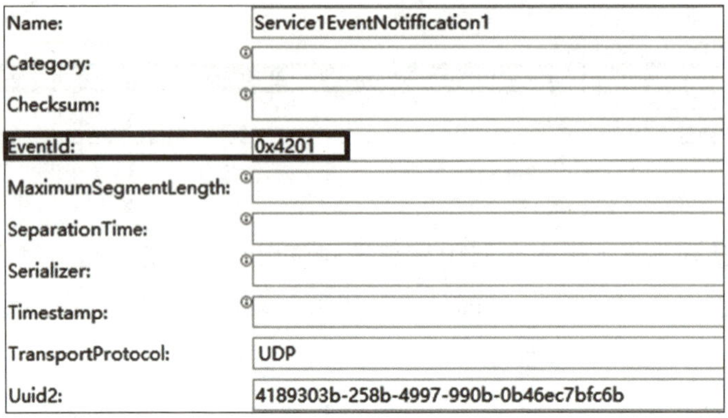

图 5.14　配置服务中 Event ID

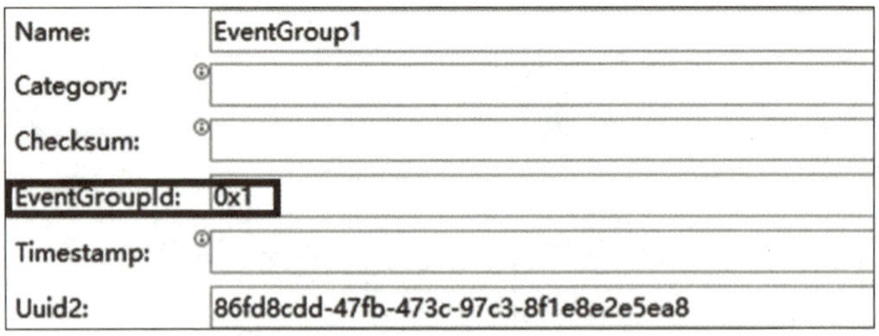

图 5.15　配置服务中 EvenGroup ID

Method 和 Event 只需要定义本身的 ID 即可，Field 需要定义 Getter、Setter、Notifer 的 ID 以及名称(图 5.16、图 5.17)。

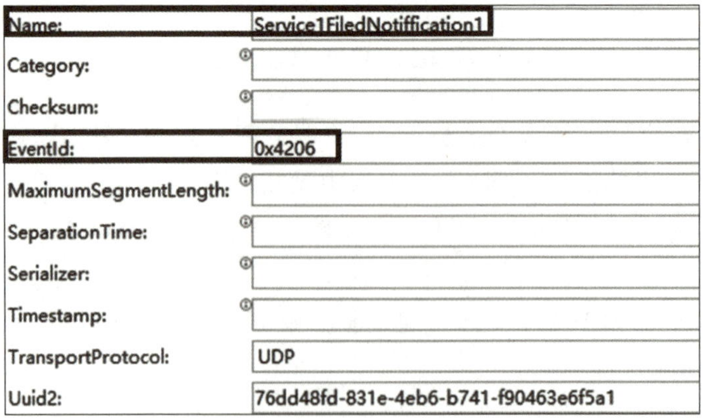

图 5.16　配置服务中 Field 中 Notifer ID 及名称

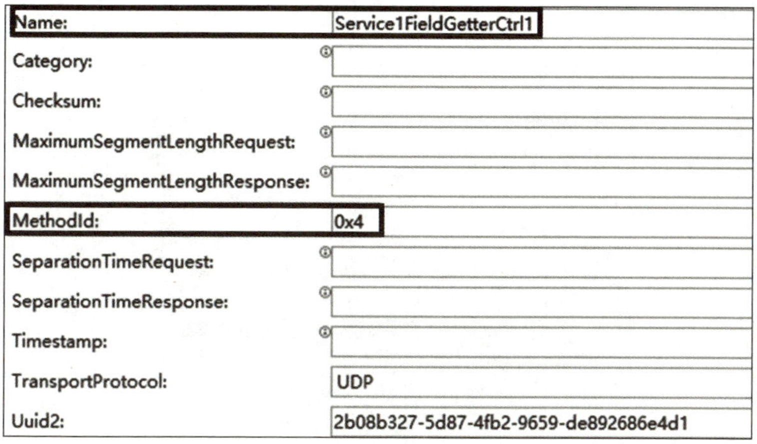

图 5.17 配置服务中 Field 中 Getter ID 及名称

4. Service Instance 实例化（可在 Machine 搭建完毕后）

在上文中，服务的通用接口和传输协议已经确定，在此就可以配置真正的服务实例。在本层中，服务的实例分为两类——Provide 输出实例和 Required 输入实例。这一层实例在代码中对应生成了 Skeleton 服务端或 Proxy 客户端的传输层和服务层信息。

在 SOME/IP 的服务实例中，定义了该服务实例的本身发现时间信息以及服务下 EventGroup 的订阅发现时间信息，如 TTL 生存时间、发现周期、初始化时间等。

在 DaVinci Developer Adaptive 工具中，通过右击添加"Service Instance"的方式，直接加入服务实例并默认设置 EventGroup、发现 Config 时间信息。

选择需要实例化的服务，单击"Next"（图 5.18）。

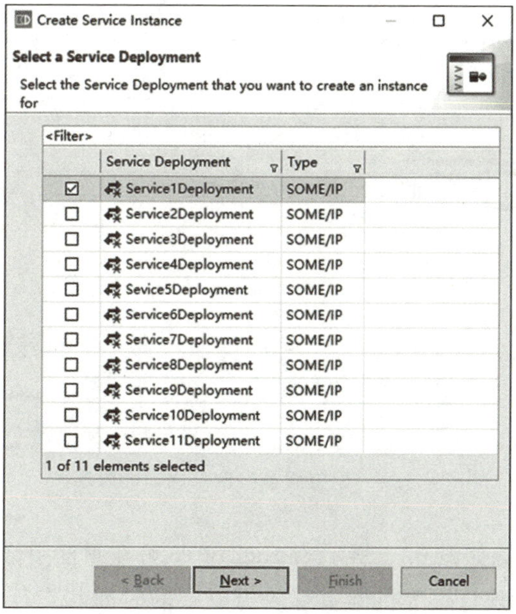

图 5.18 配置服务的实例化

选择实例化为客户端(Required)或服务端(Provided)，单击"Next"(图5.19)。

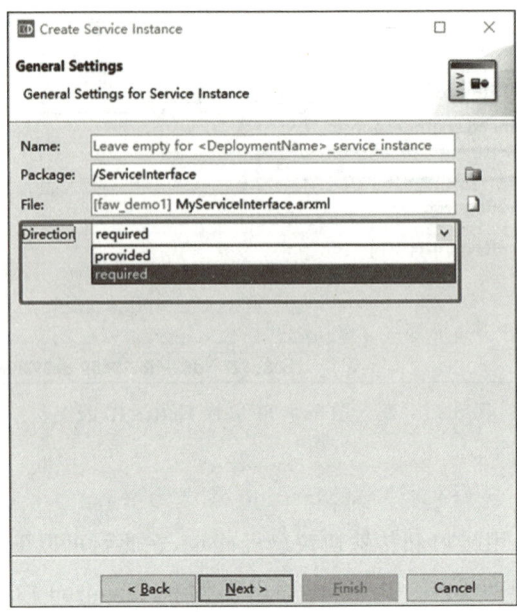

图5.19　配置服务为客户端或服务端

点选Service1，然后单击"Finish"(图5.20)。

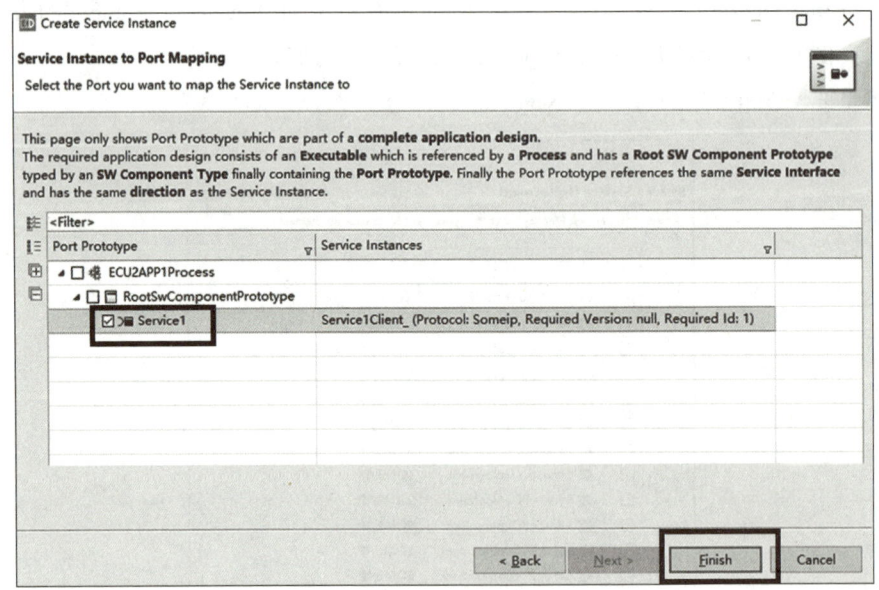

图5.20　配置服务实例到端口的映射

生成的服务实例配置如图5.21所示，TimeToLive可在画框中修改(图5.22、图5.23)。

服务发现、Event发现订阅等机制中有较为复杂的时间状态行为，包括初始化、初始重复、主循环、关闭几个状态机，每个状态机下有相关的时间属性。

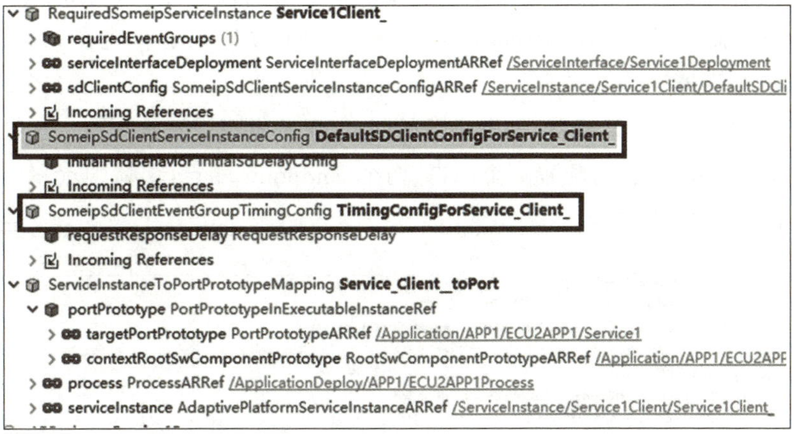

图 5.21　服务实例化中包含的配置

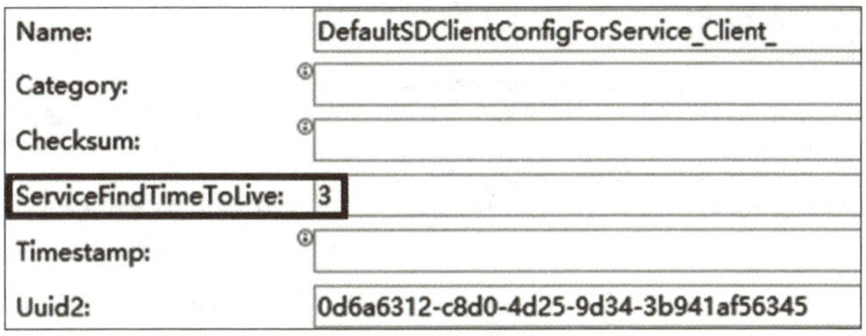

图 5.22　服务发现的生存时间

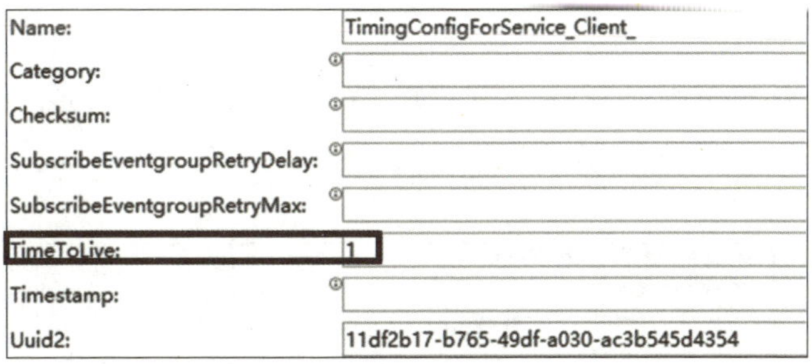

图 5.23　服务的生存时间

5.1.3　Machine 配置

本小节对 Machine Design 配置和 Machine 实体配置两部分进行说明。

在 AP 中，Machine 是指软件的 OS 和硬件相关的驱动平台。Machine 主要包括 Processor 处理器、Machine state 状态和 EthernetConnector 网卡三个主要部分。

在 DaVinci Developer Adaptive 工具中，可以新建 Machine Design 用于初步设计机器平台，主要包括机器对外通信的接口和地址，以及 SOME/IP 服务进程的端口地址。

1. Machine Design 配置

Machine Design 工程中包含了对于 Machine 需求的功能描述，Machine Design 并不是真正的 Machine，而是对于一类 Machine 的设计。真正的 Machine 体现在 Machine 工程中，包括其状态机、处理器等。

由 Machine Design 设计机器，配置机器的网口、服务发现设置等选项。这里的网口可由主页的选项直接进入。在此，配置一个网口、两个 Endpoint 端点（多播端点和单播端点），并设置相关的 IP 地址（图 5.24）。

图 5.24　配置 Machine Design

2. Machine 实体配置

完成 Machine Design 后，可以具体配置真正的 Machine（图 5.25）。由于暂未确定运行部署，先只使用 Core0 运行软件（图 5.26）。

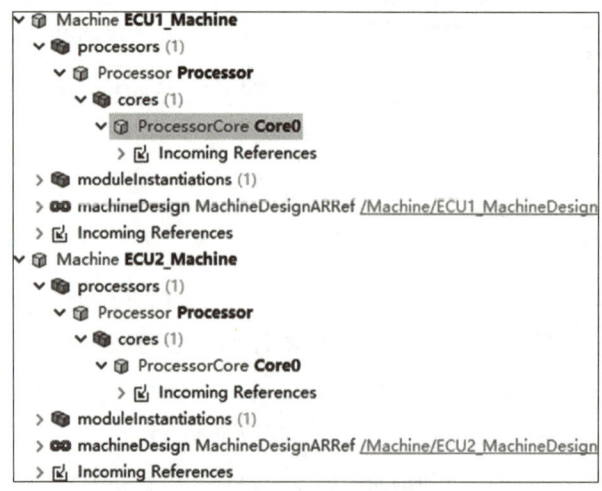

图 5.25　配置 Machine

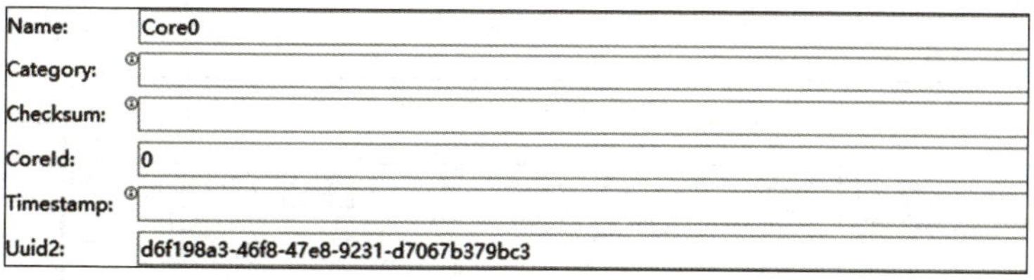

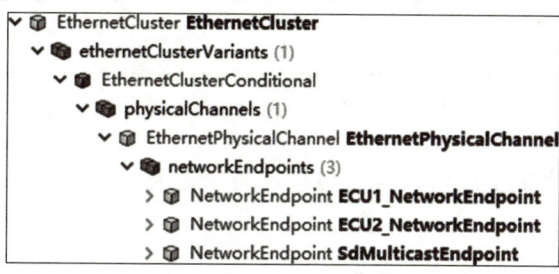

图 5.26　配置运行的核

Machine 上的网卡设置，使用 192.168.0.1 和 192.168.0.5 分别作为 ECU1 和 ECU2 的通信以太网地址，使用 239.255.255.255 作为服务发现的 SD 广播地址（图 5.27）。

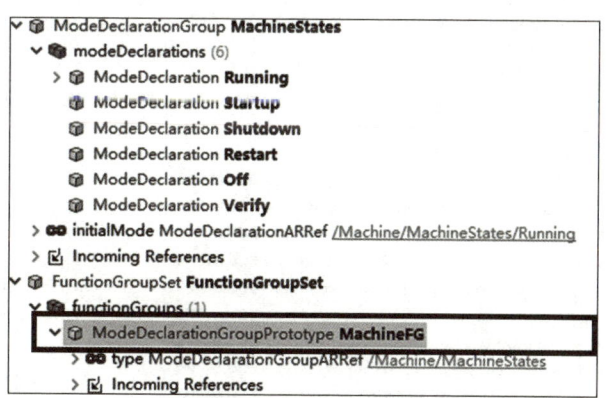

图 5.27　配置以太网通道

配置完网卡之后，进行 MachineStates 配置，其中"ModeDeclarationGroupPrototype"需要使用固定名称 MachineFG（图 5.28）。

图 5.28　配置 MachineStates

5.1.4　Application 配置

本小节对 Software Component 软件组件、Executable 运行和 Process 进程进行说明。

1. Software Component 软件组件和 Port 接口

一个 Executable 可执行体作为相关功能的实现，一定有对外交互的接口。这里，把 Executable 分解为多个 Component 组件，在 Component 中分配 Provide Port 或 Required Port 接口对外交互（图 5.29）。

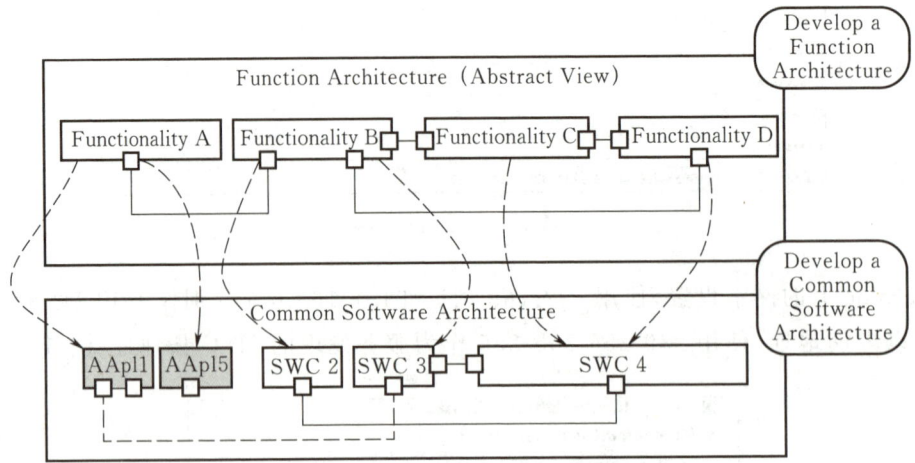

图 5.29　软件组件和接口关系图

在 AP 中,Port 对外交互必须以服务接口的方式进行,需要参考相关的 Service Interface（图 5.30）。

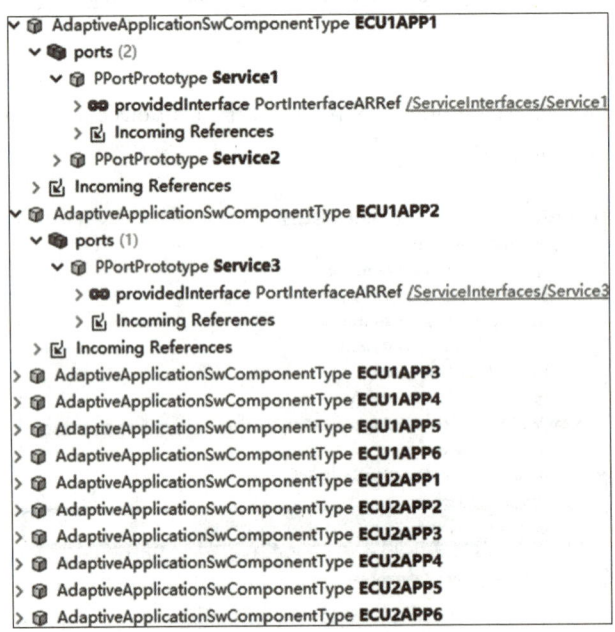

图 5.30　为软件组件配置对外 Port 口

2. Executable 运行和 Process 进程

Executable 可执行文件运行时是以进程的方式在 OS 上运行,并且有运行时的调度、优先级、传入参数等选项可以设置。此外,如果在执行管理上对于 Executable 的执行有要求,可以在 Process 中设置对应的 Machine 状态(详情见 5.1.3 Machine 配置)。

首先,必须为进程设置对应的 Executable 执行文件,引用此前配置的 ECU1APP1Executable、ECU1APP2Executable 等(图 5.31)。

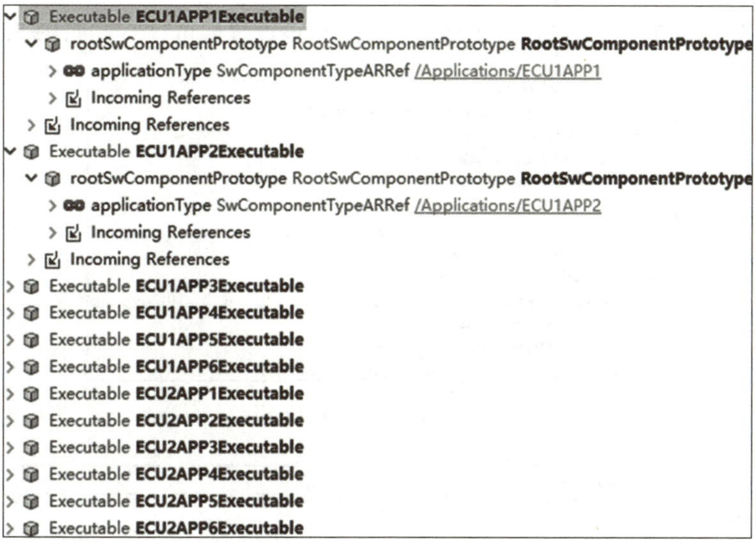

图 5.31　配置 Executable

Executable 中 Category 一栏填写 APPLICATION_LEVEL(图 5.32)。

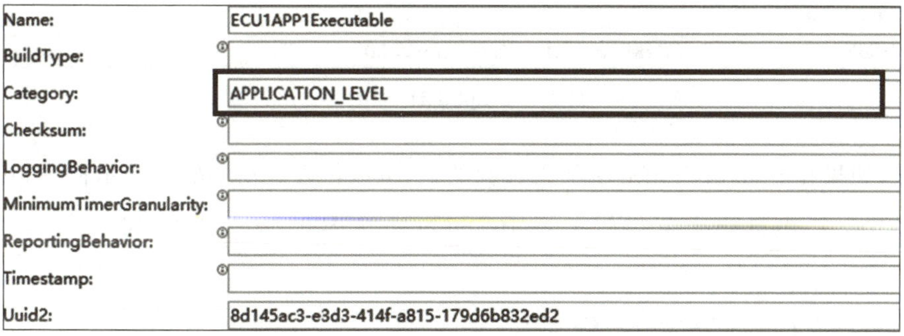

图 5.32　配置 Executable 的 Category

在状态依赖和启动配置中需要制定使用的 Machine 状态组和对应的具体状态机,如本示例中使用 Machine 的状态组,并在 Running 阶段运行相关进程(图 5.33)。

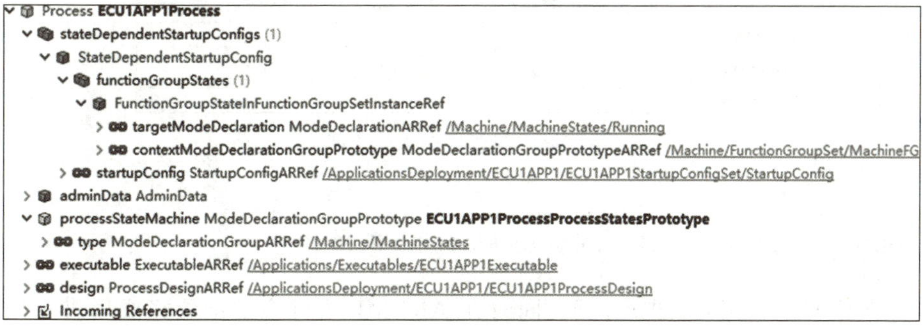

图 5.33　配置 Process

进程在 Machine 上的运行也有对应的属性,如优先级、调度策略、传入命令参数等,这些需要在 StarupConfig 属性下设置,在 Process 上引用该设置即可(图 5.34、图 5.35)。

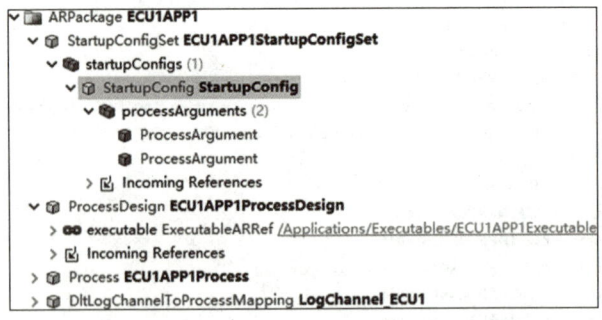

图 5.34　配置 StartupConfig

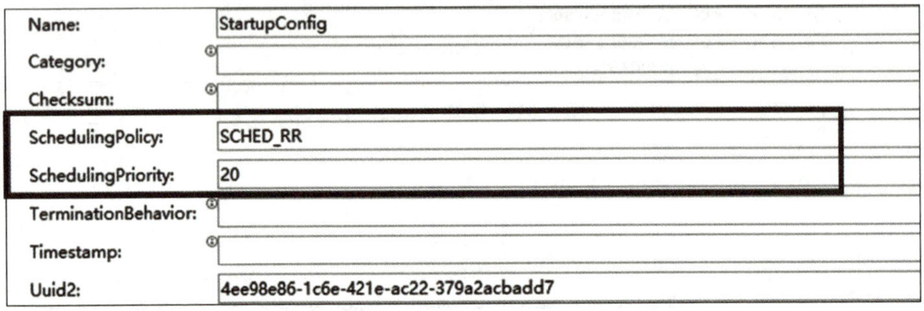

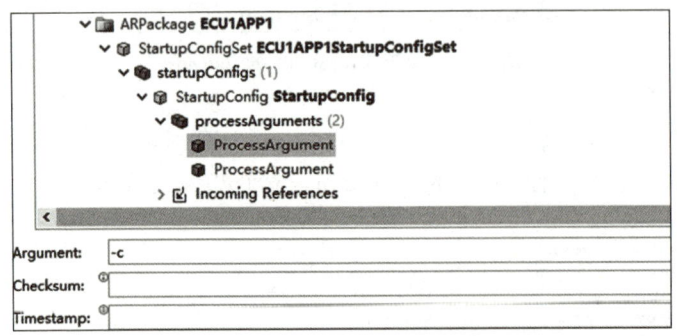

图 5.35　配置 StartupConfig 中的优先级策略

此外,如果在 StartupConfig 中加入参数的话,可以传入启动参数。本示例中,在编程阶段使用 parse 代码解析参数,以"-c ./etc/applicaton.json"传入 applicaton.json(图 5.36、图 5.37)。

图 5.36　配置启动参数选项

5.1.5　Service、Application、Machine 的 Mapping 关系

本小节就 Mapping 关系进行说明,同时在 ARXML 文件全部配置完成后进行生成,以验证模型的正确性,同时会生成相关头文件。

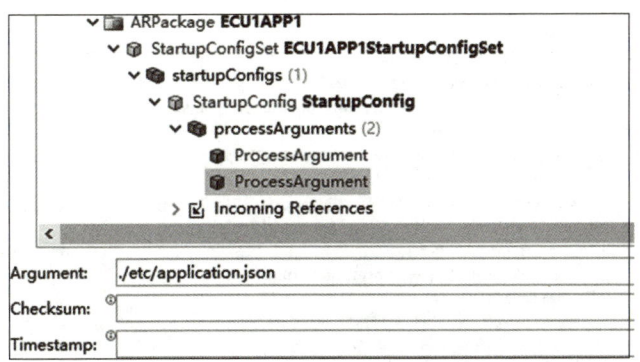

图 5.37　配置读取文件的路径

1. Service-Application Mapping 关系

在应用的 Process 上调用的 Port 时,会构造对应的 Proxy 类和 Skeleton 类,但是 Proxy 类和 Skeleton 类中仅仅体现了 Port 对应的 Service Interface 性质,如数据类型、通信行为、Service ID 等,但是没有相关的实现方式。因此,需要将 Service Instance(服务端或客户端)和 Port 以及相关的 Process 联系起来,从而在 binding 信息中设置 Service 的实现(体现在 Implment Proxy 或 Skeleton 中),通过 C++ 的多态形式生成 IPC、SOME/IP 的实现。此处也同时可以实现 Multibinding 特性,即一个客户端接口映射多个服务实例。

在 DaVinci Developer Adaptive 工具中,可以在对应的服务 Instance 上右击添加 "ServiceInstanceToPortPrototypeMapping",引用相关的软件组件 SWC 和 Port(图 5.38)。

图 5.38　配置服务实例到 Port 口的映射

2. Application-Machine Mapping 关系

应用作为进程,在机器上的运行部署是有选择性的,可以选择部署在哪一个 Machine 上,还可以选择在哪一个核上运行。直接右击添加该 "ProcessToMachineMapping" 即可,并且每个 APP 都有一个相应的 Mapping(图 5.39)。

3. Service-Machine Mapping 关系

ServiceInstance 已经指定好了服务的收发、传输协议(TCP/UDP/IPC),但是仍未确定具体在机器上的布置方式。"ServiceInstanceToMachineMapping"将服务实例映射到具体的网口、IP 地址上。同样可以在对应的 ServiceInstance 上右击添加 ToMachineMapping 信息,对于每个 ECU 上的每个服务都有对应的 Mapping(图 5.40)。

注意:TCP/UDP 的端口号需要根据配置手动输入(图 5.41)。

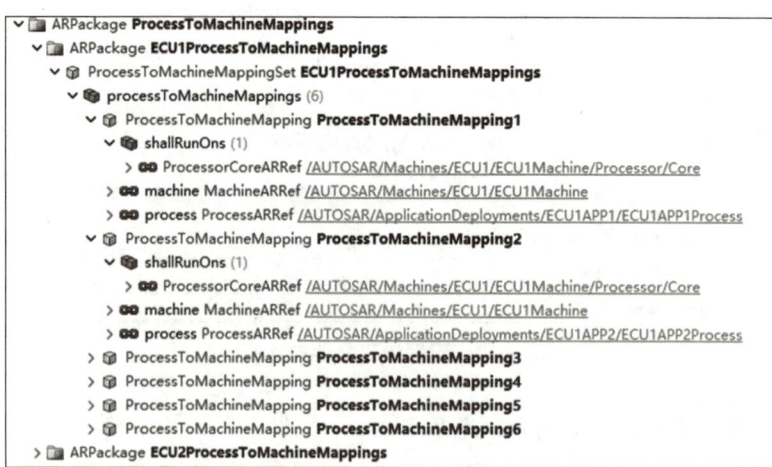

图 5.39　配置 Process 到 Machine 的映射

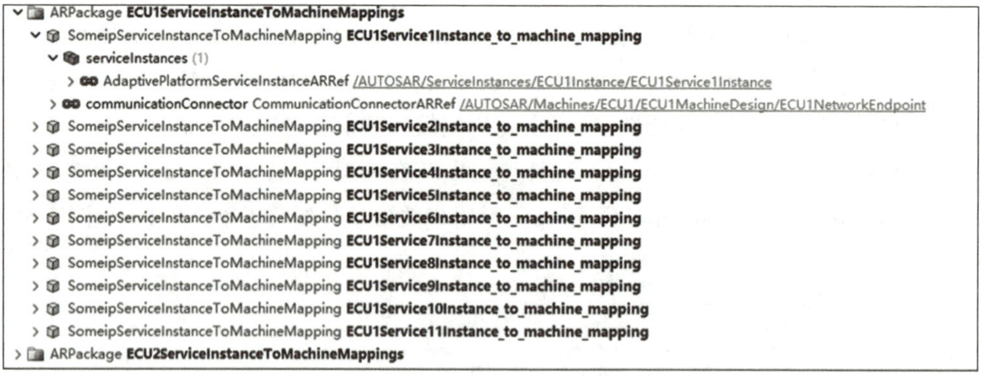

图 5.40　配置服务实例到 Machine 的映射

图 5.41　配置 TCP/UDP 端口号

4. DaVinci Developer Adaptive 验证

配置完毕后,在 DaVinci Developer Adaptive 工具下"Generate"判断 ARXML 文件是否配置正确(图 5.42)。

在验证 ARXML 都正确后,可以把 ARXML 文件移动到 IDE 中,之后进行编写应用层代码,并编译构建。

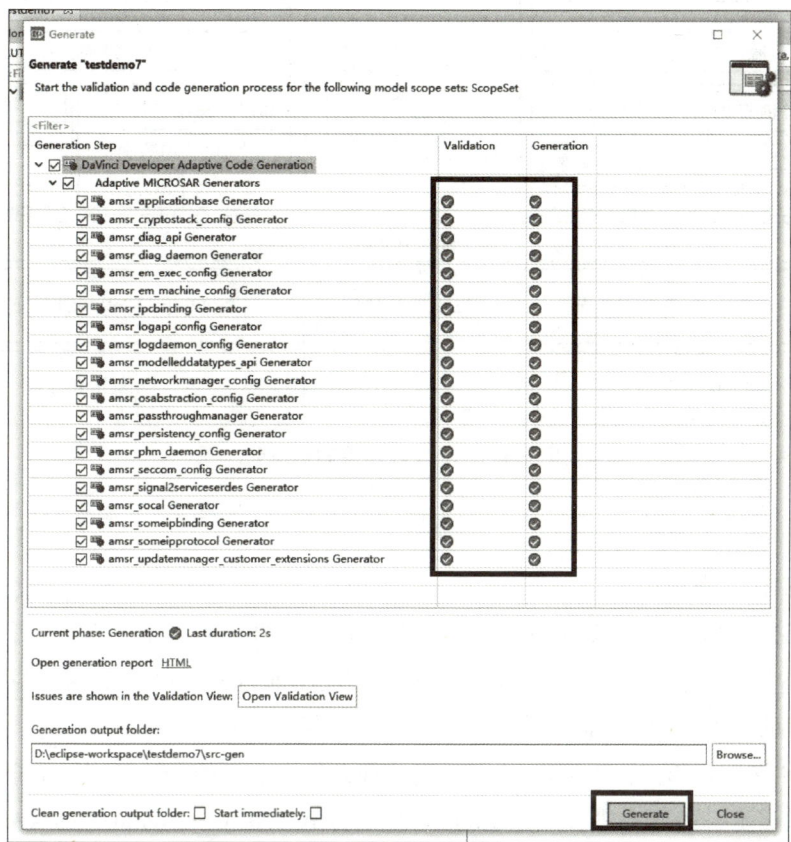

图 5.42 验证 ARXML 文件是否正确

5.2 应用层代码

本节对应用层代码进行解释。

5.2.1 通信模块原理分析

本小节对 ara::com 模块内容和通信模块的主要 API 进行介绍。

ara::com 模块实现在 AP 应用之间的 SOA 通信。在基于服务端/客户端模型下,ara::com 模块利用 C++ 面向对象的特性,将多种通信实现协议(IPC 进程间通信、SOME/IP 通信)抽象封装为统一的服务接口。ara::com 的主要设计目标是定义通信技术的抽象,以便软件组件能够进行通信,而不需要处理通信和操作系统的细节。

根据 SOA 框架,ara::com 模块主要包括 SOME/IP 守护管理进程、Runtime 环境与接口协议。而应用通过客户端、服务端两类接口使用服务。ara::com 提供了一个 Proxy/Skeleton 架构,图 5.43 所示为这种架构的不同层级。

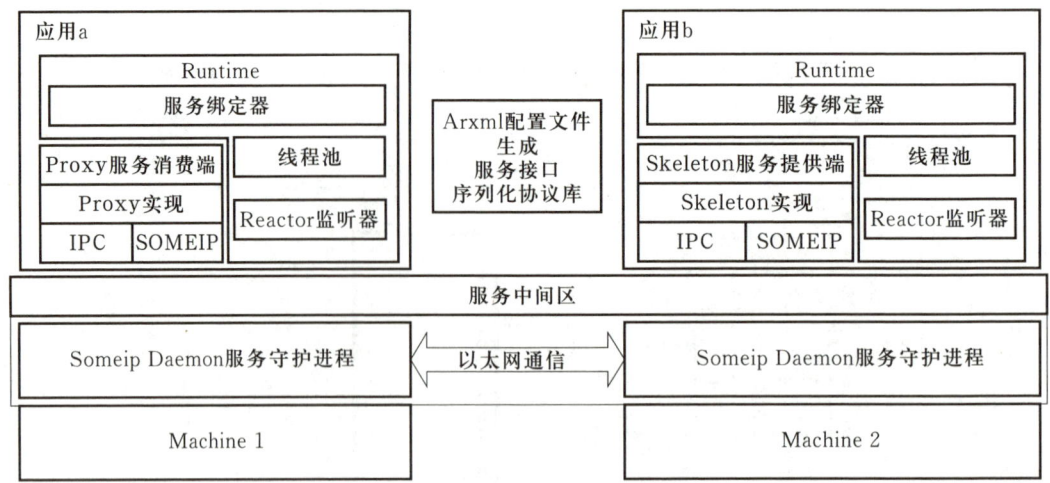

图 5.43　AP 平台功能的抽象化

1. ara::com 模块组成

1) SOME/IP 守护进程

在每个 ECU 运行环境下,都有一个 SOME/IP 守护进程独立地在幕后运行,负责管理 SOME/IP 服务的登记、发现、订阅和转发。相关的应用通过固定的 IPC 端口与本机服务进程通信,所有的 SOME/IP 通信都需要由守护进程进行路由转发。

在 AP 环境下,所有的 SOME/IP 对外通信都必须由本机的 SOME/IP 守护进程进行路由,应用进程与本机的服务进程之间通过 RPC 的方式发送 Command Message 或 Routing Message。其中,Command Message 用于服务的发现、更新、订阅和取消订阅。Routing Message 则是被转发的 SOME/IP 报文。

2) Runtime 环境与接口协议

Runtime 是应用编译时需要链接的库,是 ara::com 模块在应用中的主要实现方式。在所有应用中,都要首先初始化 Runtime。Runtime 包括服务绑定器、线程池、Reactor 反应器、通信接口以及序列化协议库部分,以上每个部分都完成了 SOA 通信中的相关功能。

(1) 服务绑定器 Binding。内含接口映射表、管理服务绑定信息,也可以向 SOME/IP 守护进程发送服务发现请求。

(2) Reactor 调度和收发应用进程内的通信请求。使用了 Linux 下的 select 或 epoll 多路复用函数,完成了网络设备的监听和事件发生时的响应。在响应时使用回调函数,调用序列化库接口,完成报文的拆包组包工作。

(3) 通信接口以及序列化协议库。由 ARXML 文件生成代码,被 Reactor 反应器的工作线程用于传输数据的序列化与反序列化。

(4) 线程池。线程池内有挂起的线程,可以在有需要时并发地执行任务,并且不需阻塞 Reactor 工作线程。在 Reactor 反应器的工作过程中,有一些需要消耗 CPU 时间的任务,如果只利用 Reactor 的工作线程来执行,会导致通信的效率降低,线程池可以分担 Reactor 的任务。

2. 通信模块主要 API 介绍

如上文所述，ara::com 通信模块在中间件之上，使用 C++的面向对象特性，Proxy 类和 Skeleton 类隐藏了中间件 API，它们提供了中间件中独立于实际 IPC Binding 的应用程序 API。

Proxy 类和 Skeleton 类是从公共服务接口定义中生成的，内含指向真正服务 Implementation 实现的指针，该指针为所有协议服务的父类，向下派生有 SOME/IP 或 IPC 服务 Binding。Proxy 和 Skeleton 的所有成员函数 API 都通过 C++指针的多态特性实现具体的通信。

1) Proxy API

Proxy 是 Client 端使用服务的 API，提供了寻找服务实例的方法以及与服务实例的通信方法。

(1) 寻找服务(Finding Services)。Proxy 提供了两个方法用来寻找服务。

① StartFindService()。该方法是异步调用，它在用户程序代码中注册了一个回调函数，当服务的可用性发生更改时，用来通知 Client 端。在调用该方法后，会将所用服务实例的初始快照发送到 Client 端，该方法会被下述的 FindService()方法调用。

② FindService()。该方法是同步调用，用以通知服务实例的可用性。

(2) Events。Proxy 提供 APIs 为每一个订阅的 Event 注册回调程序，一旦新的 Event 数据到来，中间件便会异步调用已注册的处理程序，也可以同步轮询的方式处理新到的 Event 数据，而不需要注册回调函数。

(3) Methods。对于每一个服务 Method，Proxy 都实现了相关的 API 来调用该 Method。在 Client 端调用一个 Method 后，该 Method 会在 Server 端被异步调用。返回值会通过 ara::com::Future 返回给调用者，ara::com::Future 是 C++ std::future 的包装器(wrapper)。

该包装器提供了：

① 阻塞等待结果 ara::com::Future::get()，可以选择超时选项 ara::com::Future::wait_until()和 ara::com::Future::wait_for()。

② 注册一个回调函数，在 Server 端返回结果时调用回调函数处理返回值 ara::com::Future::then()。

③ 查询返回状态 ara::com::Future::is_ready()，这也是非阻塞的。

(4) Fields。Fields 是 Methods 和 Events 的结合体。一个 Field 中总是包含一个 value，它由三个可选的组件组成，用于访问和修改这个 value：

① Field Notification。作为一个事件，当 Field value 更新时，以 Event 的方式通知订阅者。除了这种情况外，在订阅时，也会将 Field value 值发送给订阅的 Client。该组件可以在模型文件中设置元素 hasNotifier = true 激活，或者设置元素 hasNotifier = false 取消激活。

② Field Getter。Client 可以通过 Get()方法查询该 Field value。该组件可以在模型文件中设置元素 hasGetter = true 激活，或者设置元素 hasGetter = false 取消激活。

③ Field Setterter。Client 可以通过 Set()方法更新该 Field value。该组件可以在模型文件中设置元素 hasSetter = true 激活，或者设置元素 hasSetter = false 取消激活。

2) Skeleton API

Skeleton 是向中间件提供一个服务的基本类。

（1）提供服务（Offering Services）。Skeleton 提供了向中间件提供服务的方法：

① OfferService()。

② StopOfferService()。

Server 端使用 Skeleton 类中的方法来提供服务实例。

（2）处理模式。Skeleton 提供了两种处理模式：

① 事件驱动（异步，单线程或者多线程）。

② 轮询驱动（同步）。

应用程序开发人员可以在实例化 Skeleton 类时通过构造函数参数选择处理模式。默认处理方式为事件驱动模式。当方法请求到达 Server 端时，该请求的方法会被分配给事先配置好的工作线程中处理，或者在单线程环境中被顺序处理。

轮询驱动模式下，请求的方法到达 Server 时被排队而不处理。应用程序开发人员决定何时处理挂起的请求。应用程序开发人员调用 Skeleton 的 ProcessNextMethodCall() 来处理下一个挂起的方法请求。

（3）Methods。Skeleton 包含所用 Methods 的纯虚方法，由 Skeleton 基类派生的子类来实现这些服务方法。

（4）Events。Skeleton 为每一个事件定义了一个 EventDispatcher 类，应用程序可以使用该类来发送 Events。

（5）Fields。Server 端的 Fields 实现了以类似 Events 的模式更新 Field Value 的方法。此外，还可以注册 Getter 和 Setter 的处理程序。

5.2.2 编码开发

本小节举例说明 Server 端和 Client 端的部分应用层代码如何编写。

本项目中实现了 11 个服务。在服务 1～服务 5 中，ECU1 作为 AP 服务端，ECU2 作为 AP 的客户端；在服务 6～服务 11 中，ECU2 作为 AP 服务端，ECU1 作为 AP 的客户端。分别以 Event、Method、Field 的形式发送 SOME/IP 报文至另一端。

1. Server 源码分析

本项目中，以 APP1 为例，ECU1 为服务端，ECU2 为客户端。ECU1 服务端的功能是提供内含 Event、Method、Field 的 Service1 和 Service2 这两个服务，其中 Event 需要传输的数据是 EventStatus 结构体。Method 由客户端传入 bool 类型数据，服务端返回 double 类型数据，Field 传输的数据名为 FieldDisplay 的 Vector 容器，容器中装载了结构体。

在进入运行阶段后，服务端周期性地将进程内的某一数据以 Event 的形式发布。在进程启动的周期循环中，以键盘中断信号为指示停止循环、报告状态，随后结束服务的提供，并回收系统资源。

结合 EM 执行管理模块，可以将应用分为三个阶段：

- Startup 启动阶段：处理信号中断、初始化打印模块、初始化 runtime 环境、提供服务。
- Running 运行阶段：循环定时，发布 Event、Field。
- Shutdown 阶段：打印信息、停止提供服务、结束进程。

1) 初始化信号处理模块

为了保证 AP 程序对 POSIX 系统信号的正确处理,每个 AP 程序都有一个专用线程来接收和处理 POSIX 信号。

首先实现用于初始化信号处理的函数 InitializeSignalHandlingsigset()。

sigset_t signals 定义一个信号集合。使用 sigfillset 函数将所有信号添加到信号集合中,将屏蔽所有信号。使用 sigdelset 函数将 SIGABRT、SIGBUS、SIGFPE、SIGILL、SIGSEGV 从信号集合中移除。这是因为这些信号通常用于指示严重错误,它们阻塞可能导致未定义的行为。这些信号通常由底层 POSIX 环境处理,默认操作是终止进程并生成一个转储文件。使用 pthread_sigmask 函数将信号集合应用于当前线程,即阻塞了除上述列出的几个信号之外的所有其他信号。如果上述步骤中的任何一个失败,将调用 ara::core::abort 终止程序,因为信号处理的初始化失败可能导致不可预测的行为。该函数的作用是在应用程序启动时,初始化一个信号集合,屏蔽除 SIGABRT、SIGBUS、SIGFPE、SIGILL、SIGSEGV 之外的所有信号。这样的操作通常用于确保程序在发生某些严重错误时能够正常终止,而不受其他信号的干扰(工程源码 5.1)。

工程源码 5.1　初始化信号处理

```cpp
void InitializeSignalHandling() noexcept {
 bool success{true};
 sigset_t signals;

// Block all signals except the SIGABRT, SIGBUS, SIGFPE, SIGILL, SIGSEGV signals because blocking them will lead to
// undefined behavior. Their default handling shall not be changed (dependent on underlying POSIX environment, usually
// Process is killed and a dump file is written). Signal mask will be inherited by subsequent threads.

 success = success && (0 == sigfillset(&signals));
 success = success && (0 == sigdelset(&signals, SIGABRT));
 success = success && (0 == sigdelset(&signals, SIGBUS));
 success = success && (0 == sigdelset(&signals, SIGFPE));
 success = success && (0 == sigdelset(&signals, SIGILL));
 success = success && (0 == sigdelset(&signals, SIGSEGV));
 success = success && (0 == pthread_sigmask(SIG_SETMASK, &signals, nullptr));

 if (! success) {
   ara::core::abort("InitializeSignalHandling failed.");
 }
}
```

创建一个线程,用于捕获 SIGTERM 或 SIGINT 信号,一旦收到这些信号,就会请求应用程序退出。这样的信号处理机制通常用于在接收到终止信号时,安全地关闭应用程序(工程源码 5.2)。

工程源码 5.2　信号线程函数

```cpp
void FawServer::SignalHandlerThread() {
  sigset_t signal_set;

  // Empty the set of signals
  if (0 != sigemptyset(&signal_set)) {
    log_.LogFatal() << "FawServer could not empty signal set.";
    ara::core::abort("Empty signal set failed.");
  }
  // Add SIGTERM to signal set
  if (0 != sigaddset(&signal_set, SIGTERM)) {
    log_.LogFatal() << "FawServer cannot add signal to signalset: SIGTERM";
    ara::core::abort("Adding SIGTERM failed.");
  }
  // Add SIGINT to signal set
  if (0 != sigaddset(&signal_set, SIGINT)) {
    log_.LogFatal() << "FawServer cannot add signal to signalset: SIGINT";
    ara::core::abort("Adding SIGINT failed.");
  }

  // Loop until SIGTERM or SIGINT signal received
  int sig{-1};// VECTOR SL AutosarC++17_10-A3.9.1: MD_tmp_A3.9.1_sigwait

  do {
    if (0 != sigwait(&signal_set, &sig)) {
      log_.LogFatal() << "FawServer called sigwait() with invalid signalset.";
      ara::core::abort("Waiting for SIGTERM or SIGINT failed.");
    }
    log_.LogInfo() << "FawServer received signal: " << sig << ".";

    if ((sig == SIGTERM) || (sig == SIGINT)) {
      log_.LogInfo() << "FawServer received SIGTERM or SIGINT, requesting Application shutdown.";
```

```cpp
    if (! exit_requested_) {
       // Request Application exit.(SignalHandler initiate the shutdown!)
       exit_requested_ = true;
    }
    terminated_by_signal_ = true;
  }
} while (! exit_requested_);
  }
  }
}
```

2）设计 FawServer 类

FawServer 类为代表应用程序的主类，其中包括一些主要函数，如 SignalHandlerThread、PeriodThread、PeriodWork 等，并且在 Periodwork 函数中实现发送 Event 以及 Field 中 Notifer 的功能（工程源码 5.3）。

工程源码 5.3　周期发送 Event 和 Field

```cpp
void FawServer::PeriodicWork() {
 switch (Next_work_item_) {
  case 0: {
    //两处 Namespace 和 field 名称
    skeleton:: fields:: Sevice1Field1:: FieldType Service1_field1_value =
    Service1_Server_->GetField1Value();
    Service1_Server_->Sevice1Field1.Update(Service1_field1_value);
     log_.LogInfo() <<"[Service1][Field2][Notifier] Update event with value
     " <<Service1_field1_value[0].x0 <<".";
    Next_work_item_ ++ ;
    break;
  }
  case 1: {
    log_.LogInfo() <<"[Service1][Event1] Send event with value " <<Service1_
    event1_value_.str_z <<".";
    //更改 event 的名称
    Service1_Server_->Service1EventNotiffication1.Send(Service1_event1_value_);
    Service1_event1_value_.str_z ++ ;
```

```cpp
    Next_work_item_ = kWorkItemStartIndex;
    break;
  }
  default: {
    log_.LogError() <<"Invalid work item index. Reset work item index to " <<
    kWorkItemStartIndex <<".";
    Next_work_item_ = kWorkItemStartIndex;
    break;
  }
 }
}
```

工程源码 5.4 展示了一个周期性任务的执行逻辑，通过使用 C++ 的 std::chrono 库来处理时间点和时间间隔，以及通过线程睡眠来实现任务的定时执行。

工程源码 5.4　处理周期函数

```cpp
void FawServer::PeriodicThread() {
 // Store the current point of time in Next_run.
 std::chrono::steady_clock::time_point Next_run{std::chrono::steady_clock::
 now()};
 // Define a time interval.
 std::chrono::steady_clock::duration duration{std::chrono::milliseconds
 {kPeriodicThreadCycleTimeInMs}};
 while (!exit_requested_) {
  if (do_work_) {PeriodicWork();}
  // Calculate the Next point of time to be rescheduled.
  Next_run += duration;
  // Blocks the execution of the current thread until specified point of time
  (Next_run) has been reached.
  std::this_thread::sleep_until(Next_run);
 }
 log_.LogInfo() <<"FawServer periodic work finished.";
}
```

3）设计 FawServerService 类

通过 FawServerService 类可以创建服务实例和设计 Method 的具体实现（工程源码 5.5）。

FawSeverService 类继承自 Skeleton 类,构造函数的输入参数为 Port 的 InstanceSpecifier,该类给出了 Method 的具体实现。

FawServerService 类构造函数的输入参数为 kInstanceSpecifierService 的实例标识符。

工程源码 5.5 Service1 的实例标识符

```
/*!要用于 Service1 的实例标识符.*/
ara::core::StringView const kInstanceSpecifierService1{
    //两处 executable 的名和 swc 中的 Port 名
    "ECU1APP1_exe/RootSwComponentPrototype/Service1"};
```

在 FawSeverService 类内定义成员函数 Method 以及设置成员变量 Field 的初始值(工程源码 5.6)。

工程源码 5.6 Method 和 Field 赋初始值

```
/*!
*\brief Value to be used for Field1.
*/
skeleton::fields::Sevice1Field1::FieldType Service1_field1_value_ = {Faw_
data::ExFieldDisplay{0,1,2,3}};
// - - - - Methods of Service1 - - - - - - - - - - - - - - - - - - - - */
/*!
*\brief Implementation of Method1. Increments the input value by 1 and
    returns it.
*\param input_argument Value to be incremented.
*\return The input_argument incremented by 1.
*/
//两处 Namespace 和 method 名称
ara::core::Future<faw::skeleton::methods::Service1MethodCtrl1::Output>
Service1MethodCtrl1(
    bool const& Service1Method1Input);//输入的参数 对应 method 中 In 的名称
```

工程源码 5.7 是 Method 的处理逻辑,通过返回异步任务(Future)来处理异步的计算过程,同时记录函数调用和返回的相关日志。

工程源码 5.7 Method 请求函数

```
ara::core::Future<faw::skeleton::methods::Service1MethodCtrl1::Output>
FawServerService1::Service1MethodCtrl1(bool const& Service1Method1Input){
```

```cpp
    faw::skeleton::methods::Service1MethodCtrl1::Output abc{0};
    log_.LogInfo() <<"[Service1][Method1] Called with Service1Method1Input " <<
    Service1Method1Input ;
    abc.Service1Method1Output = 10.1;
    log_.LogInfo()<<"[Service1][Method1] Return value " <<abc.Service1Method1Output
    <<".";
    ara::core::Promise<faw::skeleton::methods::Service1MethodCtrl1::Output>
    promise;
    promise.set_value(abc);
    return promise.get_future();
}
```

在 FawSeverService 构造函数中实现 Field 函数,包括 Getter、Setter。同时在代码中观察到,Setter 成功后会在向 Client 端发一帧 Notification 报文(工程源码 5.8)。

工程源码 5.8 Getter 和 Setter 回调函数

```cpp
Sevice1Field1.RegisterGetHandler([this]() {
  ara::core::Promise<faw::skeleton::fields::Sevice1Field1::FieldType>
  promise;
  log_.LogInfo() <<"[Service1][Field1][Get] Get field returns value " <<
  Service1_field1_value_[0].x0 <<".";
  promise.set_value(Service1_field1_value_);
  return promise.get_future();
});
Sevice1Field1.RegisterSetHandler(
    [this](faw::skeleton::fields::Sevice1Field1::FieldType const& value) {
      ara::core::Promise<faw::skeleton::fields::Sevice1Field1::FieldType>
      promise;
      log_.LogInfo() <<"[Service1][Field1][Set] Set field called with value
      " <<value[0].x0 <<".";
      Service1_field1_value_[0].x0 = value[0].x0;
      log_.LogInfo() <<"[Service1][Field1][Set] Set field returns value " <<
      Service1_field1_value_[0].x0 <<".";
      promise.set_value(Service1_field1_value_);
      return promise.get_future();
    });
Sevice1Field1.Update(Service1_field1_value_);
}
```

2. Client 源码分析

本项目中,在进入运行阶段后,该客户端将异步请求查找服务,并进入休眠;在找到服务后,将订阅服务,同时主线程将进入周期性的循环睡眠唤醒。在进程启动的周期循环中,Reactor 线程在收到 Event 时间后,将执行对应的回调函数处理 Event。主线程的周期循环以键盘中断信号为指示停止循环、报告状态,随后结束服务的订阅,并回收系统资源。

1) 主函数初始化 CM 模块

此部分调用初始化接口,同时如果初始化失败,会打印出错误信息(工程源码 5.9)。

工程源码 5.9　初始化 CM 模块

```
// Initialize
  ara::core::Result<void> init_result{ara::core::Initialize()};
  if (!init_result.HasValue()) {
    std::cerr << "Initialization for TongjiDemo CM Client1 failed." << std::
    endl;
    std::cerr <<"Result contains: " <<init_result.Error().Message() <<", " <<
    init_result.Error().UserMessage()
           <<std::endl;
    ara::core::abort("Could not initialize Faw CM Client1!");
  }
```

2) 设计 Client 类

该类设计了 Event 事件处理函数的实现,并定义了确认客户端状态的 bool 值,提供了 FindService1Handler()、SubscriptionStateHandlerService1Event1()、rReceiveHandlerService1Event1()、SubscriptionStateHandlerService1Field1()、ReceiveHandlerService1Field1() 等方法。StartFindService() 方法用来寻找服务,当服务找到后,会执行 FindServiceHandler() 方法(工程源码 5.10)。

工程源码 5.10　调用服务发现接口

```
ara::core::Result<void> FawClientService1::StartClient() {
  ara::core::Result<void> result{};
  if (!client_started_) {
    log_.LogInfo() <<"[Service1] StartFindService for FawService1.";
    ara::com::FindServiceHandle find_Service_handle =
        faw::proxy::Service1Proxy::StartFindService(
           [this](const ara::com::ServiceHandleContainer<
               faw::proxy::Service1Proxy::HandleType>&handles)
           {FindService1Handler(handles);},
```

```cpp
                    ara::core::InstanceSpecifier{kInstanceSpecifierService1});
{
    std::unique_lock<std::mutex> lock{Service1_proxy_mutex_};
    if (!notify_on_Service1_found_.wait_for(lock, std::chrono::seconds{10},
                                [&]() { return Service1_proxy_ != 
                                nullptr; })) {
        result.EmplaceError(StandardErrc::kUnknownError);
        log_.LogError() << "[Service1] StartFindService did not find a proxy in 
        the given time.";
    }
}
log_.LogInfo() << "[Service1] StopFindService for FawService1.";
faw::proxy::Service1Proxy::StopFindService(find_Service_handle);
}
}
```

FindServiceHandler()会创建一个 proxy 实例，通过该实例实现通信，下述代码负责处理服务实例的查找结果，并在找到实例时创建相应的服务代理对象。在多线程环境中，通过互斥锁确保对服务代理对象的操作是线程安全的。当找到服务实例后，通过通知唤醒等待的线程(工程源码 5.11)。

工程源码 5.11　创建 proxy 实例

```cpp
void FawClientService1::FindService1Handler(
    ara::com::ServiceHandleContainer<faw::proxy::Service1Proxy::HandleType>//更改两处
        Service1_handles) {
if (Service1_handles.empty()) {
    log_.LogInfo() << "[Service1] StartFindService handler called: no Instance found.";
} else if (Service1_handles.size() == 1) {
// In some rare cases the callback can be called again before the 
StopFindService call has finished.
// In this case the already found proxy should not be overwritten, because it 
may be already in use.
if (!Service1_proxy_) {
    std::lock_guard<std::mutex> lock(Service1_proxy_mutex_);
    log_.LogInfo() << "[Service1] StartFindService handler called: 1 Instance 
    found.";
```

```
    Service1_proxy_ =
  //更改两处
      std::make_shared<faw::proxy::Service1Proxy>(Service1_handles[0]);
  notify_on_Service1_found_.notify_all();
  }
} else {
  // The example doesn't handle this case.
  log_.LogInfo() <<"[Service1] StartFindService handler called: " <<Service1_
  handles.size()
          <<" Instances found. Not handled by Start Application.";
  }
}
```

调用 SubscriptionStateHandlerService1Event1() 方法用来注册事件(工程源码 5.12)。

工程源码 5.12 注册事件

```
void FawClientService1::SubscriptionStateHandlerService1Event1(
    ara::com::SubscriptionState subscription_state) {
    log_.LogInfo() <<"[Service1][Event1] Subscription state handler was called
    with subscription state "
            <<static_cast<uint8_t>(subscription_state) <<".";}
```

ReceiveHandlerService1Event1() 为事件处理函数,当检查到一个新的事件到达时,打印事件信息(工程源码 5.13)。

工程源码 5.13 检查新的 Event

```
void FawClientService1::ReceiveHandlerService1Event1() {
 log_.LogInfo() <<"[Service1][Event1] Receive handler was called.";
 log_.LogInfo() <<"[Service1][Event1] Update cache and get new samples.";
 Service1_proxy_->Service1EventNotiffication1.Update();
 const faw::proxy::events::Service1EventNotiffication1::SampleContainer& samples =
    Service1_proxy_->Service1EventNotiffication1.GetCachedSamples();
 for (std::size_t sample_idx{0}; sample_idx < samples.size(); ++sample_idx) {
  log_.LogInfo() <<"[Service1][Event1] Received value " <<( * samples[sample_
  idx]).str_z <<".";
 }
}
```

调用 Service1EventNotiffication1()的方法订阅 Event 并设置 Event 处理函数(工程源码 5.14)。

工程源码 5.14　订阅 Event

```
log_.LogInfo() << "[Service1][Event1] Set subscription state handler for the event.";
Service1_proxy_->Service1EventNotiffication1.SetSubscriptionStateHandler(
    [this](const ara::com::SubscriptionState subscription_state) {
        SubscriptionStateHandlerService1Event1(subscription_state);
    });
log_.LogInfo() << "[Service1][Event1] Set receive handler for the event.";
Service1_proxy_->Service1EventNotiffication1.SetReceiveHandler([this]()
{ ReceiveHandlerService1Event1(); });
log_.LogInfo() << "[Service1][Event1] Subscribe to the event.";
Service1_proxy_->Service1EventNotiffication1.Subscribe(ara::com::
EventCacheUpdatePolicy::kLastN, 1);
```

调用 Service1Field1 订阅 Field 并设置 Field 处理函数，下述代码用于为服务代理对象的 Field1 字段设置订阅状态处理器、接收处理器，并订阅该字段的事件。这些操作通常用于实现在字段数据发生变化时，及时得到通知并执行相应的处理(工程源码 5.15)。

工程源码 5.15　订阅 Field

```
log_.LogInfo() << "[Service1][Field1][Notifier] Set subscription state handler for the field.";
Service1_proxy_->Sevice1Field1.SetSubscriptionStateHandler(
    [this](const ara::com::SubscriptionState subscription_state) {
        SubscriptionStateHandlerService1Field1(subscription_state);
    });
log_.LogInfo() << "[Service1][Field1][Notifier] Set receive handler for the field.";
Service1_proxy_->Sevice1Field1.SetReceiveHandler([this]() {
ReceiveHandlerService1Field1(); });
log_.LogInfo() << "[Service1][Field1][Notifier] Subscribe to the field.";
Service1_proxy_->Sevice1Field1.Subscribe(ara::com::EventCacheUpdatePolicy::
kLastN, 1);
```

Client 端关闭时,调用 Service1EventNotiffication1() 和 Service1Field1() 的方法取消订阅(工程源码 5.16)。

工程源码 5.16 取消订阅

```cpp
void FawClientService1::ShutdownClient() {
  if (client_started_) {
    if (Service1_proxy_) {
      log_.LogInfo() <<"[Service1][Event1] Unsubscribe from the event.";
      Service1_proxy_->Service1EventNotiffication1.Unsubscribe();
      log_.LogInfo() <<"[Service1][Field1] Unsubscribe from the field.";
      Service1_proxy_->Sevice1Field1.Unsubscribe();
}}}
```

调用 GetService1Proxy() 方法寻找可用服务,找到后创建 proxy 实例,并返回调用结果(工程源码 5.17)。

工程源码 5.17 寻找服务并创建 proxy 实例

```cpp
ara::core::Result<std::shared_ptr<faw::proxy::Service1Proxy>>
FawClientService1::GetService1Proxy() {
  using R = ara::core::Result<std::shared_ptr<faw::proxy::Service1Proxy>>;
  R result{R::FromError(StandardErrc::kUnknownError)};
  if (client_started_) {
    if (Service1_proxy_) {
      result.EmplaceValue(Service1_proxy_);
    } else {
      //result.EmplaceError(StandardErrc::kThreadCreationFailed);
    }
  }
  return result;
}
```

5.3 编译构建

本节对编译构建的流程进行说明,并举例说明编译的指令等。

5.3.1 TACO 文件编写

为了提高编译的效率和节省时间,Vector 开发了 TACO 工具(工具自动化集合),供开发者在编译构建时使用。本小节对 TACO 进行简要介绍，并通过一个实例对 TACO 文件的编写进行说明。

AP 的代码开发项目是基于 CMake 工具链编译构建的，需要使用 ARXML 文件生成的源码开发应用主代码。由于 CMake 在复杂项目的过程中仍然较为复杂，同时涉及在 BSW 中的各个模块依赖、路径关系，因此 Vector 公司开发了 TACO 工具，可以简便执行代码生成，CMake 文件解析执行、编译构建的任务。

TACO 的意图是标准化和简化标准工具的集成，以便为每种产品的构建、测试和鉴定提供软件支持。

定义构建过程的想法并不新鲜，每个人都以自己的方式来定义，这也是 C/C++ 世界拥有大量构建系统和 IDE 的原因之一。每个工具都有其独特的方式，具有自己的输入格式、语法和集成相应工具与编译器的机制。

注意：在 Linux 下编写时，需要 CMake 版本在 3.19 以上，g++7.5 以上。

5.3.2 文件分层

对于整个工程分为几个层级并没有硬性要求，为把层级表示清楚，本项目分为三个层级。工程采取将 ECU1 和 ECU2 分为两个单独的文件来进行编写。以 ECU1 的内容为例（图 5.44），最外层有 CMakePresets.json，CMakeList.txt，taco.cmake 这三个必要文件。其中 CMakePresets.json 文件为编译选择编译器。这里需要补充一下，在使用 TACO 工具进行编译时，第一条指令如下：exPort AMSR_SRC_DIR = 代码包所在位置。这条指令是把代码包所在的位置设置成变量，以便后面使用。例如，在为工程生成 TACO 的缓存时，会用到如下指令：

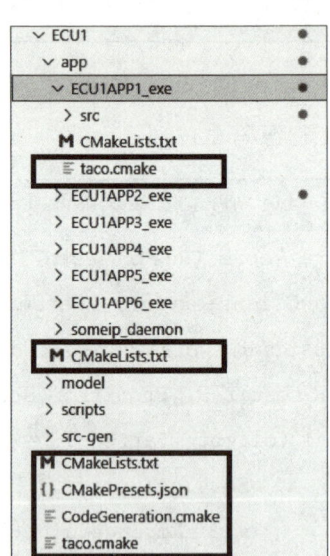

图 5.44　ECU1 的 CMake 层级

```
cmake-S . --preset = gcc7_linux_x86_64-C ${AMSR_SRC_DIR}/CMakeConfig/linux_gcc7.cmake
```

查看 CMakePresets.json 文件中的内容（工程源码 5.18）。

工程源码 5.18　CMakePresets.json 文件的内容

```
{
    "name": "gcc7_linux_x86_64",
    "inherits": "unix-makefiles",
    "Description": "Debug build with GCC-7 for Linux x86-64",
    "binaryDir": "build/gcc7_linux_x86_64",
```

```
  "cacheVariables": {
    "CMAKE_BUILD_TYPE": "Debug",
    "CMAKE_TOOLCHAIN_FILE": {
      "type": "FILEPATH",
      "value": "$env{AMSR_SRC_DIR}/CMake/Toolchain/gcc7_linux_x86_64.cmake"
    }
  }
}
```

--preset 后面的参数对应 CMakePresets.json 文件中的"name",里面的"value"代表代码包里调用的文件。交叉编译在完成工具的配置后,更改 CMakePresets.json 文件即可。CMakeLists.txt 里面的内容无须更改,主要的作用是选择用 TACO 或编译 BuildHelper,本例程以选择 TACO 为例(工程源码 5.19)。

工程源码 5.19　最外层 CMakeLists.txt 里面的内容

```
set(AMSR_SRC "$ENV{AMSR_SRC_DIR}"
    CACHE PATH "Path to the Vector Software integration Package (SIP)")
# In the case of TACO, there is a CMakeLists.txt
# root file that defines the AMSR project
# if(EXISTS "${AMSR_SRC}/CMakeLists.txt")
    cmake_minimum_Required(VERSION 3.19)
    # If not set explicitly externally, a direct use of CMakeLists.txt root file is assumed!
    if(NOT CMAKE_MODULE_PATH)
        list(APPEND CMAKE_MODULE_PATH "${AMSR_SRC}/CMake/Module")
    endif()
    # Functions for common project config
    include(TacoConfig)
    # These options have to be set before CMake detects/configures the toolchain
    # Avoid in-source builds
    taco_no_insource_build()
    # Define build configurations
    taco_build_config(CUSTOM ALsan Tsan Ubsan)
    # Top level project info
    project(HWSRC
```

```
                DESCRIPTION "HWSRC-Hello World uses Adaptive MICROSAR as sub-project"
                HOMEPAGE_URL "vector.com")
    include(taco.cmake)
# else()
#       cmake_minimum_Required(VERSION 3.4)
#       project(amsr-vector-app-example-hello-world
#               LANGUAGES CXX)
#       include(buildhelper.cmake)
# endif()
```

最外层的 taco.cmake 文件需要对输出的可执行文件设置名称(工程源码 5.20)。

工程源码 5.20 taco.cmake 里设置名称

```
set(HWSRC_APP1_OUTPUT_NAME "ECU1APP1_exe"
      CACHE STRING "BuildHelper compatible output name of Example ")
set(HWSRC_APP2_OUTPUT_NAME "ECU1APP2_exe"
      CACHE STRING "BuildHelper compatible output name of Example ")
set(HWSRC_APP3_OUTPUT_NAME "ECU1APP3_exe"
      CACHE STRING "BuildHelper compatible output name of Example ")
set(HWSRC_APP4_OUTPUT_NAME "ECU1APP4_exe"
      CACHE STRING "BuildHelper compatible output name of Example ")
set(HWSRC_APP5_OUTPUT_NAME "ECU1APP5_exe"
      CACHE STRING "BuildHelper compatible output name of Example ")
set(HWSRC_APP6_OUTPUT_NAME "ECU1APP6_exe"
      CACHE STRING "BuildHelper compatible output name of Example ")
# Collect all targets of interest found in project path
add_subdirectory(app)
taco_target_list(targetList PATTERN "`hwsrc_.*")
```

HWSRC_APP1_OUTPUT_NAME 这个值是需要跟最内层的 taco.cmake 文件相对应的,"ECU1APP1_exe"这个名称是最终生成的可执行文件的名称。"add_subdirectory(app)"这条语句里的 app 是代表把 app 这个文件夹进行处理和编译,可以更改,但是需要对应。

第二层的 CMakeLists.txt 文件在 app 文件夹下面(工程源码 5.21)。

工程源码 5.21 第二层的 CMakeLists.txt 处理内层语句

```
add_subdirectory(ECU1APP1_exe)
add_subdirectory(ECU1APP2_exe)
add_subdirectory(ECU1APP3_exe)
```

```
add_subdirectory(ECU1APP4_exe)
add_subdirectory(ECU1APP5_exe)
add_subdirectory(ECU1APP6_exe)
add_subdirectory(someip_daemon)
#[ ======================================================================[
The Application has runtime dependencies to work properly. We let
CMake know that with a dependency to reduce the compile effort.
Note: We adjust the install mechanism from the Application point of view.
    In the README.md you can find the simple command to install the
    complete AMSR runtime as delivered (Section 'Install Runtime')
#] ======================================================================]
add_custom_target(ECU1
        DEPENDS hwsrc_app1
            hwsrc_app2
            hwsrc_app3
            hwsrc_app4
            hwsrc_app5
            hwsrc_app6
    )
```

添加需要编译处理的子文件名称,可以更改但是要对应上。因为这个工程编写了 6 个 app,希望它们可以同时进行编译,可以使用 add_custom_target() 语句,输出的名称变为 ECU1,在后续的编译指令里需要对应上,同时使后续的添加依赖变得简便(工程源码 5.22)。

工程源码 5.22　为编译对象添加依赖

```
    add_dependencies(ECU1 amsr_em_daemon)
    install(TARGETS amsr_em_daemon
            RUNTIME DESTINATION "${AMSR_EM_DAEMON_INSTALL_DIR}"
            COMPONENT HWSRC_Runtime)
    get_target_property(em_daemon_source_dir "amsr_em_daemon" SOURCE_DIR)
    install(FILES "${em_daemon_source_dir}/etc/logging_config.json"
            "${em_daemon_source_dir}/etc/logging_config.json.validation"
            "${em_daemon_source_dir}/etc/Machine_exec_config.json"
            "${em_daemon_source_dir}/etc/Machine_exec_config.json.validation"
        DESTINATION "${CMAKE_INSTALL_SYSCONFDIR}"
        COMPONENT HWSRC_Runtime)
```

这种添加依赖的语句,因为有了刚刚的 add_custom_target() 语句,所以直接使用 ECU1 这个名称,为这 6 个 app 都添加上了依赖,其余不需要更改(工程源码 5.23)。

工程源码 5.23 最内层 taco.cmake 部分内容

```
set(TARGET hwsrc_app1)
add_executable(${TARGET})
target_sources(${TARGET}
        PRIVATE "${CMAKE_CURRENT_SOURCE_DIR}/src/Faw_Server.cpp"
            "${CMAKE_CURRENT_SOURCE_DIR}/src/Faw_Server.hpp"
            "${CMAKE_CURRENT_SOURCE_DIR}/src/standard_error_domain.cpp"
            "${CMAKE_CURRENT_SOURCE_DIR}/src/standard_error_domain.hpp"
            "${CMAKE_CURRENT_SOURCE_DIR}/src/ServerService1.cpp"
            "${CMAKE_CURRENT_SOURCE_DIR}/src/ServerService1.hpp"
            "${CMAKE_CURRENT_SOURCE_DIR}/src/ServerService2.cpp"
            "${CMAKE_CURRENT_SOURCE_DIR}/src/ServerService2.hpp"
            "${CMAKE_CURRENT_SOURCE_DIR}/src/main.cpp")
# Simplify file generation with the Vector Configurator and Generators based on
'AUTOSAR' files (*.arxml)
set(GENROOT ${CMAKE_CURRENT_BINARY_DIR}/${HWSRC_APP1_OUTPUT_NAME})
```

在最内层的 taco.cmake 文件中添加需要编译的子文件,使用 add_executable() 和 target_sources() 两个语句。在设置 TARGET 时一定要对应上,并且跟外层的也要对应上。

5.3.3 编译指令

本小节对之前用 TACO 工具链编写的工程进行编译,对编译本 Demo 的相关指令进行说明。

1. 设置代码包位置为环境变量

exPort AMSR_SRC_DIR=代码包的位置。

2. 生成 TACO 缓存

进入需要编译的工程,跟 CMakePresets.json 同层,输入:

```
cmake-S . --preset=gcc7_linux_x86_64-C ${AMSR_SRC_DIR}/CMakeConfig/linux_gcc7.cmake
```

然后会生成 build/gcc7_linux_x86_64 文件夹,这都是 CMakePresets.json 里面写好的内容。

3. ctest

此过程会验证 ARXML 文件,并且生成一些必要的文件,如果缺少此步骤,会在最后编译时报错(未定义引用等)。

进入 build/gcc7_linux_x86_64 这个目录,输入:

```
ctest -R '(amsr|hwsrc)_.*\.DvACfg.Generate' --progress --parallel $(nproc)
```

这条指令可以不改,因为在最外层的 taco.cmake 文件中已经设置过名称。可以看到从 taco.cmake(工程源码 5.24)文件中的 NAMESPACE "hwsrc" 就对应指令 amsr|hwsrc。

工程源码 5.24 最内层指令对应的 cmake 文件

```
# Collect all targets of interest found in project path
add_subdirectory(app)
taco_target_list(targetList PATTERN "`hwsrc_.*")
if(targetList)
    # Set project specific properties for each project target
    taco_target_properties("${targetList}" NAMESPACE "hwsrc")
endif()
```

$(nproc) 这个参数表示使用计算机的核数,如果不进行修改也没关系,会自动计算。

等待 ctest 成功后,输入 cmake . .。

4. Build

在完成上述步骤后,就可以进行 build 了,--target 就是之前设置好的名字,把 6 个 app 都与 ECU1 这个名称添加了依赖,所以在参数上直接输入 ECU1 即可。

```
cmake --build . --target ECU1 --parallel $(nproc)
```

5. Runtime

当 build 成功后,输入以下指令:

```
cmake --install . --Component HWSRC_Runtime --prefix ./install
```

就可以在同层生成一个 install 文件夹,里面就是生成的可执行文件(图 5.45)。

指令可以参考代码包里 \Examples\amsr-vector-app-example-hello-world 的 readme.md 文件。

同理,使用上述指令,对 ECU2 进行编译构建(图 5.46)。

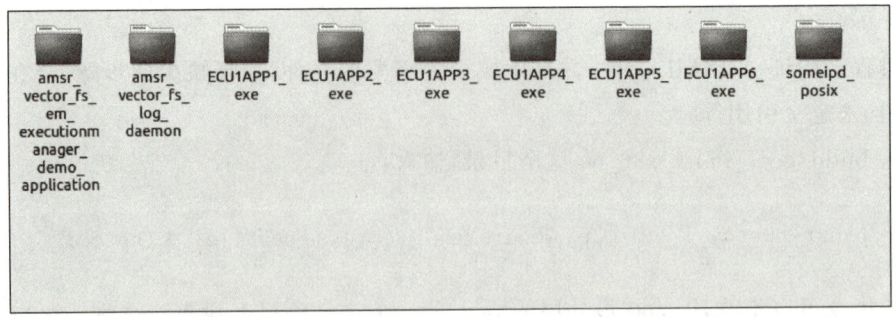

图 5.45　ECU1 的可执行程序

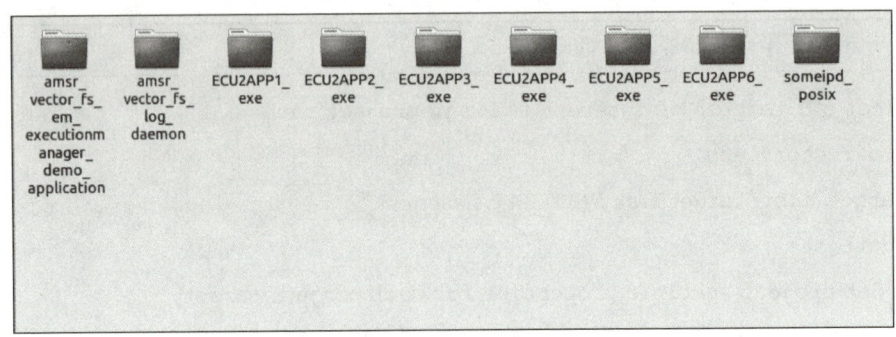

图 5.46　ECU2 的可执行程序

5.4　结果展示

在前述几个小节都配置成功,并且成功生成可执行文件后,可以通过观测结果来确认工程是否通信成功。

本部分使用两台虚拟机进行通信测试,并通过终端输出和报文分析来验证通信的有效性。之所以需要两台虚拟机,是因为这样能够捕获到 SOME/IP-SD 报文和实际的 SOME/IP 通信报文。如果只用一台虚拟机,并采用环回方式进行测试,AP 平台实际上不会发送任何 SOME/IP 报文到外部,因此无法通过报文来确认通信的成功与否,只能依赖于终端的输出。

具体操作步骤如下:首先,将之前编译好的文件分别部署到两台虚拟机中,即 ECU1 端部署在虚拟机 1 上,ECU2 端部署在虚拟机 2 上;接着,确保这两台虚拟机处于同一网段(这里用的是 IPv4 地址),以便它们可以相互 ping 通;然后,对 JSON 配置文件进行必要的修改,启动两端系统,观察终端的打印信息和捕获的报文,以此来判断通信是否成功进行。

5.4.1　通信配置

1. 虚拟机网络配置

所用的虚拟机为 Ubuntu18.04,操作系统为 Linux。

先进行 IP 的更改,首先打开网络配置,选择要更改的网络名称,或者新建一个也可以(图 5.47)。

第 5 章 基于 ARXML 实现 SOME/IP 通信

图 5.47 Ubuntu 网络配置界面

配置相应的 IP，图 5.48 中配置的是 192.168.247.128，掩码为 255.255.255.0，网关可不进行设置。注意：在后续为虚拟机 2 设置 IP 时，要让两台虚拟机在同一个网段。

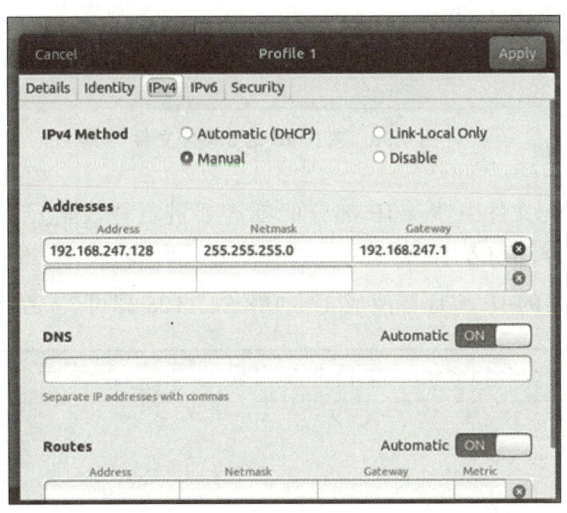

图 5.48 设置 IP

设置后，重启网络，确认虚拟机 1 的 IP 为 192.168.247.128，虚拟机 2 的 IP 为 192.168.247.130。

使用虚拟机 1 对虚拟机 2 进行 ping，如果能 ping 通，代表两台虚拟机间可以正常通信（图 5.49）。

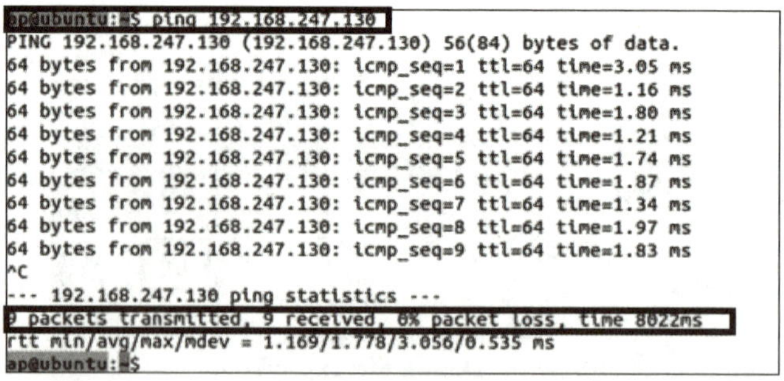

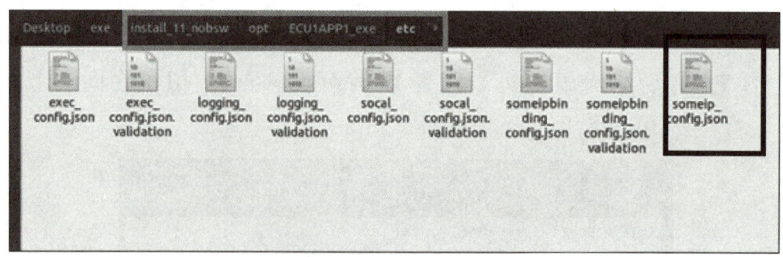

图 5.49　虚拟机间通信

2. 更改 JSON 文件

在用 EM 启动 AP 程序时，会读取守护进程的 JSON 文件以及相对应的程序的配置文件，其中通信地址就在这些文件中。通信的 IP 地址是可以更改的，找到对应的 JSON 文件后便可以修改 IP 地址（图 5.50）。

图 5.50　有关 IP 的 JSON 文件

someip_config.json 文件中涉及 IP 部分的都需要进行修改，包括服务的 IP 和 ECU 的 IP。例如，ECU1 的程序部署在 IP 为 192.168.247.128 的虚拟机上，将 someip_config.json 文件中所有 "address" 后面的 IP 地址都改成 192.168.247.128 即可（工程源码 5.25）。

工程源码 5.25　someip_config.json 文件部分内容

```
"network_endpoints" : [
    {
        "name" : "ECU1",
        "address" : "192.168.247.128",
        "mtu" : 1500,
        "Service_discovery" : {
            "multicast_address" : "239.255.255.255",
            "Port" : 30490
        },
        "Ports" : [
```

```
        {
            "proto" : "udp",
            "Port" : 30000,
            "enable_so_linger" : "false"
        },
        {
            "proto" : "udp",
            "Port" : 30001,
            "enable_so_linger" : "false"
        }
    ]
}
].
```

使用 tcpdump 抓取报文,再将 ECU1 和 ECU2 的程序启动起来,观测终端和报文内容即可。

5.4.2 通信结果

在观测终端输出时,由于服务数量众多,我们首先关注 AP 程序是否能够正常通信。这可以通过查找 Method 请求或者 Getter 和 Setter 请求来完成(图 5.51、图 5.52)。这些请求的存在通常意味着通信是成功的。然而,由于服务和元素的庞大规模,即使整体通信成功,也无法直接确定每一个服务是否都正常运行。

为了进一步验证,可以在通信过程中抓取报文,并使用软件工具打开这些报文。在报文分析中,需要找到与每个服务和子元素相对应的报文,并仔细对比它们的 payload(有效载荷)来确认所有服务是否都已正常启动。

将报文打开后,可以进行搜索,观察所有服务的报文是否都显示通信成功(图 5.53)。

```
[1700271310396589][HeWo CTX1][INFO] [Service8] [Method1] Call with value true.
[1700271310403462][HeWo CTX1][INFO] [Service6] [Method1] Call with value true.
[1700271310405470][HeWo CTX1][INFO] [Service8] [Method1] Call returned with value 10.1.
[1700271310406062][HeWo CTX1][INFO] [Service8] [Method2] Call with value true.
[1700271310410743][HeWo CTX1][INFO] [Service6] [Method1] Call returned with value 10.1.
[1700271310411294][HeWo CTX1][INFO] [Service6] [Method2] Call with value true.
[1700271310412152][HeWo CTX1][INFO] [Service8] [Method2] Call returned with value 20.1.
[1700271310412600][HeWo CTX1][INFO] [Service8] [Method3] Call with value false.
[1700271310416216][HeWo CTX1][INFO] [Service6] [Method2] Call returned with value 20.1.
[1700271310416756][HeWo CTX1][INFO] [Service6] [Method3] Call with value false.
[1700271310417622][HeWo CTX1][INFO] [Service8] [Method3] Call returned with value 300.1.
[1700271310421120][HeWo CTX1][INFO] [Service6] [Method3] Call returned with value 300.1.
[1700271310421686][HeWo CTX1][INFO] [service7] [Method1] Call with value true.
[1700271310426767][HeWo CTX1][INFO] [service7] [Method1] Call returned with value 10.1.
[1700271310427235][HeWo CTX1][INFO] [service7] [Method2] Call with value true.
[1700271310432023][HeWo CTX1][INFO] [service7] [Method2] Call returned with value 20.1.
[1700271310432614][HeWo CTX1][INFO] [service7] [Method3] Call with value false.
[1700271310436944][HeWo CTX1][INFO] [service7] [Method3] Call returned with value 300.1.
[1700271310437504][HeWo CTX1][INFO] [service7] [Method4] Call with value true.
[1700271310443480][HeWo CTX1][INFO] [service7] [Method4] Call returned with value 40.1.
[1700271310443915][HeWo CTX1][INFO] [service7] [Method5] Call with value true.
[1700271310449303][HeWo CTX1][INFO] [service7] [Method5] Call returned with value 50.1.
```

图 5.51　虚拟机 1 中 Method 请求

```
[1700271306575089][HeWo CTX1][INFO] [Service1] [Method1] Call with value false.
[1700271306583598][HeWo CTX1][INFO] [Service3] [Method1] Call returned with value 100.1.
[1700271306584094][HeWo CTX1][INFO] [Service3] [Method2] Call with value false.
[1700271306584738][HeWo CTX1][INFO] [Service1] [Method1] Call returned with value 10.1.
[1700271306585094][HeWo CTX1][INFO] [Service1] [Method2] Call with value false.
[1700271306589687][HeWo CTX1][INFO] [Service3] [Method2] Call returned with value 200.1.
[1700271306590074][HeWo CTX1][INFO] [Service1] [Method3] Call with value true.
[1700271306591398][HeWo CTX1][INFO] [Service1] [Method2] Call returned with value 20.1.
[1700271306591772][HeWo CTX1][INFO] [Service1] [Method3] Call with value true.
[1700271306595575][HeWo CTX1][INFO] [Service3] [Method3] Call returned with value 30.1.
[1700271306596589][HeWo CTX1][INFO] [Service1] [Method3] Call returned with value 30.1.
[1700271306596919][HeWo CTX1][INFO] [Service2] [Method1] Call with value false.
[1700271306602623][HeWo CTX1][INFO] [Service2] [Method1] Call returned with value 120.1.
[1700271306603044][HeWo CTX1][INFO] [Service2] [Method2] Call with value false.
[1700271306608516][HeWo CTX1][INFO] [Service2] [Method2] Call returned with value 220.1.
[1700271306609044][HeWo CTX1][INFO] [Service2] [Method3] Call with value true.
```

图 5.52 虚拟机 2 中 Method 请求

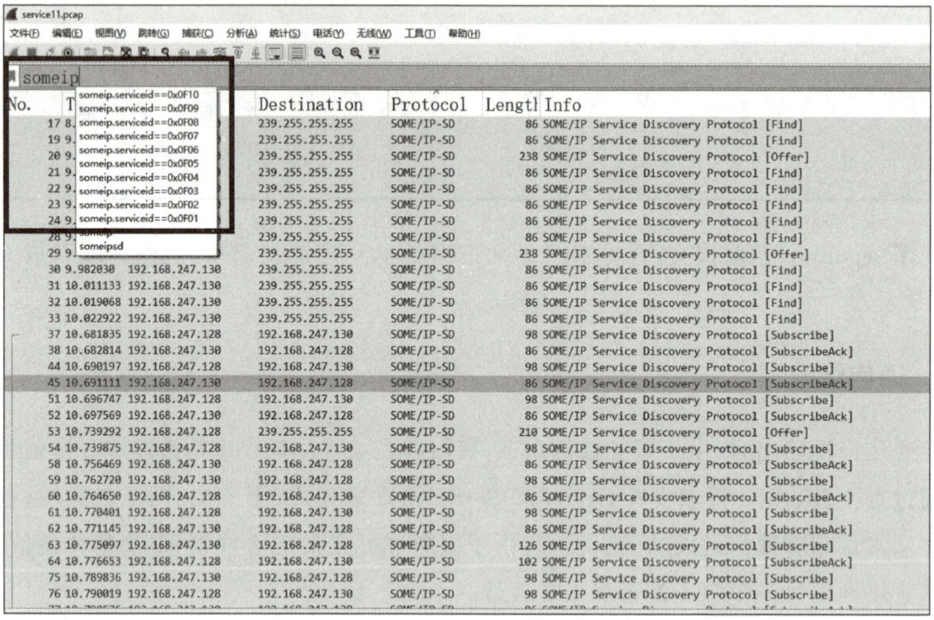

图 5.53 搜索相应报文

第 6 章
基于 CANoe 的 SOME/IP 通信测试

6.1 基于 ARXML 实现 SOME/IP 通信测试
6.2 基于 vCDL 实现 SOME/IP 通信测试

6.1 基于 ARXML 实现 SOME/IP 通信测试

本节主要介绍以 ARXML 文件为数据库,通过 CANoe 15 进行通信测试(图 6.1)。

此部分使用的是在上一章中配置完成的 ARXML 文件,共包含 11 个服务。程序被绑定在两个 ECU 上,把 ECU2 交叉编译的可执行文件传入 S32G 中,CANoe 端模拟 ECU1,进行通信。在 CANoe 中将 ECU2 配置成 real,ECU1 配置成 simulation,并且均设置成真实的 IP 地址,ECU1 的 IP 地址为 192.168.255.1,ECU2 的 IP 地址为 192.168.255.130。启动两端后,在 CANoe 中按下 cdesg 键,可观测到 S32G 有变化,并且 CANoe 的 Trace 窗口也有报文变化。此外,CANoe 还有存储报文的功能,方便在停止后继续查找。因此,在验证时,可以打开存储的报文,逐个 ID 进行查找。

图 6.1 测试环境连线图

6.1.1 创建 CANoe 工程

本小节介绍如何创建 CANoe 工程,包括通道配置、硬件映射和 ARXML 数据库的导入。

首先,新建一个文件夹,并导入 ARXML 文件(图 6.2)。

图 6.2 创建文件夹

打开 CANoe15 软件，新建一个工程（图 6.3）。

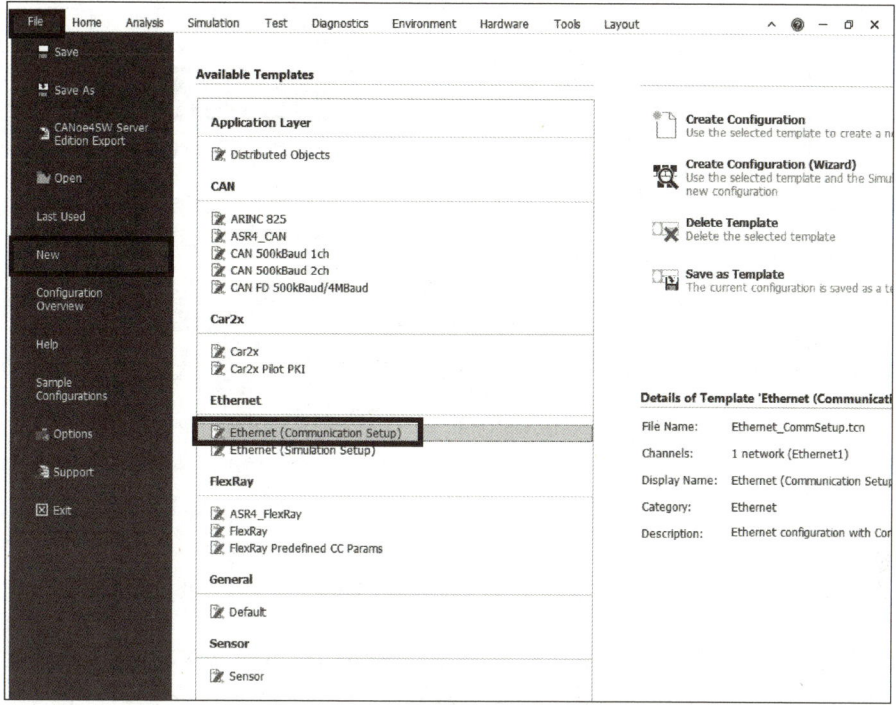

图 6.3　创建 CANoe 工程

其次，导入文件。由于工程中包含多个 ARXML 文件，需要全部导入。单击"Import Data Sources as Group"，找到图 6.2 中放有 ARXML 的文件夹，进行导入（图 6.4、图 6.5）。

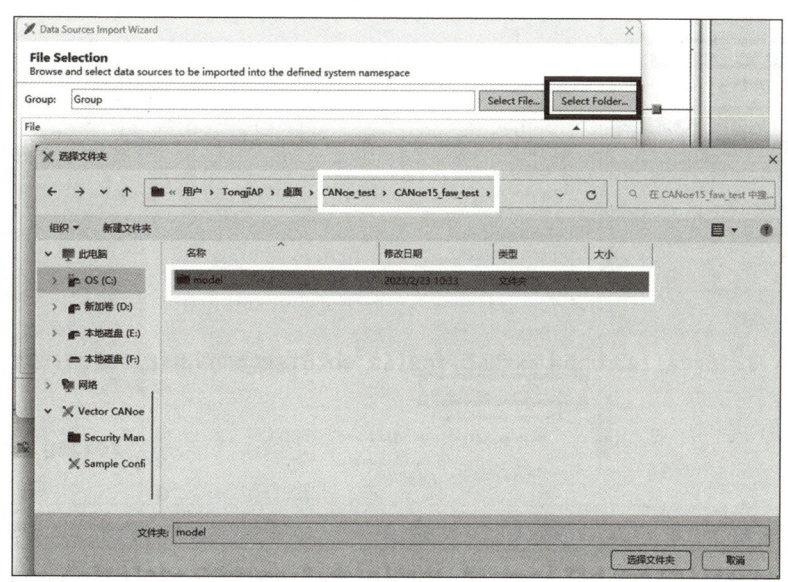

图 6.4　选择要导入的文件夹

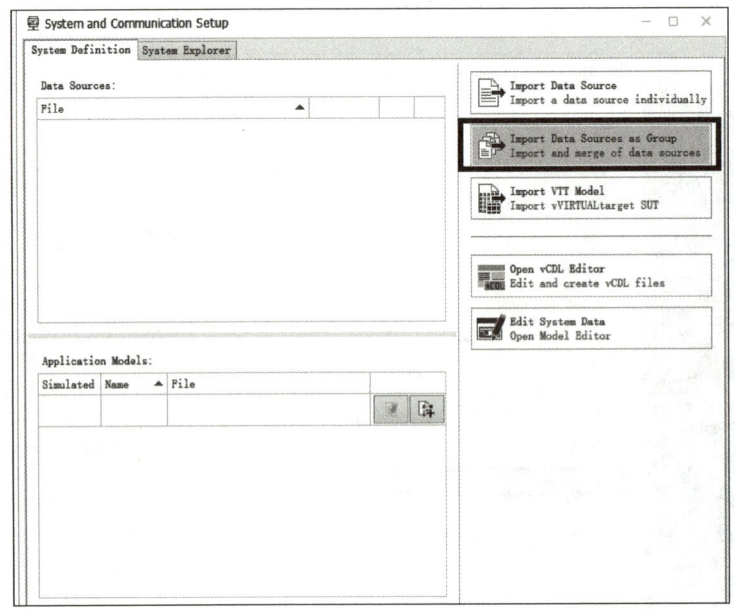

图 6.5 导入 ARXML 数据库

完成导入后,单击"Finish"保存。由于测试时使用的硬件为 VN5610,因此在设置通道时,需要在"Bus Systems/Protocols"中选择"Ethernet",之后选择"Channel-based access"(图 6.6)。

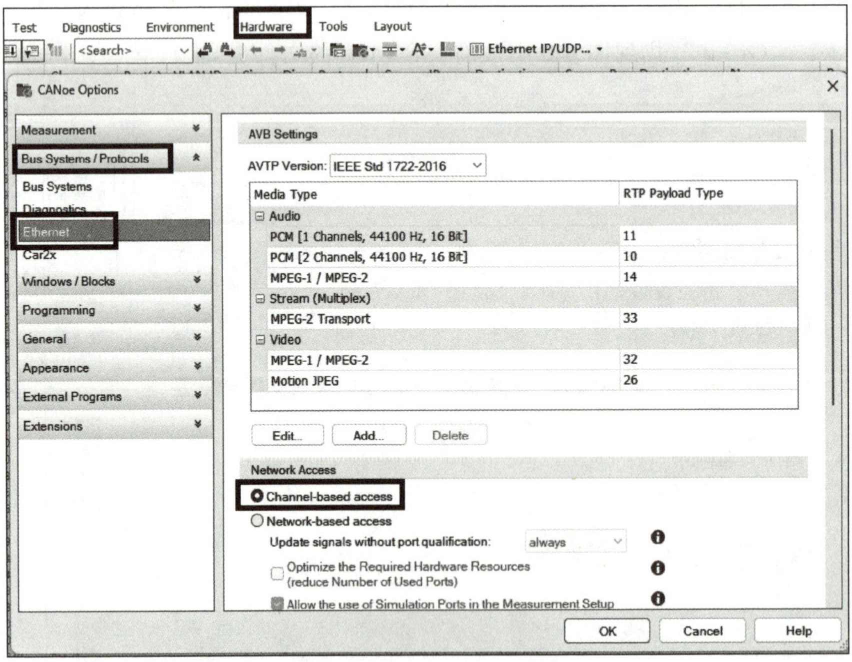

图 6.6 配置通道

在"Hardware"中选择"Channel Mapping",图 6.7 中实际分配给以太网的就是 Chanel 2。

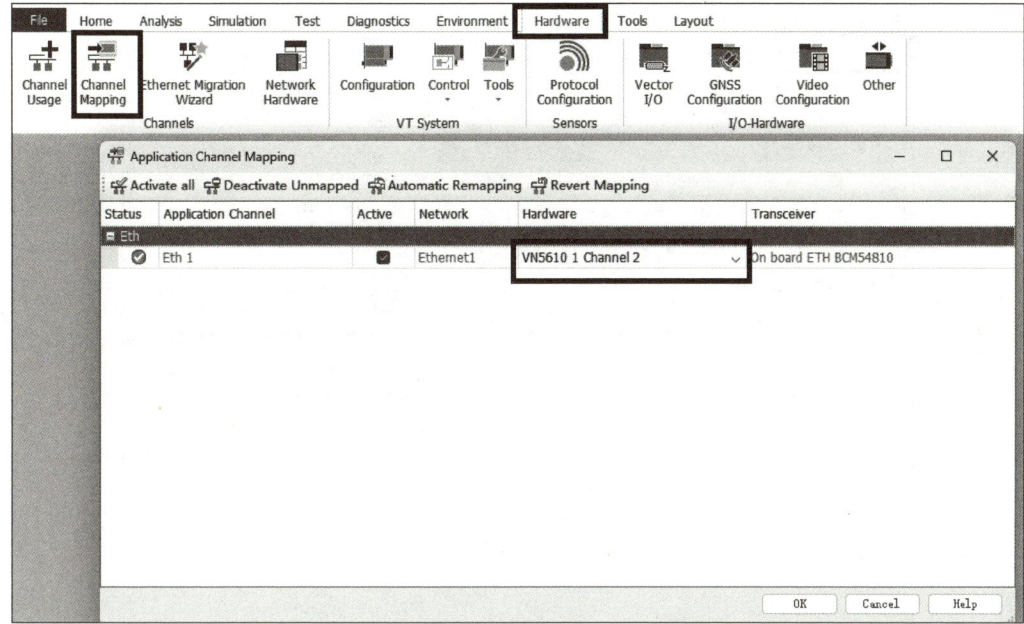

图 6.7　匹配通道

在"Simulation"中打开 TCP/IP 协议栈(图 6.8)。

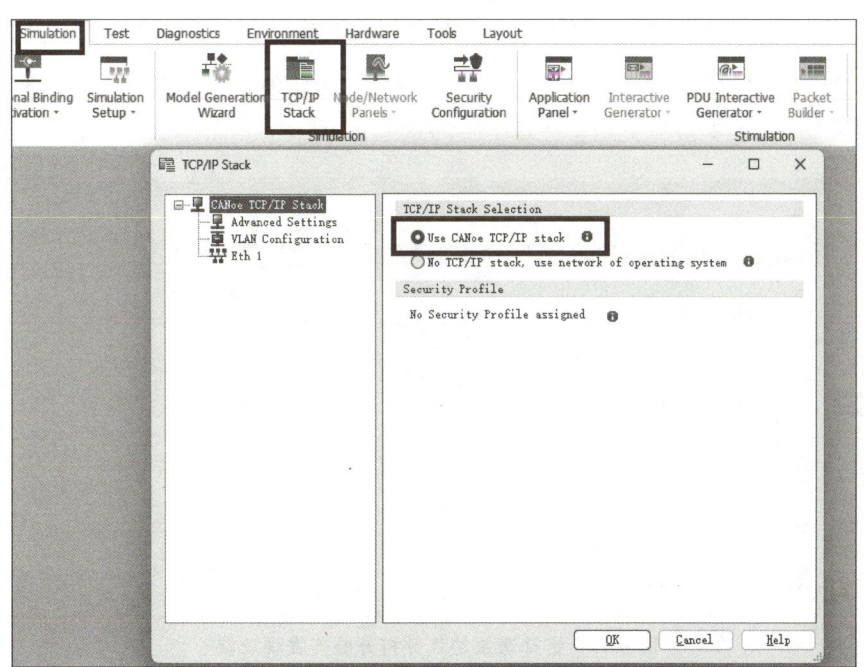

图 6.8　打开 TCP/IP 协议栈

在通道和协议栈都配置完毕后,进行网络通信设置,回到图 6.5 所示导入 ARXML 的界面,单击"Edit System Data"(图 6.9)。

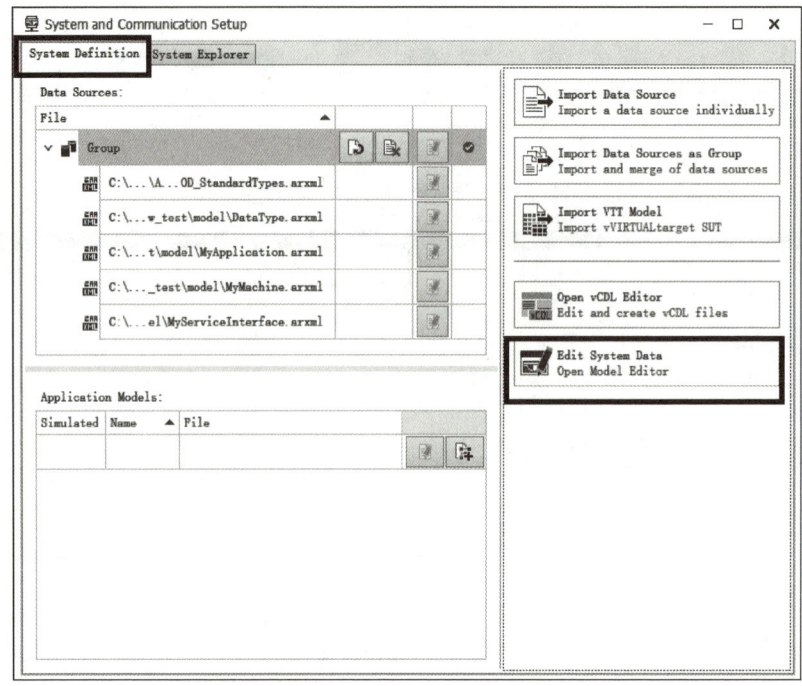

图 6.9　打开编辑面板

开启服务发现功能。本工程在配置 ARXML 时,配置了服务发现端口,但是在 CANoe 中并未显示,所以要单击"SOME/IP",然后将"Mode"修改成"Ethernet PRBS Mode",并将"Discovery Technology"选成"SOME/IP Service Discovery"(图 6.10)。

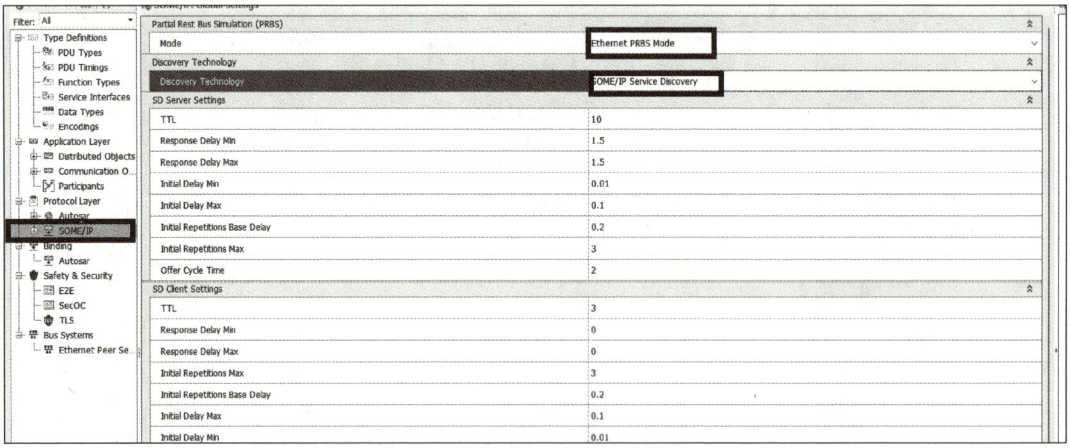

图 6.10　选择底层协议并打开服务发现功能

在"Bus Systems"中设置服务发现端口(图 6.11)。

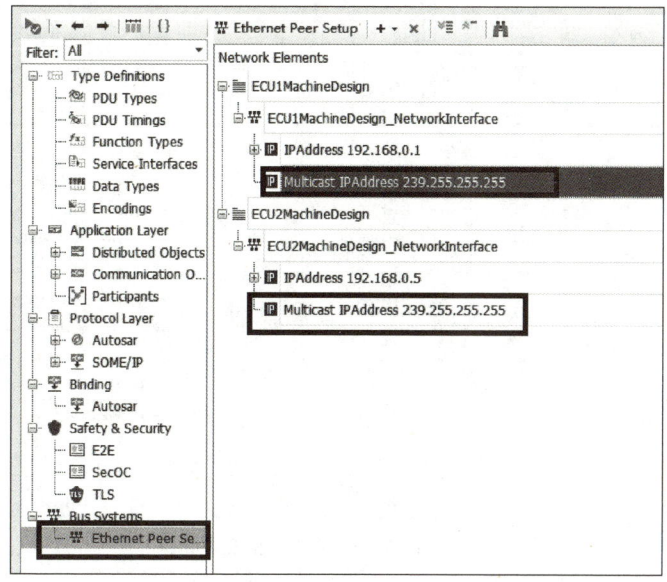

图 6.11 修改端口和 IP

在图 6.12 中"Mulicast IP Address 239.255.255.255"这行,右击选择"Add Port"。

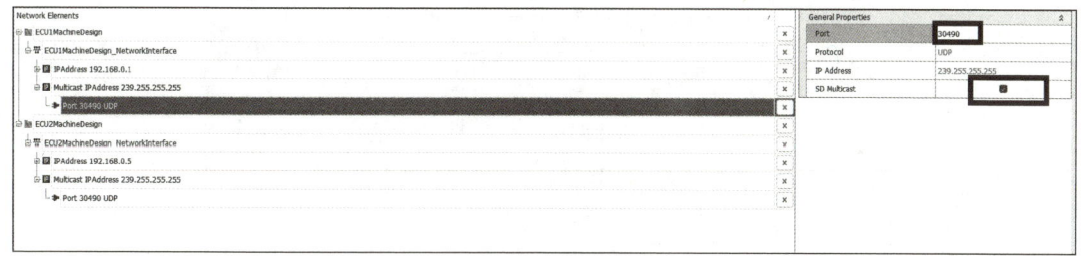

图 6.12 添加 Port 口

回到 Configuration 界面,即导入 ARXML 文件的设置框。先验证环境是否配置完成,把 ECU1 和 ECU2 均选成 CANoe 模拟(图 6.13)。

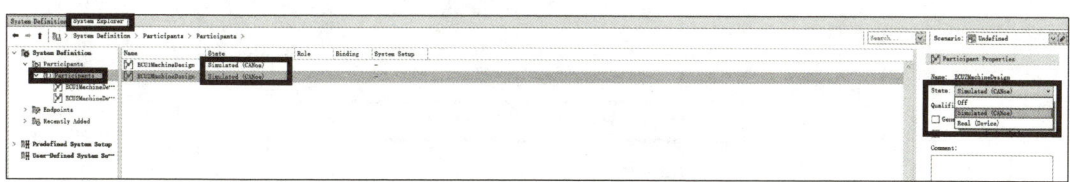

图 6.13 配置 ECU 模拟还是真实

启动 CANoe,观察 Trace 窗口,如果出现订阅等报文(图 6.14),证明环境配置成功,可以做进一步的测试。

1.413641	Eth 1	Glob...	s	Tx	someip	192.168.0.5	239.255.255...	771A	771A	Special::Ser...	SOME/IP-SD: Offer S...	196
1.414016	Eth 1		s	Tx	someip	192.168.0.1	192.168.0.5	771A	771A			238
1.414016	Eth 1	Glob...	s	Tx	someip	192.168.0.1	192.168.0.5	771A	771A	Special::Ser...	SOME/IP-SD: Subscri...	196
1.414389	Eth 1		s	Tx	someip	192.168.0.5	192.168.0.1	771A	771A			166
1.414389	Eth 1	Glob...	s	Tx	someip	192.168.0.5	192.168.0.1	771A	771A	Special::Ser...	SOME/IP-SD: Subscri...	124
1.468900	Eth 1		s	Tx	someip	192.168.0.1	239.255.255...	771A	771A			210
1.468900	Eth 1	Glob...	s	Tx	someip	192.168.0.1	239.255.255...	771A	771A	Special::Ser...	SOME/IP-SD: Offer S...	168
1.469260	Eth 1		s	Tx	someip	192.168.0.5	192.168.0.1	771A	771A			182
1.469260	Eth 1	Glob...	s	Tx	someip	192.168.0.5	192.168.0.1	771A	771A	Special::Ser...	SOME/IP-SD: Subscri...	140
1.469760	Eth 1		s	Tx	someip	192.168.0.1	192.168.0.5	771A	771A			134
1.469760	Eth 1	Glob...	s	Tx	someip	192.168.0.1	192.168.0.5	771A	771A	Special::Ser...	SOME/IP-SD: Subscri...	92
1.700518	Eth 1		s	Tx	igmp	192.168.0.5	224.0.0.22				Version 3 Membershi...	60
2.700495	Eth 1		s	Tx	igmp	192.168.0.1	224.0.0.22				Version 3 Membershi...	60
3.013905	Eth 1		s	Tx	someip	192.168.0.5	239.255.255...	771A	771A			238
3.013905	Eth 1	Glob...	s	Tx	someip	192.168.0.5	239.255.255...	771A	771A	Special::Ser...	SOME/IP-SD: Offer S...	196
3.014337	Eth 1		s	Tx	someip	192.168.0.1	192.168.0.5	771A	771A			238
3.014337	Eth 1	Glob...	s	Tx	someip	192.168.0.1	192.168.0.5	771A	771A	Special::Ser...	SOME/IP-SD: Subscri...	196
3.014748	Eth 1		s	Tx	someip	192.168.0.5	192.168.0.1	771A	771A			166
3.014748	Eth 1	Glob...	s	Tx	someip	192.168.0.5	192.168.0.1	771A	771A	Special::Ser...	SOME/IP-SD: Subscri...	124
3.068756	Eth 1		s	Tx	someip	192.168.0.1	239.255.255...	771A	771A			210
3.068756	Eth 1	Glob...	s	Tx	someip	192.168.0.1	239.255.255...	771A	771A	Special::Ser...	SOME/IP-SD: Offer S...	168
3.069149	Eth 1		s	Tx	someip	192.168.0.5	192.168.0.1	771A	771A			182
3.069149	Eth 1	Glob...	s	Tx	someip	192.168.0.5	192.168.0.1	771A	771A	Special::Ser...	SOME/IP-SD: Subscri...	140
3.069562	Eth 1		s	Tx	someip	192.168.0.1	192.168.0.5	771A	771A			134
3.069562	Eth 1	Glob...	s	Tx	someip	192.168.0.1	192.168.0.5	771A	771A	Special::Ser...	SOME/IP-SD: Subscri...	92
5.013909	Eth 1		s	Tx	someip	192.168.0.5	239.255.255...	771A	771A			238
5.013909	Eth 1	Glob...	s	Tx	someip	192.168.0.5	239.255.255...	771A	771A	Special::Ser...	SOME/IP-SD: Offer S...	196
5.014360	Eth 1		s	Tx	someip	192.168.0.1	192.168.0.5	771A	771A			238
5.014360	Eth 1	Glob...	s	Tx	someip	192.168.0.1	192.168.0.5	771A	771A	Special::Ser...	SOME/IP-SD: Subscri...	196
5.014705	Eth 1		s	Tx	someip	192.168.0.5	192.168.0.1	771A	771A			166
5.014705	Eth 1	Glob...	s	Tx	someip	192.168.0.5	192.168.0.1	771A	771A	Special::Ser...	SOME/IP-SD: Subscri...	124
5.068758	Eth 1		s	Tx	someip	192.168.0.1	239.255.255...	771A	771A			210
5.068758	Eth 1	Glob...	s	Tx	someip	192.168.0.1	239.255.255...	771A	771A	Special::Ser...	SOME/IP-SD: Offer S...	168
5.069133	Eth 1		s	Tx	someip	192.168.0.5	192.168.0.1	771A	771A			182
5.069133	Eth 1	Glob...	s	Tx	someip	192.168.0.5	192.168.0.1	771A	771A	Special::Ser...	SOME/IP-SD: Subscri...	140
5.069526	Eth 1		s	Tx	someip	192.168.0.1	192.168.0.5	771A	771A			134
5.069526	Eth 1	Glob...	s	Tx	someip	192.168.0.1	192.168.0.5	771A	771A	Special::Ser...	SOME/IP-SD: Subscri...	92
7.013923	Eth 1		s	Tx	someip	192.168.0.5	239.255.255...	771A	771A			238
7.013923	Eth 1	Glob...	s	Tx	someip	192.168.0.5	239.255.255...	771A	771A	Special::Ser...	SOME/IP-SD: Offer S...	196

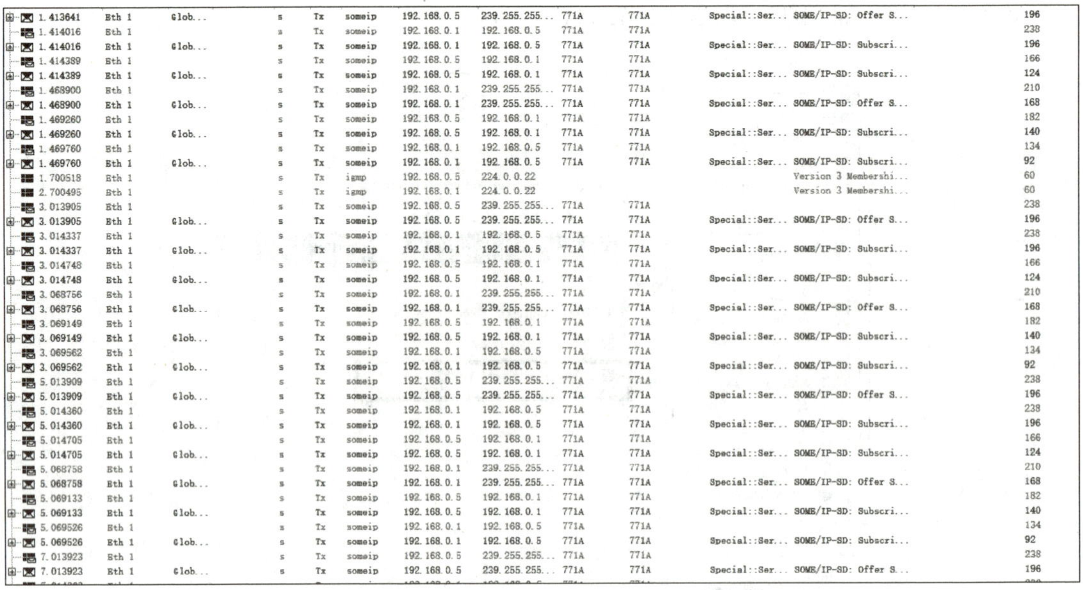

图 6.14　订阅成功报文

接下来设置记录报文，用 Wireshark 查看报文，因为服务和元素过多，存储后观察更加方便（图 6.15）。

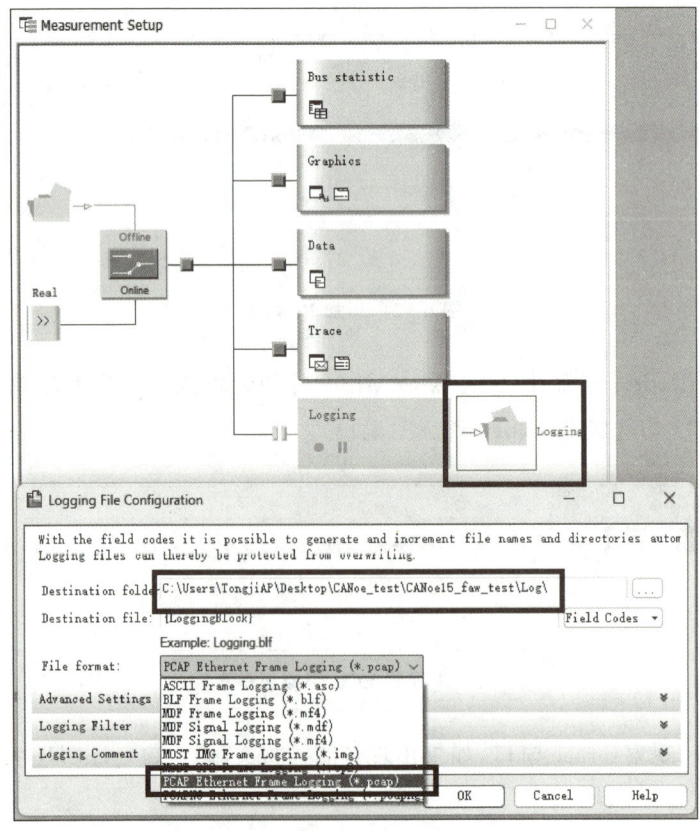

图 6.15　配置记录报文功能

找到 Measurement Setup 界面，双击"Logging"，进行如图 6.16 所示的设置，并单击"Field Codes"选择以时间为名称的记录，这样不会覆盖已有记录。

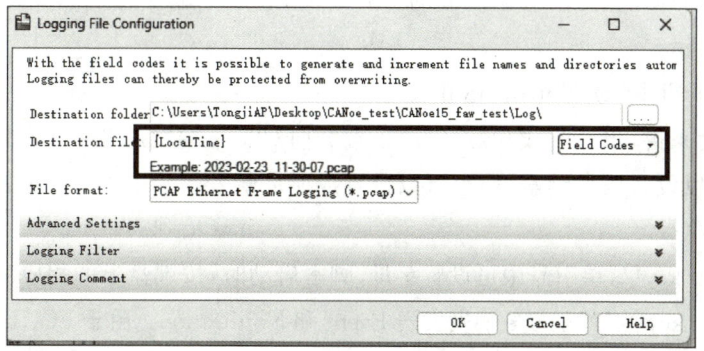

图 6.16　配置记录报文格式

运行两次，然后去相应的文件夹查看，可以看到成功记录，双击记录文档，默认用 Wireshark 软件打开（图 6.17）。

图 6.17　记录的报文

6.1.2　测试脚本编写与绑定

本小节介绍测试脚本的编写和绑定，使用 CAPL 语言。

在脚本编辑中，第一部分是添加相关头文件，工程中没有体现，在此不作说明。第二部分是 variables，这里是在声明全局变量，在后续的函数中都可以使用这些变量，代码如工程源码 6.1 所示。

工程源码 6.1　定义变量

```
variables
{
  //mstimer StateCnt;
  byte acc = 1;
  double add = 200.123456789;
  byte a = 1;
  byte b = 10;
  byte c = 20;
  byte d = 30;
}
```

在编写脚本时,首先要明确编写的是 Client 端,还是 Server 端。由于工程的对称性,一定要分清变量是属于 ECU1,还是 ECU2。因为 ECU1 是前五个服务的 Server 端,是后六个服务的 Client 端;ECU2 是前五个服务的 Client 端,后六个服务的 Server 端。明确这些,编写时就不容易出错。

1. Event 与 Field 的 Notification

从服务角度来讲,当订阅成功后,Server 端会向 Client 端发送 Event 和 Notification。为了便于查看,可以设置成按键触发,也可以设置成循环触发。

1) 按键触发

函数名为 on key'',单引号中可设置字母,脚本启动时,按键盘上的相应字母,会触发该函数。如脚本中 on key 'e' 就是按 e 触发发送 Event 和 Notification。由于 ECU1 的前五个服务是 Server 端,所以服务 1~服务 5 的 Event 和 Notification 都要写入此函数中。可以直接拖动相应的 Event 或 Field 中 Notification 赋值,如拖动服务 1 中第一个 Event 进行赋值(图 6.18)。

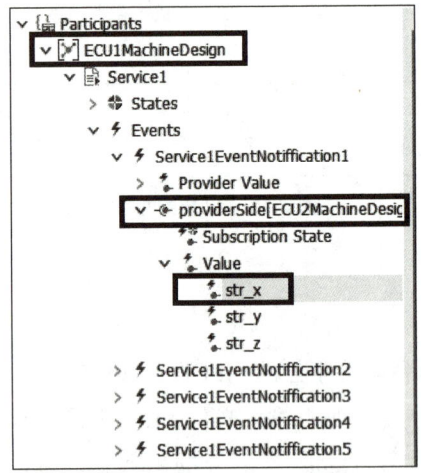

图 6.18 拖动 Event 元素

工程源码 6.2 是对服务 1 中五个 Event 的处理。

工程源码 6.2   为 Event 赋值
$ CommunicationObjects::   Service1.   providerSide   [ECU2MachineDesign, ECU1MachineDesign].Service1EventNotiffication1.str_x = acc;
$ CommunicationObjects::   Service1.   providerSide   [ECU2MachineDesign, ECU1MachineDesign].Service1EventNotiffication1.str_y = acc;
$ CommunicationObjects::   Service1.   providerSide   [ECU2MachineDesign, ECU1MachineDesign].Service1EventNotiffication1.str_z = add;
$ CommunicationObjects::   Service1.   providerSide   [ECU2MachineDesign, ECU1MachineDesign].Service1EventNotiffication2.str_x = acc;
$ CommunicationObjects::   Service1.   providerSide   [ECU2MachineDesign, ECU1MachineDesign].Service1EventNotiffication2.str_y = acc;

```
$ CommunicationObjects:: Service1. providerSide [ ECU2MachineDesign,
ECU1MachineDesign].Service1EventNotiffication2.str_z = add;
$ CommunicationObjects:: Service1. providerSide [ ECU2MachineDesign,
ECU1MachineDesign].Service1EventNotiffication3.str_x = acc;
$ CommunicationObjects:: Service1. providerSide [ ECU2MachineDesign,
ECU1MachineDesign].Service1EventNotiffication3.str_y = acc;
$ CommunicationObjects:: Service1. providerSide [ ECU2MachineDesign,
ECU1MachineDesign].Service1EventNotiffication3.str_z = add;
$ CommunicationObjects:: Service1. providerSide [ ECU2MachineDesign,
ECU1MachineDesign].Service1EventNotiffication4.str_x = acc;
$ CommunicationObjects:: Service1. providerSide [ ECU2MachineDesign,
ECU1MachineDesign].Service1EventNotiffication4.str_y = acc;
$ CommunicationObjects:: Service1. providerSide [ ECU2MachineDesign,
ECU1MachineDesign].Service1EventNotiffication4.str_z = add;
$ CommunicationObjects:: Service1. providerSide [ ECU2MachineDesign,
ECU1MachineDesign].Service1EventNotiffication5.str_x = acc;
$ CommunicationObjects:: Service1. providerSide [ ECU2MachineDesign,
ECU1MachineDesign].Service1EventNotiffication5.str_y = acc;
$ CommunicationObjects:: Service1. providerSide [ ECU2MachineDesign,
ECU1MachineDesign].Service1EventNotiffication5.str_z = add;
```

$符号后面、等号前面的内容是拖动而来的,Notification 也如此操作(图 6.19)。

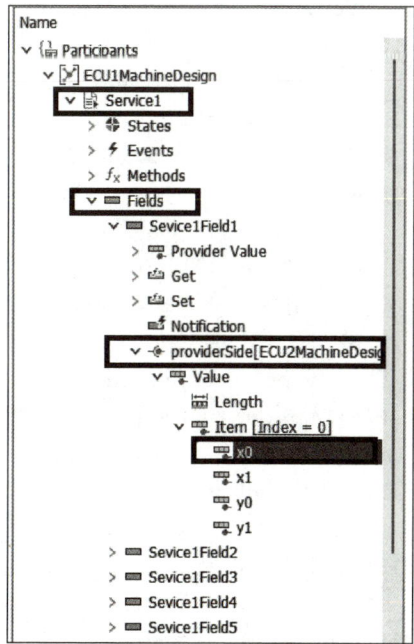

图 6.19 拖动 Field

在脚本中为 Field 进行赋值(工程源码 6.3)。

工程源码 6.3　为 Field 赋值

```
CommunicationObjects::Service1.providerSide[ECU2MachineDesign,ECU1MachineDesign].Sevice1Field1[0].x0 = acc;
$ CommunicationObjects::Service1.providerSide[ECU2MachineDesign,ECU1MachineDesign].Sevice1Field1[0].y0 = acc;
$ CommunicationObjects::Service1.providerSide[ECU2MachineDesign,ECU1MachineDesign].Sevice1Field1[0].x1 = add;
$ CommunicationObjects::Service1.providerSide[ECU2MachineDesign,ECU1MachineDesign].Sevice1Field1[0].y1 = add;
$ CommunicationObjects::Service1.providerSide[ECU2MachineDesign,ECU1MachineDesign].Sevice1Field2[0].x0 = acc;
$ CommunicationObjects::Service1.providerSide[ECU2MachineDesign,ECU1MachineDesign].Sevice1Field2[0].y0 = acc;
$ CommunicationObjects::Service1.providerSide[ECU2MachineDesign,ECU1MachineDesign].Sevice1Field2[0].x1 = add;
$ CommunicationObjects::Service1.providerSide[ECU2MachineDesign,ECU1MachineDesign].Sevice1Field2[0].y1 = add;
$ CommunicationObjects::Service1.providerSide[ECU2MachineDesign,ECU1MachineDesign].Sevice1Field3[0].x0 = acc;
$ CommunicationObjects::Service1.providerSide[ECU2MachineDesign,ECU1MachineDesign].Sevice1Field3[0].y0 = acc;
$ CommunicationObjects::Service1.providerSide[ECU2MachineDesign,ECU1MachineDesign].Sevice1Field3[0].x1 = add;
$ CommunicationObjects::Service1.providerSide[ECU2MachineDesign,ECU1MachineDesign].Sevice1Field3[0].y1 = add;
$ CommunicationObjects::Service1.providerSide[ECU2MachineDesign,ECU1MachineDesign].Sevice1Field4[0].x0 = acc;
$ CommunicationObjects::Service1.providerSide[ECU2MachineDesign,ECU1MachineDesign].Sevice1Field4[0].y0 = acc;
$ CommunicationObjects::Service1.providerSide[ECU2MachineDesign,ECU1MachineDesign].Sevice1Field4[0].x1 = add;
$ CommunicationObjects::Service1.providerSide[ECU2MachineDesign,ECU1MachineDesign].Sevice1Field4[0].y1 = add;
$ CommunicationObjects::Service1.providerSide[ECU2MachineDesign,ECU1MachineDesign].Sevice1Field5[0].x0 = acc;
$ CommunicationObjects::Service1.providerSide[ECU2MachineDesign,ECU1MachineDesign].Sevice1Field5[0].y0 = acc;
$ CommunicationObjects::Service1.providerSide[ECU2MachineDesign,ECU1MachineDesign].Sevice1Field5[0].x1 = add;
$ CommunicationObjects::Service1.providerSide[ECU2MachineDesign,ECU1MachineDesign].Sevice1Field5[0].y1 = add;
```

如果服务的 Client 端在收到 Server 端发来的 Event 和 Notification，除了从报文中去查找外，也可以在脚本中写一些函数来进行打印。

on value_update 函数就可以进行打印操作。把图 6.20 中的元素拖动到 on value_update 的后面，图例为 Service6 的第一个 Event。

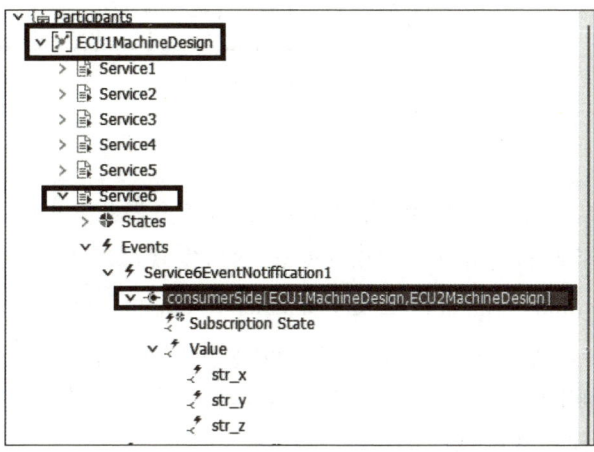

图 6.20　拖动 Client 端的 Event

实现效果见工程源码 6.4。

工程源码 6.4　接收 Event 打印

```
on value_update CommunicationObjects::Service6.ConsumerSide[ECU2MachineDesign,
ECU1Mchinedesign].Service6EventNotiffication1
{
  write("Service6EventNotiffication1.str_x = %d",
CommunicationObjects:: Service6. ConsumerSide [ ECU2MachineDesign,
ECU1MachineDesign].Service6EventNotiffication1.str_x);
  write("Service6EventNotiffication1.str_y = %d",
CommunicationObjects:: Service6. ConsumerSide [ ECU2MachineDesign,
ECU1MachineDesign].Service6EventNotiffication1.str_y);
  write("Service6EventNotiffication1.str_z = %lf",
CommunicationObjects:: Service6. ConsumerSide [ ECU2MachineDesign,
ECU1MachineDesign].Service6EventNotiffication1.str_z);
}
```

在运行时，如果 Service6 的 Service6EventNotiffication1 收到 Server 端发来的值，便会触发 on value_update 函数，CANoe 界面就会显示打印内容（图 6.21）。

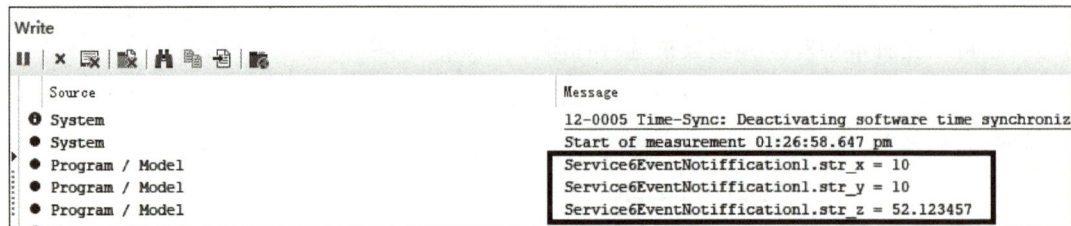

图 6.21 收到 Event 效果

2) 循环触发

服务的 Server 端在发送时,也可以循环触发,脚本需要做几处更改。首先在声明全局变量的地方,添加一个函数变量 mstimer StateCnt,然后实现循环函数,循环函数的名称就是 StateCnt,类型是 on timer,将在按键触发中完成的 Event 和 Notifer 都放到这个函数中即可;最后再添加 on start 函数,用来调用 setTimerCyclic() 函数,该函数有两个传递参数,第一个是函数名,在示例中就是 StateCnt,第二个是循环时间,单位为 ms。示例中设置的是每 500 ms 触发一次(工程源码 6.5)。

工程源码 6.5 循环函数实现

```
variables
{
  mstimer StateCnt;
  byte acc = 1;
  double add = 200.123456789;
  byte a = 1;
  byte b = 10;
  byte c = 20;
  byte d = 30;
}
on timer StateCnt
{
 $ CommunicationObjects::    Service1.    providerSide    [ ECU2MachineDesign,
ECU1MachineDesign].Service1EventNotiffication1.str_x = acc;
 $ CommunicationObjects::    Service1.    providerSide    [ ECU2MachineDesign,
ECU1MachineDesign].Service1EventNotiffication1.str_y = acc;
}
on start
{
  setTimerCyclic(StateCnt,500);
}
```

2. Client 端请求

在服务中 Method 需要在 Client 端进行请求,在 Server 端进行处理并选择回复或者不回复。同样,Field 中的 Getter 和 Setter 也需要在 Client 端进行请求。在 ECU1 中,服务 6~服务 11 是客户端,但是只有服务 6~服务 8 中有 Method 和 Field,所以需要对这一部分进行编写。

针对 Method,以 Service6 为例做说明,按键触发的方式与前文中介绍的相同,不作赘述。首先把元素拖入脚本中(图 6.22 线框标记的元素)。

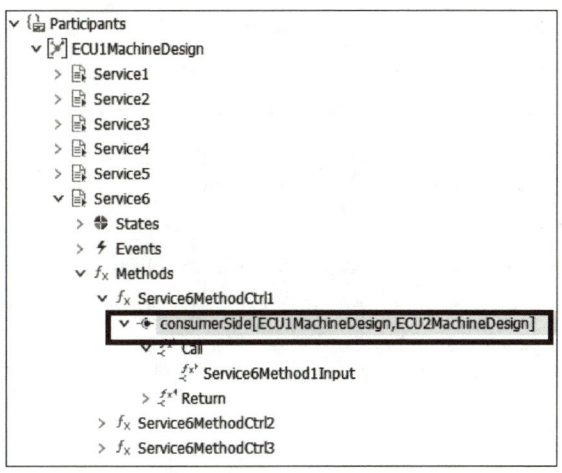

图 6.22　拖动 Method 请求

在编辑界面中的该元素后面输入".",选择"CallAsync"(异步调用),如图 6.23 所示。

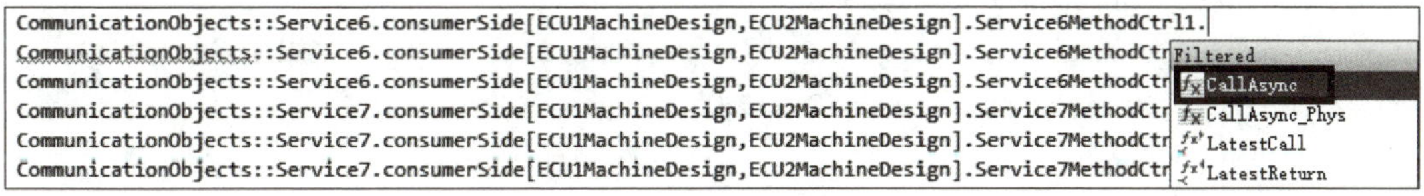

图 6.23　选择请求方式

选择完毕后,在括号里传入值,这里的 Method 在设计之初,就已经定义好布尔型传入参数,所以传入 1 或 0 即可(工程源码 6.6)。

工程源码 6.6　给 Method 请求赋值

```
on key 'c'
{
CommunicationObjects::    Service6.    ConsumerSide    [  ECU1MachineDesign,
ECU2MachineDesign].Service6MethodCtrl1.CallAsync(1);
CommunicationObjects::    Service6.    ConsumerSide    [  ECU1MachineDesign,
ECU2MachineDesign].Service6MethodCtrl2.CallAsync(1);
CommunicationObjects::    Service6.    ConsumerSide    [  ECU1MachineDesign,
ECU2MachineDesign].Service6MethodCtrl3.CallAsync(1);
CommunicationObjects::    Service7.    ConsumerSide    [  ECU1MachineDesign,
ECU2MachineDesign].Service7MethodCtrl1.CallAsync(1);
```

```
CommunicationObjects::Service7.ConsumerSide[ECU1MachineDesign,
ECU2MachineDesign].Service7MethodCtrl2.CallAsync(1);
CommunicationObjects::Service7.ConsumerSide[ECU1MachineDesign,
ECU2MachineDesign].Service7MethodCtrl3.CallAsync(1);
CommunicationObjects::Service7.ConsumerSide[ECU1MachineDesign,
ECU2MachineDesign].Service7MethodCtrl4.CallAsync(1);
CommunicationObjects::Service7.ConsumerSide[ECU1MachineDesign,
ECU2MachineDesign].Service7MethodCtrl5.CallAsync(1);
CommunicationObjects::Service8.ConsumerSide[ECU1MachineDesign,
ECU2MachineDesign].Service8MethodCtrl1.CallAsync(1);
CommunicationObjects::Service8.ConsumerSide[ECU1MachineDesign,
ECU2MachineDesign].Service8MethodCtrl2.CallAsync(1);
CommunicationObjects::Service8.ConsumerSide[ECU1MachineDesign,
ECU2MachineDesign].Service8MethodCtrl3.CallAsync(1);
}
on key 'd'
{
CommunicationObjects::Service6.ConsumerSide[ECU1MachineDesign,
ECU2MachineDesign].Service6MethodCtrl1.CallAsync(0);
CommunicationObjects::Service6.ConsumerSide[ECU1MachineDesign,
ECU2MachineDesign].Service6MethodCtrl2.CallAsync(0);
CommunicationObjects::Service6.ConsumerSide[ECU1MachineDesign,
ECU2MachineDesign].Service6MethodCtrl3.CallAsync(0);
CommunicationObjects::Service7.ConsumerSide[ECU1MachineDesign,
ECU2MachineDesign].Service7MethodCtrl1.CallAsync(0);
CommunicationObjects::Service7.ConsumerSide[ECU1MachineDesign,
ECU2MachineDesign].Service7MethodCtrl2.CallAsync(0);
CommunicationObjects::Service7.ConsumerSide[ECU1MachineDesign,
ECU2MachineDesign].Service7MethodCtrl3.CallAsync(0);
CommunicationObjects::Service7.ConsumerSide[ECU1MachineDesign,
ECU2MachineDesign].Service7MethodCtrl4.CallAsync(0);
CommunicationObjects::Service7.ConsumerSide[ECU1MachineDesign,
ECU2MachineDesign].Service7MethodCtrl5.CallAsync(0);
CommunicationObjects::Service8.ConsumerSide[ECU1MachineDesign,
ECU2MachineDesign].Service8MethodCtrl1.CallAsync(0);
CommunicationObjects::Service8.ConsumerSide[ECU1MachineDesign,
ECU2MachineDesign].Service8MethodCtrl2.CallAsync(0);
CommunicationObjects::Service8.ConsumerSide[ECU1MachineDesign,
ECU2MachineDesign].Service8MethodCtrl3.CallAsync(0);
}
```

Client 端在进行 Setter 时，跟 Method 的请求相似。注意：在本示例工程中，所有 Field 传的都是 Vector 容器，因此赋值时需要做一些处理，而不是简单地传入数字。

首先把容器实例化，容器名称是在设计 ARXML 时就已经定义好的，在脚本中的语句如下：

array Datatypes::FieldDisplay FieldDisplay1;

其中，FieldDisplay 是之前定义容器的名称，FieldDisplay1 是实例化的名称，对其赋值即可。在赋值前，需要定义容器的长度，对于 Vector 而言，它的长度是可变的，所以在进行 Setter 时，要先对长度进行设置，然后再进行赋值操作（工程源码 6.7）。

工程源码 6.7　给 Setter 请求赋值

```
on key 's'
{
  array Datatypes::FieldDisplay FieldDisplay1;
  FieldDisplay1.Length = 2;
  FieldDisplay1[0].x0 = a;
  FieldDisplay1[0].y0 = b;
  FieldDisplay1[0].x1 = c;
  FieldDisplay1[0].y1 = d;
  FieldDisplay1[1].x0 = a;
  FieldDisplay1[1].y0 = b;
  FieldDisplay1[1].x1 = c;
  FieldDisplay1[1].y1 = d;
  CommunicationObjects::Service6.ConsumerSide[ECU1MachineDesign,ECU2MachineDesign].Sevice6Field1.Set.CallAsync(FieldDisplay1);
  CommunicationObjects::Service6.ConsumerSide[ECU1MachineDesign,ECU2MachineDesign].Sevice6Field2.Set.CallAsync(FieldDisplay1);
  CommunicationObjects::Service6.ConsumerSide[ECU1MachineDesign,ECU2MachineDesign].Sevice6Field3.Set.CallAsync(FieldDisplay1);
  CommunicationObjects::Service6.ConsumerSide[ECU1MachineDesign,ECU2MachineDesign].Sevice6Field4.Set.CallAsync(FieldDisplay1);
  CommunicationObjects::Service6.ConsumerSide[ECU1MachineDesign,ECU2MachineDesign].Sevice6Field5.Set.CallAsync(FieldDisplay1);
}
```

Client 端在进行 Getter 时，类比 Method 的请求，操作简易许多，不需要传值，直接进行异步调用即可（工程源码 6.8）。

工程源码 6.8　实现 Getter 功能

```
on key 'g'
{
  CommunicationObjects::Service6.ConsumerSide[ECU1MachineDesign,ECU2MachineDesign].Sevice6Field1.Get.CallAsync();
```

```
CommunicationObjects::Service6.ConsumerSide[ECU1MachineDesign,
ECU2MachineDesign].Sevice6Field2.Get.CallAsync();
CommunicationObjects::Service6.ConsumerSide[ECU1MachineDesign,
ECU2MachineDesign].Sevice6Field3.Get.CallAsync();
CommunicationObjects::Service6.ConsumerSide[ECU1MachineDesign,
ECU2MachineDesign].Sevice6Field4.Get.CallAsync();
CommunicationObjects::Service6.ConsumerSide[ECU1MachineDesign,
ECU2MachineDesign].Sevice6Field5.Get.CallAsync();
CommunicationObjects::Service7.ConsumerSide[ECU1MachineDesign,
ECU2MachineDesign].Sevice7Field1.Get.CallAsync();
CommunicationObjects::Service7.ConsumerSide[ECU1MachineDesign,
ECU2MachineDesign].Sevice7Field2.Get.CallAsync();
CommunicationObjects::Service7.ConsumerSide[ECU1MachineDesign,
ECU2MachineDesign].Sevice7Field3.Get.CallAsync();
CommunicationObjects::Service7.ConsumerSide[ECU1MachineDesign,
ECU2MachineDesign].Sevice7Field4.Get.CallAsync();
CommunicationObjects::Service7.ConsumerSide[ECU1MachineDesign,
ECU2MachineDesign].Sevice7Field5.Get.CallAsync();
CommunicationObjects::Service8.ConsumerSide[ECU1MachineDesign,
ECU2MachineDesign].Sevice8Field1.Get.CallAsync();
CommunicationObjects::Service8.ConsumerSide[ECU1MachineDesign,
ECU2MachineDesign].Sevice8Field2.Get.CallAsync();
CommunicationObjects::Service8.ConsumerSide[ECU1MachineDesign,
ECU2MachineDesign].Sevice8Field3.Get.CallAsync();
CommunicationObjects::Service8.ConsumerSide[ECU1MachineDesign,
ECU2MachineDesign].Sevice8Field4.Get.CallAsync();
CommunicationObjects::Service8.ConsumerSide[ECU1MachineDesign,
ECU2MachineDesign].Sevice8Field5.Get.CallAsync();
}
```

3. Server 端处理

Server 端需要处理来自 Method 的请求和 Field 里的 Getter。

首先,说明 Method 对请求的处理,函数头是 on fct_called;其次,拉入相应元素,以 Service1 的 Method 为例(图 6.24),把图 6.24 线框中的元素拉到 on fct_called 后面;然后,在函数中写处理的方法。由于收到的值是布尔值,返回值是 double 类型的值,这里需要做个简单的逻辑处理(工程源码 6.9)。

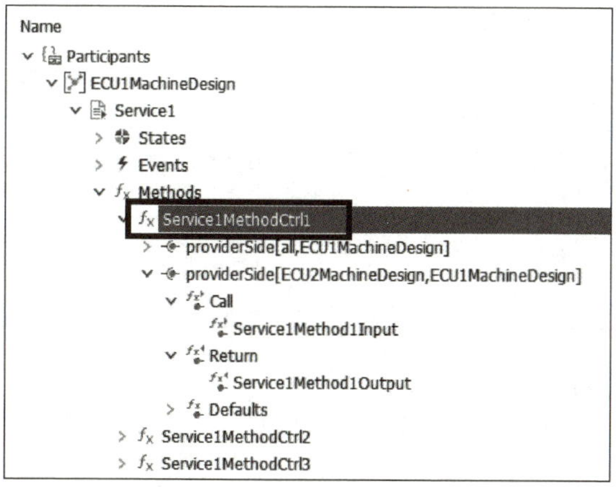

第 6 章 基于 CANoe 的 SOME/IP 通信测试

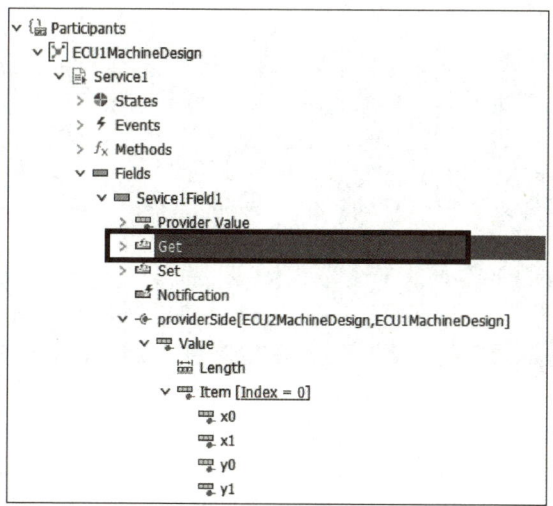

图 6.24 拖动处理端 Method

工程源码 6.9 Server 端处理请求逻辑

```
on fct_called CommunicationObjects::Service1.Service1MethodCtrl1
{
  if(this.Service1Method1Input = = 1)
  {
this.Service1Method1Output = 10.12345678;
  }else { this.Service1Method1Output = 100.87654321; }
  this.ReturnCall();
}
```

其余 Method 和服务里的 Method 都作类似处理。this.Service1Method1Output = 10.12345678 是在给输出赋值，this.ReturnCall() 是在这个函数处理完之后把输出值返回。

Getter 的处理，做一个返回即可，处理方式跟 Method 一致。拉动图 6.25 线框中的元素到 on fct_called 后面。

图 6.25 拖动 Server 端 Getter

在脚本中编写 Getter 的处理逻辑(工程源码 6.10)。

工程源码 6.10 Sever 端处理 Getter 逻辑

```
on fct_called CommunicationObjects::Service1.Sevice1Field1.Get
{
  this.ReturnCall();
}
```

其余 Field 的处理类比即可。

4. 脚本绑定

交付的文件里,包含 ECU1 和 ECU2 的测试脚本。将脚本导入后,绑定到相应的 ECU 上(图 6.26)。

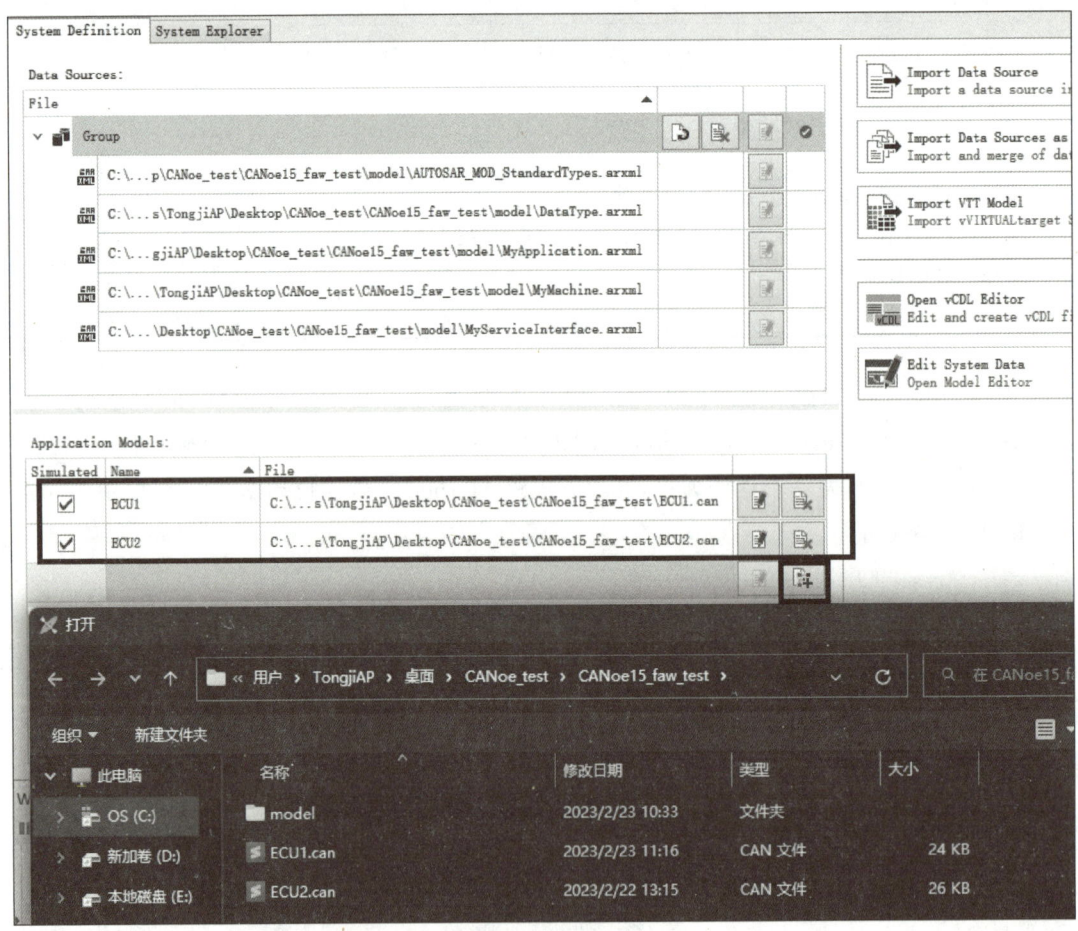

图 6.26　导入脚本

进行脚本绑定,如图 6.27 所示。绑定脚本完毕后,打开 ECU1 的脚本,如图 6.28 所示。

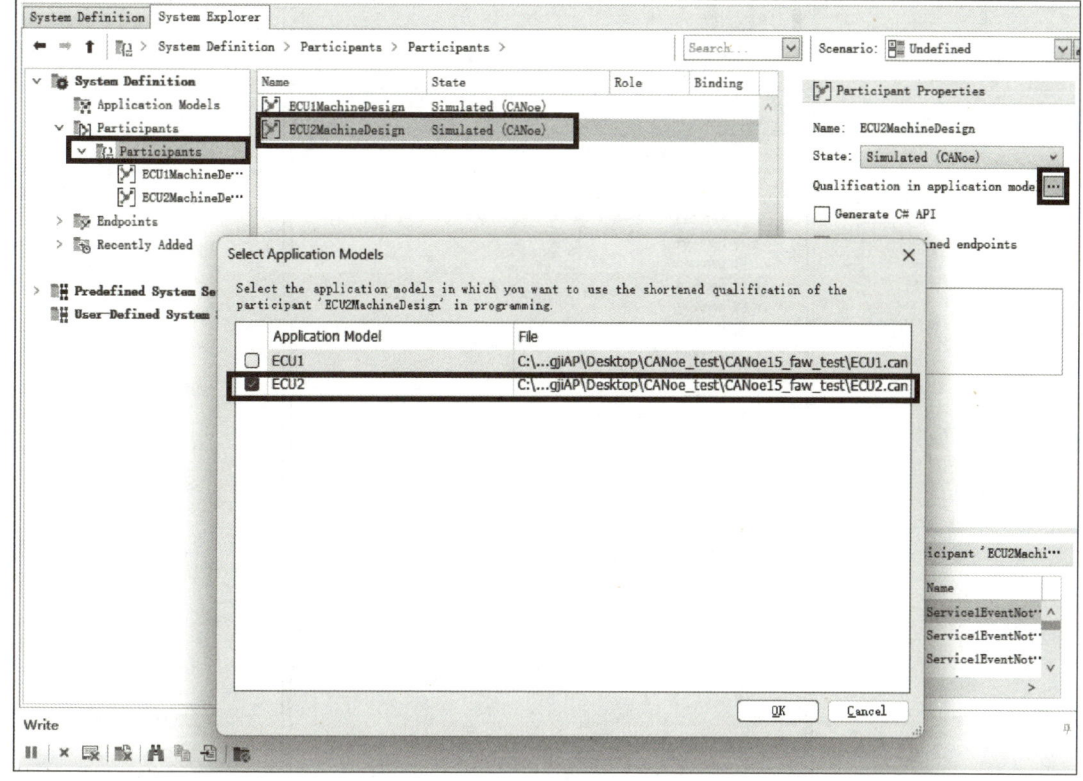

图 6.27 绑定脚本

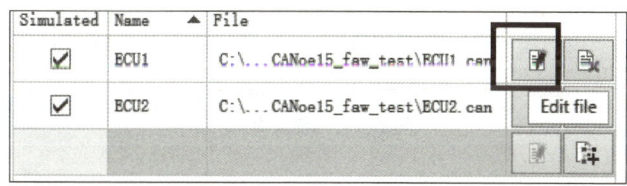

图 6.28 打开 ECU1 的脚本

进入编辑界面后,观察界面的右边,把右边调到 Symbols 界面。该界面的元素可以直接拉动,以进行赋值或者其他处理(图 6.29)。在该界面中可以看到每个 ECU 里的服务,以及服务里面具体的某个元素。

6.1.3 测试流程

此过程需要对 JSON 文件以及 CANoe 中的配置做些调整,来实现 ECU1 与 ECU2 的通信,并抓取到相应的报文。

1. S32G 端配置

S32G 端启动的是 ECU2,要对相应的文件做更改。首先更改通过守护进程文件,让守护进程启动 ECU2 相关的内容。

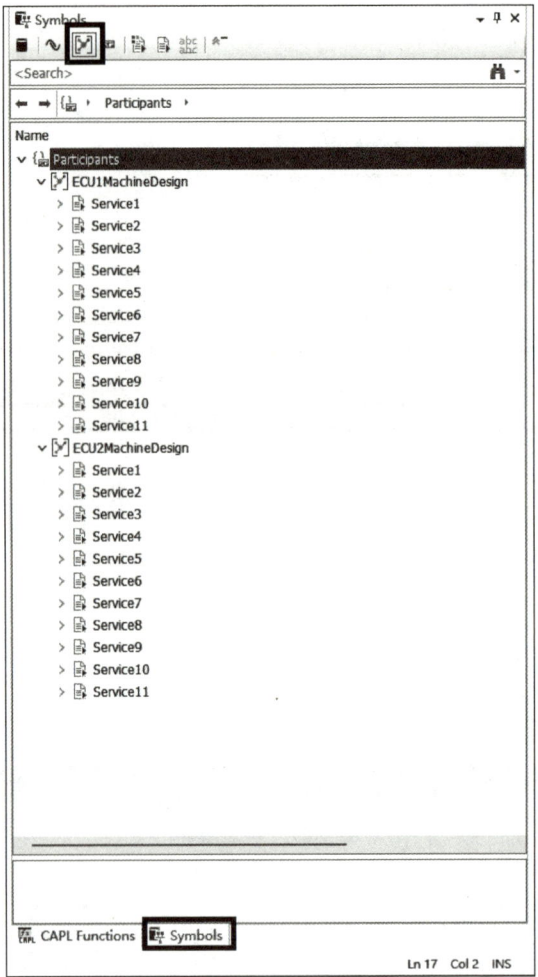

图 6.29　编辑脚本

进入生成可执行文件的 install 文件夹,到路径/install/opt/someipd_posix/etc 下,找到 someipd_posix.json 文件,做如工程源码 6.11 所示的更改。

工程源码 6.11　守护进程 JSON 文件

```
{
    "Applications":[
       "../ECU2APP1_exe/etc/someip_config.json",
       "../ECU2APP2_exe/etc/someip_config.json",
       "../ECU2APP3_exe/etc/someip_config.json",
       "../ECU2APP4_exe/etc/someip_config.json",
       "../ECU2APP5_exe/etc/someip_config.json",
       "../ECU2APP6_exe/etc/someip_config.json"
    ]
}
```

这样就实现了 S32G 端只启动 ECU2 相关的可执行文件，然后更改 IP。

在设计阶段，部署到 ECU1 的服务地址是 192.168.255.1，ECU2 是 192.168.255.130。为了让 ECU2 运行在 S32G 上，需要把 ECU2 相关的地址都改成 S32G 的地址，如测试用 S32G 的是 192.168.255.130，就需要把相关的地址都改成这个。以 ECU2APP1 为例进行说明，进入生成可执行文件的 install 文件夹，进入 /install/opt/ECU2APP1_exe/etc 路径，打开 someip_config.json 文件，进行更改：注意更改的个数，ECU2APP1 里面，有 Service1 和 Service2 两个服务，所以加上 ECU2 的地址，需要更改三处，其余的 APP 更改类似，均改成自己对应的 S32G 的地址即可。

2. CANoe 端配置

首先，进入 Configuration 界面，把 ECU2 设置成 real，ECU1 设置成 Simulation。取消勾选 ECU2 的脚本（图 6.30）。

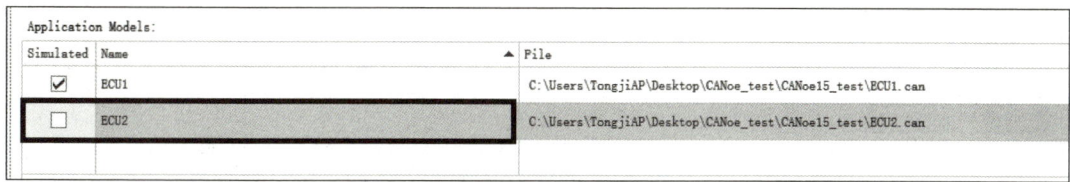

图 6.30　取消勾选 ECU2 的脚本

其次，进入 Edit System Data 界面（图 6.31）。将 ECU2 的 IP 地址改为 S32G 的 IP 地址，设置为 192.168.255.130，ECU1 的 IP 改成同网段任意即可，这里面改成 192.168.255.1，单击 OK（图 6.32）。

再次，把 TCP/IP 协议栈的网段也改成同网段即可（图 6.33）。

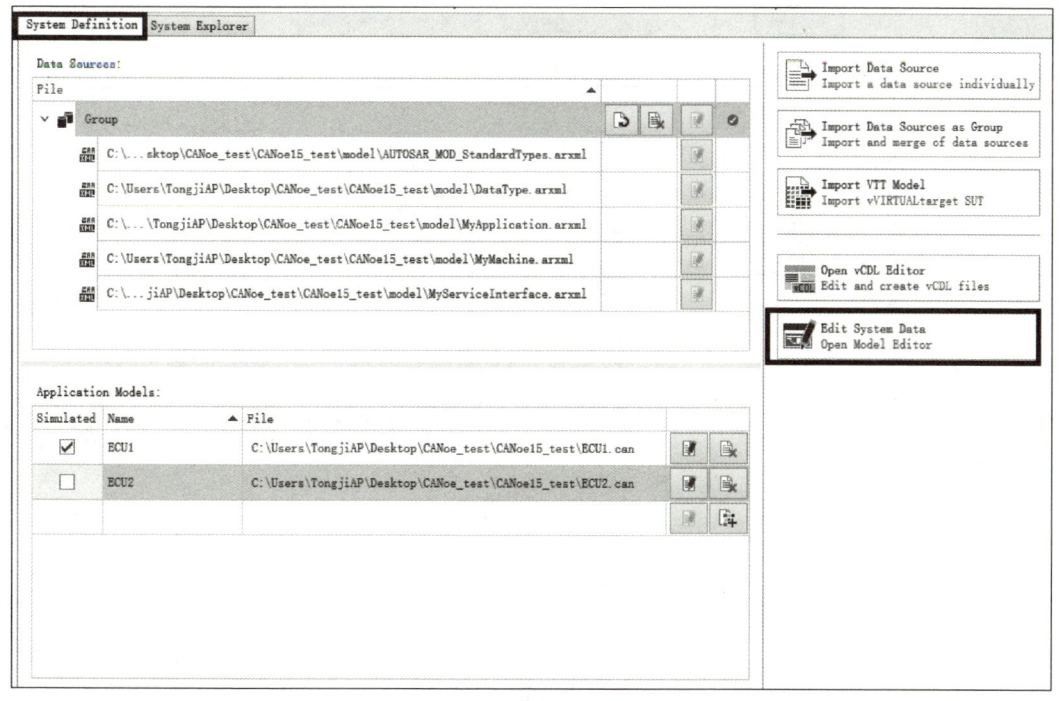

图 6.31　ARXML 编辑器

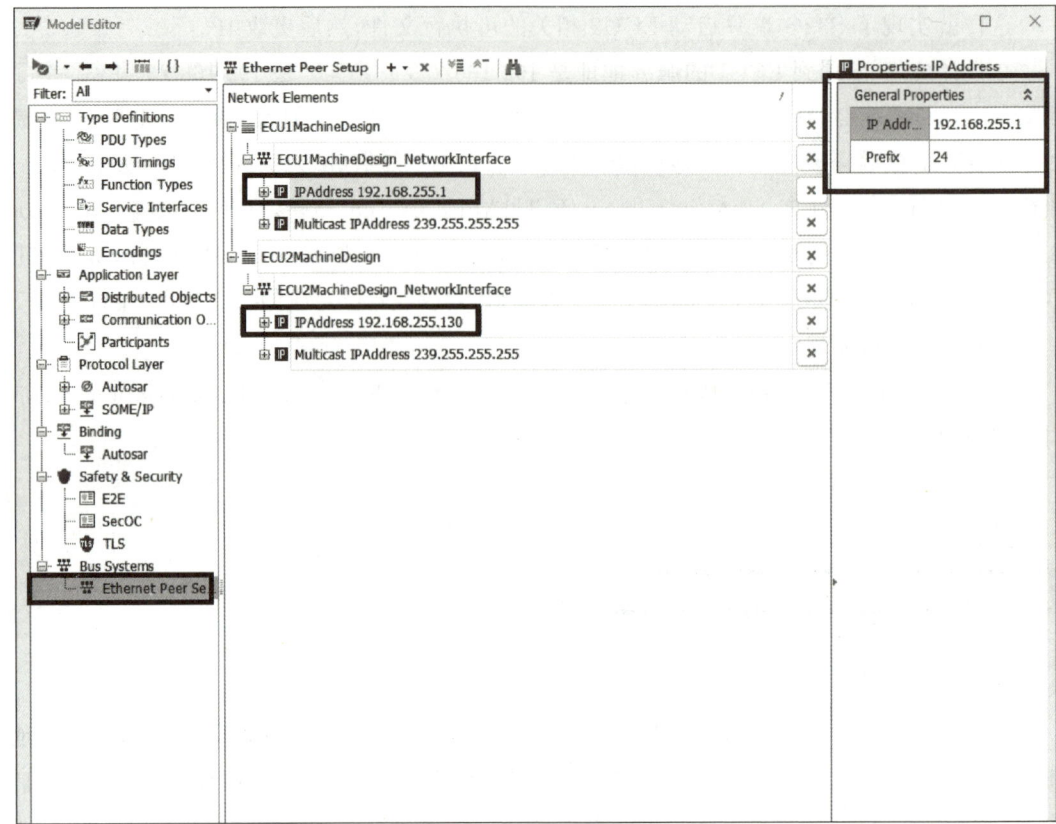

图 6.32 修改数据库 IP

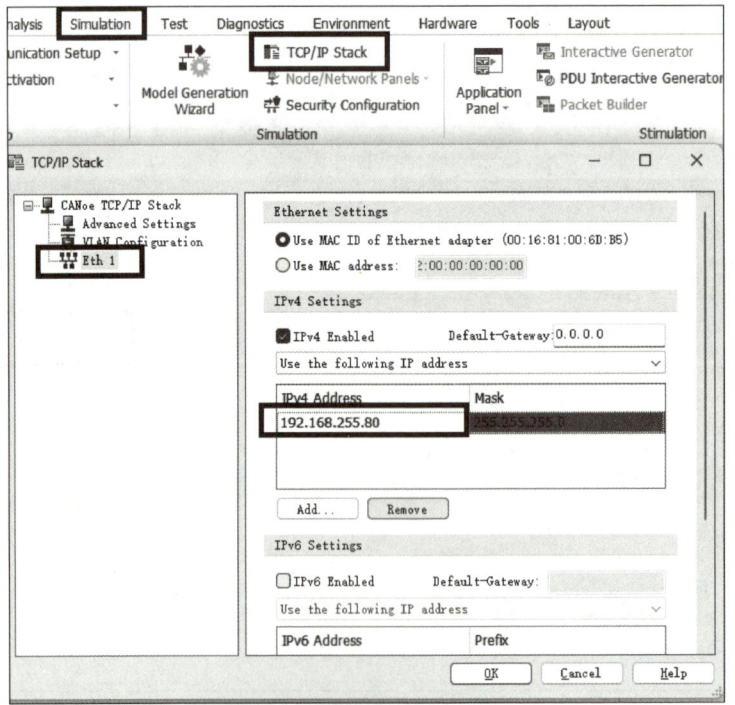

图 6.33 修改 CANoe 网段

最后，分别启动 S32G 里的 ECU2 和 CANoe 里的 ECU1 就可以使之通信，在 CANoe 界面里可以单击 cdsge，观测 S32G 终端的变化，也可以同时观测 CANoe 的 Trace 窗口里报文的变化。测试完毕后，可以去存储报文的文件夹里打开相应文件，搜索对应 ID，看看所有的服务是否都通信成功。

6.1.4 测试结果

本小节截取通信的报文来进行说明，其中包括 SOME/IP-SD 和 SOME/IP 里的相关报文。

观察 S32G 的终端或者 CANoe 界面，会发现有收发的效果，并且在按键时，可以看到两边都有变化，但是本工程服务较多，且每个服务里的内容也较多，所以需要仔细检查报文，对设计 ARXML 时设定的那些 ID 进行一一比对，如果每条报文都找得到，证明整个工程的通信没有问题。在 CANoe 端设置记录报文，然后将记录报文用 Wireshark 打开观测，更加高效。

此外需要说明的是，Event 和 Notification 的 ID 需要大于 32768，如果在设置的时候小于这个数，在生成时，工具链会自动加上 32768。定义 ID 时都是用十六进制的数，也就是会在其基础上加上 0x8000，如定义的 Service1 里的 Event1（Service1 Event Notiffication1）ID 为 0x4201，那么在真实的工程中会显示为 0xC201。

1. 订阅报文

打开存储的报文，先在 SOME/IP-SD 报文去找寻所有的服务是否都订阅成功。可以单击图 6.34 所示的界面的 Protocol，这样同一个类型的报文就会放在附近。

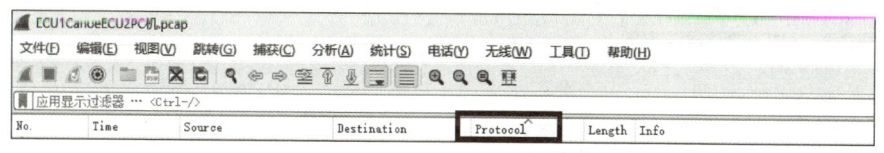

图 6.34 Wireshark 界面

此部分按照 ECU1 和 ECU2 分别说明。

1) ECU1

本示例测试 ECU1 是由 CANoe 模拟，IP 设置为 192.168.255.1。

首先是 Find 和 Offer 报文，如图 6.35 所示。从报文中可以看到，这是 ECU1 发给 ECU2 的。在 ECU1 中，服务 1～服务 5 是 Server 端，会向外发送 Offer 报文，服务 6～服务 11 是 Client 端，会向外发送 Find 报文。由于采用脚本编写，所以 Offer 与 Find 报文会在同一条中显示。

然后是 Subscribe 和 SubscribeAck 报文，如图 6.36 所示。在报文中可以看到，刚刚向外发送 Find 报文的服务，在接收到 ECU2 发的 Offer 后，会再次向外发送一个 Subscribe 报文来请求订阅。对方会回复一个 SubscribeAck 报文，代表订阅成功。

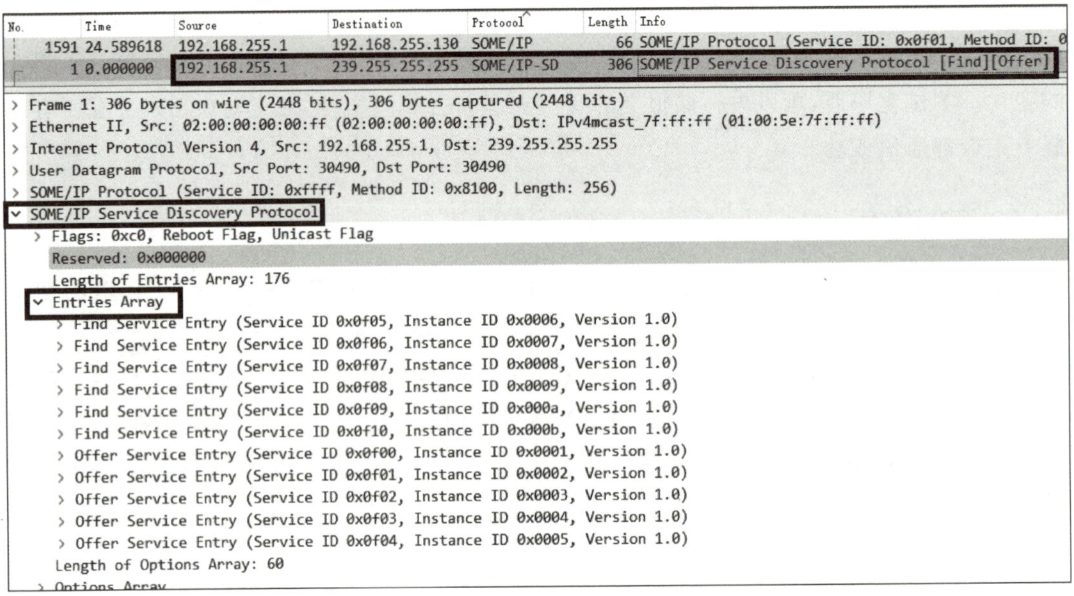

```
No.   Time         Source           Destination      Protocol      Length Info
1591 24.589618    192.168.255.1    192.168.255.130  SOME/IP        66 SOME/IP Protocol (Service ID: 0x0f01, Method ID: 0
   1 0.000000     192.168.255.1    239.255.255.255  SOME/IP-SD    306 SOME/IP Service Discovery Protocol [Find][Offer]
> Frame 1: 306 bytes on wire (2448 bits), 306 bytes captured (2448 bits)
> Ethernet II, Src: 02:00:00:00:00:ff (02:00:00:00:00:ff), Dst: IPv4mcast_7f:ff:ff (01:00:5e:7f:ff:ff)
> Internet Protocol Version 4, Src: 192.168.255.1, Dst: 239.255.255.255
> User Datagram Protocol, Src Port: 30490, Dst Port: 30490
> SOME/IP Protocol (Service ID: 0xffff, Method ID: 0x8100, Length: 256)
v SOME/IP Service Discovery Protocol
   > Flags: 0xc0, Reboot Flag, Unicast Flag
     Reserved: 0x000000
     Length of Entries Array: 176
   v Entries Array
     > Find Service Entry (Service ID 0x0f05, Instance ID 0x0006, Version 1.0)
     > Find Service Entry (Service ID 0x0f06, Instance ID 0x0007, Version 1.0)
     > Find Service Entry (Service ID 0x0f07, Instance ID 0x0008, Version 1.0)
     > Find Service Entry (Service ID 0x0f08, Instance ID 0x0009, Version 1.0)
     > Find Service Entry (Service ID 0x0f09, Instance ID 0x000a, Version 1.0)
     > Find Service Entry (Service ID 0x0f10, Instance ID 0x000b, Version 1.0)
     > Offer Service Entry (Service ID 0x0f00, Instance ID 0x0001, Version 1.0)
     > Offer Service Entry (Service ID 0x0f01, Instance ID 0x0002, Version 1.0)
     > Offer Service Entry (Service ID 0x0f02, Instance ID 0x0003, Version 1.0)
     > Offer Service Entry (Service ID 0x0f03, Instance ID 0x0004, Version 1.0)
     > Offer Service Entry (Service ID 0x0f04, Instance ID 0x0005, Version 1.0)
     Length of Options Array: 60
   > Options Array
```

图 6.35 ECU1 端 Find 和 Offer 报文

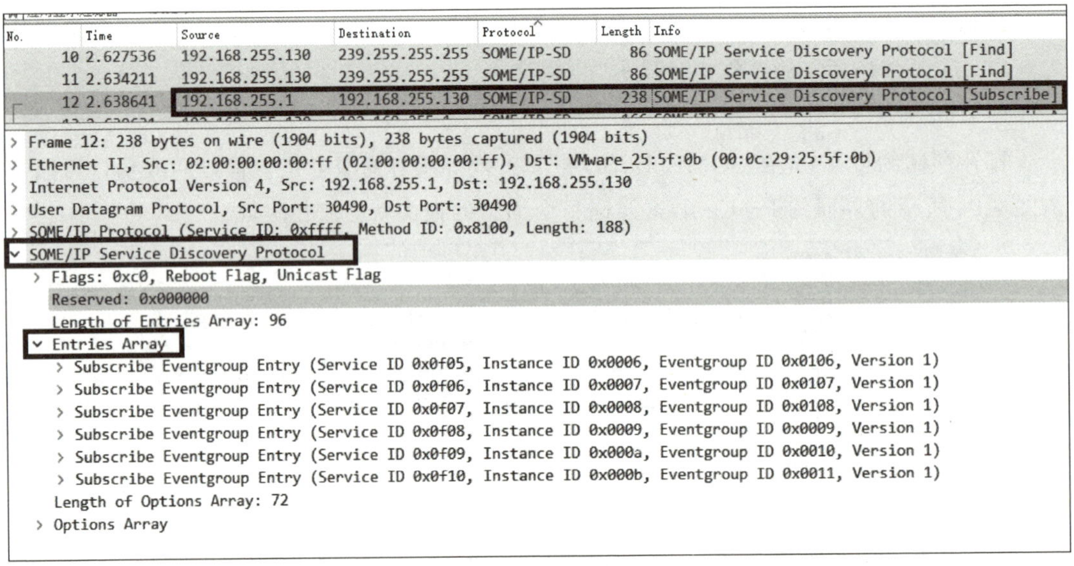

```
No.   Time         Source           Destination      Protocol      Length Info
 10 2.627536      192.168.255.130  239.255.255.255  SOME/IP-SD     86 SOME/IP Service Discovery Protocol [Find]
 11 2.634211      192.168.255.130  239.255.255.255  SOME/IP-SD     86 SOME/IP Service Discovery Protocol [Find]
 12 2.638641      192.168.255.1    192.168.255.130  SOME/IP-SD    238 SOME/IP Service Discovery Protocol [Subscribe]
> Frame 12: 238 bytes on wire (1904 bits), 238 bytes captured (1904 bits)
> Ethernet II, Src: 02:00:00:00:00:ff (02:00:00:00:00:ff), Dst: VMware_25:5f:0b (00:0c:29:25:5f:0b)
> Internet Protocol Version 4, Src: 192.168.255.1, Dst: 192.168.255.130
> User Datagram Protocol, Src Port: 30490, Dst Port: 30490
> SOME/IP Protocol (Service ID: 0xffff, Method ID: 0x8100, Length: 188)
v SOME/IP Service Discovery Protocol
   > Flags: 0xc0, Reboot Flag, Unicast Flag
     Reserved: 0x000000
     Length of Entries Array: 96
   v Entries Array
     > Subscribe Eventgroup Entry (Service ID 0x0f05, Instance ID 0x0006, Eventgroup ID 0x0106, Version 1)
     > Subscribe Eventgroup Entry (Service ID 0x0f06, Instance ID 0x0007, Eventgroup ID 0x0107, Version 1)
     > Subscribe Eventgroup Entry (Service ID 0x0f07, Instance ID 0x0008, Eventgroup ID 0x0108, Version 1)
     > Subscribe Eventgroup Entry (Service ID 0x0f08, Instance ID 0x0009, Eventgroup ID 0x0009, Version 1)
     > Subscribe Eventgroup Entry (Service ID 0x0f09, Instance ID 0x000a, Eventgroup ID 0x0010, Version 1)
     > Subscribe Eventgroup Entry (Service ID 0x0f10, Instance ID 0x000b, Eventgroup ID 0x0011, Version 1)
     Length of Options Array: 72
   > Options Array
```

图 6.36 Subscribe 报文

图 6.37 所示为来自 ECU2 的报文,表明服务 6～服务 11 订阅成功。

2) ECU2

首先是 Find 和 Offer 报文,如图 6.38 所示。在图 6.38 中,有服务 6～服务 11 的 Offer 报文,因为 ECU2 里面的服务 6～服务 11 是 Server 端,ECU1 里面的服务 6～服务 11 接收到这个报文后,会向外发送 Subscribe 报文。此条里面还包含一条 Find 报文,Service ID 为 0x0f02,对应服务 3,需要把其余服务的 Find 找到。

服务 1,如图 6.39 所示。

第 6 章 基于 CANoe 的 SOME/IP 通信测试

```
   13 2.639631    192.168.255.130    192.168.255.1    SOME/IP-SD    166 SOME/IP Service Discovery Protocol [SubscribeAck]
> Frame 13: 166 bytes on wire (1328 bits), 166 bytes captured (1328 bits)
> Ethernet II, Src: VMware_25:5f:0b (00:0c:29:25:5f:0b), Dst: 02:00:00:00:00:ff (02:00:00:00:00:ff)
> Internet Protocol Version 4, Src: 192.168.255.130, Dst: 192.168.255.1
> User Datagram Protocol, Src Port: 30490, Dst Port: 30490
> SOME/IP Protocol (Service ID: 0xffff, Method ID: 0x8100, Length: 116)
v SOME/IP Service Discovery Protocol
  > Flags: 0xc0, Reboot Flag, Unicast Flag
    Reserved: 0x000000
    Length of Entries Array: 96
  v Entries Array
    > Subscribe Eventgroup Ack Entry (Service ID 0x0f05, Instance ID 0x0006, Eventgroup ID 0x0106, Version 1)
    > Subscribe Eventgroup Ack Entry (Service ID 0x0f06, Instance ID 0x0007, Eventgroup ID 0x0107, Version 1)
    > Subscribe Eventgroup Ack Entry (Service ID 0x0f07, Instance ID 0x0008, Eventgroup ID 0x0108, Version 1)
    > Subscribe Eventgroup Ack Entry (Service ID 0x0f08, Instance ID 0x0009, Eventgroup ID 0x0009, Version 1)
    > Subscribe Eventgroup Ack Entry (Service ID 0x0f09, Instance ID 0x000a, Eventgroup ID 0x0010, Version 1)
    > Subscribe Eventgroup Ack Entry (Service ID 0x0f10, Instance ID 0x000b, Eventgroup ID 0x0011, Version 1)
    Length of Options Array: 0
```

图 6.37 SubscribeAck 报文

```
No.    Time         Source            Destination        Protocol     Length  Info
   4   0.599818    192.168.255.1     239.255.255.255    SOME/IP-SD    306 SOME/IP Service Discovery Protocol [Find][Offer]
   5   1.399677    192.168.255.1     239.255.255.255    SOME/IP-SD    306 SOME/IP Service Discovery Protocol [Find][Offer]
   9   2.608049    192.168.255.130   239.255.255.255    SOME/IP-SD    254 SOME/IP Service Discovery Protocol [Find][Offer]
> Frame 9: 254 bytes on wire (2032 bits), 254 bytes captured (2032 bits)
> Ethernet II, Src: VMware_25:5f:0b (00:0c:29:25:5f:0b), Dst: IPv4mcast_7f:ff:ff (01:00:5e:7f:ff:ff)
> Internet Protocol Version 4, Src: 192.168.255.130, Dst: 239.255.255.255
> User Datagram Protocol, Src Port: 30490, Dst Port: 30490
> SOME/IP Protocol (Service ID: 0xffff, Method ID: 0x8100, Length: 204)
v SOME/IP Service Discovery Protocol
  > Flags: 0xc0, Reboot Flag, Unicast Flag
    Reserved: 0x000000
    Length of Entries Array: 112
  v Entries Array
    > Find Service Entry (Service ID 0x0f02, Instance ID 0x0003, Version 1.4294967295)
    > Offer Service Entry (Service ID 0x0f05, Instance ID 0x0006, Version 1.0)
    > Offer Service Entry (Service ID 0x0f08, Instance ID 0x0009, Version 1.0)
    > Offer Service Entry (Service ID 0x0f07, Instance ID 0x0008, Version 1.0)
    > Offer Service Entry (Service ID 0x0f06, Instance ID 0x0007, Version 1.0)
    > Offer Service Entry (Service ID 0x0f09, Instance ID 0x000a, Version 1.0)
    > Offer Service Entry (Service ID 0x0f10, Instance ID 0x000b, Version 1.0)
    Length of Options Array: 72
  > Options Array
```

图 6.38 ECU2 端 Find 和 Offer 报文

```
No.    Time         Source            Destination        Protocol     Length  Info
  29   2.644581    192.168.255.130   239.255.255.255    SOME/IP-SD    86 SOME/IP Service Discovery Protocol [Find]
> Frame 29: 86 bytes on wire (688 bits), 86 bytes captured (688 bits)
> Ethernet II, Src: VMware_25:5f:0b (00:0c:29:25:5f:0b), Dst: IPv4mcast_7f:ff:ff (01:00:5e:7f:ff:ff)
> Internet Protocol Version 4, Src: 192.168.255.130, Dst: 239.255.255.255
> User Datagram Protocol, Src Port: 30490, Dst Port: 30490
> SOME/IP Protocol (Service ID: 0xffff, Method ID: 0x8100, Length: 36)
v SOME/IP Service Discovery Protocol
  > Flags: 0xc0, Reboot Flag, Unicast Flag
    Reserved: 0x000000
    Length of Entries Array: 16
  v Entries Array
    > Find Service Entry (Service ID 0x0f00, Instance ID 0x0001, Version 1.4294967295)
    Length of Options Array: 0
```

图 6.39 服务 1 Find 报文

服务 2,如图 6.40 所示。

```
No.    Time        Source           Destination       Protocol    Length  Info
    10 2.627536   192.168.255.130  239.255.255.255   SOME/IP-SD      86  SOME/IP Service Discovery Protocol [Find]
> Frame 10: 86 bytes on wire (688 bits), 86 bytes captured (688 bits)
> Ethernet II, Src: VMware_25:5f:0b (00:0c:29:25:5f:0b), Dst: IPv4mcast_7f:ff:ff (01:00:5e:7f:ff:ff)
> Internet Protocol Version 4, Src: 192.168.255.130, Dst: 239.255.255.255
> User Datagram Protocol, Src Port: 30490, Dst Port: 30490
> SOME/IP Protocol (Service ID: 0xffff, Method ID: 0x8100, Length: 36)
v SOME/IP Service Discovery Protocol
   > Flags: 0xc0, Reboot Flag, Unicast Flag
     Reserved: 0x000000
     Length of Entries Array: 16
   v Entries Array
     > Find Service Entry (Service ID 0x0f01, Instance ID 0x0002, Version 1.4294967295)
     Length of Options Array: 0
```

图 6.40　服务 2 Find 报文

服务 3,如图 6.41 所示。

```
No.   Time        Source           Destination       Protocol    Length  Info
   4 0.599818   192.168.255.1    239.255.255.255   SOME/IP-SD     306  SOME/IP Service Discovery Protocol [Find][Offer]
   5 1.399677   192.168.255.1    239.255.255.255   SOME/IP-SD     306  SOME/IP Service Discovery Protocol [Find][Offer]
   9 2.608049   192.168.255.130  239.255.255.255   SOME/IP-SD     254  SOME/IP Service Discovery Protocol [Find][Offer]
> Frame 9: 254 bytes on wire (2032 bits), 254 bytes captured (2032 bits)
> Ethernet II, Src: VMware_25:5f:0b (00:0c:29:25:5f:0b), Dst: IPv4mcast_7f:ff:ff (01:00:5e:7f:ff:ff)
> Internet Protocol Version 4, Src: 192.168.255.130, Dst: 239.255.255.255
> User Datagram Protocol, Src Port: 30490, Dst Port: 30490
> SOME/IP Protocol (Service ID: 0xffff, Method ID: 0x8100, Length: 204)
v SOME/IP Service Discovery Protocol
   > Flags: 0xc0, Reboot Flag, Unicast Flag
     Reserved: 0x000000
     Length of Entries Array: 112
   v Entries Array
     > Find Service Entry (Service ID 0x0f02, Instance ID 0x0003, Version 1.4294967295)
     > Offer Service Entry (Service ID 0x0f05, Instance ID 0x0006, Version 1.0)
     > Offer Service Entry (Service ID 0x0f08, Instance ID 0x0009, Version 1.0)
     > Offer Service Entry (Service ID 0x0f07, Instance ID 0x0008, Version 1.0)
     > Offer Service Entry (Service ID 0x0f06, Instance ID 0x0007, Version 1.0)
     > Offer Service Entry (Service ID 0x0f09, Instance ID 0x000a, Version 1.0)
     > Offer Service Entry (Service ID 0x0f10, Instance ID 0x000b, Version 1.0)
     Length of Options Array: 72
   > Options Array
```

图 6.41　服务 3 Find 报文

服务 4,如图 6.42 所示。

```
No.    Time        Source           Destination       Protocol    Length  Info
    29 2.644581  192.168.255.130  239.255.255.255   SOME/IP-SD      86  SOME/IP Service Discovery Protocol [Find]
    30 2.665543  192.168.255.130  239.255.255.255   SOME/IP-SD      86  SOME/IP Service Discovery Protocol [Find]
> Frame 30: 86 bytes on wire (688 bits), 86 bytes captured (688 bits)
> Ethernet II, Src: VMware_25:5f:0b (00:0c:29:25:5f:0b), Dst: IPv4mcast_7f:ff:ff (01:00:5e:7f:ff:ff)
> Internet Protocol Version 4, Src: 192.168.255.130, Dst: 239.255.255.255
> User Datagram Protocol, Src Port: 30490, Dst Port: 30490
> SOME/IP Protocol (Service ID: 0xffff, Method ID: 0x8100, Length: 36)
v SOME/IP Service Discovery Protocol
   > Flags: 0xc0, Reboot Flag, Unicast Flag
     Reserved: 0x000000
     Length of Entries Array: 16
   v Entries Array
     > Find Service Entry (Service ID 0x0f03, Instance ID 0x0004, Version 1.4294967295)
     Length of Options Array: 0
```

图 6.42　服务 4 Find 报文

服务 5,如图 6.43 所示。

```
No.    Time         Source           Destination      Protocol     Length  Info
       11 2.634211  192.168.255.130  239.255.255.255  SOME/IP-SD       86  SOME/IP Service Discovery Protocol [Find]
> Frame 11: 86 bytes on wire (688 bits), 86 bytes captured (688 bits)
> Ethernet II, Src: VMware_25:5f:0b (00:0c:29:25:5f:0b), Dst: IPv4mcast_7f:ff:ff (01:00:5e:7f:ff:ff)
> Internet Protocol Version 4, Src: 192.168.255.130, Dst: 239.255.255.255
> User Datagram Protocol, Src Port: 30490, Dst Port: 30490
> SOME/IP Protocol (Service ID: 0xffff, Method ID: 0x8100, Length: 36)
v SOME/IP Service Discovery Protocol
   > Flags: 0xc0, Reboot Flag, Unicast Flag
     Reserved: 0x000000
     Length of Entries Array: 16
   v Entries Array
     > Find Service Entry (Service ID 0x0f04, Instance ID 0x0005, Version 1.4294967295)
     Length of Options Array: 0
```

图 6.43　服务 5 Find 报文

这样,ECU2 中的 Find 和 Offer 报文就都完备了。

其次是 Subscribe 和 SubscribeAck 报文。

服务 1,如图 6.44 和图 6.45 所示。

```
No.    Time        Source           Destination      Protocol     Length  Info
       38 2.865871 192.168.255.130  239.255.255.255  SOME/IP-SD       86  SOME/IP Service Discovery Protocol [Find]
       39 2.999866 192.168.255.1    239.255.255.255  SOME/IP-SD      210  SOME/IP Service Discovery Protocol [Offer]
       43 3.003194 192.168.255.130  192.168.255.1    SOME/IP-SD       98  SOME/IP Service Discovery Protocol [Subscribe]
> Frame 43: 98 bytes on wire (784 bits), 98 bytes captured (784 bits)
> Ethernet II, Src: VMware_25:5f:0b (00:0c:29:25:5f:0b), Dst: 02:00:00:00:00:ff (02:00:00:00:00:ff)
> Internet Protocol Version 4, Src: 192.168.255.130, Dst: 192.168.255.1
> User Datagram Protocol, Src Port: 30490, Dst Port: 30490
> SOME/IP Protocol (Service ID: 0xffff, Method ID: 0x8100, Length: 48)
v SOME/IP Service Discovery Protocol
   > Flags: 0xc0, Reboot Flag, Unicast Flag
     Reserved: 0x000000
     Length of Entries Array: 16
   v Entries Array
     > Subscribe Eventgroup Entry (Service ID 0x0f00, Instance ID 0x0001, Eventgroup ID 0x0001, Version 1)
     Length of Options Array: 12
   > Options Array
```

图 6.44　服务 1 Subscribe 报文

```
No.    Time        Source           Destination      Protocol     Length  Info
       44 3.003673 192.168.255.130  192.168.255.1    SOME/IP-SD       98  SOME/IP Service Discovery Protocol [Subscribe]
       45 3.003678 192.168.255.1    192.168.255.130  SOME/IP-SD       86  SOME/IP Service Discovery Protocol [SubscribeAck]
       46 3.004137 192.168.255.130  192.168.255.1    SOME/IP-SD       98  SOME/IP Service Discovery Protocol [Subscribe]
> Frame 45: 86 bytes on wire (688 bits), 86 bytes captured (688 bits)
> Ethernet II, Src: 02:00:00:00:00:ff (02:00:00:00:00:ff), Dst: VMware_25:5f:0b (00:0c:29:25:5f:0b)
> Internet Protocol Version 4, Src: 192.168.255.1, Dst: 192.168.255.130
> User Datagram Protocol, Src Port: 30490, Dst Port: 30490
> SOME/IP Protocol (Service ID: 0xffff, Method ID: 0x8100, Length: 36)
v SOME/IP Service Discovery Protocol
   > Flags: 0xc0, Reboot Flag, Unicast Flag
     Reserved: 0x000000
     Length of Entries Array: 16
   v Entries Array
     > Subscribe Eventgroup Ack Entry (Service ID 0x0f00, Instance ID 0x0001, Eventgroup ID 0x0001, Version 1)
     Length of Options Array: 0
```

图 6.45　服务 1 SubscribeAck 报文

服务 2,如图 6.46 和图 6.47 所示。

```
No.   Time       Source           Destination      Protocol   Length  Info
 50 3.010151    192.168.255.1    192.168.255.130   SOME/IP-SD    86  SOME/IP Service Discovery Protocol [SubscribeAck]
 51 3.015079    192.168.255.130  192.168.255.1     SOME/IP-SD    98  SOME/IP Service Discovery Protocol [Subscribe]
 52 3.015682    192.168.255.1    192.168.255.130   SOME/IP-SD    86  SOME/IP Service Discovery Protocol [SubscribeAck]
 53 3.209221    192.168.255.130  239.255.255.255   SOME/IP-SD   238  SOME/IP Service Discovery Protocol [Offer]
 54 3.209685    192.168.255.1    192.168.255.130   SOME/IP-SD   238  SOME/IP Service Discovery Protocol [Subscribe]
> Frame 51: 98 bytes on wire (784 bits), 98 bytes captured (784 bits)
> Ethernet II, Src: VMware_25:5f:0b (00:0c:29:25:5f:0b), Dst: 02:00:00:00:00:ff (02:00:00:00:00:ff)
> Internet Protocol Version 4, Src: 192.168.255.130, Dst: 192.168.255.1
> User Datagram Protocol, Src Port: 30490, Dst Port: 30490
> SOME/IP Protocol (Service ID: 0xffff, Method ID: 0x8100, Length: 48)
v SOME/IP Service Discovery Protocol
  > Flags: 0xc0, Reboot Flag, Unicast Flag
    Reserved: 0x000000
    Length of Entries Array: 16
  v Entries Array
    > Subscribe Eventgroup Entry (Service ID 0x0f01, Instance ID 0x0002, Eventgroup ID 0x0002, Version 1)
    Length of Options Array: 12
  > Options Array
```

图 6.46　服务 2 Subscribe 报文

```
No.   Time       Source           Destination      Protocol   Length  Info
 50 3.010151    192.168.255.1    192.168.255.130   SOME/IP-SD    86  SOME/IP Service Discovery Protocol [SubscribeAck]
 51 3.015079    192.168.255.130  192.168.255.1     SOME/IP-SD    98  SOME/IP Service Discovery Protocol [Subscribe]
 52 3.015682    192.168.255.1    192.168.255.130   SOME/IP-SD    86  SOME/IP Service Discovery Protocol [SubscribeAck]
 53 3.209221    192.168.255.130  239.255.255.255   SOME/IP-SD   238  SOME/IP Service Discovery Protocol [Offer]
 54 3.209685    192.168.255.1    192.168.255.130   SOME/IP-SD   238  SOME/IP Service Discovery Protocol [Subscribe]
> Frame 52: 86 bytes on wire (688 bits), 86 bytes captured (688 bits)
> Ethernet II, Src: 02:00:00:00:00:ff (02:00:00:00:00:ff), Dst: VMware_25:5f:0b (00:0c:29:25:5f:0b)
> Internet Protocol Version 4, Src: 192.168.255.1, Dst: 192.168.255.130
> User Datagram Protocol, Src Port: 30490, Dst Port: 30490
> SOME/IP Protocol (Service ID: 0xffff, Method ID: 0x8100, Length: 36)
v SOME/IP Service Discovery Protocol
  > Flags: 0xc0, Reboot Flag, Unicast Flag
    Reserved: 0x000000
    Length of Entries Array: 16
  v Entries Array
    > Subscribe Eventgroup Ack Entry (Service ID 0x0f01, Instance ID 0x0002, Eventgroup ID 0x0002, Version 1)
    Length of Options Array: 0
```

图 6.47　服务 2 SubscribeAck 报文

服务 3,如图 6.48 和图 6.49 所示。

```
No.   Time       Source           Destination      Protocol   Length  Info
 44 3.003673    192.168.255.130  192.168.255.1     SOME/IP-SD    98  SOME/IP Service Discovery Protocol [Subscribe]
 45 3.003678    192.168.255.1    192.168.255.130   SOME/IP-SD    86  SOME/IP Service Discovery Protocol [SubscribeAck]
 46 3.004137    192.168.255.130  192.168.255.1     SOME/IP-SD    98  SOME/IP Service Discovery Protocol [Subscribe]
> Frame 44: 98 bytes on wire (784 bits), 98 bytes captured (784 bits)
> Ethernet II, Src: VMware_25:5f:0b (00:0c:29:25:5f:0b), Dst: 02:00:00:00:00:ff (02:00:00:00:00:ff)
> Internet Protocol Version 4, Src: 192.168.255.130, Dst: 192.168.255.1
> User Datagram Protocol, Src Port: 30490, Dst Port: 30490
> SOME/IP Protocol (Service ID: 0xffff, Method ID: 0x8100, Length: 48)
v SOME/IP Service Discovery Protocol
  > Flags: 0xc0, Reboot Flag, Unicast Flag
    Reserved: 0x000000
    Length of Entries Array: 16
  v Entries Array
    > Subscribe Eventgroup Entry (Service ID 0x0f02, Instance ID 0x0003, Eventgroup ID 0x0003, Version 1)
    Length of Options Array: 12
  > Options Array
```

图 6.48　服务 3 Subscribe 报文

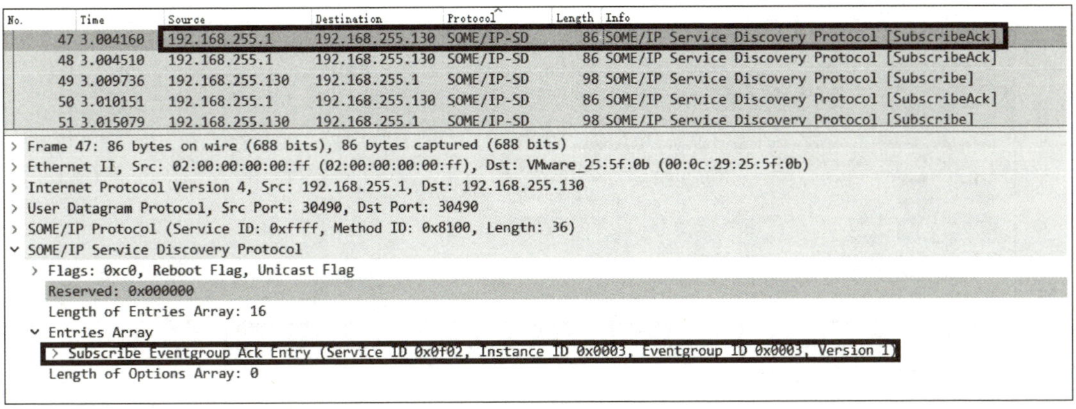

图 6.49　服务 3 SubscribeAck 报文

服务 4,如图 6.50 和图 6.51 所示。

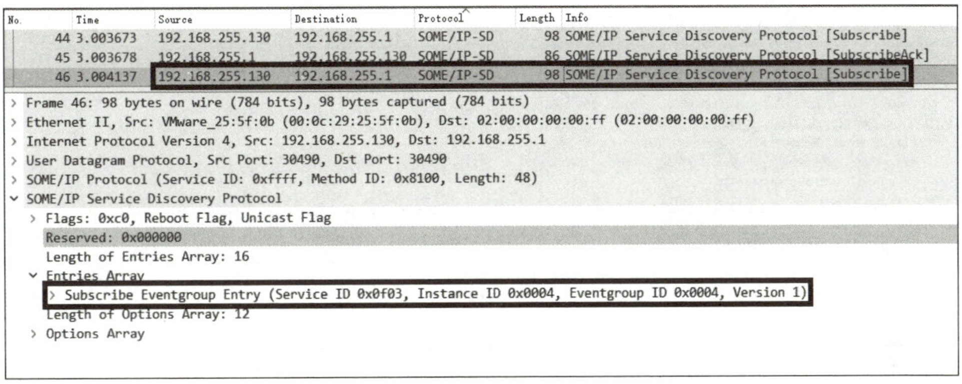

图 6.50　服务 4 Subscribe 报文

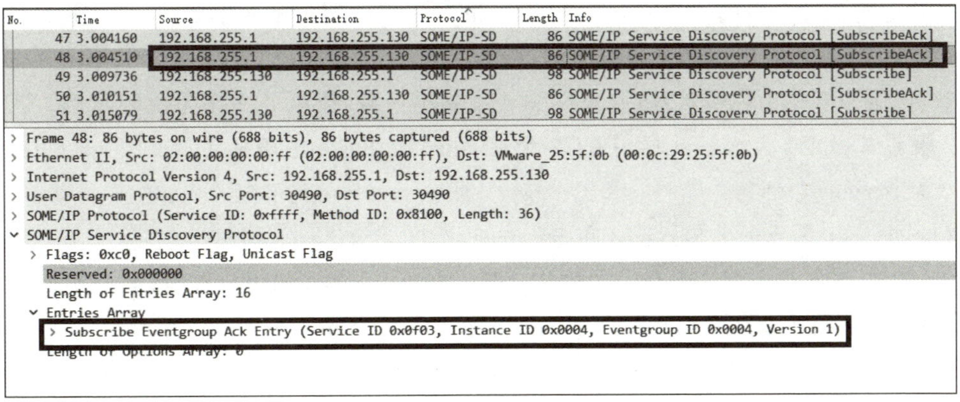

图 6.51　服务 4 SubscribeAck 报文

服务 5，如图 6.52 和图 6.53 所示。

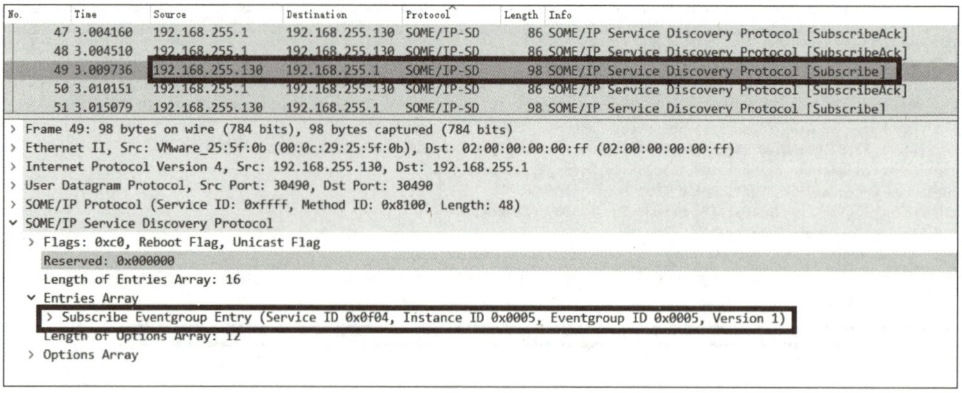

图 6.52 服务 5 Subscribe 报文

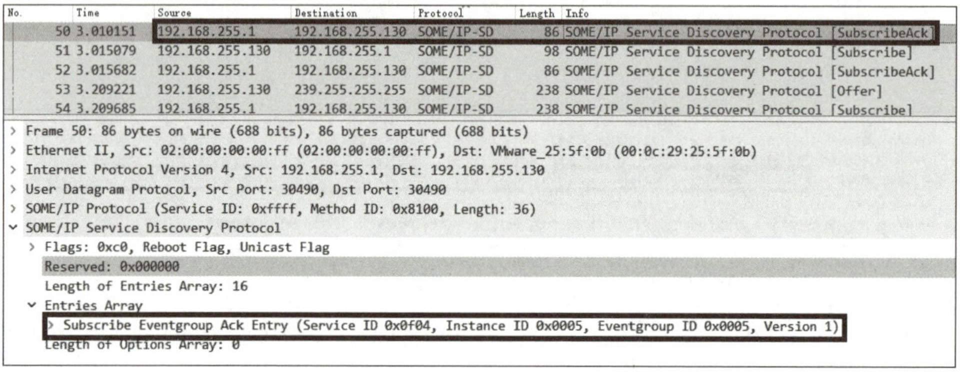

图 6.53 服务 5 SubscribeAck 报文

上述 ECU1 和 ECU2 的这些报文都成功找到，证明 11 个服务均订阅成功，服务中的内容可以正常通信了。

2. 通信报文

此部分将按照服务的 Method、Event、Field 顺序来说明。服务 1、2、3 一致，并且包含服务 5 的全部内容，以服务 1 作为说明示例；服务 4 有 TCP 传输，将单独做说明；服务 6、7、8 基本一致，以服务 6 作为说明示例；服务 9、10、11 基本一致，以服务 9 作为说明示例。其中服务 1～服务 5 ECU1 为 Server 端，ECU2 为 Client 端；服务 6～服务 11 ECU1 为 Client 端，ECU2 为 Server 端。

1) Service1、Service2、Service3 和 Service5

Service1、Service2 和 Service3 的内容一致，并且 Service5 的内容较少，且与前面三者的内容有重合，故而此处只分析 Service1、Service2、Service3 和 Service5 可参考 Service1。

（1）Method

针对服务 1 的 Method 做详细说明。

从图 6.54 中可以看到这条报文是 ECU2 向 ECU1 进行的请求，在服务 1 的角度下，ECU2 是 Client 端，调用时需要传值。在设计之初，定义请求值类型为布尔型，从图中可以看到 Payload 传入的值为 1。从服务 ID 和 Method ID 的内容可以确认此条报文是 Service1 的 Service1MethodCtrl1（第一个 Method）的请求报文。

```
No.     Time        Source          Destination     Protocol    Length Info
   1576 24.584549   192.168.255.130 192.168.255.1   SOME/IP         60 SOME/IP Protocol (Service ID: 0x0f00, Method ID: 0x0001, Length: 9)
    105 6.584492    192.168.255.1   192.168.255.130 SOME/IP         66 SOME/IP Protocol (Service ID: 0x0f00, Method ID: 0x0001, Length: 16)
> Frame 1576: 60 bytes on wire (480 bits), 60 bytes captured (480 bits)
> Ethernet II, Src: VMware_25:5f:0b (00:0c:29:25:5f:0b), Dst: 02:00:00:00:00:ff (02:00:00:00:00:ff)
> Internet Protocol Version 4, Src: 192.168.255.130, Dst: 192.168.255.1
> User Datagram Protocol, Src Port: 33500, Dst Port: 30000
v SOME/IP Protocol (Service ID: 0x0f00, Method ID: 0x0001, Length: 9)
    Service ID: 0x0f00
    Method ID: 0x0001
    Length: 9
    Client ID: 0x0000
    Session ID: 0x0003
    SOME/IP Version: 0x01
    Interface Version: 0x01
  v Message Type: 0x00 (Request)
      .0.. .... = Message Type Ack Flag: False
      ..0. .... = Message Type TP Flag: False
    Return Code: 0x00 (Ok)
    Payload: 01
```

图 6.54　服务 1 Method1 请求报文

图 6.55 所示报文是 ECU1 向 ECU2 进行的回复。在设计之初，定义的返回值类型是 double 类型，可以看 Payload 的内容是一串比较奇怪的数字，稍后会对这串数字含义做解释。根据服务 ID 和 Method ID 的值可以确认此条报文是 Service1 的 Service1MethodCtrl1（第一个 Method）的回应报文。

```
No.     Time        Source          Destination     Protocol    Length Info
   1576 24.584549   192.168.255.130 192.168.255.1   SOME/IP         60 SOME/IP Protocol (Service ID: 0x0f00, Method ID: 0x0001, Length: 9)
    105 6.584492    192.168.255.1   192.168.255.130 SOME/IP         66 SOME/IP Protocol (Service ID: 0x0f00, Method ID: 0x0001, Length: 16)
> Frame 105: 66 bytes on wire (528 bits), 66 bytes captured (528 bits)
> Ethernet II, Src: 02:00:00:00:00:ff (02:00:00:00:00:ff), Dst: VMware_25:5f:0b (00:0c:29:25:5f:0b)
> Internet Protocol Version 4, Src: 192.168.255.1, Dst: 192.168.255.130
> User Datagram Protocol, Src Port: 30000, Dst Port: 33500
v SOME/IP Protocol (Service ID: 0x0f00, Method ID: 0x0001, Length: 16)
    Service ID: 0x0f00
    Method ID: 0x0001
    Length: 16
    Client ID: 0x0000
    Session ID: 0x0001
    SOME/IP Version: 0x01
    Interface Version: 0x01
  v Message Type: 0x80 (Response)
      .0.. .... = Message Type Ack Flag: False
      ..0. .... = Message Type TP Flag: False
    Return Code: 0x00 (Ok)
    Payload: 40243f35ba212391
```

图 6.55　服务 1 Method1 回应报文

从图 6.56 中将 double 类型的 Payload 十六进制转换十进制后，Payload 的值就是 10.12345678 代表返回的数字，正好对应工程源码 6.12 的内容。

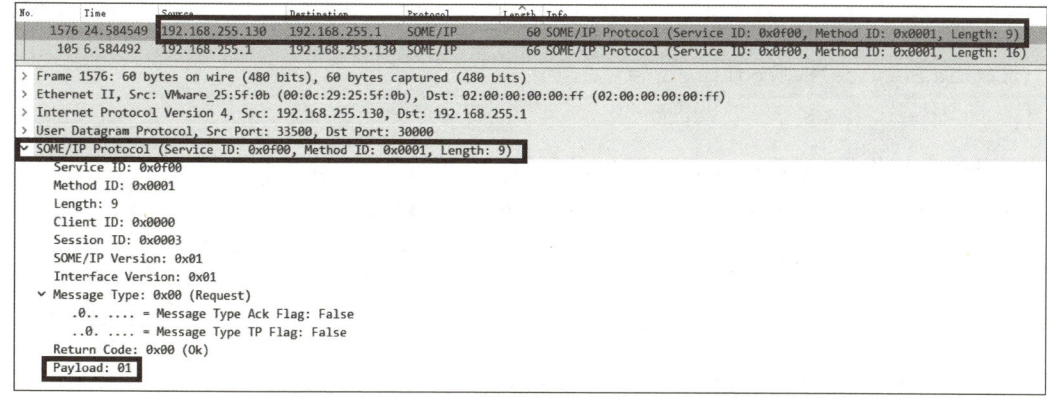

图 6.56　float64 十进制与十六进制转换器

工程源码 6.12　脚本逻辑赋值

```
on fct_called CommunicationObjects::Service1.Service1MethodCtrl1
{
  if(this.Service1Method1Input == 1)
  {
this.Service1Method1Output = 10.12345678;
  }else { this.Service1Method1Output = 100.87654321; }
  this.ReturnCall();
}
```

图 6.57、图 6.58 分别是 Method2 和 Method3。

No.	Time	Source	Destination	Protocol	Length	Info
108	6.586251	192.168.255.130	192.168.255.1	SOME/IP	60	SOME/IP Protocol (Service ID: 0x0f00, Method ID: 0x0002, Length: 9)
109	6.586842	192.168.255.1	192.168.255.130	SOME/IP	66	SOME/IP Protocol (Service ID: 0x0f00, Method ID: 0x0002, Length: 16)

图 6.57　服务 1 Method2

No.	Time	Source	Destination	Protocol	Length	Info
112	6.587719	192.168.255.130	192.168.255.1	SOME/IP	60	SOME/IP Protocol (Service ID: 0x0f00, Method ID: 0x0003, Length: 9)
113	6.588125	192.168.255.1	192.168.255.130	SOME/IP	66	SOME/IP Protocol (Service ID: 0x0f00, Method ID: 0x0003, Length: 16)

图 6.58　服务 1 Method3

(2) Event 和 Notification

由于图 6.59 中的报文是 ECU1 发送，所以属于同一个 Eventgroup 的报文会放在一起，即相同服务的 Event 和 Notification。

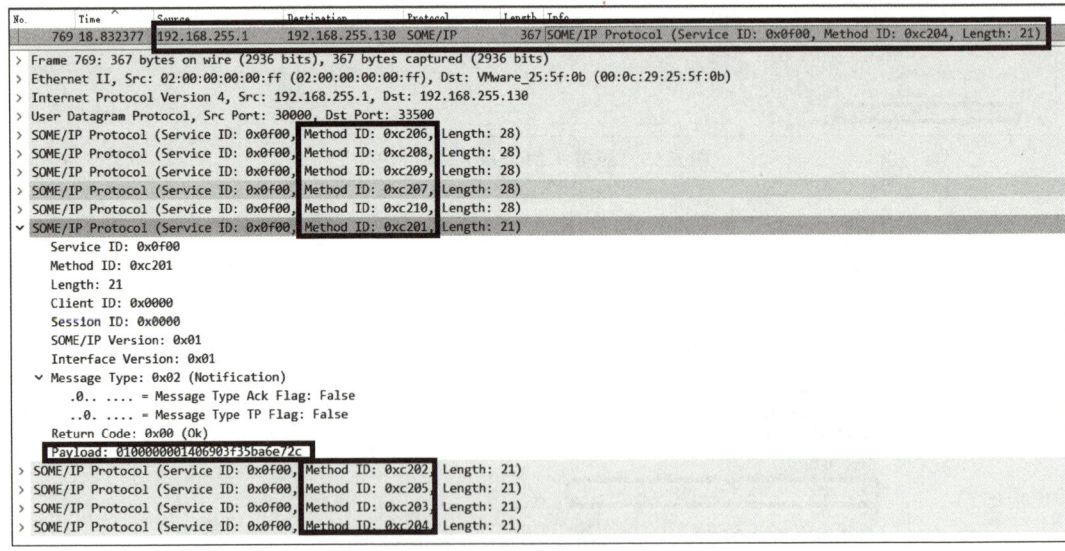

图 6.59　服务 1 Event 报文

从图 6.59 的 Method 中可以看出,服务 1 的 Event 报文包含了五条 Event 和 Notification。其中 ID 0xC201 中的 Payload 是一串数字,因为 Event 传输的是一个结构体,所以这一串数字代表三个值(图 6.60)。

Property/Event Data Type	Data Type Member	Member Data Type	Description
EventStatus	str_x	int8	注:使用struct
	str_y	uint32	
	str_z	double	

图 6.60 Event 传输数据结构

Event 传输结构体的前两位为 str_x(int8 类型占两位),中间八位为 str_y(uint32 占八位),最后十六位为 str_z(double 类型占十六位)。对 double 类型进行十六进制转换十进制后,分析出传入的数是{1,1,200.123456789}。与之前脚本定义一致,传输成功。

再看 ID 0x206(图 6.61),这是服务 1 第一条 Notification,接下来解析 Payload。Field 传输的数据类型为 vector 容器(图 6.62)。

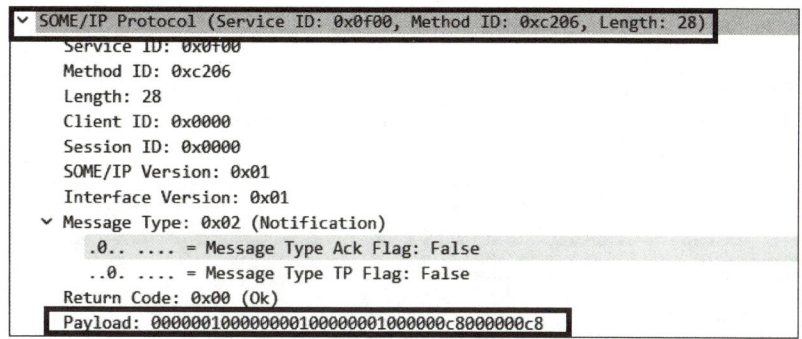

图 6.61 服务 1 Notification 报文

FieldDisplay	x0	uint32	注:使用vector
	y0	uint32	
	x1	uint32	
	y1	uint32	

图 6.62 Field 传输数据结构

Payload 前八位表示数据长度,然后依次是 x0、y0、x1、y1,各占八位,数据内容进行数列转换后可以看出传输的值是{1,1,200,200},而依据设定,值应该是{1,1,200.123456789,200.123456789},这是因为赋值时,把小数赋给 uint32 类型的值,所以只会接收到数据的整数部分。观察下一帧报文(图 6.63),发现所传数据按照脚本里写的在进行自增。

(3) Field

Getter 是由客户端发起请求,然后服务端进行处理(图 6.64)。

观察 ID 发现这是 Field 1 里面的 Getter 报文(图 6.65~图 6.68),并且从 Payload 中可以解析传输的值,这个值是由 Server 端传输的,即在 Client 端请求后,Server 端会把当前的值传输给 Client 端。

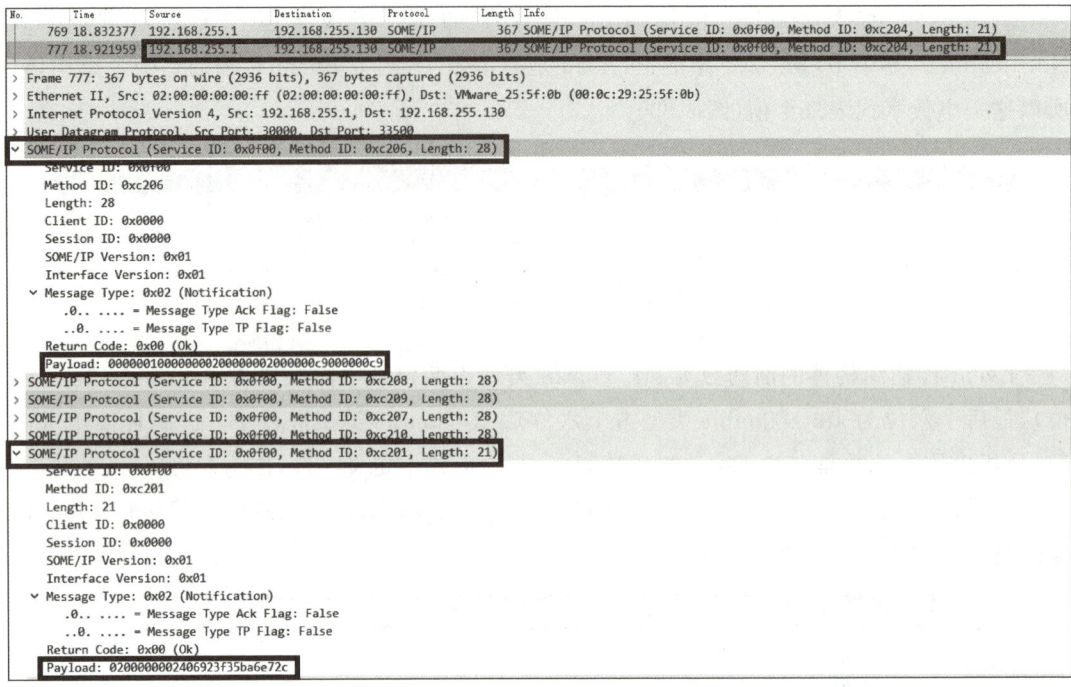

图 6.63　Event 和 Field 的 Payload

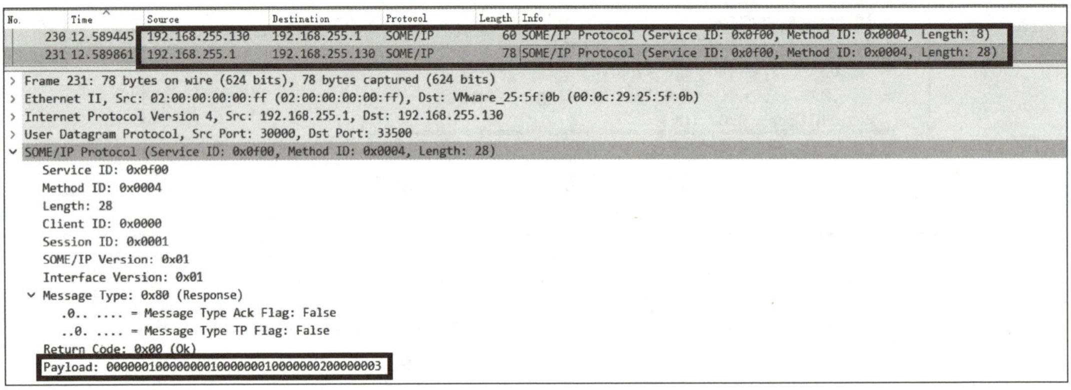

图 6.64　服务 1 Getter1 报文

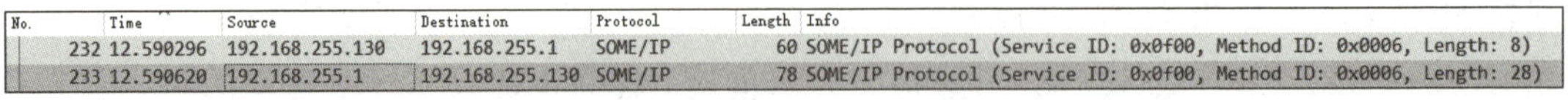

图 6.65　服务 1 Getter2 报文

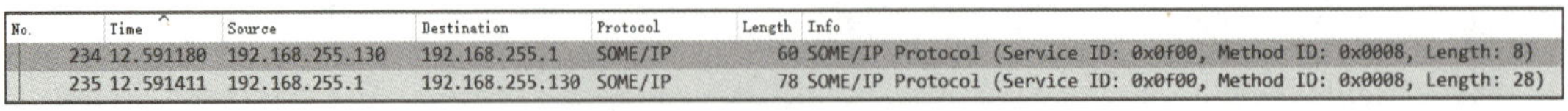

图 6.66　服务 1 Getter3 报文

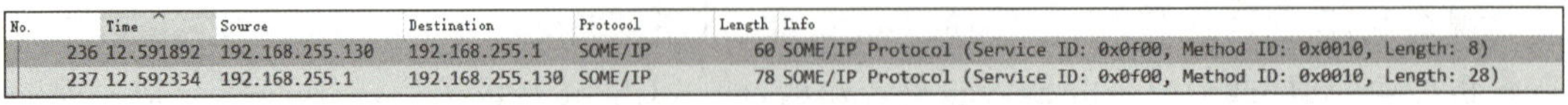

图 6.67　服务 1 Getter4 报文

第 6 章 基于 CANoe 的 SOME/IP 通信测试

No.	Time	Source	Destination	Protocol	Length	Info
238	12.592896	192.168.255.130	192.168.255.1	SOME/IP	60	SOME/IP Protocol (Service ID: 0x0f00, Method ID: 0x0012, Length: 8)
239	12.593258	192.168.255.1	192.168.255.130	SOME/IP	78	SOME/IP Protocol (Service ID: 0x0f00, Method ID: 0x0012, Length: 28)

图 6.68　服务 1 Getter5 报文

Setter 是由客户端请求，然后服务端进行处理。

观察 ID 发现这是 Field1 里面 Setter 的报文（图 6.69），是在 Client 端进行设置，设置完毕后传输给 Server 端，这里的 Client 端是 ECU2，所以走的是应用层代码，解析出所设置的值是{1,1,2,3}，与应用层设置一致（工程源码 6.13）。

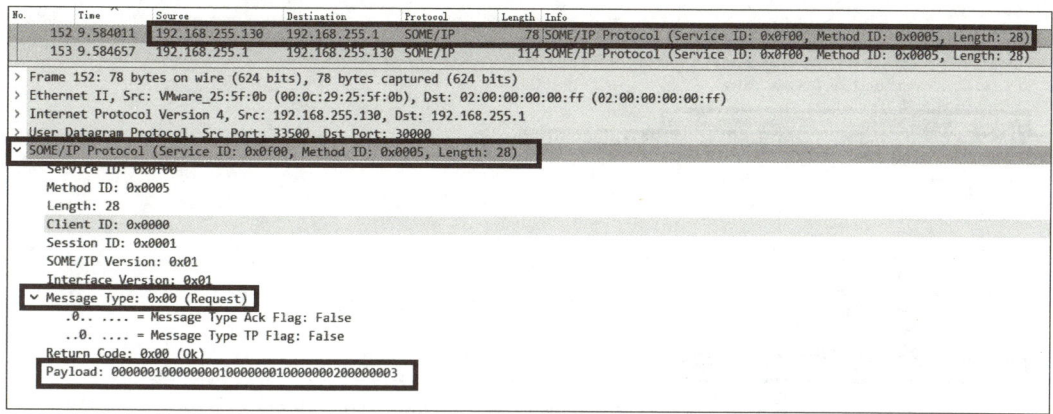

图 6.69　服务 1 Setter1 报文

工程源码 6.13　代码端 Field 赋值

```
    proxy::fields::Sevice1Field1::FieldType Service1_field1_value_ = {Faw_data::ExFieldDisplay{1,1,2,3}};
    proxy::fields::Sevice1Field2::FieldType Service1_field2_value_ = {Faw_data::ExFieldDisplay{2,10,20,30}};
    proxy::fields::Sevice1Field3::FieldType Service1_field3_value_ = {Faw_data::ExFieldDisplay{3,10,20,30}};
    proxy::fields::Sevice1Field4::FieldType Service1_field4_value_ = {Faw_data::ExFieldDisplay{4,10,20,30}};
    proxy::fields::Sevice1Field5::FieldType Service1_field5_value_ = {Faw_data::ExFieldDisplay{5,10,20,3}};
```

图 6.70 所示为 CANoe 捕捉的报文。

观察到在服务端回复 Setter 时，除了回复本身的 Setter 报文，还会多回复一条 Notification 报文，代表 Field 的值更新了。观察 Payload 的值，可以确认传输正确（图 6.71～图 6.74）。

2) Service4

Service4 中仅有两个 Event，使用 TCP 进行传输。

从 ID（图 6.75）可以观察到这是 Service4 中的 Event1，发现报文的内容除了 SOME/IP 协议，还有 TCP 协议的东西，表明使用 TCP 进行传输。同样方法可确认 Service4 中的 Event2 报文（图 6.76）。

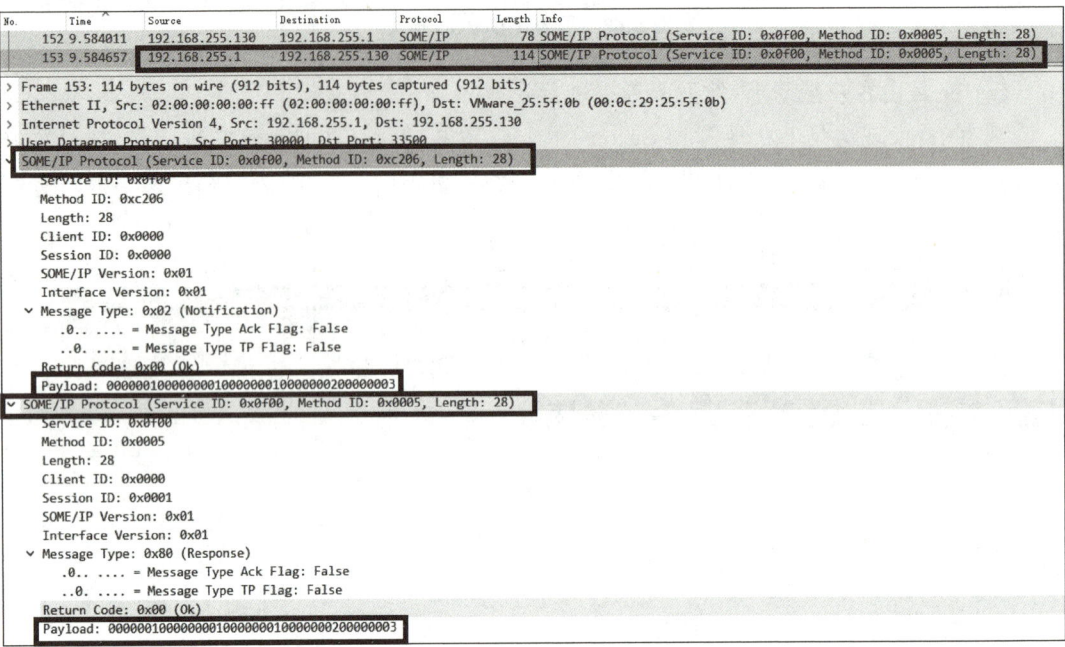

图 6.70　Setter1 的 Response 报文和 Notification 报文

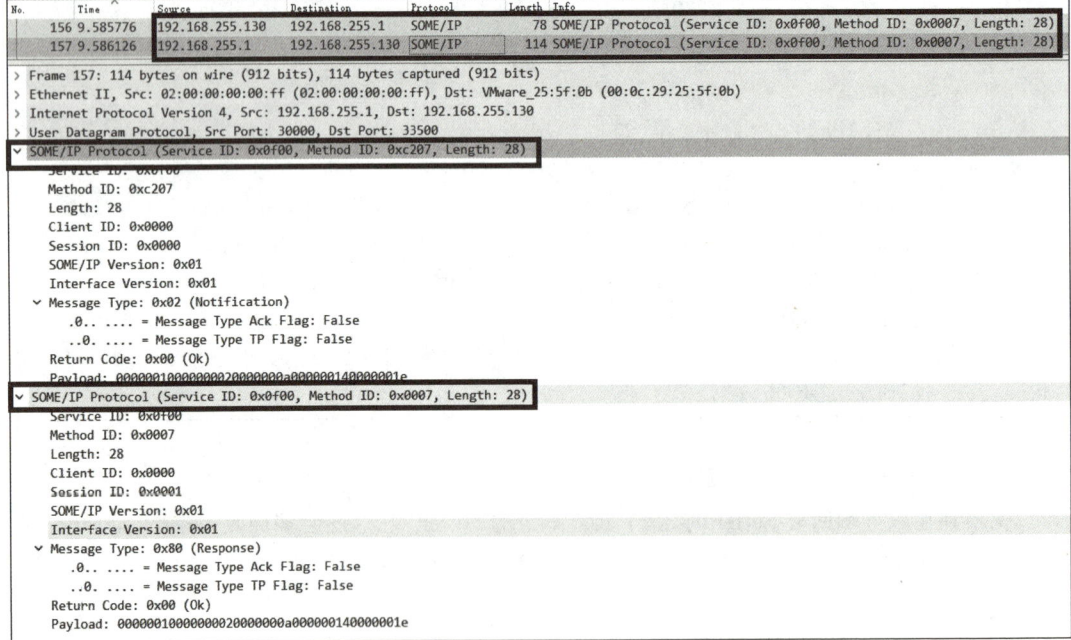

图 6.71　Setter2 的 Response 报文和 Notification 报文

第 6 章 基于 CANoe 的 SOME/IP 通信测试

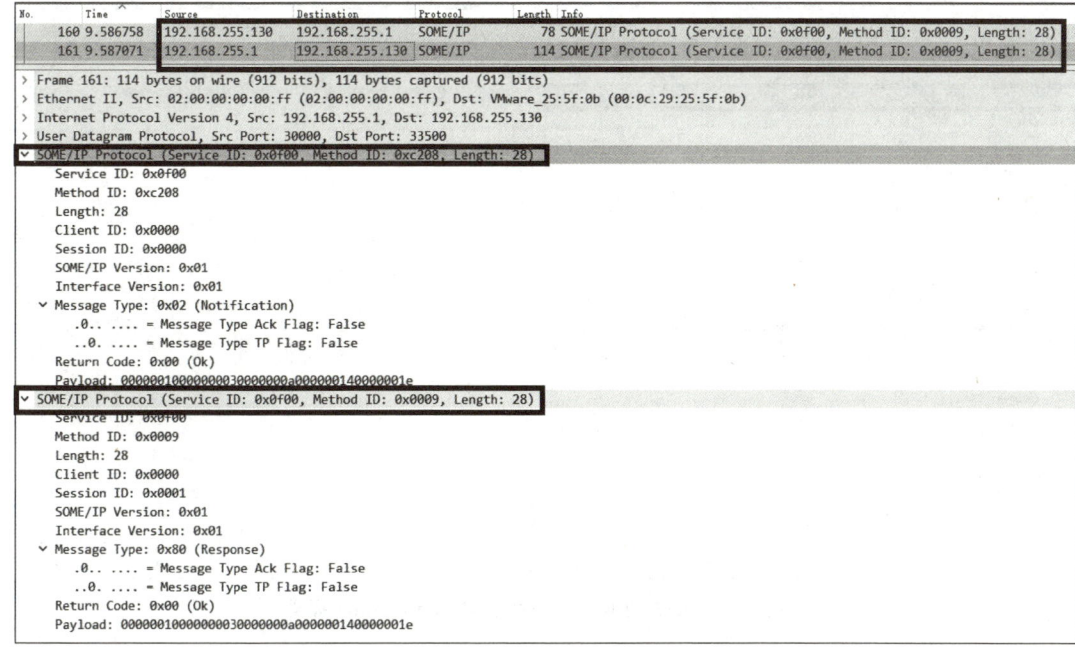

图 6.72 Setter3 的 Response 报文和 Notification 报文

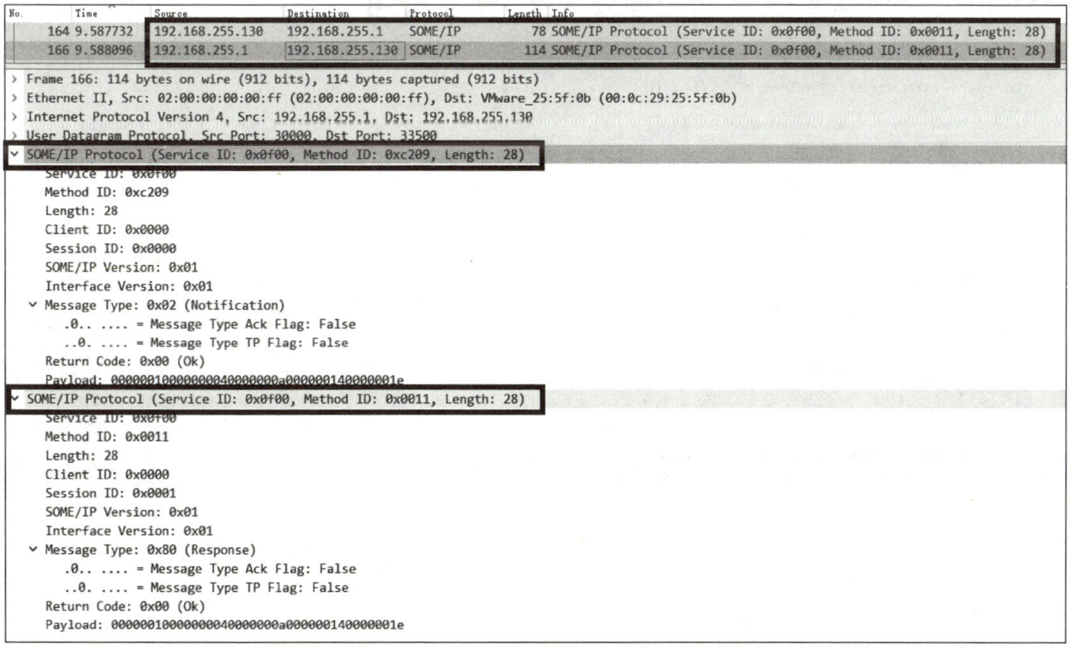

图 6.73 Setter4 的 Response 报文和 Notification 报文

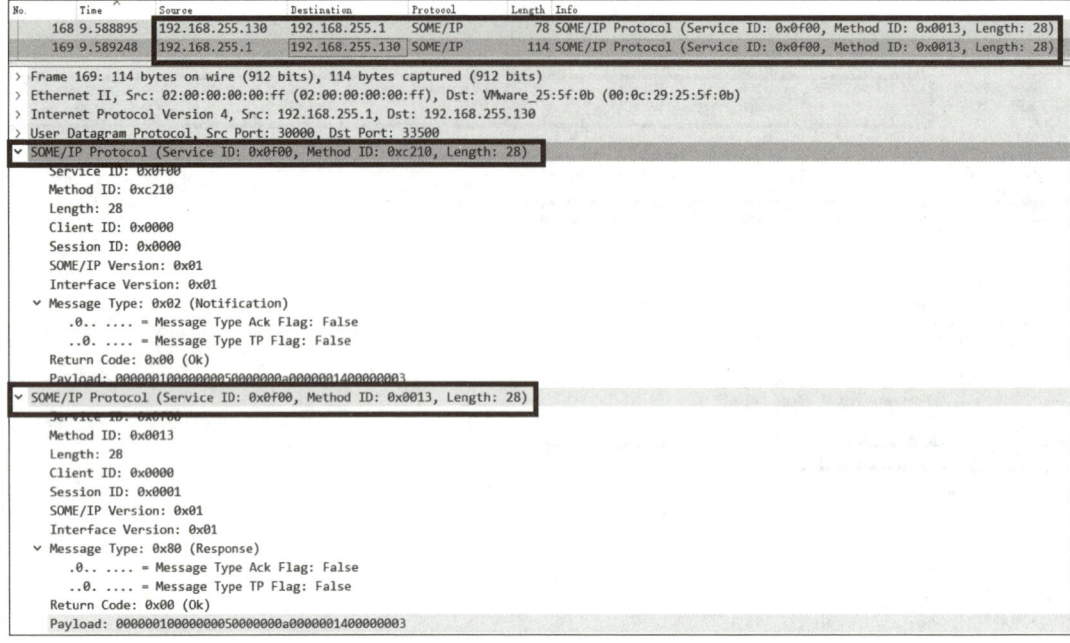

图 6.74　Setter5 的 Response 报文和 Notification 报文

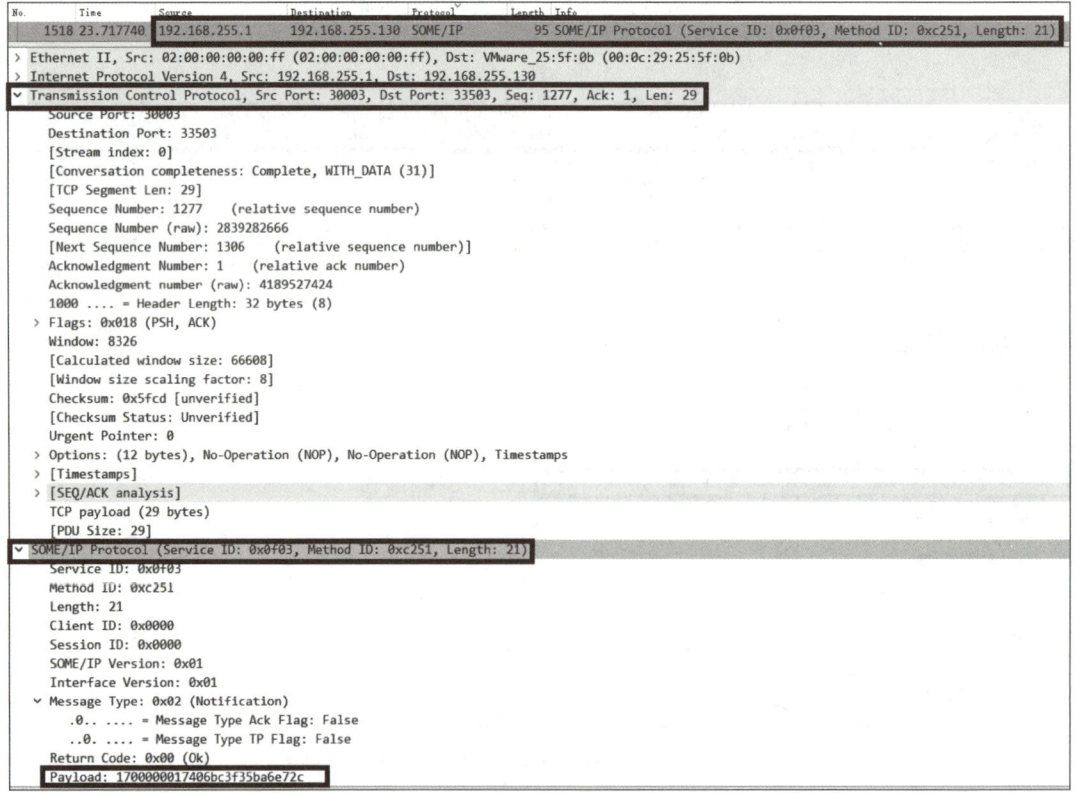

图 6.75　服务 4 Event1 报文

第 6 章 基于 CANoe 的 SOME/IP 通信测试

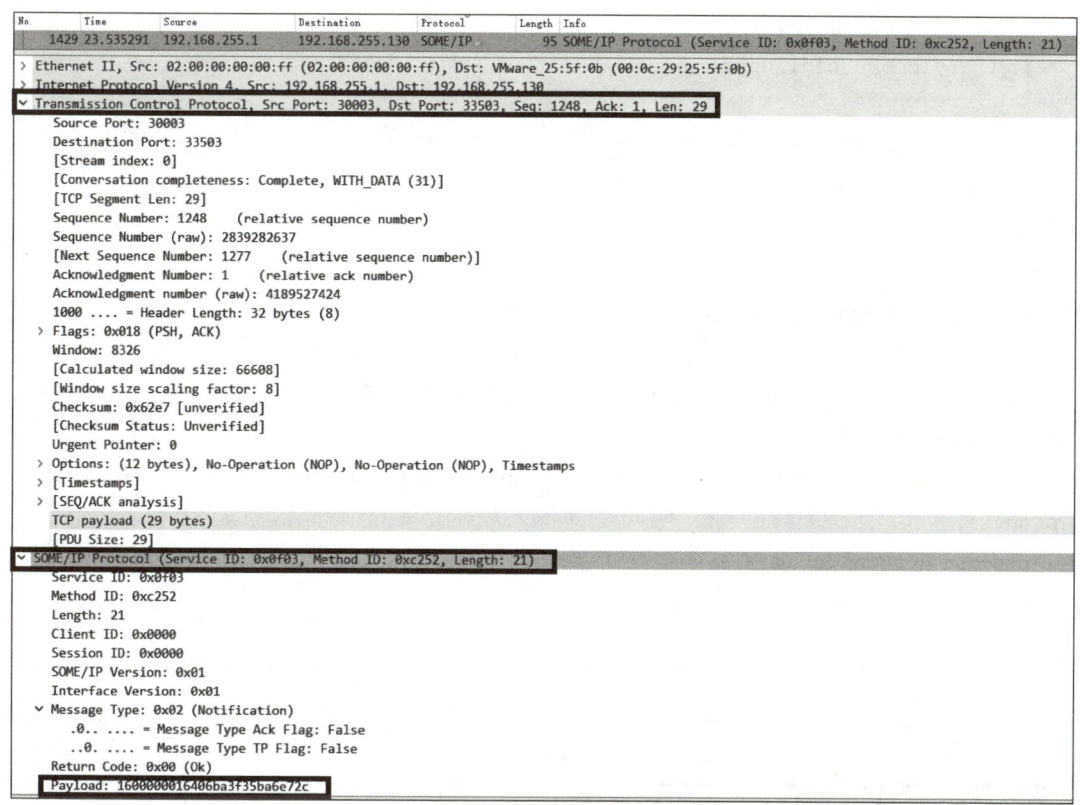

图 6.76 服务 4 Event2 报文

3）Service6、Service7 和 Service8

Service6、Service7 和 Service8 的内容一致，故而此处只分析 Service6。

（1）Method

Service6 的 Method 是 ECU1 为 Client 端进行请求，ECU2 进行处理，根据模拟的情况，在 CANoe 中，按"c"的时候请求输入值为 1，按"d"的时候请求输入值为 0。

在 CANoe 中按下"c"后，Service6 的三个 Method 同时进行请求，并且传入的值为 1（图 6.77）。

图 6.78 中的 Payload 是 Method1 的返回值，由 ECU2 发给 ECU1，为 double 类型。根据 double 类型的数制转换（图 6.79），Payload 应该是 10.1，这个数对应应用层的代码处理（工程源码 6.14）。

工程源码 6.14 代码端 Method 逻辑处理

```
ara::core::Future<skeleton::methods::Service6MethodCtrl1::Output>
FawServerService6::Service6MethodCtrl1(bool const& Service6Method1Input){
    skeleton::methods::Service6MethodCtrl1::Output abc{0};
```

```cpp
log_.LogInfo()<<"[Service6][Method1] Called with Service6Method1Input"<<Service6Method1Input;
    if (Service6Method1Input)
    {
      abc.Service6Method1Output = 10.1;
    }
    else
    {
     abc.Service6Method1Output = 100.1;
    }
    log_.LogInfo() << "[Service6][Method1] Return value " << abc.Service6Method1Output << ".";
    ara::core::Promise<skeleton::methods::Service6MethodCtrl1::Output> promise;
    promise.set_value(abc);
    return promise.get_future();
}
```

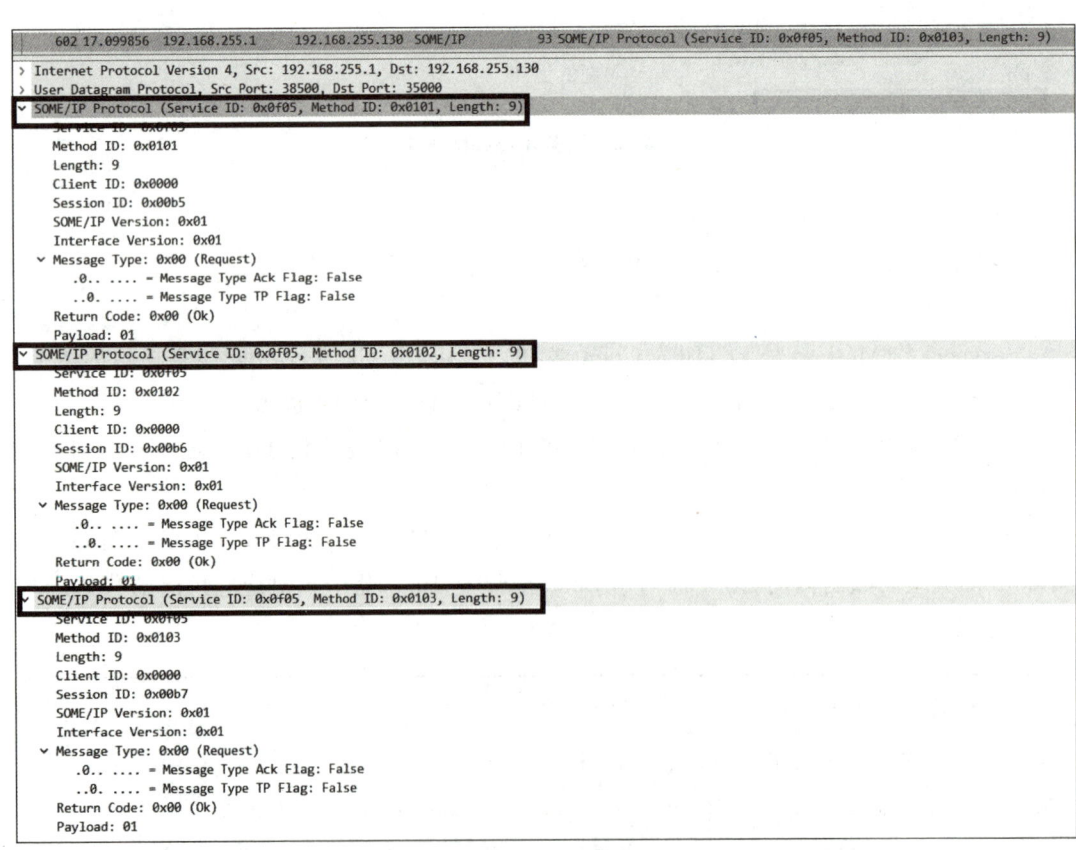

图 6.77 服务 6 Method 请求报文

第 6 章　基于 CANoe 的 SOME/IP 通信测试

```
No.     Time          Source            Destination       Protocol    Length  Info
   602 17.099856     192.168.255.1     192.168.255.130   SOME/IP         93 SOME/IP Protocol (Service ID: 0x0f05, Method ID: 0x0103, Length: 9)
   605 17.100905     192.168.255.130   192.168.255.1     SOME/IP         66 SOME/IP Protocol (Service ID: 0x0f05, Method ID: 0x0101, Length: 16)
> Frame 605: 66 bytes on wire (528 bits), 66 bytes captured (528 bits)
> Ethernet II, Src: VMware_25:5f:0b (00:0c:29:25:5f:0b), Dst: 02:00:00:00:00:ff (02:00:00:00:00:ff)
> Internet Protocol Version 4, Src: 192.168.255.130, Dst: 192.168.255.1
> User Datagram Protocol, Src Port: 35000, Dst Port: 38500
∨ SOME/IP Protocol (Service ID: 0x0f05, Method ID: 0x0101, Length: 16)
     Service ID: 0x0f05
     Method ID: 0x0101
     Length: 16
     Client ID: 0x0000
     Session ID: 0x00b5
     SOME/IP Version: 0x01
     Interface Version: 0x01
   ∨ Message Type: 0x80 (Response)
        .0.. .... = Message Type Ack Flag: False
        ..0. .... = Message Type TP Flag: False
     Return Code: 0x00 (Ok)
     Payload: 4024333333333333
```

图 6.78　服务 6 Method1 回应报文

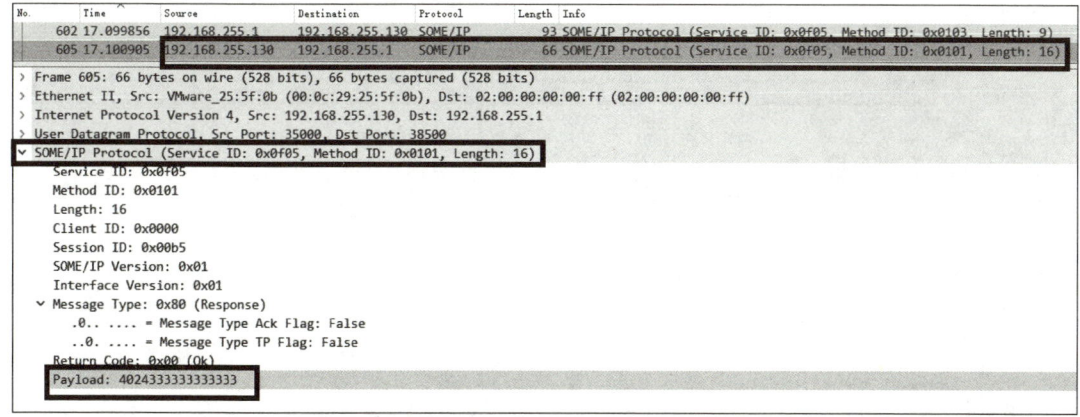

图 6.79　转换器

代码端逻辑应该返回 10.1，与报文中 Payload 一致，可以确定服务调用的成功。服务 6 的 Method2、Method3 的回应报文分别如图 6.80、图 6.81 所示。

```
No.     Time          Source            Destination       Protocol    Length  Info
   602 17.099856     192.168.255.1     192.168.255.130   SOME/IP         93 SOME/IP Protocol (Service ID: 0x0f05, Method ID: 0x0103, Length: 9)
   606 17.101017     192.168.255.130   192.168.255.1     SOME/IP         66 SOME/IP Protocol (Service ID: 0x0f05, Method ID: 0x0102, Length: 16)
> Frame 606: 66 bytes on wire (528 bits), 66 bytes captured (528 bits)
> Ethernet II, Src: VMware_25:5f:0b (00:0c:29:25:5f:0b), Dst: 02:00:00:00:00:ff (02:00:00:00:00:ff)
> Internet Protocol Version 4, Src: 192.168.255.130, Dst: 192.168.255.1
> User Datagram Protocol, Src Port: 35000, Dst Port: 38500
∨ SOME/IP Protocol (Service ID: 0x0f05, Method ID: 0x0102, Length: 16)
     Service ID: 0x0f05
     Method ID: 0x0102
     Length: 16
     Client ID: 0x0000
     Session ID: 0x00b6
     SOME/IP Version: 0x01
     Interface Version: 0x01
   ∨ Message Type: 0x80 (Response)
        .0.. .... = Message Type Ack Flag: False
        ..0. .... = Message Type TP Flag: False
     Return Code: 0x00 (Ok)
     Payload: 403419999999999a
```

图 6.80　服务 6 Method2 回应报文

在 CANoe 中按"d"，请求的输入值是 0。根据 ID（图 6.82）可以确定这是服务 6 三个 Method 的请求报文，并且传入值是 0。图 6.83 中的 Payload 是 Method1 的返回值。

基于 AUTOSAR 自适应平台的软件开发与应用

```
No.   Time        Source          Destination     Protocol  Length Info
602 17.099856   192.168.255.1   192.168.255.130 SOME/IP      93 SOME/IP Protocol (Service ID: 0x0f05, Method ID: 0x0103, Length: 9)
607 17.101092   192.168.255.130 192.168.255.1   SOME/IP      66 SOME/IP Protocol (Service ID: 0x0f05, Method ID: 0x0103, Length: 16)
> Frame 607: 66 bytes on wire (528 bits), 66 bytes captured (528 bits)
> Ethernet II, Src: VMware_25:5f:0b (00:0c:29:25:5f:0b), Dst: 02:00:00:00:00:ff (02:00:00:00:00:ff)
> Internet Protocol Version 4, Src: 192.168.255.130, Dst: 192.168.255.1
> User Datagram Protocol, Src Port: 35000, Dst Port: 38500
v SOME/IP Protocol (Service ID: 0x0f05, Method ID: 0x0103, Length: 16)
    Service ID: 0x0f05
    Method ID: 0x0103
    Length: 16
    Client ID: 0x0000
    Session ID: 0x00b7
    SOME/IP Version: 0x01
    Interface Version: 0x01
  v Message Type: 0x80 (Response)
      .0.. .... = Message Type Ack Flag: False
      ..0. .... = Message Type TP Flag: False
    Return Code: 0x00 (Ok)
    Payload: 403e19999999999a
```

图 6.81　服务 6 Method3 回应报文

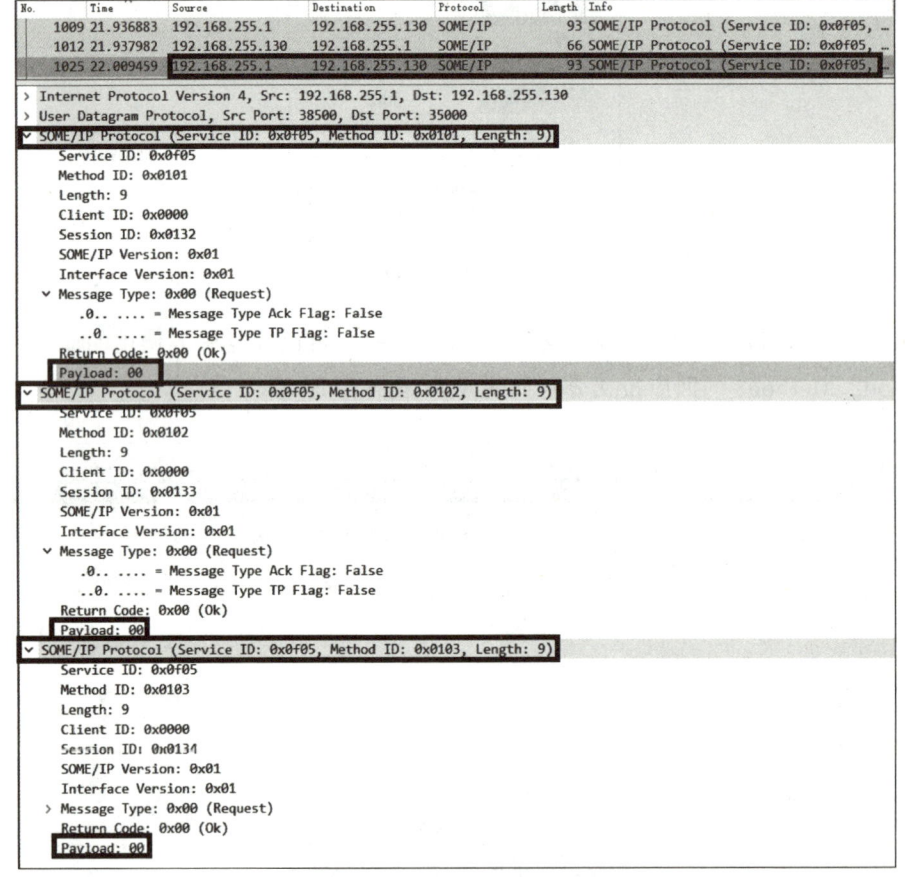

图 6.82　服务 6 Method 请求报文

204

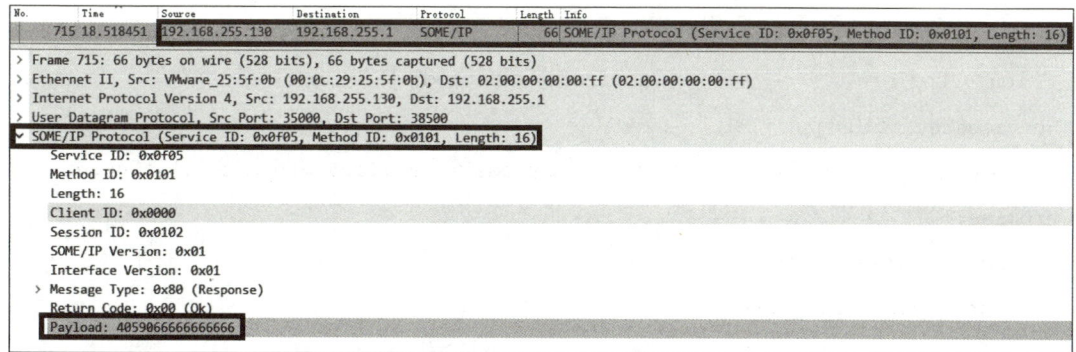

图 6.83 服务 6 Method1 回应报文

从转换器中可以看出，Payload 中的报文传输的数据为 100.1(图 6.84)。

图 6.84 转换器

代码端逻辑应该返回 100.1(工程源码 6.15)，跟报文中 Payload 对应上，表明这个 Method 正常通信。服务 6 Method2、Method3 的回应报文内容分别如图 6.85、图 6.86 所示。

工程源码 6.15　代码端 Method 逻辑处理

```
ara::core::Future<skeleton::methods::Service6MethodCtrl1::Output>
FawServerService6::Service6MethodCtrl1(bool const& Service6Method1Input) {
  skeleton::methods::Service6MethodCtrl1::Output abc{0};
  log_.LogInfo()<<"[Service6] [Method1] Called with Service6Method1Input"<<
Service6Method1Input ;
  if (Service6Method1Input)
  {
    abc.Service6Method1Output = 10.1;
  }
  else
  {
```

```
    abc.Service6Method1Output = 100.1;
  }
  log_.LogInfo() << "[Service6][Method1] Return value " << abc.
Service6Method1Output << ".";
    ara::core::Promise< skeleton::methods::Service6MethodCtrl1::Output > 
promise;
    promise.set_value(abc);
    return promise.get_future();
}
```

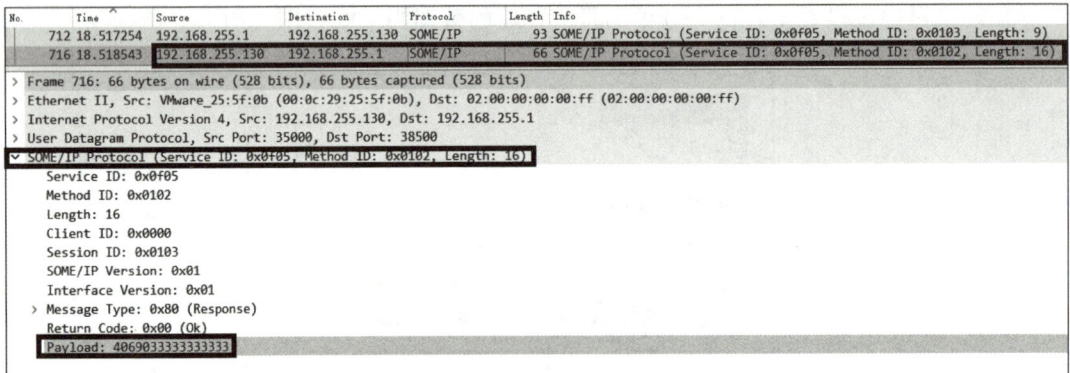

图 6.85　服务 6 Method2 回应报文

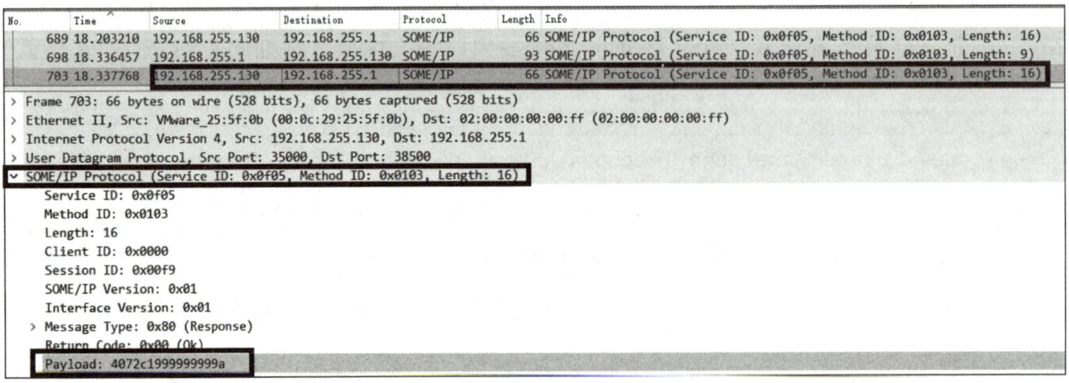

图 6.86　服务 6 Method3 回应报文

(2) Event 和 Notification

此部分的 Event 和 Notification 是 ECU2 发送给 ECU1 的,所以赋值是在应用层代码完成的,不需要按键触发。

从 ID(图 6.87)可以观测到这是 Service6 里面的 Event1,在 Payload 中可以看到传输的值,转换为十进制后是{10,10,16.1}。

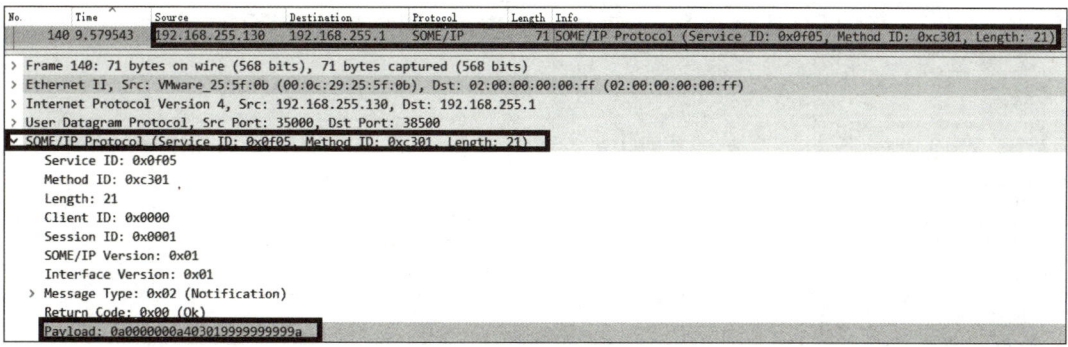

图 6.87　服务 6 Event1 报文

观察图 6.87 报文中 Payload 与代码中赋值一致（工程源码 6.16），表明通信成功。并且在下一次发送中（图 6.88），完成了自增的逻辑，表明 Event 通信成功。

图 6.89～图 6.92 表明 Service6 的五个 Event 均通信成功。

工程源码 6.16　代码端 Event 赋值

```
static constexpr Faw_data::EventStatus kEvent1InitValue = {10,10,16.1};
Faw_data::EventStatus kEvent2InitValue = {20,20,26.1};
Faw_data::EventStatus kEvent3InitValue = {30,30,36.1};
Faw_data::EventStatus kEvent4InitValue = {40,40,46.1};
Faw_data::EventStatus kEvent5InitValue = {50,50,56.1};
FawServer::FawServer()
    : Next_work_item_{kWorkItemStartIndex}, Service6_event1_value_
{kEvent1InitValue},Service6_event2_value_{kEvent2InitValue},Service6_event3_
value_{kEvent3InitValue},
    Service6_event4_value_{kEvent4InitValue}, Service6_event5_value_
{kEvent5InitValue},Service7_event1_value_{10,10,117.1},Service7_event2_value_
{10,10,127.1},Service7_event3_value_{10,10,137.1},
    Service7_event4_value_{10,10,147.1},Service7_event5_value_{10,10,157.1}
```

```
No.   Time        Source           Destination      Protocol   Length Info
      140 9.579543  192.168.255.130  192.168.255.1    SOME/IP      71 SOME/IP Protocol (Service ID: 0x0f05, Method ID: 0xc301, Length: 21)
      458 15.579416 192.168.255.130  192.168.255.1    SOME/IP      71 SOME/IP Protocol (Service ID: 0x0f05, Method ID: 0xc301, Length: 21)
> Frame 458: 71 bytes on wire (568 bits), 71 bytes captured (568 bits)
> Ethernet II, Src: VMware_25:5f:0b (00:0c:29:25:5f:0b), Dst: 02:00:00:00:00:ff (02:00:00:00:00:ff)
> Internet Protocol Version 4, Src: 192.168.255.130, Dst: 192.168.255.1
> User Datagram Protocol, Src Port: 35000, Dst Port: 38500
v SOME/IP Protocol (Service ID: 0x0f05, Method ID: 0xc301, Length: 21)
    Service ID: 0x0f05
    Method ID: 0xc301
    Length: 21
    Client ID: 0x0000
    Session ID: 0x0002
    SOME/IP Version: 0x01
    Interface Version: 0x01
  > Message Type: 0x02 (Notification)
    Return Code: 0x00 (Ok)
    Payload: 0a0000000a403119999999999a
```

图 6.88　服务 6 Event1 报文

```
No.   Time        Source           Destination      Protocol   Length Info
      141 9.579629  192.168.255.130  192.168.255.1    SOME/IP      71 SOME/IP Protocol (Service ID: 0x0f05, Method ID: 0xc302, Length: 21)
      459 15.579539 192.168.255.130  192.168.255.1    SOME/IP      71 SOME/IP Protocol (Service ID: 0x0f05, Method ID: 0xc302, Length: 21)
> Frame 141: 71 bytes on wire (568 bits), 71 bytes captured (568 bits)
> Ethernet II, Src: VMware_25:5f:0b (00:0c:29:25:5f:0b), Dst: 02:00:00:00:00:ff (02:00:00:00:00:ff)
> Internet Protocol Version 4, Src: 192.168.255.130, Dst: 192.168.255.1
> User Datagram Protocol, Src Port: 35000, Dst Port: 38500
v SOME/IP Protocol (Service ID: 0x0f05, Method ID: 0xc302, Length: 21)
    Service ID: 0x0f05
    Method ID: 0xc302
    Length: 21
    Client ID: 0x0000
    Session ID: 0x0001
    SOME/IP Version: 0x01
    Interface Version: 0x01
  > Message Type: 0x02 (Notification)
    Return Code: 0x00 (Ok)
    Payload: 1400000014403a19999999999a
```

图 6.89　服务 6 Event2 报文

```
No.   Time        Source           Destination      Protocol   Length Info
      142 9.579688  192.168.255.130  192.168.255.1    SOME/IP      71 SOME/IP Protocol (Service ID: 0x0f05, Method ID: 0xc303, Length: 21)
      460 15.579622 192.168.255.130  192.168.255.1    SOME/IP      71 SOME/IP Protocol (Service ID: 0x0f05, Method ID: 0xc303, Length: 21)
> Frame 142: 71 bytes on wire (568 bits), 71 bytes captured (568 bits)
> Ethernet II, Src: VMware_25:5f:0b (00:0c:29:25:5f:0b), Dst: 02:00:00:00:00:ff (02:00:00:00:00:ff)
> Internet Protocol Version 4, Src: 192.168.255.130, Dst: 192.168.255.1
> User Datagram Protocol, Src Port: 35000, Dst Port: 38500
v SOME/IP Protocol (Service ID: 0x0f05, Method ID: 0xc303, Length: 21)
    Service ID: 0x0f05
    Method ID: 0xc303
    Length: 21
    Client ID: 0x0000
    Session ID: 0x0001
    SOME/IP Version: 0x01
    Interface Version: 0x01
  > Message Type: 0x02 (Notification)
    Return Code: 0x00 (Ok)
    Payload: 1e0000001e40420ccccccccccd
```

图 6.90　服务 6 Event3 报文

第 6 章 基于 CANoe 的 SOME/IP 通信测试

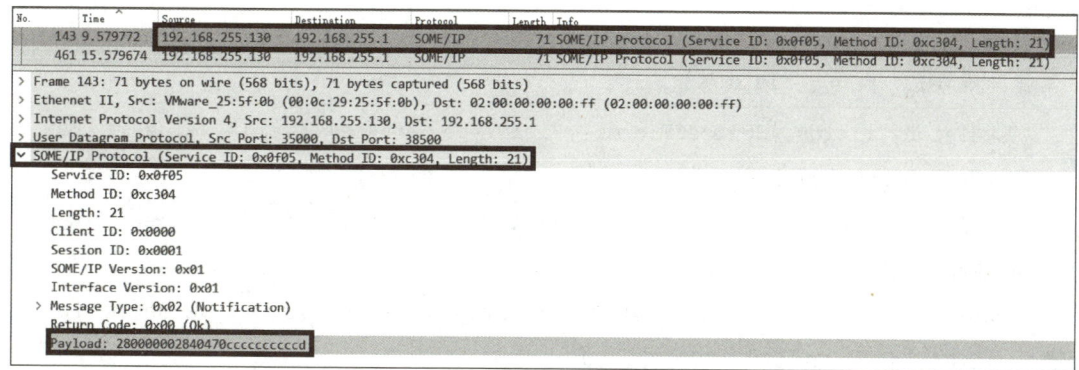

图 6.91 服务 6 Event4 报文

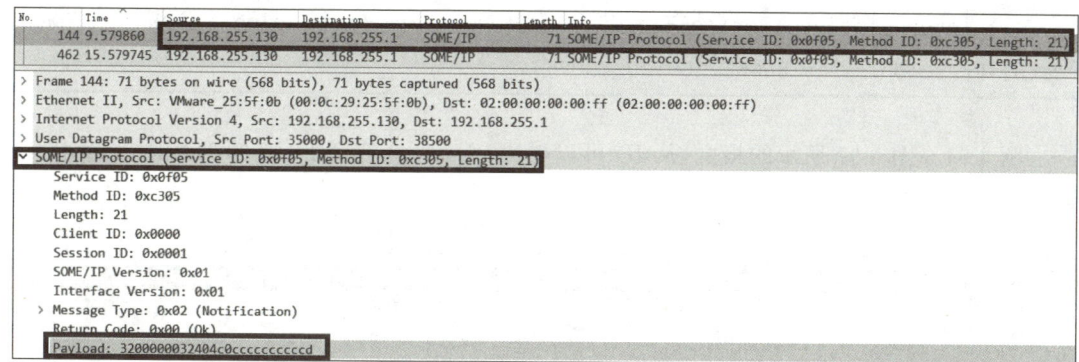

图 6.92 服务 6 Event5 报文

从 ID(图 6.93)可知这是 Service6 里面第一个 Notification, Payload 中的传输值是 {6,1,2,3}。

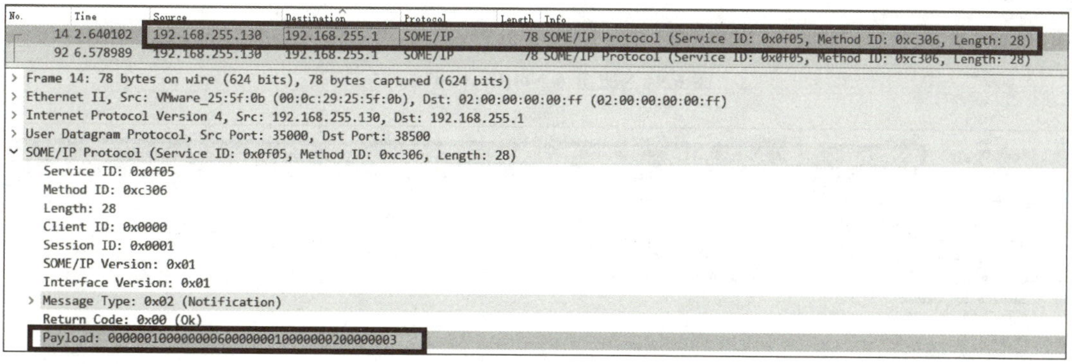

图 6.93 服务 6 Notification1 报文

代码端的赋值(工程源码6.17)与Payload中数值是一致的,表明Notification1传输成功。

工程源码6.17　代码端Field赋值

```
    skeleton::fields::Sevice6Field1::FieldType Service6_field1_value_ = {Faw_
data::ExFieldDisplay{6,1,2,3}};
    skeleton::fields::Sevice6Field2::FieldType Service6_field2_value_ = {Faw_
data::ExFieldDisplay{66,10,20,30}};
    skeleton::fields::Sevice6Field3::FieldType Service6_field3_value_ = {Faw_
data::ExFieldDisplay{666,100,200,300}};
    skeleton::fields::Sevice6Field4::FieldType Service6_field4_value_ = {Faw_
data::ExFieldDisplay{6666,1000,2000,30000}};
    skeleton::fields::Sevice6Field5::FieldType Service6_field5_value_ = {Faw_
data::ExFieldDisplay{66666,100,200,300}};
```

图6.94~图6.97所示的报文,从ID可以看出,Service6五个Field的Notification传输成功。

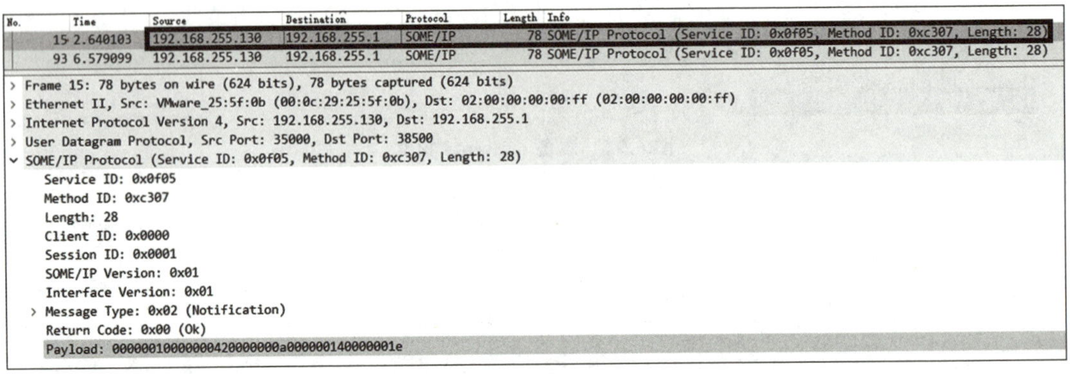

图6.94　服务6 Notification2报文

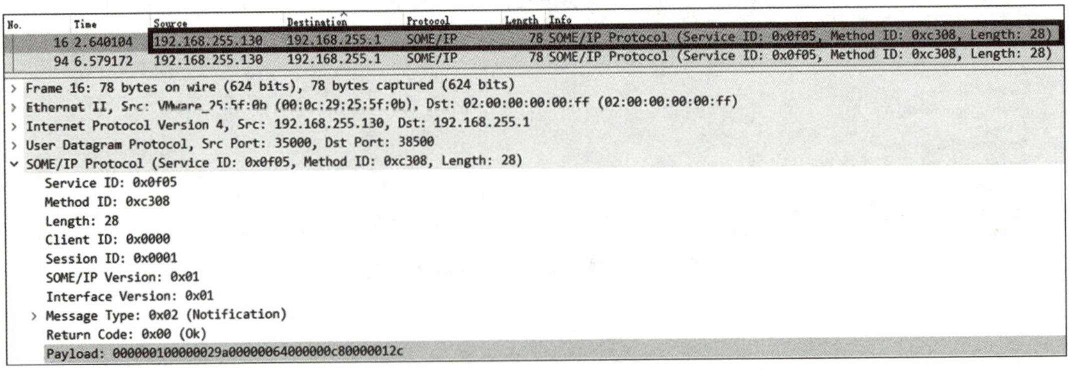

图6.95　服务6 Notification3报文

第 6 章 基于 CANoe 的 SOME/IP 通信测试

```
No.  Time       Source           Destination      Protocol   Length  Info
 17  2.640105   192.168.255.130  192.168.255.1    SOME/IP       78   SOME/IP Protocol (Service ID: 0x0f05, Method ID: 0xc309, Length: 28)
 95  6.579238   192.168.255.130  192.168.255.1    SOME/IP       78   SOME/IP Protocol (Service ID: 0x0f05, Method ID: 0xc309, Length: 28)
> Frame 17: 78 bytes on wire (624 bits), 78 bytes captured (624 bits)
> Ethernet II, Src: VMware_25:5f:0b (00:0c:29:25:5f:0b), Dst: 02:00:00:00:00:ff (02:00:00:00:00:ff)
> Internet Protocol Version 4, Src: 192.168.255.130, Dst: 192.168.255.1
> User Datagram Protocol, Src Port: 35000, Dst Port: 38500
v SOME/IP Protocol (Service ID: 0x0f05, Method ID: 0xc309, Length: 28)
    Service ID: 0x0f05
    Method ID: 0xc309
    Length: 28
    Client ID: 0x0000
    Session ID: 0x0001
    SOME/IP Version: 0x01
    Interface Version: 0x01
  > Message Type: 0x02 (Notification)
    Return Code: 0x00 (Ok)
    Payload: 0000001000001a0a000003e8000007d000007530
```

图 6.96　服务 6 Notification4 报文

```
No.  Time       Source           Destination      Protocol   Length  Info
 18  2.640108   192.168.255.130  192.168.255.1    SOME/IP       78   SOME/IP Protocol (Service ID: 0x0f05, Method ID: 0xc310, Length: 28)
 96  6.579305   192.168.255.130  192.168.255.1    SOME/IP       78   SOME/IP Protocol (Service ID: 0x0f05, Method ID: 0xc310, Length: 28)
> Frame 18: 78 bytes on wire (624 bits), 78 bytes captured (624 bits)
> Ethernet II, Src: VMware_25:5f:0b (00:0c:29:25:5f:0b), Dst: 02:00:00:00:00:ff (02:00:00:00:00:ff)
> Internet Protocol Version 4, Src: 192.168.255.130, Dst: 192.168.255.1
> User Datagram Protocol, Src Port: 35000, Dst Port: 38500
v SOME/IP Protocol (Service ID: 0x0f05, Method ID: 0xc310, Length: 28)
    Service ID: 0x0f05
    Method ID: 0xc310
    Length: 28
    Client ID: 0x0000
    Session ID: 0x0001
    SOME/IP Version: 0x01
    Interface Version: 0x01
  > Message Type: 0x02 (Notification)
    Return Code: 0x00 (Ok)
    Payload: 000000100001046a00000064000000c80000012c
```

图 6.97　服务 6 Notification5 报文

（3）Field

针对服务 6 的 Getter 来说，Client 端是 ECU1，是 CANoe 端脚本进行请求，所以是按键"g"触发，按一次会触发一次。

从 ID 中可以观测到（图 6.98），这是 Service6 里面的五个 Getter。

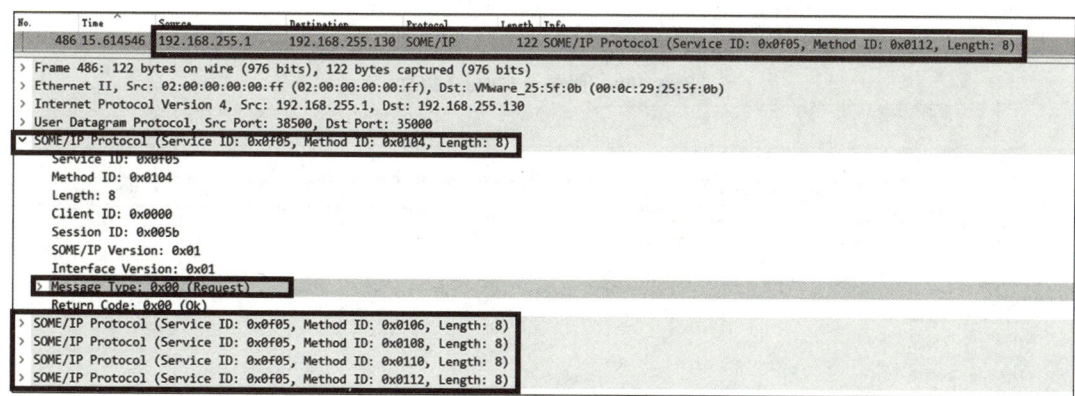

图 6.98　服务 6 五个 Getter 报文

在图 6.99 所示的报文中看到 ECU2 向 ECU1 回复此 Getter，Payload 是{6,1,2,3}，也是设置的初始值，表明第一个 Getter 通信成功。

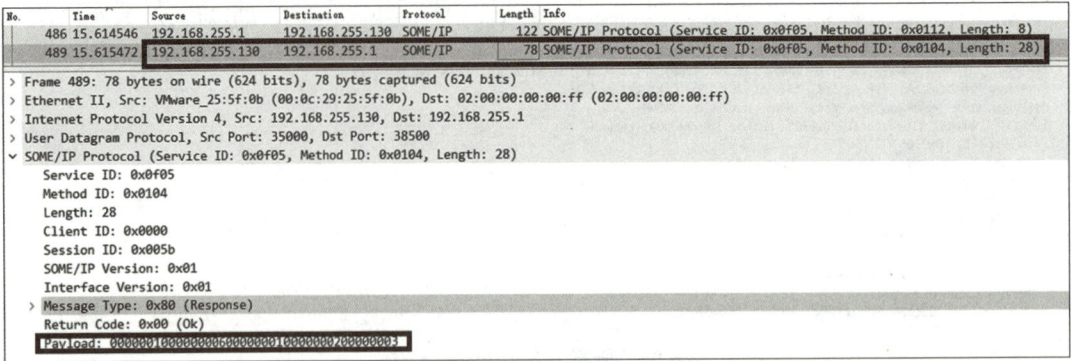

图 6.99　服务 6 Getter1 报文

图 6.100～图 6.103 所示的报文表明 Service6 中的 Getter 都通信成功。

针对服务 6 的 Setter 来说，Client 端是 ECU1，是由 CANoe 端脚本进行请求的，所以是按键"s"触发，按一次会触发一次。

从 ID 来看（图 6.104），观测到 Service6 中的五个 Setter 的请求，均是 ECU1 向 ECU2 进行的请求。从 Payload 中可以看到给 Field1 传的值是$\{1,10,20,30;1,10,20,30\}$，这是在 CANoe 脚本中设置的一个长度为 2 的 vector 容器（工程源码 6.18）。

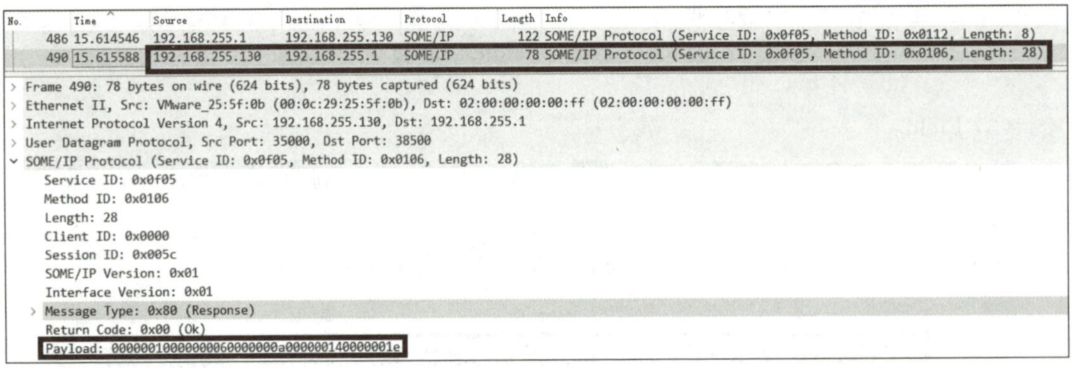

图 6.100　服务 6 Getter2 报文

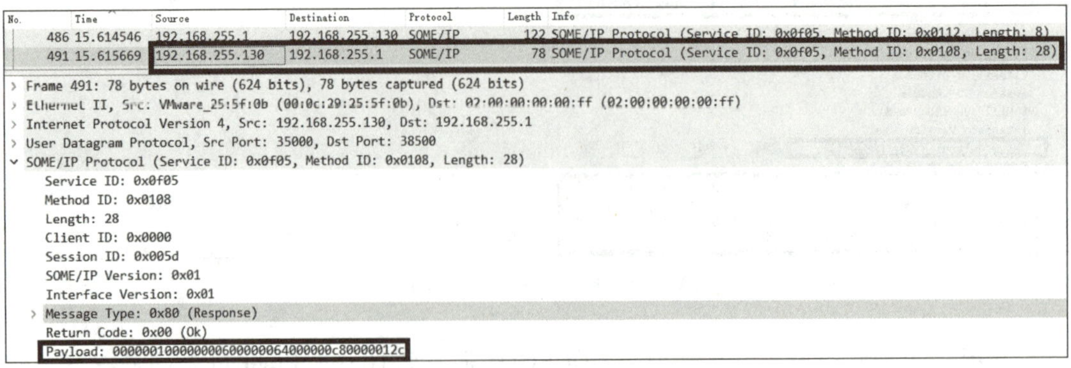

图 6.101　服务 6 Getter3 报文

第 6 章 基于 CANoe 的 SOME/IP 通信测试

```
No.   Time        Source           Destination        Protocol    Length  Info
486  15.614546   192.168.255.1    192.168.255.130    SOME/IP       122   SOME/IP Protocol (Service ID: 0x0f05, Method ID: 0x0112, Length: 8)
492  15.615740   192.168.255.130  192.168.255.1      SOME/IP        78   SOME/IP Protocol (Service ID: 0x0f05, Method ID: 0x0110, Length: 28)
> Frame 492: 78 bytes on wire (624 bits), 78 bytes captured (624 bits)
> Ethernet II, Src: VMware_25:5f:0b (00:0c:29:25:5f:0b), Dst: 02:00:00:00:00:ff (02:00:00:00:00:ff)
> Internet Protocol Version 4, Src: 192.168.255.130, Dst: 192.168.255.1
> User Datagram Protocol, Src Port: 35000, Dst Port: 38500
v SOME/IP Protocol (Service ID: 0x0f05, Method ID: 0x0110, Length: 28)
    Service ID: 0x0f05
    Method ID: 0x0110
    Length: 28
    Client ID: 0x0000
    Session ID: 0x005e
    SOME/IP Version: 0x01
    Interface Version: 0x01
  > Message Type: 0x80 (Response)
    Return Code: 0x00 (Ok)
    Payload: 000000100000000600000003e8000007d000007530
```

图 6.102　服务 6 Getter4 报文

```
No.   Time        Source           Destination        Protocol    Length  Info
486  15.614546   192.168.255.1    192.168.255.130    SOME/IP       122   SOME/IP Protocol (Service ID: 0x0f05, Method ID: 0x0112, Length: 8)
493  15.615821   192.168.255.130  192.168.255.1      SOME/IP        78   SOME/IP Protocol (Service ID: 0x0f05, Method ID: 0x0112, Length: 28)
> Frame 493: 78 bytes on wire (624 bits), 78 bytes captured (624 bits)
> Ethernet II, Src: VMware_25:5f:0b (00:0c:29:25:5f:0b), Dst: 02:00:00:00:00:ff (02:00:00:00:00:ff)
> Internet Protocol Version 4, Src: 192.168.255.130, Dst: 192.168.255.1
> User Datagram Protocol, Src Port: 35000, Dst Port: 38500
v SOME/IP Protocol (Service ID: 0x0f05, Method ID: 0x0112, Length: 28)
    Service ID: 0x0f05
    Method ID: 0x0112
    Length: 28
    Client ID: 0x0000
    Session ID: 0x005f
    SOME/IP Version: 0x01
    Interface Version: 0x01
  > Message Type: 0x80 (Response)
    Return Code: 0x00 (Ok)
    Payload: 0000001000000006000000064000000c80000012c
```

图 6.103　服务 6 Getter5 报文

```
No.   Time        Source           Destination        Protocol    Length  Info
248  14.214719   192.168.255.1    192.168.255.130    SOME/IP       302   SOME/IP Protocol (Service ID: 0x0f05, Method ID: 0x0113, Length: 44)
252  14.216138   192.168.255.130  192.168.255.1      SOME/IP        78   SOME/IP Protocol (Service ID: 0x0f05, Method ID: 0x0105, Length: 28)
> Frame 248: 302 bytes on wire (2416 bits), 302 bytes captured (2416 bits)
> Ethernet II, Src: 02:00:00:00:00:ff (02:00:00:00:00:ff), Dst: VMware_25:5f:0b (00:0c:29:25:5f:0b)
> Internet Protocol Version 4, Src: 192.168.255.1, Dst: 192.168.255.130
> User Datagram Protocol, Src Port: 38500, Dst Port: 35000
v SOME/IP Protocol (Service ID: 0x0f05, Method ID: 0x0105, Length: 44)
    Service ID: 0x0f05
    Method ID: 0x0105
    Length: 44
    Client ID: 0x0000
    Session ID: 0x0001
    SOME/IP Version: 0x01
    Interface Version: 0x01
  > Message Type: 0x00 (Request)
    Return Code: 0x00 (Ok)
    Payload: 0000002000000001000000a000000140000001e00000001000000a00000014000001e
  SOME/IP Protocol (Service ID: 0x0f05, Method ID: 0x0107, Length: 44)
  SOME/IP Protocol (Service ID: 0x0f05, Method ID: 0x0109, Length: 44)
  SOME/IP Protocol (Service ID: 0x0f05, Method ID: 0x0111, Length: 44)
  SOME/IP Protocol (Service ID: 0x0f05, Method ID: 0x0113, Length: 44)
```

图 6.104　服务 6 五个 Setter 报文

工程源码 6.18 Canoe 脚本赋值

```
variables
{
  byte a = 1;
  byte b = 10;
  byte c = 20;
  byte d = 30;
}
on key 's'
{
  array Datatypes::FieldDisplay FieldDisplay1;
  FieldDisplay1.Length = 2;
  FieldDisplay1[0].x0 = a;
  FieldDisplay1[0].y0 = b;
  FieldDisplay1[0].x1 = c;
  FieldDisplay1[0].y1 = d;
  FieldDisplay1[1].x0 = a;
  FieldDisplay1[1].y0 = b;
  FieldDisplay1[1].x1 = c;
  FieldDisplay1[1].y1 = d;
CommunicationObjects::Service6.ConsumerSide[ECU1MachineDesign,
ECU2MachineDesign].Sevice6Field1.Set.CallAsync(FieldDisplay1);
CommunicationObjects::Service6.ConsumerSide[ECU1MachineDesign,
ECU2MachineDesign].Sevice6Field2.Set.CallAsync(FieldDisplay1);
CommunicationObjects::Service6.ConsumerSide[ECU1MachineDesign,
ECU2MachineDesign].Sevice6Field3.Set.CallAsync(FieldDisplay1);
CommunicationObjects::Service6.ConsumerSide[ECU1MachineDesign,
ECU2MachineDesign].Sevice6Field4.Set.CallAsync(FieldDisplay1);
CommunicationObjects::Service6.ConsumerSide[ECU1MachineDesign,
ECU2MachineDesign].Sevice6Field5.Set.CallAsync(FieldDisplay1);
}
```

这表明 Client 端成功 Setter 了,并且把值传给 Server 端,即传给 ECU2,此时 Server 端会进行处理。

从 IP(图 6.105)中可以观测到这是 Server 端的回复,在应用层做处理时,只对 x0 进行赋值处理(工程源码 6.19)。

```
No.     Time           Source           Destination      Protocol   Length  Info
     248 14.214719    192.168.255.1    192.168.255.130  SOME/IP       302  SOME/IP Protocol (Service ID: 0x0f05, Method ID: 0x0113, Length: 44)
     252 14.216138    192.168.255.130  192.168.255.1    SOME/IP        78  SOME/IP Protocol (Service ID: 0x0f05, Method ID: 0x0105, Length: 28)
> Frame 252: 78 bytes on wire (624 bits), 78 bytes captured (624 bits)
> Ethernet II, Src: VMware_25:5f:0b (00:0c:29:25:5f:0b), Dst: 02:00:00:00:00:ff (02:00:00:00:00:ff)
> Internet Protocol Version 4, Src: 192.168.255.130, Dst: 192.168.255.1
> User Datagram Protocol, Src Port: 35000, Dst Port: 38500
v SOME/IP Protocol (Service ID: 0x0f05, Method ID: 0x0105, Length: 28)
    Service ID: 0x0f05
    Method ID: 0x0105
    Length: 28
    Client ID: 0x0000
    Session ID: 0x0001
    SOME/IP Version: 0x01
    Interface Version: 0x01
  > Message Type: 0x80 (Response)
    Return Code: 0x00 (Ok)
    Payload: 000000100000001000000010000000200000003
```

图 6.105　服务 6 Setter1 的 Payload 报文

工程源码 6.19　代码端 Setter 赋值

```
Sevice6Field1.RegisterSetHandler(
    [this](skeleton::fields::Sevice6Field1::FieldType const& value) {
        ara::core::Promise < skeleton::fields::Sevice6Field1::FieldType > promise;
        log_.LogInfo() << "[Service6][Field1][Set] Set field called with value " << value[0].x0 << ".";
        Service6_field1_value_[0].x0 = value[0].x0;
        log_.LogInfo() << "[Service6][Field1][Set] Set field returns value " << Service6_field1_value_[0].x0 << ".";
        promise.set_value(Service6_field1_value_);
        return promise.get_future();
    });
Sevice6Field1.Update(Service6_field1_value_);
```

从代码中可以看到，对 Setter 的值中一个元素进行赋值，然后传输。初始值是{6,1,2,3}，Setter 的值是{1,10,20,30;1,10,20,30}，二者长度不同，因为接收端长度为 1，所以只能接收前面的值，且在赋值操作时，只对 x0 元素进行操作，最后输出的值是{1,1,2,3}。此外按照理论来说，还应该有一条 Notification 的报文，来代表 Setter 成功了（图 6.106）。

同时也有自增的处理，观察图 6.107 所示报文。观察到成功自增，表明 Service6 里面的第一个 Setter 成功触发并处理且带有返回值。

图 6.108～图 6.111 所示四条报文表明 Service6 中 Field2～Field5 成功 Setter。图 6.112～图 6.115 所示四条报文表明 Service6 中的 Field2～Field5 的 Notification 值更新成功。

```
No.     Time        Source           Destination      Protocol   Length  Info
  14  2.640102    192.168.255.130    192.168.255.1    SOME/IP      78   SOME/IP Protocol (Service ID: 0x0f05, Method ID: 0xc306, Length: 28)
  92  6.578989    192.168.255.130    192.168.255.1    SOME/IP      78   SOME/IP Protocol (Service ID: 0x0f05, Method ID: 0xc306, Length: 28)
 200 12.580163    192.168.255.130    192.168.255.1    SOME/IP      78   SOME/IP Protocol (Service ID: 0x0f05, Method ID: 0xc306, Length: 28)
 251 14.216022    192.168.255.130    192.168.255.1    SOME/IP      78   SOME/IP Protocol (Service ID: 0x0f05, Method ID: 0xc306, Length: 28)
> Frame 251: 78 bytes on wire (624 bits), 78 bytes captured (624 bits)
> Ethernet II, Src: VMware_25:5f:0b (00:0c:29:25:5f:0b), Dst: 02:00:00:00:00:ff (02:00:00:00:00:ff)
> Internet Protocol Version 4, Src: 192.168.255.130, Dst: 192.168.255.1
> User Datagram Protocol, Src Port: 35000, Dst Port: 38500
v SOME/IP Protocol (Service ID: 0x0f05, Method ID: 0xc306, Length: 28)
    Service ID: 0x0f05
    Method ID: 0xc306
    Length: 28
    Client ID: 0x0000
    Session ID: 0x0004
    SOME/IP Version: 0x01
    Interface Version: 0x01
  > Message Type: 0x02 (Notification)
    Return Code: 0x00 (Ok)
    Payload: 000000010000000100000001000000020000003
```

图 6.106 服务 6 Setter1 报文

```
No.     Time        Source           Destination      Protocol   Length  Info
 251 14.216022    192.168.255.130    192.168.255.1    SOME/IP      78   SOME/IP Protocol (Service ID: 0x0f05, Method ID: 0xc306, Length: 28)
 284 14.312618    192.168.255.130    192.168.255.1    SOME/IP      78   SOME/IP Protocol (Service ID: 0x0f05, Method ID: 0xc306, Length: 28)
 317 14.470443    192.168.255.130    192.168.255.1    SOME/IP      78   SOME/IP Protocol (Service ID: 0x0f05, Method ID: 0xc306, Length: 28)
> Frame 284: 78 bytes on wire (624 bits), 78 bytes captured (624 bits)
> Ethernet II, Src: VMware_25:5f:0b (00:0c:29:25:5f:0b), Dst: 02:00:00:00:00:ff (02:00:00:00:00:ff)
> Internet Protocol Version 4, Src: 192.168.255.130, Dst: 192.168.255.1
> User Datagram Protocol, Src Port: 35000, Dst Port: 38500
v SOME/IP Protocol (Service ID: 0x0f05, Method ID: 0xc306, Length: 28)
    Service ID: 0x0f05
    Method ID: 0xc306
    Length: 28
    Client ID: 0x0000
    Session ID: 0x0005
    SOME/IP Version: 0x01
    Interface Version: 0x01
  > Message Type: 0x02 (Notification)
    Return Code: 0x00 (Ok)
    Payload: 000000010000000200000001000000020000003
```

图 6.107 服务 6 Setter1 自增报文

```
No.     Time        Source           Destination      Protocol   Length  Info
 248 14.214719    192.168.255.1      192.168.255.130  SOME/IP     302   SOME/IP Protocol (Service ID: 0x0f05, Method ID: 0x0113, Length: 44)
 254 14.216317    192.168.255.130    192.168.255.1    SOME/IP      78   SOME/IP Protocol (Service ID: 0x0f05, Method ID: 0x0107, Length: 28)
> Frame 254: 78 bytes on wire (624 bits), 78 bytes captured (624 bits)
> Ethernet II, Src: VMware_25:5f:0b (00:0c:29:25:5f:0b), Dst: 02:00:00:00:00:ff (02:00:00:00:00:ff)
> Internet Protocol Version 4, Src: 192.168.255.130, Dst: 192.168.255.1
> User Datagram Protocol, Src Port: 35000, Dst Port: 38500
v SOME/IP Protocol (Service ID: 0x0f05, Method ID: 0x0107, Length: 28)
    Service ID: 0x0f05
    Method ID: 0x0107
    Length: 28
    Client ID: 0x0000
    Session ID: 0x0002
    SOME/IP Version: 0x01
    Interface Version: 0x01
  > Message Type: 0x80 (Response)
    Return Code: 0x00 (Ok)
    Payload: 00000001000000010000000a0000001400000001e
```

图 6.108 服务 6 Setter2 报文

第 6 章　基于 CANoe 的 SOME/IP 通信测试

```
No.    Time        Source           Destination       Protocol    Length  Info
       248 14.214719  192.168.255.1    192.168.255.130   SOME/IP         302 SOME/IP Protocol (Service ID: 0x0f05, Method ID: 0x0113, Length: 44)
       256 14.216486  192.168.255.130  192.168.255.1     SOME/IP          78 SOME/IP Protocol (Service ID: 0x0f05, Method ID: 0x0109, Length: 28)
> Frame 256: 78 bytes on wire (624 bits), 78 bytes captured (624 bits)
> Ethernet II, Src: VMware_25:5f:0b (00:0c:29:25:5f:0b), Dst: 02:00:00:00:00:ff (02:00:00:00:00:ff)
> Internet Protocol Version 4, Src: 192.168.255.130, Dst: 192.168.255.1
> User Datagram Protocol, Src Port: 35000, Dst Port: 38500
v SOME/IP Protocol (Service ID: 0x0f05, Method ID: 0x0109, Length: 28)
    Service ID: 0x0f05
    Method ID: 0x0109
    Length: 28
    Client ID: 0x0000
    Session ID: 0x0003
    SOME/IP Version: 0x01
    Interface Version: 0x01
  > Message Type: 0x80 (Response)
    Return Code: 0x00 (Ok)
    Payload: 000000100000000100000064000000c800000012c
```

图 6.109　服务 6 Setter3 报文

```
No.    Time        Source           Destination       Protocol    Length  Info
       248 14.214719  192.168.255.1    192.168.255.130   SOME/IP         302 SOME/IP Protocol (Service ID: 0x0f05, Method ID: 0x0113, Length: 44)
       258 14.216626  192.168.255.130  192.168.255.1     SOME/IP          78 SOME/IP Protocol (Service ID: 0x0f05, Method ID: 0x0111, Length: 28)
> Frame 258: 78 bytes on wire (624 bits), 78 bytes captured (624 bits)
> Ethernet II, Src: VMware_25:5f:0b (00:0c:29:25:5f:0b), Dst: 02:00:00:00:00:ff (02:00:00:00:00:ff)
> Internet Protocol Version 4, Src: 192.168.255.130, Dst: 192.168.255.1
> User Datagram Protocol, Src Port: 35000, Dst Port: 38500
v SOME/IP Protocol (Service ID: 0x0f05, Method ID: 0x0111, Length: 28)
    Service ID: 0x0f05
    Method ID: 0x0111
    Length: 28
    Client ID: 0x0000
    Session ID: 0x0004
    SOME/IP Version: 0x01
    Interface Version: 0x01
  > Message Type: 0x80 (Response)
    Return Code: 0x00 (Ok)
    Payload: 00000010000000010000003e8000007d0000007530
```

图 6.110　服务 6 Setter4 报文

```
No.    Time        Source           Destination       Protocol    Length  Info
       248 14.214719  192.168.255.1    192.168.255.130   SOME/IP         302 SOME/IP Protocol (Service ID: 0x0f05, Method ID: 0x0113, Length: 44)
       260 14.216801  192.168.255.130  192.168.255.1     SOME/IP          78 SOME/IP Protocol (Service ID: 0x0f05, Method ID: 0x0113, Length: 28)
> Frame 260: 78 bytes on wire (624 bits), 78 bytes captured (624 bits)
> Ethernet II, Src: VMware_25:5f:0b (00:0c:29:25:5f:0b), Dst: 02:00:00:00:00:ff (02:00:00:00:00:ff)
> Internet Protocol Version 4, Src: 192.168.255.130, Dst: 192.168.255.1
> User Datagram Protocol, Src Port: 35000, Dst Port: 38500
v SOME/IP Protocol (Service ID: 0x0f05, Method ID: 0x0113, Length: 28)
    Service ID: 0x0f05
    Method ID: 0x0113
    Length: 28
    Client ID: 0x0000
    Session ID: 0x0005
    SOME/IP Version: 0x01
    Interface Version: 0x01
  > Message Type: 0x80 (Response)
    Return Code: 0x00 (Ok)
    Payload: 000000100000000100000064000000c800000012c
```

图 6.111　服务 6 Setter5 报文

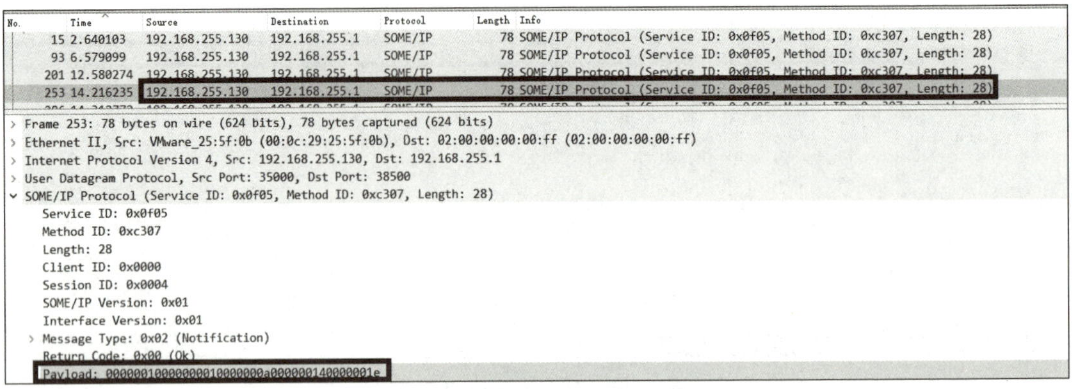

图 6.112　服务 6 Notification2 报文

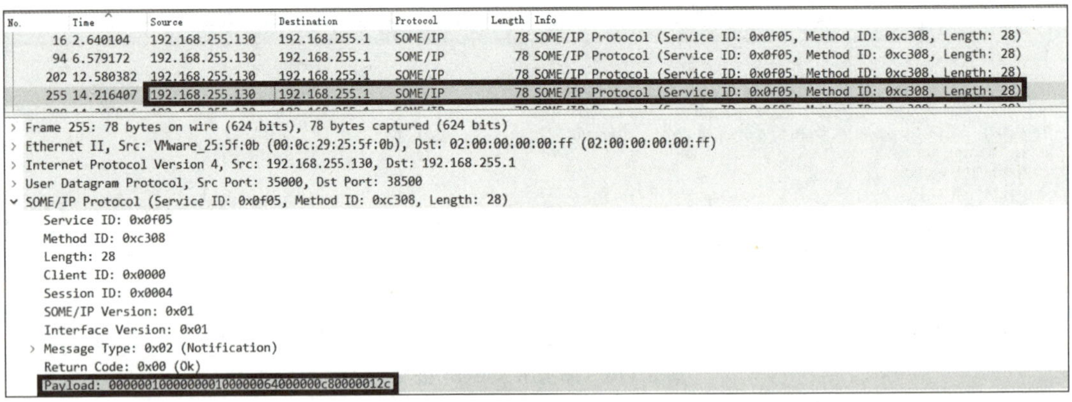

图 6.113　服务 6 Notification3 报文

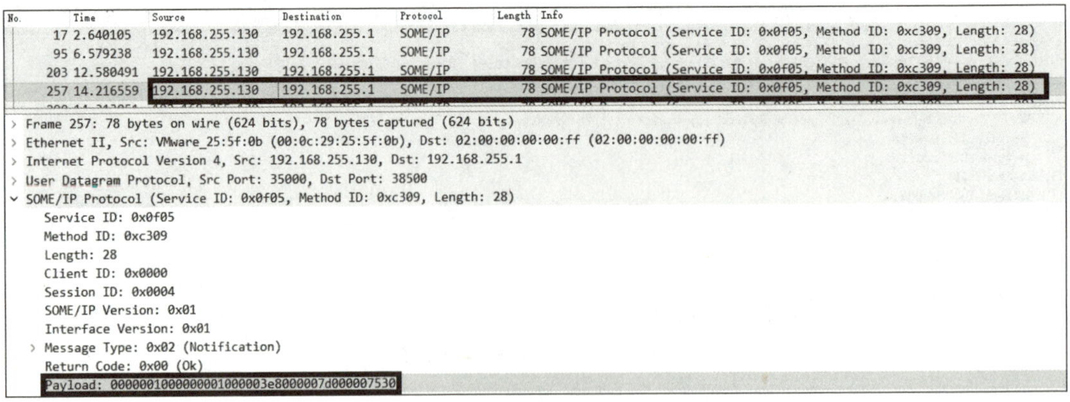

图 6.114　服务 6 Notification4 报文

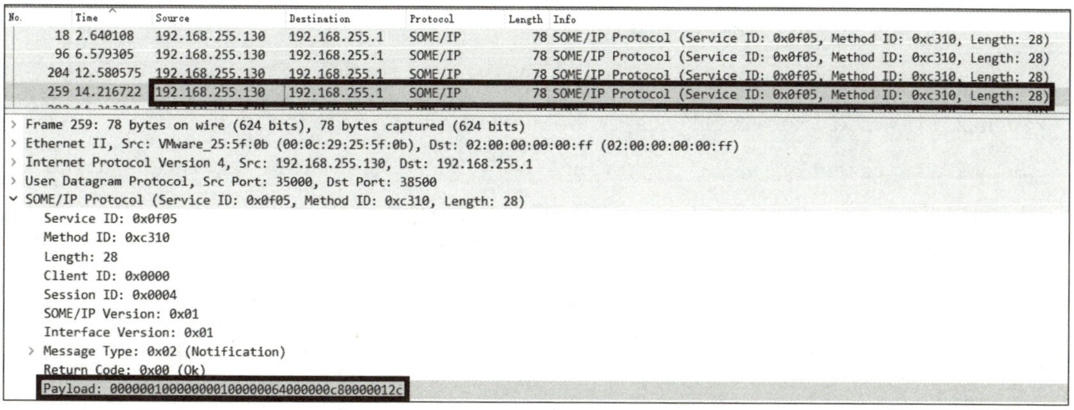

```
No.     Time        Source              Destination         Protocol    Length  Info
        18 2.640108 192.168.255.130     192.168.255.1       SOME/IP     78 SOME/IP Protocol (Service ID: 0x0f05, Method ID: 0xc310, Length: 28)
        96 6.579305 192.168.255.130     192.168.255.1       SOME/IP     78 SOME/IP Protocol (Service ID: 0x0f05, Method ID: 0xc310, Length: 28)
       204 12.580575 192.168.255.130    192.168.255.1       SOME/IP     78 SOME/IP Protocol (Service ID: 0x0f05, Method ID: 0xc310, Length: 28)
       259 14.216722 192.168.255.130    192.168.255.1       SOME/IP     78 SOME/IP Protocol (Service ID: 0x0f05, Method ID: 0xc310, Length: 28)
> Frame 259: 78 bytes on wire (624 bits), 78 bytes captured (624 bits)
> Ethernet II, Src: VMware_25:5f:0b (00:0c:29:25:5f:0b), Dst: 02:00:00:00:00:ff (02:00:00:00:00:ff)
> Internet Protocol Version 4, Src: 192.168.255.130, Dst: 192.168.255.1
> User Datagram Protocol, Src Port: 35000, Dst Port: 38500
v SOME/IP Protocol (Service ID: 0x0f05, Method ID: 0xc310, Length: 28)
    Service ID: 0x0f05
    Method ID: 0xc310
    Length: 28
    Client ID: 0x0000
    Session ID: 0x0004
    SOME/IP Version: 0x01
    Interface Version: 0x01
  > Message Type: 0x02 (Notification)
    Return Code: 0x00 (Ok)
    Payload: 000000100000000100000064000000c80000012c
```

图 6.115 服务 6 Notification5 报文

4）Service9、Service10 和 Service11

Service9、Service10 和 Service11 的内容一致，故此处只分析 Service9。

Service9 中仅包含两条 Event。

从报文的 ID（图 6.116）可以观测出这是 Service9 里面的 Event1，从 Payload 中可以看到发送值是{10,10,19.1}。

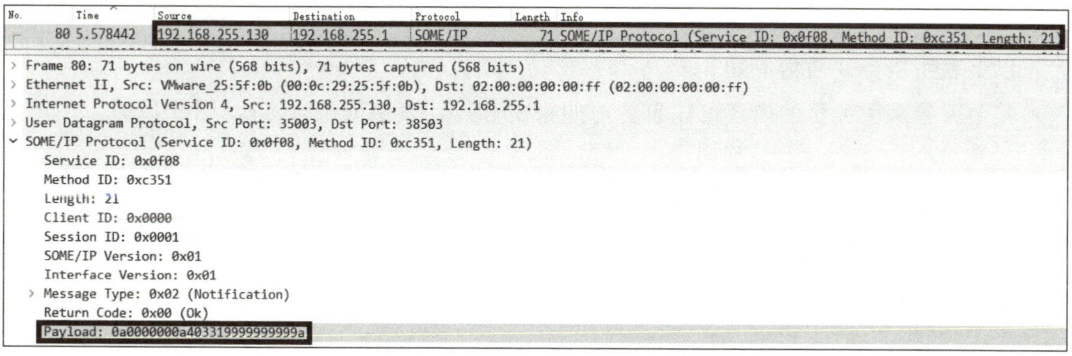

```
No.     Time        Source              Destination         Protocol    Length  Info
        80 5.578442 192.168.255.130     192.168.255.1       SOME/IP     71 SOME/IP Protocol (Service ID: 0x0f08, Method ID: 0xc351, Length: 21)
> Frame 80: 71 bytes on wire (568 bits), 71 bytes captured (568 bits)
> Ethernet II, Src: VMware_25:5f:0b (00:0c:29:25:5f:0b), Dst: 02:00:00:00:00:ff (02:00:00:00:00:ff)
> Internet Protocol Version 4, Src: 192.168.255.130, Dst: 192.168.255.1
> User Datagram Protocol, Src Port: 35003, Dst Port: 38503
v SOME/IP Protocol (Service ID: 0x0f08, Method ID: 0xc351, Length: 21)
    Service ID: 0x0f08
    Method ID: 0xc351
    Length: 21
    Client ID: 0x0000
    Session ID: 0x0001
    SOME/IP Version: 0x01
    Interface Version: 0x01
  > Message Type: 0x02 (Notification)
    Return Code: 0x00 (Ok)
    Payload: 0a0000000a40331999999999a
```

图 6.116 服务 9 Event1 报文

代码端赋值与 Payload 中一致，表明传输成功（工程源码 6.20）。

工程源码 6.20　代码端 Event 赋值

static constexpr Faw_data::EventStatus kEvent1InitValue = {10,10,19.1};

Faw_data::EventStatus kEvent2InitValue = {20,20,29.1};

Faw_data::EventStatus kEvent3InitValue = {30,30,100.1};

Faw_data::EventStatus kEvent4InitValue = {40,40,110.1};

Faw_data::EventStatus kEvent5InitValue = {30,30,200.1};

Faw_data::EventStatus kEvent6InitValue = {40,40,210.1};

FawServer::FawServer()

```
    : Next_work_item_{kWorkItemStartIndex},
  Service9 _ event1 _ value _ {kEvent1InitValue}, Service9 _ event2 _ value _
{kEvent2InitValue},Service10_event1_value_{kEvent3InitValue},
  Service10 _ event2 _ value _ {kEvent4InitValue}, Service11 _ event1 _ value _
{kEvent5InitValue},Service11_event2_value_{kEvent6InitValue}
```

第二条发送的值是{10,10,20.1}，表明自增成功（图 6.117）。

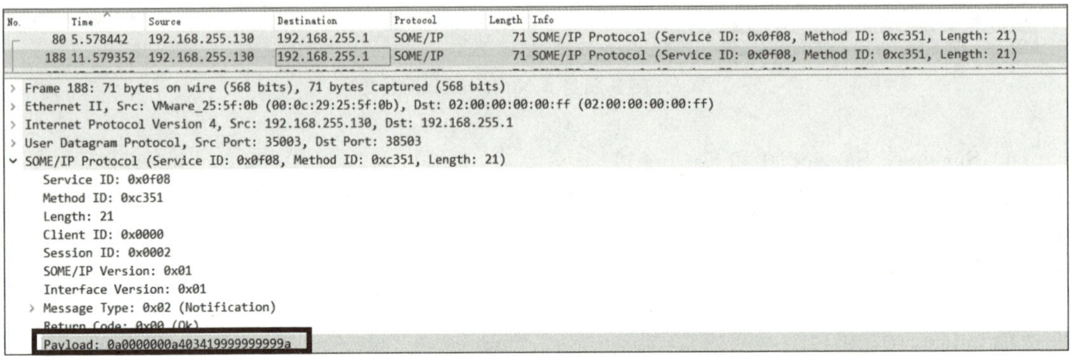

图 6.117　服务 9 Event1 的自增报文

以上表明服务 9 通信成功。

其余服务和服务里的内容可以自行对照报文和设计表格来进行查找（图 6.118）。

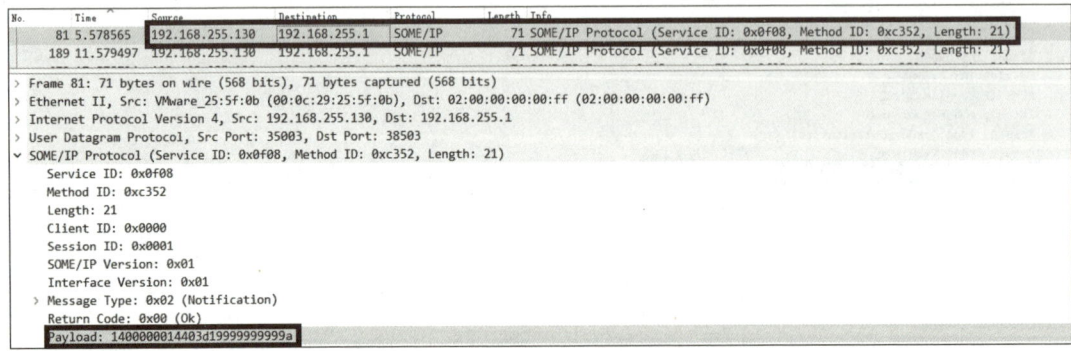

图 6.118　服务 9 Event2 报文

6.2　基于 vCDL 实现 SOME/IP 通信测试

vCDL 是 Vector Communication Description Language 的首字母缩写，用于描述 CANoe 中的通信对象，是 VECTOR 推荐使用的一种语言。

6.2.1 基于 vCDL 语言进行数据库文件的编写

本小节主要介绍 vCDL 语言的语法,以及如何用 vCDL 语言来对数据库文件进行描述。

1. vCDL 语言特性

CANoe 软件中自带 vCDL 编辑器,用户可以用来编辑 vCDL 数据库(图 6.119)。

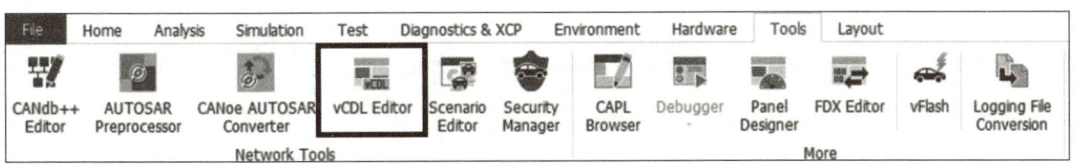

图 6.119　CANoe 中 vCDL 编辑器

用户也可以使用其他文本软件打开编辑 vCDL 文件,本书推荐用户使用 vCDL Editor。因为,vCDL 语言中不同的元素,会在 vCDL Editor 中得到更好的显示,如关键字会以蓝色字体显示。

vCDL 的语言格式如图 6.120 所示。

Element	Font	Example
Keyword	Blue monospace	service
Data Type	Dark blue monospace	uint16
String Literal	Dark red monospace	"string"
Numeric Literal	Orange monospace	2.0e-10
Comment	Green monospace	// comment
Attribute Key	Gray monospace, italics	unit
Binding Namespace	Gray monospace, italics	Abstract
Encoding Formula Variable	Brown monospace, italics	x
Separators	Black monospace	. :
Operators	Black monospace	+ - * /
Brackets	Black monospace	{} () <>
Identifiers	Black monospace	Engine

图 6.120　vCDL 的语言格式

2. 用 vCDL 编写 SOME/IP 数据库流程

1) 创建命名空间 Datatypes

在工程源码 6.21 中,命名空间使用关键字 Namespace 来声明,其主体内容包含在一对{}内。文中示例将复用的结构体 StateType 和接口 ServiceInterface 归纳在同一命名空间 Datatypes 下。声明结构体采用关键字 struct,示例中定义了 4 个 int32 类型的基础数据。

接口采用关键字 Interface 定义,为后续 SOME/IP 服务提供接口。该示例接口 ServiceInterface 包含事件 env、字段 Fld 和方法 Add 等函数声明。

工程源码6.21　定义接口

```
Namespace Datatypes
{
  //关键字 struct 声明结构体 StateType
  struct StateType
  {
    //结构体 StateType 由 4 个 int32 的数据组成
    int32 AddCount;
    int32 SubstractCount;
    int32 MultiplyCount;
    int32 DivideCount;
  }
  //关键字 Interface 接口,定义服务接口
  Interface ServiceInterface
  {
    //关键字 event 声明事件,事件 env 的数据类型是结构体 StateType
    event StateType env;
    //关键字 field 声明字段,字段 Fld 的数据类型是 uint32
    field uint32 Fld;
    //定义 method 方法,采用定义函数的方式声明了 Add、Substract、Multiply、Divide
    //函数内 in 表示输入参数,out 表示输出,不指定 in/out 则默认是 in
    void Add(int32 operand1, int32 operand2, out float result);
    void Substract(int32 operand1, int32 operand2, out float result);
    void Multiply(int32 operand1, int32 operand2, out float result);
    void Divide(int32 operand1, int32 operand2, out float result);
  }
}
```

2) 创建命名空间 ICalculate

在工程源码6.22 中,ICalculate 同样以关键字 Namespace 声明,用于指定服务的命名空间。服务 Calculate 采用 Service 关键字声明,必须由服务接口实现,示例中 Calculate 指向 Datatypes 中的接口 ServiceInterface。服务中需要提供通信端点的信息,通信端点采用关键字 provider 和 Consumer 声明,即服务的提供者和消费者。在示例中,服务 Calculate 的提供者和消费者分别为 Server 和 Client。服务 Calculate 使用 refine 关键字引用接口 ServiceInterface 中的事件、字段和方法。事件组采用关键字 eventgroup 定义,示例定义 env 和 Fld 为同一事件组。

工程源码 6.22　编写服务

```
//ICalculate 下包含服务
Namespace ICalculate
{
  //[]的内容用于定义属性,此处声明了服务的属性 version 为 0.1 和 ServiceID 为 1666
  [version = 0.1, ServiceID = 1666]
  //关键字 Service 声明服务 Calculate,Calculate 使用冒号指向使用的服务接口
  Service Calculate:Datatypes::ServiceInterface
  {
    //关键字 provider 声明服务的提供者(名为 Server),并以[]声明 Server 的 IP 端口信息
    [simulated = true, udpEndpoint = "192.168.1.1:40000",multicastEndpoint = "224.0.0.22:40000",
      sdMulticastEndpoint = "239.0.0.1:30490", mac = "20:00:00:00:00:00",InstanceId = 1]
    provider Server;
    //关键字 client 声明服务的消费者(名为 client),其订阅的事件组名为 envGrp1,clientid = 1
    [simulated = true, subscribedEventGroups = envGrp1, udpEndpoint = "192.168.1.10:40001",multicastEndpoint = "224.0.0.22:40001",
      mac = "20:00:00:00:00:01", sdMulticastEndpoint = "239.0.0.1:30490",clientId = 1]
    Consumer client;

    //关键字 refine 可以引用对象或者端点,此处引用函数原型,并赋予 methodId 的属性
    refine Add[methodId = 201];
    refine Substract[methodId = 202];
    refine Multiply[methodId = 203];
    refine Divide[methodId = 204];
    //引用事件 env,设置属性 eventID 为 101,引用字段 Fld,设置对应的 ID 属性
    refine env [eventID = 101];
    refine Fld [getterID = 301,setterID = 302,eventID = 303];
    //关键字 binding 将通信对象绑定到 SOME/IP
    binding SOME/IP
    {
      //关键字 eventgroup 用于定义事件组,此处定义 groupId 属性为 17 的 envGrp1 事件组,包含 env 和 Fld
      [groupId = 17, multicastThreshold = 5]
      eventgroup envGrp1 = env,Fld;
    }
  }
}
```

元素的属性使用[]指定，属性名称会以灰色字体显示。以 SOME/IP 端点为例，vCDL 支持的属性如图 6.121 所示。

Name	Type	Default	Semantics
udpEndpoint	String Reference	None	IPv4 or IPv6 address and port for UDP communication or reference to an application endpoint definition.
tcpEndpoint	String Reference	None	IPv4 or IPv6 address and port for TCP communication or reference to an application endpoint definition.
multicastEndpoint	String Reference	None	IPv4 or IPv6 address and port for multicast UDP communication or reference to an application endpoint definition.
sdMulticastEndpoint	String Reference	None	IPv4 or IPv6 address and port for service discovery multicast UDP communication or reference to an application endpoint definition.
subnet	String UInt	None	Default IPv4 or IPv6 subnet address for all endpoints.
mask	String UInt	"255.255.255.0"	Default IPv4 subnet mask for all endpoints.
prefix	UInt	64	Default IPv6 subnet prefix for all endpoints.
vlan	UInt	0	Default VLAN ID associated with all endpoints.
mac	String UInt	None	Ethernet MAC address of the NEP.

图 6.121　SOME/IP 支持的元素属性

3）创建命名空间 Participants

使用关键字 Namespace 声明 Participants，用于指定参与者的命名空间。参与者使用关键字 participant 声明，包含一个或多个通信端点。示例（工程源码 6.23）创建名为 Consumer 和 Provider 的参与者，分别引用来自 ICalculate 下服务 Calculate 的通信端点 Client 和 Server。

工程源码 6.23　绑定通信两端

```
//关键字 Namespace 命名空间,用于将如 Interface、servcies、function 等划为一个组
//Participants(Namespace)组下包含 Consumer 和 Provider(participant)的参与者
Namespace Participants
{
    //关键字 participant 参与者,用于声明参与者,对 ECU 或 SWC 的通信端点进行分组
    //此处声明名为 Consumer 和 Provider 的参与者
    participant Consumer
    {
        //Consumer 包含端点 client
        ICalculate::Calculate.client
    }

    participant Provider
    {
        //Provider 包含端点 Server
        ICalculate::Calculate.Server
    }
}
```

由于本书篇幅有限,无法覆盖所有 vCDL 语法,如需了解更多有关 vCDL 语法的内容,可在工程界面下按 F1 键链接至 CANoe 在线帮助文档,查看相关说明(图 6.122)。

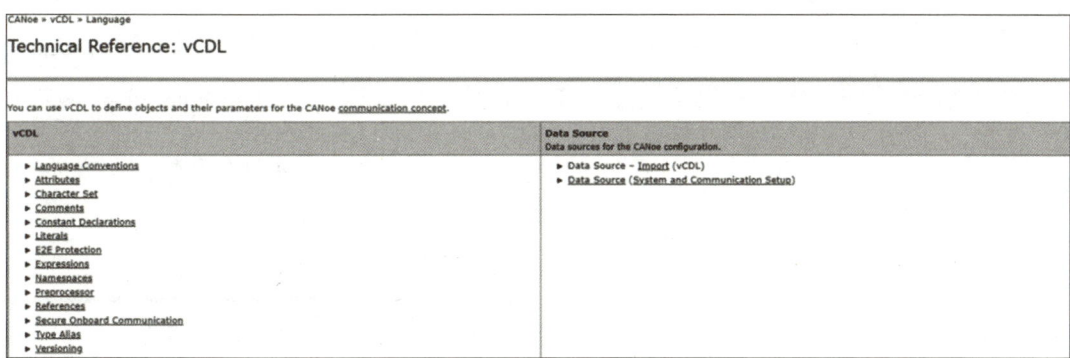

图 6.122　帮助文档

6.2.2　创建 CANoe 工程

本小节介绍如何创建 CANoe 工程,包括通道配置、硬件映射和 vCDL 数据库的导入。

1. 导入数据库

打开 CANoe→Simulation→System and Communication Setup,单击"ImPort Data Source"添加 vCDL 文件(图 6.123)。

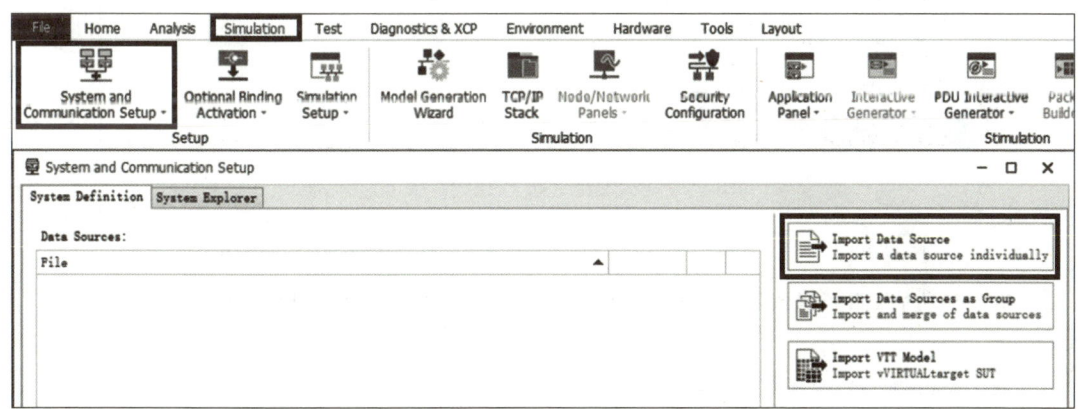

图 6.123　导入数据库

(1) vCDL 数据库的语法需正确无误才能成功导入,如不能导入,请打开 vCDL Editor 进行编辑修改。

(2) 如果有多个数据库,单击"ImPort Data Source as Group"导入。

2. 修改 PRBS

单击"Edit System Data",打开"Model Editor"(图 6.124),将 PRBS 修改为"Ethernet PRBS Mode"(图 6.125)。

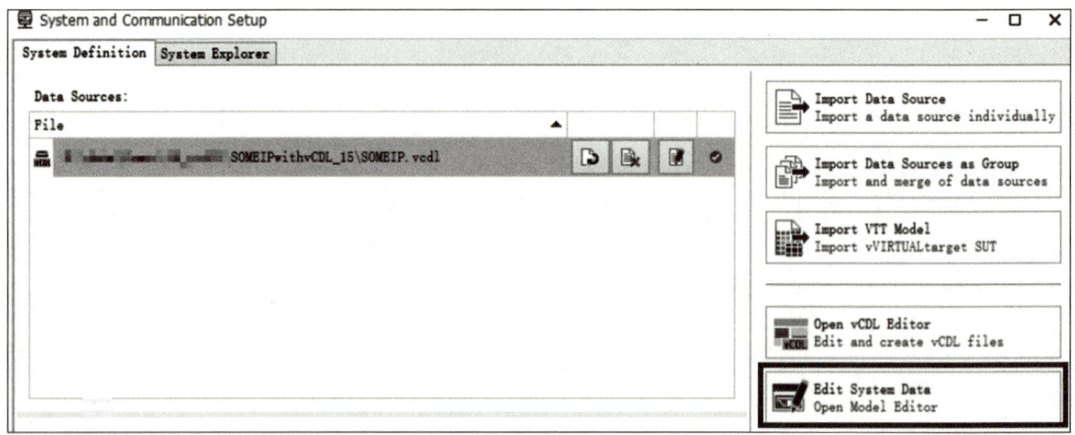

图 6.124 打开 Model Editor

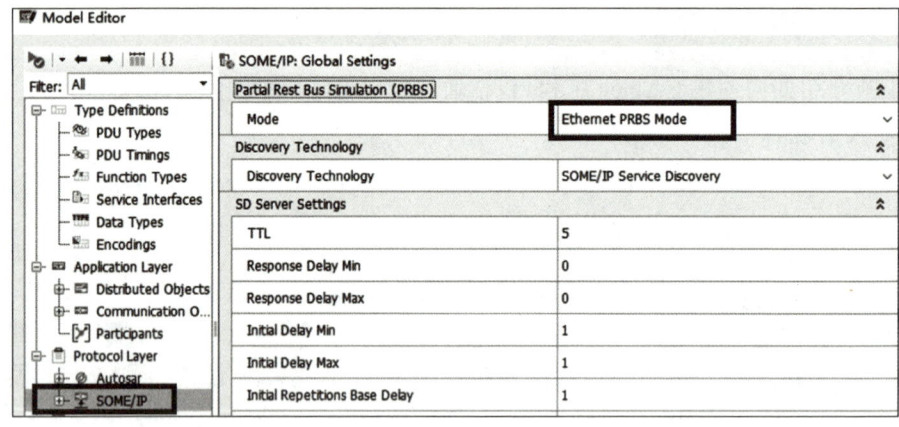

图 6.125 修改 Mode

3. 修改数据库

导入成功后,如需修改数据库,单击图 6.126 所示图标,打开 vCDL Editor 编辑数据库。

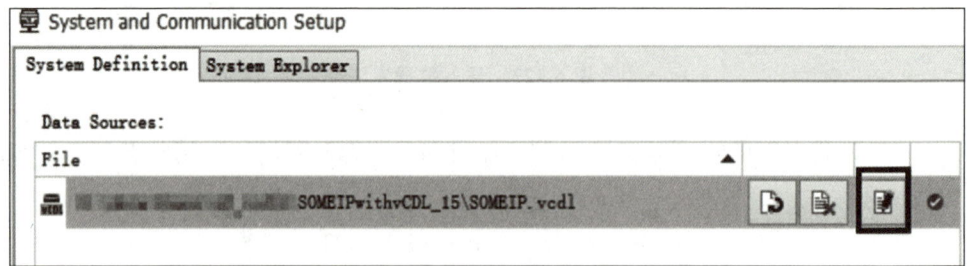

图 6.126 修改数据库

4. 添加 Application Models

如需使用 CAPL 或者其他语言仿真 Client 或者 Server，可在图 6.127 所示位置添加对应脚本文件。

图 6.127　添加脚本

6.2.3　测试脚本编写与绑定

此部分用 CANoe 模拟 Server 端和 Client 端，脚本写法和脚本绑定可以参考 6.1.2 小节。在编写客户端脚本时，需要设置一些请求的语句，如请求 Method，传入对应的值。对 Setter 也是需要设置相对应的值，而对于 Getter 而言，只需要请求即可。部分脚本内容如工程源码 6.24 所示。

工程源码 6.24　客户端部分脚本

```
//call method Add
on key 'a'
{
  ICalculate::Calculate.ConsumerSide[client,Server].Add.CallAsync(1,2);
}
//call field getter
on key 'b'
{
  ICalculate::Calculate.ConsumerSide[client,Server].Fld.Get.CallAsync();
}
```

```
//call field setter
on key 'c'
{
    ICalculate::Calculate.ConsumerSide[client,Server].Fld.Set.CallAsync(10);
}
```

在编写服务端脚本时,要对 Method 进行逻辑处理。例如,调用加法功能,在服务端收到这个服务的调用时的逻辑处理,就要写成加法的逻辑。Setter 和 Getter 在服务端是不需要做处理的。部分脚本内容如工程源码 6.25 所示。

工程源码 6.25　服务端部分脚本

```
variables
{
    int gAddcounter,gSubcounter,gDivideCount,gMultiplyCount;
    mstimer StateCntTimer;
}
// Implementation for method 'Add'
on fct_called ICalculate::Calculate.Add
{
    this.result = this.operand1 + this.operand2;
    gAddcounter + + ;
    this.ReturnCall();
}

// Implementation for method 'Substract'
on fct_called ICalculate::Calculate.Substract
{
    this.result = this.operand1 - this.operand2;
    gSubcounter + + ;
    this.ReturnCall();
}


// Implementation for method 'Multiply'
on fct_called ICalculate::Calculate.Multiply
{
    this.result = this.operand1 * this.operand2;
    gMultiplyCount + + ;
    this.ReturnCall();
}
```

6.2.4 测试流程

此部分 CANoe 配置可以参考 6.1.3 小节。由于是 CANoe 模拟 Server 端和 Client 端，因此均调成 Simulation，再单击运行按钮(图 6.128)。

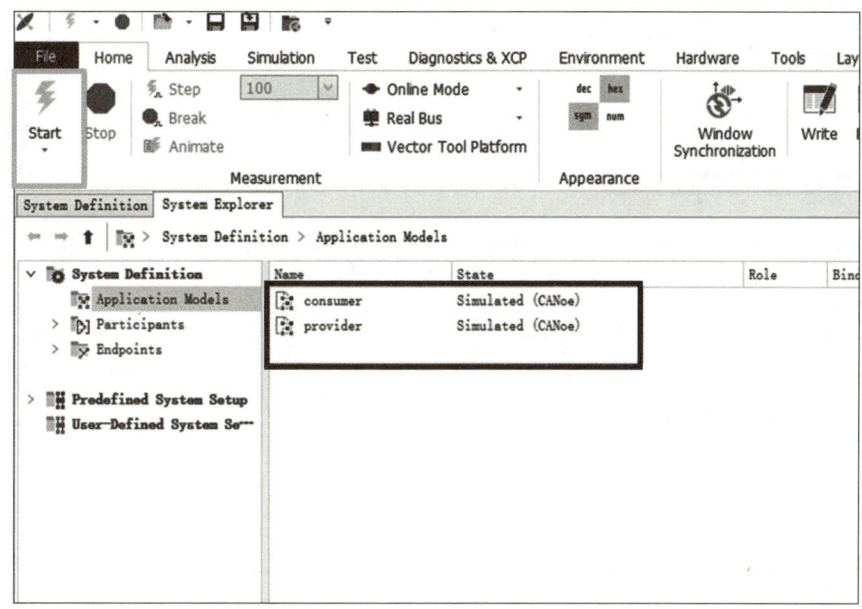

图 6.128 调整为 Simulated

运行 CANoe 之后观测 trace 界面看是否有订阅报文等，然后根据脚本内容，按下相对应键位，看 trace 窗口是否有变化。

6.2.5 测试结果

当成功运行后，观察 CANoe 中的 trace 窗口，判断通信是否成功。

首先，可以看到订阅以及订阅 Ack 报文(图 6.129)。

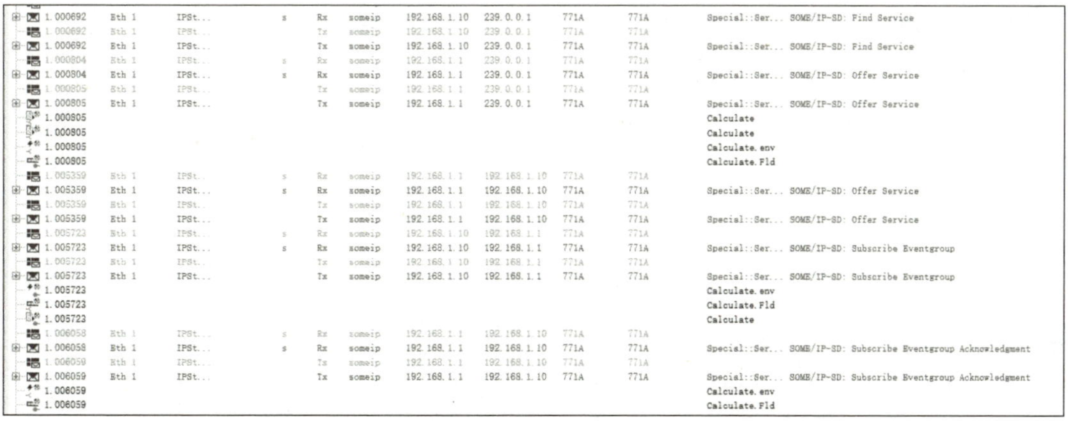

图 6.129 Sub 及 SubAck 报文

其次，根据之前写的脚本验证 Method 和 Field 的功能，在运行后，按下"a""b""c"键观察 trace 窗口（图 6.130～图 6.132）。

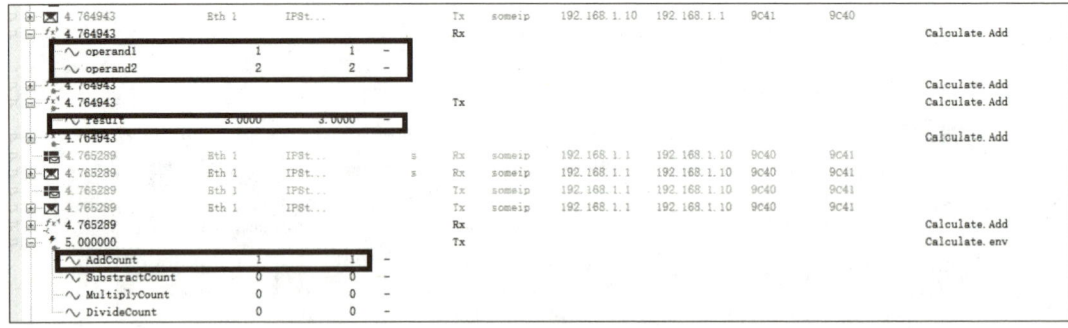

图 6.130　Method 报文

图 6.131　Getter 报文

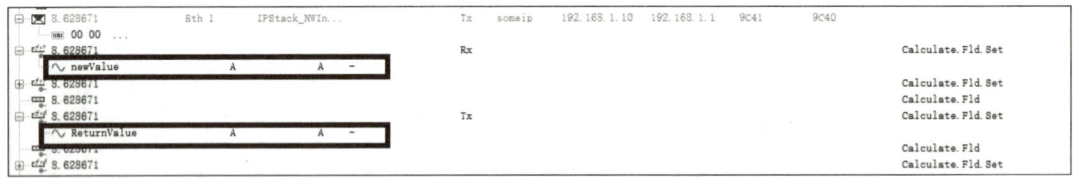

图 6.132　Setter 报文

第 7 章
AUTOSAR Adaptive 的标定测量

7.1 基于 XCP 的标定测量
7.2 基于 SOME/IP 的标定测量
7.3 基于 XCP 和 SOME/IP 标定测量的对比

7.1 基于 XCP 的标定测量

基于以太网的 XCP 传输层协议可以使用 TCP 或 UDP,不仅适用于物理控制单元,还可用于测量和调整虚拟控制单元。本节对 XCP 工程的介绍主要围绕 Vector 在 GitHub 上开源的 XCPLite 工程(https://github.com/vectorgrp/XCPlite)展开,该工程的传输层协议基于 UDP。

7.1.1 Linux 下编译 XCPlite 工程

1. 在 Linux 终端 clone 并编译 XCPlite 工程

执行:

```
git clone https://github.com/vectorgrp/XCPlite
cd XCPlite/CPP_Demo
mkdir build
cd build
cmake ..
make
```

编译完成,CPP_Demo.out 即可执行程序(图 7.1)。

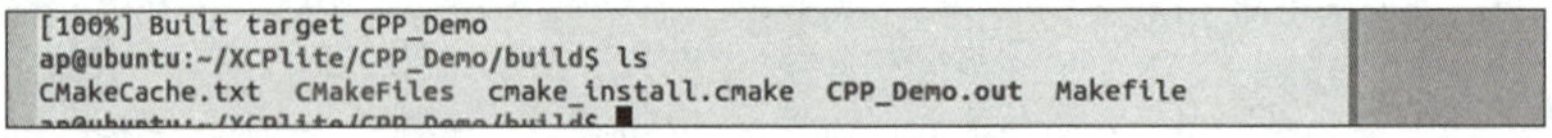

```
[100%] Built target CPP_Demo
ap@ubuntu:~/XCPlite/CPP_Demo/build$ ls
CMakeCache.txt  CMakeFiles  cmake_install.cmake  CPP_Demo.out  Makefile
```

图 7.1 工程编译成功

2. 运行程序

执行:

```
./CPP_Demo.out -bind 192.168.1.6
```

-bind 后指定程序运行的机器(物理机/虚拟机)的 IP 地址。程序运行后会在当前目录下生成 a2l 文件,后续需要将该文件导入 CANape(图 7.2)。

7.1.2 Windows 下编译 XCPlite 工程

也可在 Windows 操作系统上下载和编译 XCPlite 工程,流程如下:

首先,从 github 上下载 XCPilte 工程;其次,使用 Visual Studio 打开 XCPlite.sln,如图 7.3 所示;右击 CPP_Demo,选择"生成"即可编译代码,如图 7.4 所示;在下列目录中找到 CPP_Demo.exe,如图 7.5 所示;最后,在终端启动程序,如图 7.6 和图 7.7 所示。

第 7 章　AUTOSAR Adaptive 的标定测量

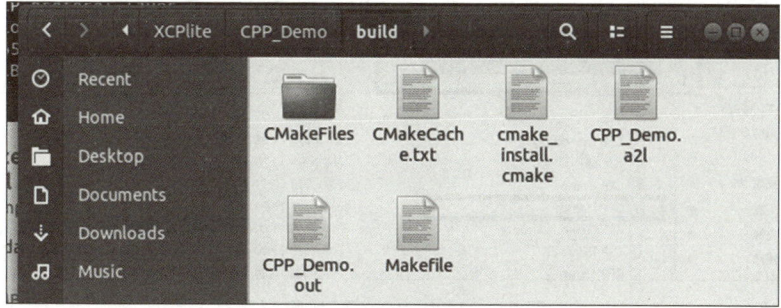

图 7.2　build 文件夹目录

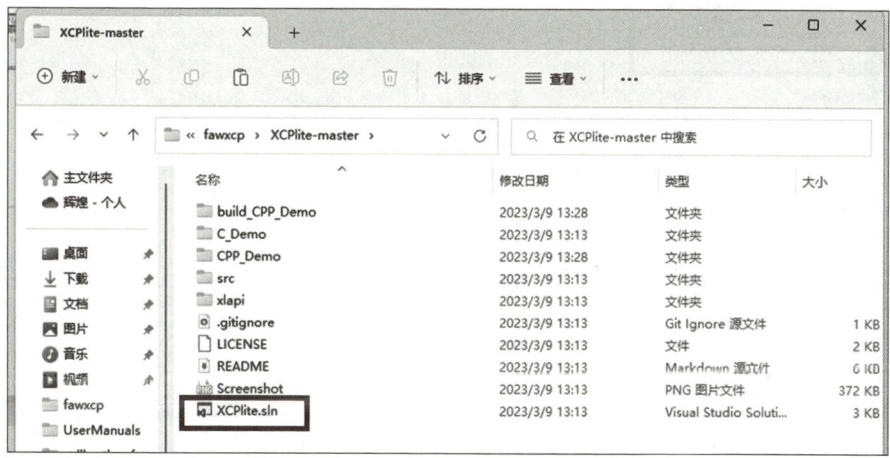

图 7.3　XCPlite-master 文件夹目录

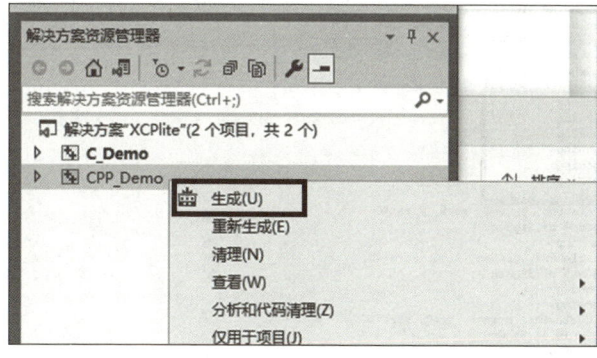

图 7.4　生成工程

基于 AUTOSAR 自适应平台的软件开发与应用

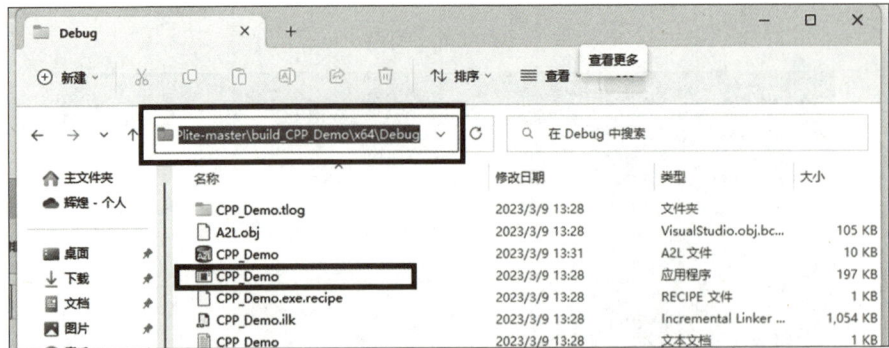

图 7.5　CPP_Demo 可执行程序

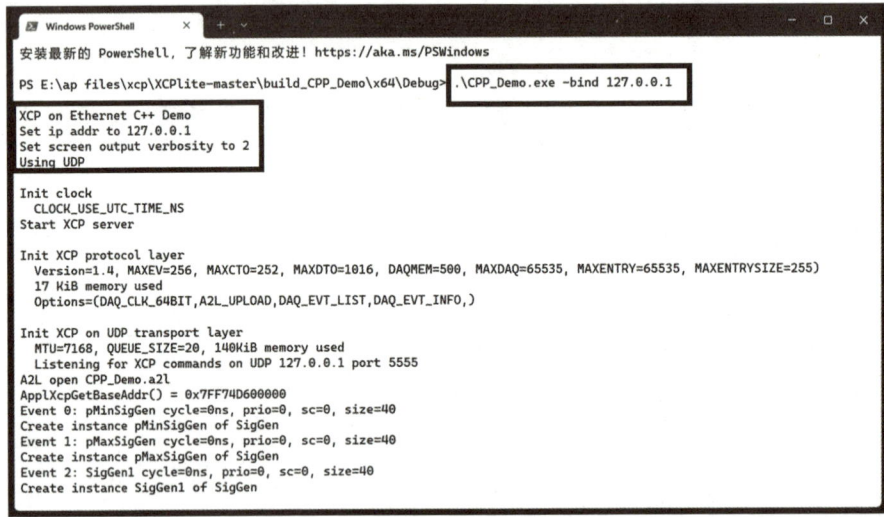

图 7.6　运行 CPP_Demo 可执行程序

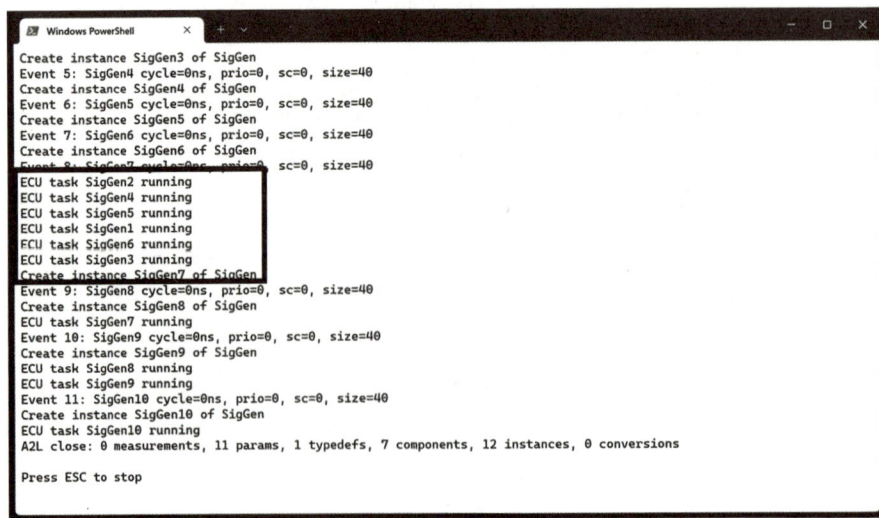

图 7.7　XCP 线程启动

7.1.3 CANape 工程配置

本小节介绍如何使用 CANape 软件创建工程，并完成标定测量。所使用的 CANape 软件版本为 CANape19。

1. 直接使用 XCPlite 自带的 CANape 工程

将生成的 A2L 文件放入 CANape 工程中（XCPlite/CPP_Demo/CANape），打开 CPP_Demo.can，进入 Device Settings 可以配置网络和其他的设置，如图 7.8 所示；Test connection 按钮能够测试与 ECU 程序的连通性，如图 7.9 所示，如果连通失败，查看 PC 终端能不能 ping 通 ECU；单击"运行"按钮，运行结果如图 7.10 所示，可以看到测量和标定的功能都是正常的；通过 Trace 窗口可以查看报文，如图 7.11 所示。

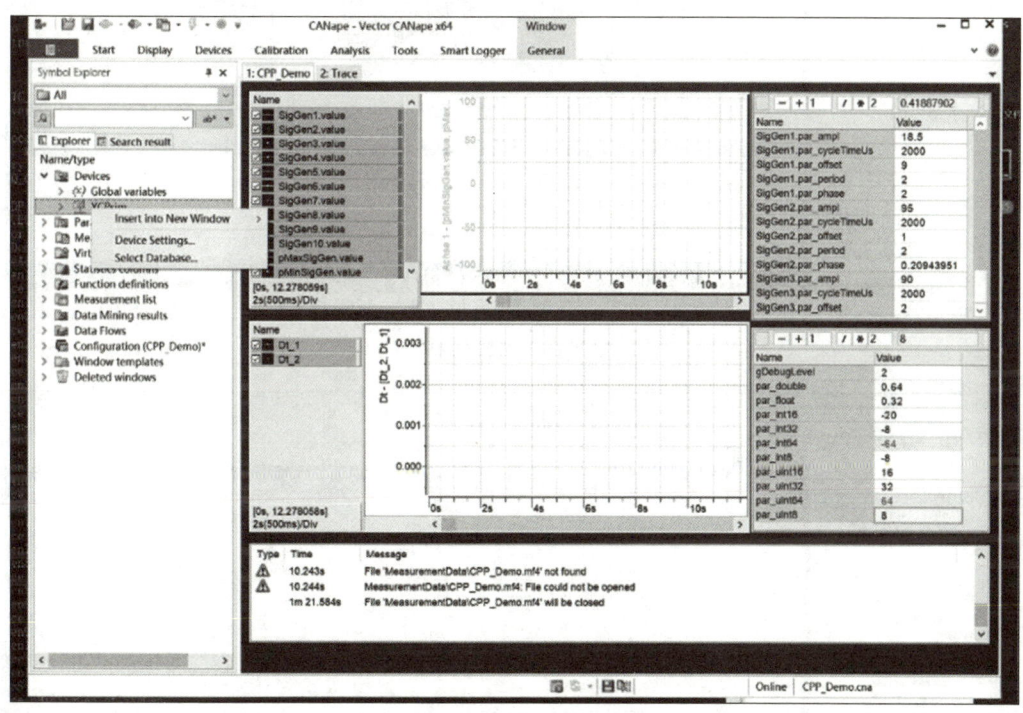

图 7.8 Device Setting

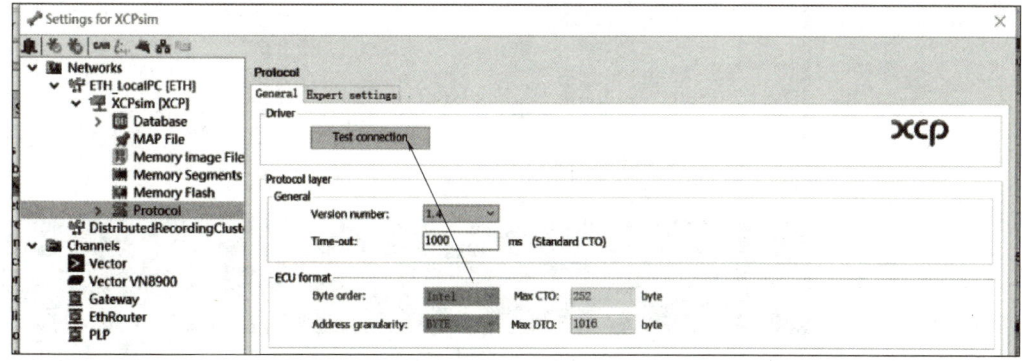

图 7.9 Test connection

基于AUTOSAR自适应平台的软件开发与应用

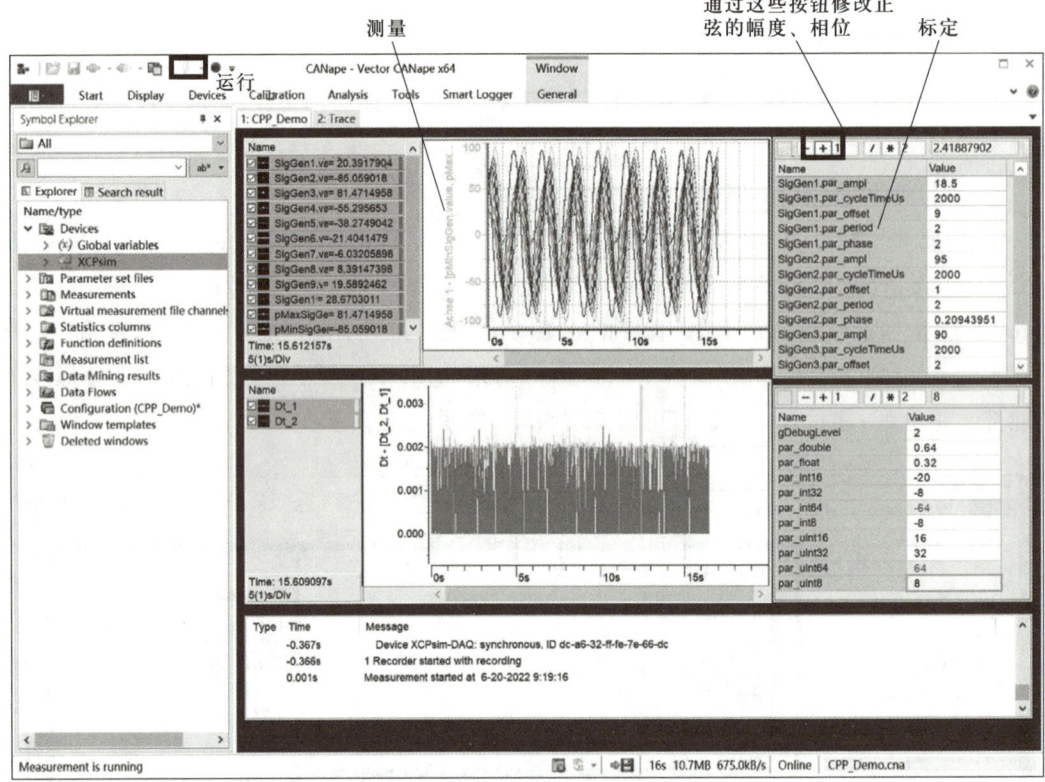

图 7.10　运行结果

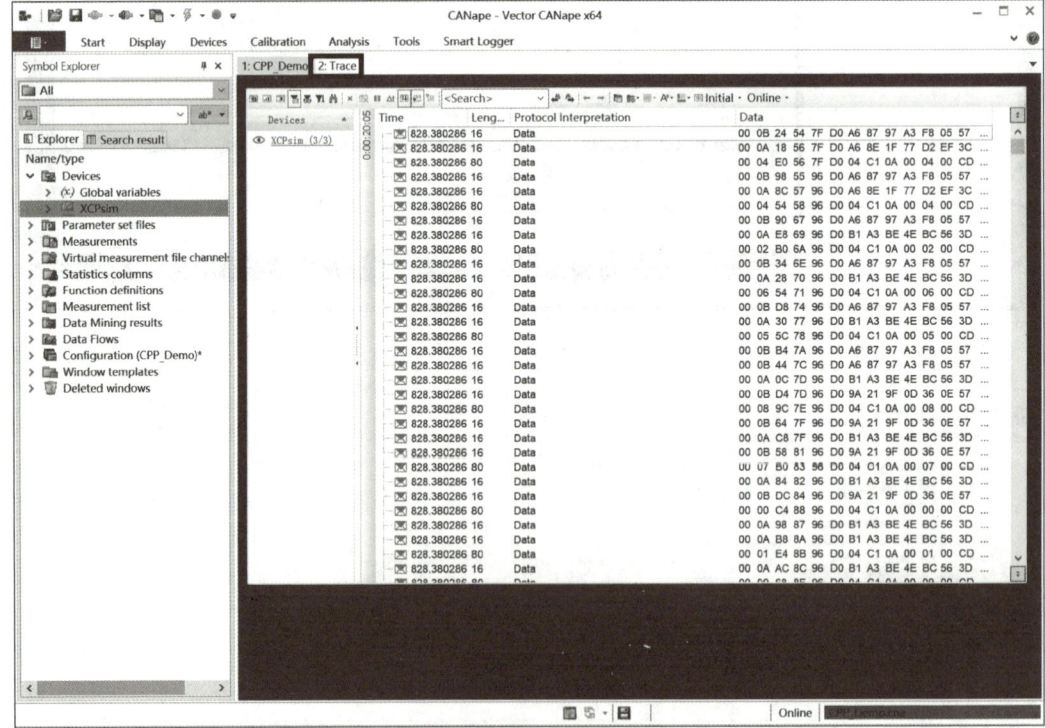

图 7.11　Trace 窗口

2. 新建 CANape 工程

可以根据个人的需求,新建 CANape 工程,如图 7.12 所示;给 CANape 工程设置名称,如图 7.13 所示;新建一个 XCP Device,如图 7.14 所示;因为本节介绍的是基于 XCP 的标定测量,故选择 XCP 协议,如图 7.15 所示;由于该 XCP 工程是基于 UDP 的,此处选择 Ethernet,如图 7.16 所示;关掉 Setting for xcp_ecu 窗口后选择添加 DataBase,该 DataBase 为 A2L 文件,选择之前复制好的 A2L 文件,如图 7.17 所示;在 Event List 设置下,将 TIME_CORRELATION_GET DAQ CLOCK 设置为"Extended response",如图 7.18 所示。

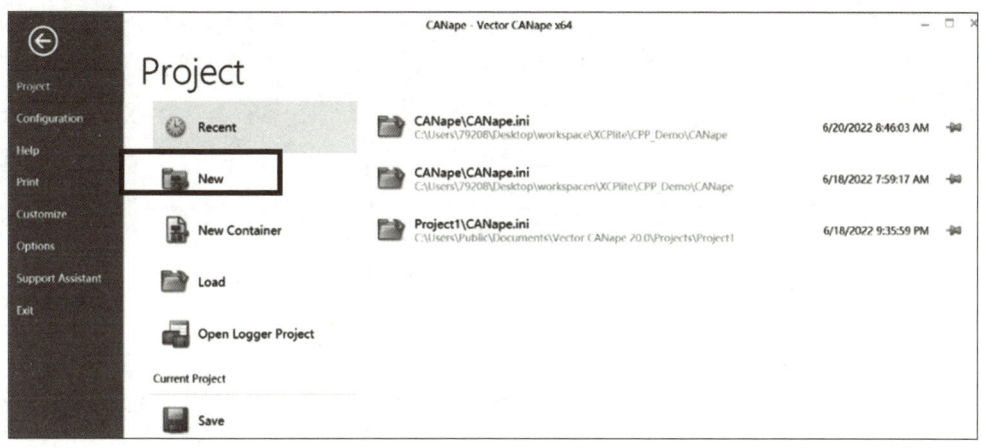

图 7.12 新建 CANape 工程

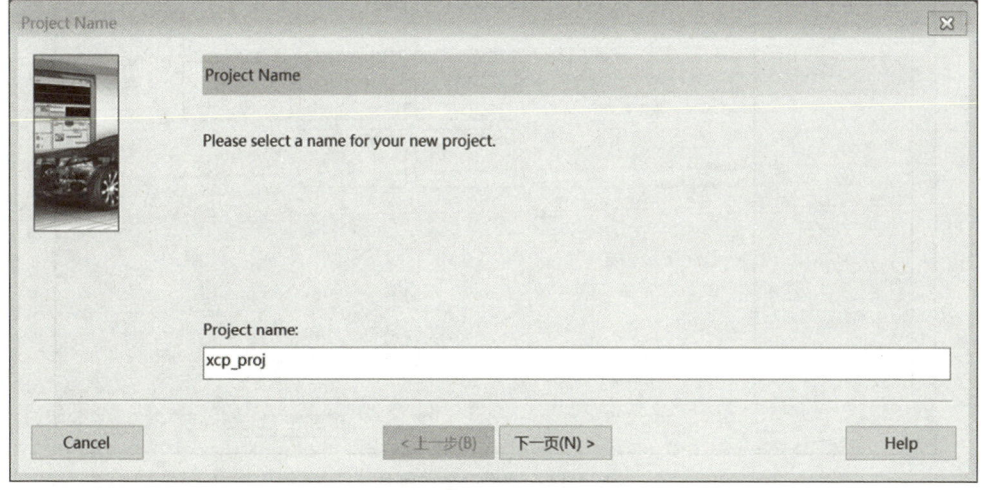

图 7.13 给工程设置名称

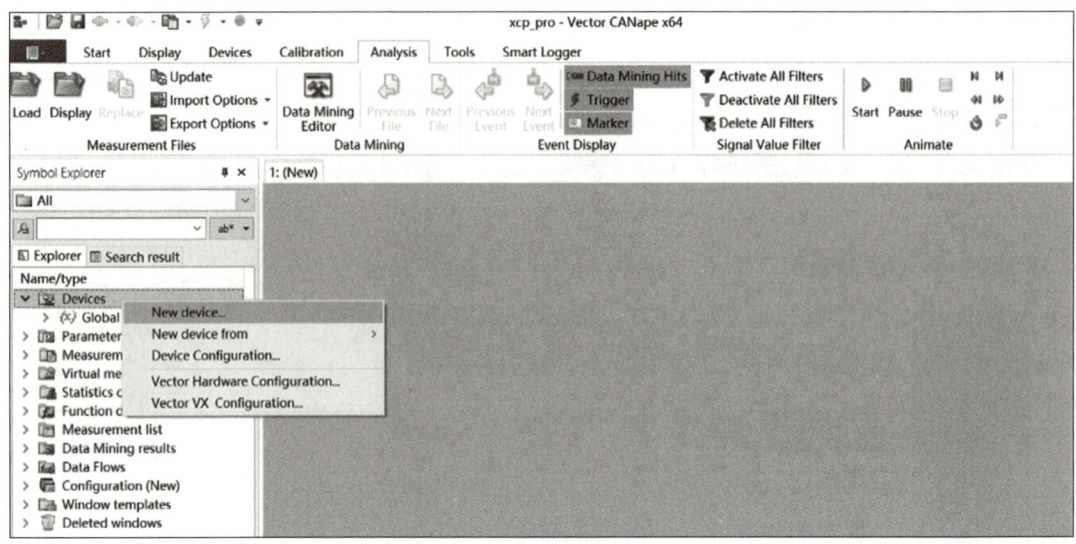

图 7.14 新建 XCP Device

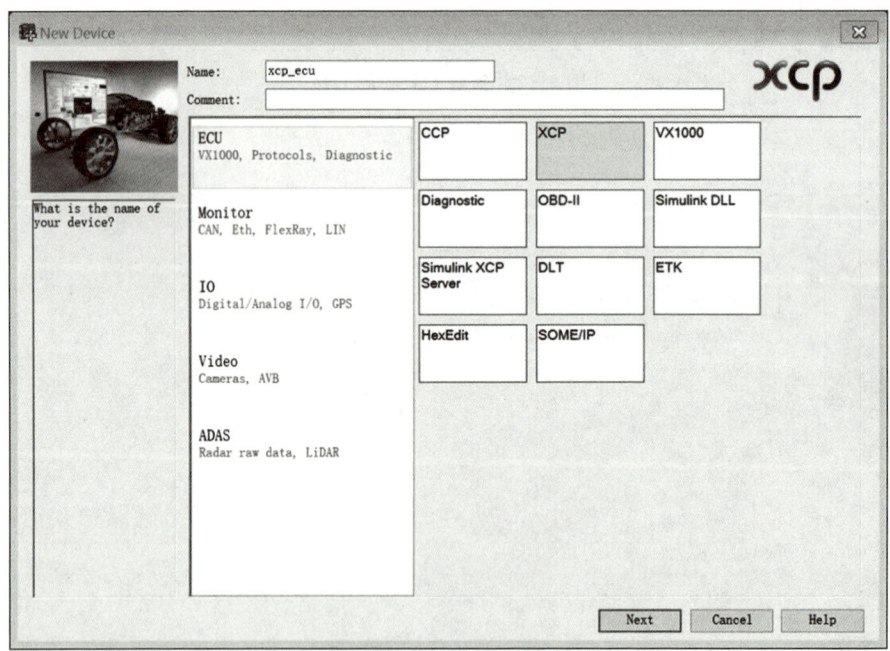

图 7.15 选择 XCP 协议

第 7 章　AUTOSAR Adaptive 的标定测量

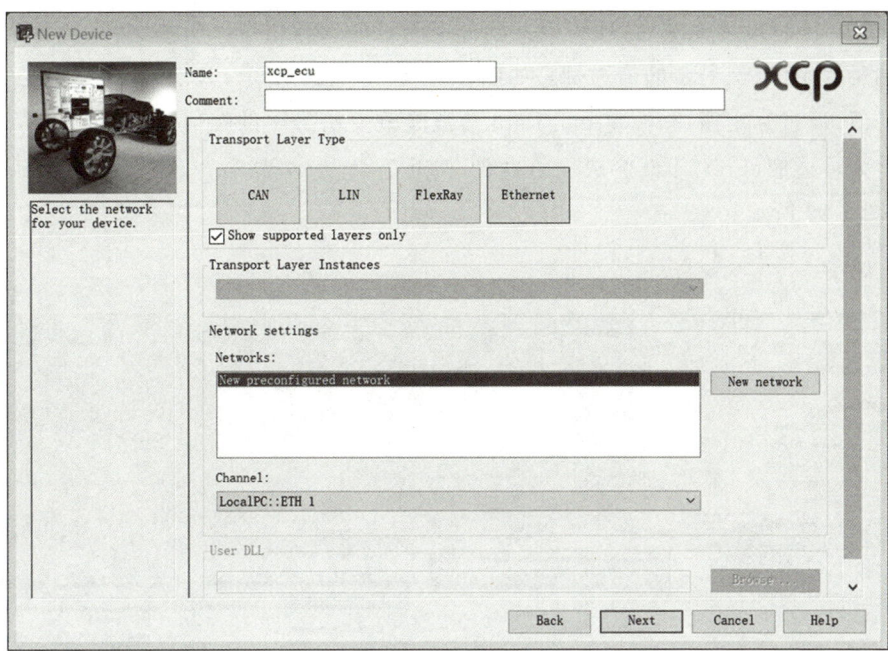

图 7.16　选择传输层协议

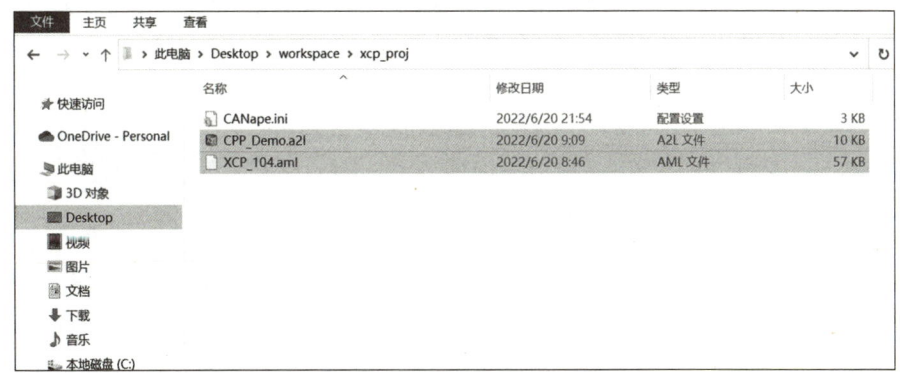

图 7.17　添加 DataBase

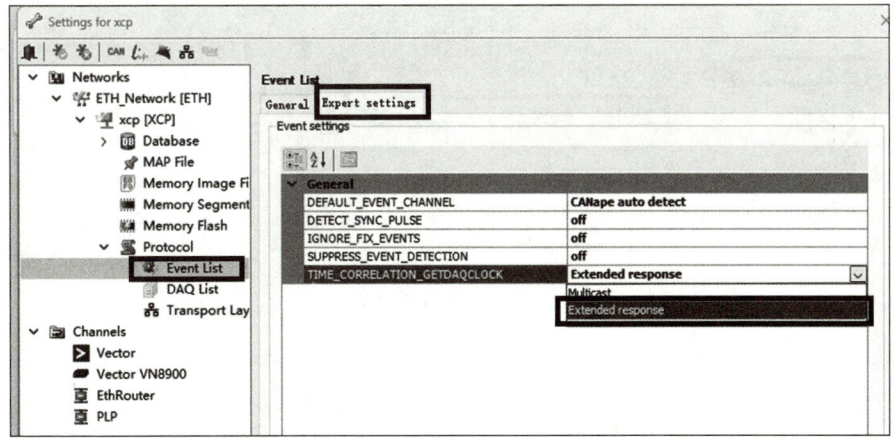

图 7.18　设置 Event List

CANape 工程设置完成后,便可以开始标定测量的参数值了。首先,将需要标定测量的值插入测量框中(以信号 1 的值为例),如图 7.19 和图 7.20 所示;其次,单击运行后,会读取信号 1 的值,通过标定窗口,标定 par_impl 参数能改变信号 1 的幅值,运行过程中可以将坐标轴调整为自适应(Fit),不然会成一条直线,如图 7.21 所示;最后,右击标定参数窗口,选择 Save,如图 7.22 所示。

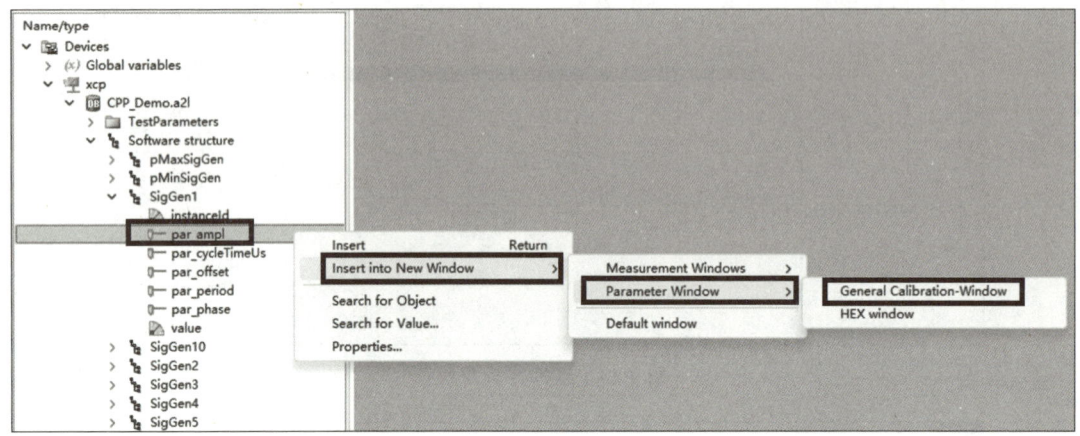

图 7.19 选择标定值

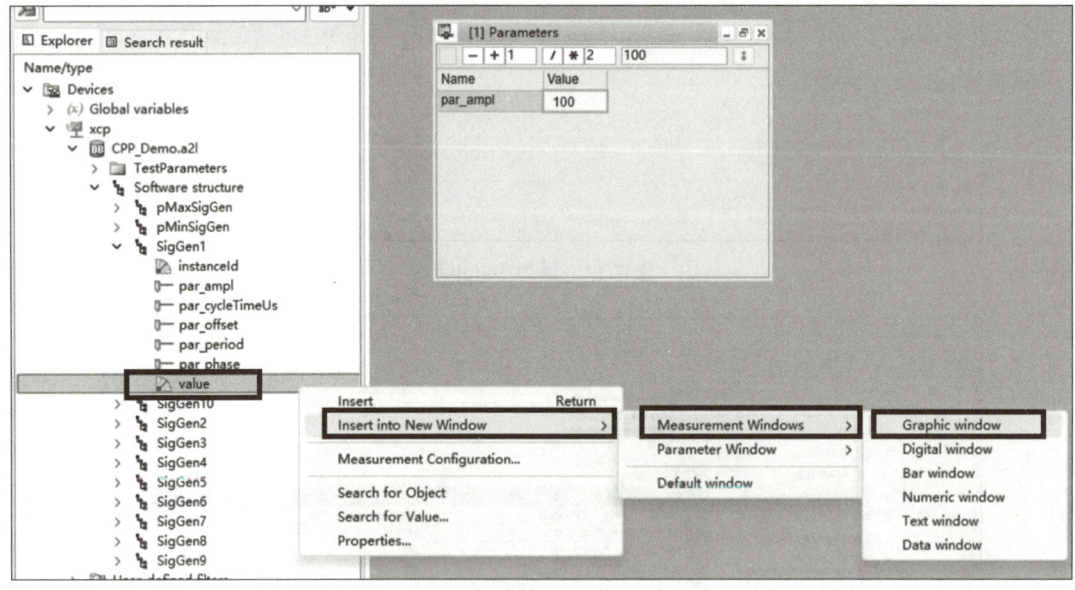

图 7.20 选择测量值

第 7 章 AUTOSAR Adaptive 的标定测量

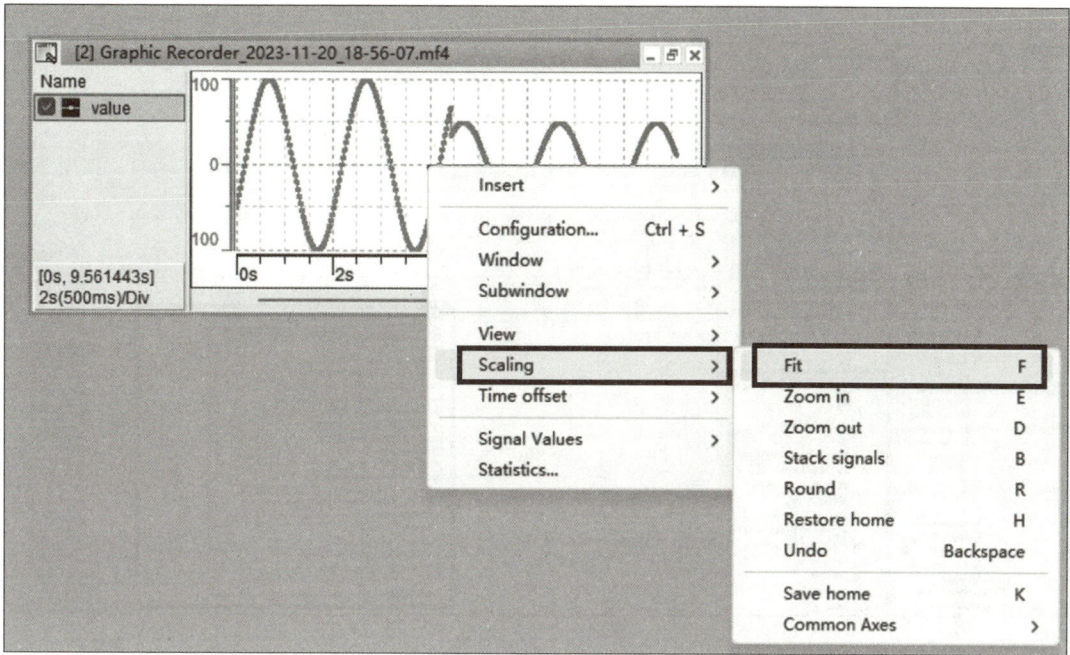

图 7.21　调整坐标轴

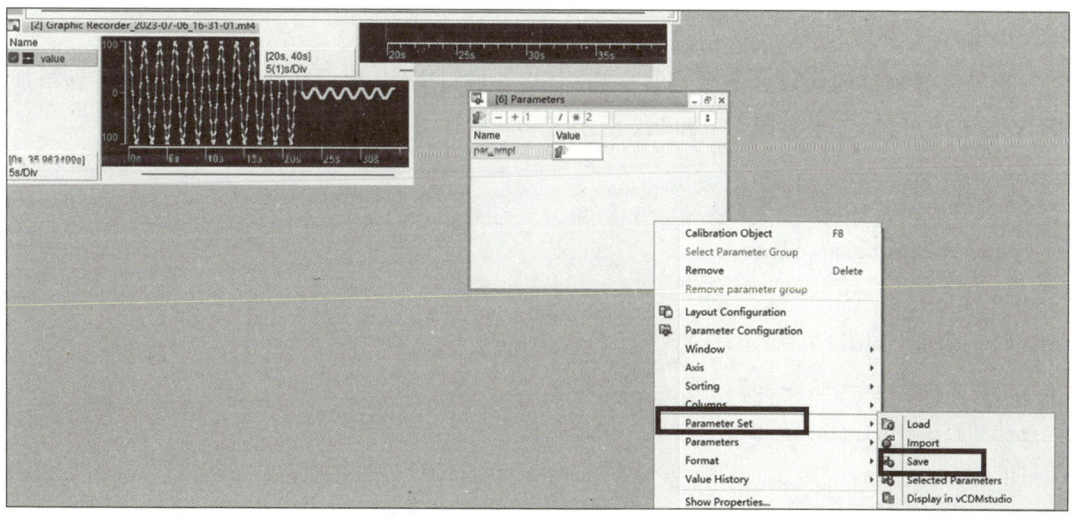

图 7.22　保存标定值

XCP 标定还可以进行 Polling 和 DAQ 模式切换，选择图 7.23 所示上方 Measurement Configuration 按钮，再选择 Measurement signals 就可以在右侧看到标定量。默认情况下 Measurement mode 为 DAQ 模式，其名称为代码中定义的类名。在此下拉框中可以选择 polling 模式，并在 Rate 窗口中选择速率，如图 7.23 所示。

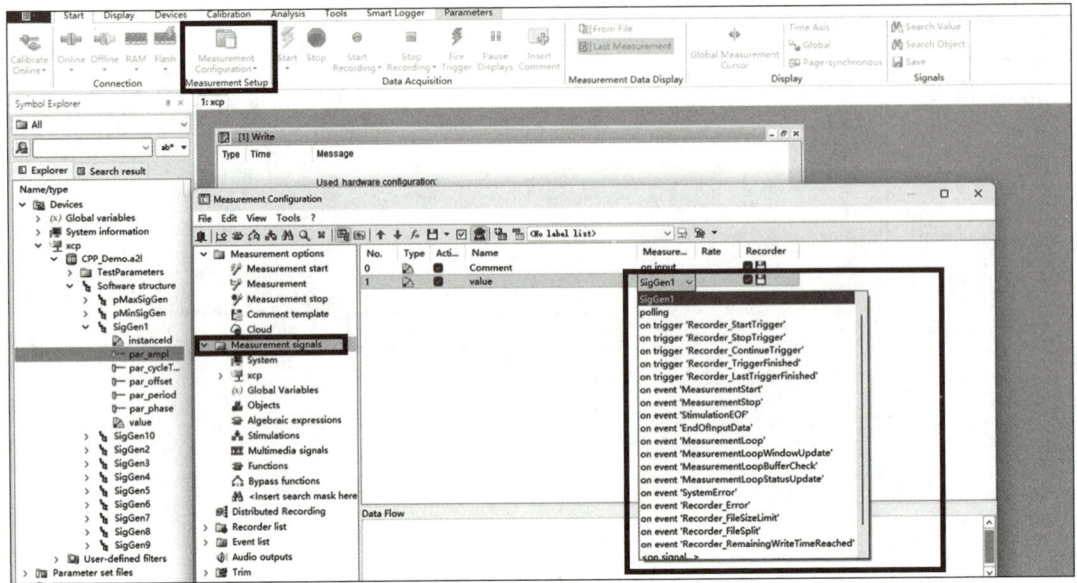

图 7.23 模式切换

7.1.4 标定量分析

1. 全局变量的标定

全局变量标定的代码只需要定义全局标量,并通过 XCP 库提供的接口将变量信息添加到 A2L 中即可,如工程源码 7.1 和 7.2 所示。

工程源码 7.1 定义全局变量
// Demo Parameters (global)
uint8_t par_uint8 = 8;
uint16_t par_uint16 = 16;
uint32_t par_uint32 = 32;
uint64_t par_uint64 = 64;
int8_t par_int8 = -8;
int16_t par_int16 = -16;
int32_t par_int32 = -32;
int64_t par_int64 = -64;
float par_float = 0.32f;
double par_double = 0.64;

工程源码 7.2　将变量信息添加到 A2L 文件中

```
// Create a calibration parameter to control the debug output verbosity
// Create some test calibration parameters in global address space
a2l->createParameter(gDebugLevel, "", "");
a2l->createParameter(par_uint8, "", "");
a2l->createParameter(par_uint16, "", "");
a2l->createParameter(par_uint32, "", "");
a2l->createParameter(par_uint64, "", "");
a2l->createParameter(par_int8, "", "");
a2l->createParameter(par_int16, "", "");
a2l->createParameter(par_int32, "", "");
a2l->createParameter(par_int64, "", "");
a2l->createParameter(par_float, "", "");
a2l->createParameter(par_double, "", "");
```

2. 动态分配内存变量的标定

动态分配内存变量的地址由操作系统管理，这种变量的地址是在运行时所确定的。

以信号 1(正弦曲线)为例，信号 1 需要标定/测量的参数为 par_cycleTimeUs(采样周期)、par_ampl(幅值)、par_offset(偏移)、par_phase(相位)、par_period(周期)、value(信号值)。将这些需要标定/测量的参数设置为 SigGen 类的公有类型变量，如工程源码 7.3 所示；SigGen 类继承自 XcpObject 类，需要重写 a2lCreateTypedefComponents 函数，在函数内说明哪些是标定的参数，哪些是测量的值，如工程源码 7.4 所示；当标定或者测量的值发生改变时，需要通过调用 xcpEvent；接口将值发送到 CANape 中，如工程源码 7.5 所示。Demo 程序中新开了一个线程，每 par_cycleTimeUs 读取一次 par_ampl 等值，计算 value，并向 CANape 发送最新的值。

工程源码 7.3　SigGen 类的公有类型变量

```
// Parameters
uint32_t par_cycleTimeUs;
double par_ampl;
double par_phase;
double par_offset;
double par_period;
// Measurements
double value;
```

工程源码 7.4　标定参数

```
// Create A2L desription of this Instance
virtual void a2lCreateTypedefComponents(A2L* a2l) {
    a2l->createTypedefMeasurementComponent(value);
    a2l->createTypedefParameterComponent(par_cycleTimeUs);
    a2l->createTypedefParameterComponent(par_ampl);
    a2l->createTypedefParameterComponent(par_phase);
    a2l->createTypedefParameterComponent(par_period);
    a2l->createTypedefParameterComponent(par_offset);}
```

工程源码 7.5　线程函数

```
void task() {
    printf("ECU task %s running\n", InstanceName);
    for (;;) {
        sleepNs(par_cycleTimeUs * 1000);
        value = par_offset + par_ampl * sin( (double)clockGet64() * M_2PI / (CLOCK_TICKS_PER_S * par_period) + par_phase);
        calcMinMax(value); // track the tasks with current minimum and maximum value
        // Trigger the XCP Instance event
        xcpEvent();
    }
    //printf("\nECU task %s stopped\n", InstanceName);
}
```

7.1.5　XCP 代码集成到 AP 应用中

本小节以一个 ECU2APP1 为例,简要介绍如何在 AP 程序中使用 XCP。需要将 XCP 协议栈源码复制到 ECU2\app\ECU2APP1_exe 目录下,如图 7.24 所示;参考 XCPlite 工程中的 CMakelist.txt(工程源码 7.6),在 ECU2\app\ECU2APP1_exe\taco.cmake 中添加 XCP 编译相关的配置,其中文件路径要更改为绝对路径。ECU2\app\ECU2APP1_exe\src\main.cpp 中的代码按照 XCPlite/CPP_Demo/main.cpp 中的内容添加代码(工程源码 7.7)。与 XCPlite 程序需要使用-bind 参数指定 IP 地址不同,ECU2\app\ECU2APP1_exe\src\main.cpp 中 XCP 的 IP 地址(实际工程中改成开发板的 IP)是通过工程源码 7.8 直接设置。集成程序的运行和之前通过 EM 启动是一样的命令,运行完毕后能看到 XCP 相关的内容也正常启动了,如图 7.25 所示;A2L 文件正常生成,如图 7.26 所示。

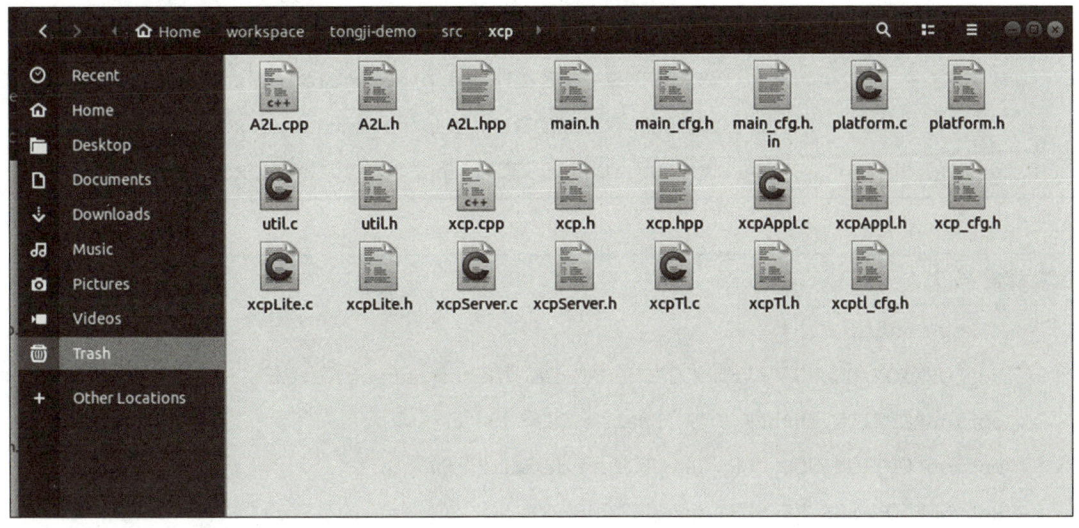

图 7.24　XCP 协议栈源码

工程源码 7.6 CMake 的协议栈路径

```
    set(GENROOT "${CMAKE_CURRENT_BINARY_DIR}/${STARTAPP_CM_CLIENT1_OUTPUT_NAME}")
    target_sources(${TARGET}
            PRIVATE "${CMAKE_CURRENT_SOURCE_DIR}/src/main.cpp"
                "${CMAKE_CURRENT_SOURCE_DIR}/src/start_Application_cm_client1.cpp"
                "${CMAKE_CURRENT_SOURCE_DIR}/src/start_Application_cm_client1.h"
                "${CMAKE_CURRENT_SOURCE_DIR}/src/start_Application_cm_client_error_domain.cpp"
                "${CMAKE_CURRENT_SOURCE_DIR}/src/start_Application_cm_client_error_domain.h"
                "${CMAKE_CURRENT_SOURCE_DIR}/src/start_Application_cm_client_Service6.cpp"
                "${CMAKE_CURRENT_SOURCE_DIR}/src/start_Application_cm_client_Service6.h"
                ${PROJECT_SOURCE_DIR}/app/cm_ecu1app4/xcp/A2L.cpp
                ${PROJECT_SOURCE_DIR}/app/cm_ecu1app4/xcp/platform.c
                ${PROJECT_SOURCE_DIR}/app/cm_ecu1app4/xcp/util.c
```

```
    ${PROJECT_SOURCE_DIR}/app/cm_ecu1app4/xcp/xcp.cpp
    ${PROJECT_SOURCE_DIR}/app/cm_ecu1app4/xcp/xcpAppl.c
    ${PROJECT_SOURCE_DIR}/app/cm_ecu1app4/xcp/xcpLite.c
    ${PROJECT_SOURCE_DIR}/app/cm_ecu1app4/xcp/xcpServer.c
    ${PROJECT_SOURCE_DIR}/app/cm_ecu1app4/xcp/xcpTl.c
```

工程源码 7.7 CMake 的配置

```
#xcp config
set(OPTION_DEBUG_LEVEL 2 CACHE STRING "Debug output level")
option(OPTION_ENABLE_TCP "Enable TCP" 1)
option(OPTION_USE_TCP "Use TCP by default" 0)
set(OPTION_SERVER_PORT 5555 CACHE STRING "XCP default Port")
set(OPTION_SERVER_ADDR {0,0,0,0} CACHE STRING "XCP IP address to bind, ANY = 0.0.0.0")
option(OPTION_ENABLE_A2L_GEN "Enable A2L file generator" 1)
configure_file( ${PROJECT_SOURCE_DIR}/app/cm_ecu1app4/xcp/main_cfg.h.in ${PROJECT_SOURCE_DIR}/app/cm_ecu1app4/xcp/main_cfg.h)
target_link_libraries( ${TARGET} PRIVATE m)
set(THREADS_PREFER_PTHREAD_FLAG ON)
find_Package(Threads REQUIRED)
target_link_libraries( ${TARGET} PRIVATE Threads::Threads)
```

工程源码 7.8 地址配置

```
uint8_t gOptionAddr[4] = OPTION_SERVER_ADDR;
inet_pton(AF_INET, "192.168.216.129", &gOptionAddr);
// XCP singleton and A2L init (using the A2L factory from Xcp)
Xcp* xcp = Xcp::getInstance();
if (! xcp->init(gOptionAddr, gOptionPort, gOptionUseTCP, FALSE)) return -1;
A2L* a2l = xcp->createA2L("CPP_DEMO");
```

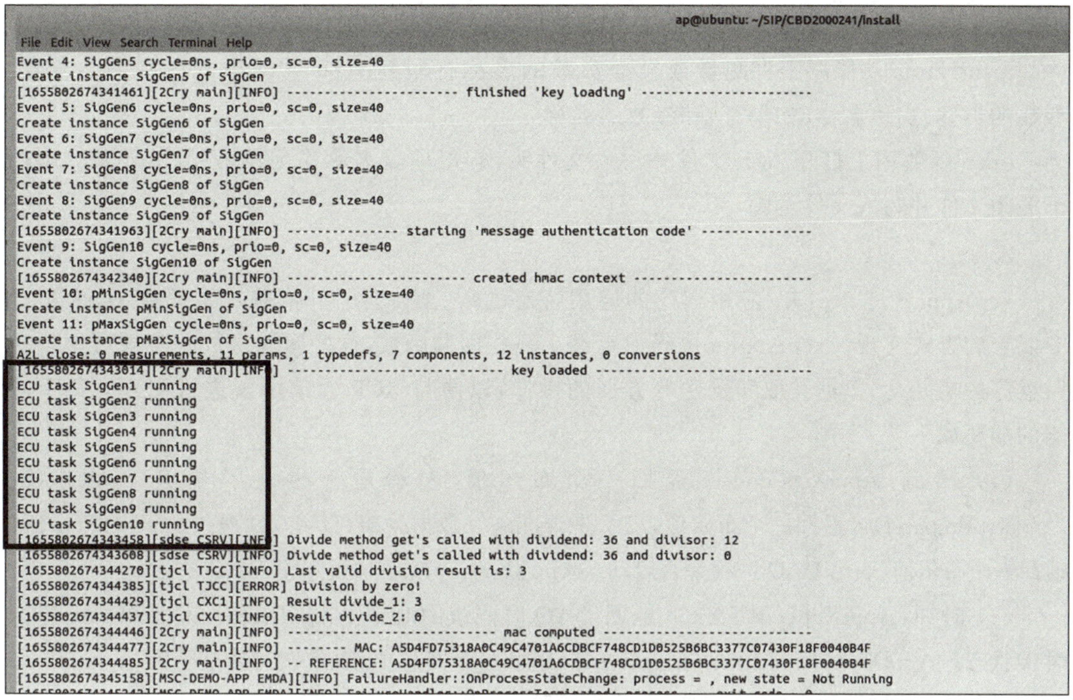

第 7 章　AUTOSAR Adaptive 的标定测量

图 7.25　XCP 运行标志

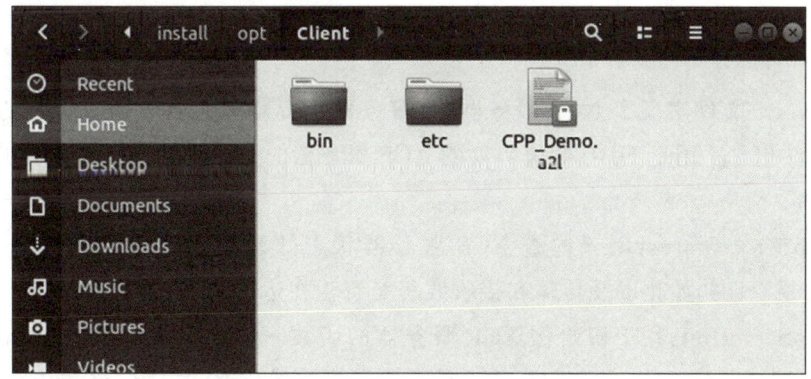

图 7.26　A2L 文件生成目录

7.1.6　XCP 协议栈代码概述

本小节是对编译 CPP_Demo 所需源文件的高度概括,这些文件位于 src 文件夹下,并且在后续章节中,将对重要的源文件进行分析,各章节标题在项目源文件中都有注释。

1. A2L.cpp 和 A2L.c

A2L.cpp 和 A2L.c 定义了用于生成 A2L 文件的函数,A2L 文件是一种标准文件格式,用于描述汽车行业的测量和校准参数。

getType、getTypeMin 和 getTypeMax 函数返回一个字符串,该字符串表示作为参数传入的数据类型。这些类型用于定义 A2L 文件中的测量和校准参数。

247

encodeDynAddr 函数用于对测量或校准参数的动态地址进行编码。

printName 功能用于将测量或校准参数的名称打印到 A2L 文件中。它有三个参数：参数的类型、实例名称（如果有）和参数的名称。

open 函数用于打开 A2L 文件并写入文件头，它以项目名称作为参数。close 函数则用于关闭文件并写入文件页脚。

2. xcpAppl.c

xcpAppl.c 是 xcpLite 应用程序的应用特定函数。它的回调/依赖关系都在 xcpAppl.h 中以宏的方式实现。xcpAppl.c 代码中定义了一些回调函数，这些回调函数的实现可用于应用程序的初始化、数据获取和发送等方面的操作，以便与 XCP 通信协议进行交互。每个功能的摘要如下：

（1）回调：ApplXcpConnect 返回一个布尔值，表示是否建立了与 XCP 的连接。ApplXcpPrepareDaq 返回一个布尔值，表示是否准备好数据采集（DAQ）过程。ApplXcpStartDak 返回一个布尔值，表示 DAQ 进程是否启动。AppXcpStopDaq 函数停止 DAQ 进程。

（2）时钟：ApplXcpGetClock64 返回 DAQ 时间戳的时钟。ApplXcpGetClockState 返回时钟状态。ApplXcpGetClockInfoGrandmaster 返回一个布尔值，表示该时钟是否为 grandmaster 时钟；如果是，则返回时钟的 UUID、epoch 和阶层。

（3）指针-地址转换：ApplXcpGetPointer 返回给定地址的指针，其最大限制为 4 GB。ApplXcpGetBaseAddr 返回 XCP 地址范围的基地址。

3. xcpServer.c

xcpServer.c 文件实现了 XCP 服务器，该服务器负责监听并响应来自主机的传入 XCP 请求。该文件包含了用于 UDP 通信协议的 XCP 服务器的实现。其主要功能及其用途摘要如下：

（1）XcpServerStatus：用于检查 XCP 服务器状态的函数。它返回一个布尔值，指示 XCP 服务器是否已初始化以及传输和接收线程是否正在运行。

（2）XcpServerInit：用于初始化 XCP 服务器的函数。它接收服务器的 IP 地址和端口号，以及指示是否使用 TCP 的布尔标志。该函数负责初始化 XCP 协议层和传输层，并创建用于数据传输和命令处理的线程。

（3）XcpServerShutdown：关闭 XCP 服务器的函数。它断开 XCP 协议层，取消数据传输和命令处理线程，并关闭传输层。

（4）XcpServerReceiveThread：处理 XCP 单播命令的线程函数。它运行一个无限循环，通过传输层接收 XCP 命令，并将命令传递给 XCP 协议层进行处理。

（5）XcpServerTransmitThread：处理数据传输的线程函数。它运行一个无限循环，通过传输层传输数据，并定期刷新不完整的数据包，以保持工具可视化的最新状态。

此外，XCP 服务器还使用一些全局变量和常量，如 gXcpServer.isInit，用于跟踪服务器是否已初始化，gXcpServer.FlushCycleNs 用于设置不完整数据包的刷新周期时间，gXcpServer.DAQThreadHandle 和 gXcpServer.CMDThreadHandle 分别用于存储数据传输和命令处理的线程句柄。

4. xcp.cpp 和 xcp.h

xcp.cpp 是 XCP 服务器的 C++包装器。Xcp 类是一个单例类,它充当 XCP 服务器和其余代码之间的接口。以下是 Xcp 类的主要功能和作用:

(1) init:这个函数用于初始化网络和时钟,并启动 XCP 服务器。

(2) shutdown:这个函数用于停止并关闭 XCP 服务器。

(3) getDaqClock:这个函数的作用是返回 DAQ 时钟的当前值。

(4) onConnect、onPrepareDaq、onStartDaq 和 onStopDaq:这些函数在相应的事件发生时被调用,并返回 TRUE。

(5) status、connected 和 daqRunning:这些函数用于检查 XCP 服务器的状态,如果服务器处于相应的状态,则返回 TRUE。

(6) event、eventExt 和 eventAt:这些函数用于触发 XCP 事件。

(7) clearEventList:这个函数用于清除事件列表。

(8) createEvent:这个函数用于创建一个新事件并返回其 ID。

(9) getEventList:这个函数的作用是返回所有事件的列表。

xcp.h 文件中有许多宏定义,用于定义 XCP 协议的配置选项和常量。

5. xcpLite.c

xcpLite.c 文件启动时,首先执行一系列检查和设置默认值,确保关键变量和限制条件被正确初始化。接着,文件定义了多种数据结构,包括用于组织和管理 ECU 数据的 ODT(对象数据类型)和 DAQ(数据采集)列表,同时提供了访问这些数据结构的快捷方式。此外,文件还定义了 XCP 数据包的并集类型,这可以是命令消息(CRO)或响应消息(CRM),并包含了会话状态变量和消息长度信息。

代码包含了根据 DAQCount、ODTCount 和 ODTEntryCount 分配内存的功能,用于 DAQ 列表、ODT 及其条目和队列。同时,提供了调整 ODT 大小的功能,以及释放动态 DAQ 列表和分配相应数量的 DAQ 列表、ODT 和 ODT 条目的函数。

该代码实现了 XCP 通信协议的命令处理器,负责处理传入的 XCP 命令、发送命令响应,并管理 XCP 会话的状态。当 XCP 会话结束时,XcpDisconnect 函数被调用,将状态设置为 SS_DISCONNECTED,并停止所有 DAQ 活动。

XcpSendResponse 函数用于发送对先前接收到的命令的响应,通过 XcpTlSendCrm 函数将响应消息传递给 XCP 传输层,再由传输层发送给主机。

XcpPushCommand 函数用于将当前无法执行的 XCP 命令推送到队列中,以便稍后异步执行。这个函数仅在定义了 XCP_ENABLE_DYN_ADDRESSING 预处理器宏时才会被编译。

XcpCommand 函数是处理传入 XCP 命令的核心函数,它首先检查会话是否已启动,命令长度是否有效,然后执行命令处理。函数默认设置了一个无错误的肯定响应,然后检查是否为 CC_CONNECT 命令。如果是,通过调用 ApplXcpConnect 函数检查应用程序是否准备好进行 XCP 通信。如果一切就绪,函数将初始化 XCP 会话状态,重置 DAQ,并向主机发送一个包含传输和协议版本、最大 CTO 和 DTO 大小以及可用资源的 CRM_CONNECT 响应。

6. util.c

util.c 包含几个为主程序提供辅助功能的函数,以下是每个功能的摘要。

（1）releaseFile：释放与文件缓冲区关联的内存。

（2）loadFile：将文件的内容加载到内存中,并返回一个指向缓冲区的指针。此函数的工作方式因平台而异：在 Linux 上,它使用 fopen、stat 和 fread 读取文件；而在 Windows 上,它则使用 CreateFileW、GetFileSize 和 ReadFile 读取文件。

（3）cmdline_usage：将程序的使用信息打印到控制台。它描述了可用的命令行选项及其默认值。gDebugLevel、gOptionUseTCP、gOptionPort、gOptionAddr、gOptionUseXLAPI、gOptionXlServerAddr、gOptionXlServerMac、gOptionXlServerNet、gOptionXLServerSeg、gOptionPCAP 这些是全局变量,用于存储程序的各种选项和设置。它们的初始值设置为 main_cfg.h 头文件中定义的常量。

7. platform.c

platform.c 文件提供了针对 XCP 和 A2L 实现所需的一系列平台特定的实用功能。该文件包含了一些便于跨平台使用的函数,例如 _getch、_kbhit、sleepNs、sleepMs 和 mutexInit,这些函数在 Windows 和 Linux 操作系统上有不同的实现,以方便开发者在不同环境下进行开发和调试。文件中还使用了条件编译宏,如 #ifdef _WIN,用于识别当前操作系统是否为 Windows。

此外,platform.c 还提供了一系列用于管理套接字的函数,包括 socketStartup、socketCleanup、socketOpen、socketBind、socketShutdown 和 socketClose。这些函数虽然在 Windows 和 Linux 上的具体实现各异,但它们对外提供了一致的接口,使得在不同操作系统上的套接字操作更加便捷。

7.1.7 XCP 中 main 函数调用 API 示例

1. SigGen 类

SigGen 类继承自 XcpObject 类,并且重写了 XcpObject 类的 a2lCreateTypedefComponents 函数。该函数用于创建 A2L 文件中的测量和校准参数的描述。在该函数中,SigGen 类的 value 成员变量被定义为一个测量参数,而 par_cycleTimeUs、par_ampl、par_phase、par_period 和 par_offset 成员变量被定义为校准参数。

2. 成员变量

par_cycleTimeUs、par_ampl、par_phase、par_period 和 par_offset 成员变量分别表示周期时间、振幅、相位、周期和偏移量这几个参数。value 成员变量则表示产生的信号的值。SigGen 类的构造函数用于初始化这些参数,并在一个新的线程中启动 task 方法。

3. task

在 task 方法中，SigGen 类将循环产生一个正弦波，并将其保存在 value 成员变量中。该正弦波的周期、振幅、相位和偏移量等参数由 par_cycleTimeUs、par_ampl、par_phase 和 par_offset 成员变量决定。SigGen 类还有一个 std::thread 类型的 t 成员变量，用于保存启动的线程的句柄，即将一个新线程与一个对象实例的 task 函数绑定，从而创建了一个新的线程 t。这里创建线程的目的是启动一个周期性任务，以生成 SigGen 实例的测量值并更新最大/最小值。使用新线程初始化 SigGen 类构造函数中的 task 函数有以下好处：

（1）并发性：task 函数在一个单独的线程中执行，这允许 SigGen 对象同时执行其他任务，而不会被 task 函数阻塞。

（2）资源管理：task 函数在后台无持续运行，构造函数中的初始化确保了 SigGen 对象能够正确地启动和管理线程。这有助于防止资源泄漏，并保证在 SigGen 对象被销毁时能够正确地清理资源。

（3）灵活性：通过使用单独的线程运行 task 函数，SigGen 对象可以轻松地控制函数的执行，如暂停或恢复任务、调整信号的频率或幅度等。

（4）简单性：使用新线程初始化构造函数中的 task 函数是在 SigGen 类中实现并发的一种简单而直接的方法，不需要信号量或互斥等复杂的同步机制。

4. calcMinMax 功能分析

calcMinMax 成员函数的功能是跟踪当前 Event 的最小值和最大值，即比较当前 Event 的值和最小值、最大值的大小。函数的参数 v 表示当前 Event 的值。函数首先检查静态指针 pMaxSigGen 是否为 NULL 或当前任务的值是否大于 pMaxSigGen 指向的任务的值。如果是，则将 pMaxSigGen 指向当前 Event，并使用 maxSigGenEvent 触发一个事件，这个事件的处理程序可以根据 pMaxSigGen 指向的任务的值来执行某些操作。接着，函数检查静态指针 pMinSigGen 是否为 NULL 或当前任务的值是否小于 pMinSigGen 指向的任务的值。如果是，则将 pMinSigGen 指向当前任务，并使用 minSigGenEvent 触发一个事件，这个事件的处理程序可以根据 pMinSigGen 指向的任务的值来执行某些操作。

因此，calcMinMax 函数的作用是将当前任务的最小值和最大值跟踪到全局变量 pMinSigGen 和 pMaxSigGen 中，并在这些值发生变化时触发相应的事件。这些事件的处理程序可以执行与最小值和最大值有关的操作。通过调用 calcMinMax 函数来跟踪当前最小值和最大值的任务，然后通过 xcpEvent 函数触发 XCP 实例事件。析构函数 ~SigGen 用于释放任务线程。

5. 主函数初始化

在 main 函数中主要是对 XCP 和 A2L 进行初始化，同时创建一个用于控制调试输出详细程度的校准参数。

（1）Xcp* xcp = Xcp::getInstance：创建了一个 XCP 的单例实例。

（2）if(!xcp->init(gOptionAddr, gOptionPort, gOptionUseTCP, FALSE)) return1：使用 XCP 单例进行初始化。其中，gOptionAddr 和 gOptionPort 是命令行中输入的选项参数，

用于指定 IP 地址和端口号；gOptionUseTCP 是用来指示使用 TCP 还是 UDP 进行通信；FALSE 表示使用 UDP。

（3）createA2L：创建一个 A2L 实例，并使用 XCP 实例进行初始化，代码中"CPP_DEMO"是 A2L 文件的名称。

（4）createParameter：创建一个校准参数 gDebugLevel，用于控制调试输出的详细程度。第二个和第三个参数是字符串，用于描述该校准参数的功能和单位。

（5）createParameter：创建一些测试校准参数，用于演示校准参数。代码中创建的是一个 8 位无符号整数的校准参数。

（6）createParameterGroup：创建一个校准参数组 TestParameters，包含了之前创建的 11 个校准参数。

（7）minSigGenEvent：创建一个名为"pMinSigGen"的动态对象，并使用 SigGen 类进行初始化，该动态对象将会在后面被使用。创建 10 个不同的 SigGen 信号发生器任务实例，每个实例都带有不同的校准参数和动态寻址，其中 SigGen 是一个自定义的 C++ 类。在循环中，使用 new 运算符来动态分配空间。使用任意一个 SigGen 实例创建 A2L 描述文件，用于描述 SigGen 类的结构。

（8）task：在一个死循环中检查 XCP 服务器状态和键盘输入，直至检测到用户按下 Esc 键，退出循环。每次循环结束后休眠 100 ms。调用 XCP 的 shutdown 函数，关闭 XCP。输出提示信息，等待用户按下任意键后结束程序。

7.1.8 详解 A2L.c 和 A2L.cpp

A2L.c 和 A2L.cpp 都是用于生成 A2L 文件的代码文件，其主要功能是将 ECU 内存中的数据映射为可读取的符号，并将这些符号的定义以一定的格式写入 A2L 文件中，以便外部工具（如测量和标定工具）能够读取和识别这些符号。它们的区别在于编程语言、编译器、语法和一些实现细节不同。它们定义了用于创建 A2L 文件的各种属性和参数，包括测量数量、参数数量、类型定义数量、组件数量、实例数量和转换数量（gA2lMeasurements、gA2lParameters、gA2lTypedefs、gA2lComponents、gA2lInstances、gA2lConversions）等。

1. 获取数据类型、最大值和最小值

getType、getTypeMin 和 getTypeMax 分别用于获取数据类型、最小值和最大值。

函数 getType 的输入参数是 type，表示数据类型，该函数返回数据类型对应的字符串。在 switch 语句中，根据输入的 type 值进行不同分支的处理，返回对应的字符串，包括整型、浮点型和双精度浮点型等。

函数 getTypeMin 和 getTypeMax 也是根据输入参数 type 的值进行不同分支的处理，返回对应数据类型的最小值和最大值。其中，整型类型的最小值和最大值在函数中直接使用字面值，而双精度浮点型的最小值和最大值使用科学记数法表示。

这三个函数在 A2L 文件解析中非常重要，可以用于确定数据类型、范围、精度等信息。

2. 动态编码

encodeDynAddr 用于对动态地址进行编码。如果 ext 是 1，那么 addr 参数被视为某个基地址的偏移量，并且得到的编码地址包括事件号和偏移量；否则，addr 将按原样返回。

3. 自定义打印

printName 用于将变量或函数的名称打印到 A2L 文件中。它有三个参数：实体的类型（如 CHARACTERISTIC、MEASUREMENT、FUNCTION 等）、可选的 InstanceName（如果实体是组件的实例）和实体的名称。它使用这些参数将相应的/beggin 标记打印到文件中。

printPhysUnit 和 printAddrExt 宏分别用于将物理单元和 ECU 地址扩展名打印到 A2L 文件。printPhysUnit 采用字符串参数单位，并打印 PHYS_Unit 关键字，后跟单位字符串（如果单位字符串不为 NULL 且不为空）。printAddrExt 采用整数参数 ext，并打印 ECU_ADDRESS_EXTENSION 关键字，后跟扩展值（如果大于 0）。

4. 查看 A2L 文件

A2lOpen 用来打开 A2L 文件。它的参数有两个，第一个是 A2L 文件的文件名，第二个是工程名。该函数的主要作用是打开 A2L 文件并解析其中的信息，并将解析后的信息保存在内存中以供后续操作使用。如果成功打开并解析了 A2L 文件，则返回 TRUE（非零）；否则返回 FALSE（零）。在该函数的实现中，它首先会检查传入的参数是否合法。如果文件名或工程名为空，则直接返回 FALSE。其次，它会调用 A2lParseFile 函数来解析 A2L 文件并将解析结果保存在内存中。如果解析成功，该函数会打印一条日志信息表示 A2L 文件已成功加载。最后，它会返回 TRUE 表示成功；否则，返回 FALSE。注意：该函数在打开 A2L 文件之前，会先关闭已经打开的 A2L 文件，因此在调用该函数时不需要手动关闭已经打开的 A2L 文件。

5. 自定义接口

create_XCP_IF_DATA 用于在 A2L 文件中创建 XCP 接口数据结构。接口数据包含有关 XCP 协议层版本、最大 CTO 和 DTO 大小、时间戳单元、事件列表和传输层信息（IP 地址、端口、协议和版本）的信息。该函数有三个参数：一个布尔 TCP，用于指定传输层是使用 TCP 还是 UDP；一个指向 uint8_t 数组的指针，该数组包含要使用的 IP 地址；一个 uint16_t 变量，用于指定要使用的端口。

该函数首先基于 XCP_TIMESTAMP_UNIT 值定义了一些宏，该值在其他地方定义。然后，函数获得指向包含事件列表的 XcpEventDescriptor 向量的指针，并使用 fprintf 将 XCP 协议层信息和事件列表信息写入 A2L 文件。最后，使用 fprintf 将传输层信息写入文件。

如果定义了 XCP_ENABLE_PACKED_MODE，函数还会为每个事件写入 DAQ_PACKED_MODE 信息，这些信息指定元素分组、最后状态、强制和样本计数等，并为 A2L 文件和 XCP 从机之间的 XCP 通信创建必要的接口数据。

6. A2L 文件格式

以下这些函数与创建和定义 A2L 文件格式的 typedef 有关：

（1）createTypedefBegin_：创建一个具有给定名称、大小和注释的新 typedef 结构的开头。size 参数是结构包含的字节数。此函数还增加 A2L 对象中 typedef 的计数。

（2）createTypedefMeasurementComponent_：创建一个测量 typedef 结构的新组件。它采用一个名称、类型和偏移量参数。type 参数表示构件的数据类型，offset 参数表示构件在结构中的偏移量。此功能还增加 A2L 对象中组件的数量。

（3）createTypedefParameterComponent_：创建参数 typedef 结构的一个新组件。它采用与 createTypedefMeasurementComponent_ 相同的参数，并递增 A2L 对象中的组件数。

（4）createTypedefEnd_：标记 typedef 结构定义的结束。

（5）createTypedefInstance_：创建一个 typedef 结构的实例。它采用实例名称、类型名称、地址扩展名、地址和注释参数。地址参数指示实例的内存地址，地址扩展参数指示地址是静态的还是动态的。如果地址是动态的，则实例的偏移量将作为地址参数传递。此函数还增加 A2L 对象中的实例数。

7. createMeasurement

以下这些函数与在 A2L 文件中创建测量对象有关：

（1）createMeasurement_：在 A2L 文件中创建一个新的测量对象，该对象具有给定的实例名称、名称、类型、扩展寻址、地址、因子、偏移量、单位和注释。如果设置了非零事件，它还会将固定事件列表添加到测量中。如果提供了一个因子或偏移，它会创建一个相应的 COMPU_METHOD 对象，并将其添加到 A2L 文件中。

（2）createMeasurementArray_：创建一个矩阵，并且给定矩阵大小。其他参数与 createMeasurement_ 类似。

上述两个函数都会增加 A2L 文件中测量次数的计数器。

7.1.9 详解 xcpAppl.c

xcpAppl.c 是 xcpLite 应用程序的应用特定函数，其回调/依赖关系都在 xcpAppl.h 中实现为宏。代码中定义了一些回调函数，这些回调函数的实现可用于应用程序的初始化、数据获取和发送等方面的操作，以便与 XCP 通信协议进行交互。

在此文件中，部分回调函数会根据预定义宏的设置不同，实现不同的功能。例如，当设置 APP_CPP_Demo 预处理器宏时，将使用 xcp.hpp 头文件中的函数来实现通信，否则将使用 ecu.h 头文件。此外，该文件还包含了一些宏定义和函数实现，这些宏定义和函数可用于处理与 XCP 协议相关的操作，如 ApplXcpConnect 和 ApplXcpPrepareDaq 等。这些回调函数会在 XCP 连接时和准备 DAQ 时被调用。如果定义了 APP_CPP_Demo，就会使用 Xcp::getInstance 对象调用 onConnect、onPrepareDaq 和 onStartDaq 函数。如果未定义 APP_CPP_Demo，则将打印"XCP connect"和"XCP prepare DAQ"。

1. 给 DAQ 打时间戳

在 XCP 服务器中，时钟的时间戳分辨率在 xcp_cfg.h 中定义。时钟类型有两种，一种是 PTP 时钟，另一种是本地时钟。如果选择 PTP 时钟，那么代码中的函数将调用 PTP 相关函数来获取时钟时间戳。如果选择本地时钟，则直接调用 clockGet64 函数获取时间戳。此外，该代码还提供了获取 PTP 主时钟信息的功能，包括 PTP 主时钟 UUID、时期和层级。如果使用本地时钟，则此功能不可用。

（1）ApplXcpGetClock64：获取用于 DAQ 时间戳的时钟。如果启用了 PTP，则调用 ptpClockGet64 函数；否则，调用 clockGet64 函数。这两个函数都返回 64 位整数类型的时间戳。

（2）ApplXcpGetClockState：获取时钟的状态。如果启用了 PTP，返回 PTP 协议中的时钟状态；否则，返回本地时钟的状态。

（3）ApplXcpGetClockInfoGrandmaster：获取 PTP 主时钟（也称 grandmaster）的信息。该函数用于获取 PTP 主时钟的 UUID、时期和层级。如果未启用 PTP，则该函数返回 FALSE。

2. 指针地址转换

此代码定义了 XCP 内存访问中使用的指针地址转换函数，其中 XCP 内存存取限制在 4 GB 地址范围内。

函数 ApplXcpGetPointer 接收两个参数 addr_ext 和 addr，这两个参数分别表示地址扩展名和地址值。如果 addr_ext 值不等于 0，那么函数将返回 NULL。

该函数使用从 ApplXcpGetBaseAddr 函数获得的基地址和地址值来计算指针值。它还可以执行一些额外的检查，如确保地址在范围内，以及执行内存检查以确保指针的有效性，如果内存检查失败，函数将返回 NULL。

3. 创建基类地址

此代码定义了用于 32 位或 64 位系统中的 XCP 地址和指针之间转换的函数，XCP 内存访问限制在 4 GB 地址范围内，因此必须检查地址以确保内存指针在该范围内。

ApplXcpGetBaseAddr 函数是一个对时间敏感的函数，它在每个 XCP 事件上都会被调用，目的是获取 XCP 地址范围的基指针。在 Win32 和 Win64 版本中，扩展名为 0 的 XCP 地址是相对于主模块的加载地址定义的，这允许使用 Microsoft 链接器 PDB 文件进行地址更新。在 Linux64 版本中，基地址是通过迭代程序头来获得的。

ApplXcpGetPointer 函数获取 XCP 地址并返回指向该位置的指针。它首先检查 addr_ext 是否等于 0，表明它是一个有效的 XCP 地址，然后通过将 addr 添加到从 ApplXcpGetBaseAddr 获得的基地址来计算指针 p。它还检查 check 函数是否返回 TRUE，这是为内存检查目的而定义的，如果没有返回 TRUE，则返回 NULL。

ApplXcpGetAddr 函数获取一个指针并返回相应的 XCP 地址。它首先检查指针是否大于或等于从 ApplXcpGetBaseAddr 获得的基地址，然后通过从指针中减去基地址来计算地址。

还有一些预处理器指令用于启用内存检查和启用校准页面。这些代码片段为不同的平台实现了相同的函数 ApplXcpGetBaseAddr 和 ApplXcpGetAddr。

ApplXcpGetBaseAddr 函数返回 XCP 地址范围的基地址。地址的获取方式因平台而异：

- 对于 Windows 平台，ApplXcpGetBaseAddr 函数被实现为使用 GetModuleHandle（NULL）来获取主模块的基地址，此地址被用作所有 XCP 地址的参考。
- 对于 Linux64 位平台，ApplXcpGetBaseAddr 函数是使用 dl_iterate_phdr 来获得模块的基地址的。
- 对于 Linux 32 位平台，ApplXcpGetBaseAddr 函数只返回 0。
- 对于 macOS 平台，ApplXcpGetBaseAddr 函数返回变量 __base_addr_val 地址的高 32 位。

ApplXcpGetAddr 函数用于将指针地址转换为相对 XCP 地址。XCP 地址被计算为指针地址和基地址之间的差。ApplXcpGetAddr 函数的实现取决于平台，因为 XCP 地址范围和指针大小在不同的平台上可能不同。

4. 不同系统的基类地址

此代码与获取内存中程序模块或共享库的基地址有关。代码中包括 Windows、Linux 和 macOS 的特定平台实现，它们使用不同的系统功能和数据结构来检索加载模块的基本地址。

Windows 实现使用 GetModuleHandle 函数来获取包含调用代码的模块的基地址。该函数名为 ApplXcpGetBaseAddr，对每个 XCP 事件调用一次。该函数检查标志 baseAddrValid，以确定是否已检索到基地址。如果没有，它将调用 GetModuleHandle 并将结果存储在全局变量 baseAddr 中。最后，该函数返回 baseAddr 的值。

Windows 实现还包括一个名为 ApplXcpGetAddr 的函数，该函数获取指针 p，并使用指针算术计算模块的基地址的偏移量。该函数断言输入指针大于或等于基地址，并且在为 64 位 Windows 编译时，计算的偏移量不超过 32 位无符号整数的最大值。

用于 64 位平台的 Linux 实现使用 dl_iterate_phdr 函数来迭代所有加载模块的程序头。函数 ApplXcpGetBaseAddr 使用应用程序模块的基地址初始化 baseAddr 全局变量，该模块的名称为空字符串。该函数检查标志 baseAddrValid，以确定是否已检索到基地址。如果没有，它将使用回调函数 dump_phdr 调用 dl_iterate_phdr，该函数是为每个加载的模块调用的。回调函数检查模块的名称，并在 gModuleProperties 数组中设置应用程序模块的基地址。最后，该函数返回 baseAddr 的值。

Linux 实现还包括一个名为 ApplXcpGetAddr 的函数，该函数获取指针 p，并使用指针算术计算模块的基地址的偏移量。该函数首先调用 ApplXcpGetBaseAddr，以确保检索到应用程序模块的基地址。然后，该函数使用存储在 gModuleProperties 数组中模块的基地址来计算与模块基地址的偏移量。函数以 32 位无符号整数的形式返回偏移量。

5. 标定页处理

Calibration_page_handling 定义了 ApplXcpGetCalPage 和 ApplXcpSetCalPage 两个函数,用于处理校准页面的读取和写入。校准页面用于存储 ECU 来控制校准数据。该代码假设有两个页面可用,其中页面 0 存储在 RAM 中,页面 1 存储在 FLASH 存储器中。

ApplXcpGetCalPage 采用 segment 和 mode 两个参数。segment 参数指定从哪个内存段读取(在这种情况下,对于校准页面,它应该为 0),此实现中未使用模式参数。该函数返回存储在内存中的当前校准页面,由 ecuParGetCalPage 函数确定。

ApplXcpSetCalPage 采用段、页和模式三个参数。与 ApplXcpGetCalPage 一样,segment 参数指定要写入的内存段,并且对于校准页应该为 0。页面参数指定要设置的校准页面(0 表示 RAM,1 表示 FLASH)。模式参数指定设置校准页面的模式,并且应该是 CAL_page_mode_ECU 和 CAL_page_mode_XCP 的逐位 OR 组合(提供的代码中没有定义这些常数)。如果参数有效,函数将使用 ecuParSetCalPage 函数设置校准页面,并返回 0。如果任何参数无效,函数将返回 CRC 错误代码。

6. 将 A2L 读取到内存中

此代码实现读取 A2L 并使其可供 XCP 客户端访问的功能。包含有关 ECU 存储器布局、数据类型和校准参数的元数据。处理 GET_ID_XCP 命令,用于请求有关 XCP 从属设备的信息。switch 语句检查 master 请求的 ID 并返回相应的信息。

在这种特殊情况下,如果 ID 是 IDT_ASCII 或 IDT_ASAM_NAME,则函数会检索 APP_NAME 字符串的长度,并将其复制到主机提供的缓冲区。如果缓冲区不够大,无法容纳字符串,则函数返回 0 以指示错误。strncpy 函数用于将字符串复制到缓冲区。

APP_NAME 字符串可能包含 XCP 从属设备上运行的软件或固件的名称。IDT_ASAM_UPLOAD 将 A2L 文件加载到内存中,并将其长度返回给 XCP 客户端。

ApplXcpReadA2L 函数从内存中读取 A2L 文件的一部分,并将其返回给 XCP 客户端。该操作允许 XCP 客户端访问 A2L 文件中的元数据。

7.1.10 详解 xcpServer.c

该源文件实现了 XCP 服务器。该服务器使用 UDP 协议作为传输层协议,向外部客户端提供 XCP 协议的服务,用于数据采集和校准。该源文件依赖其他 XCP 协议相关的文件,包括 xcpTl.h、xcpLite.h 和 xcpAppl.h。其中,xcpTl.h 定义了 XCP 的传输层接口,xcpLite.h 定义了 XCP 的协议层接口,xcpAppl.h 定义了与应用程序相关的回调函数接口。

1. 全局结构体 gXcpServer

文件中定义了一个全局结构体 gXcpServer,用于保存 XCP 服务器的运行状态。isInit 表示 XCP 服务器是否已经初始化。FlushCycleNs 和 FlushCycleTimer 用于控制 DTO (Data_Transmission_Object)包的发送频率,即每隔多长时间发送一个 DTO 包。TransmitThreadRunning 和 ReceiveThreadRunning 表示数据传输线程和命令处理线程是否正在运行。

此外，文件中还定义了两个函数 XcpServerReveiveThread 和 XcpServerTransmitThread，用于启动 XCP 服务器的接收和发送线程。这些线程负责接收来自客户端的请求并回复响应，同时也负责将采集的数据发送给客户端。

2. XCP 服务器状态

XCP Server status 定义了与 XCP 服务器初始化和关闭相关的功能。如果 XCP 服务器已初始化并且传输和接收线程都在运行，XcpServerStatus 返回 TRUE，否则返回 FALSE。

XcpServerInit 是负责初始化 XCP 服务器的函数。该函数将 IP 地址（addr）、端口号（Port）和传输协议（useTCP）作为输入参数，使用给定的 IP 地址、端口号和传输协议初始化协议层和传输层，还创建了 XcpServerTransmitThread 和 XcpServerReceiveThread 两个线程，分别负责传输数据包和接收命令包。该函数将 gXcpServer.isInit 设置为 TRUE，表示服务器已初始化。

XcpServerShutdown 是负责关闭 XCP 服务器的函数。它断开 XCP 协议层，关闭发送和接收线程，并关闭传输层。如果返回 TRUE，则表示服务器已成功关闭。

3. XCP 线程

提供了 XcpServerReveiveThread 和 XcpServerTransmitThread 两个专用函数，分别由命令处理线程和数据传输线程使用。这些功能处理从 XCP 主机接收的 XCP 命令和数据报文，并将 XCP 响应报文发送至 XCP 主机。

XcpServerReveiveThread 函数使用 XcpTlHandleCommands 函数等待 XCP 单播命令，并在出现错误时终止线程。XcpServerTransmitThread 函数使用 XcpTlWaitForTransmitData 函数等待要传输的数据，并使用 XcpTlHandleTransmitQueue 函数传输已完成的 UDP 数据包，同时还实现了对来自传输队列或传输缓冲区的不完整数据包的循环刷新，从而使工具的可视化界面保持最新。

7.1.11 详解 xcp.cpp

1. 单例模式

这是一个 C++ 中的 Singleton 模式的实现。Singleton 是一种设计模式，它允许类只有一个实例，同时提供了一个全局访问点。该模式中 Xcp 类只能有一个实例，并且可以通过 Xcp::GetInstance 函数进行访问。Instance 是一个指向 Xcp 类实例的指针，初始化为 0，即没有实例存在。mutex 是一个用于保护 Instance 指针的互斥锁，以防止并发访问和竞态条件。

Xcp::GetInstance 函数用于获取 Xcp 实例。在第一次调用该函数时，将创建 Xcp 实例并将其赋给 Instance 指针。在随后的调用中，函数将简单地返回现有的 Xcp 实例。因此，该函数确保了 Xcp 类只有一个实例，并提供了全局访问点。

2. 初始化 Xcp 实例

Xcp::init 函数的作用是初始化 Xcp 实例，并打开与 ECU 之间的连接。参数包括 ECU

的地址、端口以及连接方式(TCP 或 PTP)。

具体实现如下：首先，通过 create 函数获取 Xcp 实例。然后，将传入的参数设置为 Xcp 实例的成员变量，包括 ECU 的地址、端口和连接方式。接下来，调用 XcpConnect 函数尝试建立连接。如果连接成功，则返回 TRUE；否则，返回 FALSE，并调用 XcpDisconnect 函数断开连接并释放资源。最后，返回连接结果。

3. 获取 DAQ 时钟计数值

uint64_t_Xcp::getDaqClock 函数返回当前的 DAQ 时钟计数值，其实现是调用了 platform 中提供的 clockGet64 函数，该函数返回的是一个 64 位无符号整数。因此，可以通过该函数获取一个相对精确的时间戳。在实现 DAQ 功能时，需要对每个采样点的时间戳进行记录和处理，以便在数据转储和处理时使用。

4. Xcp 类中的成员函数

以下这些函数都是 Xcp 类中的成员函数，用于实现 XCP 协议的各种功能和操作：

(1) onConnect 函数在 XCP 连接建立时被调用，进行连接初始化工作。
(2) onPrepareDaq 函数在开始设置 DAQ 时被调用，进行预处理工作。
(3) onStartDaq 函数在开始采集数据时被调用，进行启动工作。
(4) onStopDaq 函数在停止采集数据时被调用，进行停止工作。
(5) status 函数用于获取当前 XCP 服务器的状态。
(6) connected 函数用于检查当前是否已建立 XCP 连接。
(7) daqRunning 函数用于检查当前是否正在采集数据。
(8) event 函数用于触发一个 XCP 事件。
(9) eventExt 函数用于触发一个包含附加信息的 XCP 事件。
(10) eventAt 函数用于在指定时间点上触发一个 XCP 事件。
(11) clearEventList 函数用于清空 XCP 事件列表。

5. 创建 DAQ 事件

Xcp::createEvent 函数用于创建一个新的 DAQ 事件，并返回一个事件句柄(event_handle)，该句柄可用于将一个或多个 ODT 和/或 OMT 分配给事件。

该函数的参数是一个 XcpEventDescriptor 结构体，其中包含了事件的名称(name)、采样周期(cycleTime)、优先级(priority)、采样计数(sampleCount)和数据大小(size)等信息。函数调用时，会将这些信息传递给 XCP 核心库(即 xcp.cpp 中的实现内容)，由其完成事件的创建并返回事件句柄，并将存储在 ECU 内存中的数据传输至 XCP Master。

该函数的返回值是一个 16 位无符号整数，表示创建的 DAQ 事件句柄。如果创建事件失败，函数将返回 0。

6. 获取 DAQ 事件

Xcp::getEventList 是一个公共函数，返回一个指向 std::vector 类型的指针。该向量包含了所有定义的 DAQ 事件的描述符。每个描述符都包含了事件名称、事件周期、事件优先级、样本计数和数据大小等信息。在调用该函数之前,需要先调用 Xcp::init 以确保 XCP 服务器处于运行状态。

7. 创建 XcpObject 类的实例

XcpObject::XcpObject 这个构造函数用于创建 XcpObject 类的实例,它需要传入三个参数:实例名称(InstanceName)、类名称(className)和类大小(classSize)。在函数内部,它会使用这些参数来初始化成员变量,然后它还会调用 Xcp::getInstance→createEvent 方法来为该实例创建一个唯一的扩展事件,并把该事件的编号作为实例 ID。最后,它还会在控制台输出一个提示信息。如果定义了 OPTION_ENABLE_A2L_GEN 宏,该构造函数还会调用 A2L 对象的相关方法来为实例创建动态类型定义。

8. 创建 A2L 中的 typedef

Void_XcpObject::a2lCreateTypedef 是 XcpObject 类的一个成员函数,作用是为该类创建一个 A2L 中的 typedef。

首先,判断是否启用了 A2L 生成功能,如果没有则直接返回,不进行 A2L 相关操作,从 Xcp 类的全局实例中获取 A2L 对象。其次,设置当前对象所属的 XCP 扩展事件,并在 A2L 对象中创建一个与该事件相关的 typedef。这个 typedef 用于表示该类的类型信息,包括类名、实例大小等。再次,调用 XcpObject 类的成员函数 a2lCreateTypedefComponents,这个函数用于为类的每个数据成员创建相应的 A2L 定义。最后,在 A2L 对象中结束当前 typedef 的创建。

在项目中,typedef 用于定义一个新的数据类型,该数据类型具有与现有类型相同的特性。例如,在函数 a2lCreateTypedef 中,为 XcpObject 类创建了一个新的 typedef。该 typedef 被赋予名称 className,该名称作为参数传递给 XcpObject 构造函数。这里允许使用新的 typedef 名称而不是完整的类名来定义 XcpObject 类的实例。新的 typedef 是使用 A2L 类的 createTypedefBegin_ 函数创建的。typedef 定义包括类的大小和测量组件的列表,这些组件是使用 createTypedefMeasurementComponent 函数创建的。还调用了 a2lCreateTypedefComponents 函数,将额外的测量组件添加到 typedef 定义中。通过为 XcpObject 类创建 typedef,A2L 文件可以在定义测量变量时使用新的 typedef 名称,而不是完整的类名。这可以使 A2L 文件更容易阅读和理解,尤其是在处理复杂的对象层次结构时。

9. 触发 XCP 事件

XcpObject 类中有如下两个成员函数,用于触发 XCP 事件:

(1) xcpEvent 函数触发一个与调用它的 XcpObject 类的实例关联的 XCP 事件。它通过调用 XCP 类的 eventExt 函数,将 InstanceId 和指针传递给调用实例来实现。

(2) xcpEvent(uint8_t * base)函数与 xcpEvent 函数类似,但它以指向基地址的指针作为参数,用于计算调用实例与基地址的偏移量。该功能在 XCP 事件需要将数据传递给位于基地址已知偏移处的 XCP 主机的情况下很有用。

7.1.12　详解 xcpLite.c

1. DAQ 类型定义

定义了用于实现 XCP DAQ 协议的几个数据结构。

第一个结构是 tXcpOdt，它表示 ODT。ODT 是一组测量数据。此结构包含第一个和最后一个 ODT 条目编号，这些编号指示该 ODT 条目的范围，以及 ODT 的总大小（以字节为单位）。

第二个结构是 tXcpDaqList，它表示一个 DAQ 列表。DAQ 列表是同时采样的一组 ODT。此结构包含 DAQ 列表中的第一个和最后一个 ODT 编号，以及分配 DAQ 列表的事件通道、指示 DAQ 列表状态的标志和优先级。

第三个结构是 tXcpDaq，它表示一个完整的动态 DAQ 列表。动态 DAQ 列表是在运行时创建的，可以包含任意数量的 DAQ 列表和 ODT。此结构包含有关动态 DAQ 列表中 DAQ 列表、ODT 和 ODT 条目数量的信息，以及表示 DAQ 列表的 tXcpDaqList 结构数组。

最后，检查 XCP_ENABLE_PACKED_MODE 宏，它为 DAQ 协议启用打包模式。如果定义了此宏，则 tXcpDaqList 结构还包含一个 sampleCount 字段，该字段在打包模式下用于指示每个 ODT 应采集的样本数。

2. XCP 协议层数据

定义了一个结构 tXcpData，该结构包含 XCP 协议层使用的各种字段。这些字段包括会话状态、消息长度和缓冲区、内存传输地址指针、动态 DAQ 列表结构、时钟信息和事件列表。

该代码还定义了用于访问命令消息缓冲器（CRO）和响应消息缓冲器（CRM）的宏以及各自的长度（CRO_LEN 和 CRM_LEN），这些宏允许方便地访问消息缓冲区的单个字节、单词或双单词。

3. 查询当前 XCP 连接状态

这部分代码包含了一些 XCP 协议层状态查询函数，它们可以用于查询当前 XCP 连接的状态。

（1）XcpIsStarted：用于查询 XCP 协议层是否已经启动。

（2）XcpIsConnected：用于查询是否已经连接到 XCP 服务器。

（3）XcpIsDaqRunning：用于查询当前是否正在执行 DAQ。

（4）XcpGetDaqStartTime：用于获取 DAQ 开始的时间戳。

（5）XcpGetDaqOverflowCount：用于获取 DAQ 缓冲区溢出的次数。

（6）XcpIsDaqPacked：用于查询当前是否使用了打包模式（Packed Mode）。在打包模式中，多个数据元素被组合成一条消息，这可以显著减少需要传输的消息数量。这是通过将多个数据值打包到单个消息中来实现的，每个值都使用可变长度编码方案来表示（基本功能不常用它）。

4. 标定方式

XCP 协议支持两种地址扩展方式，即 0x00 和 0x01。0x00 是标准的内存访问，而 0x01

是相对地址寻址。gXcp.MtaExt 是当前使用的地址扩展方式。

函数 XcpWriteMta 实现了写内存的功能。输入参数 size 是需要写入的字节数,输入参数 data 是一个指向要写入数据的指针。如果当前地址扩展方式为 0x01,则返回 CRC_CMD_PENDING,表示异步命令正在处理中。如果当前地址扩展方式为 0x00,则检查 gXcp.MtaPtr 是否为空,如果为空则返回 CRC_ACCESS_DENIED,表示访问被拒绝;如果 gXcp.MtaPtr 不为空,则从 data 指向的内存中拷贝 size 个字节到 gXcp.MtaPtr 指向的内存中,然后返回 0,表示操作成功。如果当前地址扩展方式既不是 0x01 也不是 0x00,则返回 CRC_ACCESS_DENIED,表示访问被拒绝。

函数 XcpReadMta 实现了读内存的功能。输入参数 size 是需要读取的字节数,输入参数 data 是一个指向存放读取数据的内存空间的指针。如果当前地址扩展方式为 0x01,则返回 CRC_CMD_PENDING,表示异步命令正在处理中。如果当前地址扩展方式为 0xFF,则调用 ApplXcpReadA2L 函数从 A2L 文件中读取数据,如果读取失败则返回 CRC_ACCESS_DENIED,表示访问被拒绝;如果读取成功,则将读取到的数据拷贝到 data 指向的内存中,并将 gXcp.MtaAddr 加上 size,然后返回 0,表示操作成功。如果当前地址扩展方式为 0x00,则检查 gXcp.MtaPtr 是否为空,如果为空则返回 CRC_ACCESS_DENIED,表示访问被拒绝;如果 gXcp.MtaPtr 不为空,则从 gXcp.MtaPtr 指向的内存中拷贝 size 个字节到 data 指向的内存中,然后返回 0,表示操作成功。如果当前地址扩展方式既不是 0x01 也不是 0xFF 或 0x00,则返回 CRC_ACCESS_DENIED,表示访问被拒绝。

5. 数据采集(DAQ)

Data_Aquisition_Setup 这段代码主要用于动态数据采集(DAQ)的内存分配和释放。函数 XcpFreeDaq 用于释放所有动态 DAQ 列表所占用的内存,并重置相关变量。具体来说,该函数将会清除 gXcp.Daq 结构体中的数据,并将 gXcp.SessionStatus 中与 DAQ 相关的位清零。这样可以确保在下一次使用 DAQ 之前,动态内存不会留下垃圾数据。

6. 给 daq,odt,odtEntries 分配内存

函数 XcpAllocMemory 用于为 DAQ 列表、ODT 列表、ODT 条目列表和队列分配内存,该函数会根据 gXcp.Daq 结构体中的 DaqCount、OdtCount 和 OdtEntryCount 成员变量计算所需的内存大小,并将它们指向正确的地址。在分配内存之前,该函数还会检查内存溢出的情况,如果发现内存不够用,则会返回错误码 CRC_MEMORY_OVERFLOW。

注意:这些内存分配和释放函数是在 XCP 协议中的"动态地址访问"(Dynamical_Addressing)模式下使用的(在函数中使用的指针 gXcp.pOdt、gXcp.pOdtEntryAddr 和 gXcp.pOdtEntrySize,它们的地址在运行时被计算并分配),该模式允许 XCP_Master 工具直接访问问 ECU 的动态内存。

7. 检查当前是否已经存在 ODT 或 ODT Entry

Allocate daqCount DAQ lists 这段代码会检查当前是否已经存在 ODT 或 ODT Entry,如果已经存在则返回错误码 CRC_SEQUENCE。然后,它会检查 DAQ 数量是否为 0 或者超过 255,如果不符合要求则返回错误码 CRC_OUT_OF_RANGE。

如果以上两个条件都满足,则将传入的 DAQ 数量保存在全局变量 gXcp.Daq.DaqCount 中,并调用 XcpAllocMemory 函数分配内存空间。XcpAllocMemory 函数会根据 DAQ 数量、ODT 数量和 ODT Entry 数量计算需要分配的内存空间大小,并为 gXcp.pOdt、gXcp.pOdtEntryAddr 和 gXcp.pOdtEntrySize 分别指定对应的内存地址。

如果内存空间分配成功,则返回 0 表示成功,否则返回错误码 CRC_MEMORY_OVERFLOW。

8. 分配 ODT

Allocate_odtCount_ODTs_in_a_DAQlist 这段代码实现的是在一个 DAQ 列表中分配 ODT。具体实现如下:

首先,如果 DAQ 计数为零或 ODTentry 计数不为零,则返回 CRC_SEQUENCE。这表示在进行此操作之前,必须先分配一个 DAQ 列表并确保没有已分配的 ODT entry。

然后,计算要分配的 ODT 数是否会导致总 ODT 数超过 64 KB 的限制。如果超出,则返回 CRC_OUT_OF_RANGE。

接着,设置给定 DAQ 列表的 firstOdt 和 lastOdt 值,并将事件通道设置为未定义。

最后,调用 XcpAllocMemory 函数来分配 ODT entry,如果分配成功,则返回 0,否则返回错误代码。

9. 调整 ODT 的大小

Adjust_ODT_size_by_size 这个函数用于调整特定 ODT 的大小,即根据所添加的数据元素的大小来增加 ODT 的大小。该函数有三个参数:

- daq:表示所属的 DAQ 列表的索引。
- odt:表示 ODT 在该 DAQ 列表中的索引。
- size:表示要添加的数据元素的大小,以字节为单位。

函数的具体操作如下:

如果启用了压缩模式(XCP_ENABLE_PACKED_MODE),则将 ODT 的大小增加 size * SampleCount,其中 SampleCount 是该 DAQ 列表的样本计数。XCP 压缩模式允许在单个消息中传输多个数据元素,从而实现更高效的数据传输。在压缩模式下,数据元素被打包在一个块中,接收器可以根据指定的数据类型和对齐对它们进行解包。这减少了传输一组数据所需的消息数量,可以提高系统的性能并减少通信开销。

压缩模式对于带宽有限且数据传输速率至关重要的高速通信总线特别有用。然而,它也可能在数据处理过程中引入一些复杂性,因为发送方和接收方必须就消息中使用的打包方案和数据类型达成一致。如果没有启用压缩模式,则将 ODT 的大小增加 size。

注意:如果没有使用参数 daq,可以忽略该参数,因为在函数中已经使用 void daq 来标记它未被使用。

10. 分配 ODT 条目

函数 XcpAllocOdtEntry 用于为指定 DAQ 列表的 ODT(Object Datatype)分配一定数量的 ODTentry(对象数据类型条目)。函数的输入参数包括 DAQ 列表的索引(daq)、ODT

的索引（odt）以及要分配的ODTentry数量（odtEntryCount）。首先，函数会进行一些参数的检查，如DAQ和ODT数量是否为0，ODTentry数量是否为0，以及是否会超出最大ODTentry数量的限制；然后，函数会将ODTentry数量累加到全局变量gXcp.Daq.OdtEntryCount中，以便跟踪使用的ODT entry数量；接着，函数会将ODT entry的起始和结束位置保存到全局变量gXcp.pOdt数组的相应位置，以便查询ODTentry的信息；最后，函数会调用XcpAllocMemory函数来分配相应的数据缓冲区，用于存储ODT entry的数据。

11. 设置DAQ、ODT和ODT entry的指针

该函数用于设置当前正在进行数据采集的DAQ、ODT和ODT entry的指针。WRITE_DAQ和WRITE_DAQ_MULTIPLE命令在接收数据时将使用这些指针。

具体来说，函数使用给定的DAQ、ODT和ODTentry索引计算出在内存中的绝对ODT索引（由DaqListFirstOdt（daq）和odt计算），并将其与ODTentry索引一起存储在gXcp.WriteDaqOdtEntry中，以便后续的写入命令可以使用。此外，函数还将给定的DAQ、ODT和ODT entry索引存储在gXcp.WriteDaqDaq、gXcp.WriteDaqOdt和gXcp.WriteDaqOdtEntry中，以便在后续的写入命令中使用。如果给定的索引超出了范围，则函数返回CRC_OUT_OF_RANGE以指示错误。

12. 向ODT中添加一个ODTentry

这段代码用于向数据采集（DAQ）列表的某个ODT中添加一个ODTentry（采集数据的一个元素），其中包含要采集的数据的地址、类型、长度等信息。具体解释如下：

参数addr表示要采集的数据的地址，ext表示数据地址的扩展位，size表示要采集的数据长度。

如果size为0或超过了XCP_MAX_ODT_ENTRY_SIZE（一个ODT entry的最大长度），则返回错误码CRC_OUT_OF_RANGE。

如果DAQ列表、ODT列表或ODTentry数量为0，则返回错误码CRC_DAQ_CONFIG。

如果宏XCP_ENABLE_DYN_ADDRESSING被定义，则进行动态寻址操作。

如果ext大于1，则返回错误码CRC_ACCESS_DENIED表示访问被拒绝。

如果ext等于1，则表示数据地址扩展位是1，此时需要将地址高16位存储为事件通道（event_channel），低16位存储为数据地址。如果原先已经存储了事件通道，且与新的事件通道不同，则返回错误码CRC_OUT_OF_RANGE。

如果ext等于0，则表示数据地址扩展位是0，此时会调用ApplXcpGetPointer函数判断该地址是否可以访问。如果无法访问，则返回错误码CRC_ACCESS_DENIED。

然后，将ODTentry的大小设置为size，地址设置为addr，并调用XcpAdjustOdtSize函数更新ODT的大小。

最后，将gXcp.WriteDaqOdtEntry自增1，即指向下一个ODTentry，但不会自动跨越ODT。

13. 设置DAQ列表模式

Set_DAQ_list_mode实现了设置DAQ列表模式的功能。该函数的参数包括DAQ列

表的编号(daq)、事件编号(event)、模式(mode)和优先级(prio)。该函数的主要作用是设置 DAQ 列表的事件通道(event_channel)、模式和优先级。如果启用了动态寻址(XCP_ENABLE_DYN_ADDRESSING),则还需要检查事件通道是否已被定义。如果启用了 DAQ 事件列表(XCP_ENABLE_DAQ_EVENT_LIST),则还需要检查事件是否存在。函数返回 0 表示操作成功,返回其他值表示错误。

14. 启动 DAQ 列表

启动 DAQ 列表,将 DAQ_FLAG_RUNNING 标志位置为 1,表示该 DAQ 列表正在运行中。同时,将 gXcp.SessionStatus 的 SS_DAQ 标志位置为 1,表示当前处于 DAQ 状态。

15. 启动所有已选择的 DAQ

XcpStartDaq 函数用于启动单个 DAQ list,即它的参数是一个 DAQ list 的 ID,它只启动指定的 DAQ list。

而 XcpStartAllSelectedDaq 函数用于启动所有被选中的 DAQ list。它遍历 DAQ 配置列表并查找所有被选中的 DAQ,然后启动它们。此外,它还重置了所有 DAQevent 的时间戳,并记录了启动时间和溢出计数。因此,XcpStartAllSelectedDaq 函数是一种更加通用的 DAQ 启动函数,而 XcpStartDaq 函数则更具体和针对性地启动单个 DAQ。

16. 停止 DAQ 列表

Stop_DAQ_list 使用了按位与运算符(&=),并将其结果与一个掩码进行按位与运算。具体来说,它清除了 DAQ 列表的标志位,只保留了方向标志、时间戳标志和无 PID 标志,目的是重置正在停止的 DAQ 列表的标志位。

17. 停止所有选中的 DAQ 列表

Stop_all_selected_DAQs 函数用于停止所有选中的 DAQ 列表。它遍历所有 DAQ 列表,如果发现该列表被选中,则调用 XcpStopDaq 函数停止该列表并将其标记为未选中状态。

18. 数据检查

Data_Aquisition_Processor 在函数的开头,如果 DAQ 未运行,则会直接返回。

接下来是事件检查。它会降低测量性能,但如果启用了 DAQ 事件列表、测试检查或多线程事件,则会执行这段代码。首先它会调用 XcpGetEvent 函数,该函数会返回一个 tXcpEvent 类型的结构体指针。如果返回的指针是空的,则会打印错误信息并返回。

19. 动态寻址模式下的事件调用

函数 XcpEventAt 是一个按照给定时间戳调用 XcpEvent_的快捷方式,只需要传入事件和时钟参数即可。

函数 XcpEventExt 是一个扩展函数,用于动态寻址模式下的事件调用。如果已经有命令等待执行,函数会检查该命令是否可以在当前上下文中执行。如果可以,则将 MTA 指针转换为上下文,并执行该命令。这个函数的作用是让命令在事件上下文中得到执行。

20. 停止 DAQ 连接并终止 XCP 服务器

XcpDisconnect 函数的作用是断开与 XCP 主机的连接。它首先会检查 XCP 协议是否已经启动。如果已经启动,则将会话状态的 SS_CONNECTED 位清零,并停止所有 DAQ。

XcpSendResponse 函数用于发送命令响应,它调用 XcpTlSendCrm 函数将响应数据通过传输层发送出去。如果定义了 XCP_ENABLE_DEBUG_PRINTS 宏,且 XCP_DBG_LEVEL 大于或等于 2,则会打印响应数据。

21. 指示命令挂起

在动态寻址模式下,调用静态函数 XcpPushCommand、来设置会话状态位 SS_CMD_PENDING,以指示有一个命令挂起,需要等待执行。

22. 处理其他代码块

Handle_other_all_other_commands 处理除连接命令外的所有其他命令的代码块。首先,检查是否已经建立连接,如果没有,则会打印一条警告信息并且不发送响应;其次,检查命令长度是否在有效范围内,如果不在,则发送 CRC_CMD_SYNTAX 错误。

23. switch (CRO_CMD)

首先通过 switch 语句判断传入的命令,其次进行相应的操作。下面列举了三个命令的处理:

- CC_SYNC 命令:返回一个包含错误码 ERR_CMD_SYNCH 的负响应。
- CC_GET_COMM_MODE_INFO 命令:返回与通信模式相关的信息,包括驱动版本、通信可选项和队列大小等。
- CC_GET_ID 命令:获取识别码。根据不同的识别码类型,返回相应的数据。

代码中还包含一些条件编译指令,如 XCP_ENABLE_INTERLEAVED,用于控制编译时是否启用某些特性。同时,还有一些宏定义,如 XCPTL_MAX_CTO_SIZE,用于指定最大命令数据长度等。

- CC_DOWNLOAD 和 CC_SHORT_DOWNLOAD 命令:将数据从主设备下载到从设备。

使用 CC_DOWNLOAD 命令时,大小为 CRO_DOWNLOOD_size 的命令数据 CRO_DOWNLOAD_data 被写入 gXcp.MtaPtr 所指向的内存。其中,gXcp.MtaPtr 由先前的 CC_set_MTA 命令设置。下载的最大容量受 CRO_download_MAX_size 的限制。

使用 CC_SHORT_DOWNLOAD 命令时,大小为 CRO_SHORT_DOWNLOAD_size 的命令数据 CRO_SHORT_DDOWNLOAD_data 被写入 gXcp.MtaPtr 所指向的内存。如果上一个 CC_SHORT_DOWNLOAD 命令仍处于挂起状态,则函数返回错误。如果没有任何 CC_SHORT_DOWNLOAD 命令被挂起,则内存指针将设置为 CRO_SHORT_DOWNLOAD_ADDR 和 CRO_SHORT_DDOWNLOAD_EXT 指定的地址。下载的最大容量受 CRO_SHORT_download_MAX_size 的限制。

- CC_UPLOAD:主机请求从内存传输地址(MTA)指定的内存位置读取数据。要读取的数据的大小由 CRO_UPLOAD_size 指定。读取的数据以 CRM_UPLOAD_data 的形式返回。
- CC_SHORT_UPLOAD:此命令与 CC_UPLOAD 类似,但它允许主机以更有效的方式读取少量数据。该命令由主机指定读取的数据的大小,即 CRO_SHORT_UPLOAD_size,并返回读取的数据,即 CRM_SHORT_UPLOAD_data。

7.2 基于 SOME/IP 的标定测量

目前，CANape 不支持 AUTOSAR R20-11（CBD1800182_D56）版本的 MICROSAR Adaptive 解决方案，所以示例项目 demo 是基于 AUTOSAR R19-03（CBD2000241_D00）版本的 MICROSAR Adaptive 解决方案来做配置以及演示。

本工程是在 AP 平台下针对 SOME/IP 协议进行标定与测量方案，导入的 DataBase 为 ARXML 文件。该方案中，CANape 工具作为 Client 端，可以发送 subscribe 报文来与 ECU 通信，当通信成功后可以测量 Event 和 notifier 的值来实现测量的功能，同时 CANape 端也可以使用 Field 中的 Setter 和 Getter 来实现标定的功能。用于通信的 ECU 可以是真实的 ECU 或者是具有通信行为的模拟节点等，该方案中使用 S32g 控制器作为 Server 端进行通信，同时需要有 VN5×××系列的硬件给 CANape 分配通道，实现基于以太网的通信。

7.2.1 Linux 下配置 ARXML

1. Service 服务配置

1) Datetype 数据类型

Service 是数据传输方式的抽象。首先服务需要传输相关的数据类型 Datatype。本项目中，设计了结构体 EDT_MsgBoxes（图 7.27）。在 Library 工程中，可以直接创建对应的 Datatype，并设置相关参数为 STRUCT 或 ARRAY。在 STRUCT 下设置子元素 subelement 为结构体成员，在 ARRAY 下设置数组的长度 arraysize。

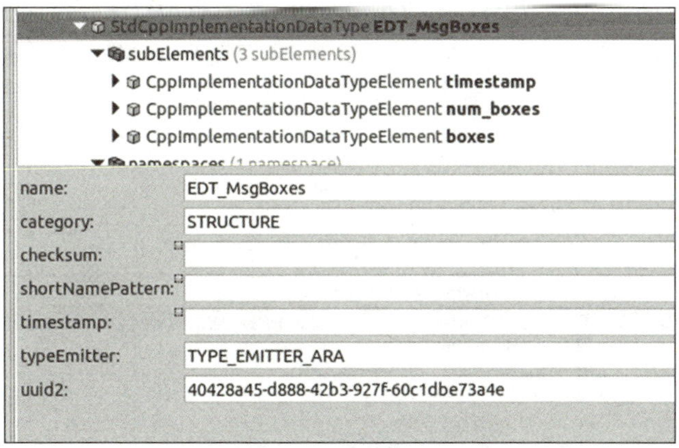

图 7.27 ARXML 中配置结构体

为了能够更简便地在 C++代码中管理不同应用和服务的数据类型，对于每个数据类型必须设置相关的名字空间 Namespace。需要注意的是，在 Vector 的代码生成工具中，名字空间的大小写有一些区别，数据类型中的 Namespace 首字母是大写的，而服务部署时的名字空间首字母默认是小写的，容易产生误会。因此，建议在以上两处使用不同 Namespace，以便于区别。

2) ServiceInterface 服务接口设置

完成数据类型定义后,便可以进行服务设计。服务接口,即 Service Interface,定义了服务传输的数据类型和通信方式。在本项目中,为了实现测量和标定的功能,设计一个服务接口,包含一个 Event 和一个 Field(图 7.28)。

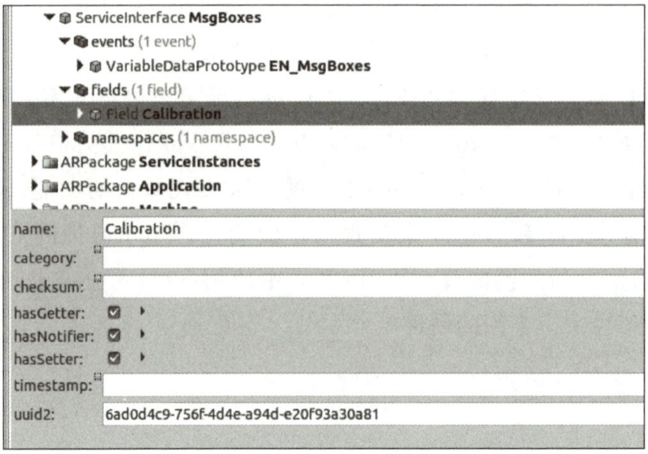

图 7.28　ARXML 中配置 Field 和 Event

注意:ServiceInterface 只是服务接口的通用形式,而非服务的真正实现。服务的真正实现在下文中将逐步完成。

3) Service Deployment 部署

Service 的具体实现包括两层:传输协议部署和服务实例化。在 Service Interface 配置完成后,可以右击选择 ServiceInterfaceDeployment 直接添加(图 7.29)。

第一层为传输协议的部署 Deployment,将服务部署到 SOME/IP、IPC 或 dds 传输,并配置对应协议的相关信息。比如,本项目中使用的是 SOME/IP 通信,在具体的部署中就需要指明 Service ID、Event ID 等。

在传输层方面,本项目使用 UDP(图 7.30)。

4) Service Instance 实例化(可在 Machine 搭建完毕后)

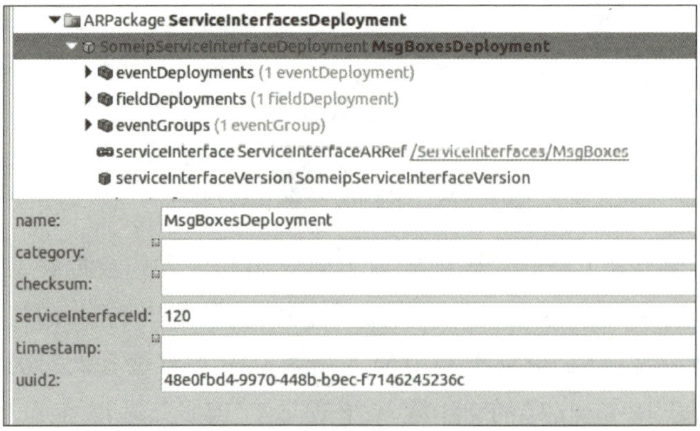

图 7.29　ARXML 中配置 ServiceInterfaceDeployment

图 7.30　ARXML 中配置服务传输层协议

在上文中,服务的通用接口和传输协议已经确定,后续便可配置真正的服务实例。在本层中,服务的实例分为两类——Provide 输出实例或 Required 输入实例。这一层实例在代码中对应生成了 Skeleton 服务端或 Proxy 客户端的传输层和服务层信息。

在 SOME/IP 的服务实例中,定义了该服务实例的本身发现时间信息以及服务下 EventGroup 的订阅发现时间信息,如 TTL 生存时间、发现周期、初始化时间等。

在 DaVinci 工具中,通过右击添加的方式,直接加入服务实例并默认设置 EventGroup、发现 config 时间信息。

服务发现、Event 发现订阅等机制中有较为复杂的时间状态行为,包括初始化、初始重复、主循环、关闭几个状态机,每个状态机下均有相关的时间属性。

5) 传输数据大小端设置

首先,建立 TransformationPropsSet,在其下建立 ApSomeipTransformationProps,并在 byteOrder 下设置 MOST_SIGNIFICANT_BYTE_FIRST(小端)(图 7.31)。

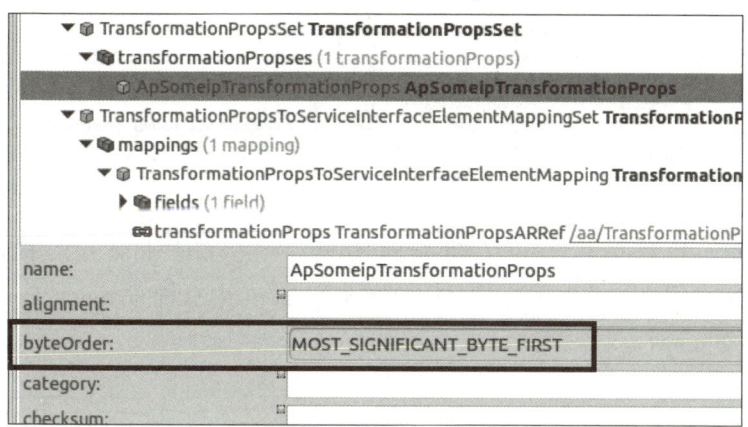

图 7.31　配置大小端

其次,建立 SomeipDataPrototypeTransformationProps,在其下建立 dataPrototypes 链接需要设置的元素,选择 Field;再建一个 somipTransformationProps,并链接到刚刚新建的 ApSomeipTransformationProps(图 7.32)。

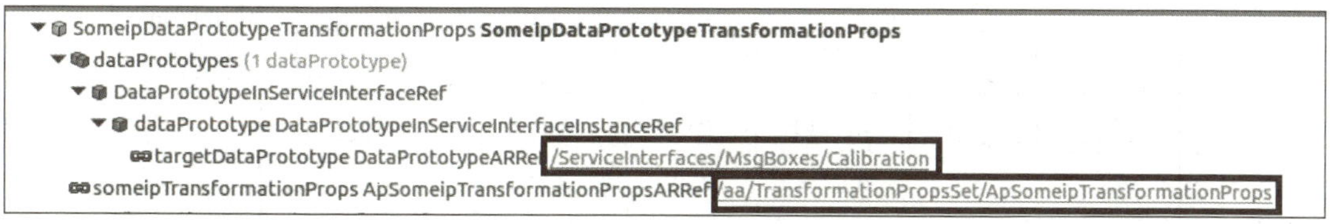

图 7.32　将小端传输下选择 Field

最后,新建一个 TransformationPropsToServiceInterfaceElementMappingSet,其下新建 TransformationPropsToServiceInterfaceElementMapping,链接到 Field 之后,再新建 TransformationProps,并链接到刚刚新建的 ApSomeipTransformationProps(图 7.33)。

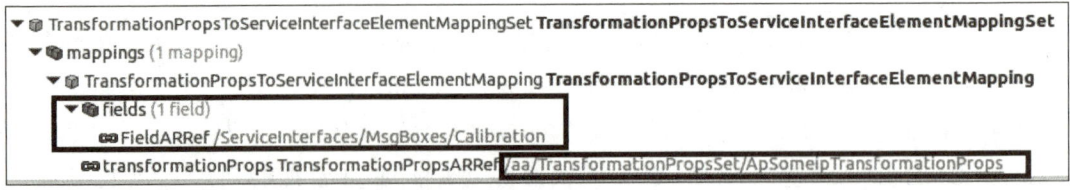

图 7.33 将 Field 在 mapping 到小端

至此,Field 数据传输就设置为小端。

2. Applicaiton 配置

1) Software Component 和 Port

在 AUTOSAR Adaptive 中,Application 应用是车载软件逻辑功能的模块化单元。Application 由一到多个 Executable 可执行文件组成(图 7.34)。在本项目中,包括两个可执行文件:NavigatorExe 和 TrafficSignExe。

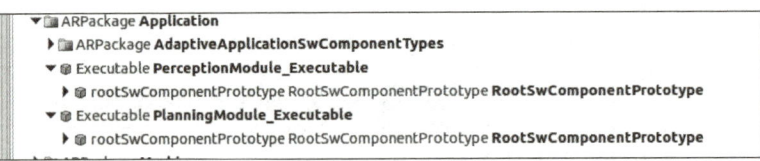

图 7.34 ARXML 中配置 executable

Executable 可执行体作为相关功能的实现,一定有对外交互的接口。这里,将 Executable 分解为多个 Component 组件,在 Component 中分配 Provide Port 或 Required Port 接口对外交互(图 7.35)。

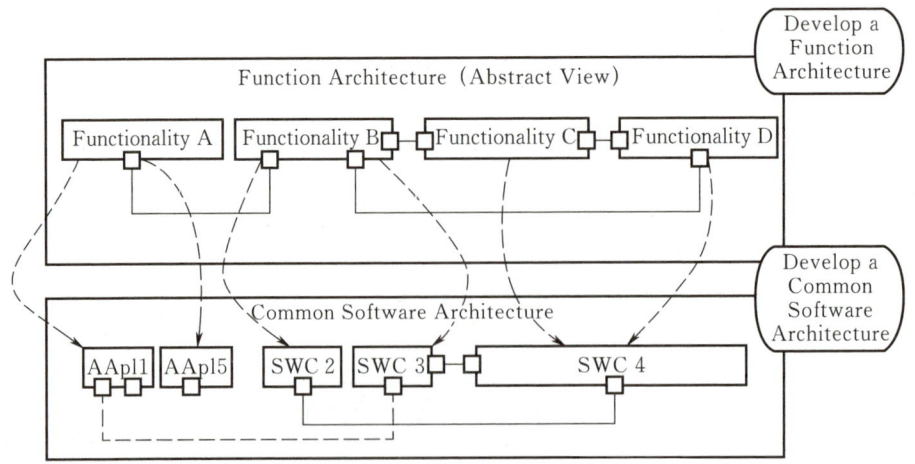

图 7.35 软件组件和端口关系图

在 AUTOSAR Adaptive 中，Port 对外交互必须以服务接口的方式进行，需要参考相关的 Service Interface。Port 在 C++ 代码的体现是 ServiceSecificer，可用于服务的提供或发现。

2) Process（可以在 Machine 搭建完毕后进行配置）

Executable 可执行文件运行时是以进程的方式在 OS 上运行，并且有运行时的调度、优先级、传入参数等选项可以设置。此外，如果在执行管理方面对于 Executable 的执行有要求，可以在 Process 中设置对应的机器状态（详情见下文 Machine 状态）。

首先，必须为进程设置对应的 Executable 执行文件（图 7.36）。

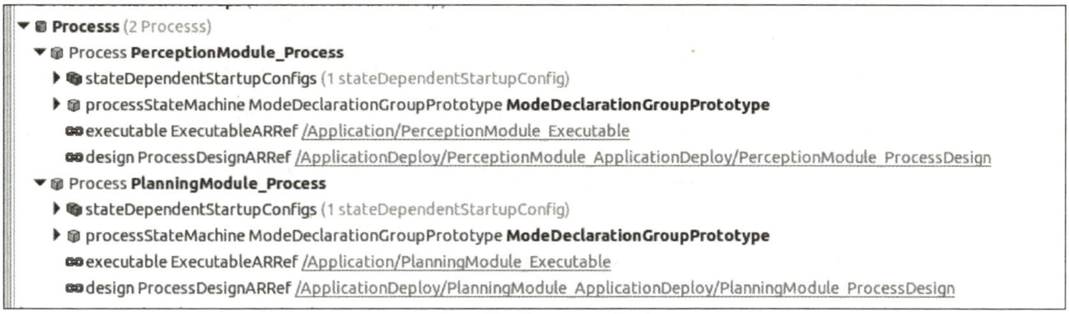

```
▼ Processs (2 Processs)
  ▼ Process PerceptionModule_Process
    ▶ stateDependentStartupConfigs (1 stateDependentStartupConfig)
    ▶ processStateMachine ModeDeclarationGroupPrototype ModeDeclarationGroupPrototype
      executable ExecutableARRef /Application/PerceptionModule_Executable
      design ProcessDesignARRef /ApplicationDeploy/PerceptionModule_ApplicationDeploy/PerceptionModule_ProcessDesign
  ▼ Process PlanningModule_Process
    ▶ stateDependentStartupConfigs (1 stateDependentStartupConfig)
    ▶ processStateMachine ModeDeclarationGroupPrototype ModeDeclarationGroupPrototype
      executable ExecutableARRef /Application/PlanningModule_Executable
      design ProcessDesignARRef /ApplicationDeploy/PlanningModule_ApplicationDeploy/PlanningModule_ProcessDesign
```

图 7.36　配置 Process

在状态依赖和启动配置中，需要制定使用的机器状态组和对应的具体状态机。比如，本项目中使用 MPU 机器上的状态组，并在 Running 阶段运行相关进程（图 7.37）。

```
▼ stateDependentStartupConfigs (1 stateDependentStartupConfig)
  ▼ StateDependentStartupConfig
    ▼ functionGroupStates (1 functionGroupState)
      ▼ ModeInMachineInstanceRef
        targetModeDeclaration ModeDeclarationARRef /DataTypes/ModelManagement/MachineState/Running
        contextModeDeclarationGroupPrototype ModeDeclarationGroupPrototypeARRef /Machine/MPUMachin
```

图 7.37　配置 state 依赖

进程在机器上的运行也有对应的属性，如优先级、调度策略、传入命令参数等，这需要在 StarupConfig 属性下设置，并在 Process 上引用该设置即可（图 7.38）。

至此，在 Execute Manager 执行到对应的状态时，便会调用 Exec 族函数——execve(const char * path, char * const argv[], char * const envp[])执行相应可执行文件。

此外，如果需要在 StartupConfig 中加入参数，可以传入启动参数（图 7.39）。本项目中，在编程阶段使用 parse 代码解析参数，以"-c ./etc/applicaton.json"传入 applicaton.json。

注意：本选项中的参数命令包含多种类型，如 SHORT、SIMPLE、LONG，不同类型对应不同的解析方式。本项目中选择 SHORT 解析方式，其余解析方式可以参考 AUTOSAR 手册（图 7.40）。

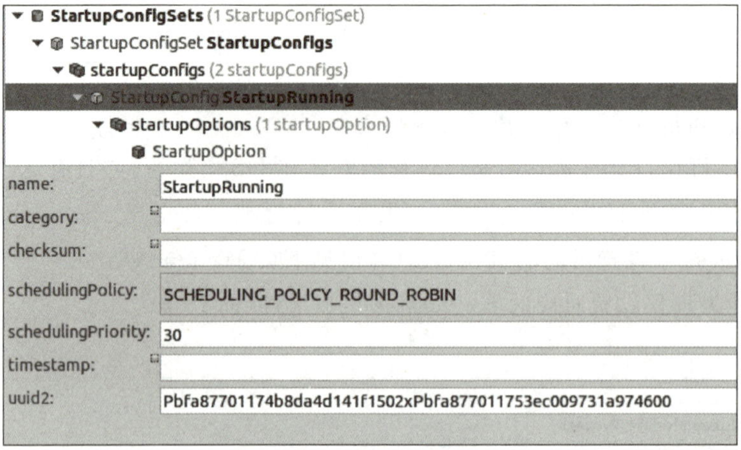

图 7.38 配置优先级策略

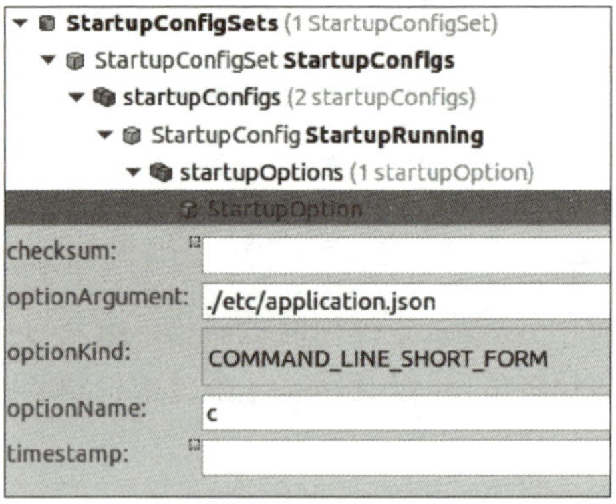

图 7.39 配置启动参数

Enumeration	CommandLineOptionKindEnum
Package	M2::AUTOSARTemplates::AdaptivePlatform::ExecutionManifest
Note	This enum defines the different styles how the command line option appears in the command line. Tags:atp.Status=draft
Literal	Description
commandLineLong Form	Long form of command line option. Example: <nowiki>--version=1.0 • – help</nowiki> Tags:atp.EnumerationLiteralIndex=1
commandLineShort Form	Short form of command line option. Example: <nowiki>-v 1.0 • h</nowiki> Tags:atp.EnumerationLiteralIndex=0
commandLine SimpleForm	In this case the command line option does not have any formal structure. Just the value is passed to the program. Tags:atp.EnumerationLiteralIndex=2

图 7.40 AUTOSAR 手册

3. Machine 配置

在 AUTOSAR Adaptive 中,Machine 是指软件的 OS 和硬件相关的驱动平台。Machine 主要包括 Processor 处理器、Machine state 状态、EthernetConnector 网卡三个主要部分。在 DaVinci 工具中,可以新建 Machine Design 用于初步设计机器平台,主要包括机器对外通信的接口和地址,以及 SOME/IP 服务进程的端口地址。

1) Machine Design 配置

Machine Design 工程中包含了对于 Machine 需求的功能描述,Machine Design 并不是真正的 Machine,而是对于一类 Machine 的设计。真正的 Machine 体现在 Machine 工程中,包括其状态机、处理器等。由 Machine Design 设计机器、配置机器的网口、服务发现设置等选项。这里的网口可由主页的选项直接进入。本项目中,配置了一个网口、三个 endpoint 端点(多播端点和单播端点),并设置了相关的 IP 地址。

2) Machine 实体配置

完成 Machine Design 后,可以具体配置真正的 Machine(图 7.41)。

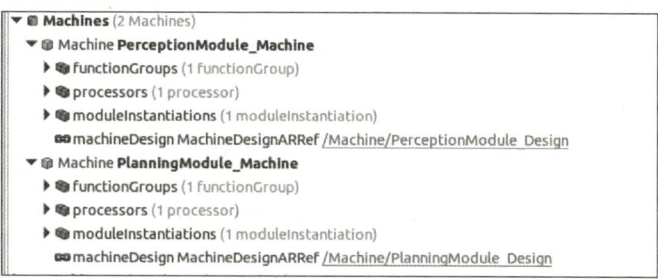

图 7.41 配置 Machine

这里需要根据 AUTOSAR 协议手动添加对应的描述选项,如图 7.42 所示,包括 admindata、sdgcontent。

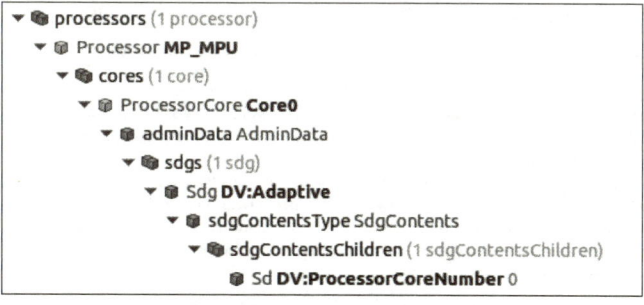

图 7.42 配置 admindata

机器上的网卡设置,使用 192.168.0.1 和 192.168.0.5 作为 Service 的通信以太网地址,使用 239.255.255.255 作为服务发现的 SD 广播地址(图 7.43)。

```
▼ ⊟ EthernetCluster EthernetCluster
  ▼ ⊟ ethernetClusterVariants (1 ethernetClusterVariant)
    ▼ ⊟ EthernetClusterConditional
      ▼ ⊟ physicalChannels (1 physicalChannel)
        ▼ ⊟ EthernetPhysicalChannel EthernetPhysicalChannel
          ▼ ⊟ networkEndpoints (3 networkEndpoints)
            ▶ ⊟ NetworkEndpoint J3_1_PerceptionModule_NetworkEndpoint
            ▶ ⊟ NetworkEndpoint SDMulticastEndpoint
            ▶ ⊟ NetworkEndpoint J3_2_PlanningModule_NetworkEndpoint
```

图 7.43 配置单播和多播地址

4. Service、Application、Machine 的 Mapping 关系

1) Service-Application Mapping 关系

在应用的 Process 上调用 Port 时，会构造对应的 Proxy 和 Skeleton，但是这个类中仅体现了 Port 对应的 Service Interface 性质，如数据类型、通信行为、Service ID 等，没有相关的实现方式。因此，需要将 Service Instance(服务端或客户端)和 Port 以及相关的 Process 联系起来，从而在 binding 信息中设置 Service 的实现(体现在 implment Proxy 或 Skeleton 中)，在代码中是通过 C++ 的多态形式生成 IPC、SOME/IP 实现。此处也可以实现 Multibinding 特性，即一个客户端接口映射多个服务实例。

在 DaVinci 工具中，可以在对应的服务 Instance 上右击添加 ServiceInstanceToPortPrototypeMapping，引用相关的软件组件 Swc 和 Port(图 7.44)。

```
▼ ⊟ ARPackage ServiceInstances
  ▼ ⊟ ARPackage PerceptionModule_ServiceInstances
    ▶ ⊟ ProvidedSomeipServiceInstance MsgBoxesDeploymentProvidedInstance
    ▼ ⊟ ServiceInstanceToPortPrototypeMapping MsgBoxesDeploymentProvidedInstanceMapping
      ▶ ⊟ portPrototype PortPrototypeInExecutableInstanceRef
      ∞ process ProcessARRef /ApplicationDeploy/PerceptionModule_ApplicationDeploy/PerceptionModule_Process
      ∞ serviceInstance AdaptivePlatformServiceInstanceARRef /ServiceInstances/PerceptionModule_ServiceInstances/MsgBoxesDeploymentProvidedInstance
    ▶ ⊟ SomeipSdServerServiceInstanceConfig MsgBoxesDeploymentProvidedInstanceConfig
  ▶ ⊟ ARPackage PlanningModule_ServiceInstances
```

图 7.44 配置服务实例到 Port 口的映射

2) Application-Machine Mapping 关系

应用作为进程，在机器上的运行部署是有选择性的，既可以部署在哪个机器上，也可以选择在哪个核上运行。直接右击添加该 ProcessToMachineMapping 即可(图 7.45)。

```
▼ ⊟ ARPackage PerceptionModule_ServiceInstances
  ▶ ⊟ ProvidedSomeipServiceInstance MsgBoxesDeploymentProvidedInstance
  ▶ ⊟ ServiceInstanceToPortPrototypeMapping MsgBoxesDeploymentProvidedInstanceMapping
  ▶ ⊟ SomeipSdServerServiceInstanceConfig MsgBoxesDeploymentProvidedInstanceConfig
▼ ⊟ ARPackage PlanningModule_ServiceInstances
  ▶ ⊟ RequiredSomeipServiceInstance MsgBoxesDeploymentRequiredInstance
  ▶ ⊟ ServiceInstanceToPortPrototypeMapping MsgBoxesDeploymentRequiredInstanceMapping
  ▶ ⊟ SomeipSdClientServiceInstanceConfig MsgBoxesDeploymentRequiredInstanceConfig
  ▶ ⊟ SomeipSdClientEventGroupTimingConfig MsgBoxesDeploymentRequiredInstance_001
▶ ⊟ ARPackage Application
```

图 7.45 配置 ProcessToMachineMapping

3) Service-Machine Mapping 关系

ServiceInstance 已经指定好了服务的收发、传输协议(tcp/udp/ipc)，但是仍未确定在机器上的具体布置方式。ServiceInstanceToMachineMapping 将服务实例映射到具体的网口、IP 地址上。同时，可以在对应的 ServiceInstance 上右击添加 ToMachineMapping 信息(图 7.46)。

第 7 章 AUTOSAR Adaptive 的标定测量

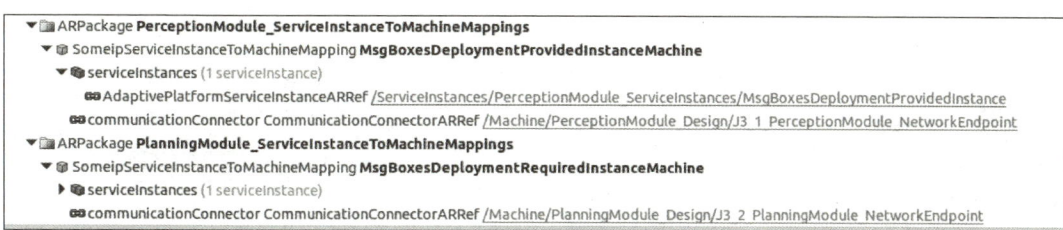

图 7.46 配置服务到机器的映射

7.2.2 CANape 工程配置

与配置 XCP 类似，首先，新建一个 CANape 工程，然后新建一个 Device，并选择 SOME/IP 作为通信协议（图 7.47）；新建一个网络，选择硬件通道（图 7.48）；添加数据库，DataBase 为上一节配置的 ARXML（图 7.49）；如果提示 SOME/IP 初始化失败这种错误，可以检查一下配置的 IP 地址是否有错误（图 7.50）。其次，可以看到解析出来的服务内容（图 7.51）；选择 Event 里面的元素，打开测量窗口，并选择要测量的元素（图 7.52 和图 7.53）；打开标定相关窗口（图 7.54），拖动 Field 到刚才的 Graphic 窗口，选择 Measurement signal（图 7.55）。至此，需要打开的窗口就完成了，Graphic 窗口可以看到由变化值生成的图像。Parameters 窗口可以通过 Setter 和 Getter 来实现标定（图 7.56）。

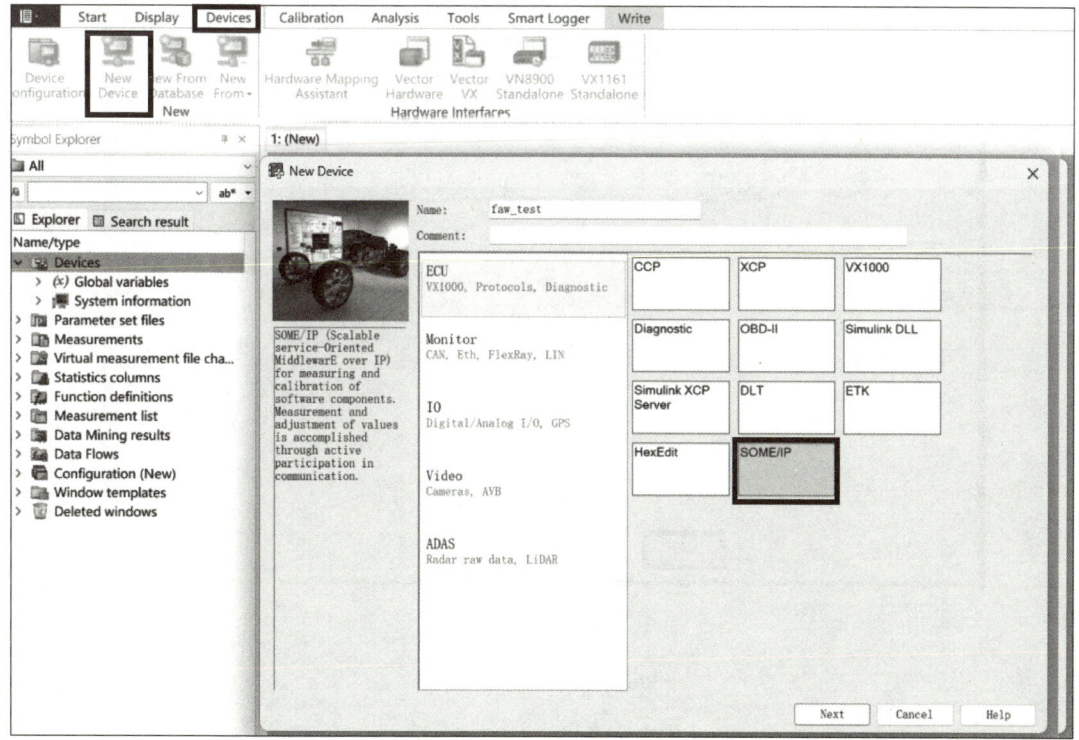

图 7.47 创建 Device

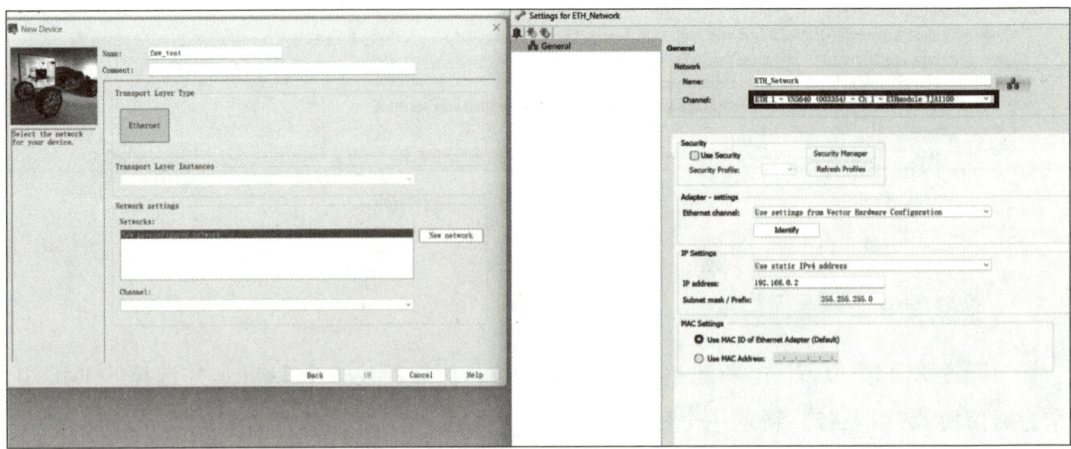

图 7.48　选择硬件通道

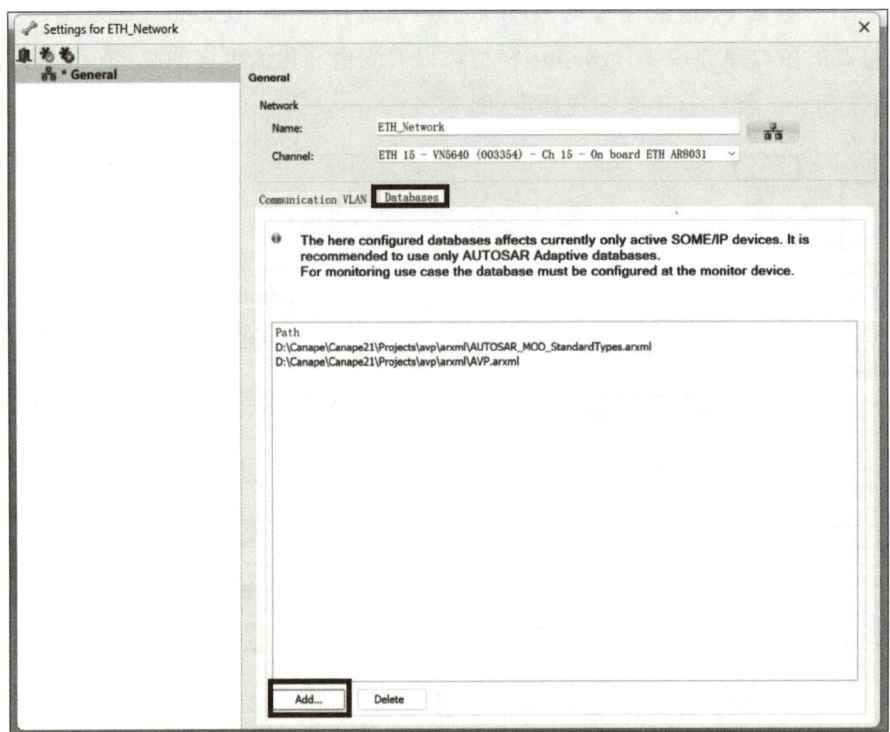

图 7.49　添加数据库

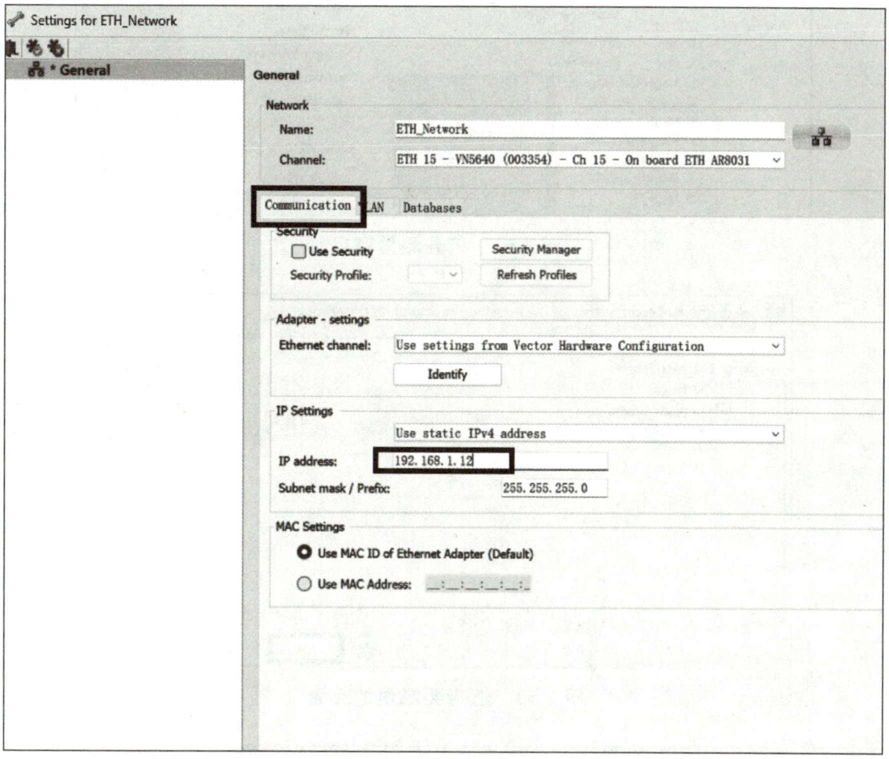

图 7.50 设置 IP

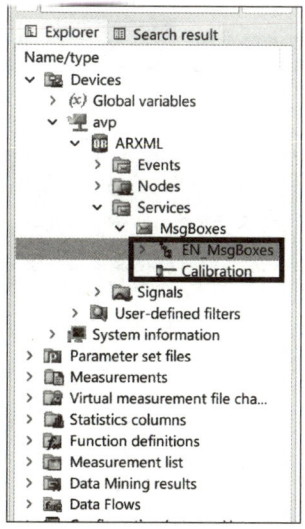

图 7.51 解析出数据库的内容

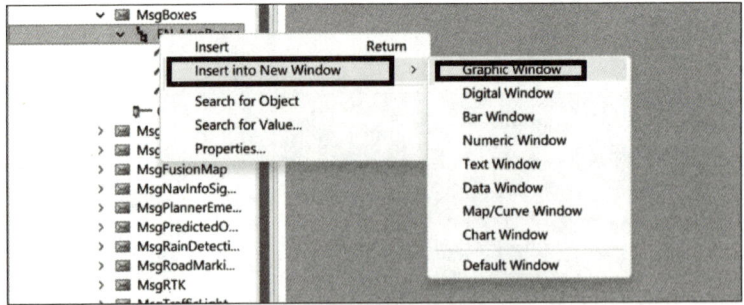

图 7.52　打开测量窗口

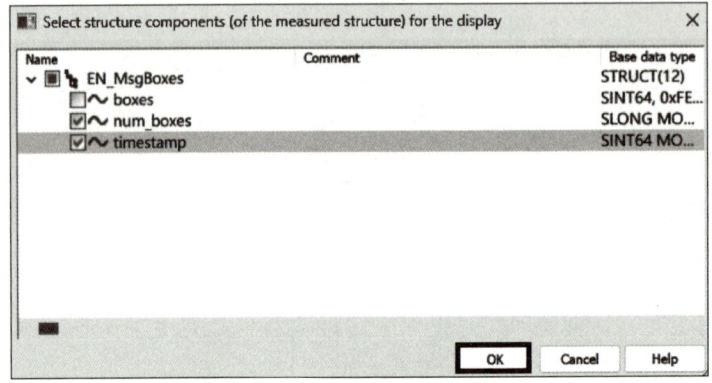

图 7.53　选择要测量的元素

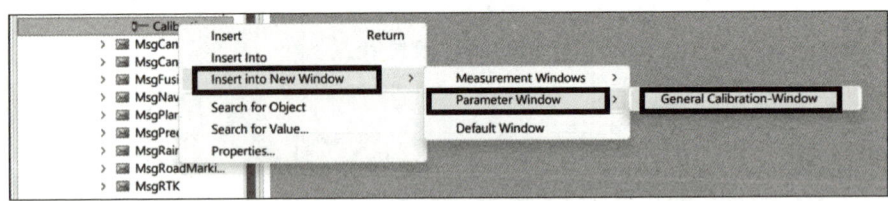

图 7.54　打开标定窗口

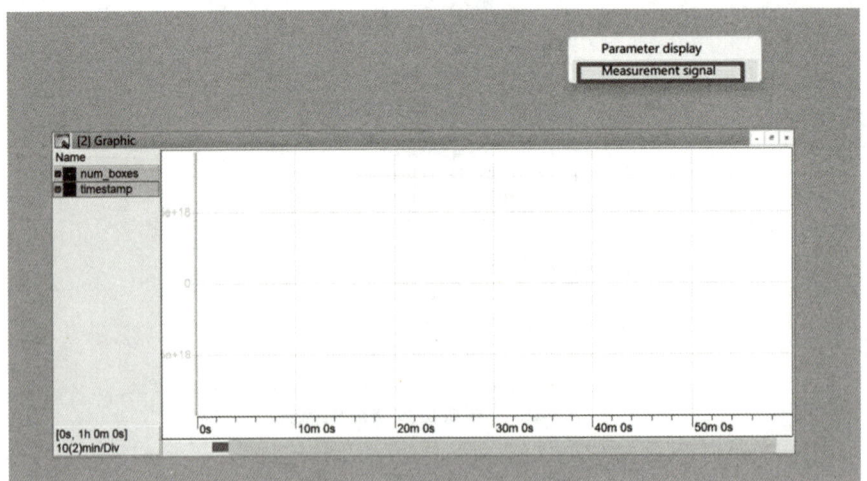

图 7.55　将标定量进行测量

第 7 章　AUTOSAR Adaptive 的标定测量

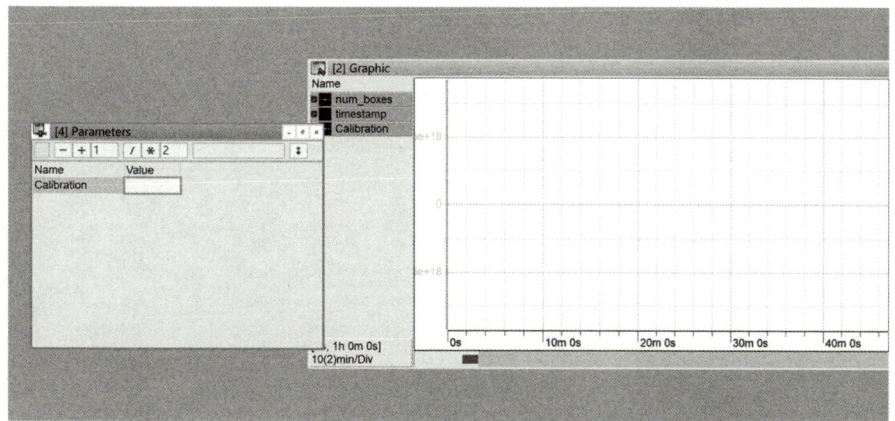

图 7.56　标定量与测量量

在终端运行 demo，可以看到 Server 端向外发送的 Event 和 notifier，这些值可以在 Graphic 窗口显示（图 7.57）；在设置面板中更改值，终端中接收到新值并打印。以后发送的 notifier 值新值，并且 Graphic 窗口也显示新值（图 7.58 和图 7.59）。最终生成的标定量的测量曲线如图 7.60 所示。

```
[1700642738885949][sdse CSRV][INFO] ********Send MsgBoxes event********
[1700642738885959][sdse CSRV][INFO]  Calibration     = 20
[1700642738885969][sdse CSRV][INFO]  MsgBoxes.timestamp = 118
[1700642738886196][sdse vcso][DEBUG] [1945: SomeIpPostxClient]OnSendCompleted:548:
```

图 7.57　终端输出结果

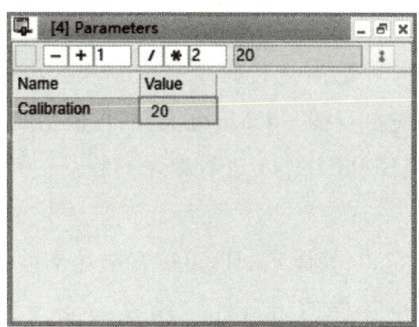

图 7.58　CANape 标定面板 1

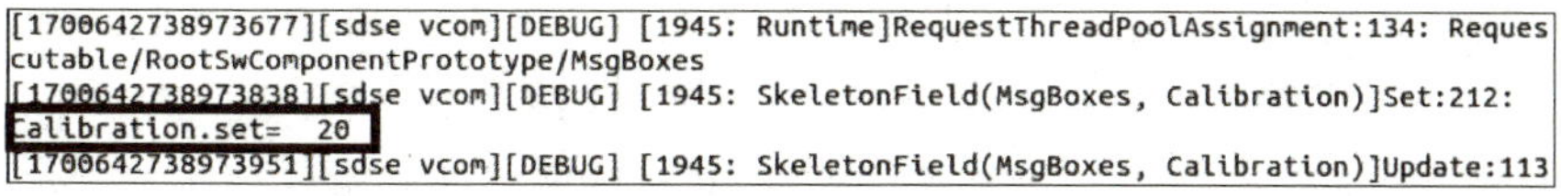

```
[1700642738973677][sdse vcom][DEBUG] [1945: Runtime]RequestThreadPoolAssignment:134: Reques
cutable/RootSwComponentPrototype/MsgBoxes
[1700642738973838][sdse vcom][DEBUG] [1945: SkeletonField(MsgBoxes, Calibration)]Set:212:
Calibration.set=  20
[1700642738973951][sdse vcom][DEBUG] [1945: SkeletonField(MsgBoxes, Calibration)]Update:113
```

图 7.59　CANape 标定面板 2

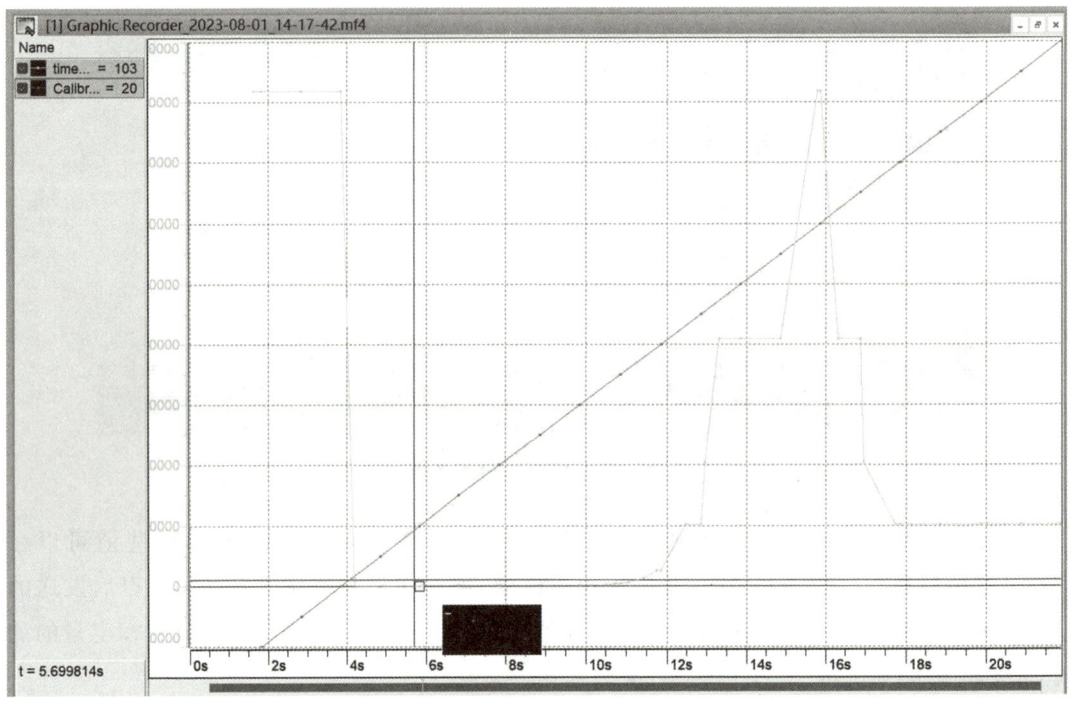

图 7.60　最终生成的标定量的测量曲线

7.2.3　编写 CMake 文件

CBD2000241_D00 的代码开发项目是基于 CMake 工具链编译构建的,需要使用 ARXML 文件生成的源码开发应用主代码。由于 CMake 在复杂项目的过程中的实现仍然较为复杂,同时涉及在 BSW 中的各个模块依赖、路径关系,因此 Vector 公司开发了基于 Python3 的 BuildHelper 工具,可以简化代码生成、CMake 文件解析与执行、编译构建。综上,AP 应用的编译构建应首先自行编写 CMake 文件,再使用 BuildHelper 读取 CMake 文件构建工程,在完成编码后使用 BuildHelper 进行编译安装。

1. CMake 文件编写

CMake 是一个跨平台的安装(编译)工具,可以在描述文件 CMakeLists.txt 定义所有平台的编译安装过程,输出各种各样的 makefile 或者 project 文件,测试编译器所支持的 C++特性。CMake 并不直接建构出最终的软件,而是先产生标准 Makefile 描述文件,然后再供一般的建构方式使用。

在 MICROSAR Adaptive 中,可以参考 Examples 下的 CMakeLists.txt 进行 CMake 文件编写。在一个 AP 应用下,往往有多个可执行文件,应用目录下的顶层 CMakeLists.txt 指明了编译选项、工程名称、依赖变量等,但不进行具体的预处理和链接设置。在各个可执行文件目录下的 CMakeLists.txt 中,将进一步完成预处理、链接,并把可执行文件以 add_executable() 的形式输出。在 CMake 编译过程中,主要有项目依赖包、预处理路径、链接路径需要引入。

2. 引入依赖包

为了方便在项目中引入外部依赖包,CMake 官方提供了 find_Package()接口,用于查找扩展模块下的变量信息。

在 AP 的 BSW 中,各个模块也都定义了自身的 Find＜LibaryName＞.cmake。在 BuildHelper 中将模块路径加入 CMake Package 搜索路径,之后便可在 CMakeLists.txt 中直接使用 find_pakcage 进行引用。具体如工程源码 7.9 所示。

工程源码 7.9 CMake 文件中的 find_pakcage

```
# ImPort ARA
message(STATUS "ImPorting ARA")
find_Package(ARA REQUIRED)
message(STATUS "Package ARA found: ${ARA_FOUND}")


# ImPort ARA-SomeIP-posix
message(STATUS "ImPorting ARA-SomeIP-posix")
find_Package(ARA-SomeIP-posix REQUIRED)
message(STATUS "Package ARA-SomeIP-posix found: ${ARA-SomeIP-posix_FOUND}")


# ImPort Threads
message(STATUS "ImPorting Threads")
find_Package(Threads REQUIRED)
message(STATUS "Package Threads found: ${Threads_FOUND}")


# ImPort Logging API
message(STATUS "ImPorting ara-logging")
find_Package(ara-logging REQUIRED)
message(STATUS "Package ara-logging found: ${ara-logging_FOUND}")


# ImPort ApplicationClient
message(STATUS "ImPorting EM ApplicationClient")
option(ENABLE_EXEC_MANAGER "Enable Vector Execution Manager supPort" ON)
if(ENABLE_EXEC_MANAGER)
    add_definitions(-DENABLE_EXEC_MANAGER)
endif()
```

```
    message(STATUS "option -DENABLE_EXEC_MANAGER = " ${ENABLE_EXEC_MANAGER})
    if(ENABLE_EXEC_MANAGER)
        set(VectorApplicationClient amsr-vector-fs-em-executionmanagement_
Application-client)
        find_Package(${VectorApplicationClient} QUIET)
        set(ARA_EXEC_LIBRARIES ${${VectorApplicationClient}_LIBRARIES})
        message(STATUS "Package ApplicationClient(Vector)found with libraries:
${ARA_EXEC_LIBRARIES}")
        set(ARA_EXEC_INCLUDE_DIRS ${${VectorApplicationClient}_INCLUDE_
DIRS})
    endif()

    # ImPort vac
    message(STATUS "ImPorting vac")
    find_Package(vac REQUIRED)
    message(STATUS "    Package vac found: ${vac_FOUND}")
```

在 find_pakcage 之后，就可以获得该模块下的预处理 Include 路径和链接 Library 路径。注意：这里只是获得了路径变量，但是并未使用这些变量。

在可执行文件代码目录下，CMakeLists.txt 将使用顶级目录中的变量设置预处理、链接路径，并引用该目录下的源码，生成对应的可执行文件。如果有安装的需求，也可以把相关文件安装到指定路径（工程源码 7.10）。

工程源码 7.10　可执行文件路径

```
    # ImPort ARA
    message(STATUS "ImPorting ARA")
    find_Package(ARA REQUIRED)
    message(STATUS "Package ARA found: ${ARA_FOUND}")

    # ImPort ARA-SomeIP-posix
    message(STATUS "ImPorting ARA-SomeIP-posix")
    find_Package(ARA-SomeIP-posix REQUIRED)
    message(STATUS "Package ARA-SomeIP-posix found: ${ARA-SomeIP-posix_
FOUND}")

    # ImPort Threads
```

```cmake
    message(STATUS "ImPorting Threads")
    find_Package(Threads REQUIRED)
    message(STATUS "Package Threads found: ${Threads_FOUND}")
    set(TARGET_NAME PerceptionModule_Executable)

    # Collect Static Sources
    file(GLOB_RECURSE CALCULATORSERVER_SRCS ${PROJECT_SOURCE_DIR}/src/PerceptionModule_Executable/*.cc ${PROJECT_SOURCE_DIR}/src/config/*.cc ${PROJECT_SOURCE_DIR}/src/common/*.cc)
    message(STATUS "CALCULATORSERVER_SRCS: ${CALCULATORSERVER_SRCS}")
    file(GLOB_RECURSE CALCULATORSERVER_GEN_SRCS_SOMEIP ${ADAPTIVE_MICROSAR_SRC_GEN_DIR}/${TARGET_NAME}/someip-posix/*.cc ${ADAPTIVE_MICROSAR_SRC_GEN_DIR}/${TARGET_NAME}/someip-posix/*.cpp)
    file(GLOB_RECURSE CALCULATORSERVER_GEN_SRCS ${ADAPTIVE_MICROSAR_SRC_GEN_DIR}/${TARGET_NAME}/src/*.cc ${ADAPTIVE_MICROSAR_SRC_GEN_DIR}/${TARGET_NAME}/src/*.cpp)
    set(CALCULATORSERVER_GEN_SRCS ${CALCULATORSERVER_GEN_SRCS} ${CALCULATORSERVER_GEN_SRCS_SOMEIP})
    message(STATUS "CALCULATORSERVER_GEN_SRCS: ${CALCULATORSERVER_GEN_SRCS}")

    # Build
    add_executable(${TARGET_NAME} ${CALCULATORSERVER_SRCS} ${CALCULATORSERVER_GEN_SRCS})

    # Collect Includes
    target_include_directories(${TARGET_NAME} PRIVATE
        ${VAC_INCLUDE_DIRS}
        ${ADAPTIVE_MICROSAR_SRC_GEN_DIR}/${TARGET_NAME}/includes
        ${ADAPTIVE_MICROSAR_SRC_GEN_DIR}/${TARGET_NAME}/someip-posix
        ${ARA_LOGGING_INCLUDE_DIRS}
        ${PROJECT_SOURCE_DIR}/src/common
    )
    target_link_libraries(${TARGET_NAME}
        ${ARA_SOMEIP_POSIX_LIBRARIES}
```

```
    ${ADAPTIVEPLATFORM_LIBRARIES}
    ${ARA_LIBRARIES}
    ${ARA_LOGGING_LIBRARIES}
    ${VAC_LIBRARIES}
)
```

7.2.4 BuildHelper 工具

BuildHelper 是一个 Python3 程序,它会依次构建 Vector Adaptive 应用程序中的各个组件,并为各种功能提供一些选项。该工具允许多个构建树在一台机器中执行,且不会相互干扰。它提供了一些方便的选项来修改构建设置。使用 BuildHelper 可以执行本地 Linux 编译和交叉编译。对于交叉编译,必须提供相应的 CMake 工具链文件。

1. BuildHelper 应用扩展配置

BuildHelper 中,需要配置相关的扩展项,从而读取并执行应用中的 CMake 文件,应用的扩展项为 Python 类,位于 SIP_DIR/BuildHelper/src 中。

以 SIP_DIR/Example/amsr-vector-app-example-calculator 源代码文件夹为例,添加对新组件的支持。具体步骤通过工程源码 7.11 进行解释。

工程源码 7.11 BuildHelper 工具

```python
"""
Application Software module class
"""
from core.build_target imPort BuildTarget
from core.module_groups imPort ModuleGroups

from vector_sw_modules.amsr_vector_fs_libvac imPort AmsrVectorFsLibvac
from vector_sw_modules.amsr_vector_fs_log_api imPort AmsrVectorFsLogApi
from vector_sw_modules.amsr_vector_fs_per_libpersistency imPort
AmsrVectorFsPerLibpersistency
from vector_sw_modules.amsr_vector_fs_em_executionmanager imPort
AmsrVectorFsEmExecutionmanager
from vector_sw_modules.amsr_vector_fs_socal imPort AmsrVectorFsSocal
from vector_sw_modules.amsr_vector_fs_someipbinding imPort
AmsrVectorFsSomeipbinding
from vector_sw_modules.amsr_vector_fs_dm_diagnosticmanager imPort
AmsrVectorFsDmDiagnosticmanager
```

```python
class AmsrVectorAppExampleCalculator(BuildTarget):
    """ Implementation of the Software module as a build-tool class """

    def __init__(self):
        BuildTarget.__init__(self)
        self.cmake_group = ModuleGroups.APP_SW.value
        self.module_cmake_options = {
            "APPLICATION_PREFIX": "opt",
            "SOMEIPD_CONFIG_DIR": "opt/someipd_posix/etc",
            "ENABLE_CODE_GENERATION": "ON"
        }

        self.dependencies = set([
            AmsrVectorFsLibvac(),
            AmsrVectorFsLogApi(),
            AmsrVectorFsPerLibpersistency(),
            AmsrVectorFsEmExecutionmanager(),
            AmsrVectorFsSocal(),
            AmsrVectorFsSomeipbinding(),
            AmsrVectorFsDmDiagnosticmanager()
        ])
```

1) 重命名类

大多数类名和各自的源代码文件名都遵循一个约定。例如，对于名为 amsr-vector-app-example-calculator（源代码文件夹的名称）的组件，相应的 Python 文件名为 amsr_vector_app_example_calculator.py（连接号用下划线替换），文件中的类名为 AmsrVectorAppExampleCalculator（删除连接号，每个单词的第一个字母大写）。

2) 更新模块组

如果组件是应用软件，则使用模块组 APP_SW；如果组件是 Vector 基础软件，则使用 Vector；如果组件是第三方软件，则使用 Thirdparty。

使用模块组便于为多个模块设置 CMake 选项，但是目前不支持添加新的模块组。APP_SW 模块组用于用户应用程序，Examples 文件夹中的模块默认属于 APP_SW 组，但是可以通过编辑相应的 Python 文件将它们分配到 VECTOR 组。

3) 更新必要的 CMake 选项

这里建议只设置构建组件所必需的 CMake 选项。变量 self.module_cmake_options 是一个简单的 Python 字典，多个选项可以用逗号分隔。

4）导入 Python 类的依赖项

依赖项的 Python 实现在 src/app_sw_modules，src/vector_sw_modules 或 src/thirdparty_sw_modules 中完成。使用相应的路径和名称导入类。

5）更新依赖项

更新该组件的依赖项，该示例需要四个依赖项。如果这个类没有依赖项，使用 self.dependencies＝set()，这样这个变量就是一个空集合。

2. BuildHelper 使用命令

1）必要参数

BuildHelper 唯一必要的参数是 SIP_DIR 的位置。这个工具必须包含选项：-s ＜path/to/SIP_DIR＞或--sip-dir ＜path/to/SIP_DIR＞。

路径既可以指定为绝对路径，也可以指定为相对路径（指向工作目录）。

2）目录选项

(1) Root source directories 根源目录

由于每个模块都有自己的源代码文件夹，因此将存储这些文件夹的目录（如 BSW、Examples）调用为根源目录。默认情况下，该工具搜索以下根源目录以获取模块源代码：

```
<SIP_DIR>/BSW
<SIP_DIR>/Examples
<SIP_DIR>/ThirdPartySrc
```

用户可以将模块源代码存储在不同的根源目录中，然后使用以下选项指定这些目录：--extra-root-src-dir ＜path/to/additional_dir＞。

路径既可以指定为绝对路径，也可以指定为相对路径（指向工作目录）。一个模块的源代码不能存在于多个根源目录中。

(2) Root build directory 根编译目录

默认情况下，该工具使用工作目录作为根生成目录。也可以通过选项指定一个不同的编译目录 build_dir：-b ＜path/to/build_dir＞或--build-dir ＜path/to/build_dir＞。

路径既可以指定为绝对路径，也可以指定为相对路径（指向工作目录）。如果路径不存在，将创建该路径。

(3) Generator directories 生成器目录

默认情况下，Vector 软件模块的源代码生成器在＜SIP_DIR＞/generator 中进行搜索。这个目录也可以通过以下选项指定：--generator-dir ＜path/to/generators＞。

路径既可以指定为绝对路径，也可以指定为相对路径（指向工作目录）。

注意：文件夹 DaVinciConfigurator 必须位于 SIP_DIR 下。

3）构建目标

默认情况下，该工具构建完整的 Vector Adaptive 模块。为了只建立一个特定的目标及其依赖关系,用户可以指定选项:-t ＜TARGET_NAME＞或--target ＜TARGET_NAME＞。

(1) 构建依赖关系

可以通过使用选项--dependencies-only 来构建给定目标的依赖项(仅依赖项)。

可以通过使用选项--skip-dependencies 来跳过构建目标的依赖项(仅目标),当跳过依赖项时,不能保证给定的目标会被编译。

(2) 控制源代码生成器

通过使用选项--model-dir ＜path/to/ARXML/model/directory＞可以使用指定目录中的 ARXML 模型完整地构建运行一次源代码生成器,并忽略组件定义的 ARXML 模型。

可以使用选项--src-gen-dir＜path/to/src-gen-output＞指定生成器运行的输出目录(默认情况下,构建目录下的文件夹名为 src-gen)。

选项--skip-generator-run 可以完全跳过任何对源代码生成器的调用实现运行时优化。不推荐使用这个选项,因为不会对 ARXML 模型和源代码生成进行任何检查或警告。如果在构建过程中使用了这个选项,则不能保证 Vector Adaptive 应用程序将正确构建或运行。

4) 安装目标

Vector Adaptive 应用程序的可执行文件所需要的组件可以通过 BuildHelper 安装到给定的安装目录中。通过指定选项--install ＜path/to/install_dir＞将各个要被安装的组件(组件被定义在 CmakeList.txt 文件中)复制到安装目录中,如果在没有参数的情况下指定了该选项,那么组件将被安装到当前工作目录下名为"install"的目录中。路径既可以指定为绝对路径,也可以指定为相对路径(指向工作目录)。

5) 指定 CMake 选项

(1) 通过 JSON 文件

在 BuildHelper/config 目录中有几个带有预配置选项的 JSON 文件,其中的 development.json 是以开发为目的而提供一组推荐选项的文件。

要使用 BuildHelper cmake 选项文件,需要提供以下参数:

```
--cmake-options-file ＜path/to/json/file＞
```

注意:建议使用 development.json 作为模板;工具链文件的路径可以指定为绝对路径或相对路径(指向 JSON 文件目录)。

(2) 通过命令行(不推荐)。

可以通过使用特殊语法指定 CMake 选项来仿照 JSON 选项文件的结构。可以采用以下的格式指定:

```
-o COMMON:OPTION_WITHOUT_D_PREFIX = VALUE
-o GROUP:＜group_name＞:OPTION_WITHOUT_D_PREFIX = VALUE
# ＜group_name＞ is either VECTOR, THIRDPARTY or APP_SW
-o MODULE:＜target_name＞:OPTION_WITHOUT_D_PREFIX = VALUE
```

6）使用 CMake 工具链文件

可以通过 CMake 工具链文件提供交叉编译、构建标志和其他选项。文件可以通过以下选项指定：

```
--cmake-toolchain-file <path/to/toolchain/file>
```

路径既可以指定为绝对路径，也可指定为相对路径（指向工作目录）。

7.2.5 交叉编译 toolchain 文件配置

假设用户现在想让之前设计的 avp-test 的应用程序在 S32G（CPU 是 aarch64 架构，操作系统是 Ubuntu18.04 LTS）上实现，由于 Vector 官方提供的工具链文件并没有支持 arm 架构下 Linux 操作系统，所以需要参照已有的 toolchain 文件编写并选用交叉编译器 gcc-linaro-7.5.0-2019.12-x86_64_aarch64-linux-gnu。具体步骤如下：

（1）进入 SIP_DIR/CMakeSupPort/toolchain 目录下，根据图 7.61 中的树形结构创建相对应的层级文件夹。

```
gcc-linaro
├── gcc-7-linaro
│   ├── include
│   │   └── linux_base.cmake
│   └── rpi
│       └── linux_debug.toolchain
└── include
    ├── arch.cmake
    └── debug.cmake
```

图 7.61 工具链树形图

（2）进入 rpi 目录创建 linux_debug.toolchain 文件，大部分内容可以参考已有的 toolchain 文件，需要改动的地方是 debug 选项改为 linux aarch64（工程源码 7.12）。

工程源码 7.12 创建 linux_debug.toolchain 文件

```
include(${CMAKE_CURRENT_LIST_DIR}/../../../include/macros.cmake)
pragma_once()
debug(linux aarch64)
```

（3）进入 gcc-7-linaro/include 目录，创建 linux_base.cmake（工程源码 7.13），大部分内容可以参考已有的 toolchain 文件，需要改动的地方是交叉编译器的可执行文件的路径。

工程源码 7.13 创建 linux_base.cmake 文件

```
set(CMAKE_C_COMPILER gcc-7)
set(CMAKE_CXX_COMPILER g++-7)
```

```
    set(CXX_COMPILE_FLAGS "-Wall -Werror -Wextra -Wnon-virtual-dtor -
Wconversion -Wold-style-cast -pedantic -Wshadow -Wno-error=deprecated-
declarations")
    set(C_COMPILE_FLAGS "-Wall -Wextra -Wconversion -pedantic -Wshadow")
    set(C_CXX_LINKER_FLAGS "")

    set(CXX_GTEST_FLAGS "-fPIC")
    set(C_GTEST_FLAGS "")
    set(CXX_COMPILE_FLAGS_THIRD_PARTY "")
    set(C_COMPILE_FLAGS_THIRD_PARTY "")
    set(C_CXX_LINKER_FLAGS_THIRD_PARTY "")
```

(4) 进入 gcc-linaro/include 目录,创建 arch.cmake(工程源码 7.14),大部分内容可以参考已有的 toolchain 文件,需要改动的地方是添加 gcc 和 g++的架构选项的具体内容。

工程源码 7.14　创建 arch.cmake 文件

```
    macro(set_arch arch)

        if("${arch}" STREQUAL "x86")
            set(CXX_ARCH_FLAGS "-m32")
            set(C_ARCH_FLAGS "-m32")
            set(C_CXX_LINKER_ARCH_FLAGS "-m32")
        elseif("${arch}" STREQUAL "x86_64")
            set(CXX_ARCH_FLAGS "-m64")
            set(C_ARCH_FLAGS "-m64")
            set(C_CXX_LINKER_ARCH_FLAGS "-m64")

        elseif("${arch}" STREQUAL "aarch64")
            set(CXX_ARCH_FLAGS "-march=armv8-a -mtune=cortex-a53" CACHE STRING "")
            set(C_ARCH_FLAGS "-march=armv8-a -mtune=cortex-a53" CACHE STRING "")
            set(C_CXX_LINKER_ARCH_FLAGS "-march=armv8-a -mtune=cortex-a53" CACHE STRING "")
```

```
    # do nothing

  elseif("${arch}" STREQUAL "arm_v8hf")
    set(CXX_ARCH_FLAGS "-march=armv8-a -mtune=cortex-a53" CACHE STRING "")
    set(C_ARCH_FLAGS "-march=armv8-a -mtune=cortex-a53" CACHE STRING "")
    set(C_CXX_LINKER_ARCH_FLAGS "-march=armv8-a -mtune=cortex-a53" CACHE STRING "")
    # do nothing

  else()
    error_message("UnsupPorted architecture: ${arch}")
  endif()

endmacro()
```

（5）进入 gcc-linaro/include 目录，创建 debug.cmake（工程源码 7.15），全部内容可以参考已有的 toolchain 文件，不需要改动，这部分是为了让编译器输出警告信息并将警告信息当作错误处理。

工程源码 7.15　创建 debug.cmake 文件

```
set(CXX_DEBUG_FLAGS "-Wfatal-errors")
set(C_DEBUG_FLAGS "-Wfatal-errors")

set_optimization_level("0")
```

（6）为 BuildHelper 编写了新的交叉编译工具链的文件之后，进入 SIP_DIR/BuildHelper/config 目录下，再编写新的 JSON 文件 development_rpi.json 来制定 CMake 选项（工程源码 7.16），大部分内容可参考 development.json 文件，需要改动的地方是添加 cmake_toolchain_file 的路径选项。

工程源码 7.16　创建 development_rpi.json 文件

```
{
  "cmake_toolchain_file":"/home/mario/SIP/CBD2000241_D00/CMakeSupPort/toolchain/gcc-7-linaro/gcc-7-linaro/rpi/linux_debug.toolchain",
```

```
"cmake_config_object": {
    "common_cmake_options": {
        "CMAKE_VERBOSE_MAKEFILE": "OFF"
    },
    "group_cmake_options": {
        "vector_modules": {
            "BUILD_TESTS": "OFF",
            "ENABLE_DOXYGEN": "OFF",
            "ENABLE_EXEC_MANAGER": "ON",
            "ENABLE_ADDON": "ON"
        },
        "thirdparty_modules": {},
        "Application_sw_modules": {
            "ENABLE_EXEC_MANAGER": "ON"
        }
    },
    "module_cmake_options": {
        "amsr-vector-fs-dm-diagnosticmanager": {
            "ENABLE_EXEC_MANAGER": "ON"
        },
        "amsr-vector-fs-em-executionmanager": {
            "ENABLE_ADDON": "ON"
        },
        "amsr-vector-app-example-calculator": {
            "USE_ARA_PER": "ON"
        },
        "amsr-vector-fs-log-api": {
            "ENABLE_DAEMON": "ON",
            "ENABLE_SYS_LOG": "ON"
        },
        "amsr-vector-fs-ucm-updatemanager": {
            "ENABLE_TEST_APPS": "OFF"
        }
    }
}
```

至此，配置文件全部编写完毕，回到 SIP_DIR 目录下，先检查 Python 脚本是否导入（图 7.62）。

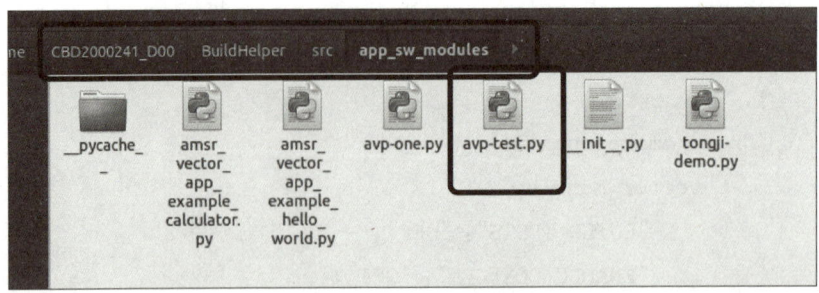

图 7.62　导入脚本

Python 脚本需要更改名称，规则是第一个字母大写，"-"后面的字母大写，如 avptest 对应改成 AvpTest 即可（工程源码 7.17）。

工程源码 7.17　脚本需要修改内容

```
"""
Application Software module class
"""

from core.build_target imPort BuildTarget
from core.module_groups imPort ModuleGroups

from vector_sw_modules.amsr_vector_fs_libvac imPort AmsrVectorFsLibvac
from vector_sw_modules.amsr_vector_fs_log_api imPort AmsrVectorFsLogApi
from vector_sw_modules.amsr_vector_fs_em_executionmanager imPort AmsrVectorFsEmExecutionmanager
from vector_sw_modules.amsr_vector_fs_communicationmiddleware imPort AmsrVectorFsCommunicationmiddleware

class AvpTest(BuildTarget):
    """ Implementation of the Software module as a build-tool class """

    def __init__(self):
        BuildTarget.__init__(self)
        self.cmake_group = ModuleGroups.APP_SW.value
        self.module_cmake_options = {
            "APPLICATION_PREFIX": "opt",
            "SOMEIPD_CONFIG_DIR": "opt/someipd_posix/etc",
```

```
            "ENABLE_CODE_GENERATION": "ON"
        }

        self.dependencies = set([
            AmsrVectorFsLibvac(),
            AmsrVectorFsLogApi(),
            AmsrVectorFsEmExecutionmanager(),
            AmsrVectorFsCommunicationmiddleware(),
        ])
```

然后执行：

```
sudo ./BuildHelper/BuildHelper -s . -b test_aarch64_build --cmake-options-file ./BuildHelper/config/development_rpi.json -t avp-test --extra-root-src-dir /home/mario/eclipse-Workspace/(自己工程的路径) --install test_aarch64_install
```

运行结果如图 7.63 所示。

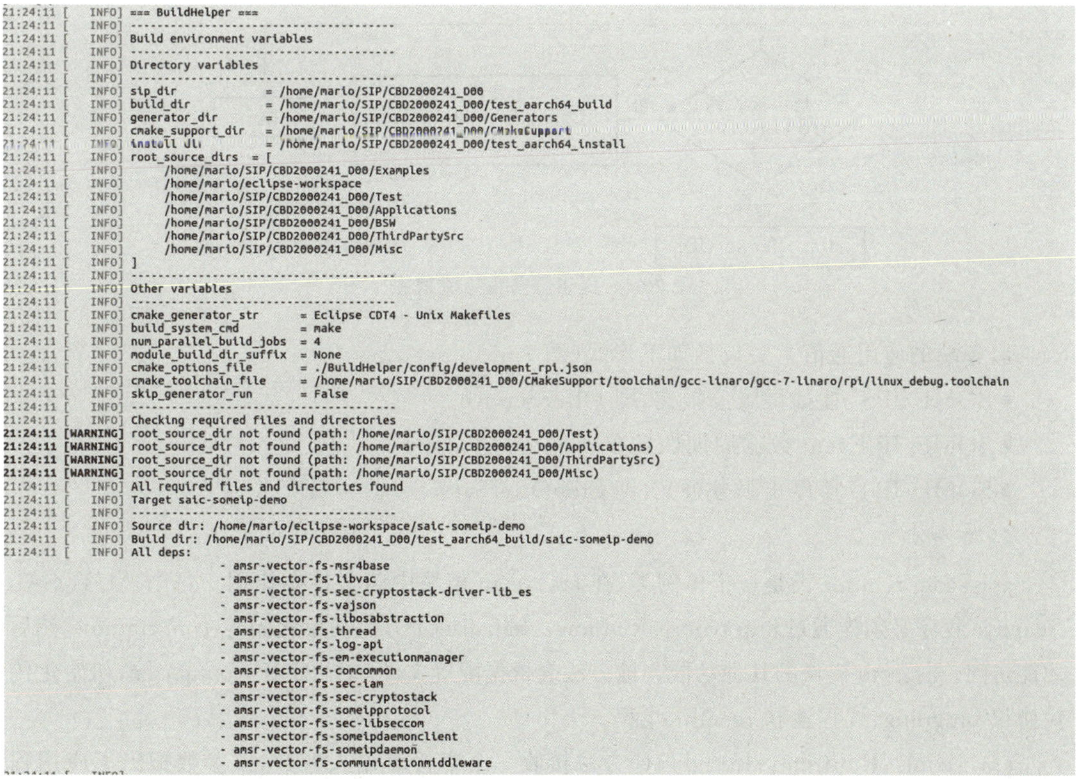

```
21:24:11 [   INFO] === BuildHelper ===
21:24:11 [   INFO] ---------------------------------------
21:24:11 [   INFO] Build environment variables
21:24:11 [   INFO] ---------------------------------------
21:24:11 [   INFO] Directory variables
21:24:11 [   INFO] ---------------------------------------
21:24:11 [   INFO] sip_dir              = /home/mario/SIP/CBD2000241_D00
21:24:11 [   INFO] build_dir            = /home/mario/SIP/CBD2000241_D00/test_aarch64_build
21:24:11 [   INFO] generator_dir        = /home/mario/SIP/CBD2000241_D00/Generators
21:24:11 [   INFO] cmake_support_dir    = /home/mario/SIP/CBD2000241_D00/CMakeSupport
21:24:11 [   INFO] install_dir          = /home/mario/SIP/CBD2000241_D00/test_aarch64_install
21:24:11 [   INFO] root_source_dirs  = [
21:24:11 [   INFO]      /home/mario/SIP/CBD2000241_D00/Examples
21:24:11 [   INFO]      /home/mario/eclipse-workspace
21:24:11 [   INFO]      /home/mario/SIP/CBD2000241_D00/Test
21:24:11 [   INFO]      /home/mario/SIP/CBD2000241_D00/Applications
21:24:11 [   INFO]      /home/mario/SIP/CBD2000241_D00/BSW
21:24:11 [   INFO]      /home/mario/SIP/CBD2000241_D00/ThirdPartySrc
21:24:11 [   INFO]      /home/mario/SIP/CBD2000241_D00/Misc
21:24:11 [   INFO] ]
21:24:11 [   INFO] ---------------------------------------
21:24:11 [   INFO] Other variables
21:24:11 [   INFO] ---------------------------------------
21:24:11 [   INFO] cmake_generator_str      = Eclipse CDT4 - Unix Makefiles
21:24:11 [   INFO] build_system_cmd         = make
21:24:11 [   INFO] num_parallel_build_jobs  = 4
21:24:11 [   INFO] module_build_dir_suffix  = None
21:24:11 [   INFO] cmake_options_file       = ./BuildHelper/config/development_rpi.json
21:24:11 [   INFO] cmake_toolchain_file     = /home/mario/SIP/CBD2000241_D00/CMakeSupport/toolchain/gcc-linaro/gcc-7-linaro/rpi/linux_debug.toolchain
21:24:11 [   INFO] skip_generator_run       = False
21:24:11 [   INFO] ---------------------------------------
21:24:11 [   INFO] Checking required files and directories
21:24:11 [WARNING] root_source_dir not found (path: /home/mario/SIP/CBD2000241_D00/Test)
21:24:11 [WARNING] root_source_dir not found (path: /home/mario/SIP/CBD2000241_D00/Applications)
21:24:11 [WARNING] root_source_dir not found (path: /home/mario/SIP/CBD2000241_D00/ThirdPartySrc)
21:24:11 [WARNING] root_source_dir not found (path: /home/mario/SIP/CBD2000241_D00/Misc)
21:24:11 [   INFO] All required files and directories found
21:24:11 [   INFO] Target saic-someip-demo
21:24:11 [   INFO] ---------------------------------------
21:24:11 [   INFO] Source dir: /home/mario/eclipse-workspace/saic-someip-demo
21:24:11 [   INFO] Build dir: /home/mario/SIP/CBD2000241_D00/test_aarch64_build/saic-someip-demo
21:24:11 [   INFO] All deps:
                      - amsr-vector-fs-msr4base
                      - amsr-vector-fs-libvac
                      - amsr-vector-fs-sec-cryptostack-driver-lib_es
                      - amsr-vector-fs-vajson
                      - amsr-vector-fs-libosabstraction
                      - amsr-vector-fs-thread
                      - amsr-vector-fs-log-api
                      - amsr-vector-fs-em-executionmanager
                      - amsr-vector-fs-comcommon
                      - amsr-vector-fs-sec-iam
                      - amsr-vector-fs-sec-cryptostack
                      - amsr-vector-fs-someipprotocol
                      - amsr-vector-fs-sec-libseccom
                      - amsr-vector-fs-someipdaemonclient
                      - amsr-vector-fs-someipdaemon
                      - amsr-vector-fs-communicationmiddleware
```

图 7.63　运行结果

7.2.6 项目编码开发

本项目中仅需要对 Server 端进行编码,Client 端的通信行为由 Canape 发出。

1. Server 行为

在本项目中,周期性发送 Event 和 notifier,并且注册相关的 Setter、Getter 回调函数。在进程启动的周期循环中,以键盘中断信号为指示停止循环,报告状态,随后结束服务的提供,回收系统资源。

结合 EM 执行管理模块,可以将应用分为三个阶段(图 7.64):

- Startup 启动阶段:处理信号中断、初始化打印模块、初始化 runtime 环境,提供服务。
- Running 运行阶段:循环定时、发布 Event。
- Shutdown 阶段:打印信息、停止提供服务、结束进程。

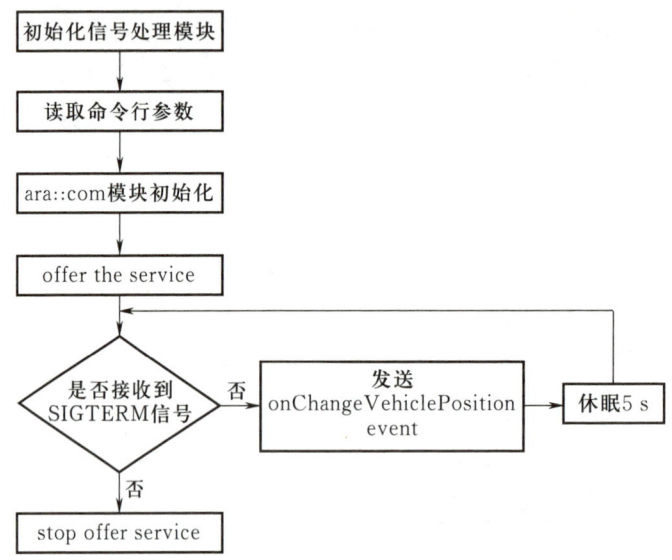

图 7.64 提供服务程序流程图

服务端的应用通信主要包括如下形式(图 7.65):

- SOME/IP 广播提供服务报文,即 OfferService。
- SOME/IP Event 数据周期性发布。
- SOME/IP 广播停止服务报文,即 StopOfferService。

2. 源码分析

ara::com runtime 类是一个单例类,在 ara::com 模块中起着核心作用。每个 AUTOSAR Adaptive 程序必须先通过 ara::com::Runtime::Initialize() 方法初始化 ara::com runtime,然后才能访问 ara::com 模块的其他功能。该方法会根据配置文件 SOME/IP_config.json,初始化传输协议 bingding、线程池和 reactor 线程。

ara::com::Runtime::Initialize()方法接收一个字符串输入参数,该参数指出了应用程序的配置文件所在位置。

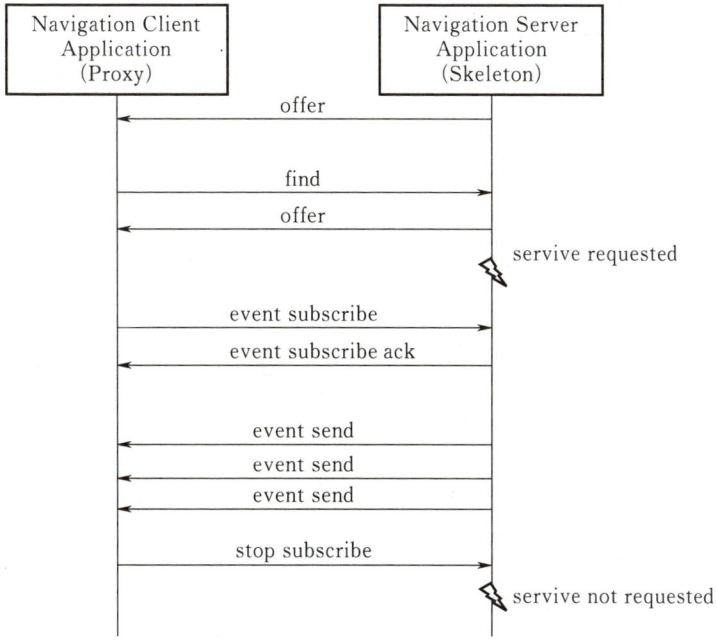

图 7.65 通信框架

代码实现如工程源码 7.18 所示。

工程源码 7.18 代码端初始化

```
    // Initialize signal handler to ensure all signals are blocked for all child Processes
    Initialize_Signalhandler();

    ara::core::Result<void> result { ara::log::Initialize() };

    if (! result.HasValue()) {
        std::cerr << "Logging initialization failed.";
        std::cerr << "Result contains: " << result.Error().Message() << ","
                  << result.Error().UserMessage();
    }
    // Create logger in the allocation phase
    ara::log::Logger &logger_ctx { ara::log::CreateLogger(calc::config::kContextIdCalcServerMethodInvocator,"Context for PerceptionModule") };

    CommandLineArguments args = ParseArguments(argc, argv);
```

```
#ifdef ENABLE_EXEC_MANAGER
    vac::memory::optional<ApplicationClient> app_client;

    if (args.enable_em_) {
            // Instantiate the ApplicationClient
            app_client.emplace();
    }
#endif
```

周期发送 Event 和 notifier 代码实现如工程源码 7.19 所示。

工程源码 7.19　周期发送 Event 和 Notifer

```
// Loop until the Execution Manager requests the Application to exit
while (! exit_requested) {
    MsgBoxesService.EN_MsgBoxes.Send(sendmsgboxes);
    sendmsgboxes.timestamp = timestamp;
    MsgBoxesService.Calibration.Update(MsgBoxesService.divideResult_value);
    logger_ctx.LogInfo() << "******** Send MsgBoxes event******** ";
    logger_ctx.LogInfo() <<" Calibration    = " << MsgBoxesService.divideResult_value;
    logger_ctx.LogInfo() <<" MsgBoxes.timestamp = " << sendmsgboxes.timestamp;
    timestamp++;
    std::this_thread::sleep_for(std::chrono::seconds(1));
}
```

注册回调函数代码实现如工程源码 7.20 所示。

工程源码 7.20　注册 Getter 和 Setter 回调函数

```
Namespace perceptionmodule{

// Provide -- MsgBoxes
MsgBoxesSever::MsgBoxesSever(ara::core::InstanceSpecifier msgboxes_Server_Port)
              :msgboxesvector::skeleton::MsgBoxesSkeleton(msgboxes_Server_Port),
```

```cpp
                    logger_ctx_ {ara::log::CreateLogger("CSRV","Context 
for msgboxes_Server method implementation") }
{
                    logger_ctx_.LogInfo() << "Offer msgboxes Server Service";

    Calibration.RegisterSetHandler([this](msgboxesvector::skeleton::fields::
Calibration::FieldType const& value) {
        ara::core::Promise<std::int32_t> promise;
        divideResult_value = value;
        std::cout<<"Calibration.set =   "<<divideResult_value<<std::endl;
        promise.set_value(divideResult_value);
        return promise.get_future();
    });
    Calibration.RegisterGetHandler([this]() {
        ara::core::Promise<std::int32_t> promise;
         std::cout<<" Calibration.get ------------------"<<
divideResult_value<<std::endl;
        promise.set_value(divideResult_value);
        return promise.get_future();
    });

    // Initialize field value before offering Service
    std::cout<<"Calibration.Send  "<<std::endl;
    Calibration.Update(0);
    }

    } // Namespace perceptionmodule
```

7.3 基于 XCP 和 SOME/IP 标定测量的对比

以上介绍了两种在 AP 中实现标定测量的方案,即基于 XCP 协议标定测量的方案和基于 SOME/IP 协议标定测量的方案。

这两种方案的不同点为数据库不同和数据收发行为不同。

1. 数据库不同

XCP 协议作为成熟的标定测量方案,其数据库是 A2L 文件,SOME/IP 协议的数据库则是 ARXML。而对于汽车行业的标定工程师来说，更熟悉 A2L 文件，而不是 ARXML 文件。A2L 文件记录着变量在内存中的详细地址，标定程序可以直接通过读取变量的地址，完成标定测量的工作，如工程源码 7.21 A2L 文件；而 ARXML 文件并不专门用于标定，变量只是作为服务通信的传输内容，相关的地址也只是 Machine 的地址，并不是变量的地址，如工程源码 7.22 ARXML 文件。

工程源码 7.21 A2L 文件

```
    /begin CHARACTERISTIC gDebugLevel "" VALUE 0x3C028 R_ULONG 0 NO_COMPU_METHOD 0 4294967295 /end CHARACTERISTIC
    /begin CHARACTERISTIC par_uint8 "" VALUE 0x3C040 R_UBYTE 0 NO_COMPU_METHOD 0 255 /end CHARACTERISTIC
    /begin CHARACTERISTIC par_uint16 "" VALUE 0x3C044 R_UWORD 0 NO_COMPU_METHOD 0 65535 /end CHARACTERISTIC
    /begin CHARACTERISTIC par_uint32 "" VALUE 0x3C048 R_ULONG 0 NO_COMPU_METHOD 0 4294967295 /end CHARACTERISTIC
    /begin CHARACTERISTIC par_uint64 "" VALUE 0x3C050 R_A_UINT64 0 NO_COMPU_METHOD 0 1E12 /end CHARACTERISTIC
    /begin CHARACTERISTIC par_int8 "" VALUE 0x3C041 R_SBYTE 0 NO_COMPU_METHOD -128 127 /end CHARACTERISTIC
    /begin CHARACTERISTIC par_int16 "" VALUE 0x3C04C R_SWORD 0 NO_COMPU_METHOD -32768 32767 /end CHARACTERISTIC
    /begin CHARACTERISTIC par_int32 "" VALUE 0x3C058 R_SLONG 0 NO_COMPU_METHOD -2147483648 2147483647 /end CHARACTERISTIC
    /begin CHARACTERISTIC par_int64 "" VALUE 0x3C060 R_A_INT64 0 NO_COMPU_METHOD -1E12 1E12 /end CHARACTERISTIC
    /begin CHARACTERISTIC par_float "" VALUE 0x3C05C R_FLOAT32_IEEE 0 NO_COMPU_METHOD 0 1E12 /end CHARACTERISTIC
    /begin CHARACTERISTIC par_double "" VALUE 0x3C068 R_FLOAT64_IEEE 0 NO_COMPU_METHOD -1E12 1E12 /end CHARACTERISTIC
    /begin GROUP TestParameters "" /begin REF_CHARACTERISTIC
        gDebugLevel par_int8 par_int16 par_int32 par_int64 par_uint8 par_uint16 par_uint32 par_uint64 par_float par_double
    /end REF_CHARACTERISTIC /end GROUP
```

工程源码 7.22 ARXML 文件

```
<ELEMENTS>
    <SERVICE-INTERFACE UUID="f451fd24-c674-4dac-b05e-f2029a83e880">
        <SHORT-NAME>MsgBoxes</SHORT-NAME>
        <NAMESPACES>
            <SYMBOL-PROPS>
                <SHORT-NAME>msgboxesvector</SHORT-NAME>
                <SYMBOL>msgboxesvector</SYMBOL>
            </SYMBOL-PROPS>
        </NAMESPACES>
        <EVENTS>
            <VARIABLE-DATA-PROTOTYPE UUID="a815fede-6f47-4bc7-bfce-651ab3c9b053">
                <SHORT-NAME>EN_MsgBoxes</SHORT-NAME>
                <TYPE-TREF DEST="STD-CPP-IMPLEMENTATION-DATA-TYPE">/Datatypes/CustomDatatypes/EDT_MsgBoxes</TYPE-TREF>
            </VARIABLE-DATA-PROTOTYPE>
        </EVENTS>
        <FIELDS>
            <FIELD UUID="6ad0d4c9-756f-4d4e-a94d-e20f93a30a81">
                <SHORT-NAME>Calibration</SHORT-NAME>
                <TYPE-TREF DEST="STD-CPP-IMPLEMENTATION-DATA-TYPE">/Datatypes/BaseDatatypes/int32_t</TYPE-TREF>
                <HAS-GETTER>true</HAS-GETTER>
                <HAS-NOTIFIER>true</HAS-NOTIFIER>
                <HAS-SETTER>true</HAS-SETTER>
            </FIELD>
        </FIELDS>
    </SERVICE-INTERFACE>
</ELEMENTS>
```

2. 数据收发行为不同

CANape 作为标定上位机，在使用 XCP 协议时，是直接通过 A2L 文件读取数据；而在使用 SOME/IP 协议时，相关服务的数据需要通过 SOME/IP Daemon 进行收发，会增加传输时延（图 7.66）。CANape 作为 Third-Party 对实时性要求比较高的数据进行收发时，更推荐使用 XCP 协议完成标定测量工作（图 7.67）。

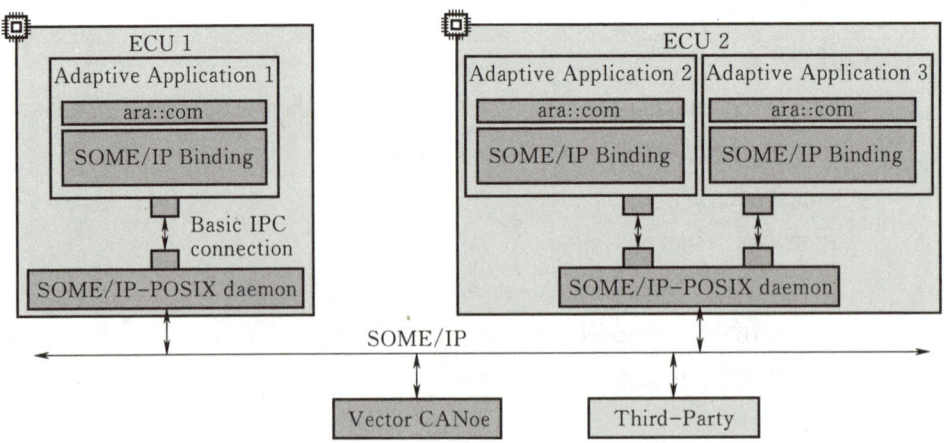

图 7.66　SOME/IP Daemon 收发数据

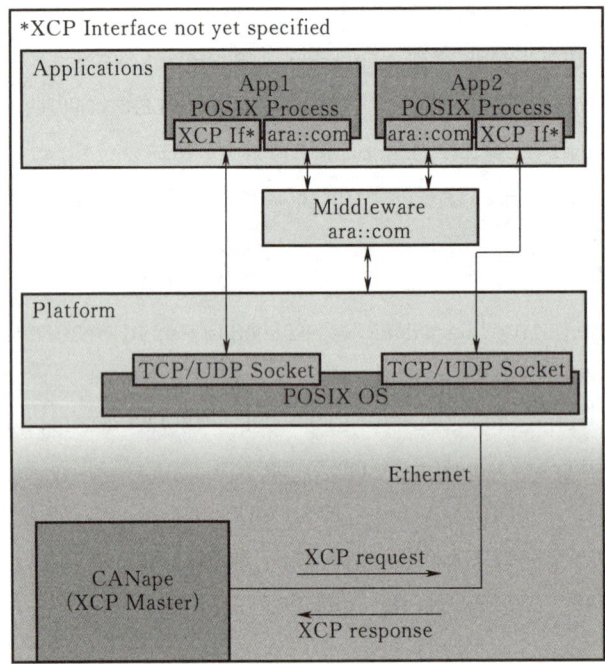

图 7.67　XCP If* 收发数据

第 8 章
AUTOSAR Adaptive 的 DoIP 诊断

8.1　CANdelaStudio 诊断数据库的配置
8.2　DaVinci Developer Adaptive 诊断 ARXML 的配置
8.3　AUTOSAR Adaptive 诊断模块源码
8.4　CANoe 模拟上位机 Tester 测试

8.1　CANdelaStudio 诊断数据库的配置

首先，根据提供的诊断需求表格和 CDDT 模板文件设计诊断数据库 CDD 文件；其次，输出 DEXT(ARXML)文件；最后，将 ARXML 文件导入 DaVinci Developer Adaptive 中进行后续配置。

示例工程使用 CANdelaStudio 18 默认的 CDDT 以及 CDD 文件，在此文件基础上结合诊断需求表配置诊断数据库。

在 CANdelaStudio 中打开 CDD 文件后，在左侧"ECU Information"栏下的"Supported Interfaces"选项中勾选 DoIP(图 8.1)。

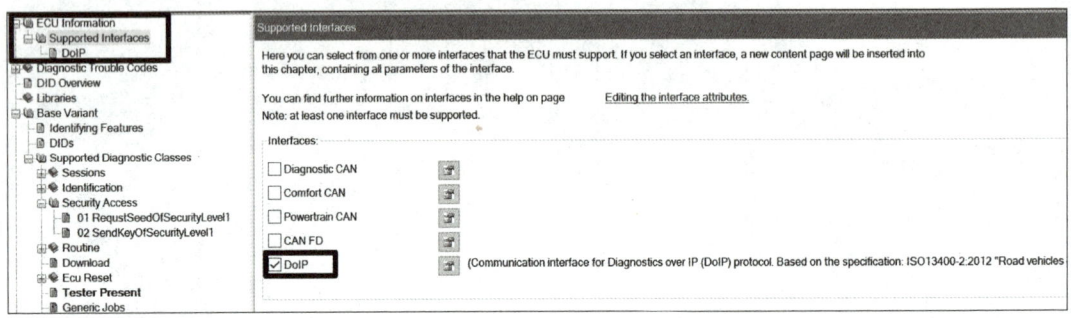

图 8.1　支持的接口

勾选后在 DoIP 界面下有一些参数，包括诊断仪 Tester 与 ECU 的逻辑地址以及一些时间参数等(图 8.2)。

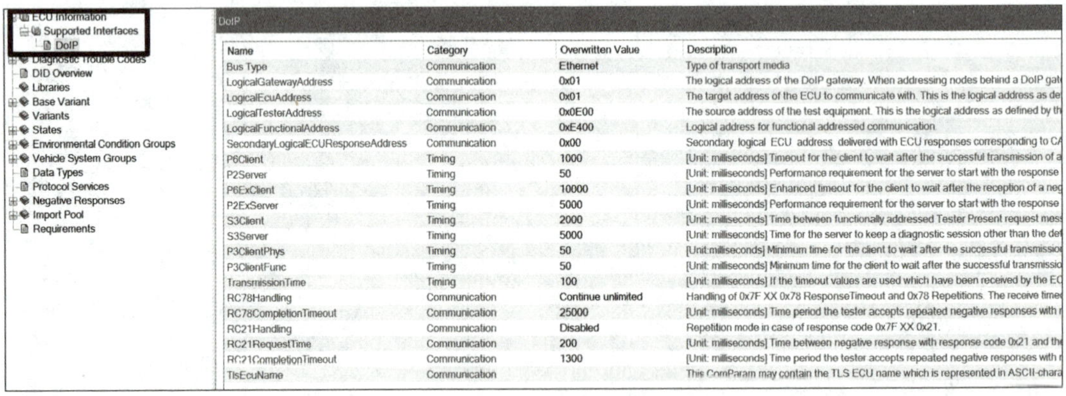

图 8.2　DoIP 参数列表

在"Base Variant"栏下的"Support Diagnostic Classes"中可以确认该 CDD 文件支持的所有诊断服务。勾选需要的诊断服务后，在"Support Diagnostic Classes"下会出现对应的类 Class。若在"Support Diagnostic Classes"中没有想要的服务，则需要在 CDDT 文件中勾选对应服务，保存此 CDDT 文件后在左上角"File"栏下，以此 CDDT 文件为模板新建一个 CDD 文件即可(图 8.3)。

第 8 章 AUTOSAR Adaptive 的 DoIP 诊断

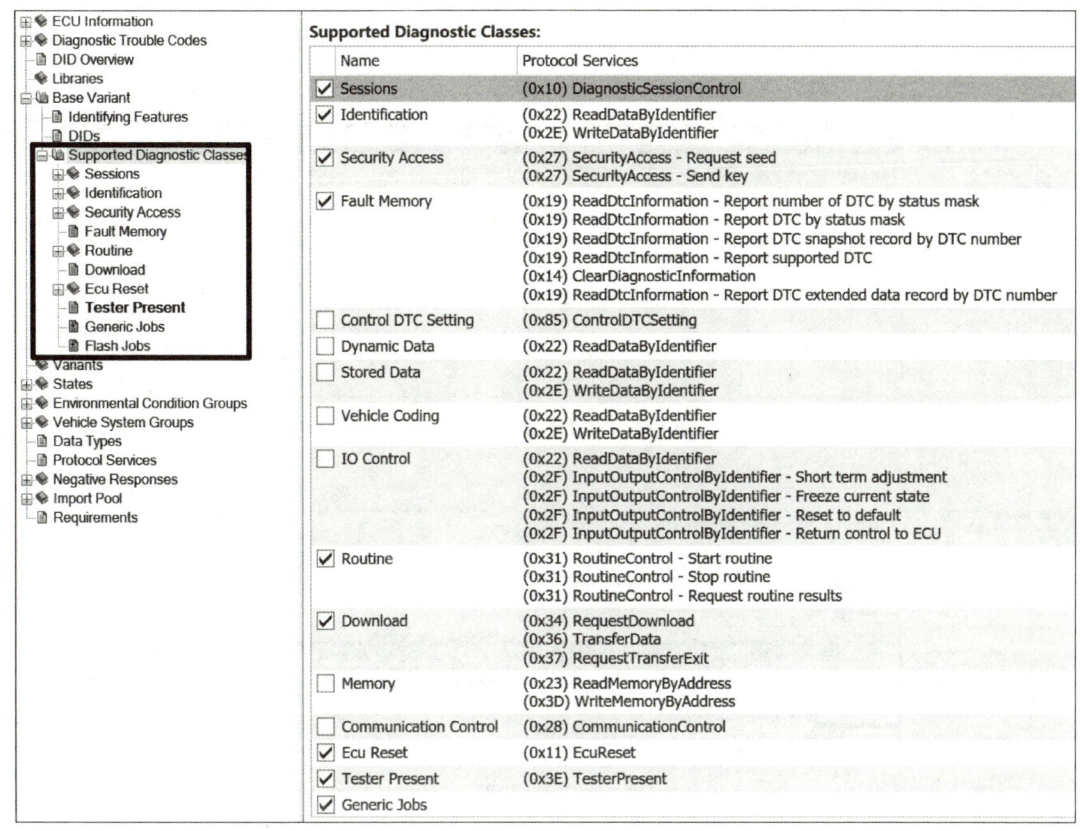

图 8.3　支持的诊断类列表

每一种类 Class 下面都有服务实例 Instance。对于 Instance 这个概念，按照格式和使用习惯分两种形式：一种是子功能 Subfunction；另一种是数据标识符 DID。在 Subfunction 形式中以会话类 Sessions 为例，其对应 0x10 会话控制服务，它的子功能分为常见的 0x01 默认会话、0x02 编程会话、0x03 扩展会话。在诊断数据库中，如果用 CANdelaStudio 工具编辑其 0x01 子功能，可以看到如图 8.4 所示的框架结构，其中 Request 请求格式为 10 01，Positive Response 肯定响应格式为 50 01 zz，Negative Response 否定响应格式为 7F 10 rc。

每新建一个 Instance，以 VIN 为例，都需要勾选该 Instance 需要的服务（在该 Identification 类下为 Read 和 Write）、配置消息参数（zz）、否定响应码（rc）、支持在哪些会话和安全等级下运行以及寻址方式。

如图 8.5 所示，DID Data(zz) 代表一个名为 VIN 的 17 个字节的数据。在"Name"下可以修改参数的名称，在"Data Types"下选择该参数的数据类型，若没有想要的数据类型，则需要在左侧"Data Types"栏中新建数据类型并配置其属性（图 8.6）。

Negative Response 参数 rc 即否定响应码 NRC（Negative Response Code），根据需求单击"添加"即可（图 8.7）。

303

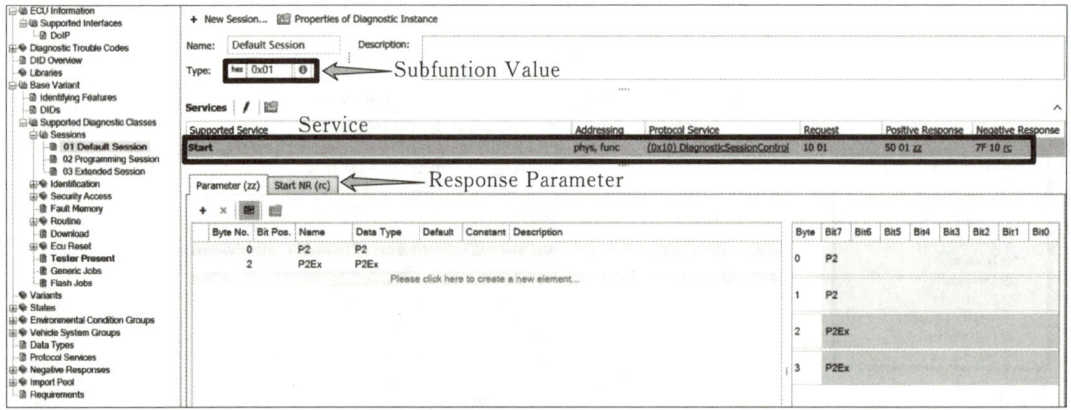

图 8.4　窗口界面(子功能类)

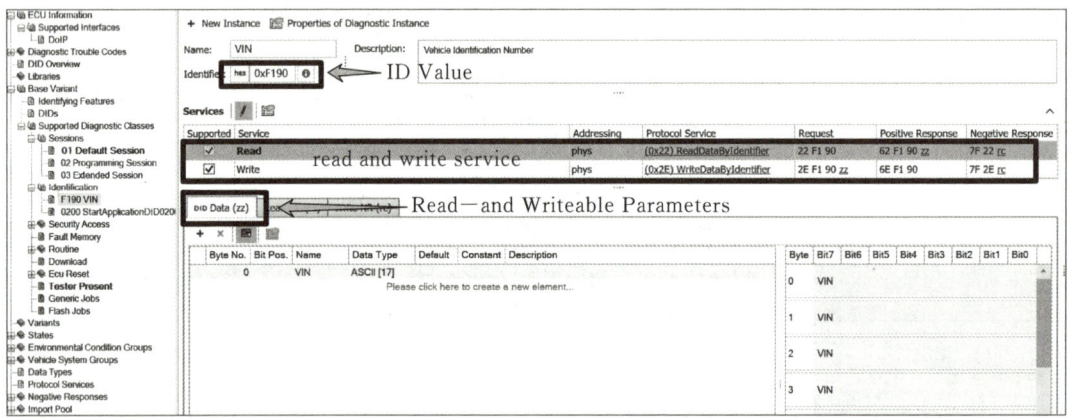

图 8.5　窗口界面(DID 类)

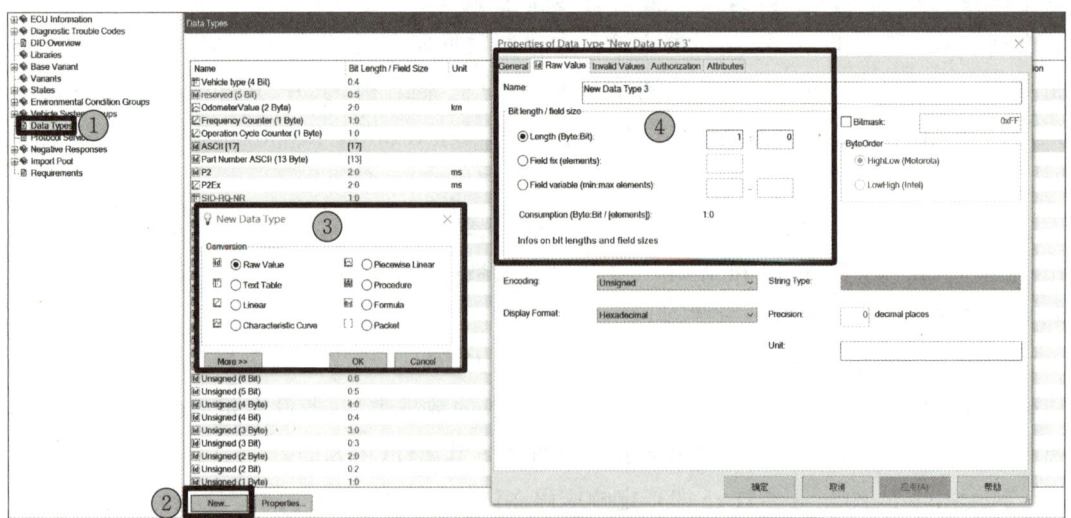

图 8.6　数据类型

第 8 章　AUTOSAR Adaptive 的 DoIP 诊断

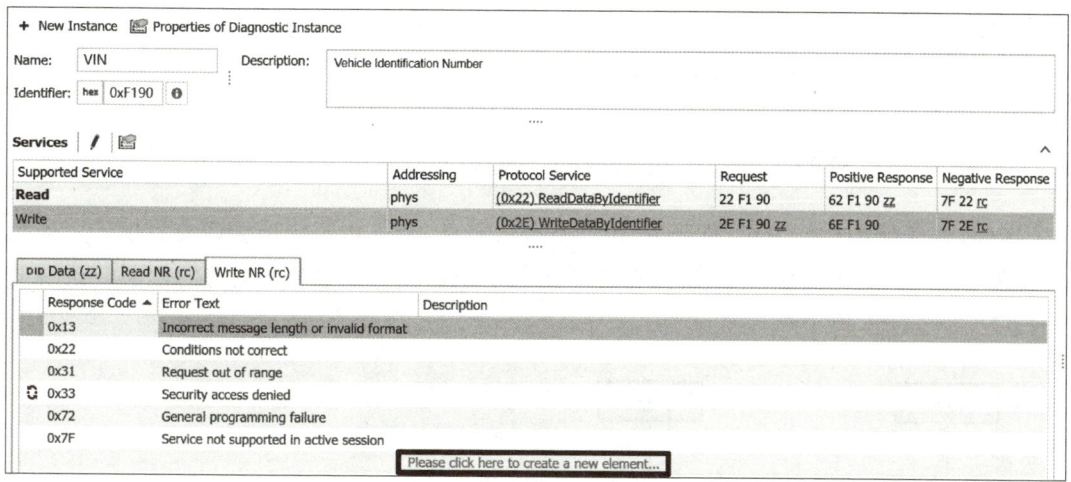

图 8.7　否定响应码 NRC

图 8.8 表示 Instance VIN 的 0x2E Write 服务需要当 ECU 处于 Unlocked L1 状态且处于编程会话或扩展会话下才能执行。

图 8.9 表示 Instance VIN 的 0x2E Write 服务仅支持物理寻址。

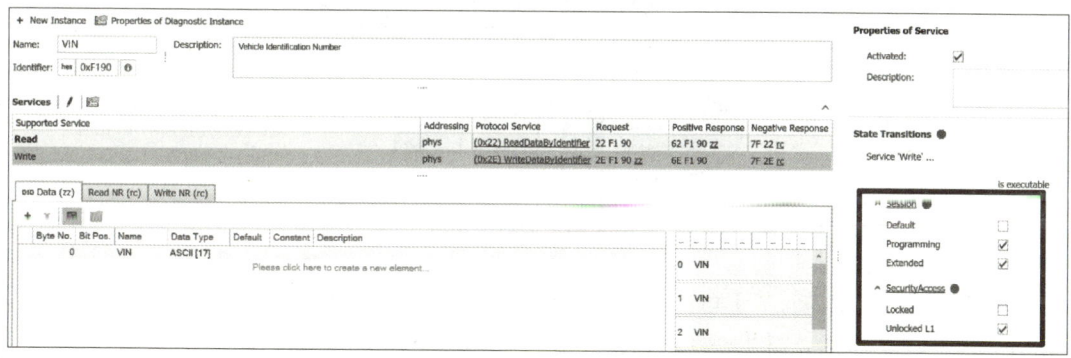

图 8.8　执行条件

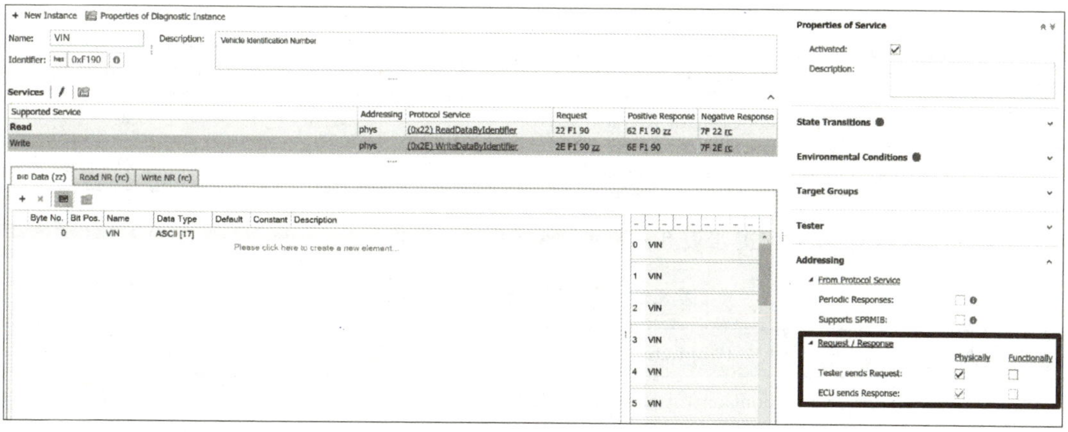

图 8.9　寻址方式

> **总结**：每当新建一个服务实例 Instance 后都需要经过配置消息参数、会话状态、安全等级、寻址方式步骤，因此后续介绍中若非特殊情况将不再赘述。

8.1.1 0x10 会话控制（DiagnosticSessionControl）

ECU 在不同的操作阶段，如开发、生产及售后服务，会采用不同的会话控制模式。这是因为各个阶段的服务功能各异，所以在诊断规范中会定义这些服务所支持的诊断会话模式（图 8.10）。

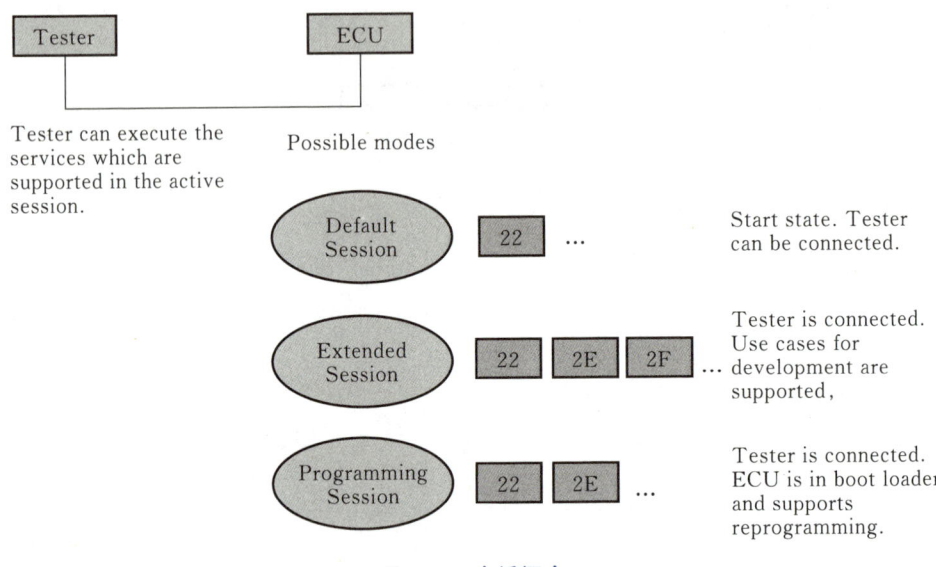

图 8.10 会话概念

对于任何一个 ECU，一上电处于默认会话模式，默认会话可以向自身会话跳转，即发送 10 01。当默认会话模式向非默认会话模式跳转时，发送"10 subfunction"。

0x10 服务请求格式如表 8.1 所示。

表 8.1　0x10 服务请求格式

A_Data byte	Parameter Name	Cvt	Byte value	Mnemonic
#1	DiagnosticSessionControl Request SID	M	10_{16}	DSC
#2	SubFunction = [diagnosticSessionType]	M	00_{16} to FF_{16}	LEV_DS_

0x10 服务肯定响应格式如表 8.2 所示。

表 8.2　0x10 服务肯定响应格式

A_Data byte	Parameter Name	Cvt	Byte value	Mnemonic
#1	DiagnosticSessionControl Response SID	M	50_{16}	DSCPR
#2	SubFunction = [diagnosticSessionType]	M	00_{16} to FF_{16}	LEV_DS_

(续表)

A_Data byte	Parameter Name	Cvt	Byte value	Mnemonic
#3 : #6	sessionParameterRecord[]#1 = [　　　　　　　　data#1 　　　　　　　　: 　　　　　　　　data#4]	 M : M	 00_{16} to FF_{16} : 00_{16} to FF_{16}	SPREC_ DATA_1 : DATA_m

其中，sessionParameterRecord 含义如表 8.3、表 8.4 所示。

表 8.3　sessionParameterRecord 参数定义

Byte pos. in record	Description	Cvt	Byte value	Mnemonic
#1 #2 #3 #4	sessionParameterRecord[] = [　　　　　$P2_{Server\_max}$(high byte) 　　　　　$P2_{Server\_max}$(low byte) 　　　　　$P2^*_{Server\_max}$(high byte) 　　　　　$P2^*_{Server\_max}$(low byte)]	 M M M M	 00_{16} to FF_{16} 00_{16} to FF_{16} 00_{16} to FF_{16} 00_{16} to FF_{16}	SPREC_ P2SMH P2SML P2ESMH P2ESML

表 8.4　sessionParameterRecord 服务肯定响应参数内容定义

Parameter	Description	# of bytes	Resolution	minimum value	maximum value
$P2_{Server\_max}$	Default $P2_{Server\_max}$ timing supported by the server for the activated diagnostic session.	2	1 ms	0 ms	65 535 ms
$P2^*_{Server\_max}$	Enhanced (NRC 78_{16})$P2_{Server\_max}$ supported by the server for the activated diagnostic session.	2	10 ms	0 ms	655 350 ms

当诊断仪 Tester 给 ECU 发送诊断请求后，ECU 需要在 P2 Sever 时间内给出相应的响应，如果 ECU 当前正在处理其他的任务，不能在 P2 Server 时间内给出相应的响应，那么 ECU 先在 P2 Server 时间内给出一个 NRC 为 0x78 的 Pending 报文，告诉 Tester "ECU 正在忙"，之后会在 P2* Server 的时间内给出其他的响应报文；如果 ECU 在 P2* Server 的时间内还是不能给出相应的肯定响应或否定响应，将继续给出 Pending 报文，直到能够正确处理请求报文之后，才会给出正确的响应报文（图 8.11）。

当 ECU 处于默认会话下并且诊断仪 Tester 请求跳转默认会话时，ECU 应在激活会话期间重置所有激活、启动、更改的设置于控件。这不包括编程到非易失性存储器中的长期更改。

部分诊断服务支持在执行后自动实现会话跳转的功能，如 0x10 会话控制、0x11ECU 复位、0x27 安全访问。该功能在"State Transitions"栏下的"has transition to"中表示。

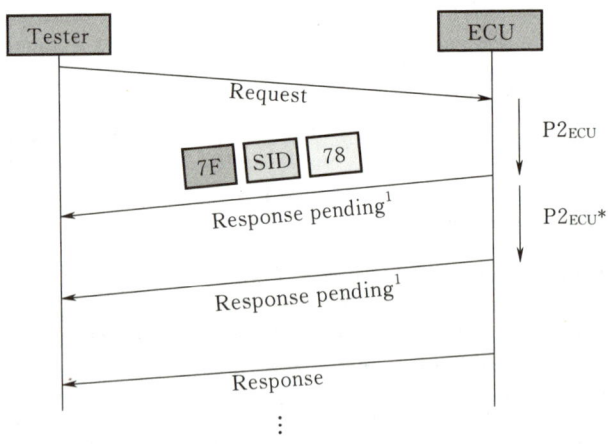

图 8.11 请求超时响应

以编程会话 10 02 为例,图 8.12 所示 Session 部分表示服务实例编程会话可以在编程会话以及扩展会话下执行,执行后跳转至编程会话 Programming Session;SecurityAccess 部分表示服务实例编程会话可以在 ECU 状态为 Locked 或 UnLocked L1 下执行,执行后 ECU 会重新跳转至锁定状态 Locked。

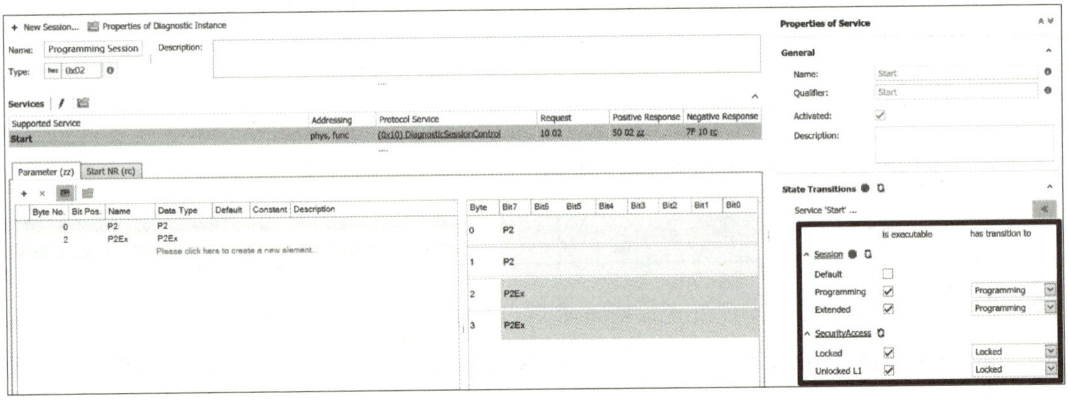

图 8.12 会话状态转换

配置 0x01 默认会话、0x02 编程会话、0x03 扩展会话的跳转关系后,在左侧"States"栏下的"Dependency"中会自动生成会话状态转换关系图(图 8.13)。

若此界面无跳转关系图,需下载最新版本的 CANdelaStudio 或前往界面所示的网址下载安装。

图 8.14 所示界面可以看到所有服务实例配置的会话状态。

第 8 章 AUTOSAR Adaptive 的 DoIP 诊断

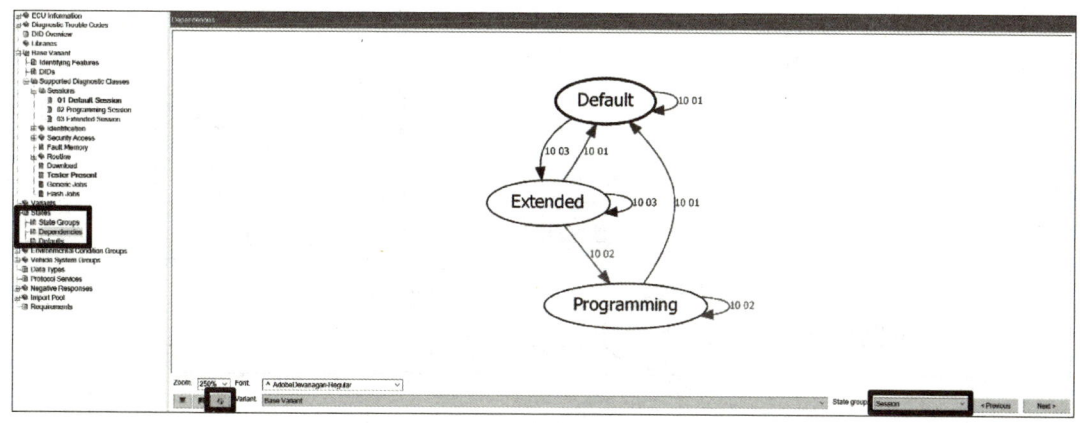

图 8.13 会话状态转换关系图

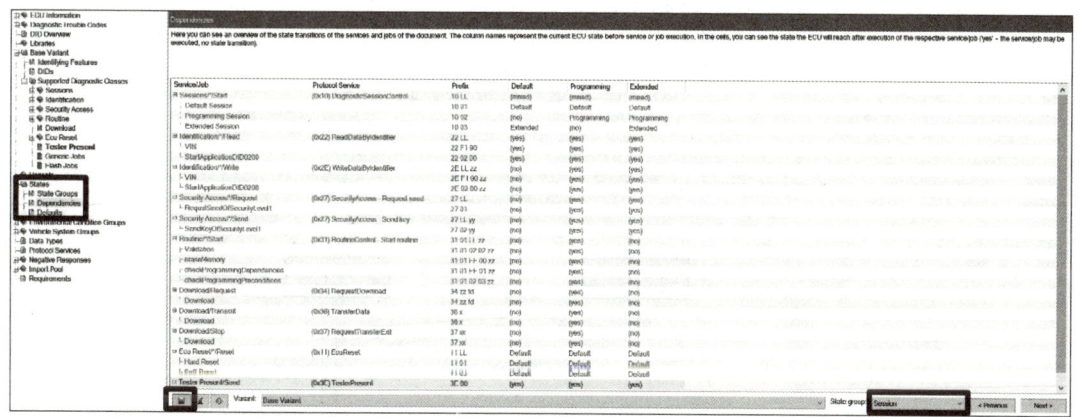

图 8.14 会话状态列表

8.1.2 0x3E 待机握手（TesterPresent）

在非默认会话下引入一个时间参数 S3 Server，表示保持在当前会话模式的一个最长时间。如果 ECU 处在非默认会话状态，且处于该会话期间 S3 Server 时间内没有收到任何请求，ECU 会自动从非默认会话跳转至默认会话，相当于一个自我保护机制（图 8.15）。

如果 S3 Server 时间内 ECU 没有收到任何诊断请求，但是又想让 ECU 保持在当前会话模式，这个时候诊断仪 Tester 会以 S3 Client 时间为周期发送 0x3E 服务，告诉 ECU 当前诊断仪在线，不要实现会话模式跳转。0x3E 服务是周期性发送的，时刻刷新 S3 Server 的值（图 8.16）。

0x3E 服务请求格式如表 8.5 所示。

0x3E 服务肯定响应格式如表 8.6 所示。

Session State Handling

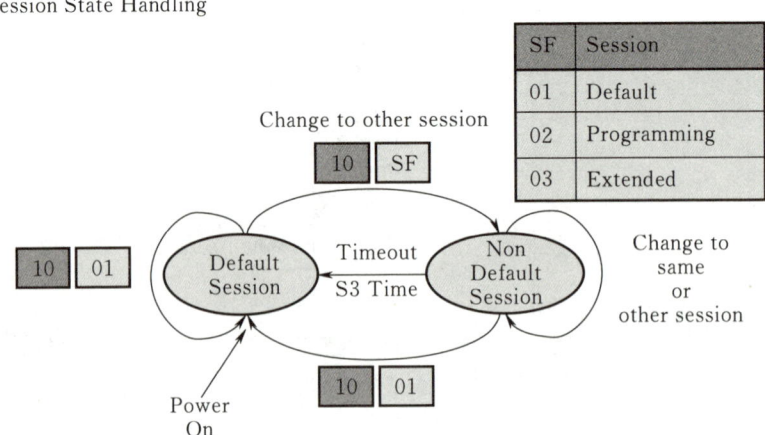

Non Default Sessions are timeout controlled
Tester present 3E or another request gets session active

图 8.15　会话状态转换原理

Session Timeout Time S3

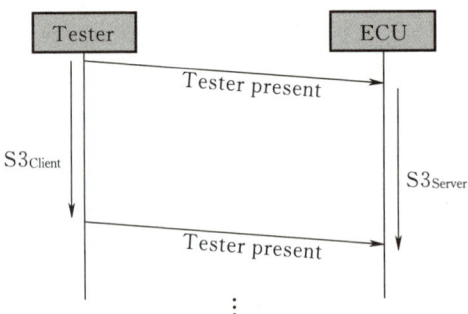

$S3_{Cleint} < S3_{Server}$ due to Gateways etc.

图 8.16　会话 S3 时间参数

表 8.5　0x3E 服务请求格式

A_Data byte	Parameter name	Cvt	Hex value	Mnemonic
#1	TesterPresent Request service ld	M	3E	TP
#2	sub-function = [zeroSubFunction]	M	00/80	LEV_ZSUBF

表 8.6　0x3E 服务肯定响应格式

Bits 6 to 0	Description	Cvt	Mnemonic
00_{16}	**zeroSubFunction** This parameter value is used to indicate that no SubFunction value beside the suppressPosRspMsgIndicationBit is supported by this service.	M	ZSUBF
01_{16} to $7F_{16}$	**ISOSAEReserved** This range of values is reserved by this document.	M	ISOSAERESRVD

当请求格式中 SubFunction 为 0x00 时,有肯定响应报文回复;当请求格式中 SubFunction 为 0x80 时,无肯定响应报文回复。

肯定响应抑制位(SPRMIB)是 SubFunction 这个字节的最高位(Bit7),只有服务支持 SubFunction 时,才有可能支持肯定响应抑制位。当肯定响应抑制位置为 1 时(转换为十六进制为 0x80),要求肯定响应被抑制将不再发送,可降低车载总线的负载,一般用于上位机 Tester 通过功能寻址请求多个 ECU 同时执行诊断服务的情况。当肯定响应抑制位置 0 时(转换为十六进制为 0x00),肯定响应不被抑制(图 8.17)。

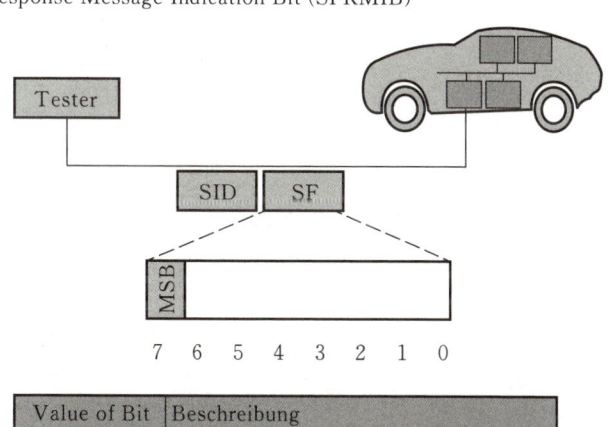

图 8.17　肯定响应抑制位

8.1.3　0x27 安全访问 (SecurityAccess)

常用到的服务包括 0x2E 通过 DID 写入数据、0x2F 通过 DID 控制输入输出端口的数值以及 ECU 刷写有关的编程服务。这些服务都会改变和影响一些内存里的数据,或者输入输出端口的一些值,将不正确的例程或数据下载到 ECU 中可能会损坏电子设备、其他车辆组件,或者存在车辆不符合排放或安全标准的风险。ECU 一上电处于锁定状态,而这些服务只有在 ECU 处于解锁状态下才能够执行,因此需要 0x27 安全访问服务使 ECU 从锁定状态跳转到解锁状态(图 8.18)。

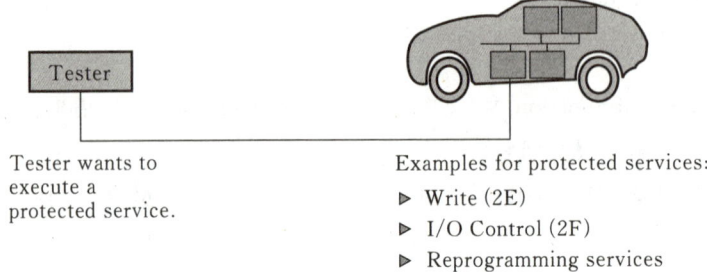

图 8.18　安全访问概念

使用安全访问服务的典型示例如图 8.19 所示。

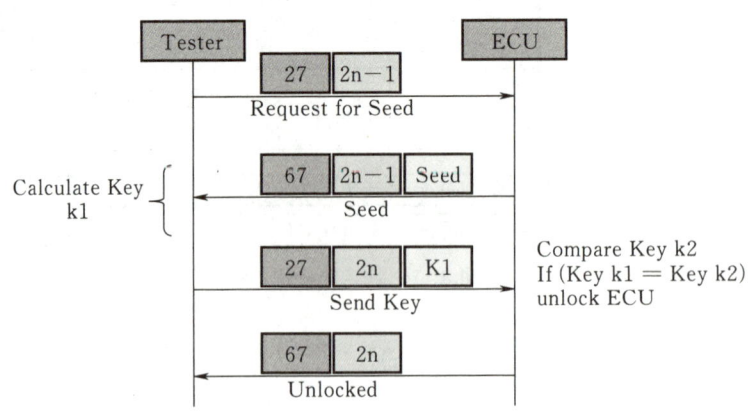

图 8.19　安全访问流程

第一步：Tester 端向 ECU 端请求"Seed"（表 8.7）。

表 8.7　0x27 服务 0x01 子功能请求格式

A_Data byte	Parameter Name	Cvt	Byte value	Mnemonic
#1	SecurityAcces Request SID	M	27_{16}	SA
#2	SubFunction = [　　　　securityAccessType = requestSeed]	M	01_{16},03_{16}, 05_{16}, 07_{16} to $7D_{16}$	LEV_SAT_RSD
#3 : #n	securityAccessDataRecord[] = [　　　　parameter #1 　　　　: 　　　　parameter #m]	U : U	00_{16} to FF_{16} : 00_{16} to FF_{16}	SECACCDR_PARA1 : PARAm

第二步：ECU 端向 Tester 端发送"Seed"（表 8.8）。

表 8.8　0x27 服务 0x01 子功能肯定响应格式

A_Data byte	Parameter Name	Cvt	Byte value	Mnemonic
#1	SecurityAccess Response SID	M	67	SAPR
#2	SubFunction = [securityAccessType]	M	00-7F	LEV_SAT_SK
#3 : #n	securitySeed[] = [　　　　seed #1 (high byte) 　　　　: 　　　　seed #m (low byte)]	C : C	00_{16} to FF_{16} : 00_{16} to FF_{16}	SECSEED_SEED1HB : SEEDmLB

C: The presence of this parameter depends on the securityAccessType parameter. It is mandatory to be present if the securityAccessType parameter indicates that the client wants to retrieve the seed from the server.

第三步：Tester 端收到"Seed"后根据自己的安全算法计算出密钥"K1"后发送给 ECU 端（表 8.9）。

表 8.9　0x27 服务 0x02 子功能请求格式

A_Data byte	Parameter Name	Cvt	Byte value	Mnemonic
#1	SecurityAccess Request SID	M	27_{16}	SA
#2	SubFunction = [securityAccessType = sendKey]	M	02_{16},04_{16}, 06_{16}, 08_{16} to $7E_{16}$	LEV_SAT_SK
#3 : #n	securityKey[] = [　　　　key #1 (high byte) 　　　　: 　　　　key #m (low byte)]	M : U	00_{16} to FF_{16} : 00_{16} to FF_{16}	SECKEY_KEY1HB : KEYmLB

第四步：ECU 端也根据自己的安全算法计算出密钥"K2"。当 ECU 收到"K1"后和自身计算的"K2"进行比较，如果二者一致，则 ECU 发送肯定响应给诊断仪 Tester，完成安全解

锁。如果两个密钥不匹配,则应将其视为错误访问尝试。无效的密钥要求客户端从头开始使用 Request for Seed 消息(表 8.10)。

表 8.10　0x27 服务 0x02 子功能肯定响应格式

A_Data byte	Description (all values are in hexadecimal)	Byte value	Mnemonic
#1	SecurityAccess Response SID	67_{16}	SAPR
#2	securityAccessType = sendKey	02_{16}	SAT_SK

当 ECU 处于解锁状态时,Tester 端再去请求种子,回复的种子值全部为 0。Tester 端可以通过检查非 0 种子来确定 ECU 是否因特定安全级别而被锁定(表 8.11)。

表 8.11　安全解锁后请求种子的正响应格式

A_Data byte	Description (all values are in hexadecimal)	Byte value	Mnemonic
#1	SecurityAccess Response SID	67_{16}	SAPR
#2	securityAccessType = requestSeed	01_{16}	SAT_RSD
#3	securitySeed [byte#1] = seed#1 (high byte)	00_{16}	SECHB
#4	securitySeed [byte#2] = seed#2 (low byte)	00_{16}	SECLB

ECU 上电后处于锁定状态,只有执行安全解锁的流程后才能跳转到解锁状态。一个 ECU 可以同时拥有多个安全等级,多个安全等级之间可以是相互独立的,也可以是有依赖关系的,如要求先解锁安全等级 1 才能解锁安全等级 2(图 8.20)。

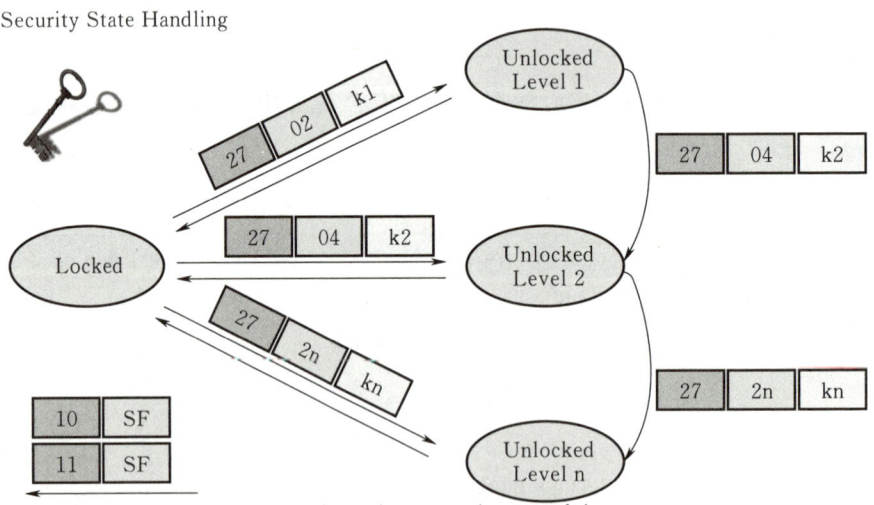

▷ Only one security level shall be active at any instant of time.
▷ After PowerOn/Reset the ECU is in locked state.
▷ If a server is already unlocked when a RequestSeed message is received, server shall respond a positive response message with a seed value 0x00.

图 8.20　安全等级转换

在服务器通电或复位达到一定次数的错误访问尝试后,服务器可能需要等待车辆制造商指定的时间延迟,才能对来自客户端的"RequestSeed"消息做出肯定响应。

当 ECU 处于解锁状态时,有几种情况会使 ECU 由解锁状态跳转至锁定状态,如执行 0x10 会话切换服务、执行 0x11 复位服务和 ECU 重新上下电。配置跳转关系后在"States"下的"Dependency"中自动生成跳转关系图(图 8.21)。

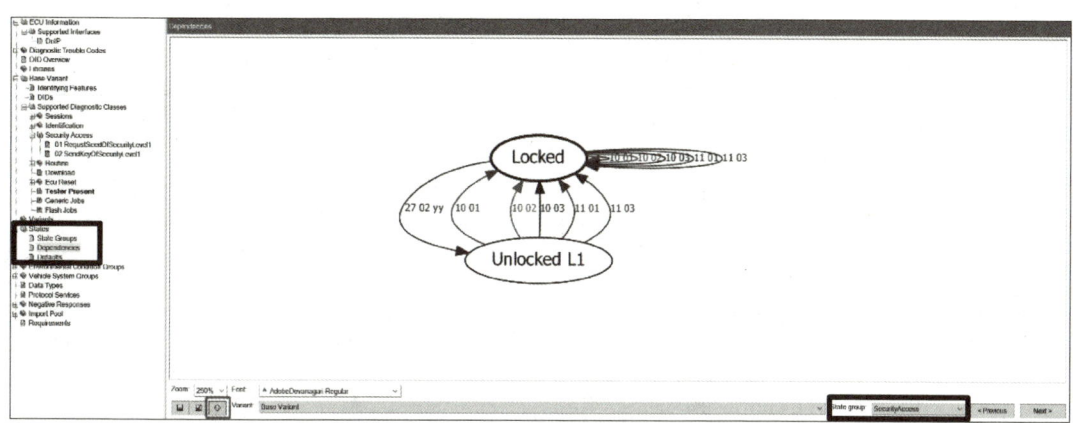

图 8.21　安全状态转换条件图

在图 8.22 所示的界面中可以看到所有服务配置的安全等级。

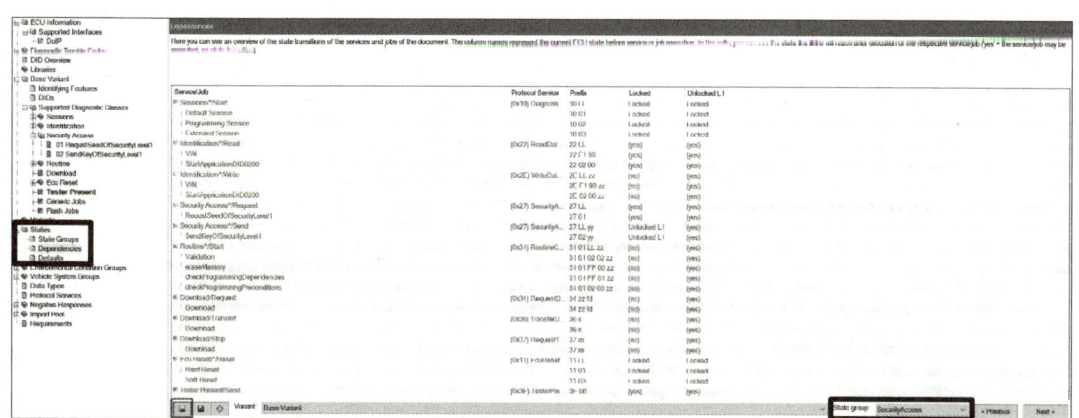

图 8.22　安全状态列表

8.1.4　0x22 通过 ID 读数据(ReadDataByIdentifier)

0x22 服务主要用于诊断仪 Tester 向 ECU 通过 DID 的方式读取相关的数据。

0x22 服务请求格式如表 8.12 所示。

0x22 服务肯定响应格式如表 8.13 所示。

表 8.12 0x22 服务请求格式

A_Data byte	Parameter Name	Cvt	Byte value	Mnemonic
#1	ReadDataByIdentifier Request SID	M	22_{16}	RDBI
#2 #3	dataIdentifier[]#1 = [　　　　byte#1（MSB） 　　　　byte#2]	M M	00_{16} to FF_{16} 00_{16} to FF_{16}	DID_ HB LB
:	:	:	:	:
#n-1 #n	dataIdentifier[]#m = [　　　　byte#1（MSB） 　　　　byte#2]	U U	00_{16} to FF_{16} 00_{16} to FF_{16}	DID_ HB LB

表 8.13 0x22 服务肯定响应格式

A_Data byte	Parameter Name	Cvt	Byte value	Mnemonic
#1	ReadDataByIdentifier Response SID	M	62_{16}	RDBIPR
#2 #3	dataIdentifier[]#1 = [　　　　byte#1（MSB） 　　　　byte#2]	M M	00_{16} to FF_{16} 00_{16} to FF_{16}	DID_ HB LB
#4 : #(k-1)+4	dataRecord[]#1 = [　　　　data#1 　　　　: 　　　　data#k]	M : U	00_{16} to FF_{16} : 00_{16} to FF_{16}	DREC_ DATA_1 : DATA_k
:	:	:	:	:
#n-(o-1)-2 #n-(o-1)-1	dataIdentifier[]#m = [　　　　byte#1（MSB） 　　　　byte#2]	U U	00_{16} to FF_{16} 00_{16} to FF_{16}	DID_ HB LB
#n-(o-1) : #n	dataRecord[]#m = [　　　　data#1 　　　　: 　　　　data#o]	U : U	00_{16} to FF_{16} : 00_{16} to FF_{16}	DREC_ DATA_1 : DATA_o

以图 8.23 为例，DID 是 F1 86，用来读取当前的诊断会话状态，肯定响应格式为"62 F1 86 02"，读取当前处于编程会话状态。

在 CANdelaStudio 中请求与响应格式如图 8.24 所示，对于 DID 0xF190 VIN 的 Read 服务，需要配置 DID Data(zz)与 Read NR(rc)。

第 8 章 AUTOSAR Adaptive 的 DoIP 诊断

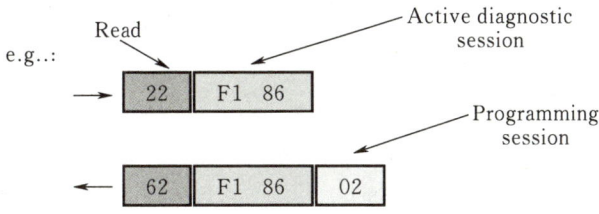

图 8.23 0x22 服务请求与肯定响应格式

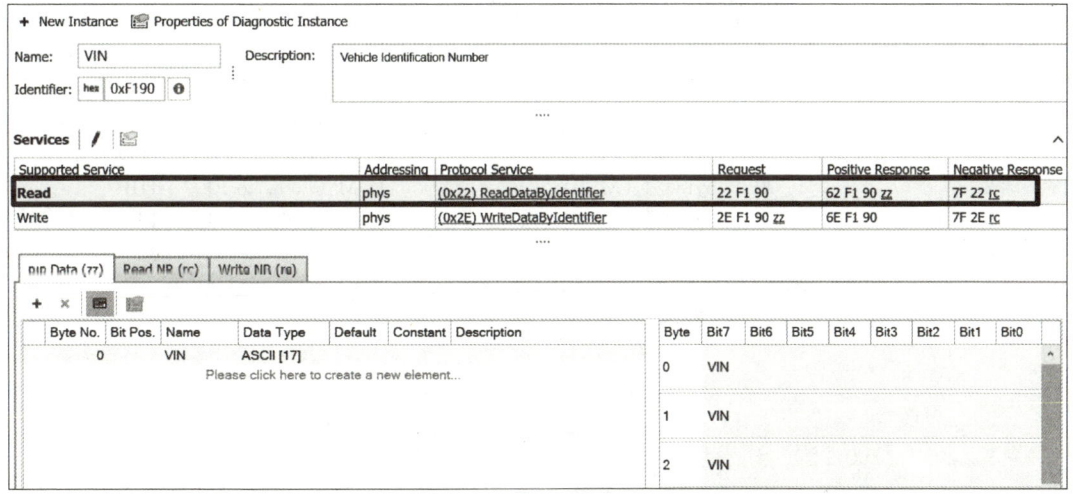

图 8.24 0x22 服务窗口界面

8.1.5 0x2E 通过 ID 写数据(WriteDataByIdentifier)

0x2E 服务用于诊断仪 Tester 写入数据到 ECU 中指定的 DID。

0x2E 服务请求格式如表 8.14 所示,0x2E 服务肯定响应格式如表 8.15 所示。以图 8.25 为例,由 F1 90 来写入一个 17 字节的 VIN 码,当写入成功后,ECU 回复肯定响应"6E F1 90"。

在 CANdelaStudio 中请求与响应格式如图 8.26 所示。

表 8.14　0x2E 服务请求格式

A_Data byte	Parameter Name	Cvt	Byte value	Mnemonic
#1	WriteDataByIdentifier Request SID	M	$2E_{16}$	WDBI
#2 #3	dataIdentifier[ ] = [　　　　byte#1（MSB） 　　　　byte#2]	M M	00_{16} to FF_{16} 00_{16} to FF_{16}	DID_ HB LB
#4 ⋮ #m+3	dataRecord[ ] = [　　　　data#1 　　　　⋮ 　　　　data#m]	M ⋮ U	00_{16} to FF_{16} ⋮ 00_{16} to FF_{16}	DREC_ DATA_1 ⋮ DATA_m

表 8.15　0x2E 服务肯定响应格式

A_Data byte	Parameter Name	Cvt	Byte value	Mnemonic
#1	WriteDataByIdentifier Response SID	M	$6E_{16}$	WDBIPR
#2 #3	dataIdentifier[ ] = [　　　　byte#1（MSB） 　　　　byte#2]	M M	00_{16} to FF_{16} 00_{16} to FF_{16}	DID_ HB LB

Request/Response Format

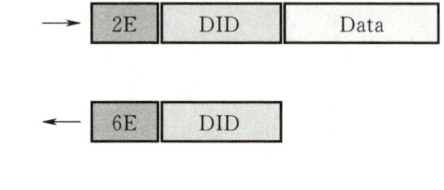

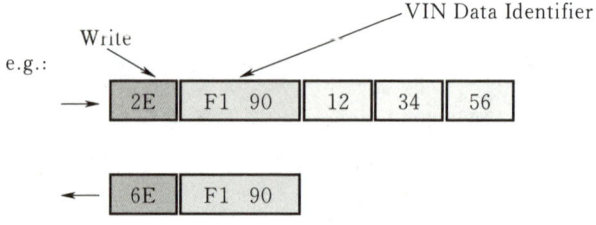

图 8.25　0x2E 服务请求与肯定响应格式

第 8 章 AUTOSAR Adaptive 的 DoIP 诊断

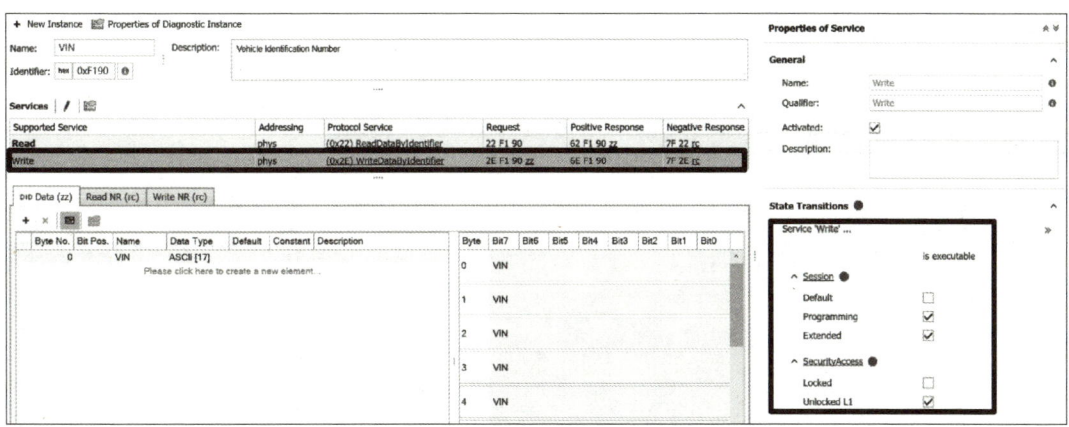

图 8.26 0x2E 服务窗口界面

注：在示例工程中，0x2E 服务在安全等级为 L1 状态下的编程会话或扩展会话中执行。

8.1.6 0x11 ECU 复位（ECUReset）

0x11 服务的主要作用是请求 ECU 重置。该服务根据请求消息中 resetType 的参数值，请求 ECU 有效执行重置。在 ECU 执行重置之前，如果需要则发送肯定响应消息。成功重置 ECU 后，ECU 应跳转至默认会话且 ECU 变为锁定状态。

0x11 服务请求格式如表 8.16 所示。

表 8.16　0x11 服务请求格式

A_Data byte	Parameter Name	Cvt	Byte value	Mnemonic
#1	ECUReset Request SID	M	11_{16}	ER
#2	SubFunction = [resetType]	M	00_{16} to FF_{16}	LEV_RT_

0x11 服务肯定响应格式如表 8.17 所示。

表 8.17　0x11 服务肯定响应格式

A_Data byte	Parameter Name	Cvt	Byte value	Mnemonic
#1	ECUReset Response SID	M	51_{16}	ERPR
#2	SubFunction = [resetType]	M	00_{16} to $7F_{16}$	LEV_RT_
#3	powerDownTime	C	00_{16} to FF_{16}	PDT

C：This parameter is present if the SubFunction parameter is set to the enableRapidPowerShutDown value （04_{16}）。

其中，powerDownTime：当请求的 resetType 为 0x04 时，该参数才被使用。

0x11 服务窗口界面如图 8.27 所示。

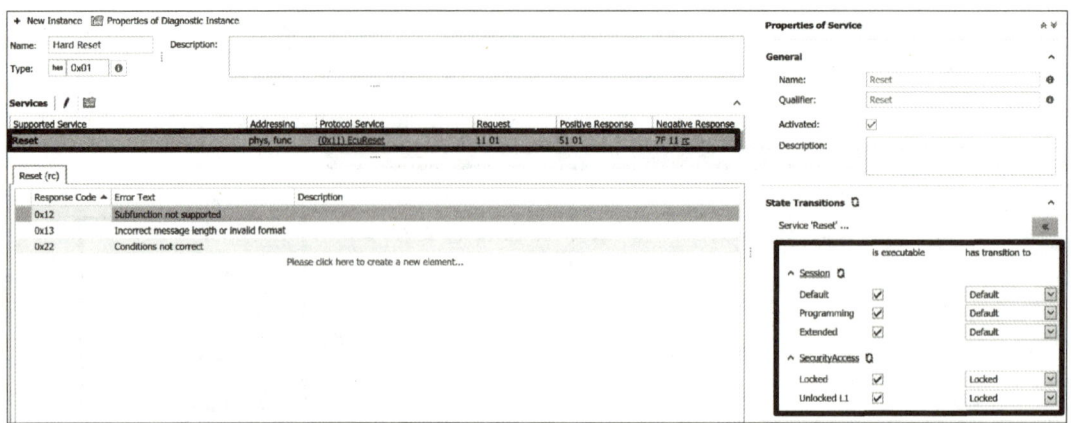

图 8.27　0x11 服务窗口界面

8.1.7　0x31 例行程序控制（RoutineControl）

诊断仪 Tester 使用 Routine Control 服务来执行定义的步骤序列并获取特定序列的相关结果。该服务具有很大的灵活性，其典型用途包括擦除内存、重置定义的数据、覆盖正常服务控制策略以及控制 ECU 参数值随时间变化的功能。

0x31 服务请求格式如表 8.18 所示。

表 8.18　0x31 服务请求格式

A_Data byte	Parameter Name	Cvt	Byte value	Mnemonic
#1	RoutineControl Request SID	M	31_{16}	RC
#2	SubFunction = [routineControlType]	M	00_{16} to FF_{16}	LEV_RCTP_
#3 #4	routineIdentifier [ ] = [　　byte#1（MSB） 　　byte#2（LSB）]	M M	00_{16} to FF_{16} 00_{16} to FF_{16}	RL_ B1 B2
#5 : #n	routineControlOptionRecord[ ] =[　　routineControlOption#1 　　: 　　routineControlOption#m]	U : U	00_{16} to FF_{16} : 00_{16} to FF_{16}	RCEOR_ RCO : RCO_

其中，routineControlOptionRecord：当参数 sub-function 的值为 0x01（startRoutine）或 0x02（stopRoutine）时，该参数是可选的。

0x31 服务肯定响应格式如表 8.19 所示。

0x31 服务窗口界面如图 8.28 所示。

表 8.19 0x31 服务肯定响应格式

A_Data byte	Parameter Name	Cvt	Byte value	Mnemonic
#1	RoutineControl Response SID	M	71_{16}	RCPR
#2	routineControlType	M	00_{16} to $7F_{16}$	RCTP_
#3 #4	routineIdentifier [ ] = [　　　　byte#1 (MSB) 　　　　byte#2 (LSB)]	M M	00_{16} to FF_{16} 00_{16} to FF_{16}	RI_ B1 B2
#5	routineInfo	C_1	00_{16} to FF_{16}	RINF_
#6 : #n	routineStatusRecord[ ] = [　　　　routineStatus#1 　　　　　　: 　　　　routineStatus#m]	U : U	00_{16} to FF_{16} : 00_{16} to FF_{16}	RSR_ RS_ : RS_

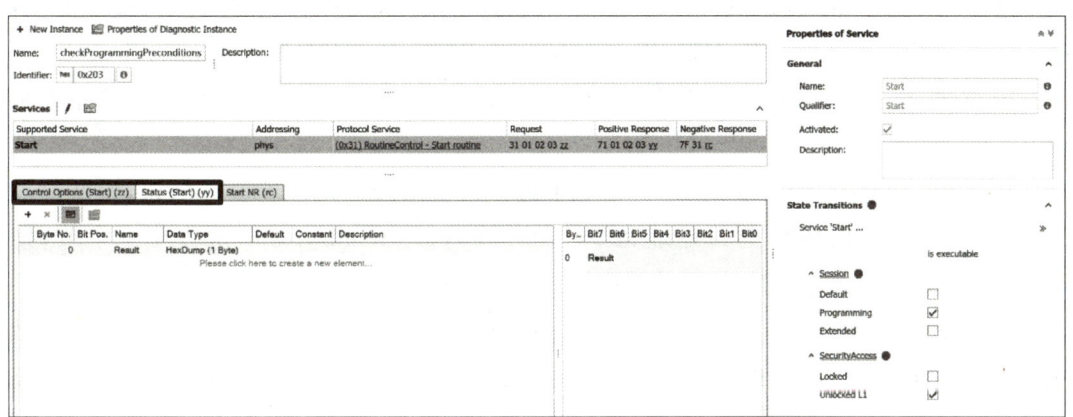

图 8.28 0x31 服务窗口界面

8.1.8 0x34 请求下载(RequestDownload)

由于成本原因,汽车 ECU 中用于缓存诊断服务数据的缓存大小有限,所以当需要读取或写入超过缓存大小的数据时,就无法简单地使用 0x2E 和 0x22 服务了,UDS 据此定义了几个将大块数据写入或读出的服务,即数据下载和上传。0x34 服务的作用为诊断仪 Tester 向 ECU 请求下载数据到 ECU。

0x34 服务请求格式如表 8.20 所示。

表 8.20 0x34 服务请求格式

A_Data byte	Parameter Name	Cvt	Byte value	Mnemonic
#1	RequestDownload Request SID	M	34_{16}	RD
#2	dataFormatIdentifier	M	00_{16} to FF_{16}	DFL_
#3	addressAndLengthFormatIdentifier	M	00_{16} to FF_{16}	ALFID

(续表)

A_Data byte	Parameter Name	Cvt	Byte value	Mnemonic

♯4
:
♯(m-1)+4
	memoryAddress[ ] = [
	    byte♯1（MSB）
	    :
	    byte♯m]
		M
		:
		C_1
			00_{16} to FF_{16}
			:
			00_{16} to FF_{16}
				MA_
				B1
				:
				Bm

♯n-(k-1)
:
♯n
	memorySize[ ] = [
	    byte♯1（MSB）
	    :
	    byte♯k]
		M
		:
		C_2
			00_{16} to FF_{16}
			:
			00_{16} to FF_{16}
				MS_
				B1
				:
				Bk

其中，dataFormatIdentifier：标识了数据格式相关的信息，如数据是否有压缩，是否有加密，使用什么算法加密等。

addressAndLengthFormatIdentifier：该参数代表后两个参数 memoryAddress 和 memorySize 所占的字节长度。该参数低 4 bit 表示 memoryAddress，高 4 bit 表示 memorySize。例如，memoryAddress 参数占用 0xm 个字节，memorySize 参数占用 0xn 个字节，则该参数的值为 0xnm。

memoryAddress：诊断仪向 ECU 请求下载写入数据的逻辑地址值。例如，诊断仪请求 ECU 写入数据的内存逻辑地址为 0x12345678，即 memoryAddress 占 4 个字节，则 addressAndLengthFormatIdentifier 的低 4 bit 值为 0x04。

memorySize：诊断仪向 ECU 请求下载写入数据的字节数。例如，诊断仪请求 ECU 写入数据的字节数为 0x01234567，即 memorySize 占 4 字节，则 addressAndLengthFormatIdentifier 的高 4bit 值为 0x04。

0x34 服务请求格式参数如图 8.29 所示，0x34 服务肯定响应格式如表 8.21 所示。

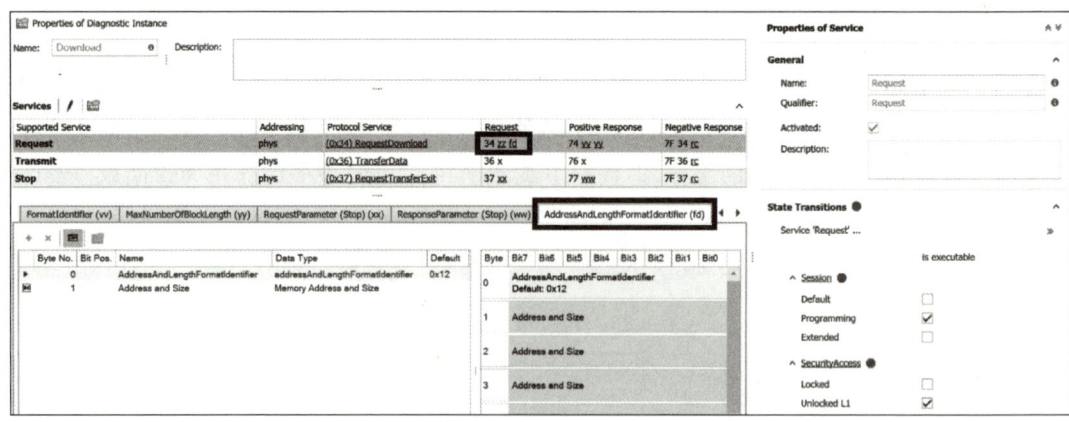

图 8.29　0x34 服务请求格式参数

表 8.21　0x34 服务肯定响应格式

A_Data byte	Parameter Name	Cvt	Byte value	Mnemonic
♯1	RequestDownload Response SID	M	74_{16}	RDPR
♯2	lengthFormatIdentifier	M	00_{16} to $F0_{16}$	LFID
♯3 ： ♯n	maxNumberOfBlockLength = [　　　　byte♯1（MSB） 　　　　： 　　　　byte♯m]	M ： M	00_{16} to FF_{16} ： 00_{16} to FF_{16}	MNROB_ B1 Bm

其中，lengthFormatIdentifier：高 4 bit 为 maxNumberOfBlockLength 有效字节长度，低 4 bit 保留为 0。

maxNumberOfBlockLength：字节长度不定，表示 0x34 服务一次传输一个 block 的最大的字节数。

0x34 服务肯定响应格式参数如图 8.30 所示。

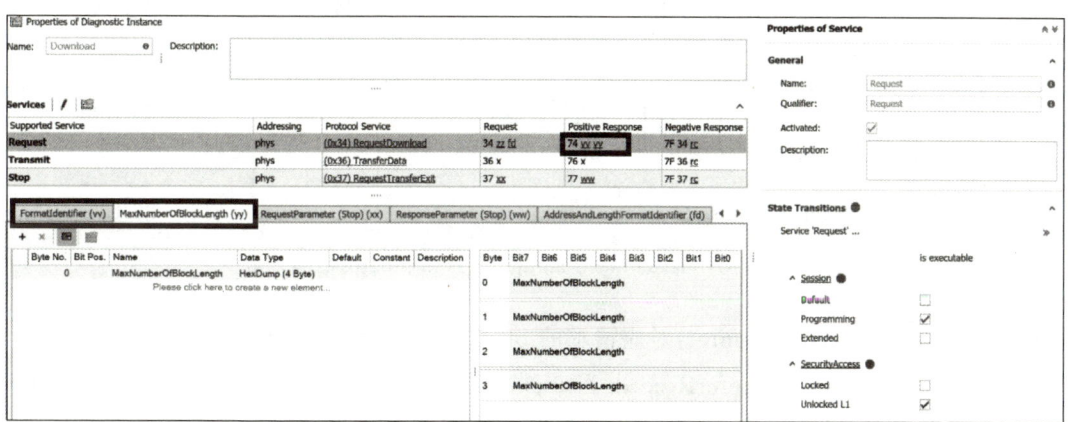

图 8.30　0x34 服务肯定响应格式参数

8.1.9　0x36 数据传输(TransferData)

诊断仪 Tester 将数据传输到 ECU(下载)或从 ECU 请求数据(上传)，数据传输方向由 0x34 RequestDownload 或 0x35 RequestUpload 服务定义。如果客户端启动了 RequestDownload，则要下载的数据将包含在 TransferData 请求消息中的参数 transferRequestParameter 中。如果 ECU 启动了 RequestUpload，则要上载的数据将包含在 TransferData 响应消息中的参数 transferResponseParameter 中。

0x36 服务请求格式如表 8.22 所示。其中，blockSequenceCounter：参数值从 0x01 开始，第一个 TransferData 请求位于 RequestDownload 服务或 RequestUpload 服务之后。对于每个后续的 TransferData 请求，其值将增加 1。当值增加到 0xFF 时，下一个 TransferData 服务发送数据时 blockSequenceCounter= 0x00。

表 8.22　0x36 服务请求格式

A_Data byte	Parameter Name	Cvt	Byte value	Mnemonic
#1	TransferData Request SID	M	36_{16}	TD
#2	blockSequenceCounter	M	00_{16} to FF_{16}	BSC
#3 : #n	transferRequestParameterRecord[ ] = [　transferRequestParameter#1 　　　　: 　transferRequestParameter#m]	C : U	00_{16} to FF_{16} : 00_{16} to FF_{16}	TRPR_ TRTP_ : TRTP_

C = Conditional：this parameter is mandatory if a download is in progress.

0x36 服务肯定响应格式如表 8.23 所示。

表 8.23　0x36 服务肯定响应格式

A_Data byte	Parameter Name	Cvt	Byte value	Mnemonic
#1	TransferData Response SID	M	76_{16}	TDPR
#2	blockSequenceCounter	M	00_{16} to FF_{16}	BSC
#3 : #n	transferResponseParameterRecord[ ] = [　transferResponseParameter#1 　　　　: 　transferResponseParameter#m]	C : U	00_{16} to FF_{16} : 00_{16} to FF_{16}	TREPR_ TREP_ : TREP

C = Conditional：this parameter is mandatory if an upload is in progress.

其中，blockSequenceCounter：对应请求的 blockSequenceCounter。

transferResponseParameterRecord：当 0x36 服务用于上传数据时，该参数是必需的。当 0x36 服务用于下载数据时，该参数是非必需。

0x36 服务窗口界面如图 8.31 所示。

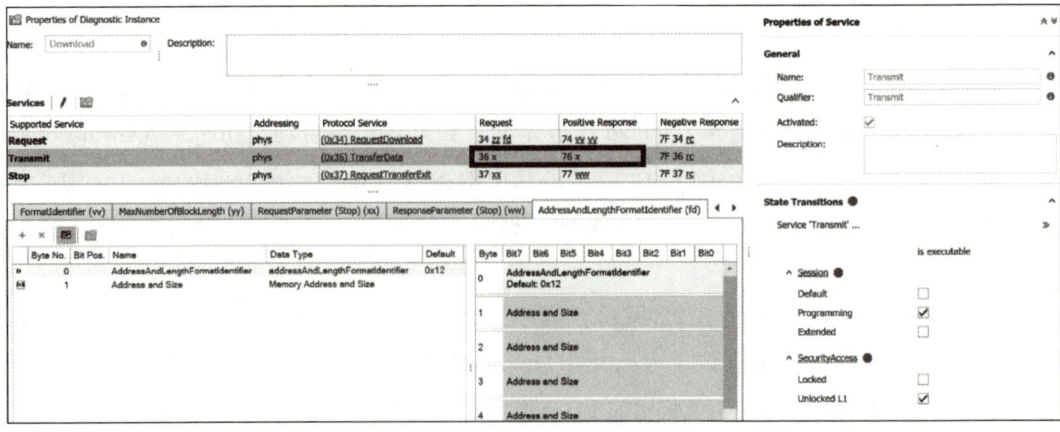

图 8.31　0x36 服务窗口界面

8.1.10　0x37 请求退出传输(RequestTransferExit)

0x37 服务用于退出上传或下载,即诊断仪通过该诊断服务停止与 ECU 之间的数据传输。如果之前的 0x34 和 0x36 服务都顺利执行完成,那么 0x37 服务就可以得到 ECU 的肯定响应。否则,ECU 会回复否定响应码 0x24,表示诊断序列执行有错误。

0x37 服务请求格式如表 8.24 所示。

表 8.24　0x37 服务请求格式

A_Data byte	Parameter Name	Cvt	Byte value	Mnemonic
#1	RequestTransferExit Request SID	M	37_{16}	RTE
#2 ⋮ #n	transferRequestParameterRecord[] = [　　transferRequestParameter#1 　　⋮ 　　transferRequestParameter#m]	U ⋮ U	00_{16} to FF_{16} ⋮ 00_{16} to FF_{16}	TRPR_ TRTP_ TRTP_

其中,transferRequestParameterRecord:表示字节长度和参数格式,由厂家自定义;没有定义,则默认字节数据为 0。

0x37 服务肯定响应格式如表 8.25 所示。

表 8.25　0x37 服务肯定响应格式

A_Data byte	Parameter Name	Cvt	Byte value	Mnemonic
#1	RequestTransferExit Response SID	M	77_{16}	RTEPR
#2 ⋮ #n	transferResponseParameterRecord[] = [　　transferResponseParameter#1 　　⋮ 　　transferResponseParameter#m	U ⋮ U	00_{16} to FF_{16} ⋮ 00_{16} to FF_{16}	TREPR_ TREP_ ⋮ TREP

其中,transferReponseParameterRecord:表示字节长度和参数格式,由厂家自定义;没有定义,则默认字节数据为 0。

0x37 服务窗口界面如图 8.32 所示。

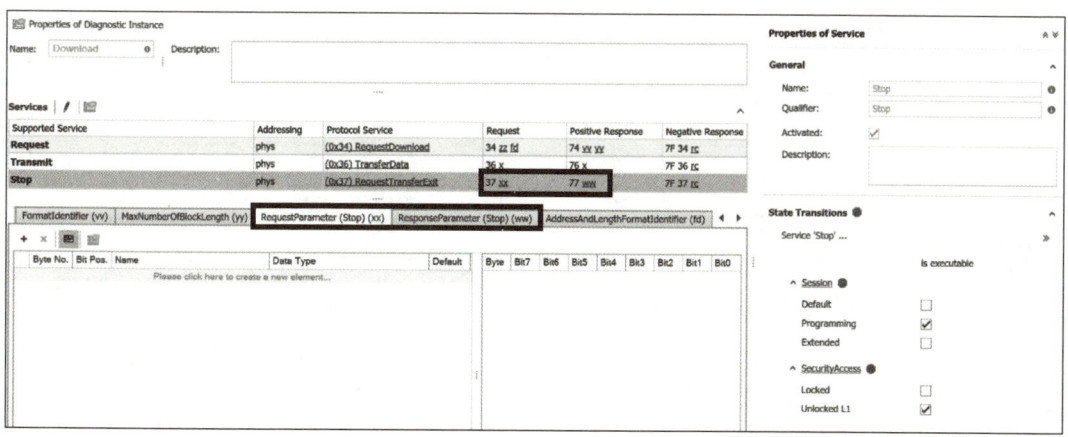

图 8.32　0x37 服务窗口界面

8.1.11　0x19 读取故障码信息（ReadDTCInformation）

0x19 服务用于读取 ECU 的诊断故障码（DTC）信息，服务的 SubFunction 代表了各种读取 DTC 的方法。

（1）DTCMaskRecord：为一个 3 字节的数值，包含 DTCHighByte（DTC 高位字节）、DTCMiddleByte（DTC 中位字节）和 DTCLowByte（DTC 低位字节），三者共同表示服务器所支持的特定故障诊断码的唯一标识号。

（2）DTCStatusMask：为一个 1 字节的数值，包含 8 个 DTC 状态位。各状态位的定义如下：

- Bit 0：testFailed 最近执行测试的结果。
- Bit 1：testFailedThisOperationCycle 诊断测试是否在当前操作周期的任何时间报告了 testFailed。
- Bit 2：pendingDTC 诊断测试是否在当前或上一次完成的操作周期内的任何时间报告了 testFailed。
- Bit 3：confirmedDTC 故障是否被检测足够的次数以确保 DTC 需被存入长期存储器中。
- Bit 4：testNotCompletedSinceLastClear 自上次调用 ClearDiagnosticInformation 以来，DTC 测试是否已运行并完成。
- Bit 5：testFailedSinceLastClear 自上次调用 ClearDiagnosticInformation 以来，DTC 测试是否失败过。
- Bit 6：testNotCompletedThisOperationCycle DTC 测试是否在当前操作周期内运行并完成。
- Bit 7：warningIndicatorRequested 报告与特定 DTC 相关的任何警告指示器的状态。

在 Fault Memory 下的 Services 栏中可以看到 0x19 服务的消息格式，其中 DtcStatusMask（zz）即 DTC 状态掩码，勾选 AP 包支持的 Bit 位即可（图 8.33）。

（3）19 01 通过状态掩码报告 DTC 数量（RePortNumberOfDTCByStatusMask）：检索与客户端定义的状态掩码匹配的 DTC 数量。

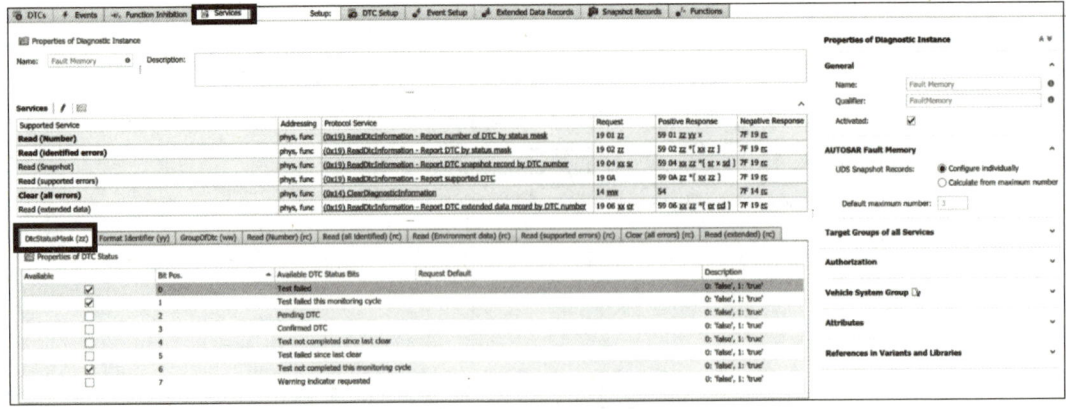

图 8.33　0x19 服务窗口界面

0x19 服务 0x01 子功能请求格式如表 8.26 所示。

表 8.26　0x19 服务 0x01 子功能请求格式

A_Data byte	Parameter Name	Cvt	Byte value	Mnemonic
#1	ReadDTCInformation Request SID	M	19_{16}	RDTCI
#2	SubFunction = [reportType = 　　reportNumberOfDTCByStatusMask 　　reportDTCByStatusMask	M	01_{16} 02_{16}	LEV_ RNODTCBSM RDTCBSM
#3	DTCStatusMask	M	00_{16} to FF_{16}	DTCSM

其中，DTCStatusMask：客户端请求状态与 DTCStatusMask 匹配的 DTC 信息。

0x19 服务 0x01 子功能肯定响应格式如表 8.27 所示。

表 8.27　0x19 服务 0x01 子功能肯定响应格式

A_Data byte	Parameter Name	Cvt	Byte value	Mnemonic
#1	ReadDTCInformation Response SID	M	59_{16}	RDTCIPR
#2	reportType = [　　reportNumberOfDTCByStatusMask 　　reportNumberOfDTCBySeverityMaskRecord]	M	01_{16} 07_{16}	LEV_ RNODTCBSM RNODTCBSMR
#3	DTCStatusAvailabilityMask	M	00_{16} to FF_{16}	DTCSAM
#4	DTCFormatIdentifier = [　　SAE_J2012-DA_DTCFormat_00 　　ISO_14229-1_DTCFormat 　　SAE_J1939-73_DTCFormat 　　ISO_11992-4_DTCFormat 　　SAE_J2012-DA_DTCFormat_04]	M	00_{16} 01_{16} 02_{16} 03_{16} 04_{16}	DTCFID_ J2012-DADTCF00 14229-1DTCF J1939-73DTCF 11992-4DTCF J2012-DADTCF04
#5 #6	DTCCount[] = [　　DTCCountHighByte 　　DTCCountLowByte]	M M	00_{16} to FF_{16} 00_{16} to FF_{16}	DTCC_ DTCCHB DTCCLB

其中，DTCStatusAvailabilityMask：其位定义与 statusOfDTC 相同，表示服务器支持的状态位。服务器不支持的位应设置为"0"。

DTCFormatIdentifier：服务器报告的 DTC 的格式。

DTCCount：与客户端请求中定义的 DTCStatusMask 匹配的 DTC 数量的计数。

(4) 19 02 通过状态掩码报告 DTC（RePortDTCByStatusMask）：检索与客户端定义的状态掩码匹配的 DTC 列表。

0x19 服务 0x02 子功能请求格式如表 8.28 所示。

表 8.28 0x19 服务 0x02 子功能请求格式

A_Data byte	Parameter Name	Cvt	Byte value	Mnemonic
#1	ReadDTCInformation Request SID	M	19_{16}	RDTCI
#2	SubFunction = [reportType = 　　reportNumberOfDTCByStatusMask 　　reportDTCByStatusMask	M	01_{16} 02_{16}	LEV_ RNODTCBSM RDTCBSM
#3	DTCStatusMask	M	00_{16} to FF_{16}	DTCSM

0x19 服务 0x02 子功能肯定响应格式如表 8.29 所示。

表 8.29 0x19 服务 0x02 子功能肯定响应格式

A_Data byte	Parameter Name	Cvt	Byte value	Mnemonic
#1	ReadDTCInformation Response SID	M	59_{16}	RDTCIPR
#2	reportType = [　　reportDTCByStatusMask 　　reportSupportedDTCs 　　reportFirstTestFailedDTC 　　reportFirstConfirmedDTC 　　reportMostRecentTestFailedDTC 　　reportMostRecentConfirmedDTC 　　reportDTCWithPermanentStatus]	M	 02_{16} $0A_{16}$ $0B_{16}$ $0C_{16}$ $0D_{16}$ $0E_{16}$ 15_{16}	LEV_ RDTCBSM RSUPDTC RFTFDTC RFCDTC RMRTFDTC RMRCDTC RDTCWPS
#3	DTCStatusAvailabilityMask	M	00_{16} to FF_{16}	DTCSAM
	DTCAndStatusRecord[] = [			DTCASR_
#4	DTCHighByte#1	C_1	00_{16} to FF_{16}	DTCHB
#5	DTCMiddleByte#1	C_1	00_{16} to FF_{16}	DTCMB
#6	DTCLowByte#1	C_1	00_{16} to FF_{16}	DTCLB
#7	statusOfDTC#1	C_1	00_{16} to FF_{16}	SODTC
#8	DTCHighByte#2	C_2	00_{16} to FF_{16}	DTCHB
#9	DTCMiddleByte#2	C_2	00_{16} to FF_{16}	DTCMB
#10	DTCLowByte#2	C_2	00_{16} to FF_{16}	DTCLB
#11	statusOfDTC#2	C_2	00_{16} to FF_{16}	SODTC
:	:	:	:	:
#n-3	DTCHighByte#m	C_2	00_{16} to FF_{16}	DTCHB
#n-2	DTCMiddleByte#m	C_2	00_{16} to FF_{16}	DTCMB
#n-1	DTCLowByte#m	C_2	00_{16} to FF_{16}	DTCLB
#n	statusOfDTC#m]	C_2	00_{16} to FF_{16}	SODTC

C_1: This parameter is only present if DTC information is available to be reported.
C_2: This parameter is only present if reportType = reporSupportedDTCs, reportDTCByStatusMask, reportDTCWithPermanentStatus and more than one DTC information is available to be reported.

（5）19 04 通过 DTC 编号报告 DTC 快照记录（RePortDTCSnapshotRecordByDTCNumber）：检索所有已获取 DTCSnapshot 记录的标识信息。

0x19 服务 0x04 子功能请求格式如表 8.30 所示。

表 8.30　0x19 服务 0x04 子功能请求格式

A_Data byte	Parameter Name	Cvt	Byte value	Mnemonic
#1	ReadDTCInformation Request SID	M	19_{16}	RDTCI
#2	SubFunction = [reportType = 　　　　reportDTCSnapshotIdentification 　　　　reportDTCSnapshotRecordByDTCNumber]	M	03_{16} 04_{16}	LEV_ RDTCSSI RDTCSSBDTC
#3 #4 #5	DTCMaskRecord[] = [　　　　DTCHighByte 　　　　DTCMiddleByte 　　　　DTCLowByte]	C C C	00_{16} to FF_{16} 00_{16} to FF_{16} 00_{16} to FF_{16}	DTCMREC_ DTCHB DTCMB DTCLB
#6	DTCSnapshotRecordNumber	C	00_{16} to FF_{16}	DTCSSRN

C：The DTCMaskRecord and DTCSnapshotRecordNumber parameters are only present in case the SubFunction parameter is equal to reportDTCSnapshotRecordByDTCNumber.

其中，DTCSnapshotRecordNumber：为客户端定义 DTCMaskRecord 所请求的特定 DTCSnapshot 数据记录的编号。

0x19 服务 0x04 子功能肯定响应格式如表 8.31 所示。

表 8.31　0x19 服务 0x04 子功能肯定响应格式

A_Data byte	Parameter Name	Cvt	Byte value	Mnemonic
#1	ReadDTCInformation Response SID	M	59_{16}	RDTCIPR
#2	reportType = [　　　　reportDTCSnapshotRecordByDTCNumber]	M	04_{16}	LEV_ RDTCSSBDTC
#3 #4 #5 #6	DTCAndStatusRecord[] = [　　　　DTCHighByte 　　　　DTCMiddleByte 　　　　DTCLowByte 　　　　statusOfDTC]	M M M M	00_{16} to FF_{16} 00_{16} to FF_{16} 00_{16} to FF_{16} 00_{16} to FF_{16}	DTCASR_ DTCHB DTCMB DTCLB SODTC
#7	DTCSnapshotRecordNumber#1	C_1	00_{16} to FF_{16}	DTCSSRN
#8	DTCSnapshotRecordNumberOfIdentifiers#1	C_1	00_{16} to FF_{16}	DTCSSRNI
#9 #10 #11 : #11+(p−1) : #r−(m−1)−2 #r−(m−1)−1 #r−(m−1) : #r	DTCSnapshotRecord[]#1= [　　　　dataIdentifier#1 byte#1(MSB) 　　　　dataIdentifier#1 byte#2(LSB) 　　　　snapshotData#1 byte#1 　　　　　　　　　　: 　　　　snapshotData#1 byte#p 　　　　　　　　　　: 　　　　dataIdentifier#w byte#1(MSB) 　　　　dataIdentifier#w byte#2(LSB) 　　　　snapshotData#w byte#1 　　　　　　　　　　: 　　　　snapshotData#w byte#m]	C_1 C_1 C_1 C_1 C_1 C_2 C_2 C_2 C_2 C_2	00_{16} to FF_{16} 00_{16} to FF_{16} 00_{16} to FF_{16} : 00_{16} to FF_{16} : 00_{16} to FF_{16} 00_{16} to FF_{16} 00_{16} to FF_{16} : 00_{16} to FF_{16}	DTCSSR_ DIDB11 DIDB12 SSD11 : SSD1p : DIDB21 DIDB22 SSD21 : SSD2m

(续表)

A_Data byte	Parameter Name	Cvt	Byte value	Mnemonic
⋮	⋮	⋮	⋮	⋮
#t	DTCSnapshotRecordNumber#x	C_3	00_{16} to FF_{16}	DTCSSRN
#t+1	DTCSnapshotRecordNumberOfIdentifiers#x	C_3	00_{16} to FF_{16}	DTCSSRNI
#t+2	DTCSnapshotRecord[]#x = [　　dataIdentifier#1 byte#1(MSB)	C_3	00_{16} to FF_{16}	DTCSSR_ DIDB11
#t+3	dataIdentifier#1 byte#2(LSB)	C_3	00_{16} to FF_{16}	DIDB12
#t+5	snapshotData#1 byte#1	C_3	00_{16} to FF_{16}	SSD11
⋮	⋮	C_3	⋮	⋮
#t+5+(p-1)	snapshotData#1 byte#p	C_3	00_{16} to FF_{16}	SSD1p
⋮	⋮			
#n-(u-1)-2	dataIdentifier#w byte#1(MSB)	C_4	00_{16} to FF_{16}	DIDB21
#n-(u-1)-1	dataIdentifier#w byte#2(LSB)	C_4	00_{16} to FF_{16}	DIDB22
#n-(u-1)	snapshotData#w byte#1	C_4	00_{16} to FF_{16}	SSD21
⋮	⋮	C_4	⋮	⋮
#n	snapshotData#w byte#u]	C_4	00_{16} to FF_{16}	SSD2u

其中,DTCSnapshotRecordNumberOfIdentifiers:紧接 DTCSnapshotRecord 中 dataIdentifier（数据标识符）的编号。

（6）19 06 通过 DTC 编号报告 DTC 扩展数据记录（RePortDTCExtDataRecordByDTCNumber）：检索与客户端定义的 DTCMaskRecord 和 DTCExtendedData 记录编号匹配的 DTCExtendedData。

0x19 服务 0x06 子功能请求格式如表 8.32 所示，0x19 服务 0x06 子功能肯定响应格式如表 8.33 所示。

表 8.32　0x19 服务 0x06 子功能请求格式

A_Data byte	Parameter Name	Cvt	Byte value	Mnemonic
#1	ReadDTCInformation Request SID	M	19_{16}	RDTCI
#2	SubFunction = [reportType = 　　reportDTCExtDataRecordByDTCNumber]	M	06_{16}	LEV_ RDTCEDRBDN
#3 #4 #5	DTCMaskRecord[] = [　　DTCHighByte 　　DTCMiddleByte 　　DTCLowByte]	M M M	00_{16} to FF_{16} 00_{16} to FF_{16} 00_{16} to FF_{16}	DTCMREC_ DTCHB DTCMB DTCLB
#6	DTCExtDataRecordNumber	M	00_{16} to FF_{16}	DTCEDRN

表 8.33　0x19 服务 0x06 子功能肯定响应格式

A_Data byte	Parameter Name	Cvt	Byte value	Mnemonic
#1	ReadDTCInformation Response SID	M	59_{16}	RDTCIPR
#2	reportType = [　　　　reportDTCExtDataRecordByDTCNumber]	M	06_{16}	LEV_ RDTCEDRBD
#3 #4 #5 #6	DTCAndStatusRecord[] = [　　　　DTCHighByte 　　　　DTCMiddleByte 　　　　DTCLowByte 　　　　statusOfDTC]	M M M M	00_{16} to FF_{16} 00_{16} to FF_{16} 00_{16} to FF_{16} 00_{16} to FF_{16}	DTCASR_ DTCHB DTCMB DTCLB SODTC
#7	DTCExtDataRecordNumber#1	C_1	00_{16} to FD_{16}	DTCEDRN
#8 : #8+(p-1)	DTCExtDataRecord[]#1 = [　　　　extendedData#1 byte#1 　　　　: 　　　　extendedData#1 byte#p]	C_1 C_1 C_1	00_{16} to FF_{16} : 00_{16} to FF_{16}	DTCSSR_ EDD11 : EDD1p
:	:	:	:	:
#t	DTCExtDataRecordNumber#x	C_2	00_{16} to FD_{16}	DTCEDRN
#t+1 : #t+1+(q-1)	DTCExtDataRecord[]#x = [　　　　extendedData#x byte#1 　　　　: 　　　　extendedData#x byte#q]	C_2 C_2 C_2	00_{16} to FF_{16} : 00_{16} to FF_{16}	DTCSSR_ EDDx1 : EDDxq

(7) 19 0A 报告支持的 DTC(RePortSupPortedDTC)：检索服务器支持的所有 DTC 的状态。

0x19 服务 0x0A 子功能请求格式如表 8.34 所示，0x19 服务 0x0A 子功能肯定进度定响应格式如表 8.35 所示。

表 8.34　0x19 服务 0x0A 子功能请求格式

A_Data byte	Parameter Name	Cvt	Byte value	Mnemonic
#1	ReadDTCInformation Request SID	M	19_{16}	RDTCI
#2	SubFunction = [reportType = 　　　　reportSupportedDTC 　　　　reportFirstTestFailedDTC 　　　　reportFirstConfirmedDTC 　　　　reportMostRecentTestFailedDTC 　　　　reportMostRecentConfirmedDTC 　　　　reportDTCFaultDetectionCounter 　　　　reportDTCWithPermanentStatus	M	 $0A_{16}$ $0B_{16}$ $0C_{16}$ $0D_{16}$ $0E_{16}$ 14_{16} 15_{16}	LEV_ RSUPDTC RFTFDTC RFCDTC RMRTFDTC RMRCDTC RDTCFDC RDTCWPS

表 8.35　0x19 服务 0x0A 子功能肯定响应格式

A_Data byte	Parameter Name	Cvt	Byte value	Mnemonic
#1	ReadDTCInformation Response SID	M	59_{16}	RDTCIPR
#2	reportType = [	M		LEV_
	reportDTCByStatusMask		02_{16}	RDTCBSM
	reportSupportedDTCs		$0A_{16}$	RSUPDTC
	reportFirstTestFailedDTC		$0B_{16}$	RFTFDTC
	reportFirstConfirmedDTC		$0C_{16}$	RFCDTC
	reportMostRecentTestFailedDTC		$0D_{16}$	RMRTFDTC
	reportMostRecentConfirmedDTC		$0E_{16}$	RMRCDTC
	reportDTCWithPermanentStatus]		15_{16}	RDTCWPS
#3	DTCStatusAvailabilityMask	M	00_{16} to FF_{16}	DTCSAM
	DTCAndStatusRecord[ ] = [			DTCASR_
#4	DTCHighByte #1	C_1	00_{16} to FF_{16}	DTCHB
#5	DTCMiddleByte #1	C_1	00_{16} to FF_{16}	DTCMB
#6	DTCLowByte #1	C_1	00_{16} to FF_{16}	DTCLB
#7	statusOfDTC #1	C_1	00_{16} to FF_{16}	SODTC
#8	DTCHighByte #2	C_2	00_{16} to FF_{16}	DTCHB
#9	DTCMiddleByte #2	C_2	00_{16} to FF_{16}	DTCMB
#10	DTCLowByte #2	C_2	00_{16} to FF_{16}	DTCLB
#11	statusOfDTC #2	C_2	00_{16} to FF_{16}	SODTC
:	:	:	:	:
#n-3	DTCHighByte #m	C_2	00_{16} to FF_{16}	DTCHB
#n-2	DTCMiddleByte #m	C_2	00_{16} to FF_{16}	DTCMB
#n-1	DTCLowByte #m	C_2	00_{16} to FF_{16}	DTCLB
#n	statusOfDTC #m]	C_2	00_{16} to FF_{16}	SODTC

C_1：This parameter is only present if DTC information is available to be reported.
C_2：This parameter is only present if reportType = reportSupportedDTCs, reportDTCByStatusMask, reportDTCWithPermanentStatus and more than one DTC information is available to be reported.

8.1.12　0x14 清除诊断信息（ClearDiagnosticInformation）

0x14 服务用于清除一个或多个 ECU 内存中的诊断信息。

0x14 服务请求格式如表 8.36 所示。

表 8.36　0x14 服务请求格式

A_Data byte	Parameter Name	Cvt	Byte value	Mnemonic
#1	ClearDiagnosticInformation Request SID	M	14_{16}	CDTCI
	groupOfDTC[ ] = [			GODTC_
#2	groupOfDTCHighByte	M	00_{16} to FF_{16}	HB
#3	groupOfDTCMiddleByte	M	00_{16} to FF_{16}	MB
#4	groupOfDTCLowByte]	M	00_{16} to FF_{16}	LB
#5	Memory Selection	U	00_{16} to FF_{16}	MEMYS

其中,groupOfDTC:表示一组故障诊断码(如动力传动系统、车身、底盘)或要清除的特定故障诊断码。

0x14 服务肯定响应格式如表 8.37 所示。

表 8.37　0x14 服务肯定响应格式

A_Data byte	Parameter Name	Cvt	Byte value	Mnemonic
♯1	ClearDiagnosticInformation Positive Response SID	M	54_{16}	CDTCIPR

0x14 服务窗口界面如图 8.34 所示。

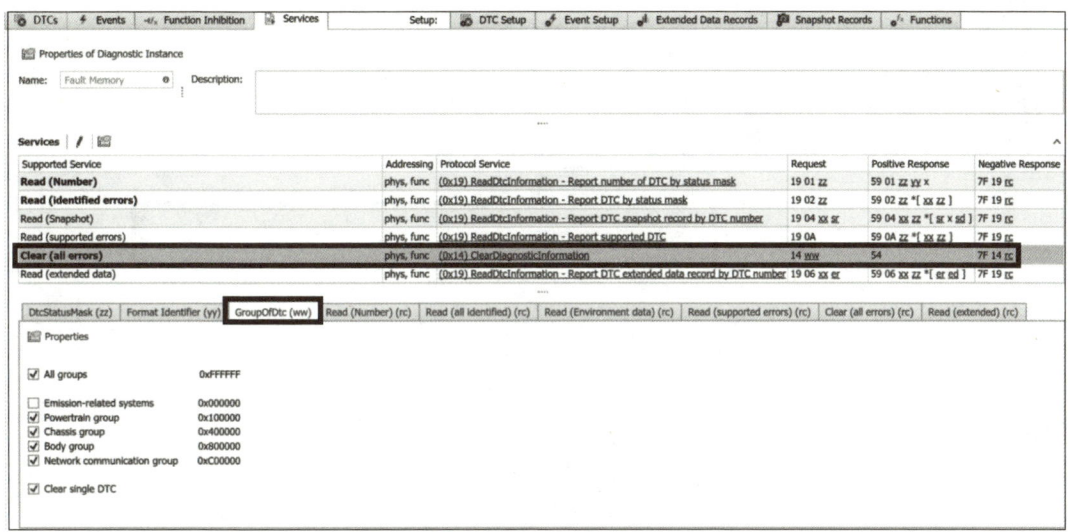

图 8.34　0x14 服务窗口界面

8.1.13　保存以及导出

完成相关配置内容后,通过"Check Consistency"检验诊断数据库正确性(图 8.35)。

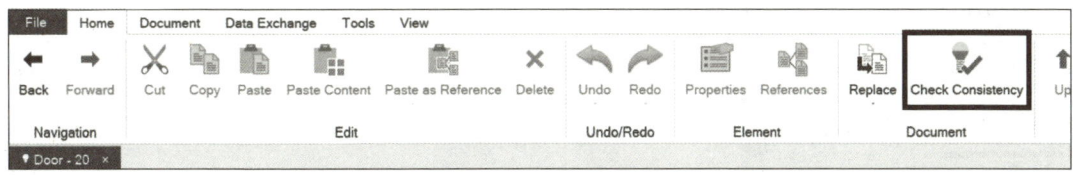

图 8.35　检验正确性

通过左上角"File"下的"Save As"生成 CDD 文件副本,在"Version"栏可以选择保存的版本(图 8.36)。

通过"Data Exchange"下的"DEXT Export"导出 ARXML 文件(图 8.37)。

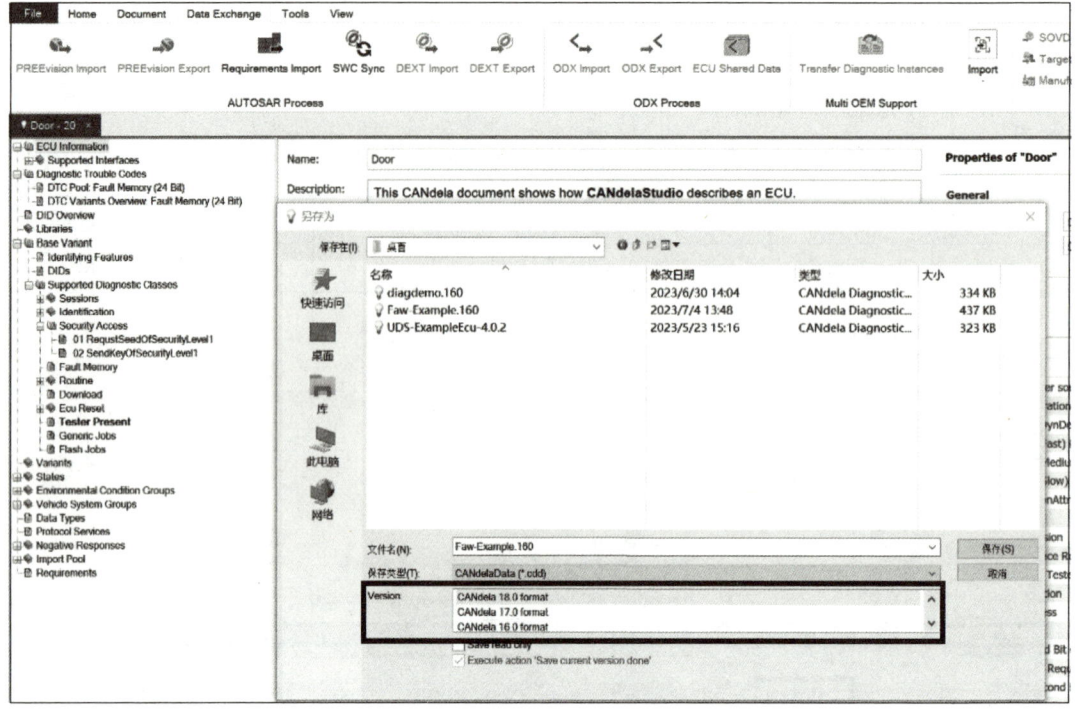

图 8.36 保存与另存为

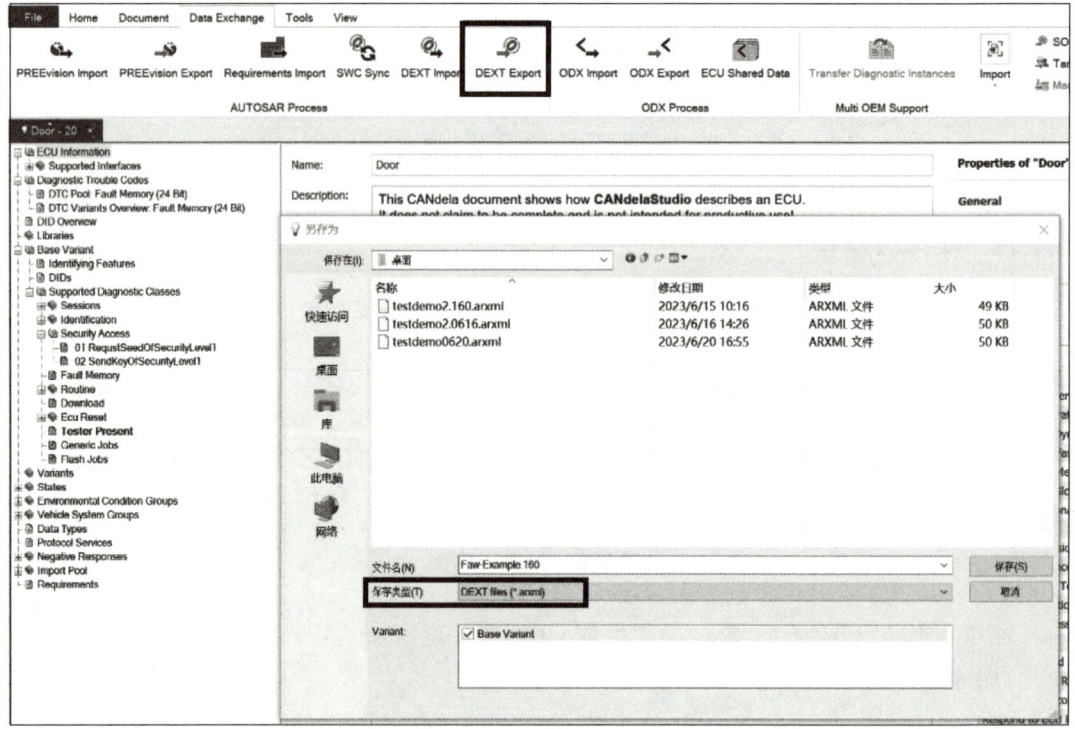

图 8.37 导出 ARXML 文件

8.2 DaVinci Developer Adaptive 诊断 ARXML 的配置

将从 CANdelaStudio 中导出的 ARXML 文件在 DaVinci Developer Adaptive 中打开，继续配置并完善配置。核心部分是 Diagnostic Application 与 Diagnostic Daemon 的配置，分为以下四个步骤。

步骤 1：为 Diagnostic Application 与 Diagnostic Daemon 分别建立软件集群 SoftwareCluster。

步骤 2：为 Diagnostic Application 与 Diagnostic Daemon 分别配置服务接口。

步骤 3：通过 DiagComApi 服务接口连接 Diagnostic Application 与 Diagnostic Daemon。

步骤 4：将服务接口与服务实例映射到对应软件集群的进程。

诊断配置框架图如图 8.38 所示。

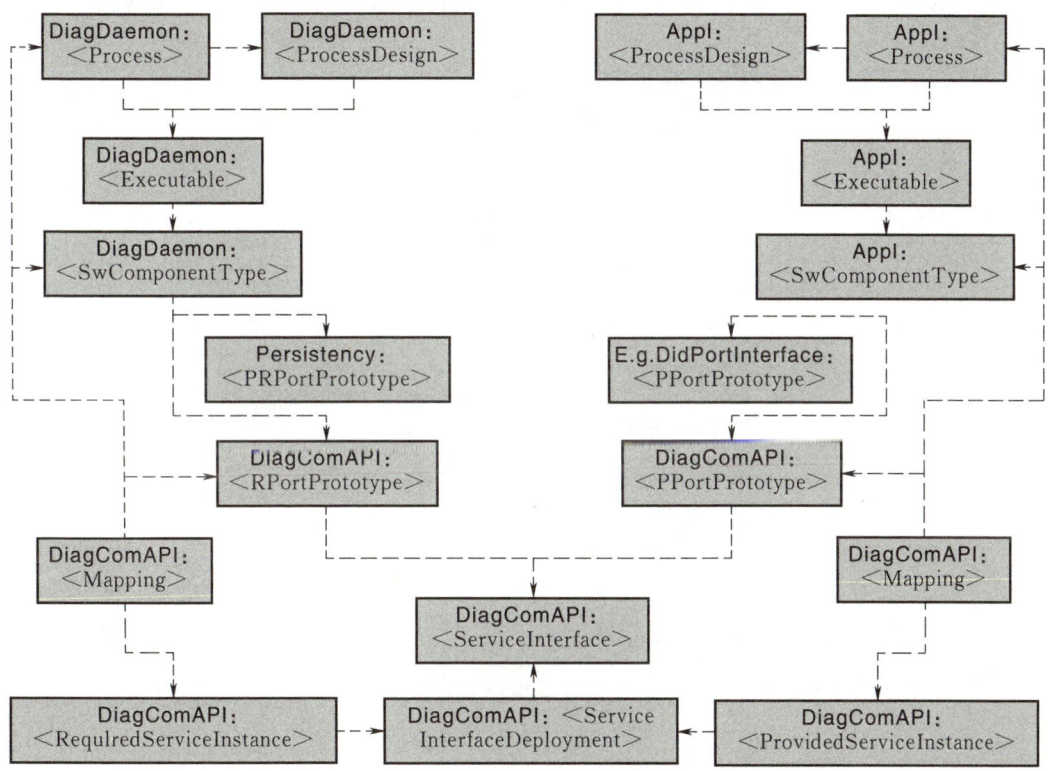

图 8.38 诊断配置框架图

Vector 提供的完整的诊断 Demo 在路径 SIP/CBD1800182_D56/BSW/amsr-vector-fs-dm-diagnosticmanager/example/example_integration/model 下可供参考。

8.2.1 Diagnostic 文件夹

将导出的 ARXML 文件复制到 DaVinci Developer Adaptive 的工程中。打开工程后会产生一个名为"Diagnostics"的文件夹。在 CANdelaStuodio 中配置的内容在此文件夹中体现（图 8.39）。

图 8.39 Diagnostics 文件夹

1. Common 文件夹

Common 文件夹的结构如图 8.40 所示。其中，各个子文件夹含义如下：

- "EcuInstance"元素为 CANdelaStudio 中"ECU Information"定义的名称。
- "DiagnosticContributionSet"元素为配置的所有元素的列表。
- "CompuMethod"与"BaseTypes"文件夹下包含 Instance 使用到的数据类型。
- "DiagnosticDataIdentifier"为配置的 DID，其结构如图 8.41 所示。

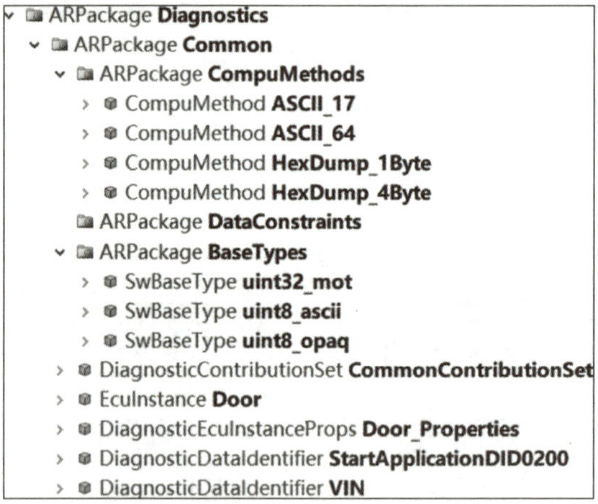

图 8.40 Common 文件夹的结构

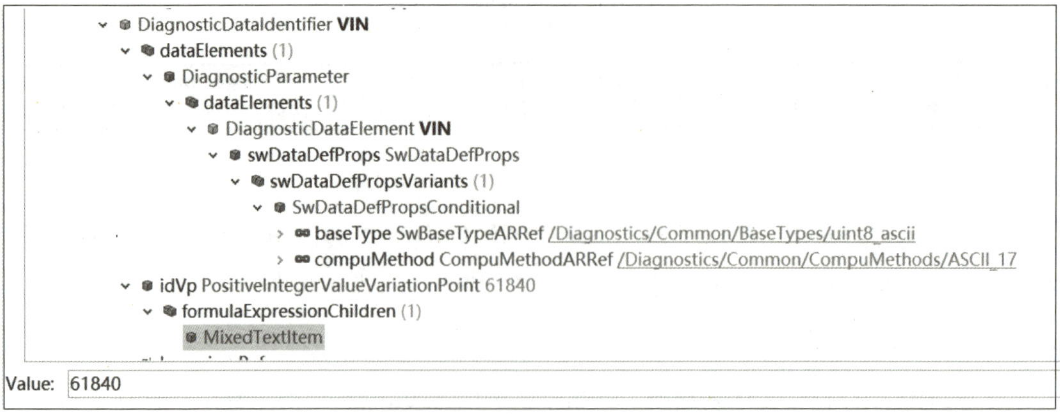

图 8.41 DID 的配置结构

2. Dcm 文件夹

Dcm 文件夹的结构如图 8.42 所示。其中,各个子文件夹含义如下:

- "DiagnosticSessions"文件夹为配置的会话状态。
- "SecurityLevels"文件夹为配置的安全等级。
- "ServiceClasses"文件夹为使用的服务类,其结构如图 8.43 所示。
- "ServiceInstances"文件夹为配置的服务实例(图 8.44)。
- "DiagnosticServiceTable"元素为包含所有服务实例的列表(图 8.45)。

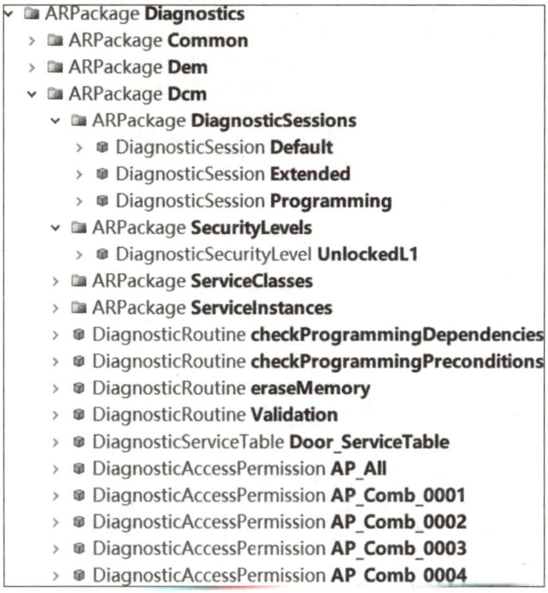

图 8.42　Dcm 文件夹的结构

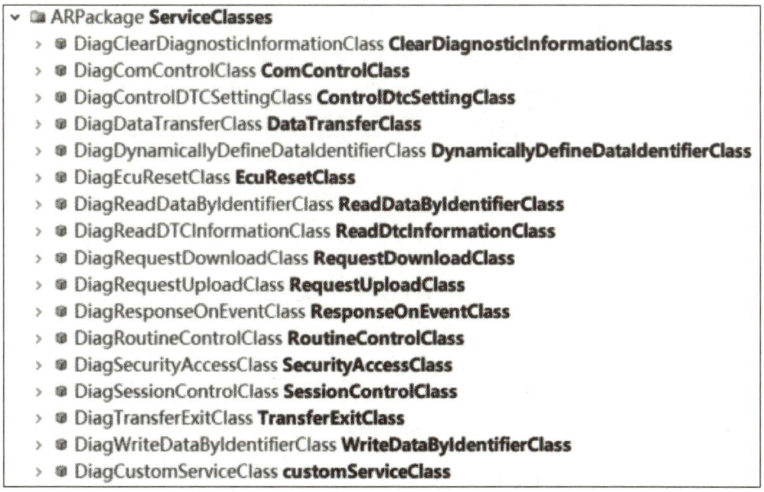

图 8.43　ServiceClasses 文件夹的结构

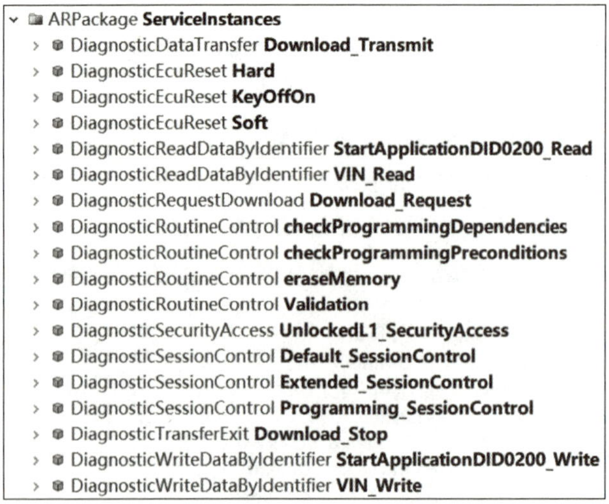

图 8.44 ServiceInstances 文件夹

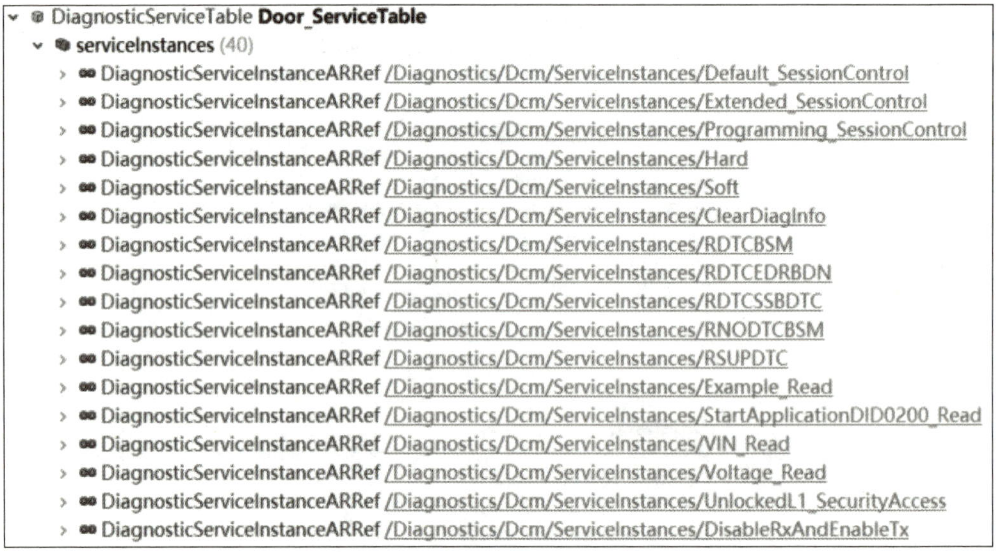

图 8.45 DiagnosticServiceTable 元素

3. Dem 文件夹

Dem 文件夹结构如图 8.46 所示。其中,各个子文件夹含义如下:

● "Events" 文件夹为事件,包括配置的 OperationCycles、StorageConditions 等。

● "Mappings" 文件夹包括 OperationCycles、StorageConditions、DTC 等到 Events 的映射关系。

● "Agings" 文件夹为老化计数器。

● "OperationCycles" 文件夹为配置的操作周期。

● "EnableConditions" 文件夹为 DTC 的触发条件。

- "StorageConditions"文件夹为 DTC 的存储条件。
- "Indicators"文件夹为 DTC 可触发的指示器。
- "PrimaryMemoryDtcs"文件夹包括 DTC 的基本配置信息以及属性,还包括扩展数据 ExtendedDataRecords 与冻结帧 FreezeFrames 等。

图 8.46　Dem 文件夹

8.2.2　Diagnostic Daemon 的配置

1. 服务接口

Diagnostic Daemon 包含两个服务接口,分别为 DiagComApi 与 Persistency。DiagComApi 接口如图 8.47 所示,DiagComApi 接口配置如图 8.48 所示。

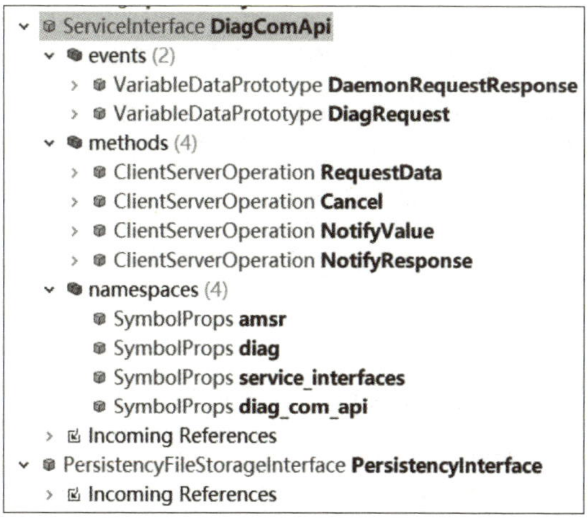

图 8.47　DiagComApi 接口

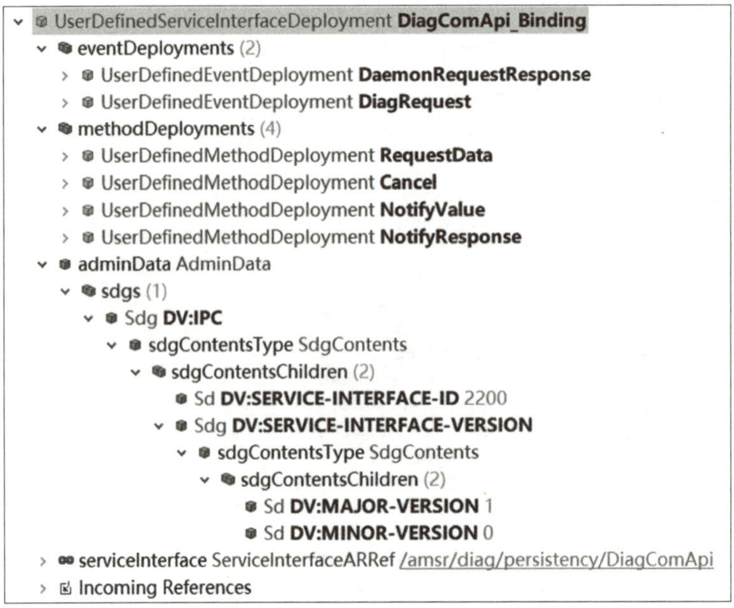

```
v ⊚ UserDefinedServiceInterfaceDeployment DiagComApi_Binding
    v ⊚ eventDeployments (2)
        > ⊚ UserDefinedEventDeployment DaemonRequestResponse
        > ⊚ UserDefinedEventDeployment DiagRequest
    v ⊚ methodDeployments (4)
        > ⊚ UserDefinedMethodDeployment RequestData
        > ⊚ UserDefinedMethodDeployment Cancel
        > ⊚ UserDefinedMethodDeployment NotifyValue
        > ⊚ UserDefinedMethodDeployment NotifyResponse
    v ⊚ adminData AdminData
        v ⊚ sdgs (1)
            v ⊚ Sdg DV:IPC
                v ⊚ sdgContentsType SdgContents
                    v ⊚ sdgContentsChildren (2)
                        ⊚ Sd DV:SERVICE-INTERFACE-ID 2200
                        v ⊚ Sdg DV:SERVICE-INTERFACE-VERSION
                            v ⊚ sdgContentsType SdgContents
                                v ⊚ sdgContentsChildren (2)
                                    ⊚ Sd DV:MAJOR-VERSION 1
                                    ⊚ Sd DV:MINOR-VERSION 0
    > ∞ serviceInterface ServiceInterfaceARRef /amsr/diag/persistency/DiagComApi
    > ⊞ Incoming References
```

图 8.48　DiagComApi 接口配置

由于 Diagnostic Daemon 的服务接口配置是固定的,因此为了方便可从 Vector 提供的 Demo 中的 amsr 文件夹中直接复制此部分。

2. 软件组件

创建 Diagnostic Daemon 的 SwC 并配置端口,其中 DiagComApi 为 RPort,Persistency 为 PRPort(图 8.49)。

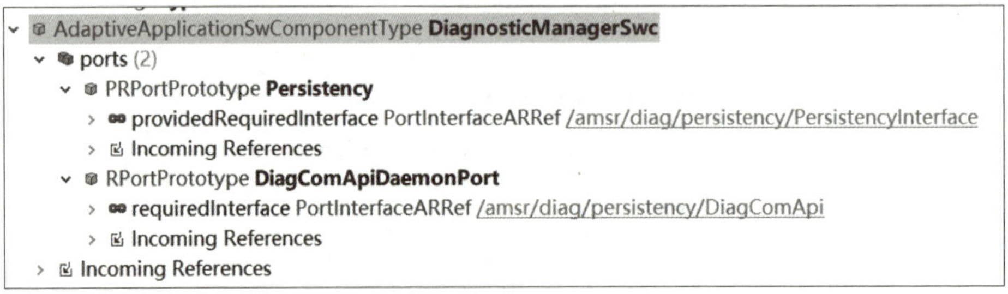

```
v ⊚ AdaptiveApplicationSwComponentType DiagnosticManagerSwc
    v ⊚ ports (2)
        v ⊚ PRPortPrototype Persistency
            > ∞ providedRequiredInterface PortInterfaceARRef /amsr/diag/persistency/PersistencyInterface
            > ⊞ Incoming References
        v ⊚ RPortPrototype DiagComApiDaemonPort
            > ∞ requiredInterface PortInterfaceARRef /amsr/diag/persistency/DiagComApi
            > ⊞ Incoming References
    > ⊞ Incoming References
```

图 8.49　Diagnostic Daemon 软件组件

3. 可执行程序

创建 Diagnostic Daemon 的 Excutable 并链接其 SwC,所有 adminData 中的内容均可从 Vector 提供的 Demo 直接复制(图 8.50)。

4. 启动配置

创建 Diagnostic Daemon 的 StartupConfigSet 并配置其调度策略以及优先级(图 8.51)。

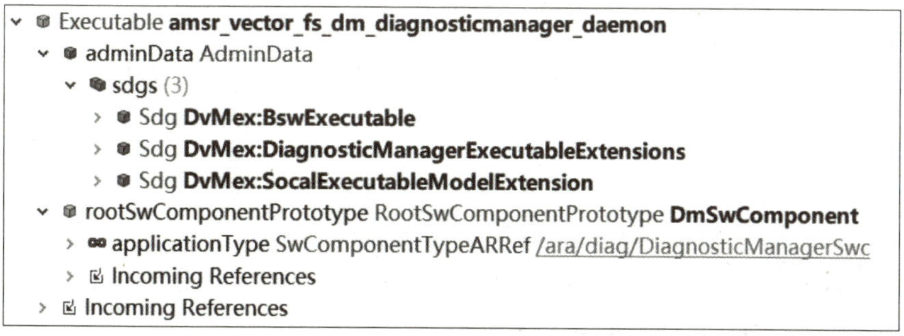

图 8.50　Diagnostic Daemon 可执行程序

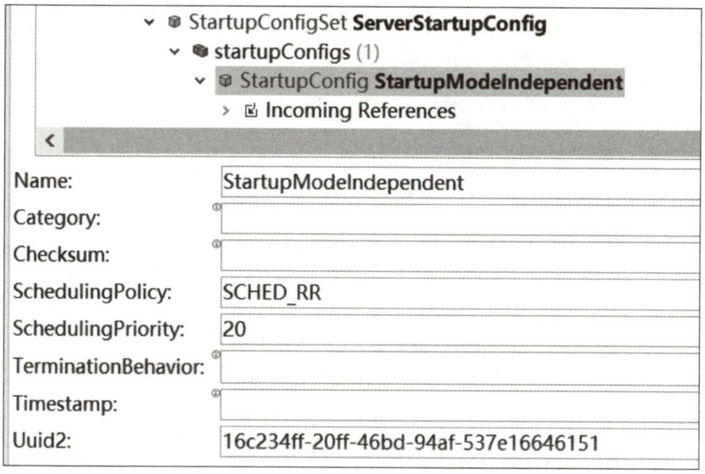

图 8.51　Diagnostic Daemon 启动配置

5. 进程配置

创建 Diagnostic Daemon 的 ProcessDesign 并链接其可执行程序 Excutable。

创建 Diagnostic Daemon 的 Process 并链接其状态机 StateMachine、可执行程序 Excutable 及 ProcessDesign(图 8.52)。

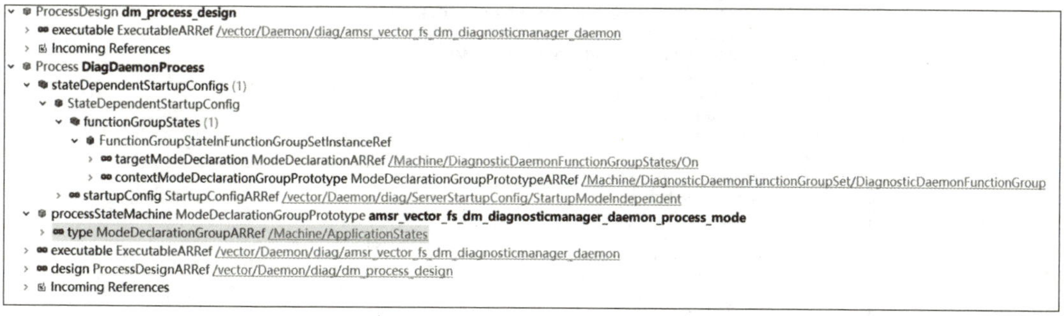

图 8.52　Diagnostic Daemon 进程配置

6. 软件集群

创建 Diagnostic Daemon 的 SoftwareClusterDesign 并链接其 Process。

创建 Diagnostic Daemon 的软件集群 SoftwareCluster 并链接其功能组 FuctionGroup、进程 Process、SoftwareClusterDesign。在 diagnosticAddress 中配置 ECU 的逻辑地址，包括物理地址和功能地址。diagnosticExtract 链接至 Diagnostic 文件夹下的 CommonContributionSet 元素（图 8.53）。

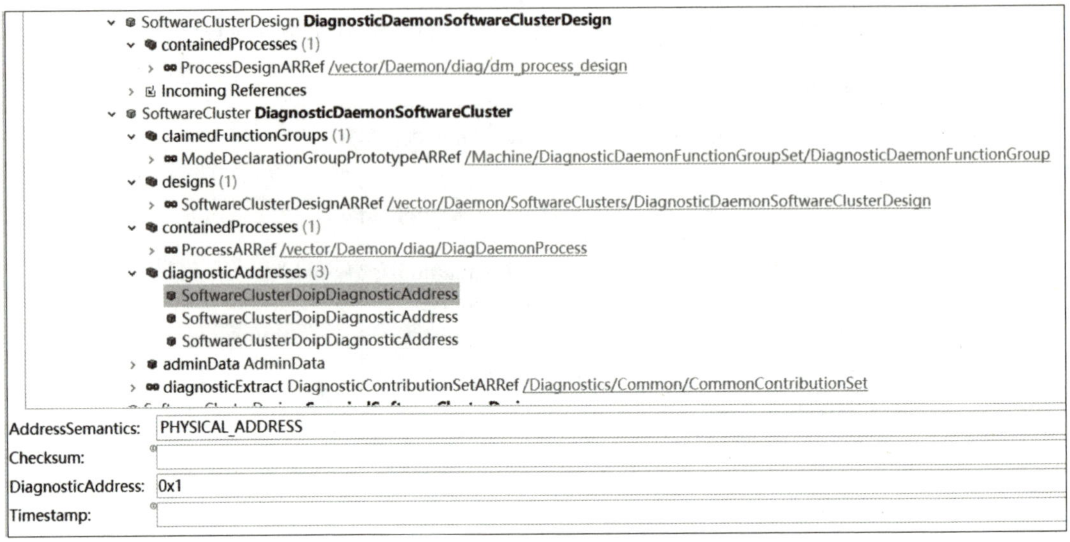

图 8.53 Diagnostic Daemon 软件集群配置

adminData 中的内容可参考 Vector 提供的 Demo（图 8.54）。

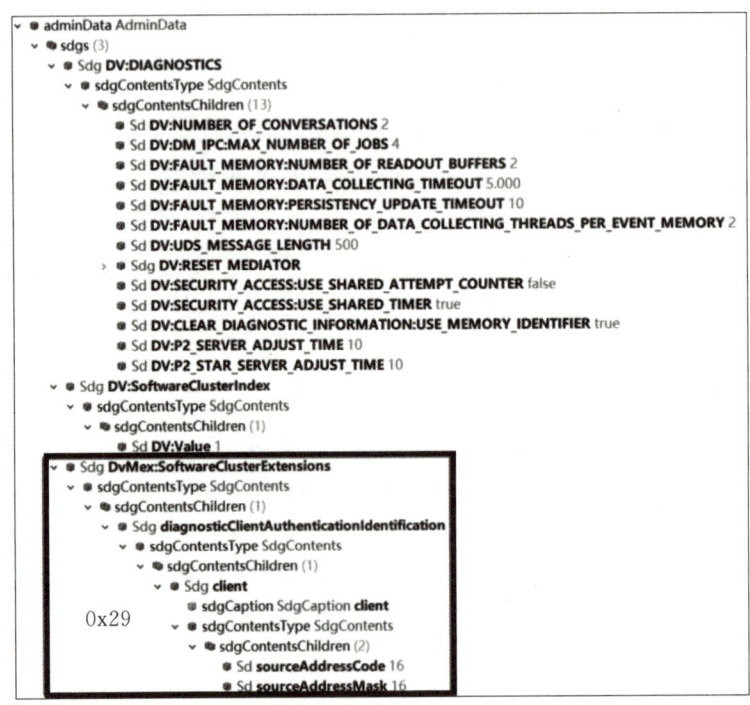

图 8.54 Diagnostic Daemon adminData 配置

7. 服务实例

创建 Diagnostic Daemon 的两个服务接口 Persistency 与 DiagComApi 的服务实例。Persistency 接口服务实例如图 8.55 所示，DiagComApi 接口服务实例如图 8.56 所示。

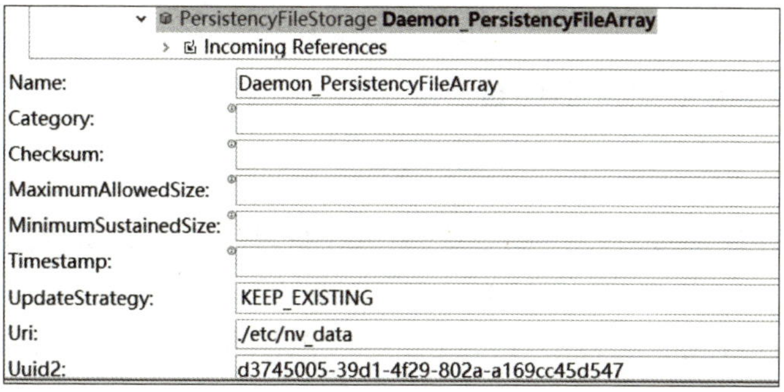

图 8.55　Diagnostic Daemon Persistency 接口服务实例

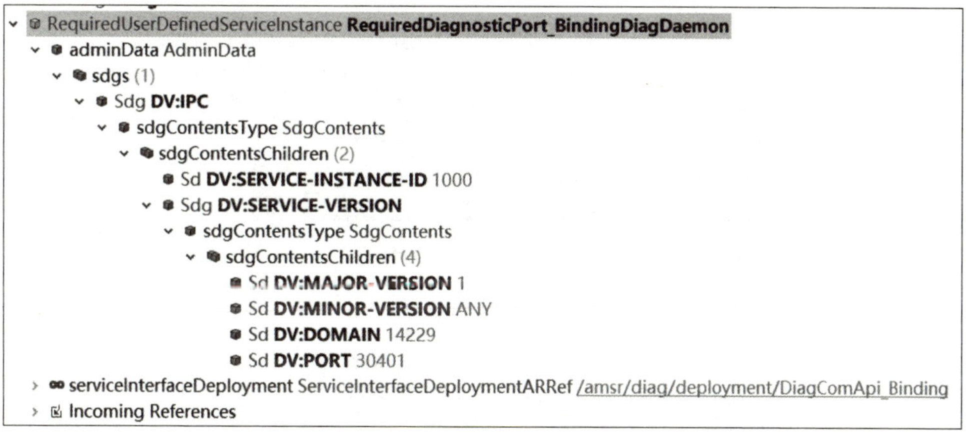

图 8.56　Diagnostic Daemon DiagComApi 接口服务实例

8. 映射关系

建立 Diagnostic Daemon 的服务实例与其端口的映射关系。Persistency 的端口映射关系如图 8.57 所示，DiagComApi 的端口映射关系如图 8.58 所示。

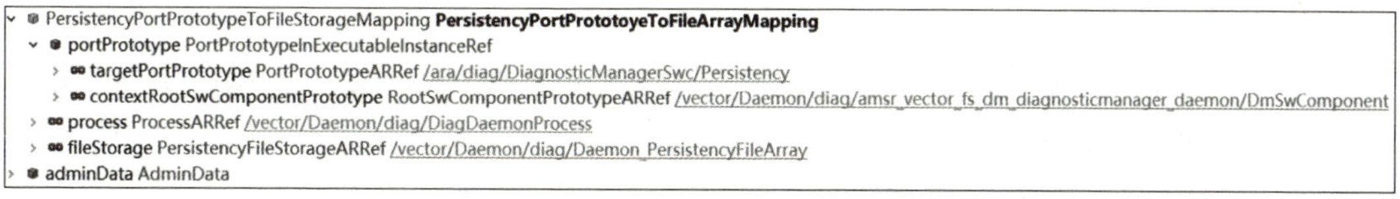

图 8.57　Diagnostic Daemon Persistency 的端口映射关系

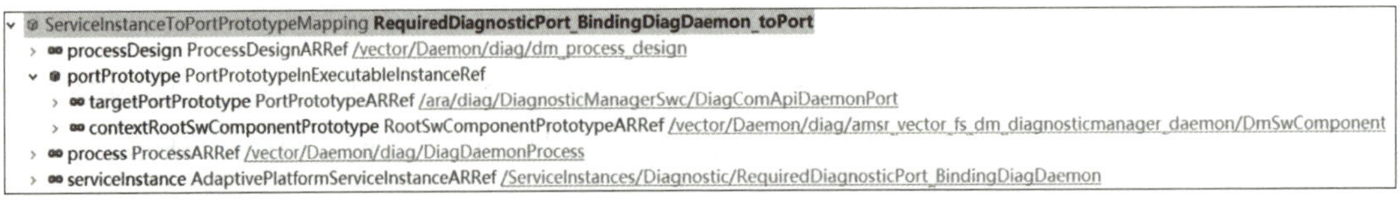

```
▽ ServiceInstanceToPortPrototypeMapping RequiredDiagnosticPort_BindingDiagDaemon_toPort
  ▷ ∞ processDesign ProcessDesignARRef /vector/Daemon/diag/dm_process_design
  ▽ ∞ portPrototype PortPrototypeInExecutableInstanceRef
    ▷ ∞ targetPortPrototype PortPrototypeARRef /ara/diag/DiagnosticManagerSwc/DiagComApiDaemonPort
    ▷ ∞ contextRootSwComponentPrototype RootSwComponentPrototypeARRef /vector/Daemon/diag/amsr_vector_fs_dm_diagnosticmanager_daemon/DmSwComponent
  ▷ ∞ process ProcessARRef /vector/Daemon/diag/DiagDaemonProcess
  ▷ ∞ serviceInstance AdaptivePlatformServiceInstanceARRef /ServiceInstances/Diagnostic/RequiredDiagnosticPort_BindingDiagDaemon
```

图 8.58　Diagnostic Daemon DiagComApi 的端口映射关系

8.2.3　Diagnostic Application 的配置

1. 服务接口

在 Vector 提供的 Demo 中提供了一些服务接口以供参考。示例工程中使用了该文件夹下的三个接口。其中，服务接口 Download_Interface 对应服务 0x34，服务接口 Generic_Uds_Interface 对应服务 0x11，服务接口 SecurityLevel_Interface 对应服务 0x27（图 8.59）。

图 8.59　Diagnostic Application 服务接口

服务 0x22、0x2E、0x31 则需要进一步配置。服务 0x22、0x2E 需要配置命名空间以及具体功能（Read 与 Write），Write 功能的 Direction 一栏填写"IN"，而 Read 功能的 Direction 一栏填写"OUT"（图 8.60）。

由于实例 VIN 传输的数据类型为 17 字节，因此要配置一个长度为 17 的数组作为参数 Vin 的数据类型（图 8.61）。

服务 0x31 需要配置命名空间以及子功能（Start、Stop、RequestResult），根据需求清单配置其参数的 Direction 与数据类型（图 8.62）。

第 8 章　AUTOSAR Adaptive 的 DoIP 诊断

```
▼ ◉ DiagnosticDataIdentifierInterface VIN_Information_Interface
  ▸ ◉ namespaces (3)
  ▼ ◉ write ClientServerOperation Write
    ▼ ◉ arguments (1)
      ▼ ◉ ArgumentDataPrototype Vin    IN
        ▸ ∞ type AutosarDataTypeARRef /ara/diag/types/VINType
  ▼ ◉ read ClientServerOperation Read
    ▼ ◉ arguments (1)
      ▼ ◉ ArgumentDataPrototype Vin    OUT
        ▸ ∞ type AutosarDataTypeARRef /ara/diag/types/VINType
  ▸ ▤ Incoming References
```

图 8.60　0x22、0x2E 服务具体配置

```
▼ ◉ StdCppImplementationDataType VINType
  ▼ ◉ templateArguments (1)
    ▼ ◉ CppTemplateArgument
      ▸ ∞ templateType CppImplementationDataTypeARRef /AUTOSAR/StdTypes/uint8_t
  ▸ ◉ namespaces (2)
  ▸ ◉ desc MultiLanguageOverviewParagraph
  ▸ ◉ arraySize PositiveIntegerValueVariationPoint 17
```

Name:	VINType
Category:	ARRAY
Checksum:	
HeaderFile:	
ShortNamePattern:	
Timestamp:	
TypeEmitter:	TYPE_EMITTER_ARA
Uuid2:	dc2ac625-0b0a-4352-9072-b5eb790de403

图 8.61　0x22、0x2E 服务数据类型

```
▼ ◉ DiagnosticRoutineInterface eraseMemory
  ▸ ◉ namespaces (3)
  ▼ ◉ start ClientServerOperation Start
    ▼ ◉ arguments (4)
      ▼ ◉ ArgumentDataPrototype In_addressAndLength_FormatIdentifier IN
        ▸ ∞ type AutosarDataTypeARRef /AUTOSAR/StdTypes/uint8_t
      ▼ ◉ ArgumentDataPrototype In_erase_address IN
        ▸ ∞ type AutosarDataTypeARRef /ara/diag/types/erase_addressType
      ▼ ◉ ArgumentDataPrototype In_erase_size IN
        ▸ ∞ type AutosarDataTypeARRef /ara/diag/types/erase_sizeType
      ▼ ◉ ArgumentDataPrototype Out_Result  OUT
        ▸ ∞ type AutosarDataTypeARRef /AUTOSAR/StdTypes/uint8_t
  ▸ ▤ Incoming References
```

图 8.62　0x31 服务具体配置

DEM 模块则需要图 8.63 中标出的接口。

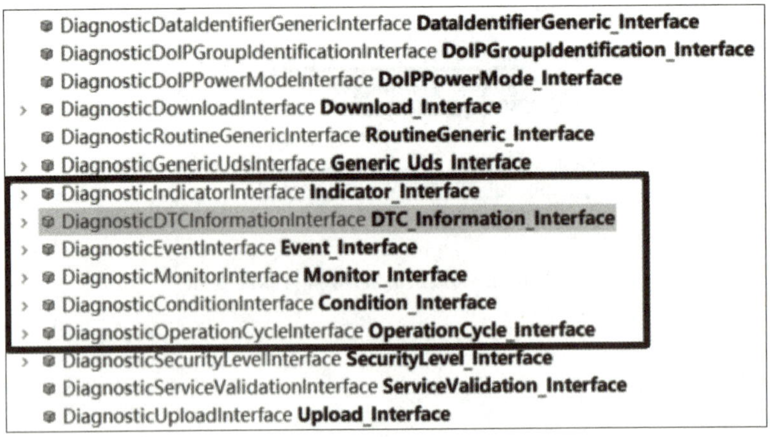

DiagnosticDataIdentifierGenericInterface DataIdentifierGeneric_Interface
DiagnosticDoIPGroupIdentificationInterface DoIPGroupIdentification_Interface
DiagnosticDoIPPowerModeInterface DoIPPowerMode_Interface
DiagnosticDownloadInterface Download_Interface
DiagnosticRoutineGenericInterface RoutineGeneric_Interface
DiagnosticGenericUdsInterface Generic_Uds_Interface
DiagnosticIndicatorInterface Indicator_Interface
DiagnosticDTCInformationInterface DTC_Information_Interface
DiagnosticEventInterface Event_Interface
DiagnosticMonitorInterface Monitor_Interface
DiagnosticConditionInterface Condition_Interface
DiagnosticOperationCycleInterface OperationCycle_Interface
DiagnosticSecurityLevelInterface SecurityLevel_Interface
DiagnosticServiceValidationInterface ServiceValidation_Interface
DiagnosticUploadInterface Upload_Interface

图 8.63　DEM 模块接口

2. 软件组件

创建 Diagnostic Application 的 SwC 并配置端口，其中 DiagComApi 和 DCM 服务接口均为 PPort，DEM 接口为 RPort(图 8.64)。

AdaptiveApplicationSwComponentType DmApp1
ports (15)
PPortPrototype DiagComApi
PPortPrototype DiagnosticPortDID0200
PPortPrototype VINInformation
PPortPrototype Voltage
PPortPrototype eraseMemory
PPortPrototype SecurityAccess_Level1
PPortPrototype GenericUds_Example
PPortPrototype Download
PPortPrototype Upload
RPortPrototype DTCInformation_PrimaryFaultMemory
RPortPrototype MonitorEvent_Example
RPortPrototype DiagnosticEvent_Example
RPortPrototype OperationCycle_Example
RPortPrototype EnableCondition_Example
RPortPrototype Indicator_Example

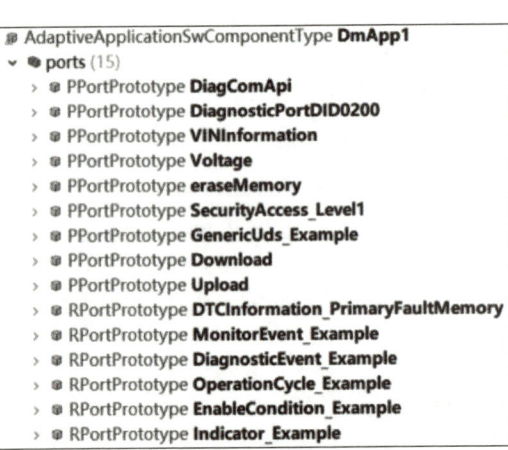

图 8.64　端口配置

将服务接口链接到对应的 SwcServiceDependency 中(不包括 DiagComApi)，且 0x29 服务需要两个接口需在此处配置(图 8.65)。

3. 可执行程序

创建 Diagnostic Application 的 Excutable 并链接其 SwC(图 8.66)。

4. 启动配置

创建 Diagnostic Application 的 StartupConfigSet 并配置其调度策略以及优先级(图 8.67)。

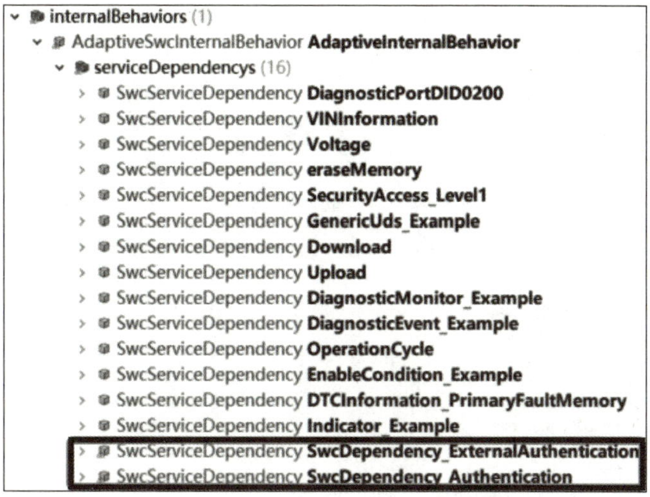

图 8.65 SwcServiceDependency 配置

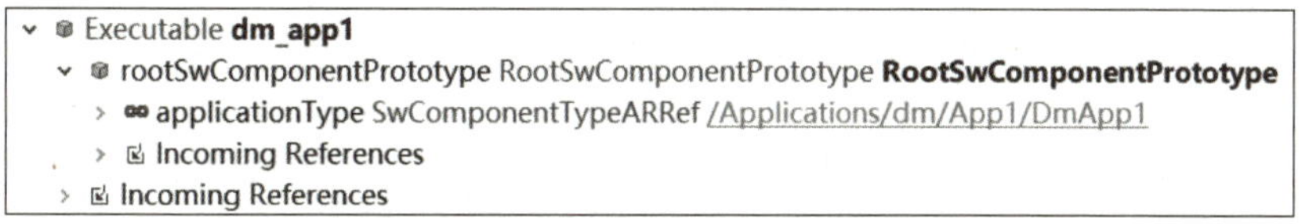

图 8.66 Diagnostic Application 可执行程序

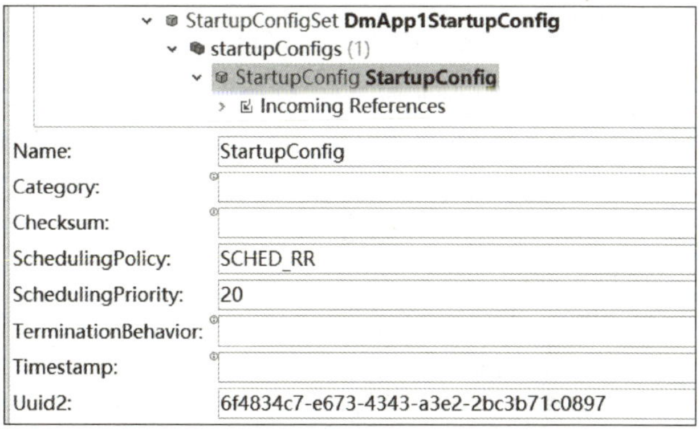

图 8.67 Diagnostic Application 启动配置

5. 进程配置

创建 Diagnostic Application 的进程设计 ProcessDesign 并链接其可执行程序 Excutable。

创建 Diagnostic Application 的进程 Process 并链接其状态机 StateMachine、可执行程序 Excutable 及进程设计 ProcessDesign(图 8.68)。

6. 软件集群

创建 Diagnostic Application 的软件集群设计 SoftwareClusterDesign 并链接其进程 Process。

```
v ⚙ ProcessDesign DmApp1ProcessDesign
  > ∞ executable ExecutableARRef /Applications/dm/App1/dm_app1
  > ⊞ Incoming References
v ⚙ Process DmApp1Process
  v ⚙ stateDependentStartupConfigs (1)
    v ⚙ StateDependentStartupConfig
      v ⚙ functionGroupStates (1)
        v ⚙ FunctionGroupStateInFunctionGroupSetInstanceRef
          > ∞ targetModeDeclaration ModeDeclarationARRef /Machine/DmFunctionGroupStates/On
          > ∞ contextModeDeclarationGroupPrototype ModeDeclarationGroupPrototypeARRef /Machine/DmFunctionGroupSet/DmFunctionGroup
      > ∞ startupConfig StartupConfigARRef /Applications/dm/App1/DmApp1StartupConfig/StartupConfig
  v ⚙ adminData AdminData
    v ⚙ sdgs (1)
      v ⚙ Sdg DvMex:LogTraceProcessExtensions
        v ⚙ sdgContentsType SdgContents
          v ⚙ sdgContentsChildren (5)
            ⚙ Sd configDirPath ../etc/logging_config.json
            ⚙ Sd maxNumberOfLogSinks 6
            ⚙ Sd maxSupportedLogLevel VERBOSE
            ⚙ Sd enableLogMode CONSOLE
            ⚙ Sd maxLoggers 50
  v ⚙ processStateMachine ModeDeclarationGroupPrototype DmApp1Modes
    > ∞ type ModeDeclarationGroupARRef /Machine/ApplicationStates
  > ∞ executable ExecutableARRef /Applications/dm/App1/dm_app1
  > ∞ design ProcessDesignARRef /Applications/dm/App1/DmApp1ProcessDesign
  > ⊞ Incoming References
```

图 8.68　Diagnostic Application 进程配置

创建 Diagnostic Application 的软件集群 SoftwareCluster 并链接其功能组 FuctionGroup、进程 Process、软件集群设计 SoftwareClusterDesign(8.69)。

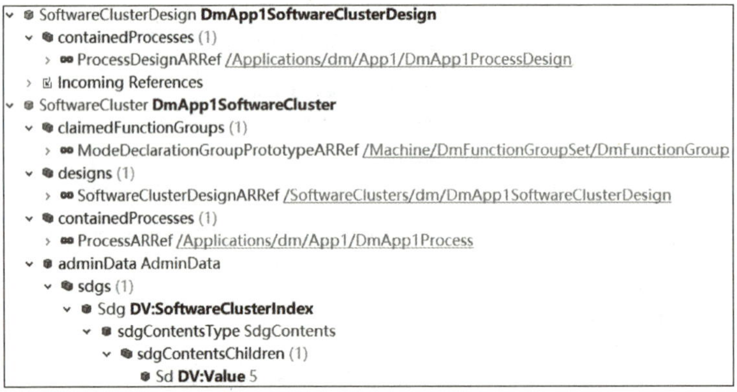

```
v ⚙ SoftwareClusterDesign DmApp1SoftwareClusterDesign
  v ⚙ containedProcesses (1)
    > ∞ ProcessDesignARRef /Applications/dm/App1/DmApp1ProcessDesign
  > ⊞ Incoming References
v ⚙ SoftwareCluster DmApp1SoftwareCluster
  v ⚙ claimedFunctionGroups (1)
    > ∞ ModeDeclarationGroupPrototypeARRef /Machine/DmFunctionGroupSet/DmFunctionGroup
  v ⚙ designs (1)
    > ∞ SoftwareClusterDesignARRef /SoftwareClusters/dm/DmApp1SoftwareClusterDesign
  v ⚙ containedProcesses (1)
    > ∞ ProcessARRef /Applications/dm/App1/DmApp1Process
  v ⚙ adminData AdminData
    v ⚙ sdgs (1)
      v ⚙ Sdg DV:SoftwareClusterIndex
        v ⚙ sdgContentsType SdgContents
          v ⚙ sdgContentsChildren (1)
            ⚙ Sd DV:Value 5
```

图 8.69　Diagnostic Application 软件集群配置

7. 服务实例

创建 Diagnostic Application 服务接口 DiagComApi 的服务实例(8.70)。

UDS 服务相关的服务实例由 CANdelaStudio 生成在 Dcm 文件夹中(图 8.71)。

8. 映射关系

建立 Diagnostic Application 的服务实例与其端口的映射关系。DiagComApi 的端口映射关系如图 8.72 所示，Dcm 的端口映射关系如图 8.73 所示。

第 8 章 AUTOSAR Adaptive 的 DoIP 诊断

```
∨ ⊕ ProvidedUserDefinedServiceInstance ProvidedDiagComApi_BindingDmApp1
  ∨ ⊕ adminData AdminData
    ∨ ⊗ sdgs (1)
      ∨ ⊕ Sdg DV:IPC
        ∨ ⊕ sdgContentsType SdgContents
          ∨ ⊗ sdgContentsChildren (2)
            ⊕ Sd DV:SERVICE-INSTANCE-ID 1000
            ∨ ⊕ Sdg DV:SERVICE-DISCOVERY
              ∨ ⊕ sdgContentsType SdgContents
                ∨ ⊗ sdgContentsChildren (3)
                  ⊕ Sd DV:DOMAIN 14230
                  ⊕ Sd DV:PORT 30405
                  ⊕ Sd DV:SERVICE-OFFER-TIME-TO-LIVE 200
  > ∞ serviceInterfaceDeployment ServiceInterfaceDeploymentARRef /amsr/diag/deployment/DiagComApi_Binding
  > ⊞ Incoming References
```

图 8.70 Diagnostic Application DiagComApi 接口服务实例

```
∨ ▣ ARPackage Diagnostics
  > ▣ ARPackage Common
  > ▣ ARPackage Dem
  ∨ ▣ ARPackage Dcm
    > ▣ ARPackage DiagnosticSessions
    > ▣ ARPackage SecurityLevels
    > ▣ ARPackage ServiceClasses
    ∨ ▣ ARPackage ServiceInstances
      > ⊕ DiagnosticDataTransfer Download_Transmit
      > ⊕ DiagnosticEcuReset Hard
      > ⊕ DiagnosticEcuReset KeyOffOn
      > ⊕ DiagnosticEcuReset Soft
      > ⊕ DiagnosticReadDataByIdentifier StartApplicationDID0200_Read
      > ⊕ DiagnosticReadDataByIdentifier VIN_Read
      > ⊕ DiagnosticRequestDownload Download_Request
      > ⊕ DiagnosticRoutineControl checkProgrammingDependencies
      > ⊕ DiagnosticRoutineControl checkProgrammingPreconditions
      > ⊕ DiagnosticRoutineControl eraseMemory
      > ⊕ DiagnosticRoutineControl Validation
      > ⊕ DiagnosticSecurityAccess UnlockedL1_SecurityAccess
      > ⊕ DiagnosticSessionControl Default_SessionControl
      > ⊕ DiagnosticSessionControl Extended_SessionControl
      > ⊕ DiagnosticSessionControl Programming_SessionControl
      > ⊕ DiagnosticTransferExit Download_Stop
      > ⊕ DiagnosticWriteDataByIdentifier StartApplicationDID0200_Write
      > ⊕ DiagnosticWriteDataByIdentifier VIN_Write
```

图 8.71 UDS 服务实例

```
∨ ⊕ ServiceInstanceToPortPrototypeMapping ProvidedDiagComApi_BindingDmApp1_toPort
  > ∞ processDesign ProcessDesignARRef /Applications/dm/App1/DmApp1ProcessDesign
  ∨ ∞ portPrototype PortPrototypeInExecutableInstanceRef
    > ∞ targetPortPrototype PortPrototypeARRef /Applications/dm/App1/DmApp1/DiagComApi
    > ∞ contextRootSwComponentPrototype RootSwComponentPrototypeARRef /Applications/dm/App1/dm_app1/RootSwComponentPrototype
  > ∞ process ProcessARRef /Applications/dm/App1/DmApp1Process
  > ∞ serviceInstance AdaptivePlatformServiceInstanceARRef /ServiceInstances/Diagnostic/ProvidedDiagComApi_BindingDmApp1
```

图 8.72 Diagnostic Application DiagComApi 的端口映射关系

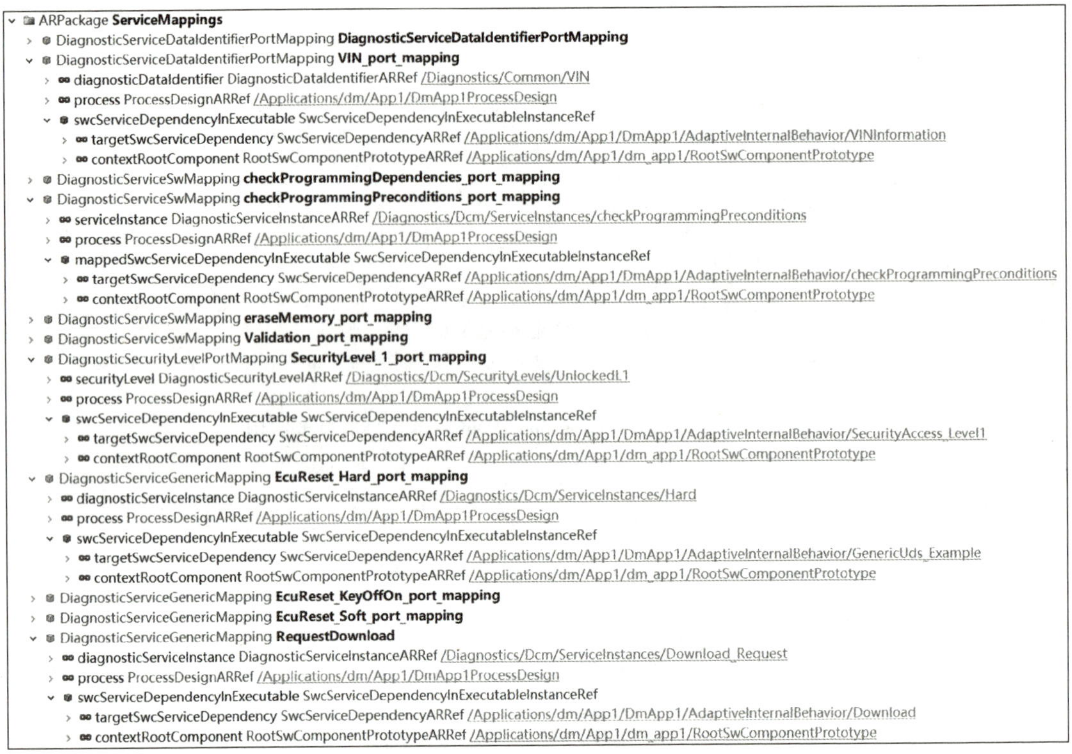

图 8.73　Diagnostic Application DCM 的端口映射关系

其中，0x10、0x3E、0x27、0x2C、0x36、0x37、0x85、0x86 服务实例不需要映射，且 0x3E 服务相关内容不在工程中体现，0x29 服务的映射关系在 authentication 文件夹中。

Dem 的端口映射关系如图 8.74 所示。

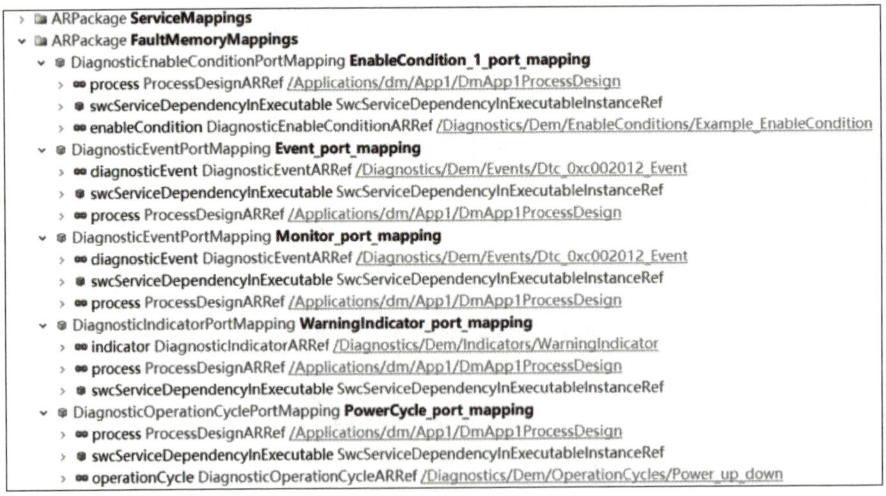

图 8.74　Diagnostic Application DEM 的端口映射关系

8.3 AUTOSAR Adaptive 诊断模块源码

8.3.1 初始化信号处理

创建并初始化一个信号集,其中包含 SIGTERM 和 SIGINT 信号,使用了 sigemptyset 和 sigaddset 函数(工程源码 8.1)。

工程源码 8.1　信号集的初始化

```
sigset_t signal_set;
// Empty the set of signals
    // VECTOR NC AutosarC++17_10-M18.7.1, VectorC++-V18.0.0: MD_tmp_M18.7.1_signalhandling, MD_tmp_V18.0.0_signalhandling
    if (0 != sigemptyset(&signal_set)) {
    log_.LogFatal() << "StartApplicationDmApp1 could not empty signal set.";
        ara::core::abort("Empty signal set failed.");
    }

    // Add SIGTERM to signal set
    // VECTOR NC AutosarC++17_10-M18.7.1, VectorC++-V18.0.0: MD_tmp_M18.7.1_signalhandling, MD_tmp_V18.0.0_signalhandling
    if (0 != sigaddset(&signal_set, SIGTERM)) {
        log_.LogFatal() << "StartApplicationDmApp1 cannot add signal to signalset: SIGTERM";
        ara::core::abort("Adding SIGTERM failed.");
    }

    // Add SIGINT to signal set
    // VECTOR NC AutosarC++17_10-M18.7.1, VectorC++-V18.0.0:MD_tmp_M18.7.1_signalhandling, MD_tmp_V18.0.0_signalhandling
    if (0 != sigaddset(&signal_set, SIGINT)) {
        log_.LogFatal() << "StartApplicationDmApp1 cannot add signal to signalset: SIGINT";
        ara::core::abort("Adding SIGINT failed.");
    }
```

使用 sigwait 函数等待信号。当接收到信号时,循环检查是否为 SIGTERM 或 SIGINT。如果接收到的信号是 SIGTERM 或 SIGINT,则请求应用程序终止。将变量"exit_requested_"设

置为 true，以发起应用程序退出，同时将"terminated_by_signal_"设置为 true，表示应用程序是因为信号而终止（工程源码 8.2）。

工程源码 8.2　等待程序终止信号

```cpp
// Loop until SIGTERM or SIGINT signal received
int sig{-1};// VECTOR SL AutosarC + +17_10-A3.9.1: MD_tmp_A3.9.1_sigwait
do {
  // VECTOR NC VectorC + +-V18.0.0: MD_tmp_V18.0.0_signalhandling
  // VECTOR NL AutosarC + +17_10-M18.7.1: MD_tmp_M18.7.1_signalhandling
  if (0 ! = sigwait(&signal_set, &sig)) {
    log_.LogFatal() << "StartApplicationDmApp1 called sigwait() with invalid signalset.";
    ara::core::abort("Waiting for SIGTERM or SIGINT failed.");
  }
  log_.LogInfo() << "StartApplicationDmApp1 received signal: " << sig << ".";
  // VECTOR NL AutosarC + +17_10-M18.7.1: MD_tmp_M18.7.1_signalhandling
  if ((sig = = SIGTERM) || (sig = = SIGINT)) {
    log_.LogInfo() << "StartApplicationDmApp1 received SIGTERM or SIGINT, requesting Application shutdown.";
    if (! exit_requested_) {
      // Request Application exit. (SignalHandler initiate the shutdown!)
      exit_requested_ = true;
    }
    terminated_by_signal_ = true;
  }
} while (! exit_requested_);
};
```

8.3.2　Dcm 服务接口

Dcm 模块服务接口如图 8.75 所示。

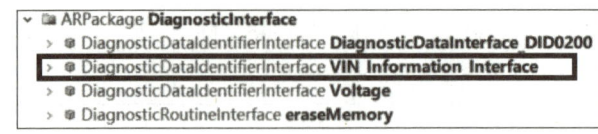

图 8.75　Dcm 模块服务接口

以读写 VIN 的服务接口 VIN_Information_Interface 为例,配置的服务接口通过 DaVinci Developer Adaptive 生成对应的 VIN_Information_Interface.h 头文件到 src-gen 文件夹中(8.76)。

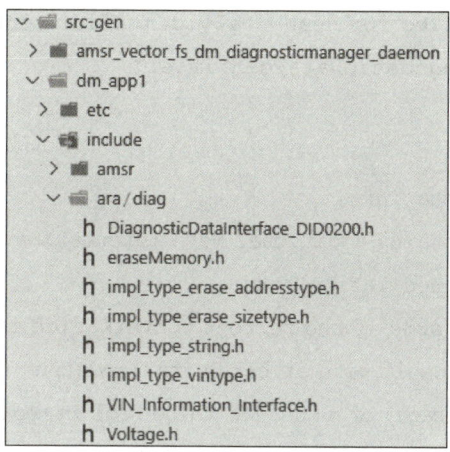

图 8.76 头文件目录

在 include/ara/diag 目录下的 VIN_Information_Interface.h 文件中会生成对应的 VIN_Information_Interface 接口类(工程源码 8.3)。

工程源码 8.3 接口类

```
/*!
 * \brief        Typed DataIdentifier Interface
 * \vpublic
 */
// VECTOR NC AutosarC++17_10-M3.4.1: MD_AraDiag_M3.4.1_global
class VIN_Information_Interface : private amsr::diag::Interface_base::DataIdentifierBase {
  public:
    /*!
     * \brief        Response data
     * \vpublic
     */
    struct Output {
      ara::diag::VINType Vin{};    // data member
    };
};
```

在此类中包含 Read 功能和 Write 功能的纯虚函数(工程源码 8.4)。

工程源码 8.4　纯虚函数

```
/*!
 * \brief      Called for ReadDataByIdentifier request for this
 *             DiagnosticDataIdentifier
 * \vpublic
 *
 * \param[in]  meta_info
 *             Contains additional meta information
 * \param[in]  cancellation_handler
 *             Informs if the current conversation is canceled
 * \return     A Result with either OperationOutput (for a positive response
 *             message) or an UDS NRC value (for an negative response message)
 */
virtual ara::core::Future<Output> Read(ara::diag::MetaInfo meta_info,
                  ara::diag::CancellationHandler cancellation_
                  handler) = 0;

/*!
 * \brief      Called for WriteDataByIdentifier request for this
 *             DiagnosticDataIdentifier
 * \vpublic
 *
 * \param[in]  Vin
 *             Content of DataElement 'Vin' in request message
 * \param[in]  meta_info
 *             Contains additional meta information
 * \param[in]  cancellation_handler
 *             Informs if the current conversation is canceled
 */
virtual ara::core::Future<void> Write(ara::diag::VINType Vin,
                  ara::diag::MetaInfo meta_info, ara::diag::Cancellation
                  Handler cancellation_handler) = 0;
```

在源文件中实现 Read 和 Write 函数功能。Tester 上位机端调用一个服务后,该方法会在 ECU 端被异步调用。返回值会通过 ara::core::Future 返回给 Tester(工程源码 8.5)。

工程源码 8.5　函数功能的实现

```cpp
ara::core::Future<dm::diagnostic_data_Interfaces::VIN_Information_Interface::Output>
  DidVinService::Read(ara::diag::MetaInfo, ara::diag::CancellationHandler) {
    ara::core::Promise<dm::diagnostic_data_Interfaces::VIN_Information_Interface::Output> promise;
    dm::diagnostic_data_Interfaces::VIN_Information_Interface::Output result;

    log_.LogInfo() << "[VIN_Information_Interface][Read] called.";
    log_.LogInfo() << "[VIN_Information_Interface][Read] Return value Vin ["
                   << vin_value_[0]  << ", " << vin_value_[1]  << ", "
                   << vin_value_[2]  << ", " << vin_value_[3]  << ", "
                   << vin_value_[4]  << ", " << vin_value_[5]  << ", "
                   << vin_value_[6]  << ", " << vin_value_[7]  << ", "
                   << vin_value_[8]  << ", " << vin_value_[9]  << ", "
                   << vin_value_[10] << ", " << vin_value_[11] << ", "
                   << vin_value_[12] << ", " << vin_value_[13] << ", "
                   << vin_value_[14] << ", " << vin_value_[15] << ", "
                   << vin_value_[16] << "].";
    result.Vin = vin_value_;
    promise.set_value(result);
    return promise.get_future();
}

ara::core::Future<void> DidVinService::Write(ara::diag::VINType Vin,
                        ara::diag::MetaInfo meta_info, ara::diag::
                        CancellationHandler cancellation_handler) {
    vin_value_ = Vin;
    log_.LogInfo() << "[VIN_Information_Interface][Write] Called with value Vin ["
                   << Vin[0]  << ", " << Vin[1]  << ", " << Vin[2]  << ", "
                   << Vin[3]  << ", " << Vin[4]  << ", " << Vin[5]  << ", "
                   << Vin[6]  << ", " << Vin[7]  << ", " << Vin[8]  << ", "
                   << Vin[9]  << ", " << Vin[10] << ", " << Vin[11] << ", "
                   << Vin[12] << ", " << Vin[13] << ", " << Vin[14] << ", "
                   << Vin[15] << ", " << Vin[16] << "].";
    ara::core::Promise<void> promise;
    promise.set_value();
    return promise.get_future();
}
```

应用层需要在头文件中继承 VIN_Information_Interface 类(工程源码 8.6)。

工程源码 8.6　类的继承

```
    class DidVinService final : publicdm::diagnostic_data_Interfaces::VIN_
Information_Interface {
    public:
      /*!
       * \brief       Constructor of typed DataIdentifier Interface
       * \param[in]   specifier
       *              An InstanceSpecifier linking this Instance with the PortPrototype
                      in the Manifest
       */
      explicit DidVinService(ara::core::InstanceSpecifier const& specifier)
         : dm::diagnostic_data_Interfaces::VIN_Information_Interface(specifier) {}
    };
```

以 Read 为例,当 DidVinService 类的 Read 函数被调用后,首先在 ECU 终端打印被调用的消息并打印被读取的值,然后将 vin_value_ 赋值给结构体 result 的 Vin 成员,最后通过异步调用返回给 promise 对应的 future。其他服务的实现方式也是如此。

注意:仅 0x22、0x2E、0x31 服务会在 src-gen 文件夹中生成对应的头文件,而其他服务接口(如 0x27、0x29、0x34、0x35、0x36、0x37)不会在 src-gen 文件夹中生成对应的头文件。因此,在创建自定义类之后继承的类的头文件在固定目录 BSW/amsr-vector-fs-aradiag/lib/AraDiag/include/ara/diag 下(图 8.77)。

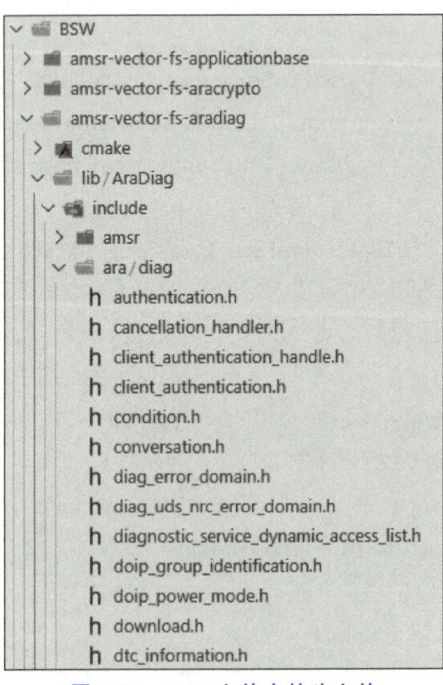

图 8.77　BSW 文件中的头文件

而 0x11、0x28 以及 Custom 自定义服务则继承服务接口 generic_uds_Service.h（图 8.78）并在源文件中通过 if 分支实现其功能以及设定其回复消息内容（工程源码 8.7）。

图 8.78　0x11、0x28 与 Custom 自定义服务的服务接口

工程源码 8.7　使用 GenericUds 接口服务的实现

```
    ara::core::Future<ara::diag::GenericUDSService::OperationOutput>
GenericUdsService::HandleMessage(
        std::uint8_t sid, ara::core::Span<uint8_t> request_data, ara::diag::
MetaInfo, ara::diag::CancellationHandler) {
        ara::core::Promise<ara::diag::GenericUDSService::OperationOutput>
promise;
        ara::diag::GenericUDSService::OperationOutput result;

        if (sid = = 0x11) {
          log_.LogInfo() << "[EcuReset] called.";
          result.response_data.reserve(request_data.size());
          // the ECUReset (0x11) positive response contains as byte #2 the subfunction/
resetType value from the request
          result.response_data.push_back(request_data[0]);
          // the configuration model contains only SF 1 and 3, so here no special
implementation with SF 4 response needed.
```

```cpp
        promise.set_value(result);

    } else if (sid == 0x28) {
        log_.LogInfo() << "[CommunicationControl] called.";
        result.response_data.reserve(request_data.size());
        // the CommunicationControl (0x28) positive response just contains the subfunction/controlType value
        result.response_data.push_back(request_data[0]);
        promise.set_value(result);

    } else if (sid == 0xBA) {
        log_.LogInfo() << "[CustomedService] called.";
        result.response_data.resize(request_data.size(), 77);
        promise.set_value(result);

    } else if (sid <= 0x30) {
        result.response_data.reserve(request_data.size());
        // This trivial, generic implementation will just mirror all request data into the response
        std::copy(request_data.begin(), request_data.end(), std::back_inserter(result.response_data));
        promise.set_value(result);

    } else {
        promise.SetError(ara::diag::MakeErrorCode(ara::diag::DiagUdsNrcErrc::kConditionsNotCorrect, 0, "Generic error"));
    }

    return promise.get_future();
}
```

此外,0x10、0x3E、0x2C、0x85、0x86 服务不需要在 dm_app 的应用层代码中实现。

8.3.3 Dcm 服务接口类的实例化

在 dm_app.h 文件中创建对应服务类的实例(工程源码 8.8)。

工程源码 8.8 服务的实例化

```
/*!
 * \brief Diagnostic Service Instance.
 */
dm::StartApplicationDidInterface start_Application_did_Interface_{ara::core::InstanceSpecifier(ara::core::StringView{
    "dm_app1/RootSwComponentPrototype/DiagnosticPortDID0200"})};
                    dm::eraseMemoryService start_Application_eraseMemory_routine_Service_{ara::core::InstanceSpecifier(ara::core::StringView{
    "dm_app1/RootSwComponentPrototype/eraseMemory"})};
dm::SecurityAccessService start_Application_security_access_Service_{ara::core::InstanceSpecifier(ara::core::StringView{
    "dm_app1/RootSwComponentPrototype/SecurityAccess_Level1"})};
dm::DidVinService start_Application_did_VIN_Service_{ara::core::InstanceSpecifier(ara::core::StringView{
    "dm_app1/RootSwComponentPrototype/VINInformation"})};
dm::DidVoltageService start_Application_did_Voltage_Service_{ara::core::InstanceSpecifier(ara::core::StringView{
    "dm_app1/RootSwComponentPrototype/Voltage"})};
dm::GenericUdsService start_Application_generic_uds_Service_{ara::core::InstanceSpecifier(ara::core::StringView{
    "dm_app1/RootSwComponentPrototype/GenericUds_Example"})};
dm::DownloadInterface start_Application_download_Service_{ara::core::InstanceSpecifier(ara::core::StringView{
    "dm_app1/RootSwComponentPrototype/Download"})};
dm::UploadInterface start_Application_upload_Service_{ara::core::InstanceSpecifier(ara::core::StringView{
    "dm_app1/RootSwComponentPrototype/Upload"})};
```

注意:命名要与 DaVinci Developer Adaptive 中配置元素的命名保持一致。

其中,dm_app1/RootSwComponentPrototype 对应 DaVinci Developer Adaptive 中 Excutable 及其成员元素的名称(图 8.79)。

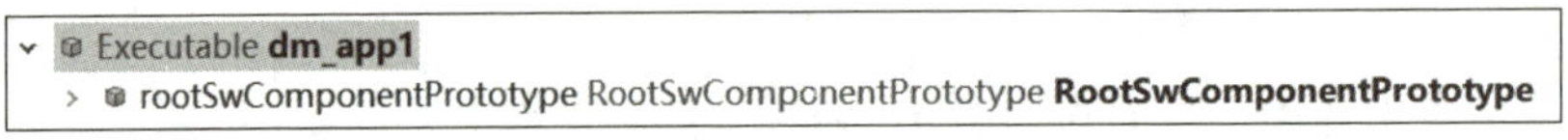

Executable dm_app1
rootSwComponentPrototype RootSwComponentPrototype RootSwComponentPrototype

图 8.79　Excutable 名称

其中，DiagnosticPortDID0200 对应 DaVinci Developer Adaptive 中 Port 的名称（注意不是 Interface!）（图 8.80）。

AdaptiveApplicationSwComponentType DmApp1
ports (15)
PPortPrototype DiagComApi
PPortPrototype DiagnosticPortDID0200
PPortPrototype VINInformation
PPortPrototype Voltage
PPortPrototype eraseMemory
PPortPrototype SecurityAccess_Level1
PPortPrototype GenericUds_Example
PPortPrototype Download
PPortPrototype Upload
RPortPrototype DTCInformation_PrimaryFaultMemory
RPortPrototype MonitorEvent_Example
RPortPrototype DiagnosticEvent_Example
RPortPrototype OperationCycle_Example
RPortPrototype EnableCondition_Example
RPortPrototype Indicator_Example

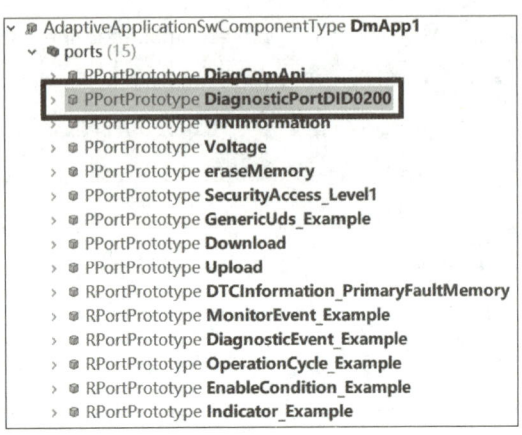

图 8.80　端口名称

在 dm_app.cpp 文件中通过调用实例的 Offer 函数或 StopOffer 函数以提供或停止提供此服务。

Offer 函数代码实现如工程源码 8.9 所示。

工程源码 8.9　提供服务函数

```
    // Connect Diagnostic Manager VIN_Information_Interface
    log_.LogInfo() << "[VIN_Information_Interface] Offer Service.";
    ara::core::Result<void> offer_result_did_vin = start_Application_did_
VIN_Service_.Offer();
    if (! offer_result_did_vin.HasValue()) {
      log_.LogError() << "[VIN_Information_Interface] Offer Service failed: " <<
offer_result_did_vin.Error().Message()
                          << ".";
      has_initialization_failed_VIN_Information_Interface = true;
    }
```

StopOffer 函数的代码实现如工程源码 8.10 所示。

工程源码 8.10　停止提供服务函数

```
// Stop offer diagnostic Service VIN_Information_Interface
if (! has_initialization_failed_VIN_Information_Interface) {
  log_.LogInfo() << "[VIN_Information_Interface] StopOffer Service.";
  start_Application_did_VIN_Service_.StopOffer();
}
```

当 offer_result_did_vin 的值为"false"时，表示提供此服务失败，将 has_initialization_failed_VIN_Information_Interface 的值设置为"true"，打印停止提供服务消息并调用 StopOffer 函数。

8.3.4　Dem 接口

与 Dem 相关的接口如图 8.81 所示，具体功能如下：

```
> ▣ DiagnosticIndicatorInterface Indicator_Interface
> ▣ DiagnosticDTCInformationInterface DTC_Information_Interface
> ▣ DiagnosticEventInterface Event_Interface
> ▣ DiagnosticMonitorInterface Monitor_Interface
> ▣ DiagnosticConditionInterface Condition_Interface
> ▣ DiagnosticOperationCycleInterface OperationCycle_Interface
```

图 8.81　Dem 模块接口

（1）DTC_Information_Interface：用于获取故障码（Diagnostic Trouble Code，DTC）的信息，并提供有关故障码的诊断描述、故障类型、故障状态等信息。

（2）OperationCycle_Interface：用于管理操作周期（Operation Cycle）的状态。操作周期表示车辆系统的运行周期，在每个操作周期内，诊断系统会执行特定的诊断任务。通过这个接口，诊断系统可以查询当前操作周期的状态、操作周期计数等信息。

（3）Monitor_Interface：用于管理监视器（Monitor）的状态。监视器是诊断系统用于监测车辆系统和组件的运行状态的功能模块。通过这个接口，诊断系统可以查询监视器的运行状态、监视器的测试结果等信息。

（4）Event_Interface：用于管理事件（Event）的状态。诊断系统可以通过这个接口来请求事件的状态信息，如事件是否已触发、事件的状态字节等。

（5）Condition_Interface：用于管理条件（Condition）的状态。条件是一种特殊类型的事件，它代表车辆或系统的特定条件。通过这个接口，诊断系统可以查询条件的状态、条件的状态字节等信息。

（6）Indicator_Interface：用于管理指示灯（Indicator）的状态。诊断系统可以通过这个接口来请求指示灯的状态信息，以便在车辆面板上显示相关的故障指示。

8.3.5　Dem 接口实现

在 monitor.cpp 中实现监视器监控结果函数，包括通过 Pass、失败 Fail、预通过 Prepass、预失败 Prefail（工程源码 8.11）。

工程源码 8.11　监控结果函数的实现

```cpp
void MonitorEvent_Example::Pass() {
    monitor_.RePortMonitorAction(ara::diag::Monitor::MonitorAction::kPassed)
        .OrElse([](ara::core::ErrorCode const& error) -> ara::core::Result<void> {
            logging::DiagExampleApplicationLog::WarnMsg(AMSR_FILE, __LINE__,
                [&error](ara::log::LogStream& s) {
                    s << "passed Notification for event 1 failed: " << error.Message();
                });
            return ara::core::Result<void>(error);
        });
}

void MonitorEvent_Example::Fail() {
    monitor_.RePortMonitorAction(ara::diag::Monitor::MonitorAction::kFailed)
        .OrElse([](ara::core::ErrorCode const& error) -> ara::core::Result<void> {
            logging::DiagExampleApplicationLog::WarnMsg(AMSR_FILE, __LINE__,
                [&error](ara::log::LogStream& s) {
                    s << "failed Notification for event 1 failed: " << error.Message();
                });
            return ara::core::Result<void>(error);
        });
}

void MonitorEvent_Example::Prepass() {
    monitor_.RePortMonitorAction(ara::diag::Monitor::MonitorAction::kPrepassed)
        .OrElse([](ara::core::ErrorCode const& error) -> ara::core::Result<void> {
            logging::DiagExampleApplicationLog::WarnMsg(AMSR_FILE, __LINE__,
                [&error](ara::log::LogStream& s) {
```

```cpp
            s << "prepassed Notification for event 1 failed: " << error.Message();
        });
        return ara::core::Result<void>(error);
    });
}
void MonitorEvent_Example::Prefail() {
    monitor_.RePortMonitorAction(ara::diag::Monitor::MonitorAction::kPrefailed)
        .OrElse([](ara::core::ErrorCode const& error)-> ara::core::Result<void> {
            logging::DiagExampleApplicationLog::WarnMsg(AMSR_FILE, __LINE__,
[&error](ara::log::LogStream& s) {
                s << "prefailed Notification for event 1 failed: " << error.Message();
            });
            return ara::core::Result<void>(error);
        });
}
```

设置监测防抖参数并生成监测实例成员(工程源码 8.12)。

工程源码 8.12 监测算法参数的配置

```cpp
ara::diag::Monitor::CounterBased debouncing_{
    40,    // failed_threshold_
    -40,   // passed_threshold_
    4,     // failed_stepsize_
    1,     // passed_stepsize_
    20,    // failed_jump_value_
    5,     // passed_jump_value_
    true,  // use_jump_to_failed_
    true   // use_jump_to_passed_
};

ara::diag::Monitor monitor_{
    ara::core::InstanceSpecifier("dm_app1/RootSwComponentPrototype/MonitorEvent_Example"_sv),
    [](ara::diag::Monitor::InitMonitorReason){}, debouncing_};
```

在 dm_app.cpp 的 Run 函数中实现每隔 kMainLoopSleepTimeInMs 的时间,对参数 voltage 值进行一次监测。若 voltage>5,则触发 Prefail;若 voltage<5,则触发 Prepass(工程源码 8.13)。

工程源码 8.13　监测函数的触发条件

```cpp
// Store the current point of time in Next_run.
    std::chrono::steady_clock::time_point Next_run{std::chrono::steady_clock::now()};
    std::chrono::steady_clock::duration duration{std::chrono::milliseconds(kMainLoopSleepTimeInMs)};
    while (! exit_requested_) {
      // do some work here
      start_Application_did_Voltage_Service_.startUpdating();
      // notify prefailed/prepassed
        if (start_Application_did_Voltage_Service_.voltage > 5) {
          monitor_event_1_.Prefail();
        } else {
          monitor_event_1_.Prepass();
        }
      // Calculate the Next point of time to be rescheduled.
      Next_run + = duration;
      // Blocks the execution of the current thread until specified point of time (Next_run) has been reached.
        std::this_thread::sleep_until(Next_run);
    }
```

operation_cycle.cpp 中包含 Initialize()初始化方法函数,用于注册 OperationCycle 的事件通知器。在这个函数中,将一个 HandlerOperationCycleEvent 对象设置为 OperationCycle 的事件通知器,这样当 OperationCycle 的状态发生变化时,HandlerOperationCycleEvent 类中的操作将被调用(工程源码 8.14)。

工程源码 8.14　运行周期初始化

```cpp
void OperationCycleProcessor::Initialize() {
  operation_cycle_.SetNotifier(OperationCycleProcessor::HandlerOperationCycleEvent(*this));
  }
```

SetOperationCycle 函数用来设置 OperationCycle 的状态(工程源码 8.15)。

工程源码 8.15 运行周期状态的设置

```cpp
void OperationCycleProcessor::SetOperationCycle(ara::diag::OperationCycle::
OperationCycleType operation_cycle_state) {
    operation_cycle_.SetOperationCycle(operation_cycle_state);
}
```

event.h 中 DiagnosticNotificationsExample 类用于处理和管理诊断事件和状态的通知(工程源码 8.16)。

工程源码 8.16 诊断事件函数

```cpp
class DiagnosticNotificationsExample final {
public:
    ara::core::Result<ara::diag::Event::EventStatusByte> GetEventStatus();
    ara::core::Result<void> SetEventStatusChangedNotifier(std::function<void(ara::diag::Event::EventStatusByte)> notifier);
    ara::core::Result<std::uint32_t> GetDTCNumber();
    ara::core::Result<bool> GetTestComplete();
    void LoggingEventStatusByteToBits(ara::diag::Event::EventStatusByte event_status_byte);
    void NotifyDiagEvent(ara::diag::Event::EventStatusByte event_status_byte);
private:
    // Struct for the Converted DTCStatusByte Bits
    struct DTCStatusBits {
        // Test is Failed or not
        uint8_t TestFailedBit;

        // Test is failed at least once during the current Operation Cycle
        uint8_t TestFailedThisOperationCycleBit;

        // Test status either completed in this cycle or not
        uint8_t TestNotCompletedThisOperationCycleBit;
    };
};
```

其中,GetEventStatus:用来获取当前事件的状态。

SetEventStatusChangedNotifier:用来通知设置事件状态变化。

GetDTCNumber:获取当前事件关联的 DTC 数量。

GetTestComplete:获取当前事件的测试是否完成。

LoggingEventStatusByteToBits:将事件状态字节打印为位表示。

NotifyDiagEvent:用于通知诊断事件的发生,进行一些事件发生后的处理逻辑。

以上这些函数一起构成了 DiagnosticNotificationsExample 类的功能,用于处理和管理诊断事件和状态的通知。

8.3.6 TACO 工具的编译构建

TACO(Target Adaptive Component Overlay)是一种用于构建 Adaptive MICROSAR (AMSR)应用程序的工具。它提供了一套简单易用的命令和脚本,用于快速构建和部署 Adaptive MICROSAR 示例应用程序。而 CMake 则是一个跨平台的构建工具,用于生成项目构建所需的 Makefile 或其他构建系统的配置文件。TACO 与 CMake 之间有密切的关系,下面将介绍如何使用 TACO 与 CMake 来构建和安装 AMSR 中的 testdemo 示例应用程序。

1. 内层 dm_app1 文件夹内 taco.cmake

设置要构建的目标名称为 startapp_dm_app1(工程源码 8.17)。

工程源码 8.17 目标工程的名称

```
set(TARGET startapp_dm_app1)
```

添加一个可执行目标,名称由变量 ${TARGET}指定(在这里是 startapp_dm_app1)(工程源码 8.18)。

工程源码 8.18 可执行程序的添加

```
add_executable( ${TARGET})
```

设置生成文件的路径,基于 ${STARTAPP_DM_APP1_OUTPUT_NAME}变量的值(工程源码 8.19)。

工程源码 8.19 文件路径的设置

```
set(GENROOT "${CMAKE_CURRENT_BINARY_DIR}/${STARTAPP_DM_APP1_OUTPUT_NAME}")
```

为目标 startapp_dm_app1 指定源文件,private 关键字表示这些源文件只用于该目标(工程源码 8.20)。

工程源码 8.20　编译源文件的指定

```
target_sources( ${TARGET}
        PRIVATE "${CMAKE_CURRENT_SOURCE_DIR}/src/main.cpp"
            "${CMAKE_CURRENT_SOURCE_DIR}/src/start_Application_dm_app1.cpp"
            "${CMAKE_CURRENT_SOURCE_DIR}/src/start_Application_dm_app1.h"
            "${CMAKE_CURRENT_SOURCE_DIR}/src/dcm/start_Application_did_VIN_Service.cpp"
            "${CMAKE_CURRENT_SOURCE_DIR}/src/dcm/start_Application_did_VIN_Service.h"
            "${CMAKE_CURRENT_SOURCE_DIR}/src/dcm/start_Application_did_Voltage_Service.cpp"
            "${CMAKE_CURRENT_SOURCE_DIR}/src/dcm/start_Application_did_Voltage_Service.h"
            "${CMAKE_CURRENT_SOURCE_DIR}/src/dcm/start_Application_download_Service.cpp"
            "${CMAKE_CURRENT_SOURCE_DIR}/src/dcm/start_Application_download_Service.h"
            "${CMAKE_CURRENT_SOURCE_DIR}/src/dcm/start_Application_generic_uds_Service.cpp"
            "${CMAKE_CURRENT_SOURCE_DIR}/src/dcm/start_Application_generic_uds_Service.h"
            "${CMAKE_CURRENT_SOURCE_DIR}/src/dcm/start_Application_eraseMemory_routine_Service.cpp"
            "${CMAKE_CURRENT_SOURCE_DIR}/src/dcm/start_Application_eraseMemory_routine_Service.h"
            "${CMAKE_CURRENT_SOURCE_DIR}/src/dcm/start_Application_security_access_Service.cpp"
            "${CMAKE_CURRENT_SOURCE_DIR}/src/dcm/start_Application_security_access_Service.h"
            "${CMAKE_CURRENT_SOURCE_DIR}/src/dem/start_Application_logging.cpp"
            "${CMAKE_CURRENT_SOURCE_DIR}/src/dem/start_Application_logging.h"
            "${CMAKE_CURRENT_SOURCE_DIR}/src/dem/start_Application_monitor_event_example.cpp"
            "${CMAKE_CURRENT_SOURCE_DIR}/src/dem/start_Application_monitor_event_example.h"
```

```
"${CMAKE_CURRENT_SOURCE_DIR}/src/dem/start_Application_Notifications_example.cpp"
"${CMAKE_CURRENT_SOURCE_DIR}/src/dem/start_Application_Notifications_example.h"
"${CMAKE_CURRENT_SOURCE_DIR}/src/dem/start_Application_operation_cycle_Processor.cpp"
"${CMAKE_CURRENT_SOURCE_DIR}/src/dem/start_Application_operation_cycle_Processor.h")
```

基于${STARTAPP_ADPA_FILE}目录中的输入文件生成目标的输出文件,使用DvACfg生成器目标来生成这些文件(工程源码8.21)。

工程源码8.21 生成器与输入输出文件

```
# Generate output files for this target based on 'AUTOSAR' files (*.arxml)
dvacfg_file_gen(${TARGET}
    INPUT "${STARTAPP_ADPA_FILE}"
    OUTPUT "${GENROOT}/amsr_Applicationbase.cmake"
        "${GENROOT}/amsr_diag_api.cmake"
        "${GENROOT}/amsr_em_exec_config.cmake"
        "${GENROOT}/amsr_ipcbinding.cmake"
        "${GENROOT}/amsr_logapi_config.cmake"
        "${GENROOT}/amsr_modelledDatatypes_api.cmake"
        "${GENROOT}/amsr_socal.cmake"
        "${GENROOT}/amsr_someipprotocol.cmake"
    GENERATOR DvACfg::amsr_Applicationbase
        DvACfg::amsr_diag_api
        DvACfg::amsr_em_exec_config
        DvACfg::amsr_ipcbinding
        DvACfg::amsr_logapi_config
        DvACfg::amsr_modelledDatatypes_api
        DvACfg::amsr_socal
        DvACfg::amsr_someipprotocol)
```

将${GENROOT}/include目录添加到目标startapp_dm_app1的包含目录中(工程源码8.22)。

工程源码 8.22　目录的添加

```
target_include_directories( ${TARGET}
        PRIVATE "${GENROOT}/include")
```

指定与目标 startapp_dm_appl 链接的库(工程源码 8.23)。

工程源码 8.23　链接库

```
target_link_libraries( ${TARGET}
        PRIVATE amsr::Applicationbase
            amsr::aradiag
            $<IF:$<BOOL:${amsrAraComApi}>,amsr::com_${amsrAraComApi},
            amsr::com_default>
            amsr::em_Application_client
            amsr::ipcbinding
            amsr::log_ara_logging
            amsr::vac)
```

总结：这个 CMake 脚本创建了一个名为 startapp_dm_appl 的目标,设置其源文件,使用 dvacfg_file_gen 函数生成额外的文件,并将其与多个 Adaptive MICROSAR 库进行链接。

2. 外层 testdemo 文件夹内 taco.cmake

设置 C 和 C++编译器的标准版本,确保代码在指定版本的编译器下编译(工程源码 8.24)。

工程源码 8.24　编译语言版本的设置

```
# Project specific language settings
set(CMAKE_C_STANDARD "11")
set(CMAKE_C_EXTENSIONS OFF)
set(CMAKE_C_STANDARD_REQUIRED ON)
set(CMAKE_CXX_STANDARD "14")
set(CMAKE_CXX_EXTENSIONS OFF)
set(CMAKE_CXX_STANDARD_REQUIRED ON)
```

使用 Ccache 工具优化构建时间,以加速构建过程(工程源码 8.25)。

工程源码 8.25　编译时间的优化

```
taco_compile_launcher()
```

将构建选项设置为构建静态库而非共享库(工程源码 8.26)。

工程源码 8.26 静态库选项的设置

```
# CMake build options
set(BUILD_SHARED_LIBS OFF
    CACHE BOOL "ON to build shared libraries, OFF to build it as static libraries")
```

通过 option 开启或关闭 Execution Manager 的支持,并通过 add_definitions 定义宏 ENABLE_EXEC_MANAGER,启用相关特性(工程源码 8.27)。

工程源码 8.27 执行管理选项的开启

```
# Execution Manager
option (ENABLE_EXEC_MANAGER "Enable Vector Execution Manager supPort" ON)

if(ENABLE_EXEC_MANAGER)
  add_definitions(-DENABLE_EXEC_MANAGER)
  message(STATUS "Execution Manager is enabled for ${CMAKE_PROJECT_NAME}")
else()
  message(STATUS "Execution Manager is disabled for ${CMAKE_PROJECT_NAME}")
endif()
message(STATUS "option-DENABLE_EXEC_MANAGER = " ${ENABLE_EXEC_MANAGER})
```

通过 add_subdirectory(app) 添加"Start Application"的应用层目标,并通过 taco_target_list()和taco_target_properties()设置项目特定属性(工程源码 8.28)。

工程源码 8.28 目标的设置与添加

```
# Collect all targets of interest found in project path
add_subdirectory(app)
taco_target_list(targetList PATTERN "^startapp_.*")
if(targetList)
    # Set project specific properties for each project target
    taco_target_properties("${targetList}" NAMESPACE "startapp")
endif()
```

8.4 CANoe 模拟上位机 Tester 测试

首先,通过图 8.22 所示的流程添加 CDD 文件。

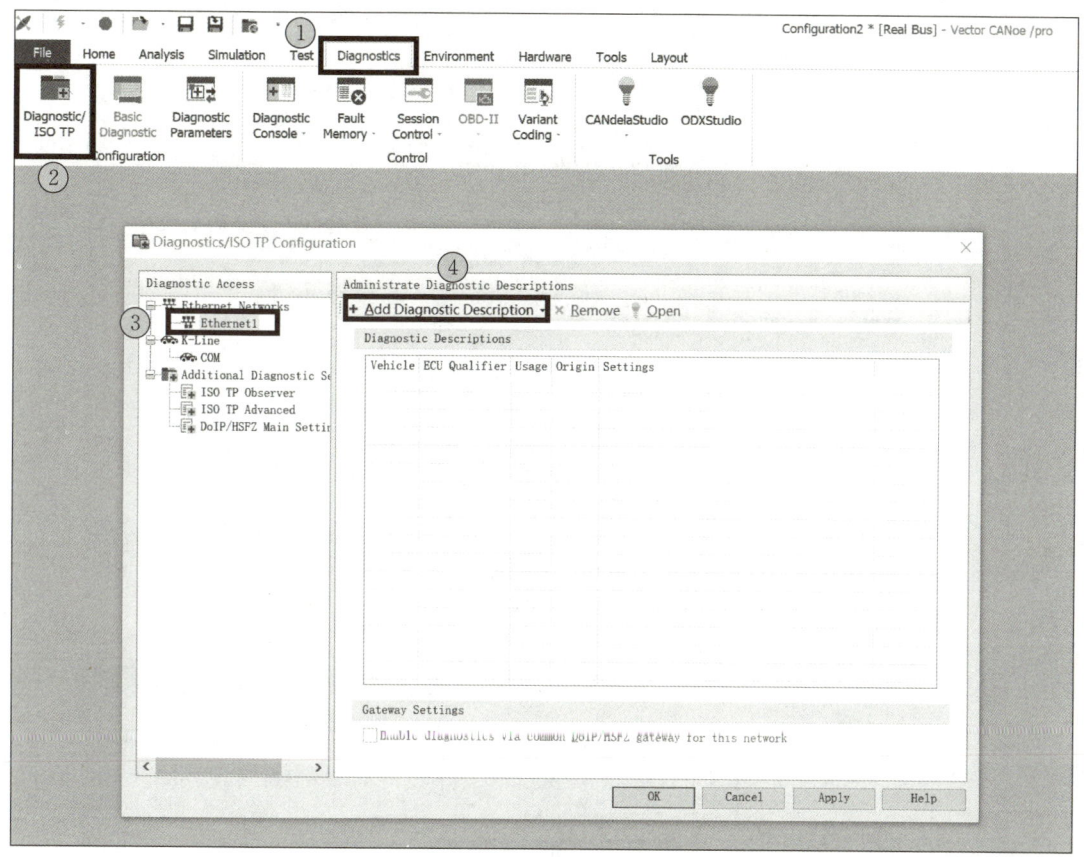

图 8.82 添加 CDD 文件

然后,在 DoIP Settings 中配置 Tester 上位机以及 ECU 的逻辑地址,其中 Tester 上位机的逻辑地址为 0x10,ECU 的逻辑地址为 0x01(图 8.83)。

在 Diagnostic Layer 中可以选择是否周期性发送 0x3E 服务以及修改与 0x3E 服务相关的时间参数(图 8.84)。

在 Simulation 栏的 TCP/IP Stack 中配置 VN5620 的硬件地址作为上位机 Tester 的 IP 地址(图 8.85、图 8.86)。

添加 CDD 文件后会自动生成诊断控制台,在 S32G 开发板上运行工程后,便可发送诊断请求。若要新建诊断控制台,在 Diagnostic Console 选项下选择 Door 即可(图 8.87)。

生成的 DTC 诊断故障码在 Fault Memory 中单击刷新后显示(图 8.88)。

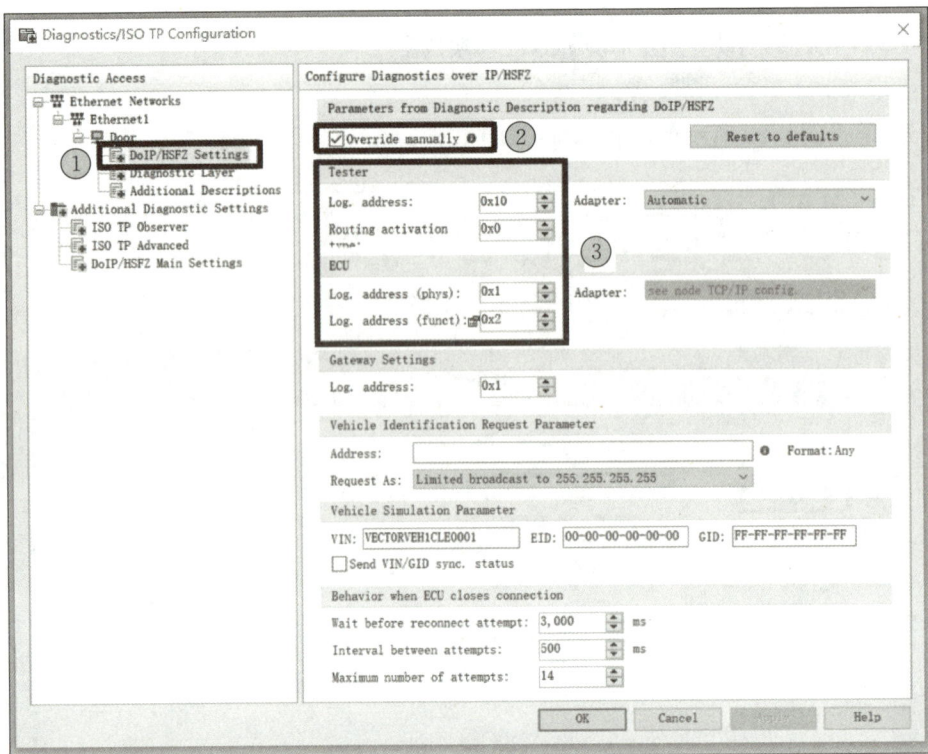

图 8.83　逻辑地址配置

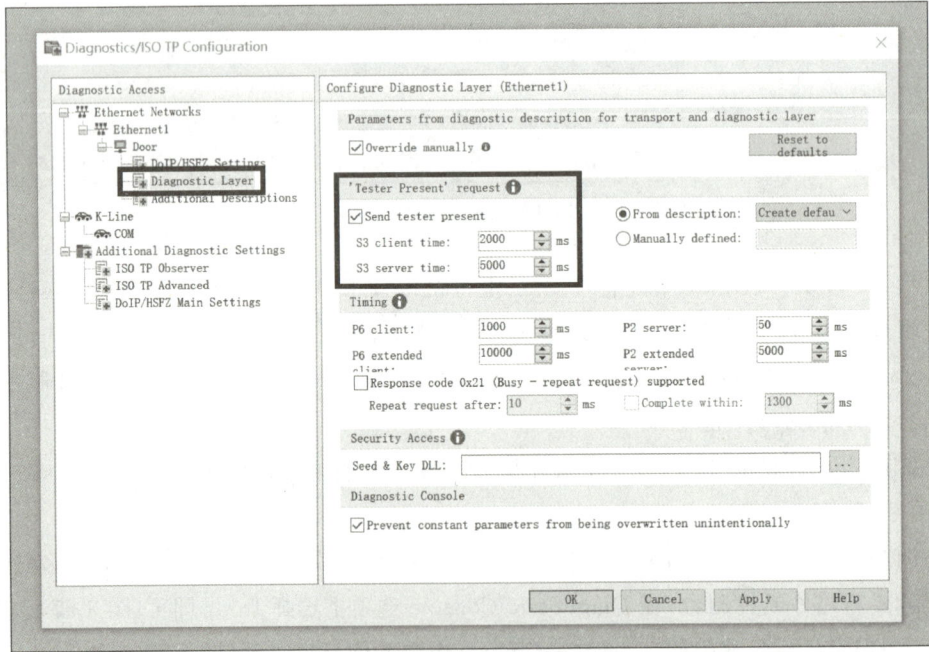

图 8.84　时间参数配置

第 8 章　AUTOSAR Adaptive 的 DoIP 诊断

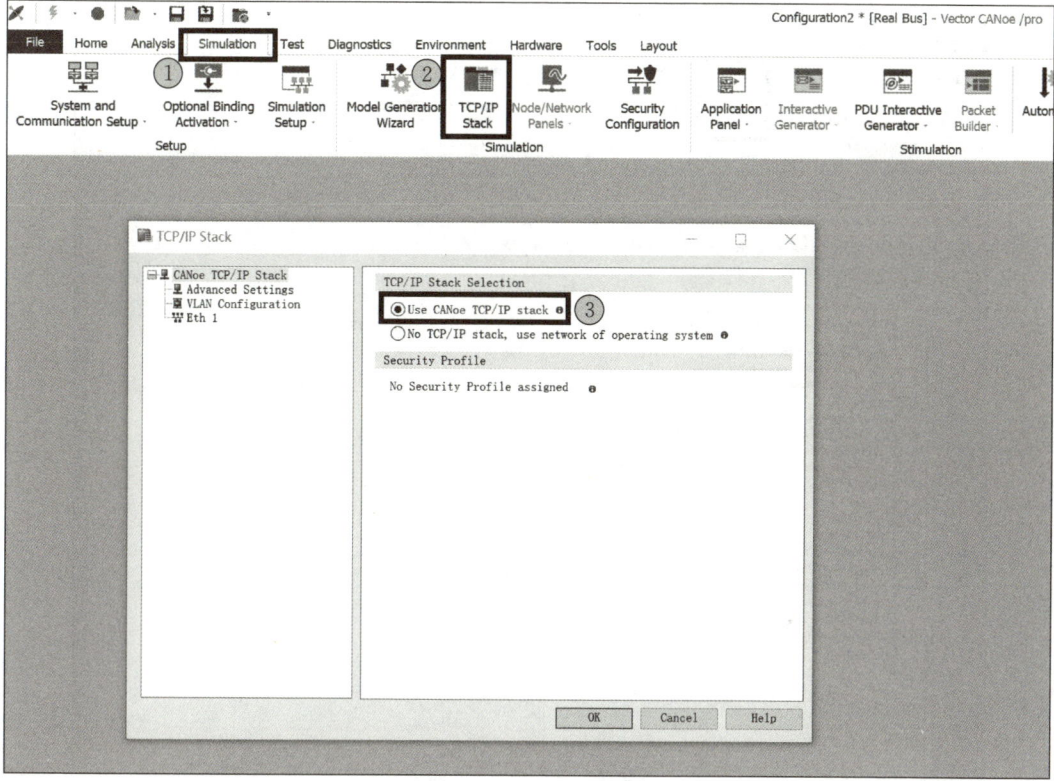

图 8.85　TCP/IP 配置

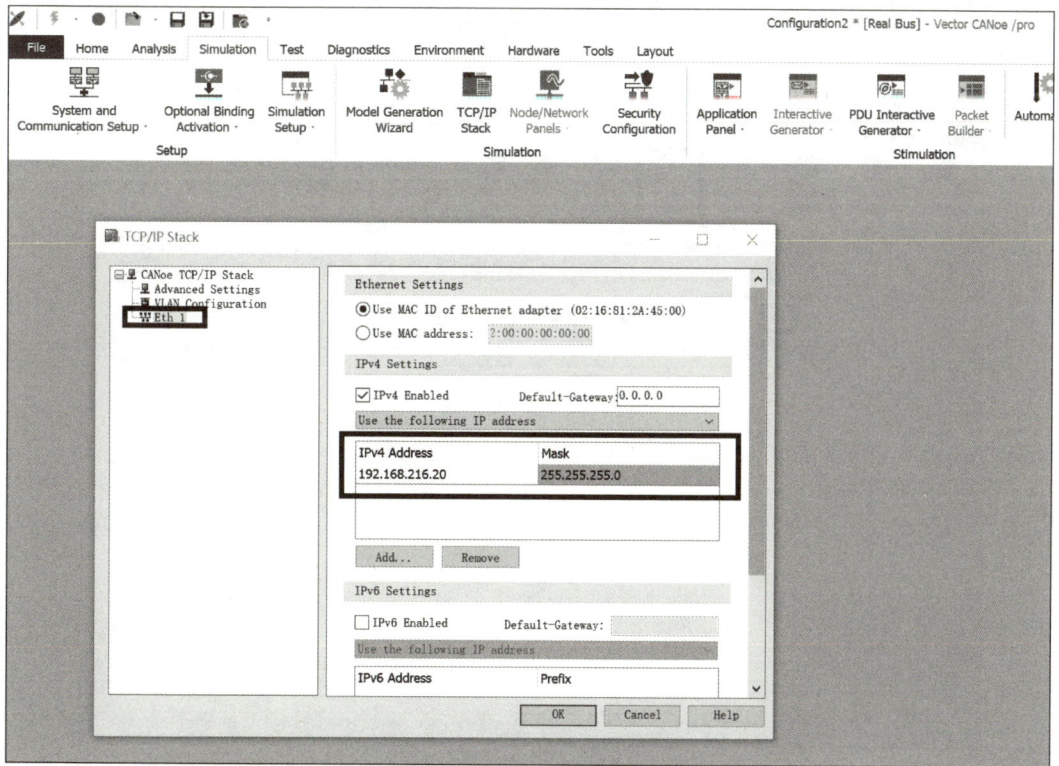

图 8.86　诊断仪 IP 地址配置

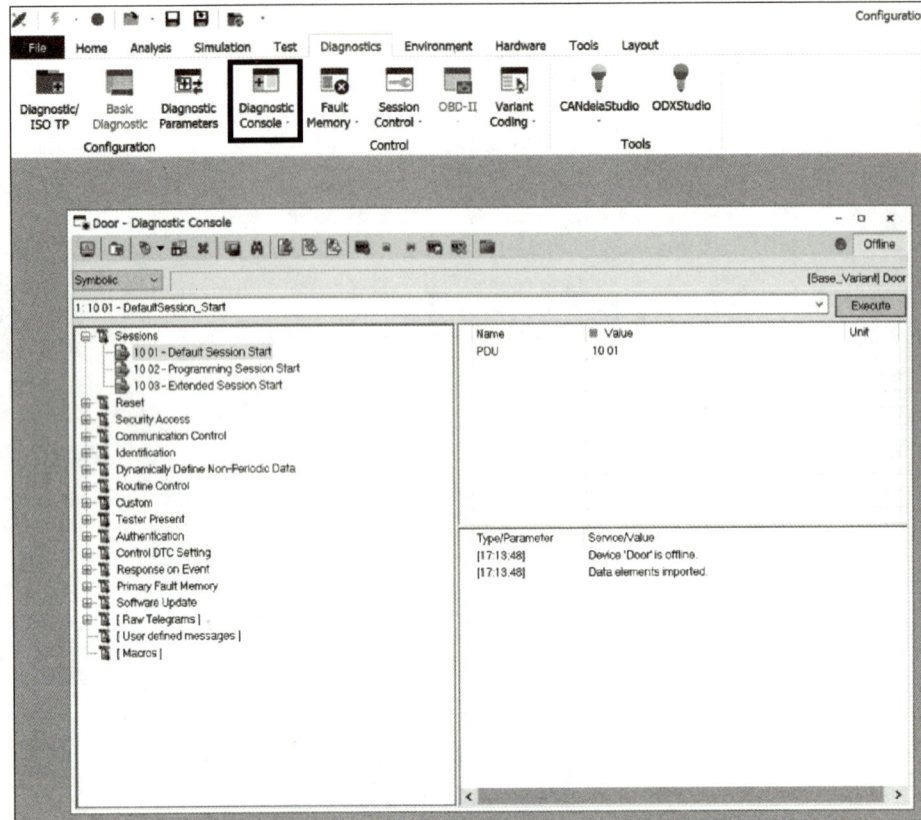

图 8.87　诊断控制台

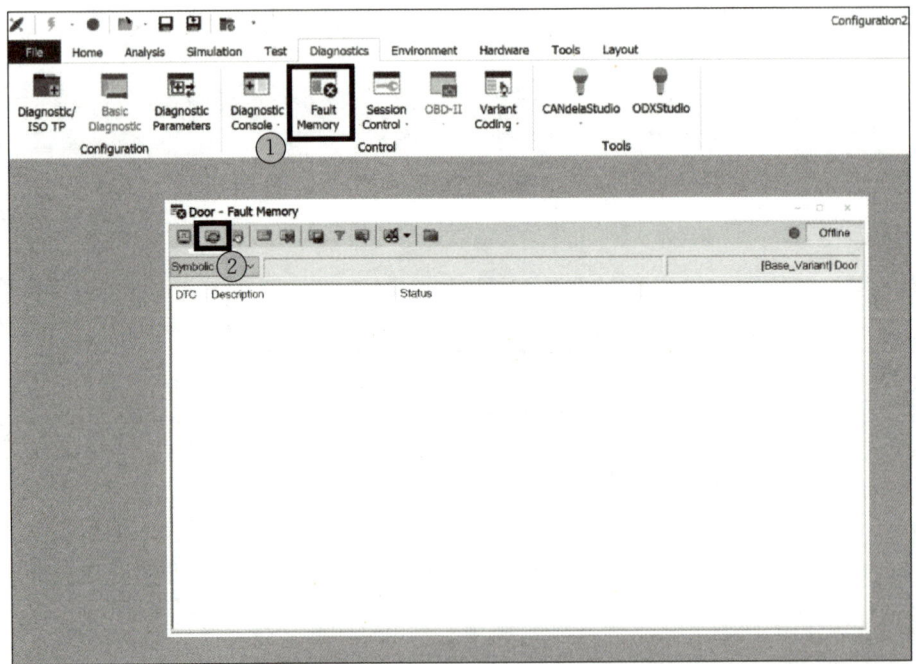

图 8.88　Fault Memory 控制台

8.4.1 0x10 会话控制（DiagnosticSessionControl）

1. 10 01 默认会话（DefaultSession）

0x10 服务 0x01 子功能测试结果如图 8.89 所示，Request 消息如图 8.90 所示，Positive Response 消息如图 8.91 所示。

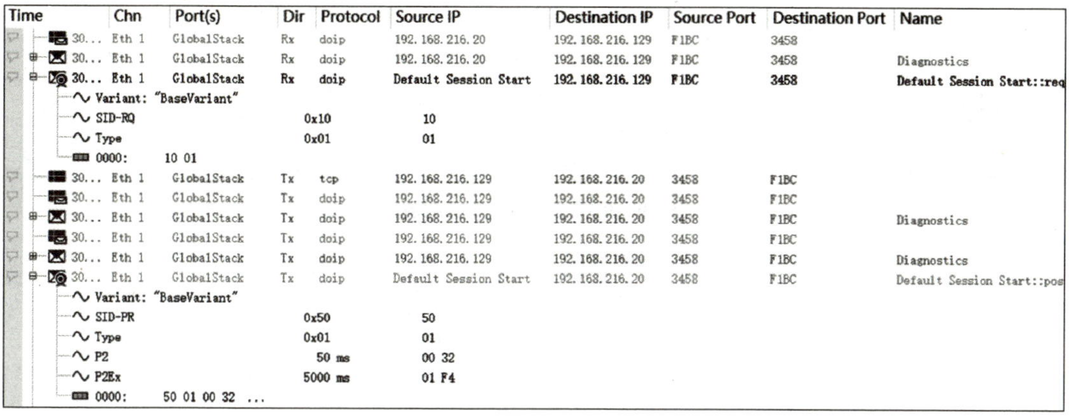

图 8.89 0x10 服务 0x01 子功能测试结果

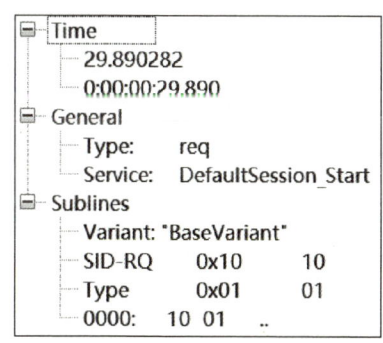

图 8.90 0x10 服务 0x01 子功能请求消息

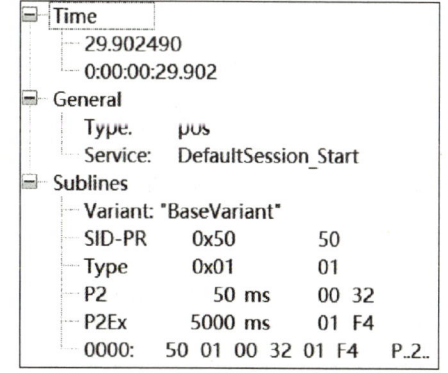

图 8.91 0x10 服务 0x01 子功能肯定响应消息

2. 10 02 编程会话（ProgrammingSession）

0x10 服务 0x02 子功能测试结果如图 8.92 所示，Request 消息如图 8.93 所示，Positive Response 消息如图 8.94 所示。

3. 10 03 扩展会话（ExtendedSession）

0x10 服务 0x03 子功能测试结果如图 8.95 所示，Request 消息如图 8.96 所示，Positive Response 消息如图 8.97 所示。

Time	Chn	Port(s)	Dir	Protocol	Source IP	Destination IP	Source Port	Destination Port	Name
32...	Eth 1	GlobalStack	Rx	tcp	192.168.216.20	192.168.216.129	F1BC	3458	
33...	Eth 1	GlobalStack	Rx	doip	192.168.216.20	192.168.216.129	F1BC	3458	
33...	Eth 1	GlobalStack	Rx	doip	192.168.216.20	192.168.216.129	F1BC	3458	Diagnostics
33...	Eth 1	GlobalStack	Rx	doip	Programming Session Start	192.168.216.129	F1BC	3458	Programming Session Start::req
Variant: "BaseVariant"									
SID-RQ				0x10	10				
Type				0x02	02				
0000:		10 02							
33...	Eth 1	GlobalStack	Tx	tcp	192.168.216.129	192.168.216.20	3458	F1BC	
33...	Eth 1	GlobalStack	Tx	doip	192.168.216.129	192.168.216.20	3458	F1BC	
33...	Eth 1	GlobalStack	Tx	doip	192.168.216.129	192.168.216.20	3458	F1BC	Diagnostics
33...	Eth 1	GlobalStack	Tx	doip	192.168.216.129	192.168.216.20	3458	F1BC	
33...	Eth 1	GlobalStack	Tx	doip	192.168.216.129	192.168.216.20	3458	F1BC	Diagnostics
33...	Eth 1	GlobalStack	Tx	doip	Programming Session Start	192.168.216.20	3458	F1BC	Programming Session Start::pos
Variant: "BaseVariant"									
SID-PR				0x50	50				
Type				0x02	02				
P2				50 ms	00 32				
P2Ex				5000 ms	01 F4				
0000:		50 02 00 32 ...							

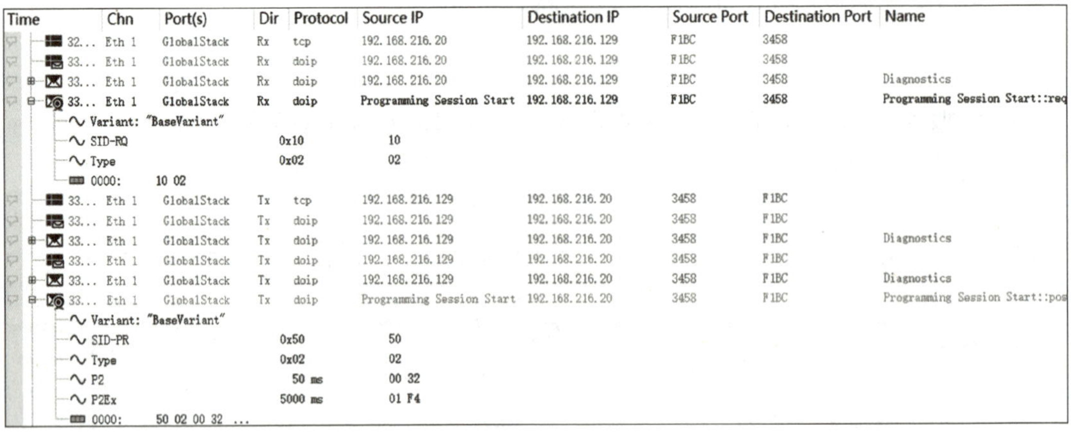

图 8.92　0x10 服务 0x02 子功能测试结果

Detail View
- Time
  - 33.293428
  - 0:00:00:33.293
- General
  - Type: req
  - Service: ProgrammingSession_Start
- Sublines
  - Variant: "BaseVariant"
  - SID-RQ 0x10 10
  - Type 0x02 02
  - 0000: 10 02 ..

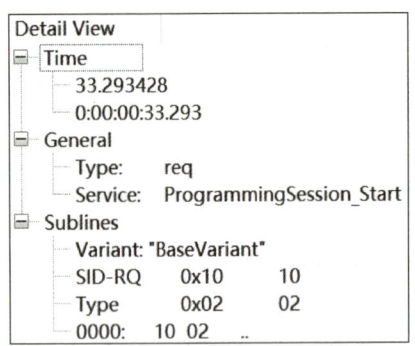

图 8.93　0x10 服务 0x02 子功能请求消息

Detail View
- Time
  - 33.302160
  - 0:00:00:33.302
- General
  - Type: pos
  - Service: ProgrammingSession_Start
- Sublines
  - Variant: "BaseVariant"
  - SID-PR 0x50 50
  - Type 0x02 02
  - P2 50 ms 00 32
  - P2Ex 5000 ms 01 F4
  - 0000: 50 02 00 32 01 F4 P..2..

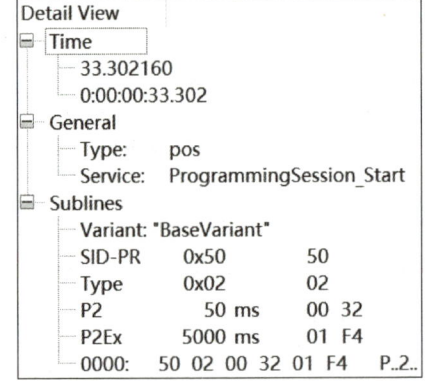

图 8.94　0x10 服务 0x02 子功能肯定响应消息

Time	Chn	Port(s)	Dir	Protocol	Source IP	Destination IP	Source Port	Destination Port	Name
30...	Eth 1	GlobalStack	Rx	tcp	192.168.216.20	192.168.216.129	F1BC	3458	
32...	Eth 1	GlobalStack	Rx	doip	192.168.216.20	192.168.216.129	F1BC	3458	
32...	Eth 1	GlobalStack	Rx	doip	192.168.216.20	192.168.216.129	F1BC	3458	Diagnostics
32...	Eth 1	GlobalStack	Rx	doip	Extended Session Start	192.168.216.129	F1BC	3458	Extended Session Start::req
Variant: "BaseVariant"									
SID-RQ				0x10	10				
Type				0x03	03				
0000:		10 03							
32...	Eth 1	GlobalStack	Tx	tcp	192.168.216.129	192.168.216.20	3458	F1BC	
32...	Eth 1	GlobalStack	Tx	doip	192.168.216.129	192.168.216.20	3458	F1BC	
32...	Eth 1	GlobalStack	Tx	doip	192.168.216.129	192.168.216.20	3458	F1BC	Diagnostics
32...	Eth 1	GlobalStack	Tx	doip	192.168.216.129	192.168.216.20	3458	F1BC	
32...	Eth 1	GlobalStack	Tx	doip	192.168.216.129	192.168.216.20	3458	F1BC	Diagnostics
32...	Eth 1	GlobalStack	Tx	doip	Extended Session Start	192.168.216.20	3458	F1BC	Extended Session Start::pos
Variant: "BaseVariant"									
SID-PR				0x50	50				
Type				0x03	03				
P2				50 ms	00 32				
P2Ex				5000 ms	01 F4				
0000:		50 03 00 32 ...							

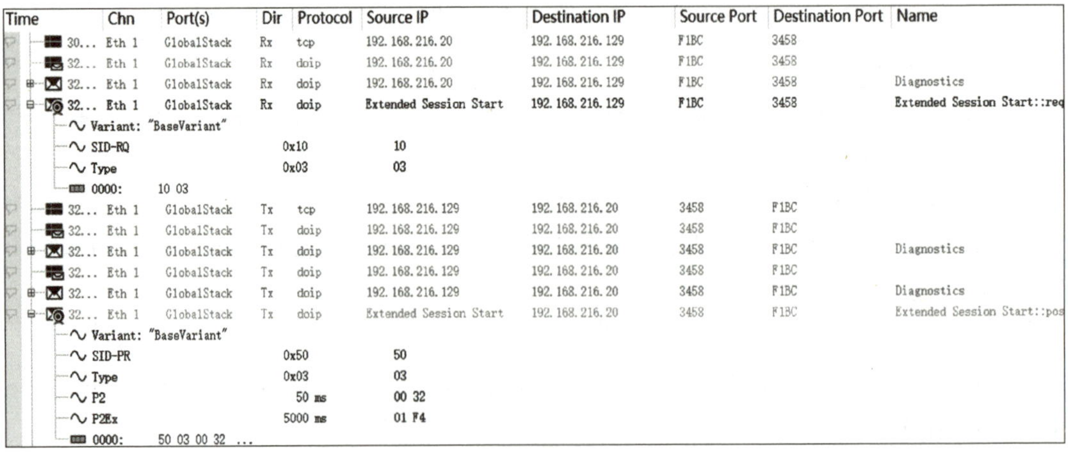

图 8.95　0x10 服务 0x03 子功能测试结果

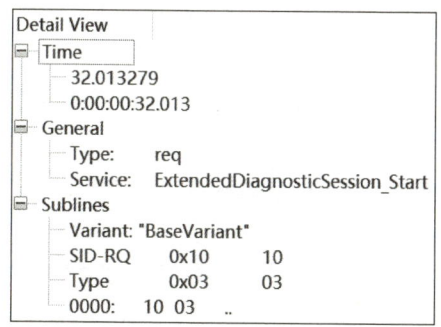

图 8.96　0x10 服务 0x03 子功能请求消息

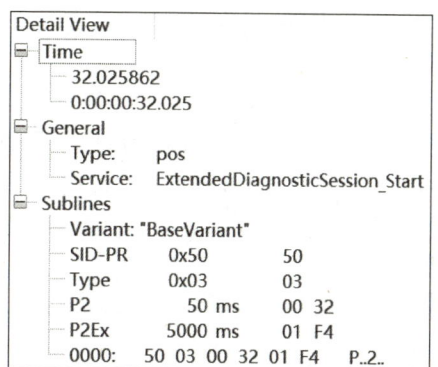

图 8.97　0x10 服务 0x03 子功能肯定响应消息

8.4.2　0x3E 待机握手（TesterPresent）

0x3E 服务测试结果如图 8.98 所示，Request 消息如图 8.99 所示，Positive Response 消息如图 8.100 所示。

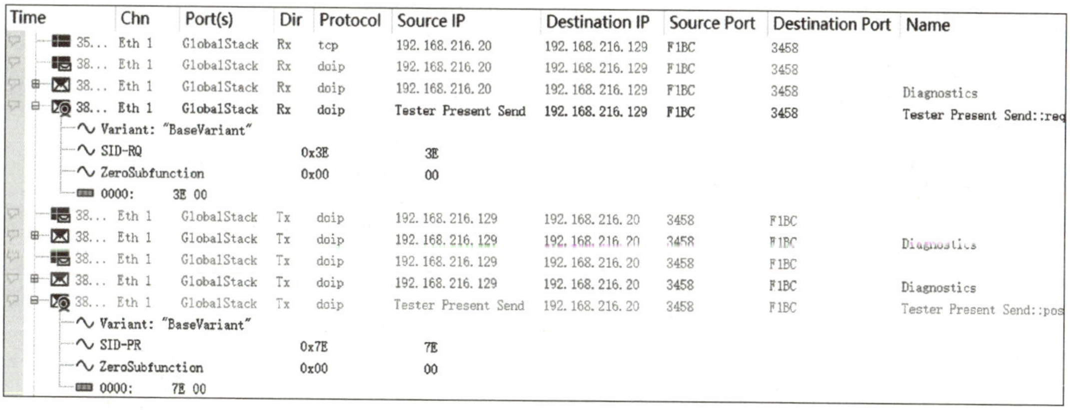

图 8.98　0x3E 服务测试结果

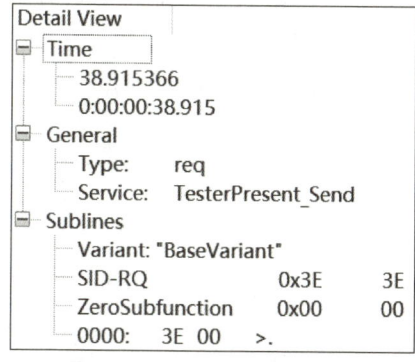

图 8.99　0x3E 服务请求消息

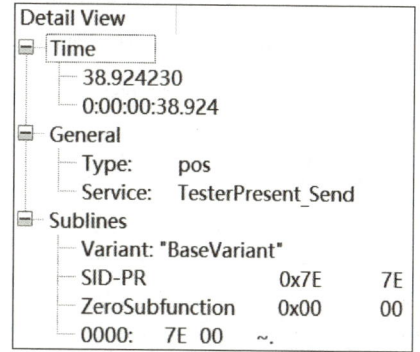

图 8.100　0x3E 服务肯定响应消息

8.4.3　0x27 安全访问（SecurityAccess）

1. 27 01 请求种子（RequestSeed）

0x27 服务 0x01 子功能测试结果如图 8.101 所示，Request 消息如图 8.102 所示，Positive Response 消息如图 8.103 所示。

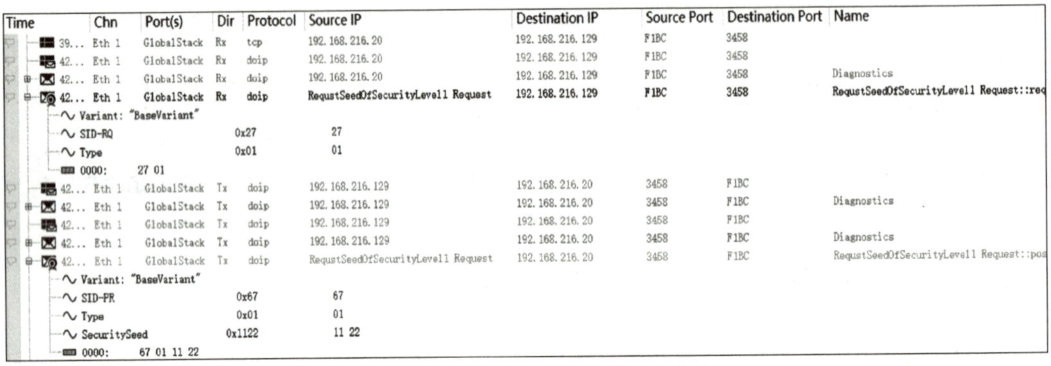

图 8.101　0x27 服务 0x01 子功能测试结果

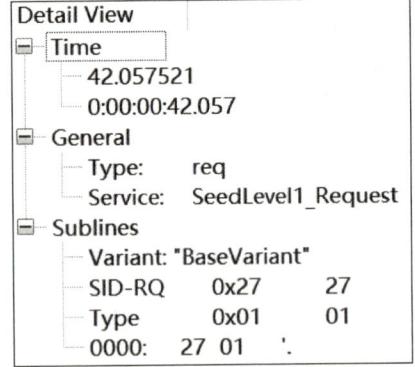

图 8.102　0x27 服务 0x01 子功能请求消息

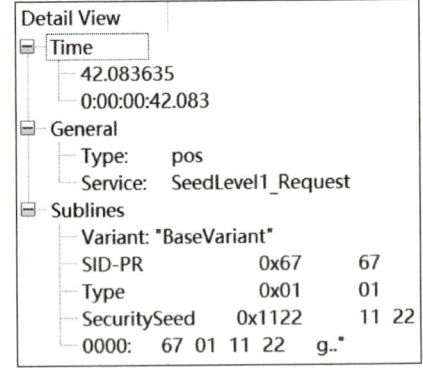

图 8.103　0x27 服务 0x01 子功能肯定响应消息

2. 27 02 发送密钥（SendKey）

0x27 服务 0x02 子功能测试结果如图 8.104 所示，Request 消息如图 8.105 所示，Positive Response 消息如图 8.106 所示。

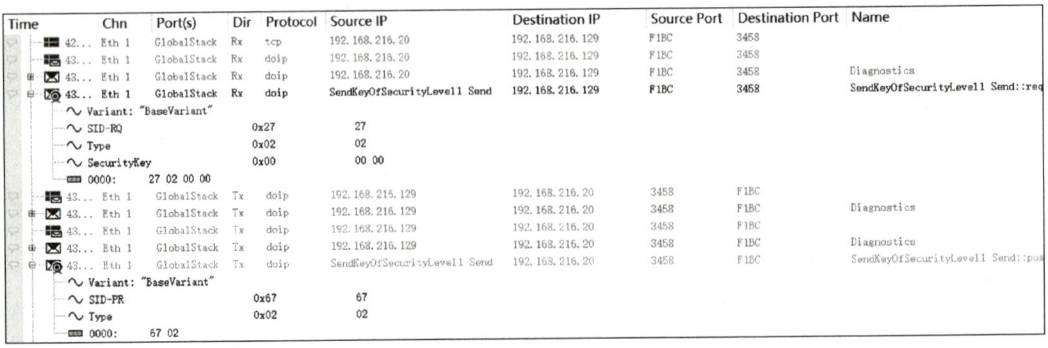

图 8.104　0x27 服务 0x02 子功能测试结果

第 8 章　AUTOSAR Adaptive 的 DoIP 诊断

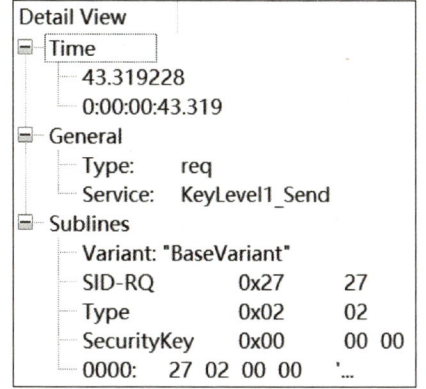

图 8.105　0x27 服务 0x02 子功能请求消息

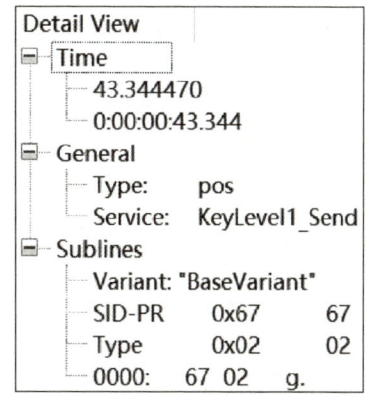

图 8.106　0x27 服务 0x02 子功能肯定响应消息

8.4.4　0x22 通过 ID 读数据（ReadDataByIdentifier）

0x22 服务测试结果如图 8.107 所示，Request 消息如图 8.108 所示，Positive Response 消息如图 8.109 所示。

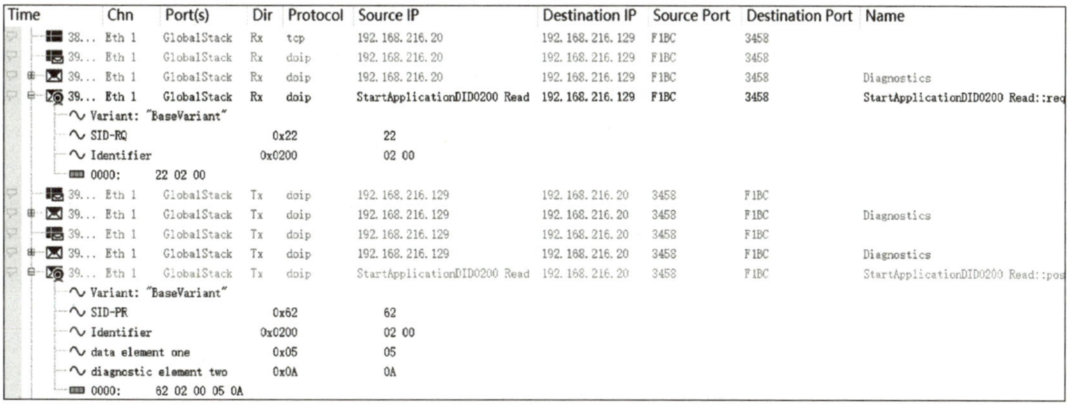

图 8.107　0x22 服务测试结果

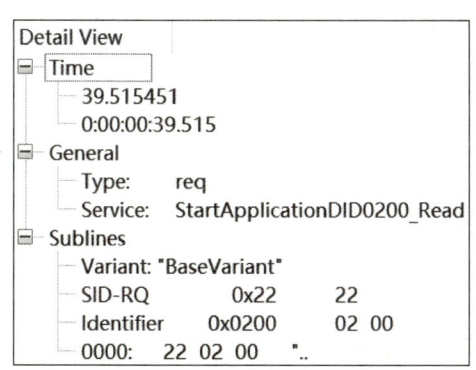

图 8.108　0x22 服务请求消息

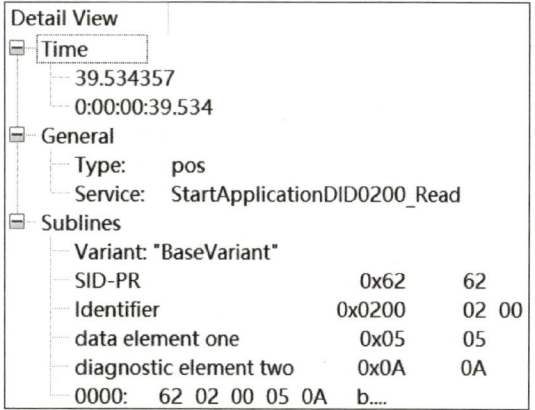

图 8.109　0x22 服务肯定响应消息

8.4.5 0x2E 通过 ID 写数据（WriteDataByIdentifier）

0x2E 服务测试结果如图 8.110 所示，Request 消息如图 8.111 所示，Positive Response 消息如图 8.112 所示。

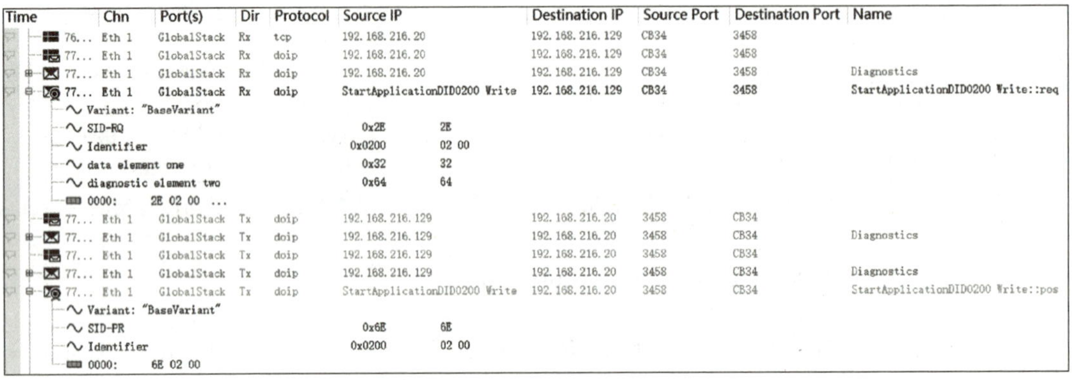

图 8.110 0x2E 服务测试结果

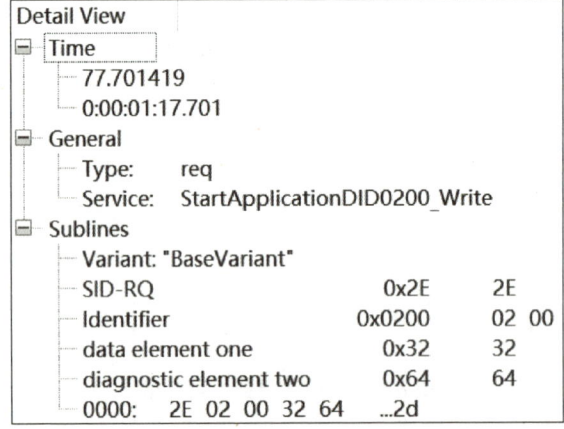

图 8.111 0x2E 服务请求消息

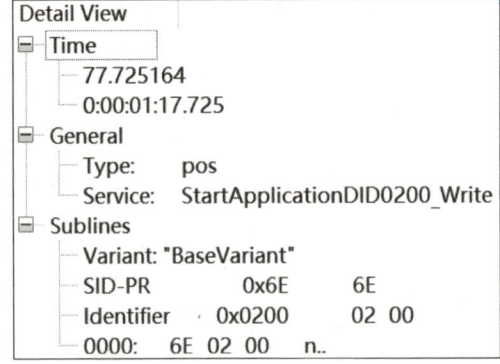

图 8.112 0x2E 服务肯定响应消息

8.4.6　0x11 ECU 复位(ECUReset)

1. 11 01 硬复位(HardReset)

0x11 服务 0x01 子功能测试结果如图 8.113 所示，Request 消息如图 8.114 所示，Positive Response 消息如图 8.115 所示。

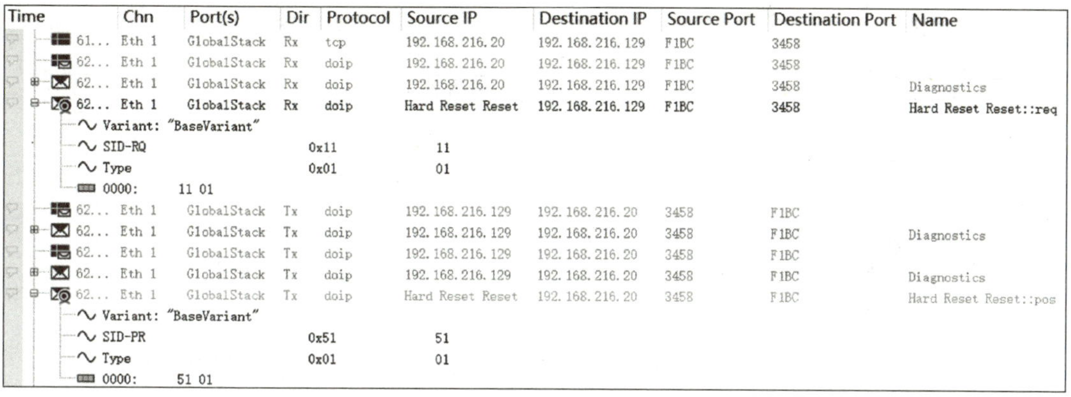

图 8.113　0x11 服务 0x01 子功能测试结果

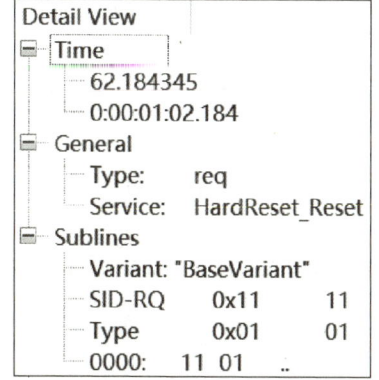

图 8.114　0x11 服务 0x01 子功能请求消息

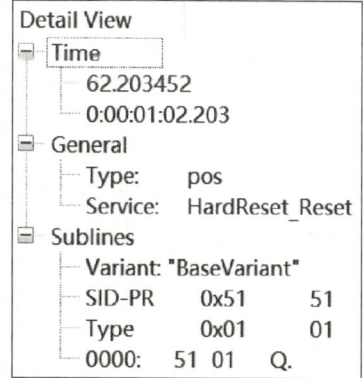

图 8.115　0x11 服务 0x01 子功能肯定响应消息

2. 11 03 软复位(SoftReset)

0x11 服务 0x03 子功能测试结果如图 8.116 所示，Request 消息如图 8.117 所示，Positive Response 消息如图 8.118 所示。

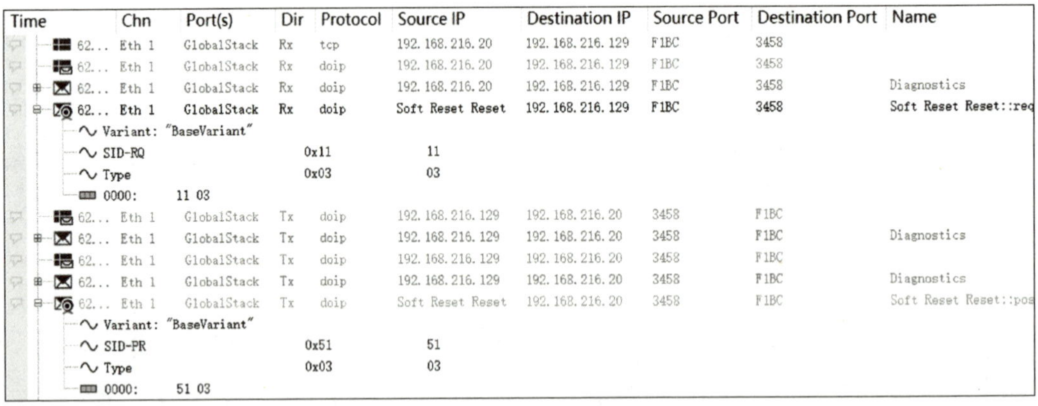

图 8.116 0x11 服务 0x03 子功能测试结果

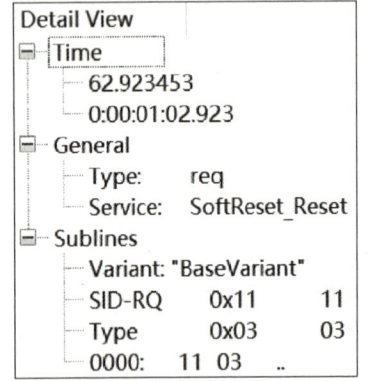

图 8.117 0x11 服务 0x03 子功能请求消息

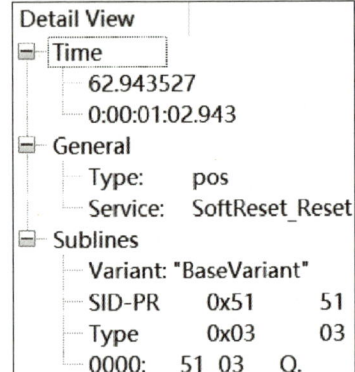

图 8.118 0x11 服务 0x03 子功能肯定响应消息

8.4.7 0x31 例行程序控制(RoutineControl)

1. 31 01 开始(Start)

0x31 服务 0x01 子功能测试结果如图 8.119 所示，Request 消息如图 8.120 所示，Positive Response 消息如图 8.121 所示。

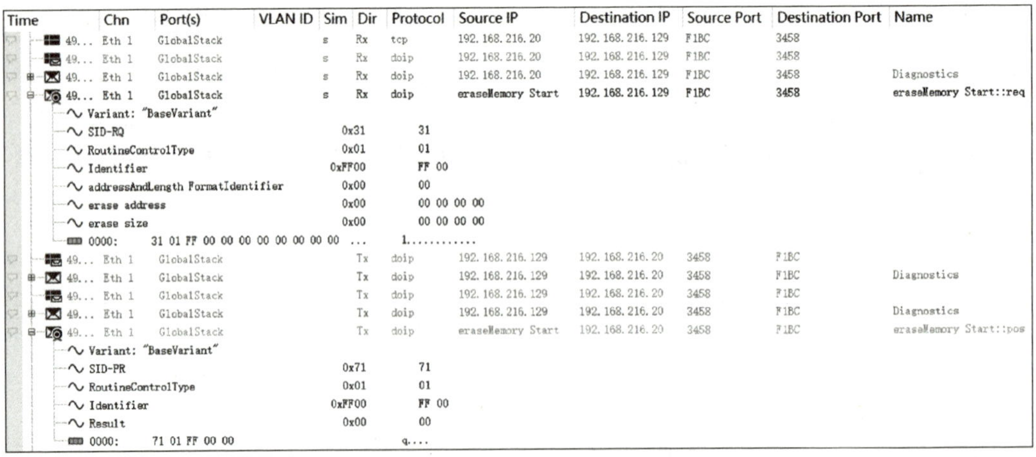

图 8.119 0x31 服务 0x01 子功能测试结果

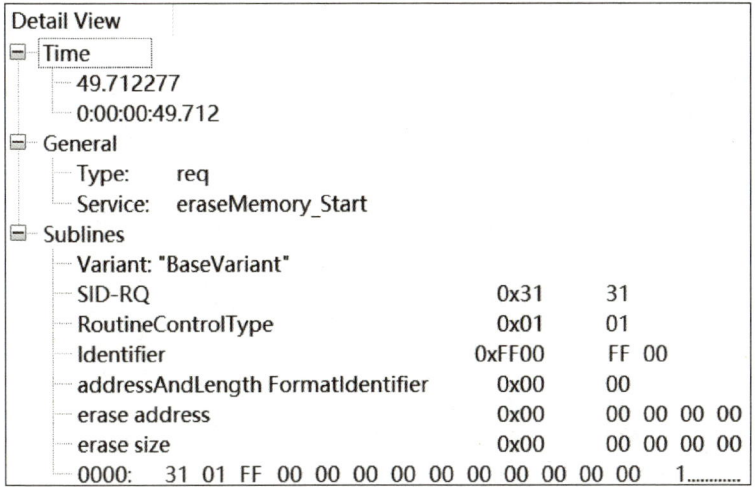

图 8.120　0x31 服务 0x01 子功能请求消息

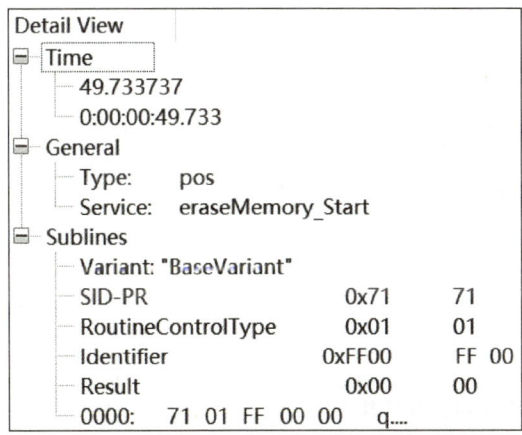

图 8.121　0x31 服务 0x01 子功能肯定响应消息

2. 31 02 停止(Stop)

0x31 服务 0x02 子功能测试结果如图 8.122 所示，Request 消息如图 8.123 所示，Positive Response 消息如图 8.124 所示。

3. 31 03 请求结果(RequestResults)

0x31 服务 0x03 子功能测试结果如图 8.125 所示，Request 消息如图 8.126 所示，Positive Response 消息如图 8.127 所示。

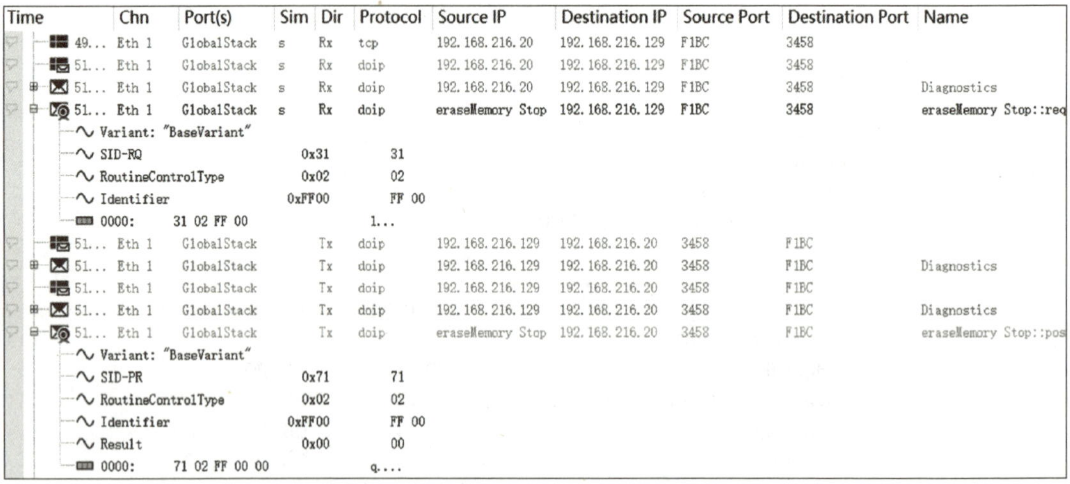

图 8.122　0x31 服务 0x02 子功能测试结果

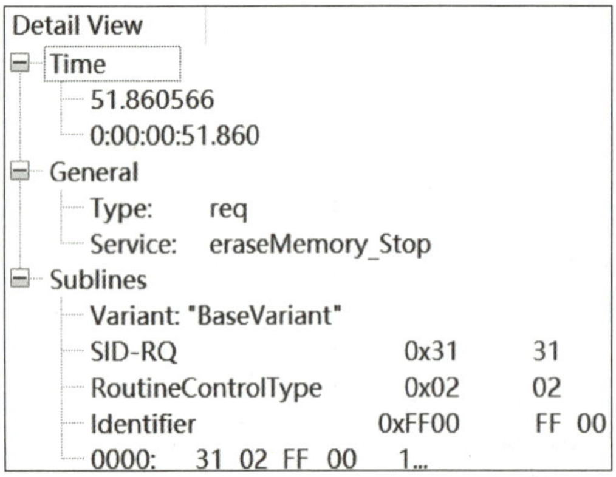

图 8.123　0x31 服务 0x02 子功能请求消息

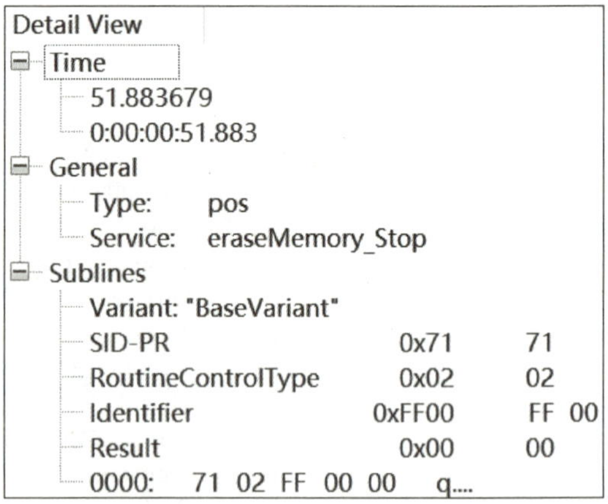

图 8.124　0x31 服务 0x02 子功能肯定响应消息

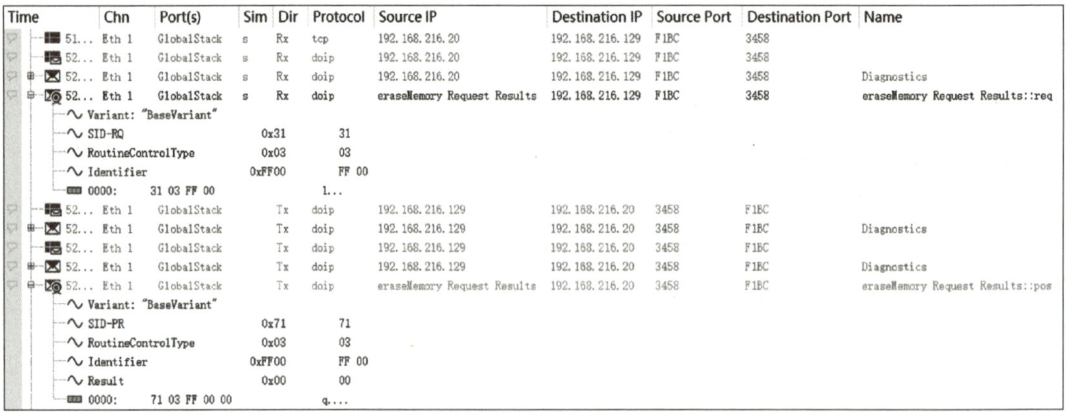

图 8.125　0x31 服务 0x03 子功能测试结果

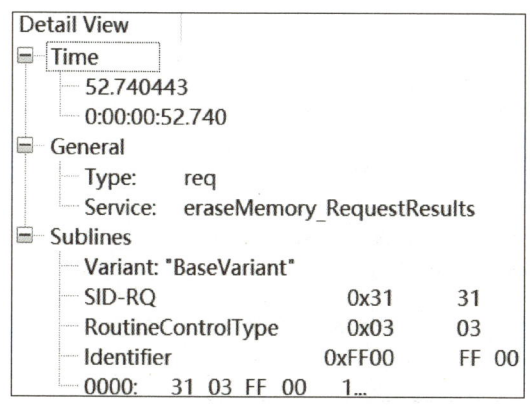

图 8.126　0x31 服务 0x03 子功能请求消息

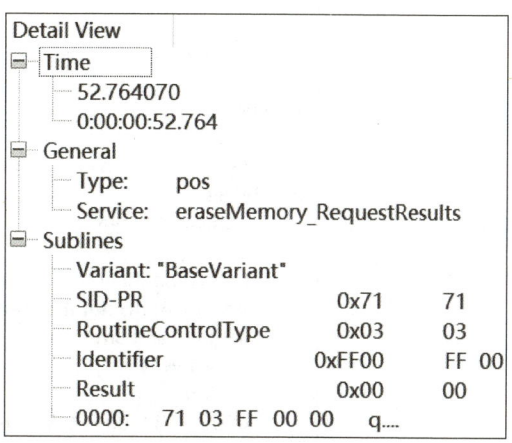

图 8.127　0x31 服务 0x03 子功能肯定响应消息

8.4.8　0x34 请求下载(RequestDownload)

0x34 服务测试结果如图 8.128 所示，Request 消息如图 8.129 所示，Positive Response 消息如图 8.130 所示。

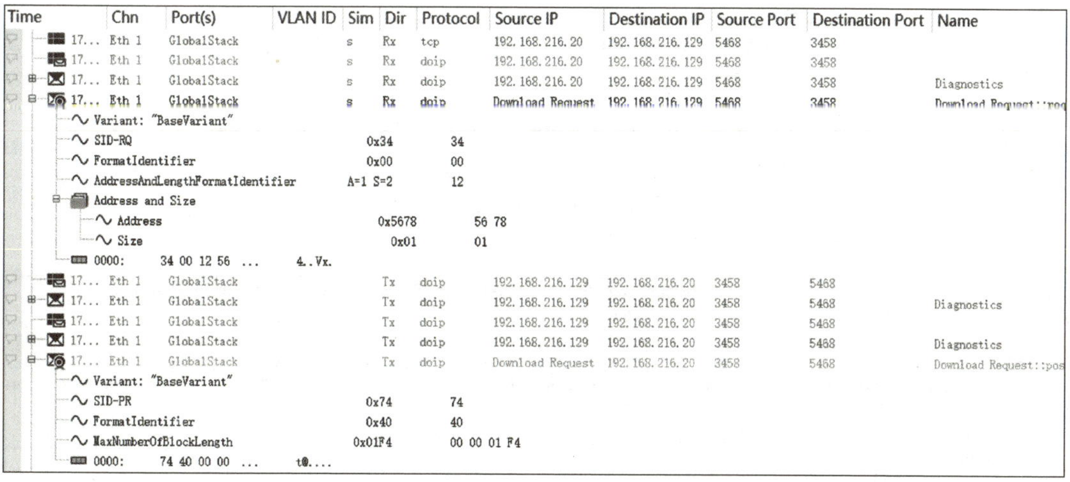

图 8.128　0x34 服务测试结果

8.4.9　0x36 数据传输(TransferData)

0x36 服务测试结果如图 8.131 所示，Request 消息如图 8.132 所示，Positive Response 消息如图 8.133 所示。

```
Detail View
├─ Time
│   ├─ 173.694736
│   └─ 0:00:02:53.694
├─ General
│   ├─ Type:    req
│   └─ Service: Download_Request
└─ Sublines
    ├─ Variant: "BaseVariant"
    ├─ SID-RQ                                    0x34      34
    ├─ FormatIdentifier                          0x00      00
    ├─ AddressAndLengthFormatIdentifier          A=1 S=2   12
    ├─ Address and Size
    │   ├─ Address                               0x5678    56 78
    │   └─ Size                                  0x01      01
    └─ 0000:   34 00 12 56 78 01    4..Vx.
```

图 8.129　0x34 服务请求消息

```
Detail View
├─ Time
│   ├─ 173.714639
│   └─ 0:00:02:53.714
├─ General
│   ├─ Type:    pos
│   └─ Service: Download_Request
└─ Sublines
    ├─ Variant: "BaseVariant"
    ├─ SID-PR                                0x74     74
    ├─ FormatIdentifier                      0x40     40
    ├─ MaxNumberOfBlockLength                0x01F4   00 00 01 F4
    └─ 0000:   74 40 00 00 01 F4    t@....
```

图 8.130　0x34 服务肯定响应消息

Time	Chn	Port(s)	Sim	Dir	Protocol	Source IP	Destination IP	Source Port	Destination Port	Name
18...	Eth 1	GlobalStack	s	Rx	tcp	192.168.216.20	192.168.216.129	5468	3458	
19...	Eth 1	GlobalStack	s	Rx	doip	192.168.216.20	192.168.216.129	5468	3458	
19...	Eth 1	GlobalStack	s	Rx	doip	192.168.216.20	192.168.216.129	5468	3458	Diagnostics
19...	Eth 1	GlobalStack	s	Rx	doip	Download Transmit	192.168.216.129	5468	3458	Download Transmit::req
├─ Variant: "BaseVariant"										
├─ SID-RQ			0x36		36					
├─ Data			0x01 0x12		01 12					
└─ 0000: 36 01 12										
19...	Eth 1	GlobalStack		Tx	doip	192.168.216.129	192.168.216.20	3458	5468	
19...	Eth 1	GlobalStack		Tx	doip	192.168.216.129	192.168.216.20	3458	5468	Diagnostics
19...	Eth 1	GlobalStack		Tx	doip	192.168.216.129	192.168.216.20	3458	5468	
19...	Eth 1	GlobalStack		Tx	doip	192.168.216.129	192.168.216.20	3458	5468	Diagnostics
19...	Eth 1	GlobalStack		Tx	doip	Download Transmit	192.168.216.20	3458	5468	Download Transmit::pos
├─ Variant: "BaseVariant"										
├─ SID-PR			0x76		76					
├─ Data			0x01		01					
└─ 0000: 76 01										

图 8.131　0x36 服务测试结果

第 8 章 AUTOSAR Adaptive 的 DoIP 诊断

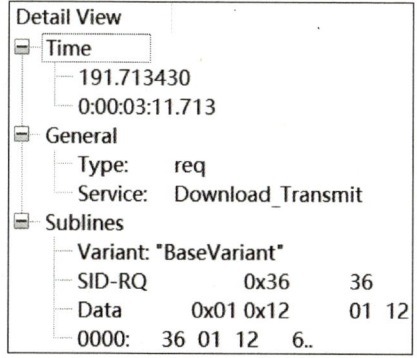

图 8.132　0x36 服务请求消息

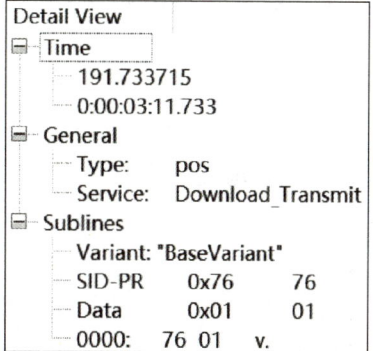

图 8.133　0x36 服务肯定响应消息

8.4.10　0x37 请求退出传输(RequestTransferExit)

0x37 服务测试结果如图 8.134 所示，Request 消息如图 8.135 所示，Positive Response 消息如图 8.136 所示。

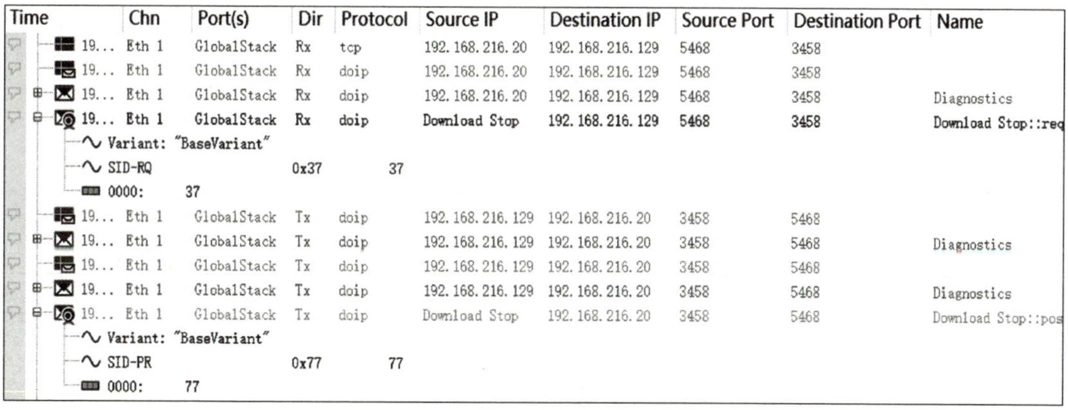

图 8.134　0x37 服务测试结果

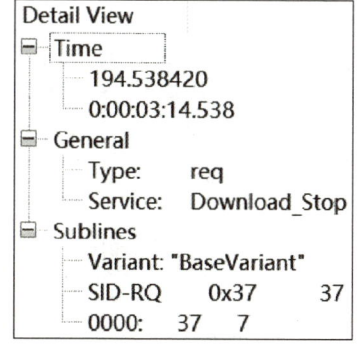

图 8.135　0x37 服务请求消息

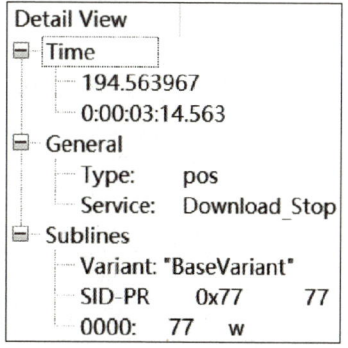

图 8.136　0x37 服务肯定响应消息

8.4.11　0x19 读取故障码信息（ReadDTCInformation）

1. 19 01 通过状态掩码报告 DTC 数量（RePortNumberOfDTCByStatusMask）

0x19 服务 0x01 子功能测试结果如图 8.137 所示，Request 消息如图 8.138 所示，Positive Response 消息如图 8.139 所示。

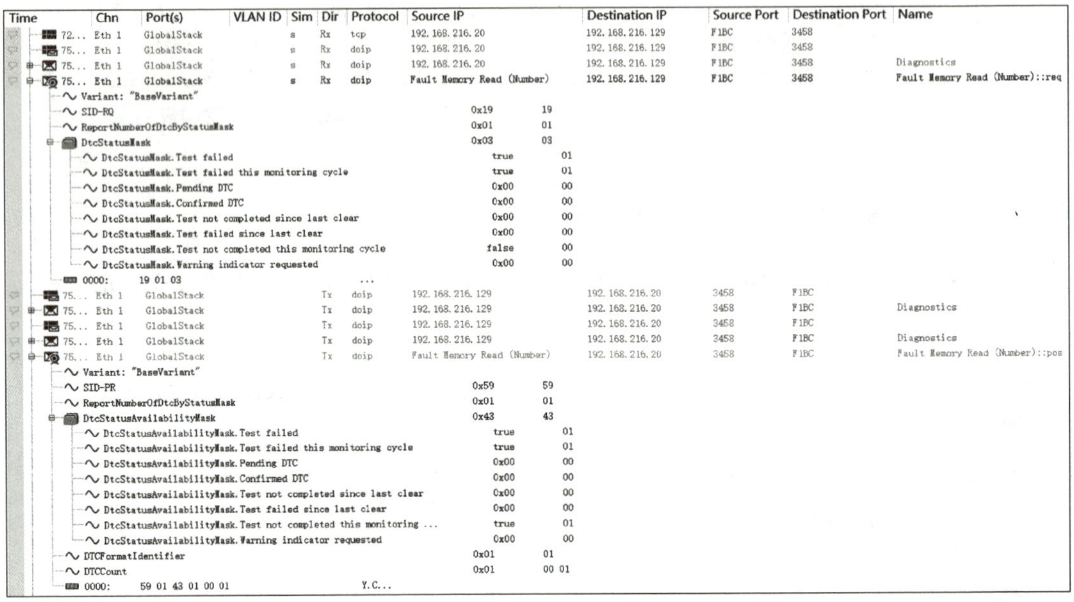

图 8.137　0x19 服务 0x01 子功能测试结果

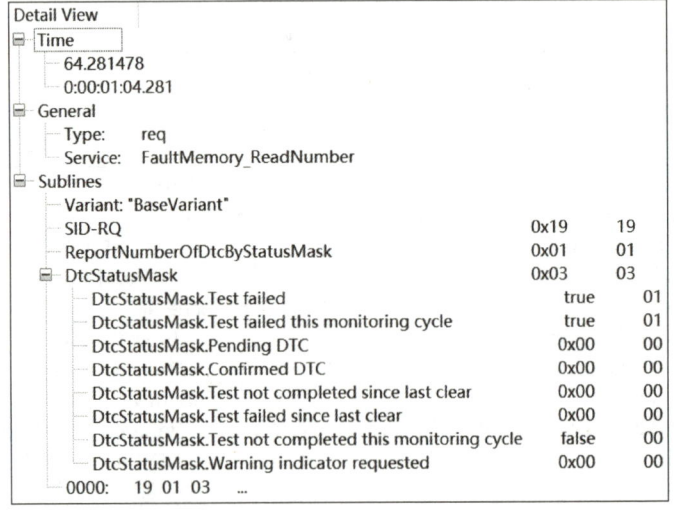

图 8.138　0x19 服务 0x01 子功能请求消息

第 8 章 AUTOSAR Adaptive 的 DoIP 诊断

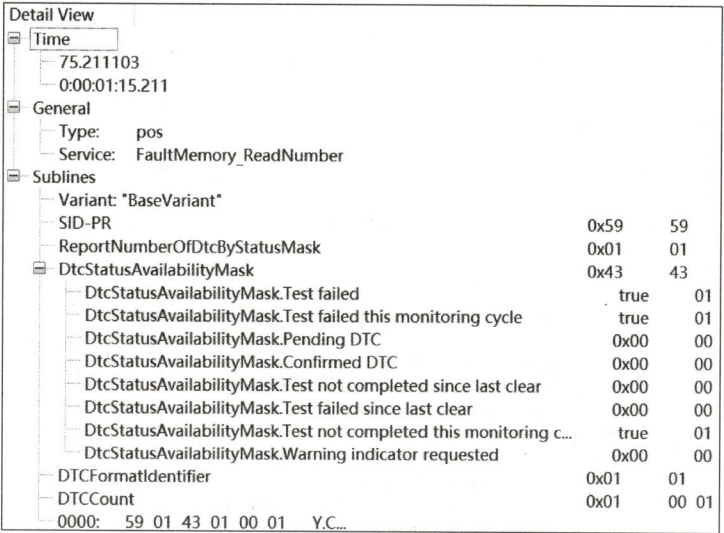

图 8.139　0x19 服务 0x01 子功能肯定响应消息

2. 19 02 通过状态掩码报告 DTC（RePortDTCByStatusMask）

0x19 服务 0x02 子功能测试结果如图 8.140 所示，Request 消息如图 8.141 所示，Positive Response 消息如图 8.142 所示。

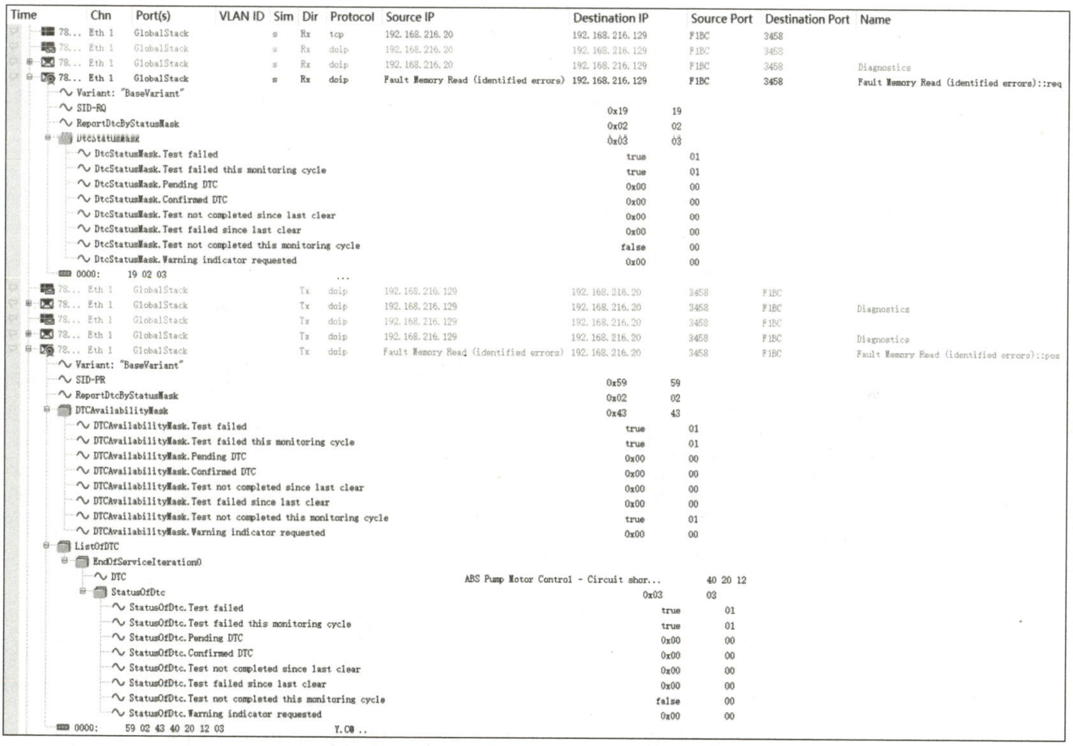

图 8.140　0x19 服务 0x02 子功能测试结果

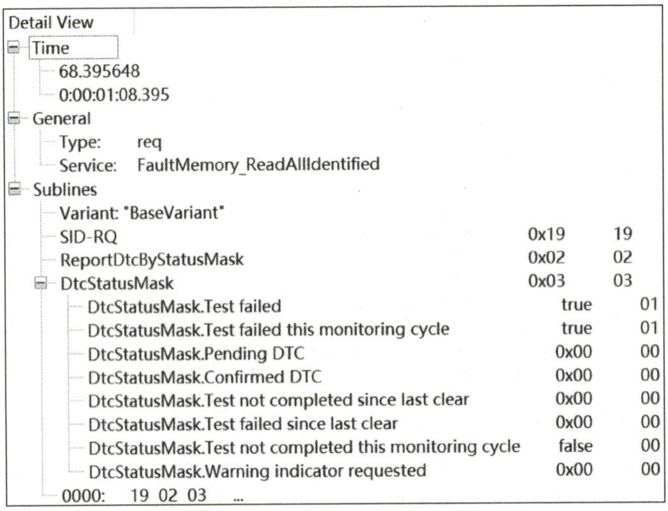

图 8.141　0x19 服务 0x02 子功能请求消息

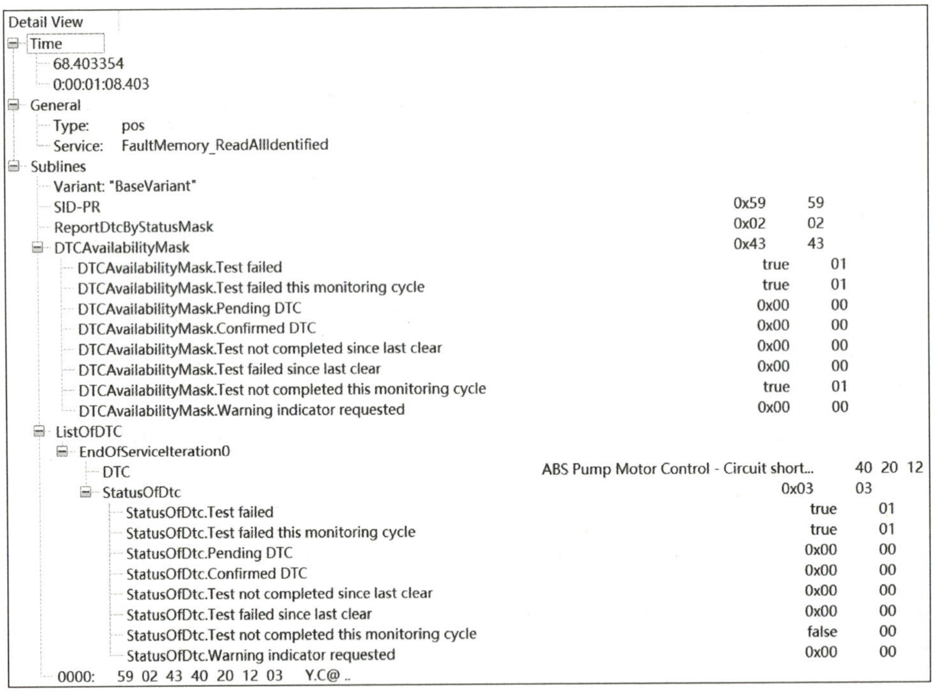

图 8.142　0x19 服务 0x02 子功能肯定响应消息

3. 19 04 通过 DTC 编号报告 DTC 快照记录（RePortDTCSnapshotRecordByDTCNumber）

0x19 服务 0x04 子功能测试结果如图 8.143 所示，Request 消息如图 8.144 所示，Positive Response 消息如图 8.145 所示。

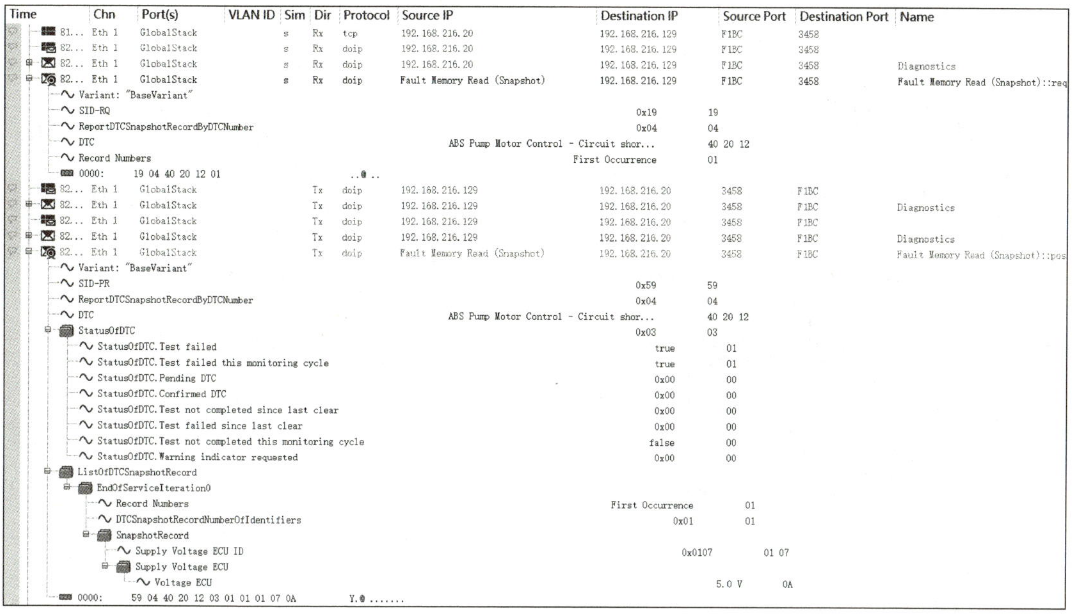

第 8 章　AUTOSAR Adaptive 的 DoIP 诊断

图 8.143　0x19 服务 0x04 子功能测试结果

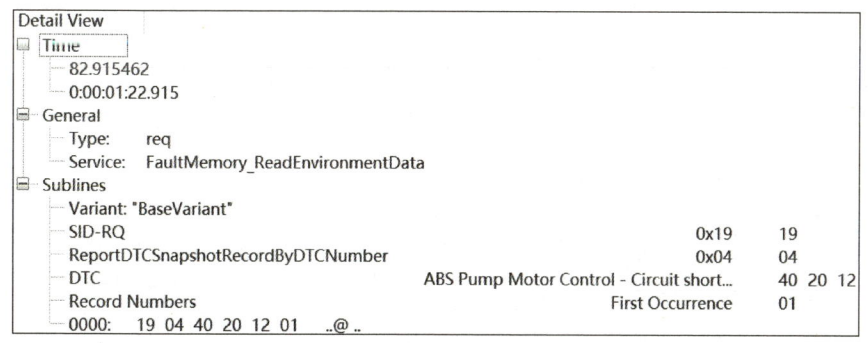

图 8.144　0x19 服务 0x04 子功能请求消息

4. 19 06 通过 DTC 编号报告 DTC 扩展数据记录（RePortDTCExtDataRecordByDTCNumber）

0x19 服务 0x06 子功能测试结果如图 8.146 所示，Request 消息如图 8.147 所示，Positive Response 消息如图 8.148 所示。

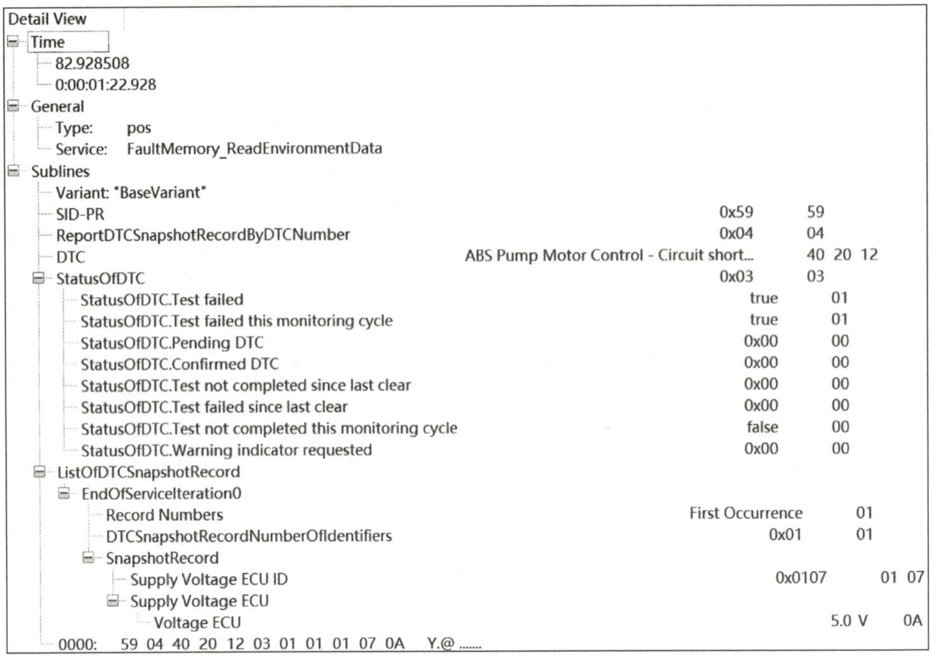

图 8.145　0x19 服务 0x04 子功能肯定响应消息

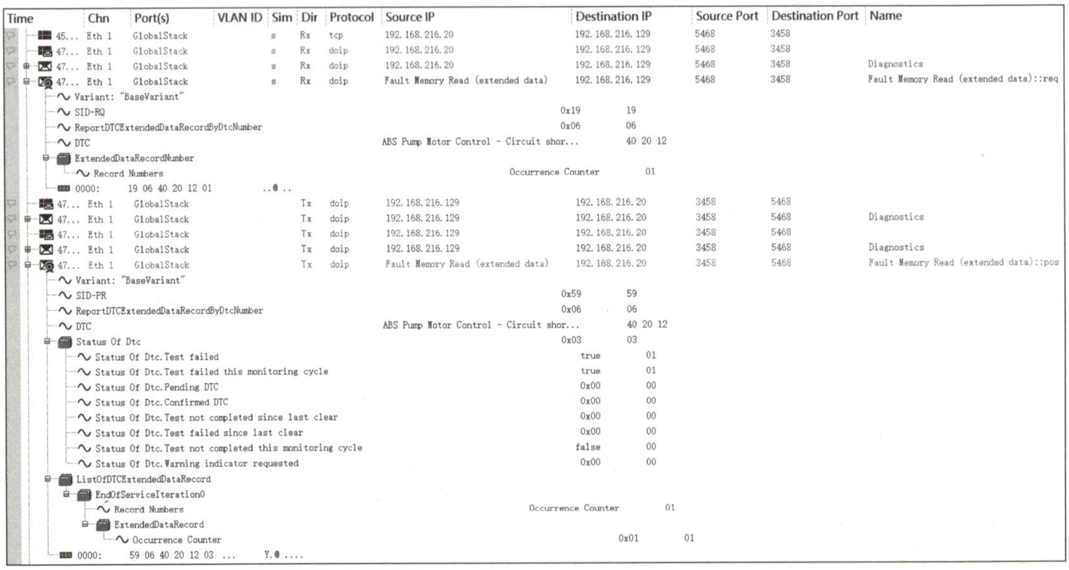

图 8.146　0x19 服务 0x06 子功能测试结果

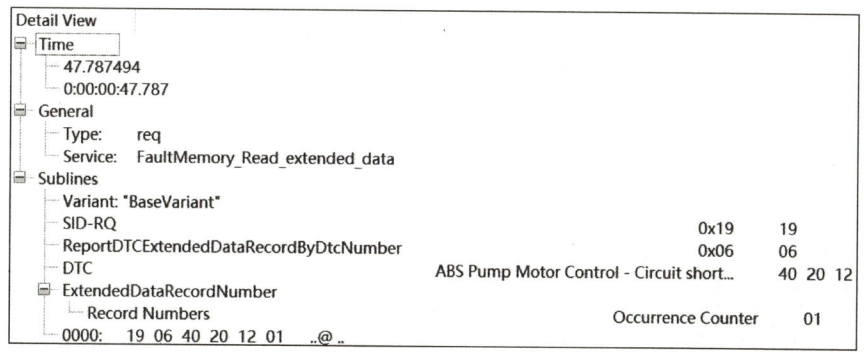

图 8.147 0x19 服务 0x06 子功能请求消息

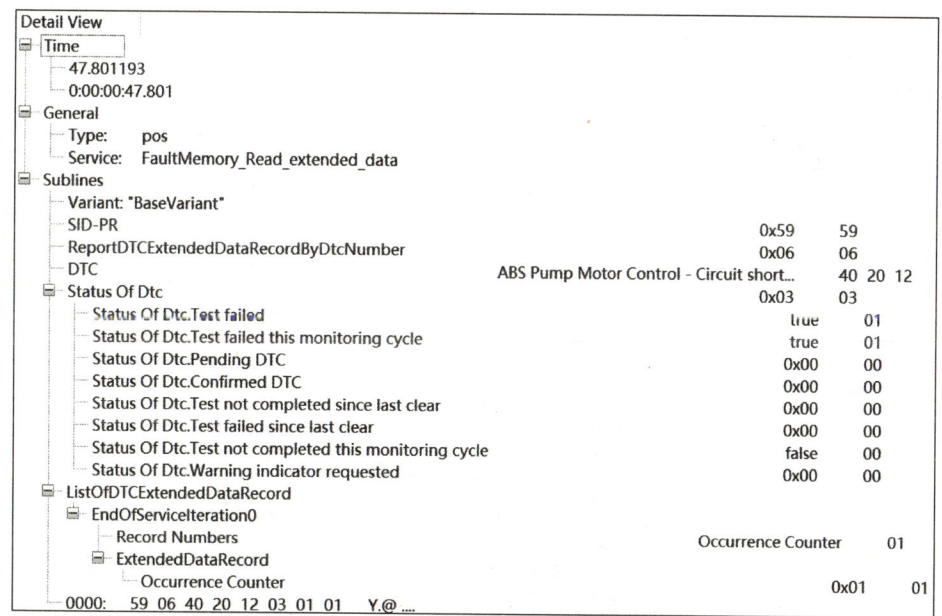

图 8.148 0x19 服务 0x06 子功能肯定响应消息

5.19 0A 报告支持的 DTC(RePortSupPortedDTC)

0x19 服务 0x0A 子功能测试结果如图 8.149 所示,Request 消息如图 8.150 所示,Positive Response 消息如图 8.151 所示。

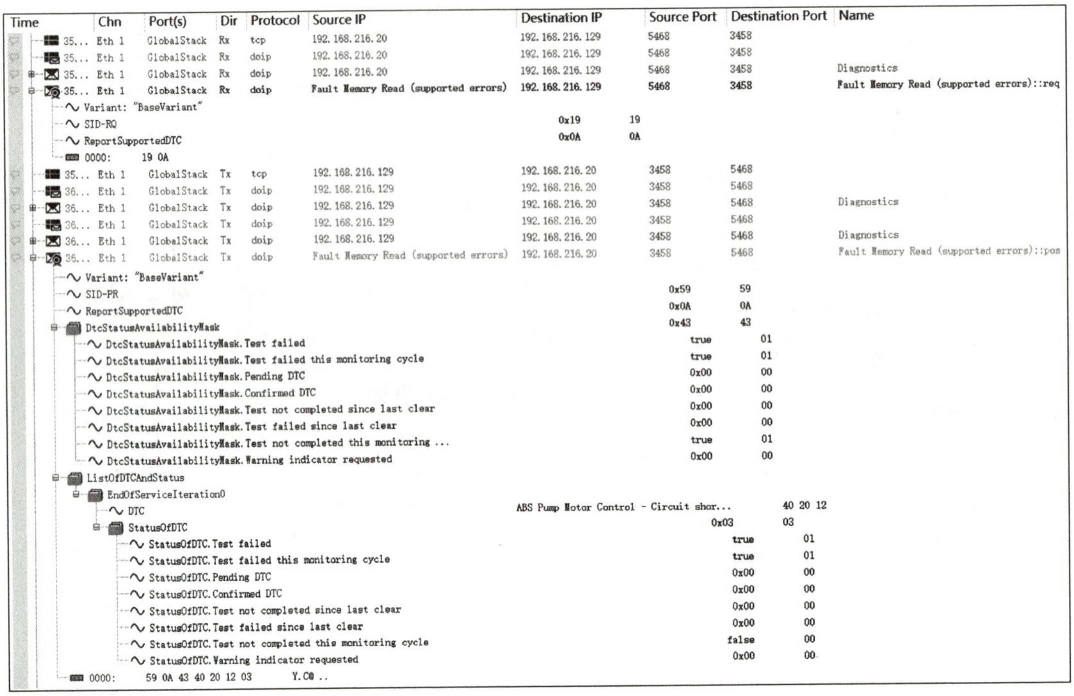

图 8.149 0x19 服务 0x0A 子功能测试结果

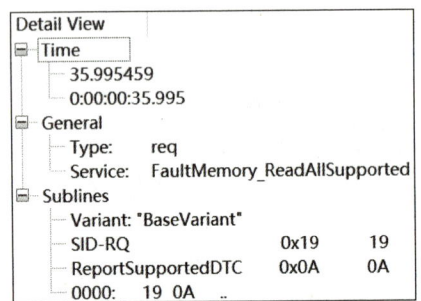

图 8.150 0x19 服务 0x0A 子功能请求消息

8.4.12 0x14 清除诊断信息(ClearDiagnosticInformation)

0x14 服务测试结果如图 8.152 所示，Request 消息如图 8.153 所示，Positive Response 消息如图 8.154 所示。

```
Detail View
 Time
    36.007134
    0:00:00:36.007
 General
    Type:     pos
    Service:  FaultMemory_ReadAllSupported
 Sublines
    Variant: "BaseVariant"
    SID-PR                                                              0x59      59
    ReportSupportedDTC                                                  0x0A      0A
    DtcStatusAvailabilityMask                                           0x43      43
       DtcStatusAvailabilityMask.Test failed                            true      01
       DtcStatusAvailabilityMask.Test failed this monitoring cycle      true      01
       DtcStatusAvailabilityMask.Pending DTC                            0x00      00
       DtcStatusAvailabilityMask.Confirmed DTC                          0x00      00
       DtcStatusAvailabilityMask.Test not completed since last clear    0x00      00
       DtcStatusAvailabilityMask.Test failed since last clear           0x00      00
       DtcStatusAvailabilityMask.Test not completed this monitoring c...true      01
       DtcStatusAvailabilityMask.Warning indicator requested            0x00      00
    ListOfDTCAndStatus
       EndOfServiceIteration0
          DTC                                  ABS Pump Motor Control - Circuit short...  40 20 12
          StatusOfDTC                                                   0x03      03
             StatusOfDTC.Test failed                                    true      01
             StatusOfDTC.Test failed this monitoring cycle              true      01
             StatusOfDTC.Pending DTC                                    0x00      00
             StatusOfDTC.Confirmed DTC                                  0x00      00
             StatusOfDTC.Test not completed since last clear            0x00      00
             StatusOfDTC.Test failed since last clear                   0x00      00
             StatusOfDTC.Test not completed this monitoring cycle       false     00
             StatusOfDTC.Warning indicator requested                    0x00      00
    0000:   59 0A 43 40 20 12 03    Y.C@
```

图 8.151　0x19 服务 0x0A 子功能肯定响应消息

图 8.152　0x14 服务测试结果

```
Detail View
 Time
    100.583364
    0:00:01:40.583
 General
    Type:     req
    Service:  FaultMemory_Clear
 Sublines
    Variant: "BaseVariant"
    SID-RQ                                                              0x14      14
    GroupOfDtc   ABS Pump Motor Control - Circuit short...                        40 20 12
    0000:   14 40 20 12    .@.
```

图 8.153　0x14 服务请求消息

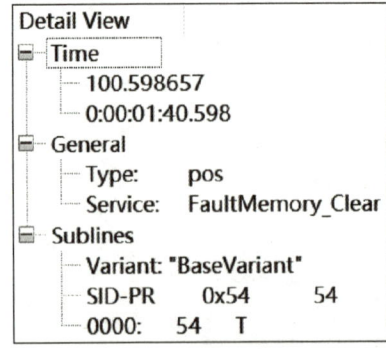

图 8.154　0x14 服务肯定响应消息

第 9 章
展望

9.1 SOME/IP 通信中间件的服务冗余设计
9.2 DDS 通信中间件

车载通信系统的可靠性和容错能力同样至关重要。因此,SOME/IP 在未来会引入更加强大的服务冗余设计,包括备用服务、备用节点。这样的设计确保了即使发生故障或中断,系统依然能够无缝切换到备用状态,保持正常运行。

除了 SOME/IP 这一通信中间件,DDS(Data Distribution Service)作为一种分布式系统通信的中间件,也逐渐被融入车载网络中。DDS 以其高性能、实时性和灵活性等特点,成为车载通信领域的另一个重要选择。

9.1 SOME/IP 通信中间件的服务冗余设计

在面向服务架构中,服务错误主要表现为服务无法响应或者无法在规定时间内发生响应。造成这些服务错误的原因主要有:

(1) 基础设施故障:CPU 负载过高、内存耗尽、存储器访问速度过慢引起的服务执行时间过长,导致服务无法在规定时限内响应。

(2) 网络故障:网络拥堵、报文丢失、网络断开引起的网络报文无法到达,或无法在规定时间内到达。

(3) 服务提供方故障:服务提供方出现程序异常退出、程序逻辑错误、服务限流,导致服务提供者无法响应。

当服务调用链中发生服务错误时,该错误将沿着服务调用链向上传导,引起整条调用链出现错误,导致更为严重的错误发生。这种现象被称为"服务雪崩"(图 9.1)。

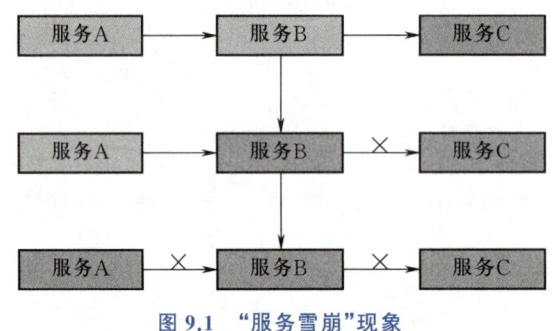

图 9.1 "服务雪崩"现象

因此,在发生服务错误时采取相应的容错机制,提高服务可靠性至关重要。容错机制可以分为以下三种类型。

1. 失败重试机制

失败重试是指在服务调用方调用服务,服务提供方无法响应时,在一定时间间隔后重新调用该服务,直至服务正常响应(图 9.2)。失败重试会导致服务时延增加,可以应用于智能座舱等对服务响应时间要求不高的场景。

2. 失败转移机制

失败重试能在故障一段时间内可恢复的情况下,保证服务的可用性,但无法应用于故障短时间不可恢复的场景,也无法应用于对服务响应时间要求较高的场景。

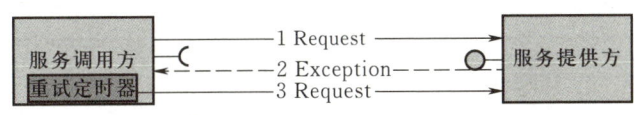

图 9.2 失败重试

失败转移采用冗余机制。对于一个服务,部署多个服务提供方,这些服务提供方提供的服务功能相同,但位于不同的硬件平台。当单一硬件平台发生故障时,冗余的服务提供方能够保证服务的可靠性(图 9.3)。

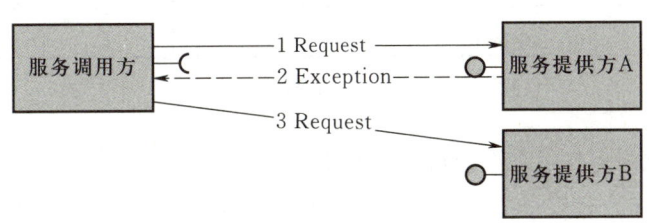

图 9.3 失败转移

3. 聚合调用机制

聚合调用也采用冗余机制,但区别在于服务调用方是否同时对所有服务提供方发起请求。与失败转移相比,聚合调用能够最大化保证服务响应时间(图 9.4)。

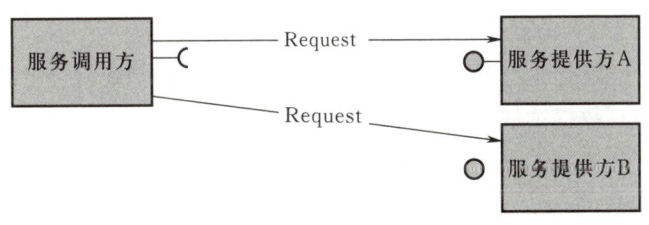

图 9.4 聚合调用

9.2 DDS 通信中间件

DDS 是由 OMG(Object Management Group,对象管理组织)联盟在 2004 年发布的中间件协议和应用程序接口标准。采用发布/订阅模型,提供丰富的 QoS(Quality of Service)服务质量策略,可满足各种分布式系统实时通信的低延迟、高可靠性、可扩展性的需求。DDS 被广泛应用于航空航天、船舶、军事、工业、医疗、交通、能源等领域。

在汽车领域,AP 在 2018 年引入了 DDS 作为可选的通信方式之一。在自动驾驶域和智能座舱域中需要高速频繁地进行数据交换,借助 DDS 可以很好地满足需求。

9.2.1 DCPS 模型

DDS 采用 DCPS(Data-Centric Publishe-Subscribe,以数据为中心的发布-订阅)模型(图 9.5)。

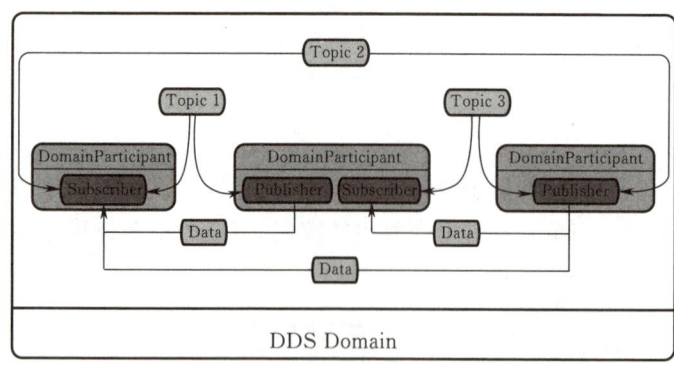 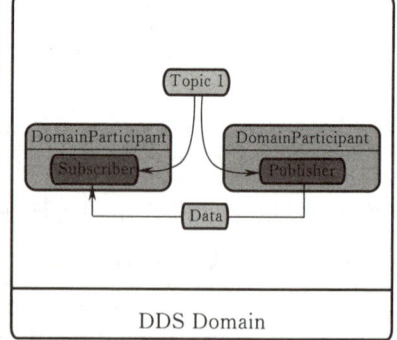

图 9.5 DCPS 模型

在 DCPS 模型中定义了多个通信基本要素：

(1) Domain(域)：代表一个通信域，由 Domain ID 唯一标识。只有处于同一个域内的通信实体才能相互通信。对于车内通信，可以只划分 1 个 Domain，也可以根据交互规则划分多个 Doamin。

(2) Domain Participant(域参与者)：参与通信的应用程序为域参与者，并指明所处的 Domain。

(3) Topic(主题)：每个 Topic 关联特定的数据类型，只有订阅同一个 Topic 的 Domain Participant 才能进行数据的发布/订阅。

(4) DataWriter(数据写入者)：负责将数据发布至关联的 Topic 下。

(5) DataReader(数据读取者)：负责从关联的 Topic 下读取数据。

(6) Publisher(发布者)：负责创建和管理 DataWriter。

(7) Subscriber(订阅者)：负责创建和管理 DataReader。

为了提供更为复杂的数据交互控制以保证服务质量，DDS 规范中定义了丰富的 QoS。Topic、Publisher、Subscriber 等实体可以指定自身的 QoS，每个 QoS 控制一些特定的 DDS 通信行为，使得 DDS 服务在功能和性能上呈现出不同的特性。用户可以根据自身的场景和需求，配置不同的 QoS。常用的 QoS 包括 Reliability、Deadline、Time_based_filter、Lifespan、History 和 Resource_limit。

9.2.2 DDS 和 SOME/IP 的区别

1. 应用场景不同

SOME/IP 是 AUTOSAR 组织专门针对汽车领域推出的协议，它针对汽车领域的特定需求定义了一套通信标准，在汽车领域应用时间更久，与 CP 和 AP 结合紧密；而 DDS 是一个工业级别的实时通信标准，对于场景的适应性强，但是在汽车领域的 MCU 上使用，需要专门的裁剪以降低资源消耗。

2. 服务策略不同

DDS 相较于 SOME/IP 提供了丰富的内置 QoS，并且支持 QoS 扩展。QoS 能够提供实时系统所要求的性能、可预测性和资源可控性,并且能够保证发布/订阅模型的模块性、可量测性和鲁棒性等。因此,DDS 能够满足非常复杂、非常灵活的数据流要求并利于针对不同服务定制不同 QoS 需求。

3. 灵活性不同

SOME/IP 只能在基于网络层为 IP 类型的网络环境中使用,而 DDS 在传输方式上没有特别的限制,对基于非 IP 类型的网络,如共享内存、跨核通信、PCIe 等网络类型都可以支持。同时,DDS 也有完备的车联网解决方案,其独有的 DDS Security、DDS Web 功能可为用户提供"车—云—移动端"一站式的解决方案。

> **总结**:SOME/IP 适用于 AUTOSAR Classic 和 AUTOSAR Adaptive 之间的通信,占用资源及开销相对更小,适用于一定通信数据需求的高实时性控制器(如动力域、车身等)。
>
> DDS 具有丰富的 QoS 策略,系统更具有稳健性,但占用资源及开销相对更大,更适合部署于高性能控制器(如自动驾驶控制器、中央服务器等)。在车载通信中间件技术领域,DDS 和 SOME/IP 尽管有竞争关系,但由于各具特点,在汽车软件中相互补充,所以是可以共存的。